"十二五"普通高等教育本科国家级规划教材

本书得到教育部"新世纪优秀人才支持计划"资助

新制度经济学（第二版）

New Institutional Economics

卢现祥　朱巧玲　主编

图书在版编目(CIP)数据

新制度经济学/卢现祥,朱巧玲主编. —2 版. —北京:北京大学出版社,2012.7
(21 世纪经济与管理规划教材·经济学系列)
ISBN 978-7-301-20933-2

Ⅰ. ①新… Ⅱ. ①卢…②朱… Ⅲ. ①新制度经济学—高等学校—教材 Ⅳ. ①F091.349

中国版本图书馆 CIP 数据核字(2012)第 147735 号

书　　　名：新制度经济学(第二版)
著作责任者：卢现祥　朱巧玲　主编
责 任 编 辑：徐　冰　杜明冲
标 准 书 号：ISBN 978-7-301-20933-2/F·3249
出 版 发 行：北京大学出版社
地　　　址：北京市海淀区成府路 205 号　100871
网　　　址：http://www.pup.cn
电　　　话：邮购部 62752015　发行部 62750672　编辑部 62752926
　　　　　　出版部 62754962
电 子 邮 箱：em@pup.cn
印 刷 者：北京富生印刷厂
经 销 者：新华书店
　　　　　　730 毫米×980 毫米　16 开本　27.75 印张　641 千字
　　　　　　2007 年 2 月第 1 版
　　　　　　2012 年 7 月第 2 版　2019 年 8 月第 11 次印刷
印　　　数：35501—37000 册
定　　　价：49.00 元

未经许可,不得以任何方式复制或抄袭本书之部分或全部内容。
版权所有,侵权必究
举报电话:010-62752024　电子邮箱:fd@pup.pku.edu.cn

丛书出版前言

作为一家综合性的大学出版社,北京大学出版社始终坚持为教学科研服务,为人才培养服务。呈现在您面前的这套《21世纪经济与管理规划教材》是由我国经济与管理领域颇具影响力和潜力的专家学者编写而成,力求结合中国实际,反映当前学科发展的前沿水平。

《21世纪经济与管理规划教材》面向各高等院校经济与管理专业的本科生,不仅涵盖了经济与管理类传统课程的教材,还包括根据学科发展不断开发的新兴课程教材;在注重系统性和综合性的同时,注重与研究生教育接轨、与国际接轨,培养学生的综合素质,帮助学生打下扎实的专业基础和掌握最新的学科前沿知识,以满足高等院校培养精英人才的需要。

针对目前国内本科层次教材质量参差不齐、国外教材适用性不强的问题,本系列教材在保持相对一致的风格和体例的基础上,力求吸收国内外同类教材的优点,增加支持先进教学手段和多元化教学方法的内容,如增加课堂讨论素材以适应启发式教学,增加本土化案例及相关知识链接,在增强教材可读性的同时给学生进一步学习提供指引。

为帮助教师取得更好的教学效果,本系列教材以精品课程建设标准严格要求各教材的编写,努力配备丰富、多元的教辅材料,如电子课件、习题答案、案例分析要点等。

为了使本系列教材具有持续的生命力,我们将积极与作者沟通,争取三年左右对教材不断进行修订。无论您是教师还是学生,您在使用本系列教材的过程中,如果发现任何问题或者有任何意见或者建议,欢迎及时与我们联系(发送邮件至 em@ pup. cn)。我们会将您的宝贵意见或者建议及时反馈给作者,以便修订再版时进一步完善教材内容,更好地满足教师教学和学生学习的需要。

最后,感谢所有参与编写和为我们出谋划策提供帮助的专家学者,以及广大使用本系列教材的师生,希望本系列教材能够为我国高等院校经管专业教育贡献绵薄之力。

北京大学出版社
经济与管理图书事业部
2010年1月

第二版前言

这本《新制度经济学》初版(2007年2月)到现在快5年了,其间印刷了5次。这期间,国内外新制度经济学的研究也有许多新进展,为了更好地跟踪新制度经济学发展的新趋势,特邀请本教材的一部分作者参与了修订。

我们修订的原则是,第一,按教材编写的要求(语言简洁、概念定义准确、层次清楚、逻辑性强、可读性强等)对大多数章节进行修改,删除一些表述复杂或难以读懂的语句,或将其简化。第二,调整结构。第一版的第二章(新古典经济学与新制度经济学)、第三章(博弈论与新制度经济学)、第四章(演化经济学与新制度经济学)合并形成第二版的第二章(新制度经济学与其他流派之间的关系)。第一版中的第六章(相互依赖性、合作与互惠制度)在第二版中是第八章。此外,第二版中的第九章(集体行动与制度选择)、第十三章(制度变迁的历史分析)的结构与内容的变动较大。第三,增加新的内容。在第二版中我们尽量把新制度经济学研究的最新成果增添进去,这是我们修改教材的动因所在。一本教材只有不断地反映本领域的新成果、新趋势才有生命力。第四,调整案例。在第二版每章后面我们都选择了两三个案例,并且增加了中国历史与现实中的案例。新制度经济学是真实世界的经济学,好的案例会大大地增加教材的价值。

在这次修订中,易杏花对第二版第三章(人类行为)、罗小芳对第六章(契约理论)、崔兵对第七章(企业理论)进行了修订。杨虎涛对第二版第二章的第三节及第十一章(制度演化理论)分别进行了压缩与修订。第十二章(制度变迁的博弈分析)这次没有修订。其他章节都由卢现祥进行了修订、补充与完善。最后,卢现祥对第二版的书稿进行了统编。第二版与第一版相比有了较大的改进,但与我们的预期目标相比还是有距离。希望今后有时间再作修订。

卢现祥

2012年6月8日

第一版前言

自 20 世纪 90 年代初科斯、诺思等人的新制度经济学论著被引入中国后,新制度经济学对中国经济学界(还包括法学、社会学、政治学等)产生了重要的影响。目前,新制度经济学作为西方经济学界的一个重要流派,每年都有大量文献产生。当前西方新制度经济学发展中的一个突出问题是如何对其理论体系进行梳理和整合研究。正如美国经济学家阿兰·斯密德所说,制度经济学的问题不是没有理论,而是拥有太多彼此孤立的理论。①

一个经济学家为什么应该对社会制度感兴趣?为什么不将这个问题留给人类学家或社会学家?原因在于当今的经济学被制度方面的短视所框死了,或者说不研究制度严重地阻碍了经济学对社会问题的分析。这种短视产生于我们对市场制度的偏执,以及我们在分析中引入更为多元化的制度集合的失败。这种短视可能会在一些其他制度安排可能更为有效率地方导致对于市场方案的支持。② 当然,新制度经济学的发展不可能替代新古典经济学,但是它会不断地丰富经济学,拓宽经济学的领域,并且会提高经济学的解释力。

新制度经济学的理论和方法不仅对于经济学界产生了重要的影响,而且也对法学、历史学、社会学、政治学等社会科学的研究产生了较大的影响。国外有学者提出,新制度经济学能统一社会科学。统一社会科学的创想直接来源于科斯和诺思(科斯,诺思,2003)。国际制度经济学学会中的许多经济学家都认为,起码可以在政治学、经济学、社会学、历史学、人类学、认知科学,甚至包括社会心理学等学科的领域内,用制度一统天下。而我们认为,能否用制度一统天下,尚需实践来检验。但是,制度经济学的方法越来越多地被政治学、社会学、法学等学科的学者所关注,甚至应用,这是不争的事实。我们只要查一下社会科学的专业文献便可以发现,新制度经济学及专业词汇出现的频率越来越高。

一种理论或研究范式不能在彼此孤立中长期发展,它需要有一个框架来集中本领域的学者形成合力。同时也有利于给初入这个领域的人们一个"指南图"。本教材试图建立一个"三个三"的新制度经济学框架(见第一章)。我们建立这个框架主要基于两个方面的考虑:一是能反映新制度经济学的主要成果;二是要揭示新制度经济学的主要问题和其发展的基本趋势。在这种思想的指导下,由主编形成了这个框架,然后分工撰写,历时两年,形成了这本教材。具体章节撰写如下,第一章、第二章(卢现祥)、第三章(余静文)、第四章(第一节:卢现祥;第二节:杨虎涛)、第五章(易杏花)、第六章(卢现祥)、第七章(卢现祥、邱海洋)、第八章(朱巧玲)、第九章(罗小芳)、第十章(崔兵)、第十一章(朱巧玲)、第十二章(卢现祥、朱巧玲)、第十三章(第一、二节:杨虎涛;第三节:卢现祥)、第十四章(丁际刚)、第十五章(第一、二、三节:闵娜;第四节:余静文)、第十六章(徐文华)。本书最后由卢现祥、朱巧玲统编定稿。

把彼此孤立的并正在发展的理论综合起来是一个难度相当大的工作。尽管我们作出了努力,但这本教材中的错误还是在所难免,我们真切希望读者批评指正。在编写中,我们参考了大量国内外学者关于新制度经济学的成果,在此表示深深的谢意。尽管我们作了详细的注释,也许还是会有遗漏,请相关作者谅解。让我们共同努力,为新制度经济学的发展作出自己的贡献。

主编
2006 年 9 月 8 日

---

① [美]阿兰·斯密德:《制度与行为经济学》,中国人民大学出版社 2004 年版。
② [美]安德鲁·肖特:《社会制度的经济理论》,上海财经大学出版社 2003 年版,第 12 页。

目录

1 第一章 导论

19 第二章 新制度经济学与其他流派之间的关系
    20 　第一节 新古典经济学与新制度经济学
    30 　第二节 博弈论与新制度经济学
    42 　第三节 演化经济学与新制度经济学

51 第三章 人类行为
    52 　第一节 理性
    57 　第二节 有限理性
    61 　第三节 行为经济学视阈中的人类行为
    66 　第四节 人类行为与制度

77 第四章 交易费用及其测量
    78 　第一节 交易费用的基本概念
    88 　第二节 交易费用范式
    94 　第三节 交易费用测量的两个层次及其变化趋势

112 第五章 产权理论
    113 　第一节 产权的内涵、构成与分类
    119 　第二节 产权的功能与属性
    124 　第三节 产权的起源和保护
    133 　第四节 科斯定理

149 第六章 契约理论
    150 　第一节 契约概述
    160 　第二节 古典契约理论和新古典契约理论
    165 　第三节 现代契约理论

182 第七章 企业理论
- 183　第一节　企业的本质与边界
- 191　第二节　企业产权理论
- 199　第三节　公司治理
- 211　第四节　企业家与企业

224 第八章 相互依赖性、合作与互惠制度
- 225　第一节　相互依赖
- 228　第二节　合作
- 238　第三节　互惠制度

247 第九章 集体行动、利益集团与制度选择
- 248　第一节　集体行动的基本要素
- 256　第二节　集体行动逻辑与自主组织理论
- 260　第三节　集体行动的问题
- 264　第四节　制度选择中的利益集团

280 第十章 国家理论
- 281　第一节　国家的定义与职能
- 289　第二节　诺思的国家理论与巴泽尔的国家理论
- 298　第三节　强化市场型政府

310 第十一章 制度演化理论
- 311　第一节　社会演化理论的影响
- 318　第二节　制度演化理论的发展
- 330　第三节　制度演化的层次及其分析

340 第十二章 制度变迁的博弈分析
- 341　第一节　制度与制度起源：博弈论视角
- 346　第二节　制度多样性与均衡选择

367 第十三章 制度变迁的历史分析
- 368　第一节　新经济史学

374 | 第二节　新经济史学的制度变迁分析
387 | 第三节　制度变迁的路径依赖理论

407　第十四章　技术变迁、制度变迁与经济发展

408 | 第一节　技术变迁与经济发展
413 | 第二节　制度变迁与经济发展
425 | 第三节　经济发展中的技术变迁与制度变迁：联系及互动

第一章 导 论

> 为什么每种经济中都会出现不同的制度安排？为什么无效的制度还会存在？为什么我们人类社会还不能选择有效的制度安排？制度演进的规律是什么？为什么会存在路径依赖？这些正是以科斯、诺思为代表的新制度经济学派所热衷求解的问题。新制度经济学的主要贡献在于把制度问题推向了经济学的前沿，特别是它明确指出制度发展的路径依存(path-dependence)，各种制度的相互依存关系(互补性)，以及作为向市场制度提供基础的政治结构的特征，等等。[①]

---

① [日]青木彦昌:《比较制度分析——起因和一些初步的结论》，载孙宽平主编《转轨、规制与制度选择》，社会科学文献出版社2004年版，第129页。

一、什么是新制度经济学

新制度经济学就是用经济学的方法研究制度的经济学。把制度作为经济学的研究对象并不是始于以科斯、诺思为代表的新制度经济学,众所周知,康芒斯、加尔布雷思等都是美国制度主义的代表人物(科斯称他们为近代制度经济学)。他们都主张和强调对制度的研究。T. W. 舒尔茨在其《制度与人的经济价值的不断提高》一文中将制度定义为管束人们行为的一系列规则。诺思把规则分为正式规则、非正式规则及实施机制。这一定义为以后研究制度的学者所接受。

按照罗纳德·H. 科斯的定义,新制度经济学就是利用正统经济理论(新古典经济学)去分析制度的构成和运行,并去发现这些制度在经济体系运行中的地位和作用。新制度经济学不仅拓展了经济学的研究范围,而且还促使人们思考经济学的研究范围到底是什么。用科斯自己的话来说,"当代制度经济学是经济学本来就应该是的那种经济学。"言外之意是,现在的主流经济学还不是"应该是的那种经济学"。

"新制度经济学"(new institutional economics)这个概念是由威廉姆森最先提出来的。新制度经济学特别强调对人的研究。科斯指出,"当代制度经济学应该从人的实际出发来研究人,实际的人在由现实制度所赋予的制约条件中活动。"[①]新制度经济学的另一代表人物道格拉斯·C. 诺思认为,"制度经济学的目标是研究制度演进背景下人们如何在现实世界中作出决定和这些决定又如何改变世界。"[②]科斯与诺思都强调了新制度经济学应该研究人、制度与经济活动以及它们之间的相互关系。如科斯所说,标志当代制度经济学特征的应该是它所探讨的问题是那些现实世界提出来的问题。

现代经济学的发展呈现出三大趋势:一是完善新古典经济学的自身,如把一些思想模型化等。二是在新古典经济学的前提上做文章,主要是改变其假设条件,如从零交易成本假设到交易成本为正的转变,从抽象掉产权到引入产权的分析,从完全信息到不完全信息的转变,从完全契约到不完全契约的转变,等等。三是把新古典经济学拓展到其他领域的研究,如贝克尔用经济学分析婚姻、家庭、犯罪等,布坎南用经济学分析政治、政府等,诺思等用经济学观点重新分析历史,创立了新经济史学等。后面两种趋势使经济学与其他社会科学越来越接近。在这种趋势的形成过程中,新制度经济学是一支重要的力量。新制度经济学强调研究真实的世界,这是它与新古典经济学相区别的地方。如,新古典经济学是零交易成本假设,新制度经济学是研究交易成本为正的世界;新古典经济学把产权作为既定的前提,而新制度经济学分析不同产权安排绩效是不一样的;新古典经济学把企业看做是生产函数,而新制度经济学打开了企业这个黑箱。

新制度经济学是应用现代微观经济学分析去研究制度和制度变迁的产物。人类的理性选择(在具体的约束条件下)将创造和改变诸如产权结构、法律、契约、政府形式和管制这样一些制度。这些制度和组织将提供激励或建立成本与收益,最终这些激励或成本与收益关系在一定时期内将支配经济活动和经济增长。[③]

---

① [美]R. 科斯:《企业、市场与法律》,上海三联书店1990年版,第255页。
② [美]道格拉斯·C. 诺思:《经济史中的结构与变迁》,上海三联书店1991年版,第2页。
③ [美]小罗伯特·B. 埃克伦德等:《经济理论和方法史》,中国人民大学出版社2001年版,第361页。

新制度经济学是相对近代制度经济学而言的。科斯把康芒斯、凡勃仑、加尔布雷斯等美国制度主义学者称为近代制度学派,而他们是新制度学派。科斯认为,新制度经济学与近代制度经济学并没有什么理论上的渊源关系。在某种程度上讲,新制度经济学与近代制度经济学在理论上还是对立的。近代制度经济学的观点不是理论性的,而是反理论的,他们尤其反对古典经济理论。他们没有一个理论,除了一堆需要理论来整理不然就只能一把火烧掉的描述性材料外,没有任何东西留传下来。而新制度经济学恰恰相反,他们利用正统经济理论(包括古典经济理论)去分析制度与现实问题。施蒂格勒也曾指出,近代制度经济学的失败是因为它没有提出实证的理论学说。它当时所表现的仅仅是对正统经济理论的不满和批判态度。它注定得不出什么新东西。近代制度经济学的悲剧就在于他们没有留下什么理论工具(或范式)供别人或后人去使用。他们杂文般的笔调读后确实令人痛快,仅此而已。人们很难沿着他们的足迹继续前进。

在两次世界大战之间,制度主义实际上是美国经济思想中的主导派。它之所以把阵地丧失给了新古典主义,根本原因是它忽视了发展基本理论。近代制度主义在奠定了制度规范和习惯的重要地位后,低估了花大力气描述经济政治制度的性质和功能这种工作的意义。近代制度主义者变成了出类拔萃的资料收集者,他们没有理论框架,企图通过越来越细地描绘具体经济制度的图景来描述"现实"。没有理论框架,科学就不可能进步,并且没有任何对现实的观察是独立于理论或概念的。与主流经济学坚持认为中心的经济问题是资源配置、收入分配及收入、产量和物价等水平的决定不同,近代制度学派认为经济体系的组织和控制问题,即经济体系的权力结构应该摆在第一位,他们思想的主要特点是它的整体主义和进化主义。

把制度作为经济学的研究对象是新制度经济学对正统经济理论的一场革命。经济理论的三大传统柱石是天赋要素、技术和偏好。随着经济研究的深入,人们越来越认识到仅有这三大柱石是不够的。新制度经济学家以强有力的证据向人们表明,制度就是经济理论的第四大柱石,制度至关重要。土地、劳动和资本这些要素,有了制度才得以发挥功能。制度对经济行为影响的有关分析应该居于经济学的核心地位,但为什么制度又被长期排斥在经济理论分析之外(或被抽象掉了)呢?这个中原因值得探讨。其中一个主要原因可能是,尽管制度因素(如经济组织形式、政策法规等)对社会经济发展的影响无处不在,人们也能够意识到,但是人们却没有一套理论工具(或理论范式)去分析制度的影响及其功能。以科斯为代表的新制度经济学创立了有效分析制度的范式。

威廉姆森把新制度经济学的重要特征概括为四个方面:①新制度经济学充分假设,制度有深刻的效率因素。也就是说,不同制度下绩效是不一样的。②新制度经济学坚持认为资本主义经济制度的重要性,不仅在于技术本质,还在于管理方式结构,后者带来不同的经济类型中信息传递、激励和分权控制的区别。③新制度经济学用的是比较方法,一种可行的形式与另一种相比,而不是与抽象的无摩擦的理想形式相比较。比较中的基本概念就是交易成本。④新制度经济学认为,经济组织的中心问题,归本求源是人类活动者的行动属性,行为假设被看做是现实中的重要部分,这个层次的严重失败将导致制度经济学的危机。① 注重对人类行动属性的深入分析成为新制度经济学的特征之一。

---

① 威廉姆森:《阿罗和新制度经济学》,收于《阿罗与经济政策的理论基础》,麦克米伦1975年版。

新制度经济学是真实世界的经济学。这主要表现为新制度经济学对新古典经济学的一些修正。在人类行为的假设上,新古典经济学是完全理性,而新制度经济学是有限理性;在交易费用上,新古典经济学假设交易费用为零,而新制度经济学是交易费用为正;在产权上,新古典经济学假设产权不变或既定的前提,而新制度经济学认为不同产权安排下绩效是不一样的;在契约上,新古典经济学主要是完全契约,而新制度经济学则强调不完全契约;在企业上,新古典经济学假定企业是一个生产函数,而新制度经济学强调企业的治理;新古典经济学强调竞争,而新制度经济学注重合作的研究,等等。这些都表明,新制度经济学更接近现实,是真实世界的经济学。

二、新制度经济学家的基本信念

新制度经济学可以说是一个"筐",什么东西都可以往里装。与历史上许多经济学流派不同,新制度经济学目前还没有一个大家公认的统一框架。制度经济学的问题不是没有理论,而是拥有太多彼此孤立的理论。如何把这些彼此孤立的理论"联结"起来,形成一个有机体,是当代制度经济学家们所共同面临的一个基本问题。

"新制度主义者"的学者,通常关注下述四个研究领域:①交易成本和产权;②政治经济学和公共选择;③数量经济史(一般是以一种制度的微观经济学的框架为基础);④认知、意识形态以及路径依赖的作用。① 在新制度经济学研究中,关注和研究得最多的是交易成本和产权。可以说,这是新制度经济学的核心部分。

新制度经济学研究的两个核心问题是:①制度如何影响经济增长;②制度如何兴起。② 从感觉和逻辑上来讲,制度很重要,这已经没有什么疑问了。但是,制度如何影响增长?如何在众多因素中分析制度对经济增长的贡献?目前的论证大多数还是间接方法。关于制度起源分析的视角较多,本书重点从博弈、演化及历史三个维度来分析制度的起源问题。制度如何兴起也是新制度经济学发展中面临的另一个基本问题。制度是社会的激励机制,所以理解"它们如何运作"和"为什么它们存在缺陷"是很有必要的。我们并没有形成一套完整的理论可以解释制度的形成,它们如何影响经济绩效和演变过程,以及它们怎样才能与新古典(价格)理论相结合。③ 他们在研究的主题方面,以及所使用的或者试图发展的研究方法方面具有一些共同的基本信念:

(1)法律、政治、社会和经济的制度对经济绩效有重要的影响。新制度经济学所说的制度是多方面的,不仅包括经济制度,而且还包括政治、法律制度。目前,新制度经济学关于制度的研究在人类制度史上还只是其中极小的一部分,不过在每个领域,都有相应的分支在研究。如经济制度,新制度经济学作了不少的研究;在法律领域,法经济学表现得极为活跃;而在政治领域,有公共选择学派的研究。还有诺思提出的交易成本政治学,把交易成本分析引入政治及政策分析中。每种制度会直接或间接地对经济绩效产生重要的影响。此外,还涉及法律、政治、社会和经济制度之间的互补性对经济绩效的影响。

---

① [美]约翰·N.德勒巴克等:《新制度经济学前沿》,经济科学出版社 2003 年版,第 2 页。
② 同上。
③ 诺思:《资本主义与经济增长》,载《站在巨人的肩上——诺贝尔经济学奖获得者北大讲演集》,北京大学出版社 2004 年版,第 72 页。

（2）制度可以使用新古典传统中发展起来的一些严格的理论和经验方法来进行分析，同时，传统工具在更好地理解影响经济绩效的制度的发展和作用方面是有用的这一点被得到认可。强调运用新古典理论分析制度的构成和运行是新制度经济学的基本价值取向。尽管用新古典理论分析制度还存在不足或局限性，但是对于我们理解制度问题还是起着基础性的作用。在新古典经济学的基础上，再引入博弈论、演化经济学及行为经济学等可以弥补新古典经济学在分析制度上的不足。

（3）理论和经验分析应该是交互式的并且一起随着时间的变化而演化。理论识别能够被经验检验的关系，而经验规律对已有理论的适用性提出疑问，并对理论发展提出新的目标。在这方面，新制度经济学特别强调案例研究，通过历史或现实中的"故事"来检验理论，同时在讲"故事"的过程中又可以总结出理论或经验。这两者（理论和经验）的互动成为新制度经济学建立理论体系的一条有效路径。

（4）学科间的研究对于理解制度的作用以及制度怎样影响经济行为和绩效具有重要意义。来自于历史学、法学、心理学、人类学、社会学、宗教学和其他相关学科的贡献对于推动我们对制度及其对经济的影响以及经济政策后果的理解方面能够发挥重要作用。制度因素在不同的社会科学里都不同程度地存在，只是研究的侧重点不同，还没有上升到一般层次，并且没有对制度的起源及演变进行研究，新制度经济研究并填补了这一空白，新制度经济学所研究的制度具有一般性、演变性等特点。新制度经济学关于制度研究的范式可以被其他社会科学所借鉴。不同制度安排下人的行为是不一样的，如不同的经济制度安排会影响经济人的行为，不同政治制度的安排会影响政治家的行为，不同的文化环境会影响人们的行为等。斯蒂格利茨说，新制度经济从新的视角来解释制度并检查它的结果。21世纪将是新制度经济学繁荣发达的时代，它将对越来越多的引导经济事务的具体制度安排提出自己的真知灼见，并且为改变这些安排以增强经济效率提供理论基础。斯蒂格利茨这种说法还应该加上一点，即注重对制度从不同层面的分析已经成为社会科学的共同任务。

（5）关于技术变迁、创新扩散以及制度对两者的影响的更长期的动态考察应该在经济分析中起着更加核心的作用。技术变迁与创新扩散是经济发展中最为重要的组成部分。但技术变迁和创新扩散不是自然而然地产生的，它需要制度体系来支撑。制度对技术变迁及创新扩散的影响是客观存在的，但是其影响的机制尚需深入研究。

（6）我们对制度的理解应该更加丰富，以使我们运用经济理论和经验知识来分析一系列广泛的经济文化和政治体制。目前，新制度经济学的研究主要针对西方国家和资本主义制度，随着制度经济学研究的深入，其研究领域会不断扩展，这包括①对发达和发展中国家制度的研究；②对具有包含多种"民主"实施方式的一系列政治制度的国家的研究；③对具有一系列文化的、宗教的、种族的、部落的和家庭的传统的国家的研究。这些研究将会大大地丰富新制度经济学的体系。

（7）制度分析试图理解政府的作用以及政治制度在政策形成、实施和经济绩效中的作用，但是制度分析本身并没有提供一个政治的议程。制度分析最终要上升到国家这个层面上来。在制度构成中，正式制度是重要组成部分，这一部分制度的形成与国家理论密切相关。但是,新制度经济学还没有一个公认的国家理论,这也是新制度经济学亟须探讨的重点问题之一。①

三、为什么新制度经济学很"红火"

19世纪末至20世纪30年代,是自由资本主义向垄断资本主义转变的时期,资本主义国家国内矛盾加剧,而1929—1933年的经济大危机,则使正统经济学受到普遍质疑,在这种背景下,出现了对资本主义制度反思和批判的思潮是必然的,这一时期的时代背景,结合新古典本身的缺陷,导致了制度主义的兴起。概括起来,制度主义的发展主线是德国历史学派→美国老制度经济学→新制度经济学。最初,制度主义是处于异端地位,但随着制度主义不断演变与发展,尤其是新制度经济学的出现,其越来越受到经济学界的关注。20世纪90年代初以来,科斯、诺思、威廉姆森相继获得诺贝尔经济学奖,使新制度学派的影响达到了顶峰。

新制度学派针对传统经济学认为的市场无摩擦、具有完备信息、无逆向选择和无道德风险、忽视产权和交易成本等问题,通过引入信息和交易成本以及产权的约束,修正和发展了新古典经济学。科斯、阿尔钦、威廉姆森、诺思、德姆塞茨和张五常作为新制度学派的代表人物,为新制度经济学的发展作出了杰出贡献:威廉姆森在科斯研究的基础上,建立起了交易成本经济学,形成了一个从契约角度来看待和研究经济组织的新制度经济学的分支;德姆塞茨和阿尔钦则循着科斯的思路创立和发展了产权经济学,其主要内容是研究产权的安排和效率在经济运行中的作用;诺思和戴维斯通过对经济史的研究总结出了近代经济增长的制度原因以及制度变迁的规律,即制度变迁理论。

和早期的制度分析相比,新制度经济学在以下几个重要方面有所创新:一是坚持逻辑实证主义方法论,把传统微观经济学的边际均衡分析方法与制度分析方法结合起来。二是以资源配置为主题,改变了其他制度主义者主题过于宏大和杂乱的状况。三是创立了"交易费用"范畴,在原来新古典经济学的生产成本这一种约束条件的基础上,引入了新的约束条件,依托交易成本概念,新制度经济学运用新古典经济学的逻辑推理和抽象分析方法进行制度变迁分析,它重视制度均衡的分析意义,并在"需求—供给"框架下展开对制度变迁的研究,这是它和新古典相互兼容的基础。同时,新制度经济学强调资源配置的最优问题与既定经济社会的激励结构问题不能分离,而激励结构是由制度及产权决定的,这又是对新古典的拓展。因此,新制度经济学既具有制度主义的一定批判性,也为主流经济学所接纳,从而得到迅速发展并引人注目,从深层次上看,其基本方法论和理论假设与主流经济学的趋同才是新制度经济学兴起的真实原因。

新制度经济学的产生有长期的理论积累过程。在过去的20年里,制度重要这一认识获得了迅速的普及。有人把这一发展比作哥白尼式的革命。为新制度经济学的形成和发展作出贡献的学者主要有:弗里德里希·冯·哈耶克及其他奥地利学派的学者;罗纳德·科斯,他使经济学家注意到了交易成本的各种后果,他把交易成本及产权引入经

---

① Paul L. Joskow, *New Institutional Economics: A Report Card*, June 2, 2004, http://www.isnie.org/old_conferences.html.

济分析之中,从而大大地提高了经济的解释力;詹姆斯·布坎南及其他"公共选择"学派的理论家;经济史学家,如道格拉斯·诺思,他通过分析以往的经济发展发现了制度的重要性;还有像威廉·维克里那样的经济学家,他揭示了人具有有限而非对称信息的后果。这些学者分别在1974年(哈耶克)、1986年(布坎南)、1991年(科斯)、1994年(维克里)获得诺贝尔奖。这一事实说明,制度经济学的研究正处于上升阶段。①

新制度经济学在近期兴起有其现实需要。二次世界大战以后,受凯恩斯主义的影响,激增的政府干预和日益政治化的经济生活导致了许多无法预料的后果。在这些后果的影响下,资本主义制度下的传统经济秩序面临新的挑战。这导致了较低的经济增长速度并助长了对公共政策的不满。日益精简的法律和有效的制度安排被视为对经济后果和社会后果至关重要。越来越多的政策制定者认识到制度需要培育。新兴工业国家和不发达经济的人们也意识到,传统的经济增长理论没有涉及经济发展问题中重要的、真正具有本质的方面,特别是没有涉及实现自由、经济繁荣和安全的制度发展。而当人们在分析东亚国家与非洲经济的增长经历何以如此大相径庭时,制度的关键作用是确凿无疑的。

新制度经济学的产生、发展与经济全球化密切相关。近几十年来,国际竞争有了发展。在很大程度上,这也是不同制度系统之间的竞争。在吸引推动经济增长的资本和企业方面,有些规则系统已证明是成功的,而那些屈居下风的国家则开始努力仿效成功国家的制度。国与国之间的竞争在很大程度上是制度的竞争。尽管国与国之间、地区与地区之间的制度竞争看不见、摸不着,但却客观存在,并且愈来愈激烈。有人讲,21世纪世界的竞争将是制度之间的竞争。谁的制度好,资源就会流向那里。人才、资金及技术等都会流向那些制度环境好的地方。

新制度经济学的在近些年的兴旺与大量经济转型国家的存在及其这些国家对制度经济学的需要也密切相关。转型国家的人口几乎占世界的三分之一。经济转型主要是从传统的计划经济或管制经济向市场经济过渡。转型的实质是制度变迁或制度创新。现在,转变前社会主义社会的挑战已经吸引了众多经济学家的才智,使之聚焦于各种制度在利用知识、鼓励企业和交易上的重要性。同样,那些顽固坚持收入再分配和公共福利供给从而存在大量政府管制经济的西欧,也正体验着创新减缓、增长放慢和新就业机会减少。那里的许多观察家目前也在呼吁制度改革。要想理解他们的论据,首先需要将制度明确地纳入经济学理论。如果将明晰的制度分析排斥于研究之外,就完全无法满意地解释,为什么将许多像福利供给那样的政府经济活动(重新)私有化在总体上是有益的,以及为什么解除管制会有好处。② 新制度经济学关于制度变迁和制度创新等方面的分析有利于帮助人们掌握转型中一些规律性的东西,有利于决策者在改革方案的设计上更科学,从而降低制度变迁的成本。

新制度经济学的理论和方法不仅对于我国经济学界产生了重要的影响,而且也对法学、历史学、社会学、政治学等社会科学的研究产生了较大的影响。新制度经济学能统一

---

① [德]柯武刚、史漫飞:《制度经济学——经济秩序与公共政策》,商务印书馆2000年版,第1—4页。
② 同上。

社会科学。这种创想直接来源于科斯和诺思(科斯、诺思,2003)。国际制度经济学学会中的许多经济学家都认为,起码可以在政治学、经济学、社会学、历史学、人类学、认知科学,甚至包括社会心理学等学科领域内,用制度一统天下。能否用制度一统天下,尚需实践来检验。但是,制度经济学的方法被越来越多地被政治学、社会学、法学等学科的学者所关注,甚至应用。我们查一下社会科学的专业文献可以发现,新制度经济学及专业词汇出现的频率越来越高。

我们把新制度经济学统一社会科学界定为,新制度经济学在经济学与其他社会科学之间建立起一种互动机制。新制度经济学以其特有的范式为社会科学之间的合作提供了一个平台。这种互动机制将有利于社会科学(包括经济学)的繁荣与发展。

新制度经济学在一定范围内向古典经济学的复归拉近了经济学与社会科学之间的距离,新制度经济学的一个基本特征是用新古典经济学的理论和方法研究被新古典经济学所忽略的问题,如制度、产权、交易费用等。社会科学都研究人,新制度经济学研究现实的人,注重制度与人的互动关系研究,提出了不同制度安排下人的行为不一样的基本命题。社会科学在研究人的问题上有所分工,如经济学强调经济人,社会学强调社会的人,等等,这种分工有利于社会科学从不同层面深化对人的认识,但是有一定的局限性。这种局限性表现为每个学科只强调本学科研究的那个层面,忽略人的复杂性及现实的人。新制度经济学强调从现实的人出发来研究人,新制度经济学关于人的假设的变化不仅有利于本学科的发展,而且有利于社会科学的发展。如新古典经济学的经济人是不需要制度约束的,市场这只看不见的手就可以使经济人作出有利于社会的事情来。但事实并非如此。现实的人是需要制度约束的,制度的好坏不仅影响着人的行为,还影响一国经济绩效和发展。新制度经济学关于现实的人的分析主要是加入了有限理性和人的机会主义行为倾向。

新制度经济学在经济学与其他社会科学之间的合作架起了桥梁。在某种意义上讲,新制度经济学是一个边缘学科,其基本特点就是处于经济学与社会科学之间。分工与合作是社会科学繁荣的根本之路。在古典经济学时期,经济学与其他社会科学之间是联系在一起的,你中有我,我中有你。新古典经济学在边际主义革命下,越来越公式化、数学化、模型化,这有利于经济学自身的完善,但是这也一方面使经济学与现实的差距越来越大,另一方面使经济学与社会科学之间的界线越来越明显。

有人把科斯理论称为一场革命,认为科斯理论应当比凯恩斯理论更具有生命力。但是,凯恩斯理论很快被大多数经济学教科书所采纳,很快成为主流经济学。目前,虽然越来越多的经济学家开始相信科斯理论必定是现实而有效的微观经济理论的一个基础性组成部分。然而,科斯革命远没有凯恩斯革命"红火"。科斯本人在1998年5月的美国经济学年会上的发言中称:"可以肯定的是,主流经济学在其发展过程中没有任何本质意义上的改变。它现在仍然是这样"。[①] 为什么真正的科斯革命尚未出现?有的学者认为有这样几个原因:第一,正统经济学家们不愿意看到大量积累和智力资本被废弃和毁灭。

---

① 罗纳德·科斯:《新制度经济学》,《美国经济评论》1998年5月,第72—74页。

那些为掌握现行理论做出过艰辛努力并运用它工作的人尤其不愿意看到还有其他更加有用的真理。他们具有通过贬低和漠视新理论并抵制它的动力。第二,新理论突破的困难。一个全新的观察现实世界的方式要改变我们大脑中的传统观念是一个缓慢的过程。新的知识结构替代现存结构是一个很艰难的过程。[①] 第三,凯恩斯理论与科斯理论相比,更容易模式化、公式化。这也是凯恩斯理论很快成为主流经济学的重要原因之一。此外,凯恩斯理论作为一种开创性的宏观理论,不存在"大量积累和智力资本被废弃和毁灭"的现象。而新制度经济学要在成熟的微观经济学中加入新东西确实是一场革命。

制度是人类文明的结晶,因此各种社会科学都与制度有着内在的联系,制度是社会科学的一个共有范畴,人与制度的关系是贯穿于社会科学的一条主线,新制度经济学与其他社会科学之间都关注制度问题,这是他们共同的地方,但是他们对制度关注的层面及视角不一样,这是他们不同的地方。诺思把制度分为正式约束、非正式约束及实施机制。无论是正式制度还是非正式制度都是人类文明的结晶。对于正式约束的研究涉及法学及政治学等,而非正式约束则涉及伦理学、文化学及社会学甚至人类学等。人类文明许多体现为一种制度,并且通过制度延续下来。

制度是约束人们行为的一种规范,制度是一种"游戏规则"。同时,制度又是一种稀缺要素。以往人们认为,资金、劳动力、技术之类的要素短缺会制约经济发展,新制度经济学分析表明,制度短缺或制度供给的滞后同样会制约经济发展。在经济活动中,资金设备短缺可由劳动力替代,劳动力短缺可用机器设备替代,只要市场充分发展或健全,这些问题并不难解决。但是,制度具有"资产专用性",制度短缺不能由其他要素来替代。一种体制比另一种体制效率高的原因就在于制度的不同。同样的生产要素在不同国家效益的差异实质上也就是一种制度的差异。发展中国家与发达国家的差距主要是制度差异。一国经济并不是生产要素的简单叠加,土地、劳动力和资本、技术这些要素,有了制度才得以发挥功能。奥尔森曾经就影响一国经济发展的因素进行过分析,他发现人口密度高的国家,如日本经济就相当发达,人口密度低的一些国家,如非洲的一些国家经济却很落后。发展中国家资本收益率要比发达国家的资本收益率要高得多,但是当今国际资本更多地还是流向了发达国家。技术也不是影响一国经济发展的决定性因素,一个国家只要拿出 GDP 的 1% 多一点引进国外的技术就够了。

奥尔森发现,影响一国经济发展的决定性因素是制度。有效的制度是发达国家的共有特点。现在世界上发展得比较快的发展中国家也是制度方面变化比较大的国家。诺思在其一本书(1990)中,对为什么一些国家富裕而另一些国家贫困进行了分析,他的结论是:"由于缺少进入有法律约束和其他制度化社会的机会,造成了现今发展中国家的经济长期停滞不前。"为什么发展中国家难以形成有效的制度?可以说,有效制度的形成是对制度变迁需求和对制度变迁供给相互作用的结果。而"对制度变迁需求的转变是由要素与产品的相对价格的变化以及与经济增长相关联的技术变迁所引致的;对制度变迁供

[①] [美]科斯、诺思等著,[法]克劳德.梅纳尔编:《制度、契约与组织——从新制度经济学角度的透视》,经济科学出版社 2003 年版,第 56—57 页。

给的转变是由社会科学知识及法律、商业、社会服务和计划领域的进步所引致的"。① 制度化设施的形成需要耗费时间、智慧和精力;制度的形成是多种利益集团经过多重博弈的结果;制度形成还受人们的观念、历史、文化传统、习惯等因素的影响,等等。新制度经济学提出了制度在社会经济体系中的地位及作用的重要性,但是对有效制度的形成、制度演变及制度变迁的规律等问题的分析仅有新制度经济学的研究是不够的,这些问题的研究需要社会科学的协同"作战"。

四、制度分析的框架

新制度经济学使用的"制度"与20世纪60年代经济史学家们经常使用的"制度"概念相去甚远。那时"制度"侧重的是形形色色的组织。诺思最近使用的"制度"概念和人类学家使用的文化概念十分接近,只是他特别关注文化的那些对交换产生直接影响并有助于"有效市场"出现的侧面。②

自20世纪60年代以来,当代西方经济学界的制度研究有三大流派:①以交易费用为分析工具的"新制度经济学派",上述研究成果主要反映这一派的观点。②以肯尼思·阿罗、弗兰克·哈恩特及乔治·阿克洛夫等一批当代新古典主流经济学家,他们使用一般均衡的分析方法,引进交易费用研究制度的作用和选择。③以博弈论,尤其是20世纪90年代中后期发展起来的演化博弈论为工具的制度分析,主要代表代表人物有肯·宾默尔、H.培顿·杨、罗伯特·萨格登及阿夫纳·格雷夫等。新制度经济学的现在,正处于发展时期,向其他学科渗透,新的方法和理论也在向新制度经济学的渗透,如博弈论、行为经济学、演化经济学等。现在,新制度经济学正处于成长期。

新制度经济学在两个相互联系的层面上发展:制度环境(游戏规则)和治理制度(游戏运行)。

本书的特色体现在"三个三":

1. 三大理论的综合——新古典经济学、博弈论和演化经济学与新制度经济学的结合

(1)新制度经济学是新古典经济学的延伸和发展。新制度经济学的代表人物(科斯、诺思等)特别强调新制度经济学与新古典经济学的结合。这种结合使新制度经济学的基本框架已经形成,并且使新制度经济学能够融入主流经济学中去。

(2)博弈论与新制度经济学的结合。把博弈论与新制度经济学结合起来的一个重要功能就是建立一个探讨经济运行秩序或制度的起源与形成。博弈论只是一种全新的思考方式,在互动中寻求均衡是现代经济的一般特征,而博弈论正是在互动的假设前提下对决策行为的一种理性思考。所以博弈论不是万能的工具,需要区别具体应用的环境和前提条件。博弈论方法重点研究经济运行秩序或制度是如何产生的,是什么驱使它们产生,即从更为普遍的和更为基本的假设出发,探讨经济运行秩序或制度的起源与形成,因此它在制度分析中显得更为有力。博弈论的重点可能在对政策透明度、政策有效性、

---

① V. W. 拉坦:《诱致性制度变迁理论》,载 R. 科斯、A. 阿尔钦等著《财产权利与制度变迁——产权学派与新制度学派译文集》,上海三联书店1991年版,第328页

② [美]约翰·N. 德勒巴克等:《新制度经济学前沿》,经济科学出版社2003年版,第32页。

政策传导机制等一系列重要问题的分析。

（3）演化经济学与新制度经济学的结合。在过去的20年中出现的"演化经济学"是被称为"新制度经济学"的一部分。"新制度经济学"分析制度演化的过程。新制度经济学家已经将制度稳固地置于经济学的研究日程之中。从研究制度变迁及制度演化的角度来讲，演化经济学更适应作为制度分析的理论基础。对"演化经济学"这一术语的使用，多数可以追溯到纳尔逊和温特的经典著作《经济变迁的演化理论》（1982）。时至20世纪80年代后期，"演化经济学"的研究已被美国和欧洲的制度学派、奥地利学派和熊彼特学派的发展所拓宽和加速了，出现了许多以上述思想的值得注意和富有成果的应用，尤其是在技术变迁领域。演化经济学已经建立起了独具特色的研究纲领，并对经济政策，尤其是技术政策、公司战略和国家创新系统领域，发挥了重要的影响。

2. 制度分析的三个层次——微观层次、中观层次（利益集团）、宏观层次（国家理论）

从制度的层次来看，有正式制度、非正式制度及实施机制。正式制度更多地与国家联系在一起，而非正式制度则更多地与个人、企业及利益集团（微观层次及中观层次）联系在一起，本书（主要在第二篇）试图构建一个完整的制度分析框架，从而为我们分析制度的选择及制度的结构提供一个理论基础。产权及交易费用是制度经济学分析中的基本问题。从制度选择来看，这三大主体在制度选择中的作用是不一样的，他们的相互作用决定着制度的选择及其效率。

在微观层次重点探讨六个问题：

（1）人类行为与制度的关系。在完全理性人的新古典经济学里，没有人类行为与制度的关系的分析，在有限理性假设里，人类行为与制度的关系得到了大量研究。现在不少学者（包括诺思）开始关注人的认知及其人的认知模式与制度的关系。如诺思所说，两个现代领域的发展为未来的发展提供良好的前景：其一是认知科学的进步。它把神经科学中对人脑的研究和哲学与心理学中对意识的研究结合起来，均取得了长足的进步，从而使我们能够更好地理解意识是如何工作的，学习是如何进行的。其二是社会科学家对终将迫使他们直接面对理性问题的博弈论的痴迷，因为博弈论最终取决于人类的思考方式和被理解为常识的东西。[①]

（2）交易费用及测量问题。如果像新古典经济学家那样，假设不存在交易成本从而也不需要节约这些成本的规则，则先进国家中过半数的经济努力，即服务部门中那些大型的和快速增长的处理交易和协调功能的部分，都会被弃置一边。通过低估协调问题，新古典经济学使自己的分析偏重于生产和实际的分配。因此，对于大量涉及组织和协调供求双方决策的现代商务活动来讲，这种理论变得很不适宜。[②]

（3）产权理论。产权与效率的关系已经被许多事实所证明，不同产权安排下的绩效不一样是产权经济学所研究的一个重要问题。新制度经济学家和产权经济学家重视对产权和制度问题的研究无疑使西方经济学拓展了其研究范围，并且大大提高了产权及其

---

① [美]约翰·N.德勒巴克等：《新制度经济学前沿》，经济科学出版社2003年版，第20页。
② [德]柯武刚、史漫飞：《制度经济学——社会秩序与公共政策》，商务印书馆2000年版，第6页。

制度在经济学中的地位。传统的微观经济学把消费和生产理论当做分析中心,把经济活动中人的利益矛盾之类的问题都抽象掉了,"经济人"的问题就是在一组约束条件下如何进行选择的问题了。而产权经济学则认为,经济学要研究的是资源稀缺对人的利益的影响和由此带来的人与人之间的利益冲突。产权经济学要处理和解决的就是人对利益环境的反应规则和经济组织的行为规则。

(4) 契约理论。威廉姆森将经济学分为以新古典经济学为代表的"选择科学"(science of choice)和以新制度经济学为代表的"契约科学"(science of contract),可见"契约"在新制度经济学中的地位。契约理论是近20年来现代经济学最前沿的研究方向之一,也是主流经济学最有前途的研究突破方向之一。

(5) 企业理论。企业是现代市场经济最重要的微观经济主体,企业理论是现代微观经济学取得卓有成效研究成果的重要领域之一。科斯利用其开创的交易费用分析范式对企业本质的分析大大深化了我们对企业的认识,然而经济学家对企业问题的分析仍然存在较大分歧,一个逻辑严密、统一的企业理论还远未形成。从理论研究的目的和范围看,抛开"最优化"问题的争论,企业理论需要着力解决的三个问题是:企业的本质(企业是什么及企业为什么会存在?)、企业产权安排及企业治理问题(激励机制设计)。新制度经济学认为企业的存在是为了节约交易费用,并将企业看成是契约的联结(nexus of contracts),研究通过契约的优化选择对企业的参与者实行控制和激励以增进企业效率。

(6) 合作与互惠制度。人类总在相互交往,我们必须从社会联系中考察人的行为。没有什么人能在稍长一点的时期内单靠自己而很好地活动,他们都受到其伙伴的反应的激励和控制。① 人类的相互依赖性及合作关系产生了大量的互惠制度,而互惠制度是制度分析的微观基础。在行为中自私自利的作用和社会合作的基础等互相纠缠一起的课题,不仅在经济学中是基础性的,而且在所有社会科学及大部分生物学中也是基础性的。②

在中观层次重点探讨集体行动与制度选择的问题:

曼瑟尔·奥尔森(Mancur Olson)证明,在严格坚持经济学关于人及其行为的假定条件下,"经济人"或理性人都不会为集团的共同利益采取行动。也就是说,在追求利润最大化时,并不能得出集体利润最大化的结论。奥尔森直言不讳地说,在经济学乃至整个社会科学中,实际存在两个基本"定律"。所谓"第一定律"是指在某种情况下,当个人仅仅考虑其自身利益时,集体的理性结果会自动产生。这种情况下,个体主义的方法是有效的,个人利益的叠加就是全体利益。这就是亚当·斯密的"看不见的手"。但是在某种情况下,不管个人如何精明地追逐个人利益,社会的理性结果不会自动地发现,此时只有借助于"引导之手"(a guiding hand)或是适当的制度安排,才能求得有效的集体结果。这就是"第二定律"。这种情况下,研究集体行动是研究经济组织的一个出发点。

在奥尔森集体行动理论产生之前,除了马克思主义的阶级分析深刻地揭示了不同阶

---

① [德]柯武刚、史漫飞:《制度经济学——社会秩序与公共政策》,商务印书馆,2000年版,第70页。
② 伊特韦尔:《新帕尔格雷夫经济学大辞典》,第3卷,经济科学出版社,1996年版,第662页。

层的利益矛盾外,很少有学者系统地研究集体行动问题。奥尔森探讨的集体行动困境问题为我们分析制度的性质、制度的变迁及制度的绩效提供了一个中观层次的视角。当前,理论界对于微观层次和宏观层次的制度问题研究比较多,而对中观层次的研究则显得不足。其实,历史与现实中,不少制度到中观层次去分析其产生的根源。

在宏观层次上,重点分析制度与国家理论:

在制度分析中,国家理论占有相当重要的地位。关于制度变迁的国家理论既要解释造成无效率的产权的政治或经济组织的内在的活动倾向,又要能说明历史上国家本身的不稳定性,即国家的兴衰,而这一点通常为人们所忽视。因为国家并不是"中立"的。国家决定产权结构,因而国家最终要对造成经济增长、衰退或停滞的产权结构的效率负责。实际上,产权的出现是国家统治者的欲望与交换当事人努力降低交易费用的企图彼此合作的结果。这种简单的二分法实际上绝非简单,因为对交换当事人来说需花费一定资源去影响政治决策者改变规则。至少就建立理论的起点来说,把国家理论从产权的交易费用方法中独立出来是十分有用的。[①]

在国家理论上,新制度经济学的主要贡献是把国家作为影响经济绩效和制度变迁的内生变量纳入分析框架,并运用经济理论研究了国家的起源、作用和演变等问题。没有国家理论,是不可能对制度问题作出全面的分析。

3. 制度变迁分析的三大视角——演化论、博弈论及历史分析(路径依赖)

这一部分是从演化论、博弈论及历史分析的角度来解释制度变迁的过程、机理,试图从多视角揭示制度变迁的规律。

对制度变迁的演化论解释是探讨制度起源的一种很有潜力的研究思路。对制度变迁的解释上,门格尔(Garl Menger)和哈耶克认为,决定社会秩序的制度是在社会和传统的有机自然演进中浮现出来的,进而他们认为自然演进的结果对于社会而言是最优的。哈耶克还证明:制度的根源是一种演变过程,人们先是对观察到的规律性事物进行分析分类,然后制定规则,使一系统的各个组成部分(各个方面)可以在越来越复杂的分类框架内相互作用。这种演变过程从潜力上说是无止境的,其在某一时刻的结果是不确定的、不可测的。制度演进分析经济学家克普雷斯(Daivd Kreps)、宾莫(Ken Binmore)、霍奇森(Geoffrey Hodgson)等把制度定义为一个社会习俗、传统或行为规范,并在进化博弈的框架下,致力于发展一个由认知能力和学习模型支持的制度演进理论。纳尔逊认为,在发达工业国家,正是制度演进使技术演进,产业组织形成朝有得利于经济可持续发展的方向变化;个人贡献和集体的作用兼而有之,但群体要求转移可以阻止或转变制度演进方向。

在演进经济学视野下,制度作为演进过程的结果,具有以下特点:①演进的锁定——路径依赖。②演进过程是一个复合过程,大多数情况下,演进过程包含着市场、职业和政治因素的综合作用。目前尽管演化经济学还很不完善,但对制度变迁的演化论解释将伴随演化经济学的成长。制度学派研究方法的一个特点就是经济学的研究不再被刻板地分成几个独立的部分。尽管均衡分析可能有一些有限的用处,但有必要对偏好、技术与

[①] 道格拉斯·诺思:《经济史中的结构与变迁》,上海三联书店1994年版,第17—18页。

社会经济体系中的其他方面之间相互作用的过程进行考察。因此,制度学派的研究方法是偏重过程和进化的方法,不是静态和均衡的方法。①

从某种意义上说,人类社会就是一个不断进行的庞大复杂的博弈,制度则调整着人与人之间的关系,运用博弈的方法分析制度及其变迁有助于弥补传统分析方法的不足,因为博弈论所关注的正是人们的不同策略行为选择及其对历史进程的作用,把博弈论引入社会经济历史研究具有重要的方法论意义。博弈论与新制度经济学的结合将大大深化对制度起源及制度演变过程机制的分析。博弈论对新制度经济学具有双重意义,一方面是作为新制度经济分析的工具或框架,另一方面,博弈论中的许多思想本身可以作为新制度经济学的重要组成部分。

博弈论的方法对制度的分析是很有用的,尤其是最近逐渐使用的演进博弈和重复博弈分析方法。然而,把一个经济过程比作为一个博弈的思想,可以追溯到亚当·斯密的时代,他认为"在人类社会这个大棋盘中,每一个个体都有他自己运动的规律,这与立法机关给他们强加设定的规则完全不一样"。② 值得指出的是,均衡导向的内生博弈规则方法对制度的分析前景是光明的,这是由于①制度内生化的处理;②对多种制度形式的认可;③给出了分析制度相互依赖性的工具;④对制度多种作用的洞察;⑤揭示制度演进变迁的性质;以及⑥对与制度演进路径不相适应的一些有害政策建议的提防。③

重新考察经济在社会中地位要求的经济思想,必须从尽可能广泛的人类经验中获取。为了就经济在社会中的地位问题取得一般的认识,有必要对经济人类学和经济历史进行彻底的、无偏见的再研究。这种重新获得历史的观点将为摆脱市场思想,设想可供选择的将来提供最有用的基础。实证主义和制度分析的前提是促进对历史进行思想解放的研究并以此作为对未来进行思想解放的创造的序幕。④ 在关于制度变迁的分析过程中,新经济史学已取得丰硕的成果。制度演变是一个长期过程,对于这个过程中制度演变规律的研究必须到历史的长河中去寻找。以研究制度变迁为例,制度变迁实际指的是制度变迁的历史。道格拉斯·C.诺思有句名言:历史在起作用(History matters)。由此引申的具体含义是,现在的以及面向未来的选择决定于过去已经作出的选择。要理解现在、展望未来,就要重新认识过去。解释一国长期经济发展必须从制度方面去寻找原因。

新经济史学的一个突出特点是,经济学家的工作是将诸如交易费用、财产权和合约关系这些概念应用到历史经验中。一个重要目的是试图建立一个完整的社会制度结构理论。尤其是这一领域的经济学家将制度作为一般经济模型中的一个内生变量。⑤

---

① 霍奇逊:《现代制度主义经济学宣言》,北京大学出版社1993年版,第287页。
② 科斯、诺思等:《制度、契约与组织:从新制度经济学角度的透视》,经济科学出版社2003年版,第20页。
③ 同上书,第30页。
④ [美]阿尔弗雷德·S.艾克纳:《经济学为什么还不是一门科学?》,北京大学出版社1990年版,第173页。
⑤ [美]埃里克·弗鲁博顿、[德]鲁道夫·芮且特:《新制度经济学——一个交易费用分析范式》,上海三联书店2006年版,第41页。

案例 1

"钱生钱"的秘密

上月本栏《论资本》一文中,笔者谈到之所以美国更有钱,"关键在于美国有着让人们能放心进行证券、票据交易的制度架构和金融中介体系。"文章刊登后有两类反应:第一,把未来收入或财富证券化变现,无非是把未来的钱提前花,提前透支,这跟以后花有什么区别?第二,虽然在美国能把未来收入流、把"死"资产作证券化变现,但这并不能让美国"更有钱",因为钱的供应是由中央银行固定了的,证券化的过程无非是将投资者手中已有的钱转移到证券发行方手中,这种支付转移并没有产生新的钱。

1. 把未来收入资本化后反过来扩大你未来的发展空间

把未来收入今天就资本化变现,其好处在哪里呢?例如,1999年沈南鹏创办携程,2003年在纳斯达克上市使他立即成为亿万富翁。通过上市变现的是携程未来多年的部分收入,所以他的钱不同于中国传统意义上的钱。当然,有了这些通过证券化变现的"未来财富"之后,沈南鹏继而于2004年投资分众传媒、创建如家快捷连锁酒店等企业。换句话说,正是由于沈南鹏能够把它创办的携程的部分未来收入提前变现,让他今天的"钱"就多了亿万,他在过去几年里能通过利用这些钱做新的投资,从而创造更多的财富,也使他的发展空间进一步扩大。相反,如果他不能将携程和其他企业的收入流变现,他的创业空间就要小得多。是否能把未来收入流作证券票据化,对企业的意义也如此。

金融证券技术不仅对个人、对企业的意义重大,而且对国家的发展都如此。比如说,为什么在18世纪到19世纪的欧洲竞争中,英国最后战胜了法国、主宰世界?其关键之一就在于英国有更发达的金融技术和金融市场,让它更能将未来收入提前变现,不仅能以未来收入为基础融到更多国债资金以发展国力,而且需要支付的融资成本也比法国低一半。这种证券化能力使英国从18世纪到20世纪初都一直拥有世界最强大的海军,让不到两千万人口的英国主宰世界两个世纪。

谁能以更低的成本把更多未来收入作证券化变成今天的钱,谁就能在未来拥有更多的发展机会。因此,证券融资不止简单地把未来收入提前化,而是为未来创更多发展空间,决定竞争中的输赢。

2. 证券化使"钱"更多

把未来收入流、土地之类的"死"财富证券化后,社会中的"钱"的确会因此增加。这里的关键在于"钱"的定义与内容。日常用语中的"钱"往往指政府发行的货币。但我们知道,世界上,由政府统一发行货币只是近现代的事情。在中国,即使到晚清、民国初期,甚至各个县都有自己的纸钱、银铜钱,还有私人钱庄、票号、当铺、杂货店等发行的有价票券,这些不是"官钱",是"私钱",但也是整个社会总"钱"量的一部分。换句话说,只要是别人愿意接收并具有流动性的有价物或票据,只要它代表着信用,那么任何物或票据都具有"钱"的本性,也可看作"钱",其流动性越高,"钱"性就越强。

携程未来的收入流是未来的财富,不是物,也不是票据,所以不是"钱"。但上市之后,代表携程未来收入流的股票就有了极好的流动性,携程公司可以拿其股票去收购别的公司,买任何物资;其股东也可拿股票去换"政府钱"、换"私人钱",或干脆拿它去"换饭吃"、"换衣穿"。因此,携程股票、百度股票也是"钱",只是它们自身不是"政府钱"。

所以,未来收入流、"死"财富证券化的效果实际上是让更多有形和无形财富货币化,让社会中的"钱"更多,达到更高的财富产生财富的效果。货币化加快资源配置速度,降低配置成本,提升配置效率。

过去,我们只把银子、金子、铜钱看做钱,是因为在没有保障证券、票据的价值信用的现代制度架构下,只有硬型有价物才有可能成为通货。所以,铜银开采量加进出口量,就决定了中国有多少"钱",以至于在中国近代史上多次由于银子被运出国太多,而致使中国没"钱"了,给中国带来经济危机。也正是由于这种"钱"观,到今天还有许多学者(比如畅销书《白银资本》)认为之所以西方国家在近代兴起,是因为它们从拉美国家掠夺了太多的银子! 说是这样才使西方国家有了"钱"!

之所以银被用作"钱",就是因为没有发展出支持票券信用的制度。换言之,只要有了便于金融票券交易的制度,金银作为"钱"的价值就没有了。这也是为什么随着现代政治法律制度的兴起,金银作为"钱"的价值越来越低。

因此,一个国家有没有"钱"取决于它能不能将各种未来收入流和"死"财富作证券化、票据化,不取决于它有多少金银。而能否进行广泛的证券化和票据化交易又受制于它的制度。所以,制度的优劣决定一个国家"钱"的多寡。

资料来源:陈志武,《西方的兴起其如〈白银资本〉所言吗?原载《证券市场周刊》,中国经济网 2007-08-21,在此作了删减。

🔍 案例 2

让制度"扶起"摔倒的老人

重阳临近,却看到有关老人救助的困扰话题,越来越多。这些话题其实很早开始,并且催生了卫生部《老年人跌倒干预指南》等一系列技术指南。它引发了更多议论,笔者感觉多层面的问题纠葛在一起,成为一团乱麻。

1. 教育:立即补上急救课

伤害救助,确实只靠道德是不够的,还需要最起码的救助技术。救助不恰当和救助不及时,同样危险而致命。例如,美国的跌倒救护,专业人员来,只要判断有一点点颈椎受伤的可能,就会先固定颈部,以防可能的截瘫。假如没有救助技术,很可能动比不动更糟,这是医生都知道、也应该普及到每个人的常识。

急救是一门必修课,必须考试,合格可以拿到急救资格证书。在这样普遍教育的基础上,出事就不怕遇不到有资格的人。相反,没有资格证书的人做某些需要技术的急救,在美国是违法的。

技术教育也同时兼顾了道德,它并非简单的技术指导,还有大量操练,就是把"冲上去救助"训练成人的本能。遇到紧急情况,受过训的人不但不会怕、不会手足无措,还会像医生护士一样,把上前判断情况和做出处理认定为自己的本分。

在一些中国的救助案例中,大家感慨老人倒下,很多人围观却不施援手,反倒会有外国人上前施救。其实,它反映的是双方教育的本质差别。中国几十年没有建立在常识基础上的以人为本教育。而美国坚持对每一个孩子,从幼儿园到高中一步步培育,才形成今天社会急救的普及。所以,卫生部出台急救指南,固然是好事。可是,救助行为涉及类似医生护士的操作,需要长期反复的专业实战训练,阅读是远远不够的。

中国现在已经形成急救空白,不仅对学校教育应该有相关立法,亡羊补牢,社会也应该立即建立成人救助训练机构,作为对当下社会空缺的填补。

2. 保障:个案后的制度安排

除了教育制度,还有社会救助网络布局。路人急救只是临时处理,关键还是及时来专业救护。美国无论城乡,基本都在专业救护网络之中,救护车的速度很快。不过,这种布局也是逐渐铺开的。美国在专业急救点没有延伸到的农村,一些地方政府机构如警察、消防等,都经训练兼职急救和协助送医。在中国,救助网点的布置,其实也可以通过立法迅速推行。

另一点是法律要对公共场所进行安全规范,尽可能把意外事故降到最少。有了法律,受伤害者也有了起诉责任者的依据。

比如2006年美国新泽西州伤害赔偿的一个例子。沈先生,在来美探亲期间,经常搭乘属蒙哥马利市市政府运送老年人的公车。有一次,下车时因残障升降机损坏,一名93岁坐轮椅的老人无法顺利下车。升降机已经坏了一段时间,期间都是由同车老人自发协助轮椅上下车,那天,71岁的沈教授也和同车老人一起上前协助,而驾驶员却坐在驾驶座上没动。不料,在过程中,沈先生跌倒在水泥地上,颈椎两处骨折,造成高位截瘫,三个月后选择了回国。2008年,他虽是居住在中国的中国公民,仍委托美国律师向法院起诉了蒙哥马利市的市政府:老人专车没有配备适当设备协助残障者,坏设备拖延修理,没有配备受过专门训练的驾驶员,驾驶员没有尽职协助,市政府忽略公共安全,违反了美国《残障者法案》。按美国法律,市政府看到自己显然要败诉,就达成庭外和解,同意向沈先生支付360万美元的赔偿,由政府投伤害保险的两个保险公司共同承担。美国的安全规范覆盖一切公共场所,政府和商家皆在其内。对公共场所广泛的伤害保险,也使得万一发生事故时,赔偿有保障。

由此可以看到,个人伤害、急救,看上去是一些简单个案,其实牵涉背后一系列的制度安排。

著名的南京"徐寿兰诉彭宇案",据《三联生活周刊》报道,66岁的徐寿兰是在医院看到将要支付庞大医疗费用,才转而指称彭宇是撞她的肇事者。假设这是事实,这也涉及了背后的老人的医疗保险问题。美国曾是出了名的非全民医疗保险国家,也就是容许一些人选择不购买医疗保险。现在的全民保险也还在争议和司法挑战中。但是,即便没有全民医保时,美国的老人和低收入人群,也一直都在政府提供的医疗保险庇护下。

同时,任何急诊急救都不能因病人无法支付而不救。先把"徐寿兰诉彭宇案"这类案例的法律道德问题放在一边,看政府对老人的医疗支持是否尽到责任,看我们有没有"急症没钱也必须先救"的法律,看这样的法律是否事实执行,也可以避免"没钱治伤"引出诬陷他人的下下策。

3. 法律:伤害赔偿是双刃剑

今年8月,合肥一名刘女士好心用电动三轮车搭载76岁的邻居回家,结果翻车造成老人死亡。新华网的报道,强调了刘女士主动向死者家属送钱,家属不收钱还表示原谅她的无心之过,重点落到良心。

从双方互动看,固然是重人情的正面例子。但是,就普遍意义来说,还是蕴含了交通法规不严的问题:电动三轮车在什么条件下可以载人?是否必须戴头盔?假如有法可依、严格执法,不仅这个老人,许多人都不必支付无谓的生命代价。就这个例子,假如老人重伤,需大量后续照料和费用,远远超出死者家属和肇事者能够承受的限度,那么,现实很可能逼得双方不再维持人情故事,而是诉诸法律解决。

美国在1930年就有过一个著名的搭乘伤害案件,被告皮特驾汽车失控撞向护栏,造成后座的科恩终身伤残,科恩因此诉皮特驾驶不当,求偿。此案一直上诉到联邦最高法院。最后原告败诉的原因是确认汽车失控前被告突然发病昏迷。假如是不当驾驶,被告还是要承担法律责任。假如有法规,违章载人导致伤害和死亡,肇事者受法律制裁和赔偿,都是正常的。

当种种制度安排健全时,伤害可能锐减,急救发生的困扰也会锐减。但是,法律和制度是否能解决一切人与人之间的问题?显然不是的。困扰依然会有。一个社会中人,他的行为其实都在法律和道德律的管辖之下,法律再面面俱到,也无法管到大部分道德领域。在美国,也有失去道德底线的人,钻法律漏洞获利或利用法律伤害他人。

美国的伤害赔偿、民事诉讼的历史长,自然会出现很多这方面的问题。1995年,美国联邦最高法院以五比四做出一项裁决,各州政府可以立法,对律师以拉生意骚扰伤害者及家属的过度恶劣行为加以限制。在意外事故发生的三十天内,律师不得给受害者寄信兜售法律服务,也就是禁止所谓的"追逐救护车",以保护哀伤民众。

当时公布了一项研究,仅佛罗里达州,专职经办伤害的律师每年就发出70万封向顾客拉生意的信件,其中40%是寄给意外事故受害人及其家属的。即伤害赔偿是一把双刃剑,它既在保护受害者的利益,也因律师的利益驱动拼命推动索偿诉讼。

一条适当法律,可以避免大量伤害、解决普遍的问题。假如不着手培养弥补制度缺陷的大道德,而仅仅着眼于个人道德,那就还是在舍本逐末。

资料来源:林达,http://gongyi.sina.com.cn,2011年10月08日,有删减,原载《新京报》。

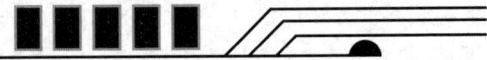

关键概念

新制度经济学　　近代制度经济学

思考题

1. 新制度经济学的重要特征有哪些?
2. 试比较新旧制度经济学的异同点。
3. 新制度经济学家的基本信念是什么?
4. 新制度经济学兴起的原因是什么?
5. 本书的基本构架是什么?有什么特点?

推荐阅读

1. [美]R. 科斯:《企业、市场与法律》,上海三联书店1990年版。
2. [美]埃里克·弗鲁博顿、[德]鲁道夫·芮且特:《新制度经济学——一个交易费用分析范式》,上海三联书店2006年版。
3. 霍奇逊:《现代制度主义经济学宣言》,北京大学出版社1993年版。
4. [德]柯武刚、史漫飞:《制度经济学——经济秩序与公共政策》,商务印书馆2000年版。
5. [美]约翰·N. 德勒巴克等:《新制度经济学前沿》,经济科学出版社2003年版。
6. 马尔科姆·卢瑟福:《经济学中的制度——老制度经济学和新制度经济学》,中国社会科学出版社1999年版。

第二章 新制度经济学与其他流派之间的关系

新制度经济学与其他经济学流派之间有着内在的联系。搞清楚新制度经济学与其他流派之间的关系有利于我们更好地理解新制度经济学。我们在本章重点探讨新制度经济学与新古典经济学、博弈论和演化经济学的关系。

第一节　新古典经济学与新制度经济学

与近代制度经济学派反对新古典经济学不同，新制度经济学是运用正统经济理论（新古典经济学）去分析制度的构成与运行的。但是，新制度经济学又不仅仅是运用新古典经济学的问题，它对新古典经济学的"冲击"从而对经济学的发展乃至社会科学的发展所产生的影响，远远大于近代制度经济学对新古典经济学的反对和批判。

我们从理论上搞清楚新古典经济学与新制度经济学的关系，既有利于分析新制度经济学在经济学发展中的价值及其意义，也有利于我们探讨新制度经济学发展的趋势。

一、新古典经济学及其局限性

（一）新古典经济学的个人主义方法论与制度

与早期经济学相比，新古典经济学的体系（以马歇尔为代表的新古典学派和以萨缪尔森、索洛为代表的新古典综合派）在完整性和精细化程度上得到了极大提高。在经济学发展早期，经济学家往往以思维逻辑推理和定性语言描述为主，这虽然利于描述现实经济问题，形成完善的逻辑框架，但由于缺少数学等定量描述语言和推理工具，很难做到精确和科学。

新古典经济学则充分利用了现代数学的发展成果，并在一些基本假设的前提下，采用了"奥卡姆剃刀"①的方式，把多余的问题全部去除，从而保证了整个范式的清晰和系统，避免了通常因为过大的理论雄心而希望面面俱到所导致的理论的内在矛盾。经"奥卡姆剃刀"处理之后，新古典再辅助以数理工具，使其理论模型化和普适化，最终使以数学模型解释经济现象并预测其变化趋势成为经济学新方法的典型特征。如，经济学中基本的供求平衡原理，通过线性的供给函数和需求函数以及相应图形表示供给曲线和需求曲线，简要而精确地刻画了市场出清价格的形成过程，使得我们对于供需平衡原理有了直观而深刻的理解。

二战后，新古典经济学在美国达到了鼎盛，新古典经济学的理性选择精神在这一时期被精细化和泛化到了极致。二战后，社会科学的研究重心从欧洲转到美国，欧洲学术界长期使用的历史方法、制度—法律方法及哲学思辨传统逐渐被放弃，强调实证、数量分析的方法在"科学主义"的推动下，成为研究主流，价值判断在分析中被最小化甚至摒弃。经济力量的强大以及经济学显学地位的确定和对其他学科的渗透助长了强调个人和市场本位的盎格鲁—撒克逊文化的扩张，使之成为建构新的解释范式的出

---

① 奥卡姆剃刀（Occam's Razor）是由14世纪逻辑学家、圣方济各会修士奥卡姆的威廉（William of Occam）提出的一个原理。奥卡姆在英格兰的萨里郡，那是威廉出生的地方。这个原理称为"如无必要，勿增实体"。许多科学家接受或者（独立地）提出了奥卡姆剃刀原理，例如莱布尼兹的"不可观测事物的同一性原理"和牛顿提出的一个原则"如果某一原因既真又足以解释自然事物的特性，则我们不应当接受比这更多的原因"。对于科学家，这一原理最常见的形式是：当你有两个处于竞争地位的理论能得出同样的结论，那么简单的那个更好。参见《三思科学》电子杂志，2002年第4期，总第10期，2002年4月1日。

发点和基本框架,在此历史背景和文化底蕴下产生的理性选择范式逐渐成为社会科学的主流范式。

从源头上分析,理性选择范式继承了亚当·斯密著作中的一个基本假设——"经济人"假设,同时承接了马克斯·韦伯的"工具理性"概念,把分析个人在既定的环境中选择和行动的动机原因作为范式的解释重点。理性选择范式把理性个人作为分析的基本单位和根本出发点,强调个人有判断选择和行为的成本和收益的能力,即理性;并认定理性个人的选择和行为动机是实现成本最小化和收益最大化,与此同时,理性选择范式中的制度是既定的,是解释范式的外生变量。这些简化处理使理性选择范式非常易于形式化,使经济学至少在结构和形式上摆脱了传统社会科学,取得了最接近自然科学的"外衣"。同时,由于理性选择范式在基本假设上既肯定了现有制度,又突出了个人本位,实际上认同甚至维护了西方社会所倡导的价值,所有这些,都有助于它取得主流的地位。

新古典经济学一方面继承了古典经济学的许多经济思想,另一方面又加进了边际理论。边际理论的核心,一是方法上的个人主义,一是源于主观价值论的边际生产力分配论。新古典主义理论的一切基本命题和基本分析方法,都包括在最初由瓦尔拉斯提出的、至今发展为"阿罗—德布鲁模型"的市场一般均衡体系当中。

新制度经济学的方法论主要有:一是个人主义,在这方面,新制度经济学坚持并发展了新古典主义方法论上的个人主义;二是反设事实,科斯、诺思在论述经济学发展走向时,对反设事实的方法论甚为推崇。近来,新制度经济学方法论上的最新进展是解析性叙述(analytic narratives)。

"个体主义方法论"这个词是熊彼特在1908年发明的,而使这个词为众人所知的却是米塞斯。他第一个在经济学论文中强调了其隐含的问题。在这里,我们可以引用一下米塞斯的精确而富有权威性的阐述。他说,个体主义方法论的准则,包含着对如下论断的承认:"所有行为都是人的行为;在个体成员的行为被排除在外后,就不会有任何团体的存在和现实性。"①个人主义方法论的关键假设有三个:①只有个人才有目标和利益;②社会系统及其变迁产生于个人的行为;③所有大规模的社会学现象最终都应该根据只考虑个人,考虑他们的气质、信念、资源以及相互关系的理论加以解释。②

新古典经济学个人主义方法论的基本主张是,所有社会现象都可以追溯到个人因素或用个人因素来解释,并将分析过程终止于个人因素的解释水平。③ 肯尼思·阿罗(1968)主张,所有经济现象的解释都应归因于个人,并认为这是一种有益的"对社会问题的有机方法的摈弃"。④ 新古典主义的一切理论都是建立在个人主义的个别行为主体的行为分析基础上的。个人决策者在组织中的作用被赋予了全新的解释,"社会"、"国家""人民"、"企业"或"政党"不再被认为是一个像个人一样行动的集体。组织或集体本身不再是主要的研究对象。相反,对社会单位的分析必须从其个体成员的地位和行动开

---

① 霍奇逊:《现代制度主义经济学宣言》,北京大学出版社1993年版,第64页。
② 马尔科姆·卢瑟福:《经济学中的制度——老制度主义和新制度主义》,中国社会科学出版社1999年版,第38页。
③ 霍奇逊:《现代制度主义经济学宣言》,北京大学出版社1993年版,第77页。
④ 同上,第82页。

始,其理论必须建立在个体成员的地位和行动之上。在经济自由主义思潮中,个人主义是基本的方法论。哈耶克强调过,各社会成员的利益,不可能用统一的具有先后次序的目标序列来表达。而且,任何人都没有能力去了解所有人的各种需要,并给它们排出先后次序。在此基础上,哈耶克论证了市场机制优于计划机制。公共选择学派代表人物布坎南也采用了彻底的个人主义方法论。他认为,只有个体是选择和行动的唯一和最终的实体,社会仅作为无数个体的集合来理解,它本身不存在任何独立于个人的价值、目标和行为。这就是说,不存在所谓的集体利益,社会福利函数如果被用来选择唯一的最优点,它必定是独裁的。新制度主义文献强调选择的个人基础,把决策者看做在有关约束条件确立的限制下追求自利的行动者。

在新古典学派那里,个人被看做仅仅是循着一个设计好了的追求最优化的模式来对经济环境作出反应,偏好一旦确定,选择便确定了。个人被置于一个机械世界里,其中质点总是对合力直接作出反应。[1] 新古典学派方法的显著特征是,从个体理性出发产生了最大化这个概念,均衡代表了这两者之间的相互作用。[2] 米塞斯和拉赫曼都暗示:在目的和计划的形成中,有一种强烈的、自发的、不确定的因素,这就导致了目的和计划的形成不能由哪一种特定的理论完全涵括,不论是从心理学还是社会科学角度,都无法完全解释清楚。很明显,仅仅依靠一个"个体有目的性原理",还不足以确定个体主义方法论的学说体系,尽管它在多数阐述中都占有突出地位。除此还有一个重要思想:个体有目的性乃是一切社会行为的充分的起因。[3] 哈耶克认为,理解社会现象,不可能有别的什么方式,只能通过理解个人的行为,这种个人行为是指向别人的,同时又可能受到别人所期望的行为的诱导。[4] 波普尔认为,所有社会现象,特别是所有社会组织和制度的职能,应该理解为人类个体的决定、行动、态度等的结果,而且我们永远也不应该满足于一种根据所谓"集体"所作出的解释。[5]

值得指出的是,忽视社会和制度对人类行为的影响是新古典主义个人主义方法论的局限性。这表现为:

(1)新古典学派拒绝考察与个人偏好、意图形成过程有关的制度的或其他力量的作用,从而,我们对于从个体角度出发来解释社会现象的可能性异常乐观,然而同时我们却发现,要从社会的甚至心理学角度来对个体行为给出即便是部分的解释,也是极其困难的。像这样把制度和其他因素排除在外的考察方法,不仅是武断的,也是教条主义的。[6]

(2)社会制度对个人目标和选择的影响,已经几乎完全被经济理论的主流派所摒弃。正如弗兰克·奈特(1935)指出的,正统的微观经济学理论"将所有经济人放在大量数据资料面前,并且假设他们不受任何其他'影响'的制约,而只是通过同样的方法互相观察和提示"。典型的做法是,在新古典理论中,个人欲望和偏好都被当

---

[1] 同上,第66页。
[2] 安托万·多迪默、让·卡尔特里耶:《经济学正在成为硬科学吗?》,经济科学出版社2002年版,第212页。
[3] 霍奇逊:《现代制度主义经济学宣言》,北京大学出版社1993年版,第69页。
[4] 同上,第120页。
[5] 同上,第121页。
[6] 同上,第62页

做既定的东西。这种做法不仅使新古典理论产生了对个人作出许多不必要的、僵硬的假设的倾向,也在实质上使新古典理论显得静态化和不合时宜,使这种理论的发展和变化势头受到禁锢,并使其面向未来的本能思维遭到严重窒息。[1] 社会科学的研究实际上已经揭示出社会制度和生活条件对人的行为确有重要影响,而且,我们可以在接受这一观点的同时,给予自发因素和非确定性因素以同等的重视,但又不会陷入各式各样的宿命论的泥潭。关于不确定性的任何衡量标准,都不应该将社会的和制度的因素排除于人类行为的理论之外。[2]

正统经济学把个人偏好和目的看做给定的,或看做由经济系统以外的变量决定的,但正统经济学将制度的、社会的因素与心理因素一起,归入个人目的形成和决定的原因,这已经成为不可阻挡的趋势。需要指出的是,制度并不仅仅只是一个障碍因素或约束条件或仅用于估量当事者的各种可能行为。这样看来,个人可以在追求各自目标的过程中对制度作出反应。但是,在另外一种意义上,制度和文化极为重要:它们在影响和形成目的本身方面确实在起作用。诸如制度结构和常规、社会规范和文化这类因素不仅影响我们的重要行为,而且也影响到我们对世界的看法以及我们追求的目标。[3]

完全消除社会属性并成功地用纯个人主义术语来表述社会理论,如果不是不可能,也是极其困难的。第一,社会术语如"阶级"或"官僚"并没有界定一组单一特定的个人关系、状态和信念。第二,个人行为的意义来自周围环境,这些环境通常牵涉社会制度和规范,同样必须分别描述。第三,用社会作用的概念来描述行为,又提出了相关的问题。个人行为普遍根据他的角色,如教师、医生或法官来解释。运用这些术语意味着要涉及广泛的社会规范和制度,后者构成每个角色的环境并规定每个角色的内容。所有这些都用纯个人主义术语表达似乎是难以想像的。第四,可以历史地看这些主张。现存制度"影响人们能够得到的机会,而且决定人们的效用函数"或气质。所以,不考虑个人身处其中的现存制度,就不可能解释他当前的行为。这些现存制度可以解释为个人过去行为的结果,但那些过去的行为只有考虑那一时刻存在的制度倾向,才能得到解释,如此等等。[4] 制度个人主义方法是许多新老制度主义者共同遵循的方法,这一点如果不是明白地说出,也是暗含其中的。然而,制度个人主义只提供了很宽泛的方法论要素,而且不带偏见地说,许多问题根本是悬而未决,这些问题包括规则遵循和理性选择的性质和作用,包括个人选择与社会结果方面的确切联系机制,还包括制度适应经济效率或社会利益要求的倾向,等等。[5] 此外,20世纪60年代后,个体主义还受到公共选择学派、新哲学派别及自然科学三个方面的挑战。

(二)新古典经济学的局限性

尽管新古典经济学的主流地位一直没有被动摇,但是对新古典经济学的批判和指责

---

[1] 霍奇逊:《现化制度主义经济学宣言》,北京大学出版社1993年版,第78页。
[2] 同上,第74页。
[3] 同上,第73页。
[4] 马尔科姆·卢瑟福:《经济学中的制度——老制度经济学和新制度经济学》,中国社会科学出版社1999年版,第41—42页。
[5] 同上,第61页。

也从未停止。有的经济学家从根本上否定新古典经济学(如近代制度经济学派),大多数批判和指责主要是针对新古典经济学的不足或局限性。

在某种意义上讲,一种理论成熟之时也就是其僵化之日。目前,新古典模型已日趋僵化,如果不进行进一步修正,很难用于各类重要问题的分析。或者说对现实问题缺乏解释力。这一模型的僵化主要体现在它限制了对许多特定的很有意义的方向作进一步探索。思拉恩·埃格特森指出了被新古典经济学家忽视的三个研究领域:①各种可供选用的社会法规(产权)和经济组织如何影响经济行为、资源配置和均衡结果;②在同样的法律制度下,经济组织的形式为什么会使经济行为发生变化,如像企业以及其他一些经济契约的经济逻辑是什么;③控制生产与交换的基本社会与政治规则背后的经济逻辑是什么,它们是如何变化的。①

从研究对象来看,新古典经济学的交换中心论严重限制了其思想的范围和方法,因为许多对经济过程极其重要的东西都被这种交换观点掩盖起来、搞乱了。交换过程涉及个人之间的相互作用,但这些人已经由文化和社会结构造就定型了,他们的偏好、能力、价值和指导原则大部分在参加交换之前就给定了。这就是说,由于注重交换,主流经济学绝大部分把这种变量看做数据。正统经济理论同样没有能力考察交换经济对这些变量的影响,但正是这些变量决定交换过程的实际内容和含义。事实上,正统经济学甘愿考察附带现象而置现象的本质结构而不顾。②

从认识论的角度来看,新古典经济学的无所作为以及同现实的强烈矛盾源于基本的认识论。主流经济学把经济过程定义为面对稀少进行选择,实际上其整个核心都依赖于对经济的逻辑演绎分析,忽视了对在历史上同生产和消费联系在一起的现实的社会制度和行为的分析。③ 与其他科学不同,新古典经济学过分强调完全公式化理论体系的发展,而缺乏足够的行为假设和前提条件等的经验基础。④

新古典经济学的解释力也是有限的。新古典经济理论可以解释为什么人们按自我利益行事,也可以解释人们为什么讨厌选举。它可以解释,作为搭便车问题的结果,当个人得利微不足道时人们为什么不愿意参加集体行动。然而,它不能有效地解释问题的另一面,即对自我利益的计较并不构成动机因素的那些行为。我们如何解释利他行为(如自愿献血),以及人们自愿作出巨大牺牲而从事并无明显报酬的活动(如历史上无数个人和集团为了抽象的事业而被关进监狱或牺牲)?我们怎样解释大量参与选举的人或自愿作出大量努力参与一个自发组织的人(在那里个人得益甚微)?⑤

在某种意义上讲,新古典经济学为了其研究达到"科学"的水平,确实进行了许多抽象,并对其范围进行了较严格的界定。这固然有利于其研究水平达到"科学",如在变量明确并且范围明晰的情况下,数学及计量技术可以大大地用于经济学研究。但是另一方

---

① [冰]思拉恩·埃格特森:《新制度经济学》,商务印书馆1996年版,第10页。
② [美]阿尔弗雷德·S.艾克纳:《经济学为什么还不是一门科学?》,北京大学出版社1990年版,第167页。
③ 同上,第163页。
④ 同上,第42页。
⑤ [美]道格拉斯·C.诺思:《经济史中的结构与变迁》,上海三联书店1991年版,第11页。

面,这会大大地降低经济学的解释力。正如有些学者所指出的,在不存在歪曲或甚至很多偏离的情况下,如果人类一般行为果真是短期个人消费、闲暇和物质享乐的最大化,或甚至是长期的最大化,那么这将是令人不安的:只关心可能的小家庭,对其他人概不过问,除非在缺乏养老金和医疗保险的情况下(因为这使个人之间的效用比较失去意义),或不关心道德准则,除非必须遵守的法律(因为其他伦理行为会造成金钱损失);或不关心传统、风格、情操、耻辱、恶意的妒忌、或上帝,甚至地狱(因为它们不是理性的);或不注意任何影响到他将来消费的储蓄(如果没有遗产);或不关心从他的工作中获得非金钱的满足;等等。①

批评者对新古典脱离实际的假设极为不满,尤其是利润最大化和均衡这些经典假设,被认为过于苛刻,无视经济实践的丰富多彩。批评者认为,将复杂的现实经济问题抽象为数学模型,往往难以准确刻画系统整体的动态变化过程,尤其是系统内大量的个体之间、个体和环境之间的复杂交互过程。而现实中,整个经济系统是动态的演化系统,个体具有"适应性",个体与个体之间以及个体与外部环境之间的交互作用对整个经济事件有着重要影响,任何形式的经济学模型都不应该忽视这种日益成长,否则只会使经济学的道路越来越狭窄,而新古典经济学运用逻辑演绎的方法对有机的经济过程加以处理,随机和偶然因素被排除在分析体系之外,使得经济理论发展为一门类似于数学、物理学的学科,虽然凯恩斯主义革命引入了一定的不确定性思想,然而其后的新古典综合派却丢弃了凯恩斯关于风险、不确定性与预期等革命性的思想。新古典经济学既然先验地认同了既有制度,就永远无法为制度的改革和创新提出见解,使理论的构建趋于保守;它既然对个人理性的判断如此单一化,就必然忽视个人的社会需求一面。

新古典经济学之所以出现这样的危机,和其本身的方法论基础缺陷密不可分:

第一,过于锋利的"奥卡姆剃刀"使新古典变得越来越封闭。新古典理论顽强地固守其极端的抽象,为追求理论模型的完美不断抗拒现实经济生活的信息来源,与管理的理论和实践、心理学、组织理论和商业史,越来越隔离。当然,各种严格的抽象和它们造成的隔离可能是一种有正当理由的代价,那就是为了完成便利分析复杂体系的功能。如为了有效地进行均衡分析,引入代表性企业的概念,抹杀了企业间的差异和多样性,企业被简缩为一个点,通过类似于作用力与反作用力的供求力量进行原子化的质点分析。

第二,还原论。新古典经济学遵循经典科学的方法,把复杂的经济整体还原为部分之和,以至于长期以来新古典经济学不存在一个宏观经济分析结构。凯恩斯革命之后,新古典主义通过形式化处理了凯恩斯宏观分析的方法,形成了新古典综合派,但同时也抛弃了凯恩斯思想的精髓,以至于许多经济学家提出重建凯恩斯宏观分析的微观基础。这种还原论的另一突出特征,则是排斥对非线性和报酬递增的研究,从而不能对部分与整体之间的交互作用给予更深刻的说明。

---

① [美]阿尔弗雷德·S.艾克纳主编:《经济学为什么还不是一门科学?》,北京大学出版社1990年版,第78页。

第三,决定论哲学观。新古典没有包容任何关于风险、不确定性与预期变化的思想,它通过给定参数的结构(给定偏好、技术和制度),通过系统各部分之间可描述的关系,排除了随机和偶然因素,以一种决定论的过程对随机的经济过程加以处理,这样做的结果,就是对现实经济生活中大量的事实缺乏预见性和解释力。

正如纳尔逊和温特所比喻的,新古典理论越来越像在松散沙滩上建造的华丽逻辑宫殿,在这宫殿面前,新工匠们的努力从来就不会停止,整个20世纪,新古典经济学一直都伴随着指责、批评和修正,在异端的经济思想中,制度主义无疑是最引人注目的一支。

对于经济生活中制度的概念意义和实际重要性的认识,正在不断提高。一种新观念正在形成,即经济协调不可能只是市场上的价格信号问题,而且还必须得到广泛范围的其他经济的、社会的制度的支持。后者尽管有一些旧时盛行的新古典反对,但还是被看做经济研究的重要而理所当然的主题。[1] 新古典经济学的价格理论固然重要,但是如果缺乏制度体系的支撑,价格机制难以发挥配置资源的基本作用,发展中国家和转型国家的大量实践已经证明了这一点。

就实际的经济政策层面来看,近年来,标准的新古典主流经济学在解释和预测实际现象上一再失败,因为它将制度和制度存在的理由排除在其模型之外。例如,在解释经济增长过程方面,标准经济学的贫乏已变得一清二楚。发展中国家里的政策建议经常是牛头不对马嘴,因为许多经济顾问都惯于假设制度是无关紧要的。在实践中,许多引进的概念遭到失败,因为发展中国家的制度与发达国家的制度大相径庭,而要使特定的政策概念起作用就必须修改当地原有的制度。因此,现代生产和商业能赖以繁荣的制度框架不能被习以为常地视为自然天赐。[2]

新古典主义理论认为,当人拥有充分信息、正确预期和无限理性时,只有一类决策是可能的。但是,在不充分信息、错误预期和有限理性的情况下,会有无穷的可能性。[3] 因此,如果新制度经济学要降低抽象程度,那么,它必须从古典和新古典理论的演绎方法转向经验、历史和制度方法。[4] 现代理论确实存在很多局限。它的脆弱性正是体现在它的制度中性分析方法上,即没有严格地考虑制度约束和交易费用。因此,新古典经济理论只能在高度抽象的意义上用来分析资源配置问题。[5]

如何消除新古典主义的局限性?迪尔斯(Dealessi,1983)提出,新古典理论能够被一般化以消除它的某些局限性。主要步骤是,一是通过将效用最大化假设拓展到包括商业经理、政府官员在内的所有个人,从而消除消费者选择理论和企业理论的两分法。这种两分法使新古典主义缺乏一般性。另一个步骤是引入更多约束到个人选择中,包括制度约束(产权制度),也包括由自然和技术水平决定的其他约束(例如,包括交易费用等)。总之,引入制度分析可以大大地克服新古典主义的局限性。

---

[1] 霍奇逊:《现代制度主义经济学宣言》,北京大学出版社1993年版,第3页。
[2] 柯武刚、史漫飞:《制度经济学——社会秩序与公共政策》,商务印书馆2002年版,第5页。
[3] 埃瑞克·菲吕博顿、鲁道夫·瑞切特:《新制度经济学》,上海财经大学出版社1998年版,第48页。
[4] 同上,第49页。
[5] 埃里克·弗鲁博顿、鲁道夫·芮切特著:《新制度经济学——一个交易费用分析范式》,上海三联书店2006年版,第2页。

二、从新古典经济学到新制度经济学

新制度经济学与新古典经济学的关系可以概括为:新制度经济学利用新古典经济学的理论和方法去分析制度问题,但是这种利用并不是一种简单、照搬式地应用,而是一种有修正、有发展的运用。诺思在获诺贝尔经济学奖时指出,这一分析(指新制度经济学)框架是对新古典理论的修正。它所保持的是稀缺性的基本假设和由此产生的竞争和微观经济理论的分析工具,它所修改的是理性的假设,它所引入的是时间维。新古典经济学的基础是一些有关理性和信息的苛刻假设,它隐含地假设制度是既定的。

新制度经济学为微观经济学理论的标准假设增加了一剂现实主义的补药。在新制度经济学看来,个人基于稳定和一贯的偏好排序,尝试使自己的行为最大化,但是他们在最大化时却面临认知限制、不完全信息以及监督和实施契约的困难。当制度给予的收益大于创造和维持制度所引起的交易成本时,制度就会出现并持续下去。①

(一) 制度经济学从新古典经济学继承了什么

从 20 世纪 60 年代后期开始,一大批新古典经济学家开始对经济组织的结构产生了兴趣。一项新的研究规划开始试图将微观经济理论更一般化,当然这一研究仍保留传统价格理论的基本要素——稳定性偏好、理性选择模型和均衡分析方法。人们相信标准的新古典技术可以富有成效地运用到一系列新问题和制度安排的分析中去。

就科学结构而言,拉卡托斯(1970)将一份研究纲领(范式)分为两个组成部分:不变的"硬核"(hard core)和可变的"保护带"(protective belt)。硬核是科学家已经承认的无可辩驳的事实,这事实是范式的一部分。保护带是指,当某种假说被验证和反驳时,范式中具有某种伸缩性的那一部分。保护带代表波普的可证伪性,或者实证主义者的可验证性所涉及的范围。② 对于一种研究纲领的修正是重新调整它的保护带,而对内核要素的改变则意味着形成一种新的研究纲领。稳定性偏好、理性选择和相互作用的均衡结构构成了微观经济学范式的内核,它成了本世纪经济学主要的研究纲领。而它的保护带按照努森(1986)的说法可以分成三个部分:①主体面临特定的环境约束;②主体拥有特定的关于环境的信息;③研究特定的相互作用的方式。新制度经济学通过引入信息和交易成本以及产权约束,修正了新古典经济学的保护带。

新制度经济学明确地考虑了环境约束、信息不对称及经济行为者间相互作用的性质,但同时保留了新古典经济学的核心假设——稳定的偏好、个人的理性选择及可比较的均衡。它在近年来一直沿着两条路径发展——代理理论和交易费用理论。③ 研究内生化制度的严格意义上的新古典方法,总是把制度和制度变迁看成在技术约束、人口统计

---

① [美]沃尔特·W.鲍威尔等:《经济分析的新制度主义》,上海人民出版社 2008 年版,第 4 页。
② [美]阿尔弗雷德·S.艾克纳:《经济学为什么还不是一门科学?》,北京大学出版社 1990 年版,第 25 页。
③ 戴维·L.韦默:《制度设计》,上海财经大学出版社 2004 年版,第 13 页。

约束以及其他外生给定约束发生变化时个人最优行为决策(有意或无意)的结果。按照亚大山·费尔德(1981)的说法,新古典的制度研究方法试图"通过考虑另外三类变量"(禀赋、技术及偏好)来"解释四类传统外生变量中剩下的一类"(制度)。①

新制度经济学所涉及的方法论在本质上与正统的微观经济学分析是一致的。如威廉姆森(1975年)声称:"新制度经济学家认为,他们正在做的乃是对常规分析的补充、而不是对它的取代。"这种方法论上的一致性表明,新制度经济学融入主流经济学是没有什么问题的。②

(二) 新制度经济学修正和发展了什么

新制度经济学力图将制度理论整合到经济学中。但是新制度经济学不像早期一些理论那样试图推翻或取代新古典经济理论,而是力图在古典经济理论的基础上,通过修正和扩展新古典经济学理论,使人们能够把握和处理迄今为止还处于其分析范围之外的大量问题。新制度经济学放弃了机械理性主义(instrumental rationality)的假设——这个假设使新古典经济学成为与制度无关的理论。③

新古典经济学认为,人是理性追求效用最大化的。但在新制度经济学代表人物科斯看来,这个假设既没有必要,也会引人入歧途。他指出,在当代制度经济学中,我们应该从现实的组织体制出发,应该从人的实际出发来研究人,实际的人在由现实制度所赋予的制度条件中活动。显然,新制度经济学是要用"现实的人"、"实际的人"来代替新古典经济学的"理性的人"。科斯所说的"现实的人"、"实际的人"可以用威廉姆森所概括的两点来描述:①人的有限理性。人总是想把事情做得最好,但是人的智力是一种有限的稀缺性资源。②人的机会主义行为倾向。新制度经济学对人的行为假设的修正有两个方面的重要意义,一是对实际人的行为分析使经济学更具有了"解释力",二是从实际的人出发更有利于对制度问题的分析。人的行为与组织、契约及制度创新之间有着内在联系。如果不对新古典经济关于人的行为假设分析的修正,就很难找到对制度问题分析的突破口。和旧制度主义者一样,新制度主义者也是从批判流行经济理论"过于抽象"(威廉姆森,1975)入手。但是,降低抽象程度意味着要完全或在很大程度上放弃建立于确定性和无限理性基础之上的古典和新古典经济理论的基本假设。放弃这一基本假设的方法论意义无论是从整体说还是从局部说都是巨大的。④

新制度方法是如何适用于新古典理论的呢?它首先从稀缺性,以及由这种稀缺而引致竞争,而价格理论是制度分析的重要组成部分,相对价格的变化则是引导制度变革的一种主要强制力。新制度经济学不断把传统正规新古典价格理论与制度理论结合起来。其最终目的不是试图去替代新古典理论,而是使制度经济学成为对人类更有用的理论。

---

① [英]马尔科姆·卢瑟福:《经济学中的制度——老制度主义和新制度主义》,中国社会科学出版社1999年版,第53页。
② [美]迈克尔·迪屈奇:《交易成本经济学》,经济科学出版社1999年版,第3页。
③ 诺思:《新制度经济学及其发展》,载孙宽平主编《转轨、规制与制度选择》,社会科学文献出版社2004年版,第3页。
④ 埃瑞克·G.菲吕博顿、鲁道夫·瑞切特:《新制度经济学》,上海财经大学出版社1998年版,第48页。

这就意味着新古典理论中有用的部分——特别是作为一套强有力分析工具的价格理论应与正在构建的制度理论很好地整合在一起。① 新古典经济学把机会成本作为分析工具并强调相对价格的重要性。新古典分析的范围扩大,把交易费用包括在内,就能提供一个重要的理论途径,通过它就可以分析经济组织,并探讨现有产权制度与一个经济的生产潜力之间的冲突。②

新制度经济学把制度作为一个极其重要的约束条件,并把交易成本的分析作用作为制度和生产成本之间的联系添加到了新古典经济学理论中。新制度经济学试图将规则的限制和约束交易的契约纳入经济模型,而且新古典模型中的理想产权结构也被作为基本标准而加以确认。其次,新古典经济学中关于完全信息和交易无成本的假设也被放宽,正交易成本的影响得到了广泛研究。在交易成本为正的世界里,产权、企业、契约、组织、法律及制度就极为重要了。第三,对于有价值的商品仅存在两方面的特征——价格和数量的假设被放宽,经济产出的内在意义以及与商品和劳务的质量有关的经济组织方式得到了研究。③

新制度经济学的基本理论工具是交易费用理论和产权理论。有了交易费用理论和产权理论,我们就可以解释经济发展和制度变迁中的许多问题。为什么呢?第一,交易费用范式构成了新制度经济学的理论框架,没有交易费用就没有新制度经济学。如果所有的交易成本为零,那么,不论生产和交换活动怎样安排,资源的使用都相同。这意味着,在不存在交易成本的情况下,各种制度安排或组织安排不会提供选择的依据。第二,按照产权经济学的看法,经济学的核心问题不是商品买卖,而是权利买卖。最简单的商品权利与商品本身不可分,而复杂的商品(如知识、思想)没有看得见摸得着的形式,支配和享用它的权利就成为不是简单物体买卖可以处理的事。所谓外部性问题,都是由于人们议定契约的权利无法严格界定,而没有严格界定的这种权利,就不会有有关产品的市场,所以产生了外部性。如清洁空气的所有权难以界定,就有了污染问题的外部性。所以市场的失败是产权定义不明确的结果。产权制度是经济运行的根本基础,有什么样的产权制度就会有什么样的组织、技术和效率。在制度变迁和制度创新中,产权都是重要的变量,所以从交易成本、产权入手是我们理解制度运行和制度构成的关键。产权方法和交易成本方法之间是存在重要差别的,前者需要一种对个人诱因的分析,而后者则把个人置于一个更广阔的机构框架内,它容许把公司作为一个组织起来的实体而加以分析。④

新制度经济学的修正和发展还表现为它把观念和思想意识形态引入分析中,并把政治过程的模型作为经济绩效的关键因素,作为经济绩效多变的根源以及"市场失灵"的解释,从而扩展了新古典经济学理论。⑤ 与正统派不同,制度主义者的研究把技术和个人嗜

---

① 科斯、诺思等:《制度、契约与组织:从新制度经济学角度的透视》,经济科学出版社2003年版,第17页。
② [美]道格拉斯·C.诺思:《经济史中的结构与变迁》,上海三联书店1991年版,第69页。
③ [冰]思拉恩·埃格特森:《新制度经济学》,商务印书馆1996年版,第10—12页。
④ [美]迈克尔·迪屈奇:《交易成本经济学》,经济科学出版社1999年版,第5页。
⑤ 诺思:《新制度经济学及其发展》,载孙宽平主编《转轨、规制与制度选择》,社会科学文献出版社2004年版,第5页。

好与偏好均作为经济系统的一部分来考察。而且,它还用"社会经济系统"这个术语来强调这样一种事实,即经济与整个社会的社会制度和政治制度是不可割裂的。①

新制度经济学的思想体系,在其产生之初仅仅作为拓展新古典经济理论适用范围的一种努力。它的主要任务就是对一些关键假设进行修正。对于微观现象的分析,它具有完全不同的视角和特点。"新制度经济学"的研究正在迅速扩展和深化。它对传统经济学领域的拓展主要表现为:为诸如经济协调方式、企业纵向一体化和非一体化、契约不完全性、组织安排、市场结构和增长的要素等关键性问题提供了新见解和更有说服力的解释。同时,它也扩展到法学、政治学和人类学等新的研究领域。更重要的是新制度经济学研究方法正在不断深化,表现为概念越来越精确,模型不断发展和完善,以及经验验证不断丰富并卓有成效。② 新制度经济学发展的主要成果有:①制度不再是中性因素,它会对经济行为产生重要的影响;②存在多种类型的产权形式,不能确保利润或财富的最大化;③经济体制不是无摩擦的机器,交易过程中会有交易费用,它的大小影响着经济活动组织方式和执行的方式;④分析的焦点应集中于单个决策者而不是组织或集体,每个人的目标不同,但是每个人都在现存制度框架的约束下最大化其效用水平。③

第二节　博弈论与新制度经济学

本节主要探讨新制度经济学与博弈论的内在联系,博弈论的出现,丰富了制度分析的工具,也使得新制度经济学得到了进一步发展,博弈论与新制度经济学的结合将大大深化对制度起源及制度演变过程机制的分析。

一、新制度经济学与博弈论的关系

(一) 博弈论与新古典经济学

自博弈论被引入经济学以来,经济学的许多领域都发生了巨大变化,诸多按新古典经济学思想写作的教材纷纷被作者利用博弈理论来重新演绎。可以说,博弈论冲击着新古典经济学的思维方式,也正引导人们彻底地重新认识经济世界和人们的经济行为。

1. 个体主义与整体主义

新古典经济学主要以价格制度作为研究对象,它有两个很强的假设,一个是市场是竞争的,市场参与者都是在价格给定的情况下做出决策,另一个是市场参与人的信息都是对称的。在这两个假设下,人们接受的都是相同信息,个人作的行动决策对其他人并

---

① 霍奇逊:《现代制度主义经济学宣言》,北京大学出版社1993年版,第15页。
② 科斯、诺思等:《制度、契约与组织:从新制度经济学角度的透视》,经济科学出版社2003年版,第1页。
③ [美]埃里克·弗鲁博顿、[德]鲁道夫·芮且特:《新制度经济学——一个交易费用分析范式》,上海三联书店2006年版,第567页。

没有影响,因为反映人们行动决策的价格参数并没有改变,人们只是在既定价格参数和收入下最大化自己的效用,即第 i 人效用为 $U_i(X_i)$,X_i 为第 i 人在给定价格信息情况下的行动决策,因此,理性经济人的选择与行为既无需考虑自己选择对别人选择的影响,也无需考虑别人选择对自己选择的影响。显然这里所描述的世界与现实世界有很大差距。

反观博弈论,它强调经济活动过程的利益主体的行为所产生的相互作用和相互影响,主要研究主体之间行动决策的相互影响,以及在相互影响下个人如何做出决策。从而使经济分析更能反映社会经济系统的本质,这无疑是在研究方法上对新古典经济学的一次突破。在博弈论中,人们需要更多信息,在预期其他参与人行动决策的情况下,做出自己的行动决策,以参与者追求效用最大化为例,这里第 i 人效用为 $U_i(X_1 X_2 \cdots X_n)$,它不仅取决于自己的行动决策,而且还取决于其他博弈参与者的行动决策。如果强调理性个体之间的相互作用和影响,那就不可避免地会出现群体之中理性个体如何相互协调的问题。在新古典经济学中,价格机制可以使个体理性与集体理性必然地达成一致,不会出现囚徒困境,而在强调了个体间相互作用和影响的博弈论中,个体理性不一定会导致集体理性,即博弈均衡可以使所有博弈参与者都不满意,囚徒困境的问题会常常出现。

囚徒困境是博弈论中的一个经典案例。两个囚徒 A 和 B 被警察发现并抓了起来,但由于没有直接证据,两人分别被关在两个独立的不能互通信息的牢房里进行审讯。在这种情形下,囚犯有两个选择:坦白或者保持沉默。这两个囚犯都知道,如果他俩都能保持沉默的话,就只会被判 1 个月,但如果两人都坦白的话,两人会被判 3 年,如果他们中的一个人背叛,那么他就可以被无罪释放,而他的同伙就会被判 5 年。

那么,这两个囚犯是选择互相合作还是互相背叛呢?从表面上看,他们应该互相合作,保持沉默,因为这样他们俩都能得到最好的结果:只有 1 个月的刑期。但他们不得不仔细考虑对方可能采取什么选择。对囚犯 A 而言,如对方选择沉默,那我最好选择坦白,如对方选择坦白,那我也应坦白,这样,不论对方决策是什么,囚犯 A 都会选择坦白。囚犯 B 也会这么推理,则最后结果是都选择了坦白,各判 3 年,而不是都沉默这个最好的决策。显然两个囚犯各自追求最大利益的行动并没有带来最好的结果。

2. 均衡的多重性和唯一性

在非合作博弈中,解的一般形式是纳什均衡,并且有可能存在多重纳什均衡,特别是在多阶段动态博弈中,多重纳什均衡更为普遍。这些纳什均衡往往有着很不相同的性质,有的纳什均衡是没有效率的或者是低效率的,而且有的纳什均衡根本不能用帕累托最优原理来比较。但是,博弈过程本身,却并不能够自然筛选出高效率的纳什均衡,而把低效率的纳什均衡排除。这种博弈过程中的"多重均衡状态"意味着现实社会的高度不稳定性和不确定性。它们的存在是与社会分工以及各项知识分立状态的社会现实相联系的。因此,在博弈形成的多个可能的均衡状态中,人们究竟会选择哪一个均衡状态取决于人们的知识结构等多种因素,包括社会习俗、心理、行为习惯等诸多非理性因素的影响。这样,基于一般均衡的必然性和唯一性的新古典经济学的经济社会观就受到了博弈均衡的不确定性和不稳定性的挑战。

由此可见,不论是新制度经济学,还是博弈论,都更重视现实世界的实际状态,对新古典经济学中理想化的假设状态进行了修正,如果说新古典经济学是说明"尘埃落定后,世界是怎么样的",那么新制度经济学和博弈论则更像是解释"尘埃是如何落定的",只不过前者开创了新的研究领域,而后者则修正了研究的方法。

(二) 博弈论与新制度经济学

博弈论与新制度经济学的结合将大大深化对制度起源及制度演变过程机制的分析。一方面博弈论方法对制度分析是很有用的,尤其是最近逐渐使用的演进博弈和重复博弈的分析方法。然而,把一个经济过程比做一个博弈的思想,可以追溯到亚当·斯密的时代,他认为"在人类社会这个大棋盘中,每一个个体都有他自己运动的规律,这与立法机关给他们强加设定的规则完全不一样"。[①]

通常博弈论在讨论重复博弈情形下社会惯例的出现时,就试图用同标准的理性最大化概念来解释社会规则。更明显的是,如果不服从的成本使个人在任何场合的最大化选择都是奉行现存的社会或法律规范,他服从该规范就是完全理性的(阿克劳夫 1976)。[②] 克罗斯基(Patrick Croskery)遵循了制度的理性选择理论,将惯例解释为重复协调博弈的均衡,将规范解释为重复合作博弈的均衡。[③]

当然,博弈论分析作为系统研究制度的理论工具尚不完备,从该框架出发考察制度的相互依存性可能会得出制度安排的多重性、次优性和帕累托不可比性,就是说,即使面对相对相同的技术知识和被相同的市场所联结,制度安排也会因国家而异,因此,为理解特定制度安排在某特定国家演化生成的原因,单单囿于博弈论框架本身是不够的。[④]

另一方面,博弈论中的许多思想本身可以作为新制度经济学的重要组成部分。这主要体现在以下几个方面:

1. 博弈论视野下的三种制度观

一些经济学家为了更好地分析制度变迁以及解决一些悬而未决的问题,而从博弈论的角度定义制度。其实,以博弈论来分析经济社会现象早在亚当·斯密时代就已经出现,在亚当·斯密看来,博弈是个体参与者从各自动机出发的相互作用的一种状态,可见,博弈的观点可谓是无处不在。根据青木昌彦对制度观的分类,通过将经济过程类比于博弈过程,不同的经济学家分别将制度看做博弈的参与人、博弈规则和博弈过程中参与人的均衡策略。[⑤] 我们可以看到,在博弈论视野下主要有三种制度观。

[①] [法]梅纳尔:《制度、契约与组织——从新制度经济学角度的透视》,刘刚等译,经济科学出版社 2003 年版,第 20 页。
[②] [英]马尔科姆·卢瑟福:《经济学中的制度——老制度主义和新制度主义》,陈健波、郁仲莉译,中国社会科学出版社 1999 年版,第 65 页。
[③] [美]戴维·L.韦默主编:《制度设计》,上海财经大学出版社 2004 年版,第 15 页。
[④] [日]青木昌彦:《比较制度分析》,周黎安译,上海远东出版社 2001 版,第 28 页。
[⑤] 同上,第 5 页。

（1）将制度明确等同于博弈的特定参与人，诸如"行业协会、技术协会、大学、法庭、政府机构、司法等"（Nelson，1994）。这一定义符合《简明牛津英文字典》中"制度为一种形成了的组织"（an established organization）的定义。

（2）将制度视为博弈的规则。支持这一观点的有诺思。在《制度、制度变迁与经济绩效》一书中，他认为："制度是社会的游戏规则（rules of game），更规范的说，它们是为决定人们的相互关系而人为设计的一些制约"[1]以及"用经济学的行话来说，制度确定和限制了人们的选择集合"。[2] 为了分析为什么其他国家不能采用在经济绩效好的国家中沿用的制度这个问题，诺思将制度分为非正式制度（包括道德的约束、禁忌、习惯、传统和行为准则）和正式制度（包括宪法、法令、产权）。他认为，正因为一些非正式制度的存在，制度设计有时是缺乏效率的。赫尔维茨（Hurwicz，1993、1996）对制度的博弈规则论作了更为技术性的定义，他认为，博弈规则可以由参与者能够选择的决策行动以及参与者决策的每个行动组合（profile）所对应的后果函数来描述，他将这一设定称为"机制"（mechanism）或"博弈形式"（game form）。[3]

诺思也提出了第二种观点：制度应该被当做博弈的规则，而不是把制度当做博弈中的参与人。一般而言，博弈规则可分为正式规则和非正式规则。根据定义，在参与人进行博弈的过程中，经济博弈的正式规则是不能被参与人所构建（改变）的，而是在博弈之前就被确定下来。如果我们关注制度的起源，那么马上就会产生一个问题：谁来决定经济规则？诺思对博弈规则和博弈参与人（组织及其政治企业家）做了严格区分，即参与人作为制度变迁的行为主体，是规则制定者。根据诺思的观点，现存的博弈规则确定了参与人如何（组织）交易和创新的激励机制，并最终在相对价格变化的影响下，对新规则产生有效的需求。这些新规则在政治市场中由各方经过讨价还价来决定，而政治市场是根据政治规则确定。[4]

（3）将制度视为博弈的均衡。这一观点的最早倡导者是肖特（Schotter）和格雷夫（Greif）。下面我们看看肖特对制度的理解。

肖特借鉴了哲学家刘易斯（Lewis，1969）对社会惯例（convention）的定义，他在《社会制度的经济理论》一书中对社会制度作了如下定义：

在一个人口群体 P 中，当其中的成员在反复出现的情境 T 下，作为行动人常规性的 R 只有在下列条件下而成为人口 P 中的共同知识时，它才成为一种制度：每个人都遵守 R；每个人都预计他人遵守 R；并且如果 T 是一个协调问题，在这种情况下，一致遵守 R 是一个协调均衡，于是在其他人都遵守 R 时，每个人都愿意遵守 R；或者如果任何一个人偏离了 R，人们知道其他人当中的一些或者全部也将会偏离，在反复出现的博弈 T 中采用偏离的策略的得益对于所有行为人来说都要比 R 相对应的得益低。[5]

从这个定义中可以看到，肖特正是用博弈的语言来定义他所研究的制度，制度是各

---

[1] ［美］道格拉斯·诺思：《制度、制度变迁与经济绩效》，刘守英译，上海三联书店1994年版，第3页。
[2] 同上，第4页。
[3] ［日］青木昌彦：《比较制度分析》，周黎安译，上海远东出版社2001版，第7页。
[4] ［法］梅纳尔：《制度、契约与组织——从新制度经济学角度的透视》，刘刚等译，经济科学出版社2003年版，第20页。
[5] ［美］安德鲁·肖特：《社会制度的经济理论》，陆铭、陈钊译，上海财经大学出版社2003年版，第17页。

个博弈参与者互动行为的均衡结果,而任何偏离这种均衡结果都是不利的,因为在肖特对制度定义的第四点中,他明确定义了这种均衡是符合"帕累托条件"的,这也意味着制度的存在实际上是对博弈参与者的一种行动的规则约束。

格雷夫也从博弈均衡角度给制度下了一个简明定义,他认为:"在博弈论框架中,两个相互联系的制度要素是(关于别人行为的)预期和组织……组织是非技术因素决定的约束,它们通过引入新的参与人(即该组织本身),改变参与人所得的信息,或者改变某些行动的报酬来影响行为。"①这里的组织指的是作为博弈参与者集合的一部分,受到博弈均衡衍生的约束的制约。显然,在这里,格雷夫也将制度是博弈参与者的观点纳入了他对制度的定义之中。

青木昌彦在《比较制度分析》一书中,将制度定义为:"制度是关于博弈如何进行的共有信念的一个自我维系系统。制度的本质是对均衡博弈路径显著和固定特征的一种浓缩性表征,该表征被相关域几乎所有参与人所感知,认为是与他们策略相关的。这样,制度就以一种自我实施的方式制约着参与人的策略互动,并反过来又被他们在连续变化的环境下的实际决策不断再生产出来"。②

在这三种制度观下,将制度视为博弈均衡的观点得到了许多经济学家的认可,尤其是从事比较制度分析和制度变迁理论研究的经济学家,很大原因是因为这种定义对于解释制度内生性和解决现实问题很有帮助。同时,将制度视为博弈均衡的观点更能表明制度的实质,因为传统制度观点以及将制度视为博弈参与人、博弈规则的观点都是将制度当成一个静止的状态,而博弈均衡的观点则是从动态角度定义制度,从而可以把制度系统与生物系统等其他生态系统相比较,因此,也就可以借鉴自然科学的研究方法来研究社会经济系统的演化。

2. 不同制度观下的经济学家关于制度起源的分析的思路是不一样的

当考虑一种制度的起源时,我们已经看到,持博弈规则论(rule of the game)观点的学者们倾向于设计的观点,即规则不论是由立法者、政治企业家还是机制设计的经济学家等制定的,都是有意识地设计的结果。在持博弈均衡论(equilibrium of the game)的学者中间,刚开始的时候在这个问题上并未达成明显一致。那些采纳演进博弈论分析方法的专家们,很明显认同把制度起源当成是"自发的秩序"或者是具有自组织性质的组织体系。③ 在此我们重点分析一下博弈均衡论的观点。

博弈均衡制度观可以从内生的角度分析制度起源和实施问题。如果人们接受传统的外生博弈规则论,直接的问题是制度究竟从何而来、如何产生和实施。人们不得不在规则发挥作用的经济域之外寻找制度起源,如在政治域,或者作为一种理论可能性,在理性的参与人从诸种可能的规则中集体选择一种规则的元博弈的域中寻求制度起源。④

---

① [日]青木昌彦:《比较制度分析》,周黎安译,上海远东出版社 2001 年版,第 10 页。
② 同上,第 28 页。
③ [法]梅纳尔:《制度、契约与组织——从新制度经济学角度的透视》,刘刚等译,经济科学出版社 2003 年版,第 21 页。
④ 同注①,第 16 页。

格雷夫(1998)建议在运用均衡观点分析制度时,采用如下分析程序处理历史信息:①以历史和比较知识为基础。首先区分出哪些技术和制度因素可以看做"外生的",哪些制度因素需要当做"内生变量",即需要解释的变量。②建立对应特定背景的博弈论模型,其中那些被界定为外生变量的因素定义了博弈的外生规则,然后解出所有的均衡解。③考察是否存在一些均衡解有助于解释内生性制度的性质。④研究哪些"历史"因素促成了对特定均衡的选择,由此确定历史对制度形成的作用。①

制度就是均衡行动选择规则的本质特征,而这些规则能被该领域参与人所普遍认可,并与他们的行动选择相关。制度是重复博弈的内生产物,但同时制度又规制着该领域中参与人的战略互动。对某一个参与人而言,忽略或者偏离制度是无利可图的。虽然制度是一种均衡现象,但不应把它们看做一次博弈下完美的演绎的结果,也不应视为一种根本不需要归纳推理的完全静态平衡。制度代表了在整个时期实际上重复参与博弈的行为人的战略互动过程的一种稳定状态。因此,一种制度是"由有限理性和具有反思能力的个体的社会长期经验的产物"。②

一些持博弈均衡的制度观点的经济学家认为,根据一些具体情况,我们或者借助于演进博弈的分析方法,或者借助于重复博弈的分析方法,并且使用相应的不同均衡概念(与完美均衡相对应的是一些演进均衡的概念)。这两种方法有着很强的假设条件,事实上,它们的假设处于两个极端:一个在分析参与人的动机和选择时,认可个体参与人的理性,一个正好相反。这大概反映了博弈论目前的状态,在构建个体有限理性模型中,博弈论还未取得令人满意的结果。有限理性是指经济行为人的目的是理性的,但仅仅是在有限的程度是如此的。因此,我们可以认为,这两种分析方法在根本上不是相互对立的,而是互补的。不论选择什么样的均衡概念,我们使用的分析工具全都是纳什均衡概念。也就是说,一种制度处于这样一种社会建构的状态,只要其他参与人不偏离这种状态,任何参与人也没有激励这样做。③

新古典制度经济学同样没能解决制度起源问题。肖特尝试用博弈论来解释制度的起源,认为制度是个人或组织间博弈的结果。菲尔德米罗斯基和霍奇森都对制度起源的这种博弈论解释提出了批评。他们认为,个人或组织的博弈行为本身就需要一个预先设立的规则,因此制度起源的博弈论解释仍然是假定了一个预先存在的规则体系,从而不能对这个规则本身的起源,或制度的起源做出解释。④

二、博弈论在制度分析中的应用

(一)重复博弈论

在传统博弈论中,通常参与者都假定在信息收集、信息形成、后果推断和决策制定方

---

① [日]青木昌彦:《比较制度分析》,上海远东出版社2001年版,第18页。
② [法]梅纳尔:《制度、契约与组织——从新制度经济学角度的透视》,刘刚等译,经济科学出版社2003年版,第24页。
③ 同上,第21页。
④ 张林:《谁是制度经济学的正统—论制度主义中的凡勃仑—艾尔斯传统》,载《政治经济学评论》2002卷第1辑,第167页。

面都是超理性的。不同于一次性博弈的是,重复博弈中的参与人不只关注局部利益、短期利益。更多地考虑整个博弈过程的总体利益和长期利益,因此在重复博弈中,参与者就有可能采取更为合作的方式,从而避免囚徒困境的出现,实现比一次均衡更有效率的均衡。这种博弈模型主要用于分析需要界定明确的实施机制的制度,包括诸如规范、合同和治理结构之类的制度。与一次博弈相比,重复博弈运用的均衡概念更为精细,比如用子博弈精炼纳什均衡来分析制度的变迁过程。子博弈精炼纳什均衡是指只有当某一战略组合在每一个子博弈(包括原博弈)上都构成一个纳什均衡,这一战略组合才是子博弈精炼纳什均衡。

最早将博弈论引入制度变迁分析的是肖特,他在 1981 年出版的《社会制度的经济理论》一书中按照诺齐克(Nozick)的国家创生理论假设了一个洛克式的自然状态(state of nature),用博弈论模型再现了制度演化的情景,从实证角度表明了博弈参与者的现象型行为具有一种制度化倾向,以此验证了哈耶克的自发社会秩序理论。在他的分析中,制度是一个博弈的均衡解,制度变迁是经济行为人通过不同的战略最大化其收益的结果,而在重复博弈中,博弈参与人为避免无效率的博弈行为出现,博弈就会演化为某种有效率的规则或制度。应用重复博弈论研究制度变迁的最具代表性的人物当属进行比较制度分析的格雷夫,他将博弈论引入了经济史的研究尤其是制度变迁的研究,他认为,制度根源于积极的文化信仰,是长期历史自然演化的产物,这种分析方法在学术传承上综合了德国历史学派的传统和现代博弈论的理论成果,在博弈论分析框架下运用历史经验的归纳法分析方法研究制度选择与变迁。

艾德纳·乌尔曼—马加利(Edna Ullman - Magalit)认为当协调问题、囚徒困境问题、保持不平等问题中的任何一个发生时,社会制度将有可能得以产生。肖特还补充了另外一种可能,那就是合作博弈问题,他认为国家的产生就是一个合作问题的解,即合作博弈的均衡解,并成功解决了国家是怎样从自然状态演化出来的问题。[1] 以下,我们通过交通博弈的例子来考察传统博弈论的制度分析方法及理论。

假定有两辆汽车正在一条路上以相同速度相向而行,他们几乎同时到达一个十字路口,而碰巧这个十字路口交通灯坏了,也没有交通警察。此时,司机甲想要左转,而司机乙想要直行,显然,如果这时司机甲左转,而司机乙直行,两辆汽车就会相撞,假定他们因两车相撞而都要去修理汽车及去医院,这时他们的损失都为4,即收益向量为(-4,-4),前者表示甲的收益,后者表示乙的收益,他们的收益都为 -4。如果司机甲左转,而司机乙等待司机甲,让他先过,那么虽然司机乙有损失,但也小于因两车相撞而遭受的损失,假定此时,双方所得收益向量为(5,-2)。如果司机甲等待,让司机乙先过,而司机乙也心领神会的先过了,那么,双方收益向量为(-2,5)。但是,如果司机甲及司机乙都等待着对方先过,那么双方都会因等待对方而受到一定损失,比如他们都有一笔重要的生意,客户正等着,如果去晚了的话,这笔生意就做不成,假定他们的损失为(-1,-1)。此时,司机甲和司机乙应该怎么做呢?如果按照新古典主义的看法,应当建立一个市场,出售在十字路口处优先行驶的权利,价格制度会解决一切问题,一名类似于瓦尔拉斯均衡中

---

[1] [美]安德鲁·肖特:《社会制度的经济理论》,陆铭、陈钊译,上海财经大学出版社 2003 年版,第 33 页。

的拍卖人从两名司机那里接受出价,谁的出价高,就将这个优先行驶的权利卖给他。现实社会中会有这样一个拍卖人存在吗?显然,由于这种拍卖过程不可能有高效率,因为等待司机出价,以及司机的讨价还价都浪费了很多时间以及成本。如果此时,存在一种规则或者制度对谁先谁后作了详细规定,包括违反这一规定的惩罚,那问题就比较好解决了,司机甲和司机乙只需遵循这种规定就行了。下面,我们就来看看这种规则或制度是怎么形成的。

图 2.1 中,存在两个纳什均衡,(等待,直行)和(左转,等待),而且不存在一个纳什均衡帕累托优于另一个纳什均衡,从收益矩阵中可以看出,这是一个协调问题,协调问题是指在任何均衡点,不仅在给定其他参与者行为条件下没有参与者想改变行为,而且没有参与者希望其他参与者改变行为。假定

		乙	
		等待	直行
甲	等待	-1, -1	-2, 5
	左转	5, -2	-4, -4

图 2.1

社会中存在两种群体:一是诸如司机甲在十字路口左转的群体 A,二是诸如司机乙在十字路口直行的群体 B。在这个博弈中,群体 A 希望群体 B 可以等待让他们先左转,而群体 B 则希望群体 A 可以等待让他们先直行,此时还没出现相应的交通法规。假定群体 A 正好住在十字路口左侧,群体 B 也正好住在十字路口前面,这样可以将他们在十字路口的博弈看成是一个重复博弈。如果每当群体 A 中的个人在十字路口碰见群体 B 中的个人时,他们总是要做出让谁先通过的决策来进行协调,那么这种协调是高成本和低效率的,这样,博弈参与者与其在博弈出现时尝试去解决它,还不如期望社会中的群体 A 和群体 B 建立起某种惯例的均衡模式,每当这种博弈出现时,博弈参与者都遵循这个惯例。这样,一种惯例如果被遵循的话,就演变为了一个社会制度,也就可以避免出现无效率的非均衡收益。但这里出现了两个均衡,就是说有可能形成两种惯例,即群体 A 等待让群体 B 先直行以及群体 B 等待让群体 A 先左转。到底会形成哪一种惯例取决于历史、政治及一些随机因素,但是一旦这种惯例建立起来,就没有人愿意违背。

在交通博弈中,由于人们在博弈中面临着协调问题,在反复博弈中,一种制度将演化而成以决定在该博弈中,谁先通过十字路口,谁后通过十字路口,但是我们可以发现,在存在协调问题的博弈中,一种博弈均衡并不比另一种博弈均衡好,那么,建立起来的制度虽然解决了博弈中协调问题,但它也是一种不平等的制度,可见,制度的出现在一定程度上也就维持了一种不平等的状态。在交通博弈中,群体 A 偏好"先左转"这样的制度,而群体 B 则偏好"先直行"的制度,不论最后演化而成的制度是怎样的,都肯定会对其中的一个群体不利,可以看出,艾德纳·乌尔曼—马加利所提出的保持不平等问题也可以被认为是一种协调问题。

(二)演进博弈论

在传统博弈论框架下,重复博弈能够很好地解释制度的演进,然而,这种制度分析方法仍然遭到人们广泛的质疑,其质疑的根本点就在于传统博弈论对博弈参与者完全理性的假设。这种理想化假设使得经济学家逐渐将眼光转向演进博弈论的研究领域。演进博弈论摒弃了传统博弈论对博弈参与者完全理性的假设,认为参与者的理性是非常有限

的,他们的行动被惰性和简单模仿所驱使,受制于他人行动的基本经验的信念,而且收敛于效率结果,还依赖于无法解释的随机事件。①

进入20世纪90年代以来,博弈论制度分析在杨、萨格登、青木昌彦、奥野正宽等人的努力下取得了许多研究成果,而演进博弈论的制度分析理论也在不断成熟,其基本理论可分为以下四个部分:

1. 制度内生性理论

这种均衡导向的内生博弈规则方法对制度的分析前景是光明的,这是由于:①制度内生化的处理;②对多种制度形式的认可;③给出了分析制度相互依赖性的工具;④对制度多种作用的洞察;⑤揭示制度演进变迁的件质;以及⑥对与制度演进路径不相适应的一些有害政策建议的提防。②

制度是怎么产生的呢?制度的元制度又是从何而来呢?萨格登、杨等人运用演进稳定均衡策略(ESS)概念以及内生博弈规则论证了制度的内生性,在一定程度上解决了新制度经济学曾经遇到的制度循环论证问题。持演进博弈论观点的人认为,现实世界中,存在着当一个博弈群体采用一种策略,而该群体之外的其他人所采用的策略都不能干扰该群体所采用的策略,这种状态就是演进稳定均衡状态。这种演进稳定均衡中的任何一方都不愿偏离这种均衡状态,因为偏离均衡的一方所得的收益总是少于不偏离均衡所得的收益。另一方面,这种个别参与人选择偏离演进稳定均衡的战略也不会对其他人产生采取偏离该均衡策略的动机,即使他们知道其他少数参与人会改变选择,他们也不会改变自己的战略选择,因为无论其他个别人选择什么,对他们而言,在演进稳态均衡时的选择是最有利的。在长期中,通过模仿和对过去形成的预期,这种均衡就会逐渐成为一种习俗或惯例,而一旦这种习俗或惯例在一个群体中演化而成,每个社会成员都会自觉地遵守它。如果遵守这种习俗或者惯例的人越来越多,时间维持的足够长,那么它就会越稳定,这就是所谓的"吸同状态"(absorbing state)抑或"局部遵同效应"(local conformity effect)。因此,制度的演进过程可以看成是惯例到成文法的过程,可是由于博弈过程中确实存在着多重均衡解的可能,模型虽然可以内生地决定均衡解,但是却无法决定社会到底处于哪一个均衡解中。

2. 制度化关联理论

为什么同样一种经济制度在不同国家会有不同效率呢?为什么在西方成功的市场机制用于俄罗斯的改革却并不成功?出现这种问题很大程度上是因为制度存在关联性与互补性,旧制度的遗留或者已经存在的非正式的制度影响了制度的变迁,导致了最后博弈均衡处于帕累托无效率的状态。为了分析这一问题,青木昌彦将制度空间划分为:公共资源、交易(经济交换)、组织、组织场、政治、社会交换六个域,域是由博弈参与者集合以及他们在随后各个时期所面临的技术上可行的行动集组成。对不同域之间的嵌入和捆绑进行讨论,他认为在博弈中,人们在不同域之间各自作出决策,结果产生的制度是人们单独在不同域中分别做决策所不能导致的,这种关联可以创造一定外部性,使其他

---

① [日]青木昌彦:《比较制度分析》,周黎安译,上海远东出版社2001年版,第197页
② [法]梅纳尔:《制度、契约与组织——从新制度经济学角度的透视》,刘刚等译,经济科学出版社2003年版,第30页。

参与人从中获得利益,从而促进这种制度的延续,与此相对应的另一种情况是,人们因决策空间或者认知程度有限,或者其他原因,无法在不同域之间协调其策略决策,但决策在参数上受到其他域所流行的决策规则或者制度的影响,结果是制度之间的跨域的相互依存关系即制度互补性有可能出现。① 关联在于协调博弈参与者在不同域之间的策略,这样就会产生在单独域分别作决策而得不到结果,同时由于制度化关联的存在,组织信息体制中的内在缺陷也可以克服,制度环境的治理合约也会更加有效率。而制度的互补性则保证了制度的有效性,因为,一种制度的演进,需要其他相关制度配合,在其演化过程中,非正式制度的作用不可小觑,与此同时,这种制度的演进也影响着组织信息体制和制度化关联方式,并进而影响到市场交易的效率。可见,制度的关联性和互补性导致了路径依赖,因为目前已经存在的制度是经过长期博弈筛选后而得到的制度,由于关联性和互补性,这个制度不仅影响着其他域中的制度,也被其他域中的制度所影响,如果要保证制度移植的成功,那么所有域中的制度都要根据与将要移植的制度的关联性和互补性作出相应变换,显然,其间困难重重。

3. 制度多样性理论

长期以来,我们常常为制度的多样性感到困惑,为什么具有相似生态和技术条件的韩国和日本,没有演化出相同的社会结构和社会习俗呢? 演化博弈论者认为制度是博弈的均衡状态,而在博弈中难免不会出现多重均衡,因此制度的多样性取决于均衡的多重性,哪一种均衡最终会实现依赖于历史、政治和其他社会因素。在演进博弈论中,博弈参与者的有限理性扮演着一个极为重要的角色,也许是因为他们有不断试错的勇气,也许是因为他们掌握的是不完全信息,所以,社会中总会存在一些博弈参与者采取非惯例行动的概率,即使社会中存在着某种惯例或者制度,而且这种惯例也进入了锁定状态(lock in),这种惯例也会不断演进,而演进的未来状态也是极为不确定的,它可能会依然保存下来,也可能会演化成另一种惯例或者在未来的社会中消失。因此,演进博弈论学者认为,即使两个社会以相同的初始状态演进,即它们有相同习俗,在经过一段足够长的时间后,这两个社会也有可能处于不同的惯例之中,这就是所谓的"整体多元化效应"(global diversity effect)。正是由于"整体多元化效应"的存在,具有相似生态和技术条件的韩国和日本,却有着不同的社会结构和社会习俗,同说汉语的中国内地、香港地区、台湾地区和新加坡,在社会交往和市场交易中也存在着不同惯例。

4. 制度变迁理论

青木昌彦将制度变迁划分为两个阶段:第一阶段为相对短暂而失序的制度危机阶段,急剧的环境变化和内部危机导致了超过临界规模的社会群体的认知危机,各种相对现有制度进行的变异性试验纷纷涌现;第二阶段为进化稳定阶段,各种变异试验在进化压力的作用下展开竞争,接受进化过程的考验,一些决策也因此在演化过程中成为主导策略,制度进化调整的过程便逐渐稳定下来。②

---

① [日]青木昌彦:《比较制度分析》,上海远东出版社2001年版,第211页。
② 同上,第246页。

青木昌彦、奥野正宽利用演化博弈论研究了经济制度的变迁,在他们的模型中,假定博弈参与人是有限理性的,原因有三点:

(1) 惯性(inertia)。它是指在演化博弈中,由于策略变更会伴随成本增加,因此,如果有人试图改变策略,也会因为变更策略成本的存在,而对改变策略犹豫再三,这样,即使有人改变策略,也仅仅是一小部分人而已,社会中的策略分布只会渐渐被调整。

(2) 近视眼(myopia)。它是指当人们改变自己战略的时候,总是将现存的策略分布作为已知的条件,以此来选择自己最佳的战略,他们忽视了当人们改变在其策略的同时,其他人也有可能改变策略的情况,这种情况下,社会的策略分布就会发生变化。

(3) 试错法实验(trial and error or experiment)。它是指社会中具有革新意识的人也许会不仅仅拘泥于此时的最佳策略,而去尝试其他策略,这样也许会出现一些人采取与现在不相适应的新策略,这样历次打乱既存策略分布的因子称为试错法实验。①

下面我们引入以下一个简单的演进博弈模型来说明制度的变迁。

在社会中,假定人们有两种策略可以选择:A 和 B,社会的收益矩阵为用概率加权平均后的收益,并且社会中的人均为有限理性,他们在多次博弈过程中,不是采取相异的行动,而是在每次博弈中均采取同一行动,这样,他们初始的平均收益矩阵便如图 2.2 所示。此时,该博弈是一个囚徒困境,博弈双方都选择 B,同时(B,B)策略向量也是一个演化稳定策略(ESS),在社会的历史初期,采取 B 行动是一种习惯抑或一种惯例。如果在该社会里发生了环境上的变化,平均收益矩阵发生了变化,如图 2.3 所示,此时存在着两个纳什均衡:(A,A)和(B,B)。由于社会中受历史初期条件约束的人们是处在采取策略B 的状态之中,即使收益上发生了变化,存在帕累托更优的策略组合,如果其他博弈参与者采取策略 B 被视为给定的话,最佳反应也只能是 B,这就是制度演化中的路径依赖性。

	A	B
A	6, -6	2, 8
B	8, 2	4, 4

图 2.2

	A	B
A	6, 6	2, 2
B	2, 2	4, 4

图 2.3

如何才能摆脱这种低效率的均衡状态呢,青木昌彦和奥野正宽认为,此时,至少存在三种方法:

(1) 社会中的创意和实验。在图 2.3 中,存在两个演化稳定均衡(ESS),一般演化过程无法将劣势的均衡状态调整到具有优势的均衡状态,但是通过引入比较系统的突然变异可以达到这一目的,即由于博弈参与者都存在着一个改变策略的概率,当社会中博弈参与人选择某一策略的人数达到一定比例时,所选择的博弈均衡状态就将会发生改变。

	A	B
A	6, 6	2, -1
B	-1, 2	1, 1

图 2.4

(2) 政府的政策性介入。如果政府可以颁布法律对选择策略 B 的人进行惩罚,社会的平均收益矩阵就发生了改变,如图 2.4。选择策略 B 的参与人的收益都因为惩罚而减少了 3,这时帕累托更优的策略向量(A,A)就会成为支配策略向量。

---

① [日]青木昌彦、奥野正宽:《经济体制的比较制度分析》,魏加宁译,中国发展出版社 1999 年版,第 264 页。

(3)加强与其他具有不同习惯社会的交流。通过与不同文化习俗的社会的交流,同样可以改变社会的平均收益矩阵,使得(A,A)成为支配策略向量。①

因此,制度变迁主要是因为外部冲击和博弈结构的内部均衡结果影响的积累,正是这种积累的效应导致了原有制度的危机,所以,如果现有制度遭遇到了外部制度环境的冲击,那么现有制度就会有出现变革和创新的可能,值得注意的是,制度演进过程既是一个渐进的过程,又是一个间断地被一些转折点打断的过程,这就是所谓的"刻点均衡效应"(punctuated equilibrium effect),即偶尔被短时期迅速出现的制度所打破的长时期的静态均衡状态,或者被制度的突变所打断的长期状态。因此,可以认为,制度的变迁在一定程度上综合了路径依赖与制度创新的因素,在渐进中存在突变,是"刻点均衡"和进化选择的结果。

当考虑一种制度的起源时,我们已经看到,持博弈规则论(rule of the game)观点的学者们倾向于设计的观点,即规则不论是由立法者、政治企业家还是机制设计的经济学家等制定的,都是有意识地设计的结果。在持博弈均衡论(equilibrium of the game)的学者中间,刚开始的时候在这个问题上并未达成明显的一致。那些采纳演进博弈论分析方法的专家们,很明显认同把制度起源当成是"自发的秩序"或者是具有自组织性质的组织体系。②

(三)博弈学习理论

与一般演进博弈论相比,博弈学习理论中参与者虽然是有限理性,但是他们具有学习的能力,是一种适应性理性。博弈参与者即使面临有限的信息,他们依然可以使用简单的预测模型进行决策,总体而言,他们也是追求效用最大化,只不过在追求过程中受到环境约束和自身能力方面的限制。事实上,当演化博弈论从生物学领域转向经济学领域过程中,经济学家并不满足于仅仅对博弈参与者采用有限理性的假设,人类显然不能和大自然中的生物相类比,人类理应具有更高的理性,他们不仅可以模仿成功的策略,也可以通过学习,使得自己对博弈结构更加了解,也给予了人们改变博弈策略的动机,制度分析中的演进经济学毫无疑问已经采纳了部分博弈学习的相关理论,这点从肖特和扬在其著作中的观点就可看出来。肖特在其《社会制度的经济理论》一书中写道:"学习是导致制度出现的机制,个体学习约束了自己,也因此依赖于别人的自我约束。"③杨也曾形象地指出这一点:"他们仍环顾四周,他们收集信息,在多数时间里,他们在所掌握的信息基础上相当理智的行动。简言之,很明显看出来他们是人。"④

一般而言,在博弈学习理论中,学习主要有三种类型:

(1)路径学习(routine learning)。它又被称为心理刺激反应模型(psychological stimulus response model)或强化模型(reinforcement model),即参与人根据他们最近关于成功或失败的经验来调整它们选择策略概率的过程,它并不要求博弈参与者考虑其他人的选

---

① [日]青木昌彦、奥野正宽:《经济体制的比较制度分析》,魏加宁译,中国发展出版社1999年版,第270—276页。
② [法]梅纳尔:《制度、契约与组织——从新制度经济学角度的透视》,刘刚等译,经济科学出版社2003年版,第21页。
③ [美]安德鲁·肖特:《社会制度的经济理论》,陆铭、陈钊译,上海财经大学出版社2003年版,第26页。
④ [美]H.培顿·杨:《个人策略与社会结构——制度的演化理论》,王勇译,上海三联书店2004版,第9页。

择和支付,只需关注自己的选择和支付,并坚信如果一个行动策略在过去是有用的,那么在将来它也会是有用的。

(2) 模仿(imitation)。模仿是指博弈参与者对获得成功的参与者的模仿,它与路径学习的区别在于其他人的成功会影响参与者选择策略的概率。

(3) 信念学习(belief learning)。这一类型的学习比较复杂,它是指博弈参与者能够利用关于其他博弈参与者过去的选择与支付情况的信息来改变当前博弈阶段他们对其他博弈参与者的选择的信念。[1]

在制度分析中,博弈学习理论依然延续着演进博弈论的思想,认为制度应被看成是一个动态的演进过程,只不过这里的博弈参与者虽然不至于完全理性,但也因学习的过程而更为精于计算,此时的博弈参与者通过不断学习来调整预期,当参与者的预期与观察相符合时,理性的参与人便不会改变自己的行为策略,一种固定的行为模型就会出现,而一旦这种符合观察的预期与固定的行为模式出现时,一种制度也就产生了,它是具有有限理性的人类在社会发展进程中,依据各自专有知识长期策略互动的结果。博弈学习理论以参与者的有限理性、但具有学习能力为行为人假设突出了制度分析中学习的重要性。简言之,制度就是博弈参与者利用后天学习到的和以前积累的知识,预测下一次博弈中其他博弈参与者的行为,并在此预期的基础上根据自己的目标和可能的行动集来确定自己的策略,由此形成的博弈均衡就演绎成了制度。显然,这一过程是漫长的不断反馈和调整的过程,博弈参与者学习认识现存的制度约束,但他并不是完全地被动接受,而是有一个与外部制度环境相互认知的过程,通过不断加深对制度环境的认识并提高学习的能力,以解决博弈协调问题和囚徒困境。可以说,制度的形成与变迁是在博弈参与者各自不同知识的基础上进行的博弈的均衡结果。

第三节 演化经济学与新制度经济学

本节将对演化经济学进行简要介绍,并探讨其与新制度经济学的联系与区别。

一、演化经济学概述

演化经济学有着悠久、复杂的思想来源,但直至今日,它仍未形成一个统一的阵营,也没有形成像新古典经济学那样完整的体系。但作为一种强调远离黑板、贴近现实的经济学,它的价值也是毋庸置疑的:在一个复杂的、多主体协同互动、充斥着不确定性的世界中,强调异质性、动态性和协同性的演化经济学比同质性、静态和孤立处理为特点的主流经济学有着更强的解释力和发展前景。

人们惯于将纳尔逊和温特1982年《经济变迁的演化理论》的出版视为演化经济学兴起的标志,但若从完整的思想史发展历程来看,演化经济学则具有更为复杂也更为悠久的思想演化历程。早在达尔文之前,社会科学中就已经有了演化分析的传统,孔德、黑格

---

[1] [法]克里斯丁·蒙特、丹尼尔·塞拉:《博弈论与经济学》,张琦译,经济管理出版社2005年版,第258页。

尔和斯宾塞在探寻人类经济社会形态变化规律时都显示出了演化的思想倾向。在新古典经济学成为主流之前，也有诸多带有明显演化分析特征的经济学流派曾在思想史上留下了辉煌一笔。马歇尔也曾在其代表作《经济学原理》中提出"经济学家的圣地在经济生物学而不在经济动力学"的观点。马歇尔认为，经济学中流行的静态分析将是一种过渡状态，将被基于生物学概念的真正的动态分析所取代，经济学的核心思想必须是"活的力量和运动"。

演化经济学包含了以凡勃仑传统为代表的老制度主义、新熊彼特主义、调节学派、演化生态经济学与新奥地利学派等诸多流派的思想。早在20世纪50年代，西方异端经济学家，包括激进经济学、后凯恩斯主义等，也都试图集聚在"演化"这一旗帜下，用"演化"分析标示出自己的理论特征。时至20世纪80年代后期，演化经济学的研究已被美国和欧洲的制度学派、奥地利学派和熊彼特学派的发展所拓宽和加速了，尤其是在技术变迁领域。演化经济学已经建立起了独具特色的研究纲领，并对经济政策，尤其是技术政策、公司战略和国家创新系统领域，发挥了重要的影响。[1]

尽管缺乏新古典经济学的系统性和完整性，但作为一个学术思想共同体，演化经济学仍在"共同纲领"上达成了一致，这种"共同纲领"反映了演化经济学家看待经济体系的独特视角，无论是霍奇逊的接纳新事象、反对还原论（novelty embracing, anti-reductionism）"[2]，还是维特（U. Witt）的"新奇足够"[3]，演化经济学家在反还原论、反类型论、突出新奇以及强调不可逆、路径依赖、动态性和时空特定性等问题上均持有相同看法，作为一种研究生成（becoming）而不是研究存在（being）的经济学，演化经济学的这些特征使其与新古典的静态、理性及同质性特征区别开来。

新古典经济学与演化经济学的主要区别体现在什么地方呢？简单地说，新古典经济学是一种以经典物理学（更具体地说，是牛顿—拉普拉斯范式的经典力学）为模板的经济学体系，而演化经济学是以进化生物学为模板的经济学体系。和经典物理学一样，新古典经济学的世界是同质的世界（经典物理学中的质点，新古典经济学中的同质经济人、企业）、均衡的世界、决定论的世界、不考虑"质变"的世界；而和进化生物学一样，演化经济学的世界是异质性的、多样性的、动态演化的、存在结构性变迁的世界。新古典经济学采取机械决定论的方式进行逻辑推演。在这种逻辑推演中，不需要考虑历史不可逆、路径依赖和制度差异等诸多因素[4]，如同经典物理学不需要考虑"质"而只需要考虑"量"一样，新古典经济学中也不存在层级区别，不仅微观到宏观可以直接外推加总，而且任何一个高层级的分析单元，均可还原为低层级单元的解释。演化经济学家则采取整体论的、

---

[1] [英]霍奇逊：《演化经济学的诸多含义》，载中国人民大学出版社《政治经济学评论》2004卷第2辑，第139页。

[2] G. M. Hodgson, *Evolution and Institutions: On Evolutionary Economics and the Evolution of Economics*, Edward Elgar, Cheltenham, 1999, P180 – 190.

[3] 维特也认为，同意新奇在经济变化中所起的关键作用，这是演化经济学与新古典经济学在研究纲领上的基本区别，他指出："作为社会经济演化的一个恰当概念，正确地评价新奇的突现及其传播的关键性作用是必不可少的。"见 U. Witt, *Evolution as the Theme of a new Heterodoxy in Economics*. In U. Witt(ed.), *Explaining Process and Change: Approaches to Evolutionary Economics*, University of Michigan Press, 1992, p12.

[4] 杨虎涛：《演化经济学的时间观》，载《中国地质大学学报》（社会科学版），2008，（4）。

非还原性的分析方式,在这种有机整体论的思维下,研究必须要考虑社会的、经济的和政治等方面相互依存的诸多因素之间的相互作用和相互影响,并且特别强调历史特定性和情景特定性。

二、新制度经济学与演化经济学的区别与联系

新制度经济学与演化经济学有什么联系呢? 如前所述,当代演化经济学的一个重要分支,就是老制度主义这个阵营,而由凡勃仑、艾尔斯、福斯特、图尔等人代表的这一分支尤其具有代表性,为了强调演化经济学的制度特征,霍奇逊一直坚持使用制度与演化经济学这一名称。因此,对制度的重要性问题,新制度经济学与演化经济学有着高度的共识,但如何分析制度,两者却体现出很多差异。

第一,两者的分析框架和主要分析思路不同。新制度经济学之所以称为"新",是为了区别于凡勃仑时代的旧制度经济学,在新制度经济学的代表人物科斯看来,旧制度经济学存在一种缺乏统一分析框架和就事论事的描述性风格,这不是一个严谨的科学体系所应该具备的。为了避免这种局面,新制度经济学沿袭了新古典经济学的分析框架,它依然继承了新古典的硬核——均衡分析,并通过对保护带的放松与修正(交易费用、有限理性)扩大了新古典的解释力。

如果说新制度经济学只是在部分批判的基础上继承完善新古典经济学的话,那么演化经济学算是个彻底的颠覆者,它不满足于修复保护带的努力,而是连新古典的硬核——均衡问题一起冲击。从一开始,演化经济学就强烈反对新古典主义的方法论,从多方面抨击了新古典主义的实证主义、方法论个人主义、公理化演绎、数学、效用主义、享乐主义、理性选择、原子论、静态学、均衡和市场主义意识形态等缺陷,并坚持以制度—历史—社会结构分析框架替代主流经济学的理性—个人主义—均衡世界观。[1] 因此,在演化经济学的体系中,不仅没有完全理性(而代之以认知能力不足),也没有类似利润最大化或成本最小化的最优分析,它的整个分析框架建立在来自演化论的三个机制上——变异、复制与选择。从最微观层次上的人类理性和行为方式的进化,到企业创新、知识演化、国家创新体系和社会制度的历史进程解释,演化经济学都强调了系统的选择、复制和变异的三个方面。

第二,新制度经济学和演化经济学的前提假设不同。新制度经济学和演化经济学都迥异于新古典的核心范畴,如观念、认知、信息、知识等,这些范畴多是针对新古典完全理性假设而提出的,不过,新制度经济学多采用"信息"的概念,如信息不完全、信息不对称、信息成本等,演化经济学则更多地使用知识、惯例、认知、本能这样的术语,将"知识不完全"视为演化经济学的基础,将新知识的出现视为研究的重点内容。

第三,两者在研究内容和方法上存在差异,这在制度演化分析中体现得尤为明显。在研究制度演化方面,新制度经济学重点关注于一项新的制度安排对人们的激励导向以

---

[1] Peter Nielsen, Reflections on Critical Realism in Political Economy, *Cambridge Journal of Economics*, 2002, 26, p.733.

及相应绩效的研究,因而重点在于如何通过合理的机制设计去解决各种制度问题,从而对经济主体产生正确的激励,防范外部性产生的诸多弊端,使经济绩效提高。不过,在注重绩效分析导向的同时,新制度经济学隐含的假定是,人们在动机的有效激励下,有能力达到制度安排所设定的目标,这样,新制度经济学就忽略了对努力过程的研究。因此,在这个意义上说,新制度经济学是一种比较静态研究,它重视制度变化的条件以及不同制度状态的比较研究。而演化经济学则认为,与激励相关的利益机制固然重要,但是主体是否有能力实现制度导向的目标应该比激励更为重要,能力是比激励更为重要的内容,在知识不完全的前提假定下,重在研究主体是如何完善以知识为基础的能力,来实现制度目标的,由于能力的发展和完善是一个动态过程,因此演化经济学更多地采用了动态的、过程化的方法来研究这一问题。简言之,演化经济学追究制度演化的本质,因此更强调认知和知识的演化,而新制度经济学则更多关注制度演化的实际效果,因此更侧重于成本收益分析和对利益机制的研究。

第四,方法论上的差异。在方法论问题上,演化经济学与主流经济学相互对立,采取整体主义方法论,认为处于孤立状态的个人是根本不存在的,相反,恰恰是"社会"使个人行为得以形成,人是一种社会存在,人所做出的选择,不仅以内在的效用函数为基础,还要受社会经验、人们之间的相互作用、演进的学习过程等因素的影响。而新制度经济学则立足于补充和发展主流经济学,其方法论的基础仍是个人主义[①],新制度经济学认为制度的形成是对理性人行为结果的反映,也就是"看不见的手"的作用,制度的需求与供给在制度变迁运动中是客观存在的。当制度的供给与需求相当时,制度的供需就会达到一个均衡状态,因而,制度就会保持在一个稳定的状态;相反,当制度的供需不平衡时,由于个体追求自己利益最大化的努力,制度变迁就会发生。总的来看,演化经济学仍有老制度经济学的集体主义方法论痕迹,结构分析、整体分析和归纳的方法仍为其所倚重,这和新制度经济学用一般均衡方法、个体理性分析方法来研究经济规律,在考虑问题和解决问题时则更加重视演绎推理和数理推理的风格是不一样的。

尽管存在上述差异,但并不意味着两者完全没有互补性和融通性,例如,新制度经济学在研究具体的组织结构治理、制度演化的条件以及制度所对应的利益机制和激励机制的作用等方面有其独到的见解,而演化经济学则显然在长期的制度演化的过程研究方面,在经济系统的创新来源和国家创新体现等问题的分析上,则更有成效。因此,新制度经济学和演化经济学都应该吸收和借鉴对方的研究思想和成果,用多样化的研究方法来研究"多样化"的制度。

当前,在制度演化理论这一领域中,新制度经济学和演化经济学已经出现了可喜的相互融合和借鉴。在诺思之前,一些新制度经济学家通过博弈论的引入试图解释制度的起源和变迁问题,这些研究认为,制度是博弈的参与人设计出的一组规则,用来获得有利

---

① 客观地说,新制度学派也意识到个人主义方法论的局限性,从而也具有某些集体主义的倾向。这种倾向尤其见于新经济史理论中,特别是诺斯对意识形态的分析带有集体主义的色彩。但总体而言,在新制度经济学的新经济史学、交易费用等理论中,个人作为原子式的财富最大化主体,始终是分析的基础。因而就方法论而言,新制度经济学更多的是秉承了新古典经济学传统,而无太多突破。

于各自利益的博弈均衡。比如,机制设计理论就强调参与人在各种信息环境下通过设计对自身最有利的规则,从而导致了制度的起源和变革。但诺思通过对经济史的广泛研究,发现制度更多地类似自组织系统的变化,带有演化的特征,青木昌彦和斯密德等人也对此进行了深入的研究,这些研究在很多地方都表现出和演化经济学相似的地方。此外,新制度经济学也开始注重对心理学尤其是认知心理学的方法和成果的借鉴,着重研究人们如何获取知识从而形成自己的偏好和行为模式;对于制度分析的目的,也从过去的绩效分析慢慢扩展到人的行为研究上。

在历史的制度分析领域,新制度经济学也表现出向演化经济学的借鉴。长期以来,新制度经济学关于制度变迁的研究存在两个明显的不足:第一,缺乏对宏观制度变迁的微观基础的分析,尤其是没有将认知模式与制度变化有效地联系起来;而正是由于将认知模式排斥在外,现有理论就不能很好地描述制度变化的过程,对制度变迁过程中的冲突与摩擦产生的原因和解决之道都未能进行更为具体的分析。而且,对制度创新过程中不同认知能力和行为能力的主体差异性、主体间作用、不同主体间认知和知识的变化过程都未给予足够重视。第二,在制度演化分析问题上,演化经济学对文化、认知和偶然因素、历史不可逆的认识都使其制度演化分析更为细致并超越了简化的原子利己个人的反射性分析,带有更多的大历史和文化比较分析的色彩,这种特色对试图开拓历史的经济分析新方法的经济学家而言无疑具有重要的启发意义。

批判新古典的静态、狭隘与脱离现实是所有制度主义的共性,但演化经济学更多地倾向于新范式的构建,并坚持早期制度主义的集体主义方法论,从整体、系统的视角进行制度分析,与之不同,新制度经济学虽然也看到了新古典的不足,但他们更倾向于修正和发展,而非重建,依托于交易成本概念,新制度经济学将主流经济学的"成本—收益"框架延续到制度领域,既具有制度主义的一定批判性,也为主流经济学所接纳,从而得到迅速发展并引人注目。虽然抛弃了集体主义方法论,并在很多地方承袭了新古典的分析工具,不过我们仍能看出早期制度主义对他们的影响,比如,加尔布雷斯、缪尔达尔等制度主义者将制度研究与政府政策密切联系起来的做法,凡勃仑、艾尔斯等人对技术进步、文化和制度演进的重视等。

总体而言,新制度经济学虽然与主流经济学兼容,但同样有局限性;而更多地秉承了早期制度经济学神髓的演化经济学虽然体系不如新制度经济学完善,但却能提供很多制度分析所需的思想与灵感,并且演化经济学体系本身也正在不断完善与发展,已为越来越多的经济学家所重视接受。

🔍 案例1

车靠右行是如何形成的?

在法国大革命之前,欧洲许多地区的马车按惯例靠左行驶,对于对面而行的行人来说,马车从他右边驶过,因此,人们认为,靠左行驶与特权阶级有关,靠右走则表示民主。法国大革命发生后,马车靠左行驶的惯例因象征性的原因而被改变,后来拿破仑在他的军队里采用了靠右行驶的新惯例,并传到了其所占领的国家,自此以后,靠右行驶的惯例渐进而又稳定地在欧洲大陆自西向东传播。葡萄牙在第一次世界大战以后,改为靠右行驶,奥地利从西部到东部,一个省一个省地转变,一直持续到1938年德奥合并,匈牙利和捷克斯洛伐克也是在此时被迫转为靠右行驶,到了1967年,欧洲大陆唯一没有采用靠右行驶的瑞典也改变了原来的惯例。为什么一个对社会福利而言,并不是特别重要的惯例从出现到最后在欧洲大陆统一,却几乎用了两百年的时间?一次外生的冲击(法国大革命)又是怎样促使靠右行驶这一惯例演进的呢?

资料来源:[美]H.佩顿·杨:《个人策略与社会结构——制度的演化理论》,王勇译,上海人民出版社2004年版,第18—19页。

🔍 案例 2

"高薪养廉"的制度环境

"高薪养廉"是公务员制度方面的一种理论,它是指提高政府公务员的收入有助于建设廉洁的公务员队伍,从而减少寻租等腐败现象,提高经济绩效。在这里,我们用博弈论来说明"高薪养廉"的制度环境的优势所在。

在"高薪养廉"的制度环境中,考虑政府部门中关系密切的主任和书记,如果他们都接受贿赂,那么他们都不会主动揭发对方的受贿行为,因此他们的收益可以看做(9,9),反之,如果他们都不接受贿赂,那么他们所得到的收益会小于同时接受贿赂时的收益,假定为(7,7),但如果其中一方接受贿赂,而另一方不接受贿赂,那么接受贿赂的一方便会什么也得不到,而不接受贿赂的一方收益小于同时接受贿赂的收益,但由于奖励而大于同时不接受贿赂的收益,因此,该博弈矩阵可以表述为(如图2.5):在该博弈中,接受贿赂的一方的期望收益是4.5,而不接受贿赂一方的期望收益是7.5,显然在这种情况下,双方都不接受贿赂将是最终的纳什均衡。

反之,在低薪的情况下,双方的博弈矩阵成为(如图2.6):在这个博弈中,由于受贿的期望收入4.5大于不受贿的期望收入2.5,因此,(受贿,受贿)这一策略将成为最终的纳什均衡。

		乙	
		受贿	不受贿
甲	受贿	9, 9	0, 8
	不受贿	8, 0	7, 7

图 2.5 高薪格局的串谋博弈

		乙	
		受贿	不受贿
甲	受贿	9, 9	0, 3
	不受贿	3, 0	2, 2

图 2.6 低薪格局的串谋博弈

如果以行政体系同样十分强势的新加坡与我国比较的话,可以看到,新加坡公务员的平均年薪大大高于中国公务员的平均年薪,其比远不止7:2。可以猜想在新加坡,公务员的廉洁程度会好于中国,事实也是如此。但是从制度上而言,保证公务员队伍的廉洁,不仅可以从高薪方面着手,还可以通过加大惩罚力度、促进公务员队伍先进性的建设,尤其是在国民收入不是很高的情况下尤是如此,在这种情况下,

		乙	
		受贿	不受贿
甲	受贿	9, 9	−20, 3
	不受贿	3, −20	2, 2

图 2.7 制度促廉

由于不受贿赂的期望收益远远大于接受贿赂的期望收益,因此双方都不受贿赂将是最终的纳什均衡(如图2.7)。

资料来源:王则柯,《新编博弈论评话》,中信出版社2004年版,第130—132页。

案例 3

中国公路超载超限治理的制度演化

我国治理公路超载超限的制度演化过程

1. 20世纪80年代末至1991年,国道级的公路都设有反超载工作站。超载超限现象第一次泛滥,始于上世纪80年代末期,交通部在1989年底颁发了《超限运输车辆行驶公路管理规定》,为全国治超工作提供了一份相对权威的法规依据。在公路上设有反超载工作站,大都采取过磅计重的办法,对超载车辆按照吨位计算罚款,对超载30%以上的车辆对驾驶员实行扣证处罚,所以超载绝大多数在30%以下,治理效果明显,一个月内便得到遏制。但由于《超限运输车辆行驶公路管理规定》缺乏成熟性,实际操作中遇到了很多难题,不到半年就被废止。1991年全国清理公路"三乱",反超载工作站被撤销,反超载工作由各基层交警队负责。

2. 1991至1999年,交警全面担负反超载工作。各基层交警队布置警力在公路上抓超载超限,但货车超载超限愈演愈烈。1997年7月3日《公路法》颁布实施,各省进行一次大规模治超,超载超限一度绝迹,但不久又复发。据统计1991—1999年间京津唐高速年事故发生率增幅达27%。2000年3月川、滇、黔接二连三发生特大交通事故死亡人数达40余人,超载超限成为了"超级杀手"。由于规费、油价的增加,运输成本在增加,出现了不超载不赚钱的局面。超载成为了交通安全的大隐患,公路路面的损害程度也与日俱增。

3. 2000年起,路政部门加入超载治理。由于超限问题越来越严重,其中江苏省第一条高速公路沪宁高速江苏段,设计寿命15年,但路面受到超限超载车辆严重破坏,估计重修费用将会耗资2亿多元;获得尤金·菲戈大奖的江阴大桥运营3年,桥面就被压得伤痕累累,英国专家认为在英国可用20年。超载超限成为破坏公路的"罪魁祸首"。2000年颁布了《超限运输车辆行驶公路规定》,要求在公路上行驶的车辆轴载质量应符合《公路工程技术的要求》,对超限车辆最高处3万元罚款,全国路政部门也加入治理超载行列。

4. 2001年3月至2003年11月,整治超载超限的政策法规制定阶段。2001年3月,公安部发布《关于集中整治超载违章的通知》,5月下发《关于在全国范围内开展整治严重违章超载行为的通知》,要求加大对超载运输车辆的整治力度,在全国范围内开展了专项整治行动。8月原国家经贸委和公安部联合发布《关于在生产和使用环节整顿载货类汽车产品的通知》,要求对不符合有关限制的载货类汽车产品不予列入《公告》,10月两部委又联合发布了《关于进一步加强车辆公告管理和注册登记有关事项的通知》,对"大吨小标"和超限车辆做出了详细规定。2002年,全国各地按照有关部委的要求,对"超载超限"车辆施以高压手段。

2003年9月以来,"超载超限"现象严重的河南、山西、天津、辽宁实行重罚;内蒙古自治区实行罚款、卸载和拆车措施,罚款额度达每吨公里3万元;江苏省实行"计重收费"。虽然超载超限有所好转,但道路和桥梁的损失却无法挽回。据统计,长期以来,全国高速公路上超过70%的货车"超载超限",路面和桥梁不堪重负,造成严重破坏。

5. 2003年12月起,进入联合整治阶段。超载超限问题引起了全国上下的深思,中共中央、国务院对这一问题也高度重视,从2003年12月1日起,决定先从华北开始治理整顿超载超限问题,12月1日零点起,北京、天津、河北、山西、内蒙古五个省、市、自治区共同行动,治理公路超载超限运输车辆。经国务院批准,交通部、公安部、国家发展改革委、国家质检总局、国家安全监管局、国家工商总局、国务院法制办联手,从6月20日起,统一口径、统一标准、统一行动,在全国范围内,对超限超载车辆进行集中治理。2004年8月20日,交通部、公安部、国家发改委发布《关于进一步加强车辆超限超载集中治理工作的通知》(交公路发[2004]455号),规定自2004年9月1日至12月31日,凡按国家发改委2004年5月以后公布的《更正表》申请恢复吨位的车辆,不再追缴其以前应缴纳公路养路费等规费的吨位差额部分。2004年12月15日,交通部发布《关于明确2005年度公路养路费征收工作有关问题的通知》(交公路发[2004]750号),规定从2005年1月1日起,载货类汽车按照发改委发布的《车辆生产企业及产品公告》、《载货类汽车质量参数调整更正表》和发改委2004年第31号公告核定的车辆吨位计量征收公路养路费,其他各类车辆按照交通部和原国家计委联合发布的《公路汽车征费计量手册》的要求,计量征收公路养路费。未列入发改委《车辆生产企业及产品公告》的车辆,仍然按照交通部和原国家计委联合发布的《公路汽车征费计量手册》的要求,计量征收公路养路费。

我国治理公路超载超限的制度演化特点

1. 治理制度的演化主要源于立法监督机构的外部推动。在理论指导与实践探索的次序问题上,治理制度的演化主要源于立法监督机构的外部推动,而并未经过理论上的周延论证。近年来,理论研究大多呈现"事后追溯"的特点,在某种意义上具有"以实践催熟理论"的色彩。尽管在治理技术和操作手段上采取逐步探索,然而治理的理论基础却不能逐步过渡、游移不定。

2. 注重技术路线的规则,缺乏整体治理结构的综合考量。在总体治理结构与局部具体治理事件的操作上,更加侧重于技术路线上的规则,缺乏对整体治理结构的综合考量。颁发了《超限运输车辆行驶公路管理规定》等一系列政策法规,实际关注的还是从技术上如何治理超载超限。对治理结构的构建还没有明确的理论指导,尽管在2004年8月20日,交通部、公安部、国家发改委发布《关于进一步加强车辆超限超载集中治理工作的通知》,2003年12月底交通部、公安部、国家发展改革委、国家质检总局、国家安全监管局、国家工商总局、国务院法制办联手,统一口径、统一标准、统一行动,在全国范围内,对超限超载车辆进行集中治理,但仍然只停留在政府部门间的协调治理,还没有上升到深层次的运行机制的改革。

3. 行政占主导,利益协调困难。在政府治理的纵向层级上,具有中央先行的"逼迫机制"的特点,地方政府间利益关系很难协调。地方政府在中央政府七大部门的推进下开展治理超载超限问题,地方的积极性和主动性难以发挥,地方治理制度的制定权限受限,没有配套的法律法规推进治理进程。

从利益的角度看,公路的准公共品属性意味着政府应该组织公路的供给,老百姓才是公路真正的利益主体。从制度上如何保证老百姓的利益,老百姓的利益如何体现到制度中来,是个值得探讨的问题。可以尝试改进由政府几个部门"单兵推进"超载超限治理的格局,构建具有"纵深体系"的共同治理结构,即发展政府与民间的合作伙伴关系,逐步实现政府、社会、公民的共同治理,改变过去过于强调技术路线,而忽视整体治理结构转型的改革路径。

在澳大利亚,如果你要超载,一般是采取修路的方式,从承运的起点到终点,这段路所有被破坏的路面都由超限者来修。张长青告诉记者,经济发达国家对司机违法,并不会单一采取罚款的方式,比如欧洲,每超载一吨,会被罚款2000到3000欧元,是运费的10倍,同时鼓励公众电话举报超载,并给予很高的奖励。德国第一次发现超载,司机会被警告,第二次发现,将面临3个月的监禁,1年内3次超限,会被吊销驾驶执照,终身不得从事驾驶行业工作。韩国对超限的司机判处1年以下有期徒刑,或相当于人民币1.5万元的罚款,超限运输车辆一旦被发现,会被公路部门直接引导到法院接受法律处罚。日本一旦发现超载,货主、运输企业、司机都会被罚,超过行驶证最大载重量,会处以6个月以下徒刑,以及相当人民币7400元的罚款;美国在罚款外,还会被列入不良记录档案,同时会面临刑事诉讼以及监禁。此外,一些发达国家还在大货车上加装科技设备,一旦超载,车辆就跑不动。

资料来源:白永亮等,《中国公路超载超限治理的制度演化经济学分析》,《北方经济》2010年第16期。

关键概念

新古典经济学　个体主义方法论合作博弈　非合作博弈　纳什均衡　有限理性　演进博弈　演进稳定均衡　制度内生性　制度关联　制度多样性　制度变迁　博弈学习理论　演化经济学

思考题

1. 如何正确认识新古典主义方法论上的个人主义？
2. 新古典经济学的局限性表现在哪些方面？
3. 制度经济学从新古典经济学继承了什么、修改了什么、发展了什么？
4. 博弈论与新制度经济学有哪些联系？
5. 以博弈论的观点来看，制度具有哪几种划分？
6. 博弈论如何解释制度的内生性？
7. 演化经济学和新制度经济学有何联系？有何区别？他们与新古典经济学的区别在什么地方？

推荐阅读

1. [冰]思拉恩·埃格特森：《新制度经济学》，商务印书馆1996年版。
2. 埃瑞克·G.菲吕博顿、鲁道夫·瑞切特编：《新制度经济学》，上海财经大学出版社1998版。
3. [美]阿尔弗雷德·S.艾克纳：《经济学为什么还不是一门科学？》，北京大学出版社1990年版。
4. [法]克劳德·梅纳尔：《制度、契约与组织——从新制度经济学角度的透视》，经济科学出版社2003年版。
5. [美]H.培顿·杨：《个人策略与社会结构——制度的演化理论》，王勇译，上海三联书店2004版。
6. [美]安德鲁·肖特：《社会制度的经济理论》，陆铭、陈钊译，上海财经大学出版社2003年版。
7. [日]青木昌彦：《比较制度分析》，周黎安译，上海远东出版社2001年版。
8. 张维迎：《博弈论与信息经济学》，上海人民出版社2004年版。
9. G.M.霍奇逊主编：《制度与演化经济学现代文选:关键性概念》，高等教育出版社2005年版。
10. G.M.霍奇逊著：《现代制度主义经济学宣言》，北京大学出版社1993年版。
11. 杰克·J.弗罗门：《经济演化——探究新制度经济学的理论基础》，李振明，刘社建，齐柳明译，经济科学出版社2003年版。

第三章 人类行为

经济学对人类行为的分析首先涉及对人的假设问题。传统经济学研究的重点是诸如"生产什么,生产多少,如何生产和为谁生产"之类的问题,将选择的主体——人类——视做以财富最大化为目标的理性人,而对其决策行为本身的分析则忽略不计。

现代经济学十分注重人类行为及其与制度的关系。马歇尔认为,"经济学是一门研究财富的学问,同时也是一门研究人的学问"。[1] 布坎南认为,"经济学家所研究的根本主题就是社会制度中的人类行为,而不是抽象的人类行为"。[2] 冯·米塞斯甚至提出一个更加激进的观点,即经济学是关于人类行为的科学,而不是关于"引致行为的事件"的科学(1949)。诺思的制度理论是由一个关于人类行为的理论结合一个关于交易费用的理论建立起来的。通过这两者的结合,我们可以更加清晰地理解制度为什么会存在?人类行为与制度的关系,以及它们在社会中起怎样的作用。[3] 本章重点介绍理性、有限理性等概念,阐述认知科学(行为经济学)等对人类行为的分析,探讨人类行为与制度的关系。

---

[1] 马歇尔:《经济学原理》上卷,商务印书馆1997年版,第23页。
[2] 秦海:《法与经济学的起源和方法论》,载吴敬琏主编《比较》第5辑,中信出版社。
[3] [美]奥利弗·E.威廉姆森:《资本主义经济制度——论企业签约与市场签约》,商务印书馆2002年版,第68页。

第一节 理　　性

理性假设是传统经济学的逻辑起点与核心概念。然而,完美理性假设与现实明显相悖,越来越多的人类行为并非以财富最大化为目标,人类行为更多地具有"有限理性"特征。基于此,现代经济学从现实的人出发,提出"有限理性"假设,试图寻找"理性不完全"的潜在因素,从而极大地丰富了理性概念的内涵。认知科学(行为经济学)的兴起则进一步推动经济分析转向人类行为本身,试图从心理学角度现实地分析理性所受到的限制,以及这些限制对人类行为的影响。

一、理性的经济学涵义

在主流经济学视阈里,理性就是每个经济主体都能遵循趋利避害原则,通过成本—收益的边际分析,对其所面临的所有机会和手段进行最优化选择。经济人(理性人)具有关于他所处环境的完备信息,能对其稳定偏好进行排序,具有无懈可击的逻辑推理和计算能力。"理性"的经济学含义包括以下三个层面:

(1) 人的自利性假设。其核心思想是,人具有和动物一样的求生本能,由于人的物质欲望大大超出稀缺资源所能满足的程度,于是发生了与达尔文进化论提出的"物竞天择"类似的社会竞争规律。每个人都从利己心(self‐love)出发,争相选择一个对自己最有利的经济行为。

(2) 极大化原则。即经济主体总以约束条件下的幸福最大化为目标或等价地追求痛苦最小化。在理想状态下,经济人总能充分利用其无界的智力资源,经过精确的计算,使他们的选择在边界上停止下来:为增加一个边际量的"幸福"付出的努力所带来的"痛苦"感正好等于该边际量的"幸福"感,即边际效用(收益)与边际成本相等。

(3) 每一个人的自利行为与群体内其他人的自利行为之间存在一致性。每个人的自利行为都是在与社会中其他的自利人发生相互作用的前提下完成的,因此有可能存在所谓的"社会博弈"过程和"博弈均衡",经济学也因此与社会学面临共同的基本问题。

二、理性的形式

经济学家们对经典理性概念有着不同的理解,从而也派生出不同的理性形式。

(1) 价值理性(目标理性)与手段理性。价值理性是指经济主体追求的目标本身是否理性,又称为目标理性。目标理性之所以重要是基于这样的事实:人们不仅为了生存,还希望生存得有意义。人类在追求一定的理想目标时,把善恶、好坏、美丑等作为评价尺度,价值理性强调行为所追求的目标必须符合正确的价值取向。手段理性只强调达成既定目标的手段是否理性,行为目标是否理性则在判断标准之外。"'理性'有一种极为清楚和准确的含义,它代表着选择正确的手段以实现你意欲达到的目的。它与目的的选择无关,不论这种目的是什么"。①

（2）本质理性（实质理性）与程序理性（组织理性）。本质理性与程序理性是赫伯特·西蒙将认知概念引入经济分析时提出的两种理性形式。他认为,个人因为没有足够的智慧,经常面临不能立即最优化解决的异常复杂的决策问题。换言之,个人并不具备古典假设的本质理性。但人类可以具备程序理性。也就是说,人类在知识、预见、技巧和时间上的有限性,能借助组织理性②得以缓解——其选择过程的效率性可以通过理性组织中形成的规则与惯例等得到实现。

（3）建构理性与演进理性。哈耶克将理性区分为建构理性与演进理性,前者是指唯理主义建构论者们持有的理性观,他们认为理性可以设计秩序,立法者的意志就是法律的起源。建构理性夸大了理性的作用,将其推到了极限理性的位置上。哈耶克持有演进理性观,认为理性是一个自然选择的进化过程的产物,而不是某些立法者理性设计的结果。

（4）适应性理性与创新理性。适应性理性的实质是有限理性,强调人类并非无所不知地最大化他们的既定目标,而是根据经验调整其目标,使之更可行。适应性理性注重"干中学"和个人经验在实现目标过程中的作用。创新理性是指企业家偶然地打破已知限制,如资源、技术和制度等方面的约束,作出发现并利用这些发现。③将企业家式创新理性延伸到个人,则是说个人的理性行动发端于创新动机。当人们打破制度限制,例如违反传统或习惯,或当人们从事政治游说以谋求对一项制度变革的支持时,他们常常体现出创新理性。

三、理性概念的历史演化

最早描述理性概念的是18世纪英国经济学家伯纳德·孟德维尔。其在1714年出版的《蜜蜂的寓言:或个人劣行即公共利益》一书中认为,经济人在追求自己的快乐和利益时,只要是自由地进行利己的活动,其结果就会自然而然地增进全社会的繁荣,其利益要比最初以非利己为目的而进行的活动要大得多。法国启蒙思想家、唯物主义哲学家爱尔维修（1715—1771）也认为利己主义是人类的自然特征和社会进步的因素。其后,古典经济学派、新古典经济学派、20世纪下半叶以来经济学各分支学科都对"理性"进行新的诠释,进一步充实和丰富了理性的内涵。

1. 古典经济学的"经济"观

经济学之父亚当·斯密（1723—1790）吸取了孟德维尔和爱尔维修的思想精华,在《国民财富的性质和原因的研究》（1776）一书中,首次涉及"经济人"概念。他指出,"经济人"具有双重本性:自利性（self interest）和社会性（social affectivity）。斯密的"经济人"假设包括三个方面的内容:一是"经济人"具有自利性,追求自身利益是驱使人作出经济

---

① 伯特兰·罗素:《伦理学与政治学中的人类社会》,中国社会科学出版社1992年版,第25页。
② 组织理性是以组织为载体的理性,它意味着社会组织中形成了一套主要组织成员自觉遵循的、共识性或强制性的行动规则和经验惯例,这些规则或惯例要么与组织生存和组织各种目标的实现手段相关,要么与组织成员在组织中的合法地位有关。
③ 柯武刚、史漫飞:《制度经济学——经济秩序与公共政策》,商务印书馆2000年版,第66页。

选择的根本动机。他说,"我们每天所需要的食物和饮料,不是出自屠户、酿酒师和面包师的恩惠,而是出于他们自己的打算。我们不说唤起他们利他心的话,而说唤起他们利己心的话,我们不说我们自己需要,而说对他们有好处"。① 二是每个人参与经济活动的目的在于寻求个人利益最大化。三是在良好的市场秩序下,个人追求自身利益最大化的自由行动会在"看不见的手"(价格机制)的指引下,无意而有效地增进社会公共利益。

亚当·斯密意义上的"经济人"假定是不包括"完全理性"含义的。后来者以其《国富论》为基础,推演出"理性"假定,其实质是单方面突出"自利心"而忽略了斯密的"社会人"(同情心)观点,是对其思想的歪曲和误解。

在经济学史上,第一个明确提出"经济人"概念的是19世纪英国著名哲学家、经济学家约翰·穆勒。他在1844年发表的《经济学上若干未解决问题》的论文集中,提出应当把人的各种活动的解决方面抽象出来,在此基础上对"经济人"进行界定,使他与政治经济学的研究对象联系起来。穆勒的"经济人"概念是从人类诸多行为动机中抽象出来的,以经济动机为出发点,主要指"追求财富最大化",不包括那些以非经济动机为出发点的行为。

2. 新古典经济学的"理性"观

新古典经济学家们以均衡分析为特征,信奉理性假说,在发展中将亚当·斯密等人提出的"经济人"演化成"理性人",并使其成为经济学的公理性假说。

这个演进过程大致可以划分为三个阶段:第一阶段自马歇尔的局部均衡分析开始,到萨缪尔森为止。精通数学的萨缪尔森对均衡理论的完善与发展使理性假设变得经典和简约。第二阶段由阿罗的一般均衡分析开始,到20世纪80年代后期为止。阿罗创建的"一般均衡"理论进一步把理性假设变成了经济学界公认的经济分析的对话平台,在本阶段,经济学家们讨论"效率"、"福利"及"国民生产总值"等问题时都默许了理性假设这个前提。第三阶段则从博弈论方法开始兴起一直到20世纪末期,经济学开始利用微积分、集合论及其他数学工具来分析和理解人的行为,并把人的经济行为描述成为最优化的、合理的、运行良好的目标函数,而经济个体则演变成为一部理性的计算机器,其主观心理、伦理道德都被抽象掉了。在此阶段,理性假设作为经济学的基本公理被普遍接受。

3. 20世纪下半叶以来经济学各分支学科对"理性"的再认识

理性人(经济人)从其诞生之日起就没有离开过争论的漩涡。关于理性人的公开争论有三次:19世纪晚期历史学派与奥地利学派围绕"利己"和"利他"问题的争论,20世纪40年代围绕"利润最大化"的争论,以及70年代以心理学实验为基础的"理性行为与非理性行为"的争论。② 20世纪下半叶以来,西方经济学家在前人争论的基础上,重新解释了"理性人",这些再认识大致可以概括为对理性人的坚持、修补或抛弃。

(1) 坚持理性人假设,发展古典经济学体系。

许多经济学家坚持理性人假设,进一步发展了古典经济学体系。大卫·刘易斯

---

① 亚当·斯密:《国富论》,商务印书馆1972年版,第14页。
② 杨春学:《经济人与社会秩序分析》,上海三联书店、上海人民出版社1998年版。

(1969)认为,理性以及对理性的认识绝非个别情况,而是一种普遍的社会现象。每一个经济行为主体不仅必须知道其他行为当事人的行为是理性的,而且必须知道其他当事人也通晓除己之外的当事人也是理性的,如此反复下去。他甚至认为放弃了理性,就失去了一切。

詹森和麦克林(1994)亦坚持理性假设,并发展了"足智多谋的、估价性的最大化模型"(resourceful, evaluative and maximizing model, REMM)。该模型有四项假设:个人是评价者,个人的欲望是无穷的,个人是最大化者,个人是足智多谋的。[①] 前三个假设与经典理性假设基本重合——个人作为估价者,其行为是有目的的(虽然目的不一定是自私自利);个人作为有多重欲望者,同时是一个受约束的最大化者。第四个假设则突出了个人具有创造性行为的能力,能对变化了的情况迅速作出适应性的调整。REMM 模型赋予经典经济人以更加灵活的理性。

理性预期学派代表人物罗伯特·卢卡斯指出,经济分析的基本前提依然是理性假设,现实行为主体总能冷静客观地追求自身利益的最大化——他们不仅具有了解完备信息的内在动力,而且还具有理性预期的能力。换句话说,经济人为了避免损失和谋求最大利益,会设法利用一切可利用的信息,对所关心的经济变量在未来的变动可以尽可能地作出准确估计而不会发生系统性的偏差。卢卡斯还认为,理性预期考察的重点是预期与现实结果之间的一致性,一旦不确定性因素的随机变动使人们的预期值偏离实际值,他们会迅速作出正确反应,将预期及时调整到与实际值相一致的水平上来。在卢卡斯的理性预期模型中,经典"理性"假设发挥到了极致:从整体和长期看,人们的预期是合乎理性的,会对其决策产生重大影响。

(2) 对理性人假设修修补补,使经济学更加贴近现实。

对经济人进行修修补补,使其更加贴近现实,仍旧是对理性进行再认识的主流。其典型代表包括罗纳德·科斯、道格拉斯·诺斯、加里·贝克尔、阿马蒂亚·森、约翰·豪尔绍尼、约翰·纳什和赖恩哈德·泽尔滕等。

在罗纳德·科斯在眼中,经典理性假说要求行为主体具备完全理性,他们完全了解在资源稀缺性和未来不确定性约束下的相互竞争的自利行为所必须遵守的规则。但实际的人是在现实制度的制约下活动的,是有限理性的,人的交易活动也存在交易成本。这样,原来在传统经济学视阈中不重要的制度就变得举足轻重了。以科斯为代表的新制度经济学在重新解释"理性"的基础上,沿袭了新古典经济学的成本—收益分析方法,借助于交易费用、产权等概念,从制度与经济主体有限理性的视角开辟了对人类行为研究的新领域,提出制度的存在是为了构建人们在不确定性世界中的互动。

道格拉斯·诺斯认为人是理性的,但这种理性又是有限的。与科斯不同的是,诺斯对经典理性人的修补是建立在考察人的认知过程的基础上的,他认为人的学习对人的决策产生重大影响。人的学习不仅仅是个人在其一生中的经验产品,而且还包括那些沉淀于文化中的经验积累,不断积累起来的经验知识又被植入个人的学习中,成为路径依赖。

[①] Michael C. Jensen and William Meckling, The Nature of Man, *Journal of Applied Corporate Finance*, Vol. 7, No. 2 (Summer 1994): page 4—19.

换句话说,历史文化传统、宗教信仰、政治观点等知识都会向个人渗透,潜移默化地影响人们对损益的判断,左右他们的决策,使他们看问题有失客观公正,从而行为变得非理性。比如一个中国人与一个美国人,当他们在接触相同事物后的反应是不一样的,根源就在于他们接受的是不同的传统文化的影响。

虽然加里·贝克尔是利他主义经济思想的代表人物,认为人不仅有利己的一面,而且还有利他的行为动机,似乎与经典理性人的假设大相径庭。但通过对其《人类行为的经济分析》的研究可以发现,虽然建立了利他主义模型①,但实际上贝克尔将人类利他的行为动机归因于行为主体自身的效用最大化——人们通过种种利他行为给自己带来了满足程度的提高。所以,从本质上讲,贝克尔对理性人的认识仍没有跳出经典理性人假设的窠臼。贝克尔在对经济人再认识的基础上,将经济理性人模式从经济领域扩展到非经济领域,广泛地分析了种族歧视、犯罪与惩罚、家庭与婚姻等包括利他主义与道德在内的人类行为,开创了被称为"经济学帝国主义"的研究,从更广阔的纬度揭示经济人的某些行为特征。

阿马蒂亚·森从伦理道德的角度解释经济人,对经典理性假设提出了新的看法。他认为经济学与伦理学同宗同源,应当把经济学回归到关注"真实的人"。"现代经济学把亚当·斯密的关于人类行为的看法狭隘化了,从而铸就了当代经济理论上的一个主要缺陷,经济学的贫困化主要由于经济学与伦理学的分离造成的"。② 森承认经济学"自利"的人性假设和追求最大化目标的行为模式,但同时强调人类行为动机具有多样性,应加入伦理道德的内容,使理性模型更加逼近真实的经济实际。他认为,"在伦理学的研究中,人这一概念具有不可约减的'二元性'。我们可以就一个人的主观能动方面来看这个人,认识和关注他或她建立目标、承担义务、实现价值等能力;我们也可以就福利方面来看这个人,这方面也要引起我们的注意。但是,这一两面性,在纯粹自利动机的模型中却完全消失了,在那里,一个人的主观能动完全出自他或她对自己福利的考虑。不过,一旦自利这一束缚被解除,我们就可以看到一个无争议的事实,即个人主观能动不是,至少不完全是由他或她的个人福利来启动的"。③ 森指出,尽管自利是人行为的一个基本动机,但人们日常生活的很多行为都反映了具有社会成分的价值观,而这些价值观使我们远远超出纯粹自私行为的狭隘界限:人们不仅关注自身利益,也能够想到家庭成员、邻居、同胞以及世界上其他人们,而这正是斯密所揭示的。④

约翰·豪尔绍尼、约翰·纳什和赖恩哈德·泽尔滕将数学中的博弈论引入经济分析中,指出人类的决策收益不仅取决于自身效用最大化的理性选择,还受制于相关行为人(博弈的其他局中人)的行为。博弈模型揭示了竞争中的经济人的互动性质,使理性经济人由静止变得鲜活起来,从而更加接近现实中的人。由于在博弈论领域作出的杰出贡献,三人一起获得1994年度诺贝尔经济学奖。

---

① [美]加里·贝克尔著:《人类行为的经济分析》,上海三联书店、上海人民出版社1995年版。
② [印]阿马蒂亚·森:《伦理学与经济学》,商务印书馆2000年版,第32页。
③ 同上,第44页。
④ [印]阿马蒂亚·森:《以自由看待发展》,中国人民大学出版社2002年版,第261页。

(3) 抛弃理性人假设,将研究延伸到非理性行为领域。

实验经济学和行为经济学填补了传统经济学在非理性行为研究方面的空白,对经典理性人假设进行了辨证的扬弃,使经济学对人类行为的研究更加全面,开始包括理性与非理性两个方面。行为经济学等认为经济人不再仅仅自利,而是也会考虑利他,有时也会冲动采取非理性行为等。他们承认理性假设在某些情况下是合适的,但在另一些情况下,非理性更能解释现实。

在实验经济学的视阈中,经济行为本身并非杂乱无章的任意妄为,而是遵循一定的规律。实验经济学试图在可控的实验环境下,对某一经济现象通过控制某些条件、观察决策者行为和分析实验结果,以检验、比较和完善经济理论并提供政策决策的依据。通过实验可以发现,现实中的许多实验结果与经济理论的预测出现差异,其原因就在于经典理论将经济行为假设为完全理性,而被实验者恰恰是理性和非理性的统一,只有运用诸如期望理论、后悔和认知失谐理论、锚定理论和心理账户理论等行为理论来分析被实验者的非理性行为,才能很好地解释实验结果。与实验经济学类似,行为经济学者从经济实验出发,也提出了人的行为具有"非理性"特征。

从以上分析可知,经济学家对理性的理解经历了从完全理性到有限理性再到非理性的演变过程,且认知规律对人们理性程度的影响机制将成为理性研究的重点方向。

第二节 有限理性

有限理性作为新制度经济学关于人的三大行为假定(非财富约束最大化、有限理性和机会主义行为倾向)之一,是经济学试图跳出新古典理性假设,致力于描述现实的人类行为的一个重大突破。有限理性概念的提出,改变了新古典范式的假定。

一、有限理性的内涵

赫伯特·西蒙最早提出"有限理性"(bounded rationality)概念,他认为"人在主观上追求理性,但只能在有限的程度上做到这一点"(Intendedly ratioanl, but only limitedly so.)(1961)。他指出,"有限理性是指那种把决策者在认识方面的局限性考虑在内的合理选择——包括知识和计算能力两方面的局限性,它非常关心的是实际的决策过程怎样最终影响作出的决策"(1987)。西蒙还认为有限理性的理论是"考虑限制决策者信息处理能力的约束的理论",他提议将不完全信息、处理信息的费用和一些非传统的决策者目标函数引入经济分析。换言之,行为决策者并非像古典及新古典模型描述的那样,在已知的效用函数或偏好序列条件下追求最大化。这是因为人脑只有极其有限的计算能力,只能进行有限的、实际的和内植于环境的推理。

西蒙否认整体最大化假设,但明确保留了适当的"有限的"理性的概念。这样,当事者不可能为达到整体最大化决策而收集和加工所有的信息;但是,他们能在一个小概率集中作出"理性"的决策。结果在不可能大量处理为达到最大化所需要的所有信息的情况下,企业和消费者并不是追求最大化,而是追求"满意化"(比如,试图达到可以接受的最小化目标)。①

关于有限理性,不同的经济学家有着不同的理解,但基本要点大同小异。诺斯认为,人的有限理性包括两个方面的含义:一是人们面临的环境具有复杂性和不确定性,因此所获得的信息不完全;二是人们对环境的计算能力和认识能力是有限的,因此不可能无所不知。阿罗则认为,人的有限理性指人的行为"既是有意识地理性的,但这种理性又是有限的"。威廉姆森认为,有限理性就是关于领悟能力的一个假定,有了这一条,交易成本经济学(或新制度经济学)才能成立。只要不确定性存在或者复杂性的存在达到了必要的程度,有限理性就会产生②,并由此推论:所有复杂的协议、契约或合同都不可避免地是不完全的。在威廉姆森看来,理性可以分为三个层次:一是强理性,即预期收益最大化;二是弱理性,即有组织的理性;三是中等理性,介于以上二者之间。③新古典经济学强调收益最大化,即第一层次的理性。新制度经济学强调的是中等理性,即有限理性。在威廉姆森看来,理性有限是一个无法回避的现实,因此就需要正视为此所付出的各种成本,包括计划成本、适应成本,以及对交易实施监督所付出的成本。④

二、有限理性的根源

有限理性产生的原因可以概括为内在约束和外在约束两个方面。

外在约束主要是指人类选择的理性程度受到信息不完全与不确定等外部因素的限制。新古典模型中所描述的完全信息与确定性是不可能存在的。关于这一点,布赖恩·洛阿斯比和其他人已经证明:"如果知识是完备的,选择的逻辑是完全的且必须接受的,则就不存在选择问题了;除了刺激和反应而外什么也没有了。如果选择是现实的,则未来就不可能是确定的;如果未来是确定的,则就不可能存在选择。"

内在约束主要是指人脑有限的信息处理能力这一事实约束着人们的理性水平,这也是西蒙有限理性观的立足点。在一个高度复杂的世界里,人类不能像新古典理论中所说的那样不停地忙于完全的选择权衡——即使人类拥有相应的信息,也不可能对所有可选择方案中的可能报酬作出完全理性的计算。假设在现代超级市场中有三万多种商品,即使消费者获得了一本描述所有这些商品的特点的书,他们也没有时间在饿死之前参考完这本书。对于复杂的产品与服务的生产者而言,也存在同样的问题。即使现在或将来可以获得关于全部需求函数和生产函数的信息,大脑也不可能完全明了这些信息。⑤

进一步地,即使信息处理能力不受限制,人们也经常愿意保持"理性的无知"。在现实中,合理的决策需要知识,并要在各种可选方案中作有意识的选择。为了作出合理选

---

① 霍奇逊:《现代制度主义经济学宣言》,北京大学出版社1993年版,第95页。
② [美]迈克尔·迪屈奇:《交易成本经济学》,经济科学出版社1999年版,第5页。
③ [美]奥利弗·E.威廉姆森:《资本主义经济制度——论企业签约与市场签约》,商务印书馆2002年版,第68页。
④ 同上,第70页。
⑤ 阿兰·斯密德:《制度与行为经济学》,中国人民大学出版社2004年版,第33页。

择,必须了解各种可选方案。然而,获取不同方案的信息所需要的资源和时间都十分稀缺和昂贵,不可能无止境地收集信息。我们经常宁愿保留无知,因为获取信息太昂贵了。否则的话,人类将因分析而麻痹衰亡。①

三、有限理性的形式

根据有限理性产生的原因不同,可以将有限理性分为成本障碍型、生理局限型和理性节约型三种形式。经济学家们一般解释前两种,即强调由于不确定性和信息成本等引起的有限理性(成本障碍型),或者强调由于人脑认知能力局限性引起的有限理性(生理局限型)。我们将此二者归为一类——约束性有限理性。这样,有限理性可以从两个方面予以考察,一是约束性有限理性,二是选择性有限理性。

1. 约束性有限理性

又称"理性不及"的有限理性,指人类受认知能力或外界不确定性、信息成本的约束而无法最大化的情况。约束性有限理性从客观上强调哪些因素使人类不能充分运用理性,这种有约束的有限理性又可分为奈特派、西蒙派以及哈耶克派三支。

(1) 奈特派坚持用"根本不确定性"(fundamental uncertainty)解释有限理性,代表人物有奈特、沙克尔、杨小凯等。他们认为,根本的不确定性是指决策者根本不知道变量有几个可能的值,更不知道每一个可能值发生的概率。根本不确定性是思维的"黑箱",是人类决策交互作用时内生的。但是奈特仅指出了有限理性源于不确定性,并未说明"根本不确定性"是如何产生的。杨小凯则具体指出,不确定性是每个决策者不但不知道他人的生产函数、效用函数,而且对有不确定性的参数个数、取值范围及概率分布等一无所知。基于此,他认为"人们对组织的信息总是有限的。在这种信息不够的情况下,人们不应该对经济理性过于迷信,而应对看似无理性的组织实验充分开放头脑,不要有预先的成见"。

(2) 西蒙派强调成本约束(信息成本、交易成本等)限制了人类行为的理性程度。代表人物有西蒙、威廉姆森、科斯、青木昌彦和张五常等。"有限理性之父"西蒙②认为,"人在主观上追求理性,但只能在有限的程度上做到这一点"。限制决策者信息处理能力的约束来自三个方面:不完全信息或知识的不完备性,处理信息的成本,一些非传统的决策者目标函数或经验决策。

(3) 哈耶克派主要强调历史、习俗、习惯、价值观念和惯例对理性的限制。代表人物有哈耶克、阿马蒂亚·森、卡尔·波普等。哈耶克指出,人在自发秩序面前只拥有有限理性,可以认识、利用自然规律,但不能设计自发秩序,有限理性导致的无知使人类明白遵循抽象规则的重要性。进一步地,哈耶克认为规则源于传统,个人理性与人类漫长的实践相比,前者有限,后者无限并逐步形成了当今的各种规则系统,个人遵循抽象规则进行决策也符合理性标准。阿马蒂亚·森也类似地认为不是所有人因为自利才行动,公正、正义等伦理价值观同样影响人类的行为决策。

---

① 柯武刚、史漫飞:《制度经济学——经济秩序与公共政策》,商务印书馆2000年版,第64页。
② 经济学家们从西蒙的概念出发,发展出三支有限性流派:第一支是以 Wald 为代表的主流经济学家们将不完全信息与有限理性挂钩;第二支是以霍奇逊、威廉姆森、科斯、青木昌彦和张五常等为代表的从信息成本或交易成本角度理解有限理性;第三支是一些行为经济学家、信息经济学家等把非传统的决策者目标函数引入经济分析。

2. 选择性有限理性

选择性有限理性从主观上强调个人本来可以最大化理性,但他们不愿意最大化,只选择一定程度的理性;其实质是一种理性闲置状态,是个人或者具有"不追求最大化"的偏好,或者认识到认知能力的不足,或者意识到"约束"成本太高而产生的不愿充分运用理性的有限理性。这种有限理性可以理解为个体经过事先权衡(可以是被动的、直觉式的或本能性自我保护的)后理性选择的"主动退出"。从表面上看,这种有限理性是脑力的浪费,实际上是一种理性的节约。个人选择的理性程度受两种因素影响,一是偏好,二是基于节约心智成本的考虑。

(1) X效率理论与选择性有限理性。莱宾斯坦在他的X效率理论中提出了选择性理性的概念。他指出,新古典理论假定人的理性是充分的,但现实中人的行为不具有充分理性。个人行为既非完全理性,也非完全不理性,而是根据偏好选择某一理性水平。

影响个人偏好的有两种相互冲突的人格倾向:一种倾向是"超我功能"(superego function),即个体确立或坚持标准,努力追求最大化;另一种倾向是"本我功能"(id function),即个体使用"松散决策程序",不愿意(即使他能够)计算和采取理性行为。总之,X效率理论认为个人人格的一端表现为"完全关心约束",另一端则正好相反,个人会在此二者的共同影响下选择一个自己偏好的理性水平。如果个人可以运用其全部力量去计算成本与利润并作出选择,那他就是完全理性人。否则,他便是"有选择的理性"的个人。

(2) 心智成本与选择性有限理性。个人自主选择的理性水平不仅与个人是否追求最大化的偏好有关,还与心智能力有关,心智成本是导致选择性有限理性的另一个重要因素。

传统有限理性理论一直强调约束条件下的有限理性,突出计算、推理等认知能力方面的内在约束以及不确定性、信息成本等外在约束对理性发挥的限制所导致的"理性不及"的"有界"理性。其实,除此之外,还存在着理性"无知"或理性"非理性"等理性节约型有限理性。

在信息社会条件下,人类可以借助互联网等迅速收集到各种信息,理性的约束条件不是表现在信息太少而是信息太多,决策的成本更多地被信息分析所占用。事实上,理性思维是一种成本高昂的心智活动,它不仅包括理性计算的思维成本,还涉及理解和处理信息的思维成本、认知协调成本(当原有心智模式与外部环境不匹配时,修正、改变心智模式的成本)以及与情感、动机、价值观念、偏好等相关的心理成本。正因为心智成本的存在,人类可能不愿意充分运用本来应该具有的理性能力而保持理性"无知"。

心智成本论或理性节约论将思维或心智作为稀缺资源,认为人类倾向于将有限的脑力资源配置到最需要的用途上去。人们在进行决策时首先应该遵循"经济性原则"。也就是说,人类的策略选择总是在决策的逻辑准确性和付出的认知努力之间进行权衡,不会为了追求前者而一味付出稀缺的心智资源。同时,还必须遵循"适应性原则",人类可以通过适应、协调、学习,不断对环境变化做出能动的反应,使自身的心智模式与情境达到平衡与匹配。有时增加更多新信息反而降低了人们预测不确定未来的准确性。所以,"合逻辑性"和"适应性"分别体现了"应然"和"实然"两个完全不同的概念。

概言之,心智成本论的核心思想是,由于人的心智是宝贵的稀缺资源,人们倾向于以最小的心智成本获得最大的心智收益,而理性与非理性都有各自的成本与收益。① 因此,在决策过程中,经济主体不仅要比较理性所支付的"思维成本"与非理性所带来的决策偏差成本,还要在理性决策的准确性与非理性决策带来的简捷高效性方面进行权衡。但无论如何,基本原则是适应性理性的边际努力不高于决策收益的边际改进②,即运用心智资源的成本与收益在边际上相等。值得注意的是,理性节约型有限理性与约束性有限理性的主要区别(虽然有时也相互关联,难以区分)在于,后者中个体是被动的,而前者强调个人的主动性——事先的权衡而不是事后"碰壁"才停止理性计算。理性节约型有限理性强调的不是约束,而是约束导致的心智资源配置问题。

四、有限理性的扩展

尽管存在种种内在、外在的约束,人类仍可扩展自身的有限理性。一是眼睛向内,通过资源互补,如非理性对理性的替代,或"开启"潜质资源来解决心智资源的稀缺问题。扩展有限理性的内在机制主要有直觉、认知图式与简捷启发式等。③ 二是眼睛向外,通过制度、组织、秩序、技术等节省交易成本与心智成本,降低思维负担,如市场、价格、货币等,都无形中延长了有限理性。再如技术的人性化使许多物品使用起来更加安全、方便、简单,这节约了人类的思维成本。一项技术越"傻瓜"化,就越有市场,简单的技术节省了学习操作使用的时间和心智资源。

第三节 行为经济学视阈中的人类行为

20世纪80年代,理查德·萨勒(Richard Thaler)等人从进化心理学获得灵感,认为大多数人既非完全理性,也不是皆从自私自利的角度出发进行决策。以此为基础,专门研究人类行为,尤其是非理性行为的行为经济学应运而生,并在经济学界占有一席之地。④

行为经济学是一门试图将心理学的研究成果融入经典经济学理论的科学,它使人们对理性的认识从有限理性发展到非理性层面。经典理论假定人的行为是理性的、不动感情的、自私的、追求自身效用最大化的,个人是同质的计算机器。行为经济学则认为,人是充满人性的异质的人,人的行为所追求的远不止经典经济人追求的范围,他们还关注公平、互惠和社会地位等许多其他方面。行为经济学不仅对理性、行为目标等方面对传统经济学进行了扬弃,还从行为和心理规律角度对现实的人进行了全面的剖析,大大拓宽了经济学的研究思路。概括起来,行为经济学关于人类行为的研究主要有以下几个方面:

---

① 理性的成本主要是在深思熟虑、严密推理等复杂心智运算时所花费的成本,非理性的成本是由于使用直觉、图式、简捷启发式等简约法则而导致的决策偏差成本。理性的收益体现在由于决策过程的严密性、逻辑性和精确性而带来的收益增加,非理性收益则是考虑到环境的复杂性、信息不完备性等情况,使用各种简捷启发式做出迅速、节约决策所带来的收益。
② 张茉楠:《从有限理性到适应性理性》,载《经济社会体制比较》(双月刊)2004年第6期。
③ 同上。
④ 2000—2005期间,阿克洛夫、史密斯、卡尼曼、谢林,以及被视为"计量经济学家"的行为经济学家麦克法顿等人荣获诺贝尔经济学奖,都与其对人类行为所展开的现实研究密切相关。

一、人类行为目标

行为经济学主张以"幸福最大化"取代新古典体系的"财富最大化"。芝加哥大学心理学教授奚恺元认为,人们是否幸福(效用的多寡),财富的多少仅仅是一个很小的衡量因素。归根到底,人们在很大程度上追求的是生活幸福,并非新古典经济体系所描述的更多的金钱。许多人热衷于慈善事业,乐善好施,行为中处处体现了爱与利他主义。对他们而言,"施"比"受"更幸福,善行能带来快乐。因此,以"幸福最大化"作为理性人的行为目标能更好地贴近现实。

客观现实也越来越支持人类行为的"幸福"动机。在过去的几十年里,美国的人均GDP翻了几番,但是许多研究发现,美国人的幸福程度并没有太大的变化,反而感到生活压力的加大。英国智囊机构新经济基金会针对178个国家进行的"快乐排名"(综合考虑生活满意度、平均寿命和环境承受能力等多项指标)显示,世界上感觉自己生活得最幸福的人既不在美国,也不在日本或欧洲这些经济发达、人均收入水平高的国家或地区,而是在一个人口不到20万的太平洋岛国瓦努阿图。当地居民虽然收入低,但他们怡然自得地生活在岛上,对自己的生存状态十分满意,因而最幸福!有意思的是,排名前五的都是发展中国家,瓦努阿图后面依次为哥伦比亚、哥斯达黎加、多米尼加和巴拿马。而八国集团成员国排名最靠前的意大利只排在第66位,亚洲最快乐的国家是越南,位居第12,中国则只能排在第31位。[①]

边际效用递减规律同样适用于幸福和财富。5元钱能给饿得奄奄一息的人以生的希望,从而带来很大的快乐,但对于千万富翁而言可能没有任何幸福的感觉。这种幸福感与财富之间的关系可用图3.1表示。其中,横轴代表财富量,纵轴代表由财富给人们带来的快乐或效用,二者之间存在凹函数关系:在一贫如洗之初,财富的增加给人们带来的幸福感急剧上升。但幸福感的边际增量在边际效用递减规律的作用下,随着财富的增加而减少。当财富积累到一定程度后,如M点所示,幸福感不再与财富相关。可见,幸福并不必然与财富成正比。

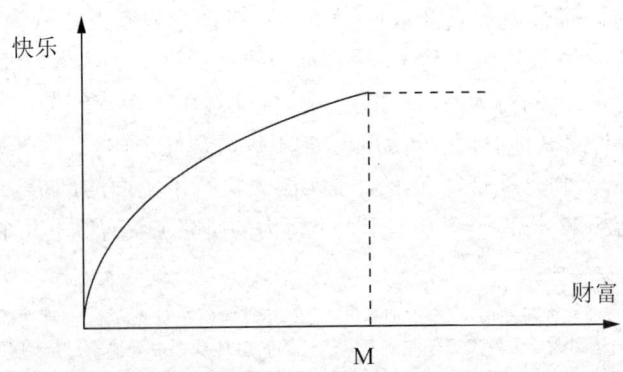

图3.1 快乐与财富的关系

---

① 《楚天都市报》,2006年7月13日第27版。

行为经济学家指出,人们"追求满意"而不是最优化,仅限于停留在某些较好的解决方法,而不是继续寻找最好的。① 由于心智资源是稀缺的,作出最优决策往往是"劳神费心"的,现实中的人类行为经常采用简捷启发式,将目标定位为满意而不是最优,即花费最少的时间和力气,运用拇指规则(rules of thumb)寻找一个可行的解决方法。② 简言之,人类倾向于追求"满意"水平,往往"设定一个渴望程度,进行探索,直到发现了满足渴望程度标准的办法,选择该办法,从而解决了问题并制定了决策"(Simon,1972)。③

二、有限理性

理性是解释人类行为的重要因素。行为经济学者运用心理学实验,充分证明了理性行为并非唯一的行为方式,情绪化行为、冲动行为、从众行为等非理性行为普遍存在。应当指出的是,行为经济学所指的非理性行为有时候是以经济学标准而言的,有时候则是以心理学标准而言,即考虑某一个体的行为是否与他所处的社会环境相符。

行为经济学发展了西蒙的有限理性观,认为大脑的两个特点决定人们行为与决策的范围。一个特点是有限的信息处理能力(如前所述),另一个特点是大脑的各个模块(大脑的各个组成部分)具有某种独立地影响人类行为的能力。也就是说,大脑并不是一个单一的整体,且不一定是内部一致的。④ 行为经济学认为,大脑的模块性导致了人的多重自我与有限的自我控制能力,有别于经典理性人的超强自制力。大脑的不同模块能够在没有其他模块参与的情况下从环境和行为"命令"问题中获取信息,并作出采取某个行动的决策,但随后往往又感到后悔。如一方面计划节食,一方面却又抵制不住美食的诱惑而大快朵颐。这就是人的两面性和多重自我性所带来的有限理性。

约翰·埃尔斯特(1984)曾经引用尤利塞斯的故事说明大脑模块性带来的多重自我以及应付多重自我的制度安排。尤利塞斯将自己绑在桅杆上以避免被想要损坏他海船的妖妇的歌声所诱惑——尤利塞斯分管计划的大脑模块理性地决定不能听妖妇的美妙歌声,否则将情不自禁地将船驶入礁石丛中,但分管行动的大脑模块则认为歌声如此美妙让人难以充耳不闻。人们像尤利塞斯的这种多重自我性为制度提供了存在的理由:制度可以通过建立一套预期和加强预期的机制,将分管计划的那个自我捆绑在桅杆上,以阻止人们考虑其他的选择,增强自我控制能力。也就是说,制度能影响其中一个自我使其占上风。

多重自我除了使个体行为偏离理性轨道外,还导致了公共政策和集体选择问题。现实中有很多例子,人们作为个人进行行动时会选择做这件事,但在集体选择中却为另一件事投票。

三、行为规律

行为经济学认为,除了受人脑局限外,人类认知规律也会使理性受到约束,甚至产生

---

① [法]梅纳尔:《制度、契约与组织:从新制度经济学角度的透视》,经济科学出版社 2003 年版,第 328 页。
② [美]约翰·N. 德勒巴克等:《新制度经济学前沿》,经济科学出版社 2003 年版,第 330 页。
③ 转引自阿兰·斯密德:《制度与行为经济学》,中国人民大学出版社 2004 年版,第 36 页。
④ 阿兰·斯密德:《制度与行为经济学》,中国人民大学出版社 2004 年版,第 33 页。

非理性行为。在不确定性条件下,人们经常采用简捷启发式(heuristics)原则进行决策以简化决策任务。简捷启发式代表一种指导信息探索的有效捷径、近似算法或简约法则,个体在决策时有把复杂问题简单化的认知能力。当面临冗余信息、时间压力和认知约束时,人们能够运用快速高效、心智成本低廉的简捷启发式扩展有限的理性。但是,简捷启发式有时导致判断偏离理性,使非理性成为可能。人们运用简捷启发式的基本原则包括:

(1) 代表性启发原则(representativeness)。当人们需要判断某一事物是否出现时,往往回忆已经掌握了的一些事物的"代表性特征",简单地看这些"代表性特征"是否出现,而忽略先验概率的影响。换句话说,在现实决策中,人们经常根据经验来确定某一个体是否具备某种典型的特征从而作出判断,而不是像传统经济学所认为的那样,人们会通过准确的概率估计作出理性判断。

(2) 可得性启发原则(availability)。人们在预测和决策时,倾向于根据客体或事件在知觉或记忆中的可得性程度来评估其相对概率,容易知觉到或回想起的客体或事件被判断为概率更高。可得性启发原则表明人们在判断中容易受到记忆效应的影响,通常给予一些容易记忆的信息以很高的权重。与不太熟悉的信息相比,熟悉信息更容易给人留下深刻印象,被认为更真实、更相关。同样,可得性启发原则容易使个体忽略对正确评价和决策有影响但却不那么熟悉、印象不那么深刻的信息,从而导致行为偏离理性轨道。

(3) 锚定与调整原则(anchoring and adjustment)。人们在进行判断时常常根据一些典型特征或显著经验对这些事件的发生形成一个"锚定值",再据以为参照点调整对事件的估计。这样,虽然具体决策时会有调整,但调整范围仍旧锁定在"锚定值"的临近区域,不可避免地导致行为判断中过分夸大或缩小事件的发生概率,出现非理性行为。许多金融和经济现象都受锚定效应的影响,如股票的当前价格就受到过去价格的影响——人们很难知道它们的真实价值,在交易中就经常以昨天(或过去一周)的价格为锚,来确定当前价格。

(4) 小数定律(law of small numbers)。行为经济学指出,人们决策时似乎运用小数定律。通俗地说,人们认为一个小样本与大样本拥有近似相同的概率分布。依据统计学的大数定律,当样本数不断增加时,样本均值的方差趋于零。但在现实中,人们却从心理学的小数定律出发,认为一个小样本的均值也以平均值为中心分布。这显然不科学,导致了所谓的从少量独立观测中作出的"过度推断"(over-inference)问题,使行为偏离理性层次。如当一个投资者观察某个基金经理的业绩表现时,如果投资者发现该经理人连续两年的业绩表现超过平均水平,投资者就会推断该经理人具有超凡的能力,从而作出向该经理人管理的基金进行投资的决策。

四、心理规律

大量行为经济学家对人的偏好等心理规律展开研究并形成共识:

(1) 人们常常对一个行动后果与某一参照点的相对差异很敏感,而对这一后果本身的绝对水平不敏感。也就是说,人们更加关心相对水平。以图3.2为例,原点为参照点,人们对越是靠近参照点的差异越敏感,越是远离参照点的差异越不敏感,呈现边际递减规律。即使参照点是任意给出的,对后续行动的估计也有影响。当人们随着时间的推移扩展经验时,通常会作出不完善的估计。如建筑工人估计一年中的伤亡事故概率时,他们报道的是34%,而当时间延长4年时,估计的概率仅为43%。当纳税人被问及两年内进行税收审计的概率时,他们报道的是28%,而当时间延长8年时,估计的概率仅提高了一点,为35%(Fetherstonhaugh,1997)。①

(2)损失比收益更令人关注。丹尼尔·卡尼曼等在1979年指出,人们对收益和损失的价值函数并不是对称的。从心理上说,人们对损失的感觉往往比得到收益的感觉强烈,拥有某物品的人放弃该物品时要求得到的补偿通常高于他们没有该物品时对该物品的支付意愿。1990年,卡尼曼、萨勒和肯尼斯通过了有名的"瓷杯实验",对此偏好进行了证实。

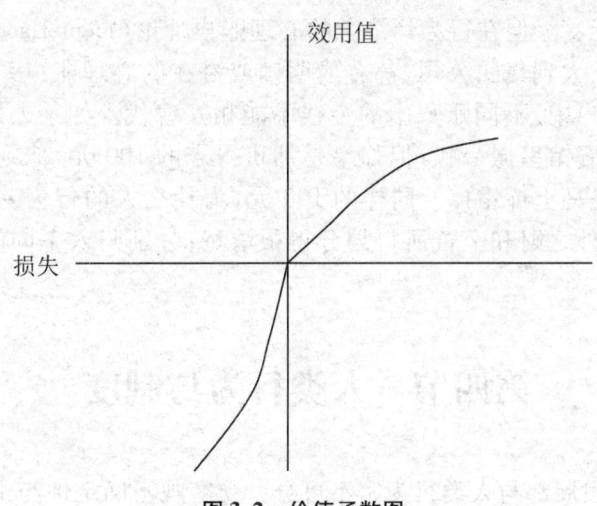

图 3.2　价值函数图

图 3.2 体现了人们的这一心理特征。损失曲线比获益曲线更陡峭,表明损失一笔钱给人们带来的痛苦远远大于获得同样一笔钱给人们带来的欢乐,这种现象也被称为亏损规避(loss aversion)。从价值函数图还可知,人们的经济行为在获益区间(参照点以上)内是风险规避型(risk averse)的,表现为价值函数下凹;而在损失区间(参照点以下)则是风险趋向型(risk seeking)的,表现为价值函数上凸。综合起来,人们的价值函数曲线为"S"形。

(3)人们经常性地过于自信、反应过度与反应不足。在经验性环境下,人们对自己的判断一般都过于自信(卡尼曼称之为"不切实际的乐观主义")。过于自信就会出现错误,当错误的结果反复出现时,人们就会从中学习,经济行为因而表现为反应过度与反应不足。过于自信与某种深层心理现象有关,和"情境构建"的困难相关。过于自信往往导致风险行为,如高比例的小企业破产所展示的(Kahneman and Lovallo,1993)。

(4)后悔、认知失谐。行为经济学家认为,人类犯错误(哪怕是很小的错误)后的倾

---

① 阿兰·斯密德:《制度与行为经济学》,中国人民大学出版社2004年版,第47页。

向是感到切肤的后悔之痛,而不是从更远的背景中去看这种错误,并会严厉自责。如果想避免后悔之痛,就要改变某种程度上的非理性行为。认知失谐是人们被告知其信念或假设有错误时所体验的心理和智力上的冲突,人们倾向于采取行动,减轻未充分理性思考导致的认知失谐。

(5) 人们具有社会动机和公平意识。行为经济学家们证实了人们具有"社会动机"。他们以垄断价格现象为例,分析了公平问题,揭示了人们追求公平的偏好。他们指出,消费者一般认为垄断价格是不公平的,因而即使是在物有所值的价格水平上,他们也拒绝购买该物品。另一个实验也证明了人们的社会动机:在赢利企业发现它自己处在一个高失业的劳动力市场上时,77%的人认为削减5%的工资是不公平的。相反,在企业处于亏损状态下,只有32%的人认为削减5%的工资是不公平的。

(6) 人们都有"非替代性"的心理账户系统。按照传统经济理论,金钱具有替代性,不会贴上功能标签。但在行为经济学的心理账户理论(mental accounting theory)看来,小到个体、家庭,大到集团公司,都有或明确或潜在的心理账户系统。金钱常常被归于不同的心理账户中,不同账户中的金钱不能相互替代。如某人意外捡到100元,他可能选择马上到餐馆里撮一顿;但如果是加班得来的100元,他则可能选择存起来或放在一边,而不是马上挥霍掉。同样的100元,为什么人的行为差异如此之大?原因就在于人们将意外之财和辛苦所得划分得很清楚,分别归入不同的心理账户,二者之间不具有替代性。

第四节 人类行为与制度

制度的起源与发展都与人类行为密不可分。受客观不确定性与主观智力资源稀缺的双重约束,人类深受有限理性之苦。如果仅有不确定性,人类的认知能力是无限的,那么人类能通过理性计算实现最大化;或者人类的认知能力虽然受到限制,但人与人的交往都是确定的、无任何风险的,那么人类也能依靠有限的智力资源实现理性选择。在此二者共同作用下,制度不可或缺。

一、制度与人类行为的关系

关于个人与制度之间因果关系的争论持续不断。究竟是个人创造制度还是制度塑造个人?借助于认知科学的相关成果,新制度经济学认为,"在社会过程的舞台上,制度与人类行为互补与对比,永远相互塑造"。① 青木昌彦特别强调认知能力有限的个体与制度之间的正负反馈机制:制度为个体行为提供信息,同时又对个人的行动决策施加"人为约束";参与人相互作用共同再生和印证着制度,或在外部冲击和内部累积性影响下调整主观认知寻求新的行动可能性,使原有制度陷入危机,从而产生制度变迁和新的制度均

---

① 阿兰·斯密德:《制度与行为经济学》,中国人民大学出版社2004年版,第372页。

衡。① 人类行为与制度相互作用相互影响,制度塑造个人,并能扩展人的有限理性;个人也能塑造制度,人性的演变影响制度变迁的方向。

1. 制度塑造个人,能扩展人的有限理性

从本质上讲,人与人之间的差异不大,但为什么有的成为"好人",而有的沦为"坏人"？新制度经济学认为,如果人们在一个地方显得宽宏大量,在另一个地方显得自私,并不是他们的本质不同而只是社会组织不同。在制度分析中,意义重大的不是罗列这种或那种动机,而是在动机中起作用的制度结构,通过明确的制度法令,这种结构促进了一些人类倾向,压抑了另一类人类倾向。②

制度具有塑造个人的功能。人类行为在本质上可以用两种方式来规范:一是直接凭借外部权威,它靠指示和指令来计划和建立秩序以实现一个共同目标(组织秩序或计划秩序);二是间接地以自发自愿的方式进行,因各种主体都服从共同承认的制度(自发秩序或非计划秩序)。③ 现实中往往发生这样的情况:一个不讲卫生的人到了一个干净整洁的环境中会不自觉地将纸屑入篓,而一个爱干净的人到了一个肮脏的广场上则会将手中的冰淇淋盒随手一扔。因此,在这个世界上,没有"好人"与"坏人"之分,只有"好制度"与"坏制度"的差别。好的制度能促进人性中"善"与"美"的一面,抑制人性中"恶"与"丑"的一面,使个人行为朝着促进社会进步的方面发展。以1983年英国强制实行汽车安全带法律为例,在此法律生效以前,大批司机不系安全带;法律实施后,只有极少数司机不系安全带。引起这种行为变化的最重要因素是,法律本身对驾驶者有一种强有力的合法化影响,使他们的目标和偏好倾向于更安全的行为模式。法律权威的影响力不仅在于通过施加惩罚,使人们了解代价与收益从而改变行为决策;而且还改变了那些人本身,系安全带变成了一种习惯,由于人们普遍相信它对减少伤亡的作用而被广泛接受。④

制度不仅塑造个人,还能扩展人的有限理性。人类具有自利、机会主义等行为特征。有人经常会满口应承事后却忘得一干二净或者自食其言,有时还妄图不劳而获地"搭便车"甚至"损人利己"。制度则有助于增加逃避义务的风险,增强互利合作的习惯,达到抑制这种本能性机会主义的目的。同时,制度使他人的行为变得更可预见,为社会交往提供一种确定的结构。在行为经济学家眼中,制度是对不确定性的反应,节省了稀缺的认知资源。罗伯特·海纳确定了一个能力——困难差距(CD gap),当不完全和不完善的考虑将导致错误时,人们可以依赖标准操作程序。⑤

制度增进可预见性,建立起信任,协调各种行动,并减少人们在知识搜寻上的消耗。即使受规则约束的行为并非百分之百地确定,人们仍会觉得它比混乱更恰当,更合理。⑥ 稳定的、惯例化的行为建立并再造了一套法则与规范,后者由"习惯、习俗固定下来,默契地或合法地支持社会共识或一致性"(科尔奈,1982年)。它不一定是神圣不可侵犯的;

---

① 卓越,张珉:《新制度经济学的新发展与政治学新制度主义:比较与启示》,《经济学家》2008年第4期。
② [美]阿尔弗雷德·S.艾克纳:《经济学为什么还不是一门科学？》,北京大学出版社1990年版,第171页。
③ 柯武刚、史漫飞:《制度经济学——经济秩序与公共政策》,商务印书馆2000年版,第171页。
④ 霍奇逊:《现代制度主义经济学宣言》,北京大学出版社1993年版,第163页。
⑤ 阿兰·斯密德:《制度与行为经济学》,中国人民大学出版社2004年版,第76—77页。
⑥ 柯武刚、史漫飞:《制度经济学——经济秩序与公共政策》,商务印书馆2000年版,第112—113页。

但重要的是,它能帮助当事者估计其他人可能的行为。①

制度还可以缓解知识的不足。我们对制度经济学的分析并不以"完备知识"假设为基础,而是将知识的不足——无知——作为人类存在的必要组成部分。对于经济学这一研究如何克服稀缺性的科学来说讲,人类的无知及其应付无知的办法成了绝对的中心问题。② 正如我们将要看到的那样,知识的不足可以靠恰当的制度安排来缓解,恰当的制度能在一个复杂的、不确定的世界中引导个人决策者,并能帮助我们减少对信息的需要。③

青木昌彦、格雷夫等人的研究则更加直观地诠释了制度对人类行为的影响:参与人的偏好外生于制度,制度通过既协助又制约的方式影响参与人的行为以实现其外生偏好。一方面,制度可以帮助有限理性的参与人节约决策所需的信息加工成本;另一方面,制度为参与人提供关于制度均衡的信息,从而协调他们的信念,并控制参与人的行为决策规则。在多种可能性中,共有信念引导着参与人朝着某一特定的方向行动。格雷夫还进一步指出不同的制度要素在影响行为方面发挥不同的作用,"规则"提供共享信息并协调行为,"信念"和"规范"提供遵循规则的激励,"组织"产生并传播规则。④

"制度的存在构成了不确定世界中人们之间的相互关系;正如海纳提出的,制度起因于个人在面临不确定性时所做的努力,通过限制人们的有效选择并因此使行为成为可预测,从而减少不确定性。没有制度就没有秩序、没有社会、没有经济、没有国家组织"(奈特和诺思,1997)。概言之,制度有助于约束人类某些有碍于合作的本性,有助于增进可预见性,有利于缓解人类知识的不足,从而扩展人的有限理性。

更重要的是,制度具有传递性,它减少了每一代人都要重新学习的成本。如家庭中的个人消费方式是通过一套以前形成的惯例而保持下来的,它会受社会文化以及有关人员的性格的影响。儿童通过"和琼斯同步前进"的模仿过程及服从的倾向,把家庭持续已久的消费习惯不断地传递下去。惯例与正式制度,通过建立固定化的人类行为范式,或者设定人类行为的界限,或者订立人类行为的规则,或者约束人类行为,实际上都提供给其他当事者以信息。这种不变性或约束告诉每个人其他当事者可能采取的行为,因而他就可以相应采取行动。⑤ 在所有已经建立起来的社会制度中都有可能发现惯例化行为的广泛影响,包括教育系统、科学联合会、公共服务、贸易联盟以及地方及中央政府的各个部门。惯例以一种类似的方式在所有制度中充当"基因"。⑥ 两位美国和德国的经济学家(Alesina – Fuchs – Schundeln,2007)研究发现,民主德国的居民比联邦德国的居民更渴望一个家长式的福利国家,这两个地区居民的价值观和预期完全不同。这说明社会主义制度和资本主义制度对人的影响是不一样的。

2. 个人塑造制度,人性的演变影响制度变迁的方向

唯理主义建构论者认为立法者的理性意志是法律等制度的起源,个人可以塑造制

---

① 霍奇逊:《现代制度主义经济学宣言》,北京大学出版社1993年版,第158页。
② 同上,第51页。
③ 柯武刚、史漫飞:《制度经济学——经济秩序与公共政策》,商务印书馆2000年版,第62页。
④ Greif Avner, *Institutions: Theory and History*, Cambridge University Press, 2006.
⑤ 霍奇逊:《现代制度主义经济学宣言》,北京大学出版社1993年版,第158页。
⑥ 同上,第170页。

度。我们认为,个人塑造制度应该体现在人类行为会影响制度的构建方面,而不是人类对制度的设计。个人在塑造制度方面发挥重要作用,人类价值观念、认知特征等很大程度上决定制度的取舍。

有人曾经提出这样一个问题:为什么社会福利占了欧洲国家 GDP 的 45%,而美国却只有 30%?新制度经济学认为这和他们对贫穷的价值认知有关。60% 的欧洲人认为贫穷是环境所迫,美国却只有 29% 的人这样看;24% 的欧洲人同意贫穷是个人懒惰所造成,却有 60% 的美国人认同这种观点。比较多的人认为贫穷是咎由自取,或者比较多的人认为贫穷是社会的责任,决定了这个群体的制度——人类的价值观念、认知特征等决定了欧洲与美国在福利制度上的取舍。类似地,有人对各国足球队引进的外援数量进行了对比研究,以 2003 年各国引进外援所花费的金额占该国 GNP 比例排名,依次为:挪威(0.92%)、丹麦(0.84%)、荷兰(0.81%)、卢森堡(0.8%)、瑞典(0.7%)、比利时(0.61%)、爱尔兰(0.41%)、法国(0.41%)、瑞士(0.38%)、英国(0.34%)、芬兰(0.34%)、德国(0.28%)、加拿大(0.26%)、西班牙(0.25%)、澳洲(0.25%)、新西兰(0.23%)、葡萄牙(0.21%)、希腊(0.21%)、日本(0.2%)、奥地利(0.2%)、意大利(0.16%)、美国(0.14%)。其中,17 个是欧洲国家,而且,前 12 名全部是欧洲国家。[①] 欧洲国家的外援引进制度同样与该地区人们的社会观念有关,个人在塑造制度方面发挥了重要作用。

个人塑造制度,人性的演变则影响制度变迁的方向。由于人类本身是不断演变的,这决定了建立在人性基础上的制度必然随人性的演变而变迁。最初的原始人类是蒙昧的、单纯的,不存在理性计算的能力,人与人之间的交往是稀缺的,因而约束人类行为的制度不会产生。随着社会文明的向前推进,开始出现剩余产品,人们有了交换的需要,"结绳计物"、以物易物等制度开始产生。物物交换的范围与数量的扩大又进一步促进了实物货币的诞生,贝壳甚至黏土块等实物货币的价值是建立在人们相互信任基础上的。随着商品经济的日益发展,环境的复杂程度增加了,人性中贪婪自私、损人利己的一面开始凸显。除了包括习惯、禁忌以及信任等非正式制度外,由国家强制执行的法律条例等正式制度开始扮演重要角色。到了商品经济高度发达的时代,人们追逐利益的本性开始松懈,重点逐渐转移到爱与利他、诚信合作、社会公平与共同进步、代际公平与可持续发展等方面,社会制度也由侧重约束(惩)功能逐渐转向侧重激励(奖)功能。人们开始重视惯例、学习的功能,各种促进学习制度化,全面提升人类文明程度的制度也应运而生。

人类行为与制度之间存在着互相塑造的关系。因此,在研究制度时,应充分考虑到人类行为的基本特征以及人性的发展状态。既要认识到大脑的有限理性与分层次的认知模式,又要注意人类行为规律与学习过程,并且结合人性的动态发展来研究制度。

二、认知结构与制度

研究表明,个人认知与不同类型的社会结构(如不同类型的人际交流)相互作用产生

---

① 龙应台:《积极和消极的道德》,载《读者》2005 年第 9 期。

了不同结果。① 诺斯认为,"在经济变革的长期趋势中,制度或认知模式的变化往往起源于不同个人群体面临的初始条件的改变。正如不同群落因其所处物质环境的不同而具有不同经验,在此基础上逐渐形成不同语言,并用不同思维模式来解释周围世界。语言和心智模式形成非正式约束力,它们限制了该群体的制度框架,并被当做习俗、禁忌或是神话,世代传承下去,产生了我们所谓的文明,从而形成了路径依赖的关键部分。随着劳动分工和专业化的不断发展,群落演化出不同政治与经济形式。随着在解决稀缺性这一根本经济问题上取得各种不同程度的成功,经验和学习的多样化逐渐产生出差异日益扩大的社会和文明。随着人类变得越来越相互依赖,环境的复杂性增加,为了从交易中获得潜在收益,就需要更加复杂的制度结构"。②

在人类制度体系中,大多数情况下这些强外在约束是人类集体思考和行动的结果。这样,在制度和组织强外在约束的形成和演进过程中,人类心理起根本作用。对认知科学的最新研究有助于更好地理解这些外部结构的作用和渐进发展。根据认知科学的研究,人类行为受大脑认知结构的影响,可以分为意识行为、直觉行为、潜意识行为和无意识行为(见表3.1)。新古典的理性假设属于第一层次,即有意识的推理行为;除这一层次外,人类尚有许多属于半理性甚至非理性的行为(表3.1中的上面三个层次)。在非完全理性的情况下,个人行为不可能实现最大化,人们倾向于沿用惯例或模仿方式行事以节约心智资源。此时,文化传统、宗教信仰等非正式制度将在引导人们的行为方面发挥重要作用。

行为实验证明,许多人类行为是由习惯来协调的,它们在任何一种情况下都不可能由理性的计算来解释:当投票显然对政策的实施毫无可测度效应且与投票者的生命更是相差十万八千里时,人们为什么还要在选举中投票?为什么人们会向其再也不会碰到的侍者付小费?人们常常单纯地因袭习惯模式,模仿他人。③

阿兰·斯密德认为,"即使在竞争世界中,个人需要知道大量的价格以便作出最优决策。但这似乎超出了人脑的信息处理能力,个人用推测填补了他们的知识空洞,正式制度与非正式制度提供了协调成为可能的习惯和共同预期。预测可能是自我否决的或自我实现的。如果足够多的人共有其预测,他们响应该预测的行为可能是自我实现的。预测可以起作用,即使该预测是以错误前提为基础的。就如阿罗说的,'我们可以发现一些情形,社会事实本质上是惯例,而不是潜在事实'"。④ 斯密德进一步指出,完整的制度经济学必须包括本能、习惯、有意识与无意识推理。习惯特征的固有学习在人类和高级动物中无处不在。渐渐地,心态和意识知觉都得到升华,并且能熟练掌握较基本的学习方法。精神、身体和环境是相互依赖的,行动引起反馈和所谓信仰,而信仰提供了行动基础。⑤

---

① 约翰·N.德勒巴克等:《新制度经济学前沿》,经济科学出版社2003年版,第342页。
② 诺思:《新制度经济学及其发展》,载孙宽平主编《转轨、规制与制度选择》,社会科学文献出版2004年版,第7—8页。
③ 柯武刚、史漫飞:《制度经济学——经济秩序与公共政策》,商务印书馆2000年版,第69页。
④ 阿兰·斯密德:《制度与行为经济学》,中国人民大学出版社2004年版,第75—76页。
⑤ 同上,第63—64页。

表 3.1　心智结构与行为①

心智类型 \ 行为类型			行为结构	
心智结构	无意识		无意识行为	包含了意识,称为有意识的无意识。如弗洛伊德所说的动机性遗忘、口误、笔误等
				不包含意识,如习惯性动作、肌肉反应、抽搐等
	潜意识		潜意识行为	潜意识的习惯,如熟能生巧的动作等
	直觉	灵感	直觉行为	
		顿悟		
	意识/有意识	从知识形态看,分为观念层、价值层和理念层;从思维活动看,分为感性层(感觉、知觉和想像)和理性层(概念、判断和推理)	有意识/意识行为	

康芒斯指出,人设立一套"习惯假定",并利用它们为常规交易提供基础。他的关键论点是,习惯假定使日常工作不需要经常的思考就能够自然进行。② 习惯的存在可以大大地节省交易成本和决策成本,它与我们的主题的高度相关性已由索尔斯坦·凡勃仑在他的许多著作中都作了强调。按照凡勃仑的看法,制度本身就是由"为大多数人普遍接受的固定的思维习惯"所组成的。③

不同的认知层次导致不同的行为模式,而不同的行为模式又与不同的制度结构相对应。完全理性的行为模式适合于市场制度,政府只要界定好私有产权,并对国家和私有产权提供保护,个人在"无形的手"的指引下,出于自利的计算可以实现个人和社会福利的一致最大化。

通过将认知科学引入制度分析后,不难发现原来的社会科学有两个致命的缺陷:一个是没有预见性,另一个则是我们不敢回忆。诺斯通过认知科学和心理学的研究,发现经济学家也有特定的学习曲线,在很大程度上,经济学家是通过推测和回忆来理解制度过程的。这样就不免在复制历史的过程中,产生了很多有意识的遗漏。诺斯认为,我们必须从认知科学领域、从心理学领域再挖掘对制度的理解。从诺斯的洞见中可以看出:只有整合政治学、经济学、社会学、历史学、人类学、认知科学,甚至包括社会心理学等众多学科,我们才能真正理解人类行为,理解制度以及制度的变迁。④

因此,个人认知差异如何影响制度和制度结构及制度变迁;人类如何学习,如何把信念和偏好结合起来,以作出选择(这个选择是经济理论的基础);在面对纯粹的不确定性

---

① 卿志琼著:《有限理性、心智成本与经济秩序》,经济科学出版社 2006 年版,第 170 页。
② 马尔科姆·卢瑟福:《经济学中的制度——老制度经济学和新制度经济学》,中国社会科学出版社 1999 年版,第 72 页。
③ 霍奇逊:《现代制度主义经济学宣言》,北京大学出版社 1993 年版,第 49 页。
④ 2000 年诺斯在华盛顿大学召开的"规范与法律"的研讨会上题为"不确定世界的法律与社会科学"的演讲。

时,他们如何和为何发展理论(并据此行事)①等,这些都是新制度经济学需要研究的新课题。

三、规则遵循者与理性最大化者之间的关系

新古典经济学是在既定的制度(或规则)下研究理性的人如何最大化的。如果我们仔细地观察现实中的人就会发现,人们在不少的情况下并没有在所谓既定的约束条件下追求最大化,而是做了规则的遵循者。凡伯格(1988)和科尔曼(1990)指出,有各种各样的方式可以使得个人因遵循规则或规范,而不是尝试根据每一具体情况作出调整来获利。②

哈耶克一直主张人是"追求目的的动物,也是遵循规则的动物"(1973)。人应在多大程度上概念化为"规则遵循者"而不是理性最大化者?前者建立习惯和常规,更重要的是采纳社会规范和惯例;后者则根据其环境和机会的变化调整其行为,以使他的净收益最大化。正像个人主义和整体主义常常被置于二元对立的地位一样,关于人的这两个概念也被分为对立的二元。用琼·艾尔斯持(1989)的话来说,"社会科学中最持久的分歧之一就是……单一经济人与单一社会人……的对立"。前者适应环境的变化,始终关注改进的机会。后者则对环境无动于衷,即使出现新的、显然是更好的选择,也要坚守规定的行为方式。前者容易被漫画成沉默寡言、离群索居的颗粒,后者则像是没有头脑的社会力量的玩偶或是先定标准的消极执行者。③

那么,如何理解规则遵循者与理性最大化之间的关系?弗兰克认为,理性选择模型的朴素描述中所隐含的收集信息、进行计算的工作大概要花费超过任何一个人一生的时间和精力,任何企图作出完全明智的选择即理性选择的人,恐怕每周只能作少量决策,而不得不将数百个重要问题搁置一边。我们大多数人都靠习惯和拇指规则来作日常决策。照这个观点看,习惯代表对理性最大化的偏离。决策的质量虽然下降了,但其损失可能被信息和决策成本的节约抵消还有余。当然,结果是否如此还取决于所选择的特定规则,取决于它节约信息的程度以及它对所制定的决策的质量的影响。④

哈耶克认为,标准的理性假定高估了人所具有的"理智力",低估了他们活动于其中的社会领域的高度复杂性;个人面临普遍的不确定性和无知,而规则是被利用的手段,人们利用规则是"因为我们的理性不足以把握复杂现实的全部细节"。像哈耶克一样,西蒙也想脱离最大化计算概念和最优概念。他用作为习惯、决策规则以及试探程序建立者和修正者的个人的思想取而代之,同时又没有将所有的理性概念都抛弃。西蒙的要点不是说理性不在场,而是说由于认知的限制,理性是有限的。人没有能力用最优的方式解决复杂问题。⑤ 由于所要求的信息及计算能力的容量大大超出了人们的能力,要对经济行为的所有方面进行完全有意识的理性思考,是不可能的。

---

① 诺思:《经济学和认知科学》,北京大学学报 2004 年第 6 期,第 18—23 页。
② 马尔科姆·卢瑟福:《经济学中的制度——老制度经济学和新制度经济学》,中国社会科学出版社 1999 年版,第 67 页。
③ 同上,第 62 页。
④ 同上,第 82 页。
⑤ 同上,第 83 页。

新制度主义认为,之所以出现规则遵循行为,是因为存在:①信息和决策成本;②认知及信息处理约束;③尝试逐案调整而出错的风险;④个人由于其行为被规则决定而得到的某种利益。这四个原因被应用于习惯、常规、个人行为规则,而且同样也被应用于社会规则及规范。① 大多数正统经济学都用最大化或最优化术语来解释理性,并且试图通过考虑信息成本、认知限制或预先承诺的好处或名声效应等方面的因素,将最大化理性与地道的规则遵循协调起来。但是,理性同样可以用适应性术语来解释。②

纯粹的理性最大化者只会在所采用的规范或所遵循的规则同他或她的自身利益一致时才肯这么做。新制度经济学试图用理性主义术语解释各种类型的规则遵循。这可以通过将规则遵循归结为理性选择的结果而克服二分法,但是这种努力并非没有困难。有一个替代办法是假定至少某种规则遵循不能用理性主义术语解释,所以人类的行为可以看做既包含理性过程又包括非理性过程。这里的问题不是选择一个模型而舍弃另一个模型,而是要理解理性与规则遵循如何相关,各自发挥什么作用以及它们如何结合。如艾尔斯特指出的,"行为典型地受理性和规范的双重影响",结果有时是妥协,有时是理性制约社会规范,有时理性又受规范制约。③ 当然,也不是所有遵循规则行为都可以最大化的。一旦遵循规则,"就不会每换一个环境就重新选择是否继续服从原有规则",从而特定的规则遵循行为有可能是非最大化的。这方面的例子可能包括:个人或企业遵循某项运作良好但有时达不到最优结果的决策规则;个人保持一种特殊的消费模式,尽管相对价格有所变化;个人不惜时间和精力在选举中投票,尽管他的投票无足轻重、不投票也不表明社会不认可;个人遵循诚实或"正当"的行为规则,虽然有时违反该规则对他或她自身有利而又不会被人发觉;个人以高昂的私人成本追求社会正义目标;或者众人通过不厌其烦地非难不守规范者来遵循规范,尽管不守规范的行为并没有伤害到他们。④ 许多学者,包括亚历山大·费尔德(1984)和琼·艾尔斯特则认为,规则遵循,尤其是接受和坚持社会规范的倾向不可能用理性主义术语完全解释清楚,还需要对人类行为作更广泛的探讨⑤。

🔍 案例1

科学家称人脑进化和人类智商进化已达极限

一项研究显示,人类大脑可能已经到达了智慧演化的极限,已经无法继续进化了。现代人类的大脑重量大约占据人体体重的2%,消耗人体总能量的20%。因此大脑的任何进一步进化都将使人体能量供应不堪重负。专家们认为,在数百万年的演化中,人类大脑越来越大,也相应越来越聪明,但是在未

---

① 马尔科姆·卢瑟福:《经济学中的制度——老制度经济学和新制度经济学》,中国社会科学出版社1999年版,第81页。
② 同上,第66页。
③ 同上,第63页。
④ 同上,第66页。
⑤ 同上,第67页。

来这一趋势却可能很难延续下去。除了能量供应问题,科学家们认为脑细胞的精细化,以及脑细胞之间突触神经元链接都已经到达了自然演化的极限,这一因素也会对人类智慧的进一步升级产生阻碍。

剑桥大学神经生物学教授西蒙·劳林告诉记者:"我们已了解大脑的运作需要大量的能量供应,而这一点已经足以对我们的表现产生限制作用并决定其演化的可能性。"他说:"高度的抽象推理思维需要消耗大量的能量,这是因为大脑在进行此类思考时需要快速检索大量不同的信息源。这种能量消耗上的局限性限制了我们同时处理大量信息的能力。"劳林在《当工作遭遇生活》一书中详细描述了大脑细胞需要的能量机制,指出脑细胞对能量供给的需求和心肌细胞相同,而大脑负责抽象思维的灰质部分是能量消耗最厉害的部位。他甚至指出在未来人类的大脑还可能萎缩,如果人类认为应当将大脑消耗能量的一部分留出来以供他用的话。

人类大脑在进化中已经形成了多种独特的方式来最大限度地增加其聪慧程度,如增加大脑实际皮层面积的大量沟槽,以及极度复杂的脑细胞神经元链接。荷兰乌特勒支大学精神病学教授马丁·冯·豪威尔认为,这对人类智商会产生直接影响,进一步增加大脑的能力将极大地增加能量消耗,尽管预测未来是非常冒风险的行为,但显然对人类智慧进一步进化存在的限制是非常严重的。

另外,我们投入大量能量提高自身的记忆力、智能和注意力,甚至通过利他林和咖啡因等药物让自己变得更聪明。然而,变得更聪明似乎并非我们想象的那么美好。任何用于永久性提高智商的新型药物或者技术都具有潜在危险性。根据一项新的研究发现,人类的脑力可能已经进化到极限,例如记忆不完整,这种极限似乎是一种防御机制。

这项研究由英国华威大学的托马斯·希尔斯和瑞士巴塞尔大学的拉尔夫·赫特维格合作完成。希尔斯表示,"此消彼长"在进化中非常普遍。拥有8英尺(约合2.43米)的身高固然很好,但绝大多数心脏都无法将血液泵到这一高度,智商方面同样存在这种权衡。

婴儿的大脑体积因一系列因素受到限制,例如母亲的骨盆大小,更大的大脑意味着更高的分娩死亡风险。利他林等药物可帮助人们提高注意力,但通常只能帮助注意力低于基线的人。如果一个人的注意力没有问题,服用药物反而适得其反。这一现象说明人类的注意力存在上限。

拥有出色的记忆力无疑是件好事,但如果生动的记忆太多,你的生活也会困难重重。希尔斯说:"记忆是一把双刃剑。"创伤后应激障碍患者无法停止回忆可怕的经历。"如果发生不好的事情,你显然希望忘记它。"

即使一般智力提高也会引发一系列问题。德裔犹太人的平均智商高于普通欧洲人,但同时德裔犹太人也饱受戴萨克斯症等遗传病折磨。这种疾病会破坏神经系统。德裔犹太人的遭遇似乎说明脑力的提高也意味着患病风险的提高。

希尔斯表示,鉴于这些在思考力提高时付出的"代价",超级头脑可能并不存在。"如果面对一项需要更多记忆、更高速度或者更高精确性的特殊任务,你可以通过服用增强剂的方式提高能力,进而完成任务。但如果认为增强剂能够提高你的所有能力,你就大错特错了。"

资料来源:晨风,《科学家称人脑进化已达极限未来或将萎缩》,http://www.sina.com.cn,新浪科技2011年08月02日;孝文,《新研究发现人类智商进化已到极限》,新浪科技微博,http://www.sina.com.cn,2011年12月13日。

案例2

人类行为的利他性

《科学》杂志曾经做过一个试验,鼓动读者给该杂志寄一张索要20美元或100美元的明信片;但规定,如果 20% 以上的读者索要 100 美元,所有的读者将一无所获。其结果是,在 33511 张明信片的邮寄读者中,索要 100 美元的占了 35%,因此所有邮寄明信片的读者一无所获。这个试验结果反映了人类行为特征的两面性:一是与传统经济学相吻合的一面,即人类行为的理性或功利主义特征,以及个体理性对集体合作所形成的阻碍作用;二是与传统经济学相背离的一面,即人类行为同时具有互利主义特征——绝大多数响应者(65%)确实采取了具有集体理性的行动,只索要 20 美元。

从深层次上考察,上述试验所验证的人类行为的利他性可能仅仅是一种"为己利他"——要想增进自己的收益,必须考虑对方的利益;否则,就可能引起报复,反而得不偿失。但我们仍能在现实世界找到一些似乎是纯粹的利他主义行为案例:2006 年 6 月 25 日,世界第二富豪、"股神"沃伦·巴菲特宣布,将从下个月起逐年将价值 370 亿美元的股票捐赠给 5 家慈善基金会。而且,巴菲特还准备将手上剩余的股票(价值约 70 亿美元)在其死后捐赠给慈善事业。

在慈善家们眼中,给予财富比获取财富更让人感到幸福。纯粹的爱与利他、社会责任感、同情心等非财富最大化行为目标与行为特征能更好地解释慈善家们从传统经济学意义上而言的非理性行为。

2010 年两会期间,被誉为"中国首善"的陈光标提出建议:富人应该缴纳遗产税,比率至少应为 60%。他认为,未来 10—15 年,80% 的富翁将向富二代移交财产,但有六成富二代将是未来国家的"高消费品,他们不知道怎么利用手上的资源",有必要征收遗产税、高消费税。同年 9 月 6 日,陈光标致信微软公司总裁比尔·盖茨和"股神"沃伦·巴菲特,承诺其在离开这个世界时,将为慈善事业捐出所有财产——此"裸捐"信在国内引起轩然大波。

一般而言,较大贫富差距及其难以扭转之势往往会给多数人以焦虑和挫败感,导致社会关系紧张,抑制社会的内在活力和创造力,即所谓"不患寡而患不均"。无论是何种社会体制,指望所有先富起来的人一致采取爱与利他主义行为模式,主动、自发地扶贫济困,将自己的财富与人共享是不可能的。

人类行为特征影响着制度演进,而好的制度能有效地激励和约束人类行为。如何充分认识富豪们的行为特征,并科学合理设计税制,利用好税收制度的财富分配功能,调动富豪们人性中"善"的部分,抑制"自利"的部分,缩小贫富差距,减慢贫富差距的代际传递速度,是我国税收法律体制改革和完善需要面对的一个重要问题。

资料来源:朱富强,《如何理解真实世界中的人类行为》,载《改革与战略》2010 年第 3 期,第 17 页;《"股神"成为世界最大慈善家》,载《环球时报》,2006 年 6 月 27 日,第 13 版;人民网,http://house.people.com.cn/GB/12685370.html。

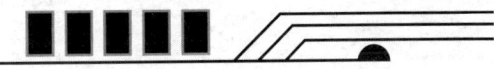

关键概念

理性有限理性　　认知科学　　拇指原则　　简捷启发式　　心理账户

思考题

1. 理性的形式有哪些?
2. 有限理性的根源是什么?有限理性的形式有哪些?
3. 试比较奈特派、西蒙派以及哈耶克派对有限理性的理解。
4. 行为经济学关于人类行为目标和有限理性的研究结论有哪些?
5. 行为经济学关于人类行为规律研究的共识有哪些?

6. 行为经济学关于人类心理规律研究的共识有哪些？
7. 如何理解制度与人类行为的关系？

推荐阅读

1. 阿兰·斯密德：《制度与行为经济学》，中国人民大学出版社 2004 年版。
2. 约翰·N.德勒巴克等：《新制度经济学前沿》，张宇燕等译，经济科学出版社 2003 年版。
3. 秦海：《制度、演化与路径依赖》，中国财政经济出版社 2004 年版。
4. 卢现祥：《西方新制度经济学》(修订版)，中国发展出版社 2003 年版。
5. 孙宽平：《转轨、规制与制度选择》，社会科学文献出版社 2004 年版。
6. ［美］安德鲁·肖特：《社会制度的经济理论》，上海财经大学出版社 2003 年。
7. 卿志琼：《有限理性、心智成本与经济秩序》，经济科学出版社 2006 年版。
8. ［美］迈克尔·迪屈奇：《交易成本经济学》，经济科学出版社 1999 年版。
9. ［美］奥利弗·E·威廉姆森：《资本主义经济制度——论企业签约与市场签约》，商务印书馆 2002 年版。
10. ［印］阿马蒂亚·森：《伦理学与经济学》，商务印书馆 2000 年版。
11. 杨春学：《经济人与社会秩序分析》，上海三联书店、上海人民出版社 1998 年版。
12. ［印］阿马蒂亚·森：《以自由看待发展》，中国人民大学出版社 2002 年版。

第四章 交易费用及其测量

> 交易费用经济学也就是新制度经济学(威廉姆森)。换言之,没有交易费用理论也就没有新制度经济学。在交易费用为零的情况下,我们就回到了新古典经济学的世界。正是在交易费用存在的情况下,制度的重要性才显示出来。本章首先在分析交易费用基本概念的基础上,探讨作为一种分析范式的交易费用理论,然后,研究交易费用的测量。

第一节　交易费用的基本概念[①]

交易费用是西方新制度经济学的核心范畴。交易费用的思想最早来自科斯(1937)，阿罗(1969)是第一个使用"交易费用"这个术语的人，威廉姆森则系统研究了交易费用理论。为了搞清交易费用的概念，我们先从交易这个范畴开始。

一、交易

(一) 康芒斯的贡献：交易的一般化

古希腊思想家亚里士多德是较早使用"交易"概念并对它的功能及其类型加以分析的学者。把"交易"作为比较严格的经济学范畴建立起来并做了明确界定和分类的是早期制度经济学家康芒斯。他认为，其一，"交易"是人类经济活动的基本单位，也是制度经济学的基本分析单位。在他看来，交易是经济活动中人与人之间关系的最为基本的和一般的形式，因而，对协调经济活动中人与人之间关系的组织制度的研究，必然要求把"交易"作为基本的分析单位。其二，"交易"是人与人之间的关系，是所有权的转移，是个人与个人之间对物的所有权的让与和取得，而不是人类与自然的关系。也就是说，在康芒斯那里，"交易"概念是与以往经济学中的"生产"概念相对应的。"生产"是人与自然的关系，"交易"是人与人之间的关系，"生产"活动与"交易"活动共同构成了人类的全部经济活动。其三，"交易"与古典经济学和新古典经济学的"交换"不同。"交换"是一种移交与接收物品的劳动过程，是一种物品的供给与需求的平衡或伸缩关系，传统经济学就是对这种供求平衡关系的描述。而"交易"不以实际物质为对象，而以财产权利为对象，是人与人之间对自然物的权利的让与和取得关系，是依法转移法律上的控制。其四，"交易"这种人类基本的活动单位，是使法律、经济学和伦理学发生相互关系的基本单位。因而，康芒斯是从法律、经济学和伦理学相关关系的意义上研究"交易"这种人类经济活动的基本单位的。其五，不同的具体交易合在一起便构成了经济研究上的较大单位——"运行的机构"或制度，即"制度"不过是无数次交易活动的结果。因此，康芒斯认为，"交易"是制度经济学的基本分析单位。

康芒斯把"交易"可分为三种类型：①买卖的交易(Bargaining transaction)，即法律上平等的人们之间自愿的交换关系，主要表现为市场上人们之间平等的竞争性买卖关系；②管理的交易(Managerial transaction)，即长期合约规定的上下级之间的不平等交易，主要表现为企业内上下级之间的命令与服从关系；③限额的交易(Restrainedly transaction)，这也是一种上级对下级的关系，只是上级是一个集体的上级或它的正式代表，如政府、董事会，主要表现为政府对个人的关系。康芒斯认为，这三种交易类型几乎涵盖了所有的人与人之间的经济活动，并且，三种交易各种程度的多种组合形成了变化多端的制度形

[①] 本节参考了程恩富、胡乐明主编的《新制度主义经济学》的相关内容，经济日报出版社2005年版，第70—74页。

态(例如计划经济与市场经济)。需要注意的是,在康芒斯那里,三种交易与市场交易、企业内交易、政府交易并不是完全对等的。一般来说,市场交易基本属于买卖的交易,企业内交易大多是基于管理的交易,而限额的交易则不仅包括政府交易,还包括企业间的非市场交易和少数企业内交易。因而,买卖的交易、管理的交易和限额的交易与现代社会中的市场、企业和政府三种基本制度安排之间,也不构成一一对应的关系。譬如,在市场内不仅包含通常的买卖的交易,还包含具有限额交易性质的企业间的非市场交易,如同业协会、卡特尔之类组织制度就既不属于企业组织,也不能归于政府体制。

(二) 科斯的"交易"

科斯从资源配置效率角度来认识交易本身的内涵,他关于交易的理论思想是在对企业性质的研究当中形成的。他(1998)在谈到《企业的性质》一文的由来时,认为该文的主要论点是:选择交易作为分析单位;交易费用概念;分清企业内部的和通过市场进行的资源配置;对比在企业内部组织交易的费用和通过市场进行交易的费用,等等。通过这些说明,可以看出,科斯选择"交易"作为分析的基本单位,并突出地强调交易关系作为法律上所有权转让的制度上的意义,显然是对康芒斯的继承。

然而,科斯的"交易"的与康芒斯的"交易"又有区别。科斯的"交易"在多数场合是指较狭义的市场交换或市场交易。例如,在谈到为什么会存在企业这些"自觉力量的小岛"时,科斯(1937)认为,在企业之外,价格变动决定生产,这是通过一系列市场交易来协调的;在企业之内,市场交易被取消,伴随着交易的复杂的市场结构被企业家所替代,企业家指挥生产。尽管他也常常提到"在企业内部组织交易"、"由企业家组织的交易"、"被组织的交易"等,但所指的都是在企业内部通过管理职能进行的资源配置过程,企业在实现生产要素的配置这一涵义上被作为市场交易的替代途径,企业配置资源的活动在替代了市场交易的层面上才被称为是"被组织的交易"。

在科斯看来,交易是稀缺性的、可计量的,交易的成本和收益也是可以计量和比较的,因而可以运用新古典经济学方法进行分析并纳入正统经济学的分析框架。在康芒斯看来"交易"的实质是权利在人与人之间的转让,但却没有将它与资源配置联系起来。传统微观经济学虽然一直以资源配置为研究主题,也使用过"交易"概念,却没有认识到交易本身的稀缺性,甚至将其视为可以在市场中自动完成,从而在研究资源配置效率时,把交易本身排除在"影响因素"之外。科斯为制度分析与资源配置的联系架起了桥梁。

(三) 威廉姆森的贡献:"交易"的细化

威廉姆森从交易的维度分析了交易的特性,对"交易"作了进一步的细化和一般化,使交易的经济分析更具可操作性。他(1985)在《资本主义经济制度》一书的序言中写道:当一项物品或劳务在技术上可分的结合部发生转移时,交易就发生了。技术上可分的结合部指的是技术上不可分的实体之间发生联系的区域。威廉姆森说:"交易之发生,源于某种物品或服务从一种技术边界向另一种技术边界的转移。此时,一个行为阶段结束,另一个行为阶段开始。"①对于这一界定,他给出了相对通俗的解释:为了完成一项活动,如生产一种产品或提供一项服务等,该活动从技术上可分为一系列独立的活动过程(技术上不能分开的就是一个独立的活动过程),每个活动过程都可看做完成该项活动的一个阶段,一个活动过程完成后就进入另一个活动过程。一项活动在一个活动过程向下一个活动过程的转移,也就是由上一阶段向下一阶段移交,这一过程就是交易。按照这样一种理解,可以说,企业之间、车间之间以及同一车间的操作工之间,都普遍存在交易关系。

威廉姆森进一步从交易的维度分析了交易的特性。他(1984)认为,交易是由它的维度来限定的,交易相异的主要维度是资产专用性、不确定性程度和交易频率。其中,资产专用性最为重要。资产根据其专用性程度可分为三类:通用性资产、专用性资产及介于二者之间的混合性资产。专用性资产指的是为支持某项特殊交易而进行的耐久性投资,它一旦形成便很难转移到其他用途上。如果交易过早终止,所投入的资产便可能无法补偿。因而,资产的专用性越强,越需要交易双方建立一种稳定、持久的契约关系。它主要有三类:一是资产本身的专用性,如特殊设计只能加工某种原料的设备;二是资产地理区位的专用性,如为了节省运输费用,加工设备一般坐落在原料产地附近,一旦建成,移动较为困难;三是人力资本专用性,如果工作的性质需要低技术劳力,不需专门训练,这些人力资本就无专用性可言,但如果一个雇员在某一企业工作积累了对该企业运行的丰富经验,他的技术经验是特定于该企业的,其人力资本的专用性就很高。对于企业,重新训练一个这样的雇员可能要花费很多的时间和费用,对于雇员个人,他的经验未必适合别的企业,因而维持长期的雇佣关系对于企业和雇员均有好处。因此,资产专用性实际上是测量某一资产对交易的依赖性。由专用性投资支持的交易既不是匿名进行的也不是在瞬间就能完成的,为支持这类交易,各种合同和组织保护措施便会出现。

交易的第二个维度是不确定性。弗兰克·奈特(1921)认为,若完全不存在不确定性,每个人都能掌握有关变化的全部知识,任何具有管理性质和对生产活动的控制都没有存在的必要,甚至任何现实意义上的市场交易也将不复存在,然而,在现实世界不确定性是随时随地都会发生的。不确定性根据不同的研究需要可作不同的分类。一般认为,在交易过程中,交易双方既要面临来自环境的不确定性,还要面临来自交易双方行为的不确定性。环境或市场的不确定性是指市场未来状况的不确定性。例如,人们难以准确预测产品未来的价格、数量和质量等情况。威廉姆森所强调的是"行为上的不确定性",即由于策略性地隐瞒、掩盖或扭曲信息等机会主义行为而引起的不确定性。在不同的交易中,不确定性所产生的作用和约束交易的程度也是不同的。一般来说,不确定性对一次性交易的影响相对较小,而对长期交易的影响则较大。交易不确定性的存在意味着交易决策必须是适应性的、连续性的,以及弱化这种不确定性影响的相应规制结构的存在。例如,甲乙双方签订一个合同,合同的执行期为一年,在这一年中各种情况都可能发生

---

① [美]埃里克·弗鲁博顿、[德]鲁道夫·芮且特:《新制度经济学——一个交易费用分析范式》,上海三联书店2006年版,第57页。

(不确定性),合同执行人可能突然死亡,或者破产,法律或政府法令可能改变,合同中包含项目的市场价格可能变化,可能发生战争等,还有就是当市场条件变化对交易的某一方不利时,他可能会借口合同的约定条件改变而停止执行合同,在不违反法律的情况下给对方造成损失。为了避免各种不确定性给交易双方造成损失,交易双方一般会尽可能地把交易的契约写得详细,把一切可以预想发生的事情及甲乙双方在各种情况下的责任都详细规定。

交易的第三个维度是交易的频率,它在时间的连续性上表现了交易的状况。交易频率可分为一次、数次和经常三类。交易发生的频率是影响交易的成本和收益的一个重要因素,因而它对组织制度的选择也有重要影响。主要体现在设立某种交易的规制结构的费用能否得到补偿,频率越高,交易的规制结构的费用越能得到补偿。在威廉姆森看来,现实世界中的交易,是不可能在新古典经济学所假设的完全竞争环境中进行的,资产专用性程度、不确定性程度及交易发生的频率,会独立地或组合地影响交易行为。在不同的交易维度下,会产生交易的不同形式的契约行为和规制结构。

二、交易费用

(一)科斯的"交易费用"

科斯在《企业的性质》中一般性地列举了"市场交易"的成本(使用价格机制的成本)所包括的一些项目:第一,通过价格机制"组织"生产的最明显的成本就是所有发现相对价格的工作,包括各种为获取和处理市场信息的费用,如了解价格分布、寻找交易对象的费用。这也就是交易准备阶段的费用。第二,市场上发生的每一笔交易的谈判和签约的费用,包括讨价还价、订立合约及履行合约的费用。这也就是交易活动进行时所发生的费用。第三,利用价格机制也存在着其他方面的成本,如签订长期契约虽然节省因较多的短期合同而需要的部分费用,但由于不确定性的存在或预期的困难,其未来的实施一般需较高费用。长期合同大都是粗略的"一般条款",在其实施过程中,双方会根据市场情况的变化进一步协商解决交易的细节问题,从而花费成本。因而,从一般意义上理解,科斯这里所说的"其他方面的成本"是指由市场的不确定性等所产生的费用。

在1960年的《社会成本问题》一文里,科斯明确提出了"市场交易成本"的概念,将交易费用概念更一般化地拓展开来。在他看来,交易费用应包括度量、界定和保障排他性权利的费用,发现交易对象和交易价格的费用,讨价还价、订立交易合同的费用,督促契约条款严格履行的费用,等等。他还详细探讨了产权、交易费用和资源配置效率之间的关系,提出了影响深远的"科斯定理"。[①] 在1991年接受诺贝尔经济学奖的演讲中,科斯简短地总结道:谈判要进行,契约要签订,监督要实行,解决纠纷的安排要设立,等等这些费用后来被称为交易费用,即交易费用是谈判、签约及履行合同的费用。科斯1991年的概括实际上反映了20世纪70年代之后西方新制度经济学的一种理论倾向——将契约视为交易的架构,把组织制度问题视为契约问题,从契约角度认识交易费用。科斯的核心

---

① Coase Theorem,实际上它首次出现是在科斯1959年发表的《联邦通讯委员会》一文中。

思想是:①提出零交易成本的局限性;②研究存在交易成本的社会;③由于经济组织的理论假设与现实是相干的,以及所有可行的组织形式都是有缺陷的,他主张通过比较制度分析考察可行的组织形式之间的相互替代;④上述行为决定于对契约、契约过程和组织详细的微观分析研究。①

斯蒂格勒曾指出,一个没有交易费用的社会,宛如自然界没有摩擦力一样,是非现实的。科斯的原创性贡献,使经济学从零交易费用的新古典世界走向正交易费用的现实世界,从而获得了对现实问题较强的解释力。有人将之比喻为物理学的牛顿时代和爱因斯坦时代的区别。从绝对时空走向相对时空,是物理学走向现实世界的一步,从零交易费用走向正交易费用的世界,是经济学走向真实世界的一步。总的来说,科斯在当时并没有想到会就此"改变经济理论的特性",其分析工具理所当然是新古典理论,而且是局部均衡分析和静态分析。然而,正如威廉姆森所指出的:①科斯没有将"交易费用"定义成可以操作的概念;②科斯没有说明是哪些力量决定着交易费用的大小和交易方式的选择。这些为后来的研究指明了方向。

(二)威廉姆森的"交易费用"

威廉姆森将交易视为经济分析的基本单位,而交易是通过契约进行的。他认为,组织制度问题可以表述为契约问题,可以在节约交易费用这个意义上进行探讨。从契约的角度出发,交易费用可分为"事前的"和"事后的"两类。所谓事前交易费用是指起草、谈判、保证落实某种契约的成本,也就是达成合同的成本;所谓事后交易费用是指契约签订之后发生的成本,它可以有许多形式:第一,当事人想退出某种契约关系所必须付出的费用;第二,交易者发现事先确定的价格等合同条款有误而需改变所必须付出的费用;第三,交易当事人为政府解决他们之间的冲突所付出的费用,如法院费用;第四,为确保交易关系的长期化和持续性所必须付出的费用,等等。

在此基础上,威廉姆森较全面地探讨了影响或决定交易费用的因素,他将这些因素归纳、区分为不同性质的两类:第一类因素主要涉及有关市场的环境和交易的技术结构所具有的特点,威廉姆森称之为"交易因素",包括资产专用性、不确定性、潜在交易对手的数量和交易发生的频率;第二类因素是人的因素,即关于人性的两个特点——有限理性和机会主义倾向。威廉姆森认为,上述两因素的存在都会使交易费用产生或增加。交易双方为避免由此造成的损失而增加契约的复杂程度,这样,谈判、签约和履约的成本便会随之增加。潜在交易对手数目也是影响交易费用的一个重要因素。当市场是完全竞争的市场,即交易对手较多时,交易双方的相互依赖性较小,交易的搜寻和等待成本较小,合同易于达成和履行,而且,完全竞争的市场起着抑制机会主义行为的作用,从而减少交易者为防止机会主义行为而付出的代价。但是,当市场出现垄断时,交易对手数量大量减少,导致出现交易的"小数目问题",增加交易的搜寻和等待成本,降低合同谈判成功的概率,从而增加交易顺利完成的费用支出,并且,处于非垄断地位的交易方对垄断者的依赖性很大,垄断者的机会主义行为的可能性大大上升,从而增大交易费用。

---

① [美]科斯、诺思等著,[法]克劳德·梅纳尔编:《制度、契约与组织——从新制度经济学角度的透视》,经济科学出版社 2003 年版,第 62—63 页。

交易发生的频率对交易费用的影响主要表现在,经常发生的交易较一次性交易,更容易补偿交易的规制结构的确立和运行成本,相对降低交易费用。有限理性显然也会导致交易的搜寻、等待和讨价还价的成本增加,并且,为合同留下很多空白,从而增加履约的成本。上述因素的单独作用会导致交易费用的产生或增加,它们的综合作用显然更会放大交易费用。因此,威廉姆森认为,在四种基本因素综合相互作用下,市场作为一种交易管理机制便会因交易费用过高而失效:一是理性有限;二是机会主义行为;三是未来不确定性;四是交易的小数目条件。在市场作为交易管理机制失灵的情况下,企业制度就应运而生。

威廉姆森认为,交易费用分为两部分:一是事先的交易费用,即为签订契约、规定交易双方的权利、责任等所花费的费用;二是签订契约后,为解决契约本身所存在的问题、从改变条款到退出契约所花费的费用。事后的交易费用包括:①当交易偏离了所要求的准则而引起的不适应成本;②倘若为了纠正事后的偏离准则而作出了双边的努力,由此引起的争论不休的成本;③伴随建立和运作管理机构而来的成本,管理机构也负责解决交易纠纷;④安全保证生效的抵押成本。最后,交易费用概念扩展到包括度量、界定和保证产权(提供交易条件)的费用,发现交易对象和交易价格的费用,讨价还价的费用,订立交易合约的费用,执行交易的费用,监督违约行为并对之制裁的费用,维护交易秩序的费用,等等。迈克尔·迪屈奇把交易费用定义为三个因素:调查和信息成本,谈判和决策成本,以及制定和实施政策的成本。①

(三) 契约过程的"交易费用"

威廉姆森是从契约的角度分析交易费用及其存在。除了威廉姆森,许多新制度经济学家也都从契约过程来说明交易费用的存在,其中,达尔曼的论述最为详明。他(1979)指出,根据交易过程本身所包含的不同阶段进行分析,就可得到与科斯定义相一致的交易费用分类。他的分类是这样的:为了使双方的交易能够达成,双方相互之间的了解就必不可少,这要耗费时间和资源;如果相互了解了,彼此打算相互接触,他们还得告诉对方可能提供的交易机会,这种信息的传递再一次需耗费资源;如果潜在的讨价还价各方有多个代理人,在决定交易条件之前,还要产生某些作决策的成本;相互同意的交易条件只有在各方讨价还价之后才能确定,这也需花费成本;交易条件决定后,还有控制和监督他方以确定是否按照已订契约条款履行其责任的成本,以及执行所订协议的成本。简单地说,交易过程存在三个不同的连续阶段,与此相对应,也存在交易费用的三种不同类型:寻求信息费用,讨价还价和决策费用,监督和执行费用。

与此相类似,马修斯(Matthews,1986)提供了这样一个简明的定义:交易费用包括事前准备合同和事后监督及强制合同执行的费用,与生产费用不同,它是履行一个合同的费用。考特则将交易费用区分为广义和狭义两类。狭义上看,交易费用指的是完成一项市场交易所需花费的时间和精力,当一项交易涉及处于不同地点的几个交易参与者时,这种成本会很高;广义上看,交易费用指的是协商谈判和履行协议所需的全部资源,包括制定谈判策略所需信息的成本、谈判所花时间以及防止谈判各方欺骗行为的成本。需要

---

① [美]迈克尔·迪屈奇:《交易成本经济学》,经济科学出版社1999年版,第44页。

注意的是,交易费用包括很多具体的项目或组成部分,它们的重要性或许不同,信息成本是交易费用中较重要的一种,有人甚至认为交易费用就是信息成本。N.斯科菲尔德曾指出,合作的基本理论问题就是,个人用什么方法获得其他人的偏好和可能行为的知识。也就是说,在给定的环境下,当事人必须至少了解到有关当事人的信息和需求,以便能够形成一致的行为,并且这种知识可以传递给其他人。也即,"共识"是合作的基本条件。因而,信息的传递与处理在交易过程中起着关键作用,信息成本是交易成本的核心。然而,如果就此将交易成本和信息成本等同起来则是错误的。达尔曼在给出了交易费用的详细说明之后,过于轻率地指出,实际上只需谈论一种类型的交易成本就足矣,那就是由于信息不完善而导致的资源损失。这一简化主义做法招致了批评。从契约的角度出发,交易费用应包括:准备合同的成本、达成合同的成本、监督和实施合同的成本。

(四) 广义的交易费用:制度成本

在现实生活中,具体的交易是通过契约进行的,因而从契约的角度可以分析具体交易的费用支出,但从社会的角度来看,正如康芒斯所认为的,交易是人与人之间经济活动的基本单位,无数次交易构成经济制度的实际运转,并受到制度框架的约束。循着这一思路,肯尼斯·阿罗(K. Arrow,1969)将"交易费用"简明地定义为:交易费用是经济制度的运行费用。具体地,从这一角度理解交易费用,交易费用应包括制度的确立或制订成本、制度的运转或实施成本,制度的监督或维护成本(违反制度的惩罚等),如果考虑到制度本身的创新或变革,还有制度的变革成本,因为要变革旧制度,需要进行各种活动,例如,劝说,宣传,对旧制度既得利益者的保护或者对受损者的补偿,对避免社会震荡所支付的费用,等等,这些都构成制度的变革成本。在现实中,制度或者说交易的规则有各种各样,每一种制度都有上述的交易成本项目。例如,就产权制度而言,包括产权制度的确立、实施、维护的成本和产权制度的创新或产权重新安排、调整的成本,简单地说,产权制度的成本就是度量、界定、维护和交换产权的成本。

交易费用往往被视为市场经济中的噪音。引进交易费用使漂亮的经济学模式复杂化。只有消除掉噪音才能孤立出经济中真正变数与被变数之间的关系(威廉姆森)。阿罗(1969)是第一个使用"交易成本"这个术语的人,他声称,"市场失灵并不是绝对的,最好能考虑一个更广泛的范畴——交易成本的范畴,交易成本通常妨碍——在特殊情况下则阻止了——市场的形成",这种成本就是"利用经济制度的成本"。

与阿罗的定义相似,张五常教授(1999)也认为,交易费用实际上就是所谓的"制度成本"。他指出,在最广泛的意义上,交易成本包括所有那些不可能存在于没有产权、没有交易、没有任何一种经济组织的鲁宾逊经济中的成本。因此,在这一意义上,交易成本可看做是一系列制度成本,它包括信息成本、谈判成本、界定和控制产权的成本、监督成本和制度结构变化的成本,如律师、金融制度、警察、经纪人、企业家、经理、文职人员、佣人等的收入,也就是说,除了那些与物质生产过程和运输过程直接有关的成本以外,所有可想到的成本都是交易成本。而之所以如此广泛地定义"交易费用",是因为在现实生活中,要把一种类型的交易费用与另一类型的交易费用区分开是不可能的。在鲁宾逊的世界里,尽管也存在物质生产活动,并存在知识和信息问题,但交易费用是不可能有的,因为在那个假想的世界里,根本就没有交易行为发生,在这样一个"无摩擦"世界里,如货币、企业等最基本的制度都是无关紧要的。因此，通过与鲁宾逊一人世界的比较，滤去单纯的物质生产过程中的成本，现实世界中所存在的交易费用便浮现出来。在现实的"有摩擦"世界里，在不同的制度安排下，交易费用也许存在天壤之别。这说明，交易费用是发生在存在利益冲突的人与人之间的社会关系中，离开了人的社会关系，交易活动不可能发生，交易费用自然也不会存在，并且，在生产成本和组织知识给定时，追求自我福利的个人必然会选择交易费用最小化的组织结构即制度。

根据张五常的分析，交易成本是衡量和明确交易单位特征和实施契约的成本。人们从事经济交换活动时，最关心的是商品和服务是否能够交易以及确定要交换的是什么。只有明确界定交易对象的成本状况，我们才能明确协议和契约的性质并有效率地进行交换。如果交换的商品和服务只具有某种单一的特征，那么上述问题将很容易解决。但是，几乎每一件商品或服务的特征是都是多样性的，而且在某种意义上它们都是有价值的，换言之，我们交换的不仅仅是商品和服务，而且是某种具有不同特征和价值的东西。如果我们对这些价值的衡量是低成本的，那么所进行的交易也是低成本的。衡量这些特征的方式和一般财产权利的界定是相同的。如果财产权利的界定是模糊的，我们不可能明确我们要交换的是什么。事实上，现实中需要明确界定的不仅仅是商品和服务的特征，而且包括企业、贸易联盟和政府内部以科层交换为特征的委托—代理关系。根据界定的范围和程度，我们可以找到衡量双方的行为是否与契约相符的方法。① 巴泽尔把交易成本定义为与转让、获取和保护产权有关的成本。② 一般地说，交易费用是个人交换他们对于经济资产的所有权和确立他们的排他性权利的费用。交易费用与经济理论中的其他费用一样是一种机会成本，它也可分为可变成本与不变成本两部分。T.爱格斯顿观察到"在通常的术语中，交易成本就是那些发生在个体之间交换经济资产所有权的权利、并且执行这些排他性权利过程中的费用。关于交易成本的确切定义并不存在，但是在新古典模型中的生产费用同样也没有被确切定义过"。

E.菲吕伯顿和R.瑞切特是这样认识交易成本的：交易成本包括那些用于制度和组织的创造、维持、利用、改变等所需资源的费用。当考虑到存在着的财产和合同权利时，交易成本包括界定和测量资源和索取权的成本，并且还要加上使用和执行这些权利的费用。当应用到现存财产权的转移以及合同权利在个人（或法律实体）之间的建立和转移时，交易成本还包括信息、谈判和执行费用。交易成本的典型例子是利用市场的费用（市场交易成本）和在企业内部行使命令这种权利的费用（管理性交易成本），（还有）一组与某一政治实体的制度结构的运作和调整相关的费用（政治性交易成本）。对于这三种交易成本的任何一种来说，可能通过这样两个变量来识别：①"固定"交易成本，即在建立制度安排中所发生的专用性投资；和②"可变的"交易成本，即取决于交易数量的费用。③

---

① ［美］科斯、诺思等著，［法］克劳德·梅纳尔编：《制度、契约与组织——从新制度经济学角度的透视》，经济科学出版社2003年版，第59—60页。
② 巴泽尔：《产权的经济分析》，上海三联书店1997年版，第3页。
③ ［美］科斯、诺思等著，［法］克劳德·梅纳尔编：《制度、契约与组织——从新制度经济学角度的透视》，经济科学出版社2003年版，第43页。

从上述的分析中,我们可以看出,从广义的角度,交易费用实际上是经济制度的运行费用,交易费用就是所谓的"制度成本"。那么,交易费用的变化也就可以体现出制度结构的变化。不同制度结构下,交易费用是不一样的,一种好的制度具有内在降低交易费用的内在动力。

(五) 交易费用的类型

我们知道,康芒斯把"交易"可分为三种类型:买卖的交易,管理的交易和限额的交易,与此相适应,可把交易费用分为三种类型:

(1) 市场型交易费用。科斯说,"为了进行市场交易,有必要去发现谁希望进行交易,有必要告诉人们交易的愿望和方式,以及通过讨价还价的谈判缔结合约,督促合约条款的严格履行,等等。(1960)"市场型交易费用主要有:①合约的准备费用(搜寻和信息费用),②决定签约的费用(谈判和决策费用),以及③监督费用和合约义务履行费用。

(2) 管理型交易费用。主要有:①建立、维持或改变一个组织设计的费用,②组织运行的费用。后者又可以分为:(A)信息费用,即与制定决策、监管命令的执行、度量工人的绩效有关的费用,代理的费用,信息管理的费用等等;(B)与有形产品和服务在可分的技术界面之间转移有关的费用,如在企业内的运输费用等。

(3) 政治型交易费用。一般来讲,政治型交易费用是集体行动提供公共品所产生的费用,可以被理解为与管理型交易费用类似的费用。主要有:①建立、维持和改变一个体制中的正式与非正式政治组织的费用,②政体运行的费用。①

这三种交易费用既相互区别,又相互联系。如市场型交易费用与管理型交易费用可以部分替代,政治型交易费用的降低也可降低市场型交易费用与管理型交易费用。政府如果出台一些政策或管制,会增加市场型交易费用与管理型交易费用,因为这些政策或管制实施的成本都会由组织或企业承担,从而增加交易费用。

三、交易费用存在的原因

交易费用在本质上是专业化与劳动分工的费用。② 为什么会存在交易费用? 威廉姆森认为,交易费用的存在取决于三个因素:受到限制的理性思考、机会主义以及资产专用性。机会主义描述了"狡诈地追求利润的利己主义"。资产专用性是指耐用人力资产或实物资产在何种程度上被锁定而投入一特定贸易关系,因而也就是在何种程度上他们在可供选择的经济活动中所具有的价值。资产专用性的高水平意味着双边垄断的存在。受到限制的理性思考也就是说的人的有限理性、人的智力资源是稀缺的,人的认识是有局限性的。按照威廉姆森的观点,倘若受到限制的理性思考、机会主义和资产专用性这三个因素不是同时出现的话,交易费用就不会存在。③

---

① [美]埃里克·弗鲁博顿、[德]鲁道夫·芮且特著:《新制度经济学——一个交易费用分析范式》,上海三联书店2006年版,第60—65页。
② 同上,第66页。
③ [美]迈克尔·迪屈奇著:《交易成本经济学》,经济科学出版社1999年版,第29页。

马修斯强调因组织和监督交易而产生的纯粹认知成本,认为即使交易参与人都是诚实的,这种认知成本仍然存在并构成交易成本的主要内容。诺思对交易成本的界定则相对宽泛,认为交易成本是在日益专业化和复杂劳动分工的条件下,维持一种产权体系所必需的一般管理成本。①

从深层次看,交易费用的存在与人的本性密切相关。上述受到限制的理性思考和人的机会主义都与人性有关。威廉姆森说,人的本性直接影响了市场的效率。市场上交易双方不但要保护自己的利益,还要随时提防对方机会主义的行为。每一方都不知道对方是否诚实,都不敢轻率地在对方提供的信息基础上作决定。机会主义的存在使交易费用增加(威廉姆森,1985)。他认为,人们机会主义本性增加了市场交易的复杂性,影响了市场效率。交易双方不但要保护自己的利益,而且随时要防范对方机会主义的行为,甚至要防范同行的侵权行为。因此,交易过程中发生在商检、公证、索赔、防伪中的费用即交易费用就会增加。如威廉姆森所说,交易成本经济学借助有限理性和投机这两个概念,把握住了人类的本质特征。在下一节我们将探讨随着分工的深化和交易的增加,人类社会用于交易的资源,即总量的交易费用,占 GDP 的比重也会不断增加。威廉姆森用资产专用性解释交易成本的起源,再由交易成本而研究各类合同,从各类合同中发现相应的治理结构,由此考察各种经济制度,再从效率上对这些制度进行比较。

交易费用的存在还与人们的行为是不确定的有关。加林·库普曼斯把不确定性区分为原发的和继发的两类,并认为,社会经济组织中的核心问题,其实就是如何面对、如何解决不确定性的问题。原发的不确定性就是那些随机发生的问题,而继发的不确定性则产生于缺乏信息沟通,也就是说,一个人在作出决策时,无从了解其他人同时也在作的那些决策和计划。②奈特说,市场经济的实质不是风险,而是不确定性。如果是在一个确定的环境里,交易费用也就不存在了。

就信任能够成为减少交易成本的一种方式上,已经有一定的共识,认为信任能够减少在达成、实施以及监督合约方面或者在更多的非正式讨价还价中的交易成本。如果相互信任在社会中占主流,则监督和执行的费用就会非常低。但是这与这个概念的定义和具体化的距离还相差很远。而且这也不能就此得出信任总会促进效率的结论,也不能得出信任总是一件好事情的结论,更不能因此就得出信任一定就能减少交易成本的结论。③值得指出的是,在有利的情形下,产权会得到尊重,对于有关冲突的公平解决的性质方面就会存在相对较为一致的认识。那么,社会道德、自信、信任和制度框架似乎就相互融合在一起了。公共教育支出、动员公民的费用可以被看做是导致较小"摩擦"(交易费用)的主要诱因,且会提高经济的生产率。④

---

① [美]沃尔特·W.鲍威尔等:《经济分析的新制度主义》,上海人民出版社 2008 年版,第 5 页。
② [美]奥利弗·E.威廉姆森:《资本主义经济制度——论企业签约与市场签约》,商务印书馆 2002 年版,第 85 页。
③ [美]科斯、诺思等著,[法]克劳德·梅纳尔编:《制度、契约与组织——从新制度经济学角度的透视》,经济科学出版社 2003 年版,第 158 页。
④ [美]埃里克·弗鲁博顿、[德]鲁道夫·芮且特著:《新制度经济学——一个交易费用分析范式》,上海三联书店 2006 年版,第 66—67 页。

第二节 交易费用范式

一、作为一种分析范式的交易费用理论

范式是指一套公认的信念、标准、思想方法、统率知觉的条理化规则等。库恩认为,在历史上那些具有重要意义的科学著作,"都在一定时期里为以后几代的工作者暗暗地规定了在某一领域中应当研究些什么问题,采用什么方法"。① 据此,库恩把范式看做一种科学成就,这种成就具有两个特点:第一,它"把一批持久的拥护者从与之竞争的科学活动方式中吸引过来";第二,它"为一批重新组合起来的科学工作者留下各种有待解决的问题"。② 交易费用理论完全具有了这两个特点。交易费用理论这个范式为人们研究制度安排的变化引起的效果提供了一个基础,并且还为人们在这一领域的研究指出了方向,它说明在这一领域中什么是最为重要的,什么是迫切需要解决的问题,这样就为科学研究规定了研究方向。

为什么交易费用迟迟未能引入经济理论?其原因在于大部分经济理论和模型都假设完全信息,而交易费用则在一定程度上与索取有关交易的信息的费用相联系。但信息费用与交易费用这两个概念却不太容易区分。一个生活在荒岛上的个人在进行他的"家庭生产"的时候,要遇到信息费用问题,但他并不进行交易因而不会有交易费用。当信息是有成本的时候,与个体间产权交易有关的各种行为导致了交易费用的产生,这些行为包括:①寻找有关价格的确切信息;②在价格是内生的时候,为弄清买者和卖者的实际地位而必不可少的谈判;③订立合约;④对于合约对方的监督以确定对方是否违约;⑤当对方违约之后强制执行合同和寻求赔偿;⑥保护产权以防第三者侵权,例如,防御海盗或在非法交易时对政府的防范。③

交易成本很重要,其数量也很大,但为什么它长期被忽视了呢?对此,张五常认为有两个方面的原因:①在20世纪60年代以前,除了科斯以外,经济学家们往往认为交易成本类似于运输成本或类似于关税或佣金。按照传统的理解,运输成本、关税或佣金都只产生与资源配置和收入分配有关的现象。因此,为了分析的方便,删掉这种价格成分不过是简化假设。②交易成本经济学是现实世界经济学,现实世界经常是学院经济学家害怕涉足的地方。运用交易费用经济学分析现实问题需要许多经验性观察。

(1) 交易费用理论提出了一个不同于新古典研究模式的新范式。人的有限理性概念的提出,改变了新古典范式的假定。信息经济学的发展,使人们对问题的分析深入到最基本的层次。经济学中的一切问题都可以从信息不对称和信息不完全中找到本源。

---

① T. S. 库恩:《科学革命的结构》,上海科学技术出版社1980年版,第8页。
② 张俊山:《经济学方法论》,南开大学出版社2003年版,第65页。
③ [冰]思拉恩·埃格特森:《新制度经济学》,商务印书馆1996年版,第17页。

交易费用理论从人的有限理性入手,从人的本性(有限理性、机会主义行为)分析了交易费用存在根源。这是对新古典经济学最大的偏离。科斯(1988年)指出,如果没有理论使人们明白不同的制度安排能获得什么,就不可能对不同的制度进行明智的选择。因此,我们需要一个理论体系来分析制度安排的变化引起的效果。这样做并不是要抛弃标准经济理论,而是要求将交易费用引入分析中,因为经济生活中发生的很多事情要么是为减少成本而创造出来,要么是使以前受过高交易成本阻碍而不可能实现的东西变成可能。用交易费用理论可以研究人类历史上和现实中的各种制度安排。

(2)交易费用是西方新制度经济学的核心范畴。交易费用理论提出了一个不同于新古典研究模式的新范式。市场和价格竞争能有效解决资源配置问题是新古典经济学的基本看法。但是现实并不是这样理想的。干扰价格竞争的效率最为常见的因素是正的交易费用、私有产权的残缺和非货币收入。在新古典经济学的完全竞争世界里,交易费用为零,私有产权是健全的,非货币收入可以忽略不计,因此,亚当·斯密的"看不见的手"能够使资源配置达到帕累托最优。在交易费用为零的世界里,制度、产权、法律、规范等可有可无。一旦交易费用为正,那么这些变量在经济运行中就至关重要了。交易成本从根本上影响着一个经济体系的运行。它们影响着市场上生产什么和什么样的交换会发生;它们影响着何种组织得以生存以及何种游戏规则能够持续。在经济学中,关于交易成本的各种特定假设构成了大多数模型——无论是古典、凯恩斯、新凯恩斯或者新古典——的基础。那些涉及垄断、垂直一体化、外部效应、战略行为、工资和价格黏性,以及不完美市场的各种模型都要求关于这些费用的特定假设。①

张五常认为交易费用的存在至少有三个可预知的效应:第一,它们会减少交易量,因而会损害资产的经济专门化和资源的利用。过高的交易费用使许多潜在的交易难以转化为现实的交易,这会导致社会财富的净损失。第二,它们可能会影响资源使用的边际等式和使用的密集度。第三,它们会影响合约安排的选择。在不同的交易费用下,合约安排的选择是不一样的。② 交易成本效应在经济中普遍存在。商人在决定以什么方式开展业务和生产什么时,必须把交易成本考虑在内。交易成本不仅影响契约安排,而且影响产品和服务的生产。因此,如果不将交易成本纳入理论,经济体系运行的许多方面将无法得到解释。③

无论能否准确测度,交易成本都有很大的启发意义。事实上,交易成本概念是任何可被接受的关于资本主义市场经济实际运行方式的解释的关键。威廉姆森认为,资本主义的各种经济制度的主要目标和作用都在于节省交易成本。④ 为理解这一论断的合理性,我们只需考虑一个交易成本(包括获得和处理信息的成本)为零的世界。在这样一个"无摩擦"世界中,甚至基本的制度如货币、企业和公共管制等都已无关紧要。抽象的新古典模型可能有它的用途,但是,只要它忽略了交易成本,它也就忽略了一个根本的现实

---

① [美]科斯、诺思等著,[法]克劳德·梅纳尔编:《制度、契约与组织——从新制度经济学角度的透视》,经济科学出版社2003年版,第426—434页。
② 张五常:《经济解释——张五常经济论文选》,商务印书馆2000年版。
③ 科斯:《论经济学和经济学家》,上海三联书店2010年,第10页。
④ [美]奥利弗·E.威廉姆森:《资本主义经济制度——论企业签约与市场签约》,商务印书馆2002年版,第29页。

特征。所以说,如果不重视交易成本,无论是经济行为还是制度安排都无法得到正确理解。①

(3) 交易费用理论的提出大大地拓展了新古典经济学的研究领域。正是在新古典经济学的框架中加入了正的交易费用使新制度经济学与新古典经济学相区别并改变了研究的方向:交易费用使所有权的分配成为首要的因素,提出了经济组织的问题,并使政治制度结构成为理解经济增长的关键。②

(4) 交易费用是分析经济社会问题的约束条件。在张五常看来,科斯定理重要的不是给出了外部性的市场解,而是促使我们关注约束条件(张五常,2002)。若忽视了交易费用,我们会认为法律面前人人平等是无效的。如张三偷了东西,打 80 大板就不偷了,李四偷了东西,打了 20 大板就不偷了。但法律面前人人平等,各打 50 大板。事后张三还会继续偷,李四明天却干不了活。这是不是无效率了呢?不是的。我们很难知道张三打 80 大板、李四打 20 大板就不偷了,我们调查 13 亿人各打多少大板刚好不偷的信息更是不可能的(成本太高)。考虑了信息费用,各打 50 大板反而是有效率的。法律面前人人平等是交易费用约束下的有效率的制度安排。一旦考虑了交易费用这个约束条件,私人成本与社会成本的分离的产生是有效率的体现,此时私人间的合约安排就可以解决私人成本与社会成本的不一致的问题,从而实现社会福利的最大化(谢作诗,2011)。

任何经济学流派的产生都与概念革命有关。新制度经济学的产生就是始于科斯进行的概念革命。这里的概念革命并不仅仅是指提出某些新概念,而更主要的是这类概念是否具有一般化的意义。科斯用以解释企业存在的交易费用概念,将前人用以解释同样问题的各种因素,如风险因素、信息因素、垄断因素和政府管制等因素包括了进来,而且还有更宽的含义。以后新制度经济学家们将交易费用概念用于许多领域,这样交易费用概念被逐渐地一般化了。在某种程度上讲,这个一般化过程也就是新制度经济学体系形成的过程。

二、真实世界的经济学

正如科斯那样,先特意假定一个不现实的零交易成本世界作为基准,然后讨论不同的约束对企业行为的影响,理性选择理论也是从完全竞争的世界开始,然后放宽给定时间或地点这种特殊假设,来研究市场导向的方法在政治经济学中的限度。③

交易费用经济学常以零交易费用假设为工具对问题进行系统分析,以便更好地揭示核心问题。交易费用经济学的问题是:不同组织模式间的交易费用在何时会出现差异,为何会出现差异。零交易费用假设因此仅被视为一个入门的楔子,在每一种情况下,紧随其后的研究则总是如何坚持对正交易费用的世界进行解释(Coase,1984,1992)。正交易费用假设降低了研究中的超理性成分,并将注意力集中在可行的备选组织模式上。④

---

① 埃瑞克·G.菲吕博顿、鲁道夫·瑞切特:《新制度经济学》,上海财经大学出版社 1998 年版,第 11—12 页。
② [冰]思拉恩·埃格特森:《新制度经济学》,商务印书馆 1996 年版,第 16 页。
③ 埃瑞克·G.菲吕博顿、鲁道夫·瑞切特:《新制度经济学》,上海财经大学出版社 1998 年版,第 151 页。
④ 奥立弗·E.威廉姆森:《效率、权力、权威与经济组织》,载约翰·克劳奈维根:《交易成本经济学及其超越》,上海财经大学出版社 2002 年版,第 21 页。

零交易费用假设对于新古典理论看待制度的方式具有重要的影响。他们的认识是，制度安排在经济发展过程中的影响并不重要。政治、法律、货币和其他制度的存在得到承认，但这些制度对于经济的影响被认为是中性的。换言之，制度被认为是"配置中性的"，也即无关紧要的，如：

（1）产品和服务是不是通过使用货币或者其他方式进行交易的？
（2）生产是如何组织的——是通过市场上的价格机制，还是在一个科层结构的组织企业内部？
（3）生产要素的使用者是自己拥有这些要素，还是租用这些要素？
（4）谁拥有生产要素的产权，个人还是社会？
（5）企业的所有权和控制权是否分离？
（6）企业所使用的生产要素是通过贷款还是股份来融资的？
（7）交易是仅在相互陌生的双方间进行的，还是在相互熟悉的双方间经常进行的？
（8）一种产品是由垄断者还是由大量的独立企业提供的？
（9）法律权利究竟是赋予产生外部性的一方，还是受到外部性损害的一方？
（10）一个经济体到底是基于分散个体的运行，还是依靠命令式的结构？

以上由（1）至（10）的解释主要与零交易费用假设有关，这种假设意味着，决策者有完美信息和预测能力。然而，个人具有超级理性的假设必然影响其结论。在一个无摩擦世界所得出的结果，即使非常精确和清晰，也并不适用于真实的世界中。正如斯蒂格勒所说，"与没有摩擦力的物理世界一样，零交易费用世界是稀奇古怪的"。①

交易费用这一概念的革命意义还表现在，新制度经济学家们将交易费用的概念应用于广泛的领域，如代理关系、寻租活动、企业内部考核、外部性问题、纯粹市场与科层组织之间的各种类型的经济组织形态、经济史甚至政治制度等（盛洪，1990）。交易费用论有广泛的应用，其中有成效的有以下三个领域：纵向一体化理论、技术转让理论和跨国公司理论。

交易费用概念一般化的过程也就是新制度经济学体系不断完善的过程。尽管新制度经济学仍然沿袭了新古典经济学的方法，但两者之间存在重大区别。有人把这一区别比之为物理学的牛顿时代和爱因斯坦时代的区别。从绝对时空走向相对时空，是物理学走向现实世界的一步，从零交易费用的世界走向正交易费用的世界，使经济学获得了对现实问题的新的解释力。新古典经济学家们没有考虑市场运行的成本问题（在他们那里，市场是一个零交易费用的世界）。

科斯在《企业的性质》一文中指出，市场的运行是有成本的，通过形成一个组织，就能节约某些市场运行的成本。新制度经济学家们发现，交易费用就是经济制度运行的费用。后来，科斯在其《社会成本问题》（1960年）一文中提出了著名的"科斯定理"：若交易费用为零，无论权利如何界定，都可以通过市场交易达到资源的最佳配置。显然，现实经济生活中交易费用不可能为零，由此人们推出"科斯反定理"或"科斯第二定理"，即在交

---

① ［美］埃里克·弗鲁博顿、［德］鲁道夫·芮且特著：《新制度经济学——一个交易费用分析范式》，上海三联书店2006年版，第11—13页。

易费用为正的情况下,不同的权利界定,会带来不同效率的资源配置。科斯在《社会成本问题》一文中已经将权利安排即制度形式与资源配置效率直接对应了起来,由此,新制度经济学革命揭开了序幕。科斯提出交易费用概念,并率先进行了典范性的应用,从而促进了企业理论的发展,在此之前,新古典经济学将企业定义为一个生产函数。交易费用概念被一般化后,其内涵扩展为经济制度的运行费用,为经济制度的分析奠定了基础。

按照科斯的分析,无论采取什么样的组织形式,组织交易是有成本的。现实存在的各种调节交易活动的安排都是有成本的,它们之间的区别仅仅在于存在相对成本的差异。交易费用思想把我们的经济描述为建立在一系列组织和调节经济模式的选择的基础上,科斯把这种模式称为"生产的制度结构"。在这一制度结构中,为了在减少成本的同时增加潜在的交易量,将会进行不断的替代活动,这种替代活动的基础是经济计算。然而,这种替代也需要对无法进行计算的要素进行分析,这既包括组织内部科层安排等组织要素,也包括诸如法律体系等制度要素。① 我们所能见到的各种经济组织形式、市场习惯做法、交易方式,其相对经济优势起源于交易费用,新制度经济学的核心就是运用交易费用来分析它们的多样性。

在制度绩效分析中,交易费用是解释经济绩效的关键。为什么发展中国家的绩效差?这是因为这些国家的产品市场和要素市场都存在高昂的交易费用。诺思指出,事实上,这些国家的社会交往及其经济活动中所面临的高昂成本是产生低水平绩效和贫困等等问题的根源。交易费用的存在表明,制度框架为生产效率提供了激励机制。② 西方世界的兴起得益于有效率的经济组织大大降低了交易成本。任何制度的绩效都可以在交易费用框架中分析。

交易费用为零是新古典经济学的世界,而交易费用为正是新制度经济学研究的真实世界的经济学。科斯是从为什么存在企业提出交易费用问题的,也就是运用价格机制是有成本的,阿罗分析了制度运行的费用,巴泽尔研究了产权,这些经济学家从不同层面用交易费用解释了为什么存在企业,存在制度,存在产权,存在意识形态,总之,在新古典经济学所忽略的领域大多可以用交易费用去分析与解释。不同制度的比较实际上是交易费用的比较。制度的演进及变迁最终也与成本—收益有关。

三、交易费用理论的基本构成

交易费用分析方法关注是交易费用对制度的影响。达尔曼认为应该使用比较制度分析方法来探寻资源分配的不同组织方式的经济后果:"因此,这种分析就将注意力转向了这样一个问题,即制度的功能是用来减少交易费用的,因此交易费用应该被看做在经济制度内被决定的变量。于是,问题最终变为:经济组织如何通过内生的组织重组得以改善?"③

---

① [美]科斯、诺思等著,[法]克劳德·梅纳尔:《制度、契约与组织——从新制度经济学角度的透视》,经济科学出版社2003年版,第69页。
② 同上,第49页。
③ [美]埃里克·弗鲁博顿、[德]鲁道夫·芮且特著:《新制度经济学——一个交易费用分析范式》,上海三联书店2006年版,第88页。

科斯关心的是决定企业存在与否的交易成本,而诺思关心的是决定整个经济绩效的交易成本。乔治·施蒂格勒认为,在历史发展过程中,经济组织的效率可能和技术变迁同等重要。交易成本为我们考察经济组织的成本提供了一种工具。科斯的另一重要成果,即《社会成本问题》把新古典理论和制度分析联系起来。该文传达了这样一个信息,即当交易成本为正时,制度发挥作用并且最终决定市场结构。①

(1) 交易费用经济学的基本方法如下:设想一些预先给定的在技术上可以分开的单位(威廉姆森,1985年),必须对这些单位之间的交换加以组织和管理。这些活动需要实际的资源(交易成本)。我们或多或少可以把它看成有如物质世界中存在着摩擦一样。由此也就引申出:倘若我们要采取节约行为的话,经济机构就将设法使组织资源分配的这些成本为最小,但是制度的安排的演变还要涉及其他一些因素,而不仅仅是使交易成本为最小。② 或者说交易费用经济学研究的一般思路是:在指出交易的特性之后,从交易费用最小化的能力方面探讨可能采用的治理结构。在简化形成的假设基础上,建立交易与治理结构的匹配,并通过实证研究予以确认。③ 交易费用最小化是组织和制度安排的基本原则。

(2) 交易费用经济学的目的在于探讨企业与市场之间的关系,企业产生和变化的根本原因,企业和市场作为一种管理机制的局限性和互补性等被新古典经济学所忽略的重大命题。它提出并论证了市场交易费用是组织结构和组织行为产生与变化的决定性因素,是理解上述问题的关键。

(3) 交易费用范式把注意力集中在约束条件的变化上。这个范式虽说简单,但也有困难之处。困难在于需要进行详尽的经验调查,从这种经验调查中,我们有望洞悉现实世界中交易费用的性质和种类(张五常)。张五常认为,交易费用范式中有三个基本的经济命题。第一个是约束条件下极大化的假定。第二个是向下倾斜的需求曲线,(由于不必区分消费和投资活动)这也包括边际生产率递减。第三个是机会成本,即成本是所放弃的价值最高的选择(机会成本)。④

(4) 交易费用理论的基本论点有:①市场和企业为相互替代而不是相同的交易机制,因而企业可以取代市场实现交易。②企业取代市场实现交易有可能减少交易的费用。③因此,市场交易费用的存在决定了企业的存在。④企业在"内化"(internalization)市场交易的同时产生额外管理费用。当管理费用的增加与交易费用节省的数量相等时,企业的边界趋于平衡(不再增长扩大)。⑤现代交易费用理论认为交易费用的存在及企业节省交易费用的努力是资本主义企业结构演变的唯一动力。

(5) 与研究经济组织的其他方法相比,交易成本经济学有以下特点:①更注重微观分析;②在作出行为假定时更为慎重;③首次提出资产专用性对经济的重要意义并用以解释实际问题;④更加依靠对制度的比较分析;⑤把工商企业看做一种治理结构,而不是

---

① [美]约翰·N. 德勒巴克、约翰·V. C. 奈:《新制度经济学前沿》,经济科学出版社2003年版,第15页。
② [美]迈克尔·迪屈奇:《交易成本经济学》,经济科学出版社1999年版,第5页。
③ 约翰·克劳奈维根:《交易成本经济学及其超越:原因与途径》,载约翰·克劳奈维根编《交易成本经济学及其超越》,上海财经大学出版社2002年版,第1—2页。
④ 张五常:《经济解释——张五常经论论文选》,商务印书馆2000年版。

一个生产函数;⑥特别强调私下解决(而不是法庭裁决)的作用,重点是研究合同签订以后的制度问题。经济组织问题的比较研究强调的是以下基本观点:根据不同的治理结构(治理能力及有关成本的不同)来选择不同的(具有不同属性的)交易方式,可以节省交易成本。①

最后,我们把交易费用范式的总体思路概述如下:①交易是分析的基本单元。把交易作为经济分析的基本单元是一种能够暴露契约危险的具有启发性的方式。在康芒斯看来,"行为的最后单位本身必须包含冲突、共同利益和秩序三个原则,这个单位是一笔交易"。②②造成各交易存在成本差异的关键是交易的频率、不确定性及资产专用性(量度资产能否被再配置)。③各种一般治理模式(市场、混合型组织、私有机构、公有机构)都是由一系列属性所界定的,每一模式都表现为成本、竞争力上的离散的结构性差异。治理的关键属性包括激励强度;行政规制及适用的契约法律等。治理是一种手段,通过这种手段,在具有潜在冲突威胁的关系中,一种秩序被建立起来,以消除机会主义,从而实现共同利益。④每一种一般治理模式都适用不同的合同法。⑤预测内容(predictive content)表明,交易(其属性各不相同)与治理结构(其成本与竞争力各不相同)的对应方式各不相同,但都主要是以交易成本最小化为目标的。⑥将制度环境(政治法律制度、法律法规、习俗、规范;North 1991)视为位移轨迹的参数,其变化将导致治理成本(特别是比较成本)的变化,可以提出额外的预测内容。⑦无处不在的交易成本经济学是对可行的备选方案所做的比较制度分析,由此看来,假想的理想方案与操作问题无关,对方案的无效率检验则是一种补救和纠正(remediableness)。③

第三节　交易费用测量的两个层次及其变化趋势

一、交易费用测量的意义、难点及两个层次交易费用的测量

交易费用的测量成为交易费用理论研究进展中的关键和难点。交易费用是对作为交换制约基础的制度框架中最能观察到的部分的度量。它们包括两部分:一部分是经由市场的可以衡量的成本,根据一些估计,现代市场经济中的交易费用占净国民生产总值将近50%—60%,而且,这些数字并不包括建立新制度和组织的初始成本。④一部分是一些难以衡量的成本,如获取信息、排队等候的时间、贿赂,以及由不完全监督和实施所导致的损失。这些难以衡量的成本部分使得要准确地评价由一种具体的制度所导

---

① [美]奥利弗·E.威廉姆森:《资本主义经济制度——论企业签约与市场签约》,商务印书馆2002年版,第30—31页。
② (法)埃里克·布鲁索等:《契约经济学:理论和应用》,中国人民大学出版社2011年,第44页
③ 奥立弗·E.威廉姆森:《效率、权力、权威与经济组织》,载约翰·克劳奈维根编《交易成本经济学及其超越》,上海财经大学出版社2002年版,第22—23页。
④ [美]埃里克·弗鲁博顿、[德]鲁道夫·芮切特著:《新制度经济学——一个交易费用分析范式》,上海三联书店2006年,第55页。

致的总交易费用是多少更为困难。不过,我们在这方面所能做的程度有多大,我们就在衡量制度的有效性方面取得了多大进展。① 或者说,今后新制度经济学的进一步发展和能否融入主流经济学很大程度上取决于对交易费用的测量。交易费用作为一个基本经济概念,也要求其能被应用于实证研究。交易费用的核算对科学地衡量经济效率、国民经济核算体系的合理变革和国家宏观经济的科学管理等方面都具有重要的意义。

基于对现代经济中交易费用规模的考察,沃利斯和诺思批评了当今的国民收入账户体系。由于当前的传统是在假定交易费用无关紧要的时代发展起来的,因而似乎有必要对国民收入账户进行重新修改。他们认为,国民总产出应该被分为三个基本类别,重点放在生产、运输和交易方面的活动。而交易费用能否测量以及如何测量又是一个颇有争议的问题。交易费用测量的争议来自以下几个方面:第一,交易费用概念定义的差异是引起测量争议的一个原因。交易费用的内涵不同,其测量范围和方法也是不一样的。第二,测量的目标不一样。在经济学上,一些概念测量或精确到什么程度是不一样的。交易费用的测量也面临着同样的问题。有些经济活动交易的费用是容易测量的,有些经济活动费用的测量比较困难。第三,由于生产和交易费用是被联合决定,对交易费用的估计就成为了问题。这导致对交易费用的单独估计变得相当困难。有分析表明交易费用的差异对生产边界具有某种一阶影响力。第四,如果交易费用非常高,许多种交易可能根本就不会发生。即使某种特定种类的交易会发生,它也不可能出现在采用货币价格的开放市场中。结果,在所有潜在的交易中,仅仅只有一个很小的子集将真正发生,并且只有这个子集中的一个子集将出现在市场上。为了搞清楚为什么某种特殊交易会被某个人采用,这就要求获得关于其他选择的机会成本的知识。为了理解这些选择的形成,我们有必要对那些并没有真实发生的交易的费用进行估算。第五,一价定律(law of one price)在此并不适用。在一个给定的社会中,个体和团体可能面对非常不同的交易费用,因此许多估算可能是需要的。在其他情况都相同的条件下,某个人的政治关系、种族以及其他特点也将影响特殊交换的机会成本。②

解决上述交易费用测量的难点的一个可能出路是把交易费用的测量分为两个层次:一是制度或体制运行的交易费用,不同的制度下交易费用是存在差异的;二是在既定制度下测量商品或劳务的标准及技术变化引起的交易费用,如货币、国家度量衡的统一、政府制定的产品标准等。第二个层次的交易费用实际上是在制度(或体制)已定的情况下的交易费用,在既定的体制下我们可以考察每笔交易的交易费用,这也可称为交换费用。前者是从宏观层次对交易费用的测量,后者是从微观层次对交易费用的测量。把交易费用的测量分为两个层次至少可以首先解决交易费用概念定义上的差异(实际上现在关于交易费用的定义最后可以分为宏观层次上的交易费用,如阿罗的定义,和微观层次上的交易费用,如巴泽尔的定义)以及生产和交易费用是被联合决定的问题,因为在宏观层次上可以分出交易部门与非交易部门(生产部门)。在测量两个层次交易费用的基础上,通

---

① 诺思:《制度、制度变迁与经济绩效》,上海三联书店1994年版,第94页。
② [美]科斯、诺思等著,[法]克劳德·梅纳尔编:《制度、契约与组织——从新制度经济学角度的透视》,经济科学出版社2003年版,第426—434页。

过分析两个层次交易费用之间的关系上述交易费用测量中的其他问题也或多或少地被解决。

在宏观层次的交易费用的测量上,沃利斯和诺思(1986)及其继承者的工作颇富开创性。原因是经济体中每一项经济活动均无可避免地涉及交易费用或者其他成本,所以要想具体分析每一次交易活动并详细划分其中的各项成本事实上绝不可能。他们通过将整体经济活动划分为交易活动(transaction activities)和生产转换活动(transformation activities),并加总与交易活动相关的资源耗费获得了对交易费用的大致估计。他们认为,买卖关系以及其中介是理解交易费用的关键。从买方看,交易费用就是消费者支付了但卖方(厂商)并未收到的那些成本,比如,法律部门运行的成本、销售人员和运输部门的耗费。从卖方来看,交易费用就是那些如果卖方将产品卖给自己就不会产生的成本,比如市场营销人员、律师、秘书的耗费等。从买卖之间的中介看,金融、保险、房地产、批发零售等部门运行的成本等应包含在交易部门当中。但私人运输部门的成本则不应计入,原因是这些成本消费者支付了,但厂家并没有收到这部分收入,或者在卖方直接将货物运至目的地的情形下,如果厂商将这些货物卖给自己也会产生这些成本。另外政府服务比如国防、警察、法院等保护产权部门的开支以及教育、公共交通等部门的开支也应计入交易费用。因为它们便利了人们的劳动分工和专业化,提高了经济体的运行效率。通过这些方法,他们在资料有限的情形下获得了对交易费用总额的大致认识(见表4.1)。

表4.1 国民经济各部门交易性质分类表

行 业	性 质	行 业	性 质
农林牧渔	非交易服务部门	餐饮业	非交易服务部门
采掘业	非交易服务部门	金融保险业	交易服务部门
制造业	非交易服务部门	房地产管理及咨询业	交易服务部门
电力煤气及水	非交易服务部门	公用事业	非交易服务部门
建筑业	非交易服务部门	教育文化艺术业	非交易服务部门
地质勘察水力管理	非交易服务部门	卫生体育社会福利	非交易服务部门
交通运输、仓储业	非交易服务部门	广播电视业	交易服务部门
邮电通讯业	交易服务部门	科学技术研究业	非交易服务部门
批发零售业	交易服务部门	国家机关社会团体	交易服务部门

在度量美国经济的交易费用的一份报告中,沃利斯和诺思(1988)对1970年体制中所作的估算是,交易费用占GNP的比重大体上为46.66%—54.71%。为了作个历史的比较,沃利斯和诺思计算了自1870年、1880年、1890年一直1970年的GNP中的交易比重。1870年至1970年间,交易费用比重翻了一番多,由26.09%升至54.71%。这个结果是令人吃惊的,而且作者得出结论认为,交易费用的相对增长是获取来自劳动分工和专业化的收益的必然结果。沃利斯和诺思(1988)在宏观的层面上考察了交易费用的数量度量方式(完成交易功能所使用的要素的经济价值)。此后,这一工作先后被其他学者仿效。另外,这些发现与跨国经验一致,即经济发展和收入水平越高,在交易服务方面的开支就越高。杜利和梁(Dolley and Leong,1998)运用这一方法估计了1911—1991年澳

大利亚的交易部门比重。盖尔特曼(Ghertman,1998)将它扩展到1960—1990年代的法国、德国和日本。达尼诺·帕斯托雷(Dagnino Pastore)和法里纳(Farina,1999)将它扩展到阿根廷。有学者估计1990年德国的交易费用占GNP的比重为64.2%—69.5%之间,如果不把政府为交易服务的交易费用算在内,1990年德国的交易费用占GNP的比重也达到50%—55%。我们初步估算了中国的宏观交易费用(见表4.2):

表4.2 中国交易部门占GNP的比重单位:亿元

年份	非交易行业交易部门费用	交易行业费用	交易部门费用	GNP	交易部门占GNP的比重
1982	530.1	901.3	1478.6	5301.8	27.89%
1990	2231.8	4649.6	6911.2	18598.4	37.14%
2000	15098.2	24163.9	39314.9	88189.6	44.58%

资料来源:《1982年全国人口普查资料汇总》、《1990年全国人口普查资料汇总》和《2000年全国人口普查资料汇总》。

在微观层次的交易费用的计量上,贝纳姆(Benham,1998)提出交换成本(cost of exchange)概念,认为通过比较不同国家安装一部电话、转让房地产产权、开办新企业等的机会成本包括时间、金钱和资源耗费等,均可获得对交易费用的具体认识。詹科夫、拉·波塔、德·西拉内斯和施莱弗(2000)则通过对75个国家开办新企业所需的程序、等待官方批准的时间和金钱成本的跨国比较发现,拥有更多管制的国家,其私人物品、公共物品的质量却较低,非正式部门比重较大,腐败现象也更严重。德索托(2000)也发现发展中国家与发达国家之间普遍存在的交易成本差距。这表明针对具体交易活动成本的估计虽然不具一般性,但仍可获得对单位交易成本的认识。艾根—祖齐(2001)和钟富国(2003)等学者的研究为直接衡量一国经济体的单位交易价格或交易效率水平提供了重要启示,是当前衡量交易成本研究方面的最近进展。

在微观层次上,还有学者计量市场型交易费用、管理型交易费用及政治型交易费用。据估计,每单位的市场型交易费用是最终消费者价格的40%,管理型交易费用和市场型交易费用之和可能是最终消费价格的50%—70%。据谢赫(1987),美国联邦贸易1975年的调查数据显示,在消费食品行业,生产者的媒体广告费用支出加上"其他"销售费用平均为13.4%(非处方药市场的最大,达到29.8%)。[①]

二、两个层次的交易费用:制度费用和制度既定条件下的交易费用

两个层次交易费用的关系是,微观层次的交易费用之和并不等于宏观层次的总量交易费用。总量交易费用的大小决定着微观层次每笔交易的交易费用的大小。

(一)制度费用或总量的交易费用

阿罗、张五常等人将交易费用的概念扩展为"制度费用"。交易费用"是一系列制度

[①] [美]埃里克·弗鲁博顿、[德]鲁道夫·芮切特:《新制度经济学——一个交易费用分析范式》,上海三联书店2006年版,第55页。

费用,其中包括信息费用、谈判费用、起草和实施合约的费用、界定和实施产权的费用、监督管理的费用和改变制度安排的费用"。也就是说,"交易费用包括一切不直接发生在物质生产过程中的费用",或者"一切不存在于鲁宾逊一人世界中的费用"(张五常,2000)。

经济中总量的交易费用有多大?诺思教授测量了总量的交易费用,他(1986)指出,为了实现规模递增的收益,我们需要在交易方面进行巨大的投资。在美国,从1900年到1970年间,美国的劳动力从2900万人增加到8000万人。同期,产业工人从1000万人上升到2000万人,白领工人从500万增加到3800万人。关于交换部门,其中交易费用通过市场可以被测量到,在美国,1970年交易部门构成美国国民生产总值的54.71%。[1] 如果说亚当·斯密时期的经济学家们在构造他们的模型时忽略了专业化和劳动分工所产生的费用(交易费用)的话,那么现代的经济学家们再也不能忽略数额巨大的交易费用了。张五常教授估计交易费用占香港国民生产总值的80%,这似乎包括了全部第三产业以及第一、二产业的度量和监管费用。如诺思所说,这些交易费用是决定一种政治或经济体制结构的制度基础。沃利斯和诺思估计了"企业在市场上出售交易服务所使用的资源以及企业内部生产其他商品和劳务的交易所耗费的资源"。在私人部门,提供交易服务的部门包括批发和零售业(不包括运输业)、金融业、保险业和房地产业,以及除政府部门外的、主要从事贸易的便利和合作与监督工作的人员,如经理和业主(协调)、办事员(传递信息)、工头(协调与监督劳动投入)、警察与保卫人员(保护财产)。他们发现上述私人部门和人员所耗用的资源占整个国民生产值的比重从1870年的四分之一上升到1970年的一半以上。我们还应注意到他们的度量仅限于购买或雇佣的专业化的交易资源,还没有包括个人承担的各种交易费用——例如排队购买商品或在要素或产品市场上的搜索。诺思度量了53个国家的交易费用以及每年对经济增长的影响。

归结起来,总量交易费用的大小主要取决于:

(1)分工、经济发展水平及产业结构的转换。在市场经济体制下,分工越来越细,交易的层次也越来越多。亚当·斯密在《国富论》中研究了交换引起分工和专业化,从而大大提高劳动生产率的情况。斯密还探讨了分工与市场范围的关系。斯密的基本观点明确地表达在《国富论》第3章的标题上——"分工受市场范围的限制"。斯蒂格勒在其《分工受市场范围的限制》的论文中进一步发挥了他称之为"斯密定理"的观点。斯密定理的具体含义是,只有当对某一产品或服务的需求随市场范围的扩大增长到一定程度时,专业化的生产者才能实际出现和存在。随着市场范围的扩大,分工和专业化的程度不断提高。但是,斯密只是单方面地强调了交换的专业化水平提高对生产成本的节约,却没有权衡与此同时所增加的交易费用。实际上,市场范围的扩大又受交易费用大小的制约。如沃利斯和诺思所说,当经济变得越来越专业化和城市化,更多的交易是在没有长期关系的个人之间进行的,也即非人性化交易,这时理性的消费者不得不更多地卷入搜寻和收集信息的活动中,从而使交易费用增长。另外,生产和运输中技术变革对交易服务的需求也不断增加。如采用资本密集型的新生产技术,较大的商业组织对于要素和

---

[1] Wallis, John J. and Douglass C. North (1986), "Measuring the transaction sector in the American economy, 1870 – 1970". in Engerman and Gallman (1986), pp. 95—161.

产出的合作以及监督生产和运输所涉及的大量合约等都会增加经济运行中的交易费用。[①]

历史上,分工及专业化的发展严重地受交易费用提高的制约。亚当·斯密只是看到了分工及专业化与市场范围的关系,而没有发现分工及专业化与交易费用的关系这个更深层次的问题。在图4.1中,生产费用曲线的弹性小于交易费用曲线的弹性,也就是说,每提高一个单位的专业化水平,所引起的生产费用的减少小于相应增加的交易费用。从图上直观地看,就是 PC 曲线比 TC 曲线更陡些。因此,新制度经济学的分析表明,制度的出现一定会使专业化程度的每一步提高所节约的生产费用,正好大于或等于由此所引起的交易费用的增加,亦即在两条曲线的交点所决定的 A 点右侧(见图4.1)。A 点就是制度出现的转折点。如果 TC(单位的交易费用)能够向右移动,那么专业化程度还会提高。科斯(1988)认为,将交易费用引入分析中,是因为经济生活中发生的很多事情要么是为减少交易费用而创造出来的,要么是使以前受过高交易费用阻碍而不可能实现的东西变成可能。换言之,交易费用的降低可以使生产可能性外移。

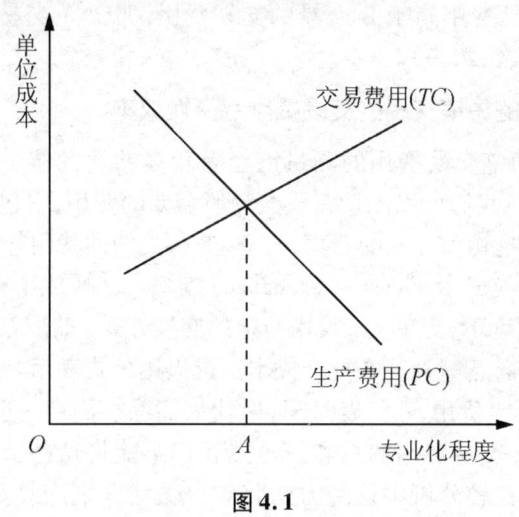

图 4.1

(2) 体制及制度因素。不同体制和制度下其总量交易费用是存在较大差异的。人类社会早期,其私人之间交易费用占有较大比重,随着社会经济的发展,公共部门交易费用不断增加,并且替代了前者的部分功能,具有规模经济效应。如运用政治制度来重构产权的费用不断降低,这是因为由政府行政部门替代了个体决策制定能力,把过去由私人之间的产权交易变为由政府作为第三方实施者参与的产权交易,从而大大地减少了不确定性、矛盾,但同时这也将交易费用附加于经济的其他部门(诺思,1988)。

市场型交易费用、管理型交易费用、政治型交易费用等构成总量的交易费用。不同的体制下,总量交易费用是有差异的,并且其中不同部分可以相互替代。如传统计划经济体制下,我们试图取消市场型交易费用,但管理型交易费用急剧上升,并且使市场与管理之间的替代关系不存在了,缺乏竞争和优化机制,从而使总量的行政费用大大地增加。

[①] Wallis, John J. and Douglass C. North(1986), "Measuring the transaction sector in the American economy, 1870 – 1970". in Engerman and Gallman(1986), pp.95—161.

张五常认为,计划经济体制的边际交易费用高于市场经济体制的边际交易费用。科斯定理表明,只有交易费用为正,各种制度才会产生。反过来,有效的制度(尤其是法治)又可大大地降低边际交易费用。市场化程度也会影响总量交易费用。集权体制的总量交易费用与分权体制的总量交易费用不一样,计划经济体制的总量交易费用与市场经济体制的总量交易费用也是不一样的。

总量的交易费用的特点可概括为:第一,交易费用包括一切不直接发生在物质生产过程中的费用。总量交易费用的增加有利于实现规模收益递增(我们在后面探讨此问题)。第二,总量交易费用是各种为交易服务的制度和组织的"物化",它类似于马克思所说的商业资本从产业资本中独立出来。第三,每笔交易的交易费用之和不等于总量的交易费用。总量交易费用是可以计量的(如诺思,张五常),即把为交易服务的部门占 GDP 的比重测量出来,就可得出总量的交易费用。每笔交易的交易费用的计量除了受客观因素(如商品的性质、信息等)影响外,还受交易者自身因素的影响,如交易技巧、个性等。按照张五常的观点,每笔交易的交易费用我们没有必要直接去计量,但我们可以排序,如人们认为 A 交易的交易费用高于 B 交易的交易费用,那么 A 交易的交易费用就大于 B 交易的交易费用(张五常,2000)。

(二) 既定制度下的每笔交易的交易费用或交换成本

对于既定制度下每笔交易费用的测量已经有较多的学者作了尝试。在制度既定下(或制度不变的条件下)我们可以测量完成交易所需要的费用,它包括对所交易的商品或劳务的性质的考察、收集相关信息的费用,订立、履行契约的费用等。

现在我们引入"交换成本"(cost of exchange)概念。交换成本被定义为:在某种制度环境 m 中,即在既定制度下,当事人 i 采用给定的交换方式 j 获取某一商品 A 而消耗的总资源——货币、时间和商品等——的机会成本。可以用公式表示为,$C=f(G,T,W,\cdots N)$,其中,C 代表成本,G 代表货币,T 代表时间,W 代表商品。因此,交换成本就是当事人所面临的生产费用和特定交易费用的总和。虽然我们不能将这些费用直接分解为生产和交换两个部分,但是在比较分析中这种方法将集中关注区别交易费用所产生的总结果。该分析框架关注当事人在特定的制度环境中寻求采取某种具体交换方式(比如通过正式合同或非正式安排,货币或实物报酬)所面临的机会成本。这不包括建立市场制度的费用、建立适当政治框架的费用,或者建立个人人际关系、树立个人声誉或培养交易技巧的费用。

根据张五常的分析,交易费用是衡量和明确交易单位特征和实施契约的成本。人们从事经济交换活动时,最关心的是商品和服务是否能够交易以及确定要交换的是什么。只有明确界定交易对象的成本状况,我们才能明确协议和契约的性质并有效率地进行交换。如果交换的商品和服务只具有某种单一的特征,那么上述问题将很容易解决。但是,几乎每一件商品或服务的特征是都是多样性的(新古典经济学假定为单一的),而且在某种意义上它们都是有价值的;换言之,我们交换的不仅仅是商品和服务,而且是某种具有不同特征和价值的东西。如果我们对这些价值的衡量是低成本的,那么所进行的交易也是低成本的。衡量这些特征的方式和一般财产权利的界定是相同的。如果财产权利的界定是模糊的,我们不可能明确我们要交换的是什么。此外,现实中需要明确界定的不仅仅是商品和服务的特征,而且包括企业、贸易联盟和政府内部以科层交换为特征的委托—代理关系。根据界定的范围和程度,我们可以找到衡量双方的行为是否与契约相符的方法。[①]

既定制度下每笔交易费用的测量主要有两种方法,一是测量交换成本(每笔交易的交易费用)需要搞清具体交易中的交换形式、获得的商品、当事人的特征和环境状况。这种方法就是选择并详细描述某些交易以便于研究者可以测量在交易发生时所出现的时间或货币费用。然后,那些具有指定特征的当事人能够被采访,而采访内容是了解他们在交易过程中所实际发生的时间和货币费用。在某些情况中,相关的信息可以通过调查这些交易中的买者、卖者、经纪人、服务商而获得。在其他一些情况中,研究者只有亲自模拟这些交换过程才能获得这些信息。如果交换因为交换成本过高而几乎不发生时,这种模拟就显得特别重要。[②] 如,德姆塞茨(Demsetz,1968)通过分析卖出价和买入价间的差额及经纪人的收费对使用有组织的金融市场的成本进行了直接测算和估计。威廉姆森(Williamson,1979,1985)则采用了一种间接测算方法。他把专用性投资间的某些关系(如所采用的合同类型)作为对交易费用的测度。其中心观点是制度结构(和产权)的特征严重影响交易费用的大小。乔斯科(Joskow,1985)在一篇根据发电厂历史写出的论文中采用了类似的方法,分析了制度安排对交易费用的重要性。

另一种方法是测量个人交换他们对于经济资产的所有权和确立他们的排他性权利的费用。巴泽尔把交易费用定义为与转让、获取和保护产权有关的成本。[③] T·爱格斯顿与巴泽尔有类似的观点,交易费用就是那些发生在个体之间交换经济资产所有权的权利、并且执行这些排他性权利过程中的费用。我们可以通过资产所有权有效转让所需要的费用来衡量交易费用。与转让一套公寓所有权相关的费用可以在这里得到考察。在开罗,个人购买一套公寓并对所有权的转让进行注册需向第三方额外支付的费用相当于购房价的12%,这其中6%用于纳税,6%用于支付法律规定的注册转让所必需的律师费用。[④] 房地产经纪人的服务是可以自由选择的,其费用大约是销售价的1.5%。在美国密苏里州的圣路易斯,依法转让所有权的费用大约是销售价的1.5%;如果有房地产经纪人参与其中,他们的费用将占到销售价的6%。这些费用之间的差别是惊人的。在国家控制的部门,开罗的费用是圣路易斯的8倍;而在竞争性部门,开罗的费用仅比圣路易斯高1/4(Benham,1997)。

据统计,20世纪90年代初,我国国内购车所收的各项附加费曾经相当于车价的5%—30%;收取的执照费等四项费用为2500—5000元;汽车投入正常使用后收取的两税七费为2500—5000元,而上述三项费用在美国分别仅为4%、12美元、30—50美元。在我国依法转让所有权的费用较高大大地制约了我国一些要素市场(如房地产市场等)的发展。以北京房地产市场为例。如果将北京市居民随着收入的提高稳步增加的住宅需

---

① [美]科斯、诺思等著,[法]克劳德·梅纳尔编:《制度、契约与组织——从新制度经济学角度的透视》,经济科学出版社2003年版,第59—60页。
② 同上,第426—434页。
③ 巴泽尔:《产权的经济分析》,上海三联书店1997年版,第3页。
④ 胡睿宪:"评北京房地产市场调控的争议",《经济学消息报》,2003年7月25日。

求视为一种水平需求,需求扩容的潜力就是二手房市场能量的释放。北京市已有超过90%的家庭拥有比较稳定的居所,但是,其户型、功能并不完善。北京市的住房成套率不到60%,在城区还有24%的家庭住在解放前的老房子里。因此,居民对现住房的满意率不到20%,约50%的居民希望在几年内换购住房,已购公房中约70%的希望通过换购住房改善居住条件和居住环境。可实际上,北京二手房市场份额微乎其微,每年所占比例不超过4%,原因在于二手房市场产权关系繁杂、中介机构不成熟和税费负担比较重。据2002年的调查统计,北京市户均住房资产超过30万元,占家庭总资产的66%,如果上述问题取得突破性进展,激活了二手房市场,住宅梯级消费真正形成,住房一、二、三级市场联动所释放的需求潜力将相当显著。①

三、总量交易费用与每笔交易的交易费用的相互关系:假设与验证

总量的交易费用与每笔交易的交易费用的关系是交易费用测量中的一个重要问题。如果不搞清这两者的关系我们会得出一些自相矛盾的结论。有时我们笼统地说降低交易费用是不准确的,因为在一个发达国家交易费用占 GDP 的比重呈上升态势,经济发达了,分工越来越细,科技的进步都需要我们把一部分资源用于交换领域。亚当·斯密只看到了分工、专业化的好处,而忽视了由此引起的交易费用。在某种意义上讲,总量的交易费用是庞大的社会分工体系不得不付出的成本。总量交易费用占国民经济的比例我们用 K 来表示,用 G 表示经济总量,用 C 表示总量的交易费用,则

$$C = K \cdot G$$

K 在大于 0 小于 1 的范围内变动。一个社会的交易费用不可能为零,但也不能把全部的资源用于交换领域。根据诺思等人的计算,美国及发达国家现在的 K 值在 50% 左右,有的高于 50%。总量交易费用上升(占 GDP 的比例)的态势必须考虑这样几个问题,它会不会无休止地上升?有没有一个达到一定程度后就呈稳定的态势?对于发达国家或地区总量交易费用的上升必须考虑到经济全球化及国际分工等这些因素来考虑,如香港(如张五常估计香港的 K 是 80%),由于这个地方制度环境较好,尽管总量交易费用高,但每笔交易的费用不高,许多生产活动都转移到中国内地了。所以总量交易费用提高的国家(发达国家)的分工越来越细,并形成了一个"市场极"(交易量最大的地方)。转过来,为交易服务部门的增加(整个社会用于交易的资源增加,即总量交易费用的增加)不仅降低了每笔交易的费用,而且为社会分工的深化,市场范围的扩大创造了条件。

发展中国家的贫穷在相当程度上是因为交易费用,或者经济运行的费用十分高昂。用肯尼思·阿罗的概念,如果经济运行费用是高昂的,那么整个经济体系就不可能获得良好的经济绩效。这里的费用高昂是指发展中国家由于制度的缺失导致的每笔交易的费用高昂。著名经济学家乔治·阿克劳夫(1970)把制度安排的缺乏看做经济发展的主要约束。在任何经济中,交易费用在总体上不可能降低。事实上,在过去的上百年里,我

---

① 胡睿宪:《评北京房地产市场调控的争议》,《经济学消息报》,2003 年 7 月 25 日。

们用于交换活动的资源越来越多,我们这样做是为了获得现代技术及其生产力的增长。正如亚当·斯密所说,作为国民财富的源泉,我们必须极大地提高生产和劳动的专业化。为了做到这一点,我们必须进行越来越多的交换活动,而每一交换过程都需要花费资源来界定交换的内容和条件。因而,我们希望在社会发展过程中出现的一个重要现象是越来越多的资源用于交易活动并构成交易费用。如前所述1870—1970年之间的美国经济的交易费用的总和占到国民生产总值的比例由开始时的大约25%增加到100年后的45%。这意味着在总体上越来越多的社会资源用于交易活动。美国经济和世界上其他高收入国家的贸易部门的收入超过了国民生产总值的50%。这意味着一半以上的社会资源并没有直接用于生产任何东西,而是用于进行整合和协调不断增加的和越来越复杂的政治、经济和社会体系。这同样意味着哪里的经济发展得更好一些,哪里的交易费用通常占国民生产总值的比重就高一些。我们希望通过交易费用总量的增加实现亚当·斯密所展示的生产的专业化和劳动分工带来的好处。同时,我们希望能够以较低的成本实现每一笔交易。这就是为什么我们从一开始就讨论交易费用的度量,尤其是讨论要素和产品市场交易费用度量的原因,通过它我们可以区分高收入国家和低收入国家:每一笔交易需要较少费用的国家是高收入国家,而每一笔交易需要非常高费用的国家是低收入国家。①

在某种程度上讲,总量交易费用就是"物化的制度"。总量交易费用上升的过程也是一个制度创新、制度适应的过程。总量的交易费用增加有几大功能,一是使许多分工成为可能;二是降低了每笔交易的交易费用;三是使不少的潜在的交易转化成现实的交易。以油田为例,使一个油田成为一个单位,也就是说,创造一种具有强制力和监督力的组织来分配一个油田的产出,提高了交易费用(由于用于创立与维持及监督与依从一种组织的资源),同时油田的整合降低了转化成本(这是更为有效的抽油和精炼的结果),这在一定程度上大大抵消了交易费用的上升。在这一情形下,一种提高交易费用的制度变迁会受到降低转化成本的更大补偿。②

交易费用占国民生产总值的比重与每一笔交易的费用是两个不同的概念。目前有人将这两个概念混淆。这是两个不同的概念,但两者又有内在的联系,总量的交易费用会上升,即为交易服务的部门会不断地增加,即交易也有一个规模递增的收益问题。这就需要分工和专业化达到一定的程度,当交易部门实现了规模经济以后,整个社会的交易费用(为维持交易部门的运转所需要的费用)也会达到一定的规模,但是社会成员用于每一笔交易的交易费用会下降,社会总量交易费用的上升与每一笔交易的交易费用下降这两者并不矛盾。在此我们可以作出一个推论:当一国经济的总量交易费用占到GDP的比例在0—50%时,该国交易处于规模收益递增阶段;当总量交易费用占到50%左右时,该国交易处于规模收益不变阶段;当总量交易费用占到GDP比例超过50%以后,该国交易处于规模收益递减阶段。

---

① [美]科斯、诺思等著,[法]克劳德·梅纳尔编:《制度、契约与组织——从新制度经济学角度的透视》,经济科学出版社2003年版,第50—52页。
② 诺思:《制度、制度变迁与经济绩效》,上海三联书店1994年版,第90页。

在一个国家,总量交易费用占 GDP 比例越高,那么这个国家经济越发达,总量交易费用的上升意味着为交换发展的部门越来越多,由于为交换服务部门的职业化、专业化、规模化,从而使越来越多的潜在交易成为可能。从图 4.2 可知,在 0 到 TTC_1 之间,是规模收益递增阶段,此时平均的变动交易费用 ATC 呈下降态势。在 TTC_1 到 TTC_2 之间,规模收益不变,此时平均的变动交易费用 ATC 不变。在 TTC_2 后,规模收益递减,此时平均的变动交易费用 ATC 呈上升态势。总量交易费用也不是越高越好,总量交易费用达到一定程度之后(如超 TTC_2 过),ATC 也会出现上升态势。我们的假设是:在一定的范围内(在 TTC_1 与 TTC_2),较高的总量交易费用意味着较低的每笔交易的交易费用。低交易费用意味着更多的交易,更高的专业化,生产费用的变化以及产量的提高。生产费用方面的变化同样也对交易成本产生影响。

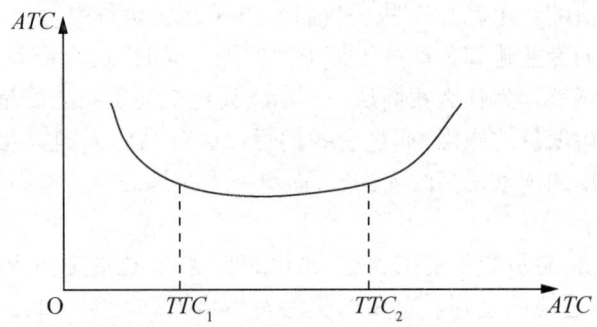

图 4.2　平均变动交易费用(ATC)与总量交易费用(TTC)

值得指出的是,我们可以通过同一笔交易在两个不同国家所需要的费用来比较两个国家的效率,也可以同时检验在一定范围内较高的总量交易费用意味着较低的每笔交易的交易费用这个假设。

检验一:诺思的试验。诺思做了一个非常简单的试验,看看一个经济体系在世界不同的地方是如何有效运行的。他们采取如下办法:他们实际完成一个对纺织品下订单的全过程(作为世界大多数国家普遍存在的一种商品,从低收入国家到高收入国家都从事该项生产活动)。当他们下了订单以后,根据各国生产产品、按照他们的要求完成订单的质量和完成订单的时间等打出分数。他们拥有一整套标准来间接反映交易费用的状况。他们拿到结果后,把它与不同收入的国家进行对比,结果和他们预想的一致:像美国和中国香港这样的地方按照效率来分类排在名单的前列,而诸如莫桑比克这样的地方则排在了名单的最下方。[①] 美国和中国香港地区有较高的总量交易费用,从而有较低的每笔交易费用。而像莫桑比克这类地方尽管总量交易费用低,但每笔交易的交易费用高。

检验二:曲轴的试验。我们考察一下与进口大型掘土机所需的曲轴相关的交换费用。与美国相比,1989 年的秘鲁,正式获得这种曲轴所花的货币价格是前者的 4 倍,在等候上花费的时间是前者的 280 多倍(41 周对 1 天)。在阿根廷,货币价格是美国的 2 倍,

---

① [美]科斯、诺思等著,[法]克劳德·梅纳尔编:《制度、契约与组织——从新制度经济学角度的透视》,经济科学出版社 2003 年版,第 50—52 页。

等候时间是 30 天。相反,在马来西亚,货币价格和等候时间与美国大致相同。在匈牙利,在货币和进口管制被解除之前,即大约在 1989 年之前,为了替换一个西方制造的拖拉机的曲轴要花上 30—40 个星期;自由化之后,等候时间下降为 2 个星期。一个相关的指标是在港口办理清关手续(clear items)的平均等候时间。在新加坡,这一指标是 15 分钟,然而在坦桑尼亚却是 7—14 天,并且据报道还有等候时间长达 91 天的。14 天的等候时间是在新加坡平均等候时间的 1300 多倍。①

其实我们可以把曲轴相关的交换费用的案例推广到所有商品的交换费用的分析上,从这些分析中我们就发现国与国之间的差异。发展中国家的一个普遍的问题是,总量交易费用占 GDP 比例很低,导致交易困难,影响生产活动和财富的增长,从而使总量交易费用占 GDP 的比例不能增加,进而又出现交易困难。我们称之为"制度贫困陷阱"。在前面,我们把总量交易费用一个特征界定为各种为交易服务的制度和组织的"物化"。由于制度和组织建设的外在性和无形资产等方面的原因,这类制度投资往往被发展中国家的政府所忽略。

四、技术进步后交易费用的变化趋势

技术进步到底是提高了交易费用还是降低了交易费用呢? 一方面,技术进步可以产生诸如新的有效的度量方法使交易费用降低;另一方面,技术进步意味着出现更复杂的商品从而提高交易费用。技术进步为设计新的降低合约费用的经济组织提供了机会,但从已出现的少量系统经验资料表明,在发达的工业国家技术进步的净效应是提高了交易费用。

美国加州大学洛杉矶分校的迪波尔·拉尔(Deepal Lal)在《信息革命、交易费用、文明和经济运行》一文中把交易费用分为与交换的效率有关的交易费用和与监督机会主义行为有关的交易费用。诺思和威廉姆森谈交易费用主要是指其监督方面的含义。拉尔认为,由于信息革命的作用,尽管用于交换的交易费用会下降,但因为文明的差异,用于监督的交易费用的未来的变动会在国与国之间出现很大的不同。拉尔和帕特的研究表明不同的发展中国家有不同的从事商业的成本,也对应着他们不同的经济表现。斯通等人(Stone,et al,1996)比较了巴西与智利两国的商业交易成本。与智利相比,巴西的法律和管制结构更为复杂并且透明度更少一些,因此在巴西正式体系的交易成本就显得更高。然而,在被考察的某些竞争性部门,(他们惊奇地发现)巴西的多种私人制度已经发展起来以便减少这些费用。私人服务商为开展某个新业务而提供某种一站式服务(a one-stop entry point);一种创造性的信用信息系统被用来减少那种通过法院收债的需要。这些研究结果突出展示了考察现实活动的重要性。考夫曼、克拉伊和洛瓦顿(2000)综合了 175 个国家共 15 类专家调查和商业人士或普通公民问卷所得到的数据,建立了衡量制度质量的六个指标。这项研究发现在一国之内,各个指标之间高度相关,但不同国家在制度质量上又都具有很强的离散特征。贝克、匡特和马可西莫维奇(2001)用世界银行世

---

① [法]克劳德·梅纳尔:《制度、契约与组织——从新制度经济学角度的透视》,经济科学出版社 2003 年版,第 426—434 页。

界商业环境调查(该调查收集了很多国家企业家对影响他们业务的制度质量的意见)的数据也进行了研究,作者发现各国在制度质量方面有很大的差别,而且有证据表明商业增长缓慢的国家同时也是被认为制度缺失的国家。① 这些分析表明,技术进步能使一个国家(包括发展中国家)用于交换的交易费用下降,但是文明的差异会导致交易费用的不同。适合商业发展的文明能够降低交易费用。

从总体上看,信息革命到底是降低了交易费用还是增加了交易费用呢?在拉尔看来,信息革命虽然可以降低用于交换的交易费用,但却增加了用于监督的交易费用。这是因为,第一,由于计算机和网络的使用,专家咨询等业务能够避开税务当局的管制,人力资本可以像金融资本一样越来越具有流动性。这使税基萎缩到只有非流动要素——非技术劳动力、土地和销售税。并且销售税收入也会由于设在免税区的电子超市的发展而减少,因为人们可以通过信息高速公路来此购物。第二,由于信息革命大大地拓展了市场的范围,使一次性的"匿名"的交易迅速增加,所以如果传统的道德被极度的个人主义替代,用于监督的交易费用将会大大上升。技术进步和信息革命不可能消除交易费用这个"噪声",因为交易费用来自于人的有限理性及机会主义行为倾向。

人的本性决定了市场的效率(威廉姆森),习俗等都可能影响交易费用的大小。如一个社会人们有讲信用的习惯会大大地降低交易费用。彼此间的不讲信用不仅大大地增加了交易费用,而且还使许多交易不能进行。人的行为与交易费用的存在有着内在的联系,人类社会的技术进步可以大大地降低与交换的效率有关的交易费用。但是根源于人的本性的交易费用是难以改变的。交易费用的存在表明企业、制度、法律等存在的重要性,而后者的存在正是为了降低交易费用。技术进步对于交易费用的影响具有双重性,一方面它会降低交易费用,如用于衡量商品特性的成本下降等,使交易更为快捷,交易量扩大;另一方面,它也可能使人的机会主义行为倾向能以更隐蔽、成本更低的方式实现,所以技术进步在一些研究中最终使交易费用增加。但与此同时,这种交易费用的增加会使克服人的机会主义行为倾向的制度产生,即会使总量的交易费用(C)增加。所以从根本上讲,技术进步及其分工的深化等是总量交易费用增加的重要原因。人类的技术进步可以大大地降低与交换的效率有关的交易费用,但是用于监督人的机会主义的交易费用有可能上升,并且后者增加的幅度可能比前者还要大,所以人类社会交易中总的交易费用是上升的,这与前面分析的总量的交易费用呈上升态势是一致的。

🔍 案例 1

生意中的交易成本

阿罗把交易成本定义为"制度运行的费用"。制度运行的费用包括各种规章制度、政府的收支、政

---

① S. 詹科夫、R. 拉·波塔等:《新比较经济学的新视角》,吴敬琏主编《比较》,第四辑,2002 年。

府办事的效率、人们的观念等。有人研究过,在我国南方做生意的交易成本要比北方做生意的交易成本低。在国内不同的地方,做生意的交易成本有差异,但值得注意的是,哪个地方做生意的交易成本低,哪个地方的经济就发达,生意就兴旺。

影响生意成本高低的因素主要有两个,一个是制度环境,二是生意人之间的交易关系。我们先谈第一个因素。为什么在我国做生意的交易成本高?

从制度环境来看,我国经济活动中的关(审批)、卡(各种收费)、压(各种限制)比较多。做生意、办企业得先审批。目前制约企业发展的各种限制、干预还很多,近年国务院要求国家经贸委与有关部门一起清理政府部门对企业行政性审批,这些繁琐的审批不仅增加了做生意、办企业的成本,而且还延误了商机。更重要的是,个人或企业为了加快办事的速度,不得不对那些掌握权力的官员打点一下(速度钱)。所有这些都有增加生意的交易成本。

表1 企业开业成本

国家和地区	企业开业所要办理的手续数(个)		企业办理开业手续所需时间(天)		企业登记注册费占人均GNI比重(%)
年份	2003	2008	2003	2008	2003
中国	13	14	48	40	17.8
美国	6	6	6	6	0.7
加拿大	2	1	3	5	0.6
日本	11	8	31	23	10.7
英国	6	6	13	13	1
法国	8	5	41	7	1.3
德国	9	9	45	18	5.9
西班牙	10	10	114	47	16.8
澳大利亚	2	2	2	2	2
新西兰	2	1	12	1	0.2
中国香港	5	5	11	11	2.4
俄罗斯联邦	13	8	43	29	12
巴西	17	18	152	152	13.1
印度	11	13	89	30	53.4
韩国	10	10	17	17	18.4

国家和地区	中国	新加坡	新西兰	美国	中国香港	丹麦	英国	爱尔兰	加拿大	澳大利亚	挪威	冰岛	日本
企业经营环境排名	83	1	2	3	4	5	6	7	8	9	10	11	12

资料来源:世界银行,全球营商环境报告2004、2009。

开办企业手续数量包括:为获得许可证和执照,完成所有的登记、证明和开业通知书所进行的往来手续。中国的手续数量在2008年为14项,超过表1中除巴西以外的发达国家与新兴发展中国家。其中加拿大、新西兰的手续数量只有一项,大部分发达国家的手续数量不到中国的一半。开办企业所需时间是为开办一家企业办理法律手续所需天数。相比于2003年,2008年中国该项指标下降5天,说明了近几年我国行政效率的提升。但仍高达40天的总天数超过了除西班牙和巴西外表中的所有国家。

且大部分国家所需天数不到中国的一半。企业经营环境指数排名是所有经济体按其企业经营环境的便利程度排名,1 为最佳。该指数是一国在开办企业、申请许可、雇佣工人、注册财产、获得信贷、保护投资者、缴纳税款、跨境贸易、合同执行和企业破产这 10 类指标中百分位数排名的平均值。这一排名高说明该国的政策法规环境有利于企业经营。而我国的这一排名只有 83 位。

各种收费是我国做生意交易成本高的另一个重要原因。费大于税是我国经济生活中的一个突出问题。现在几乎每一个部门都有收费权,各种莫名其妙的收费举不胜举。

中国的物流成本高。物流行业毛利润率只有 10% 左右,夹缝中的物流业成长缓慢,全中国最大的三家零担货运公司占全部市场份额还不到 2%。高昂的过路过桥费成为物流业沉重的负担。根据中国物流信息中心提供的数据,以物流费用率,就是物流费用与物流物品价值之间的比值来说,2010 年,我国物流费用率是 9.9%,而日本只有 4.8%。

为什么我国物流成本高?1984 年,国务院出台了"贷款修路、收费还贷"政策,现有的公路网中,95% 的高速公路,61% 的一级公路,42% 的二级公路都是依靠收费公路政策建成的。所有收费公路建设总投资当中,接近 80% 都是通过银行贷款和集资所获得的。在美国,公路建设和管理则采取联邦资助、地方所有的分权式体制,联邦政府资助各州境内州际公路的建设,建成后由各州进行管理和养护。中国物流与采购联合会常务理事翟学魂告诉记者,他曾和一名美国同行就两国的公路运输成本构成进行过比较。中国的运输业比美国的运输业多承担了 30% 左右的成本。那么这个钱去哪儿了?去高速公路公司了,去石油公司了,然后去交通部的路政人员了。

此外,一些限制也增加了生意的交易成本。现在我国不少领域是不允许或限制民间资本进入的。有限制就必然有反限制,一些人为了打破限制不得不付出一定的代价,这些都必然增加做生意的交易成本。

我国做生意交易成本高的原因除了制度环境以外,还有一个重要原因,那就是我国做生意的交易方式是建立在关系经济的基础上的。一般来讲,发达国家的交易方式主要是建立在契约经济基础之上的。关系经济的一个突出特点是,做生意、从事贸易都尽量找亲戚、朋友、熟人;而在契约经济的条件下,不管当事人相互之间是否认识,只要这笔生意都认为划算,签订了合约,这笔生意就基本了结了。朱明瑛讲,在美国做生意你只要一部电话、一部传真机就行了,很多生意人长期并没有见面,但生意做得一样好。然而在中国做生意,你没有关系,不打点一下几乎寸步难行,做生意的成本很高,也很累。

在我国,现在有一种说法,生意越来越难做了。这除了近些年有效需求不足等宏观经济因素外,我国关系经济运作的交易成本越来越高了。前些年,人们做生意搞经营可以找朋友、找亲戚、找熟人,还能红红火火一阵子。但是,当这些"关系"用完了,需要扩大经营、寻找新的增长点的时候,问题就来了,找谁去做生意?不认识的人,凭什么与其做生意?即使有些人做了,但是违约、不守信用、甚至骗人的事时有发生。为什么不签订合同?有合同。这就回到契约经济上来了。朱明瑛在美国与商人签订了合同,只要是对方违约,她不怕打不赢官司。但是在中国就很难说了,即使你打赢了官司,也不一定好到哪里去。这就是为什么在我国一些人明知自己有理,也能打赢官司,但是就是不愿意去打官司的原因,这个中的原因中国人都明白。过去有一种说法,说美国人喜欢打官司,养了那么多律师。今天看来,这美国人够精明的。每个人都喜欢"较劲",才能形成"有理走遍天下"的环境。每个人都"较劲"似乎太自私了,但是可以使别人少"较劲"。这就是契约经济。在我国,什么事都讲"和解",讲关系,当时好像"皆大欢喜",但是长远来看,这种处理问题的方式越来越低效,也为那些不讲信用的人,机会主义者留下了更多的生存空间,最终是以我们整个社会的交易成本高为代价的,这尽管不是我们落后的主要原因,但是也是一个重要原因。

资料来源:卢现祥,《寻找一种好制度——卢现祥制度分析随笔集》,华中科技大学出版社,2010 年,第 27 页。

案例 2

	杭州	波士顿
网友调查中美日常生活价格比较		
	杭州	波士顿
藕	3.48	7.29
青菜	1.68	7.37
红富士苹果	5.99	7.37
金帅苹果	5.99	4.37
虾	35.8	37.12
小白菜	1.68	3.64
豆角	5.99	5.13
豆腐	2	11.99
韭菜	5.68	11.08
大米	4.33	6.28
西芹	4.28	3.62
香蕉	4.99	4.37
西柚	3.88	3.7
番茄	4.48	7.37
鸡蛋（打）	16.9	6.6
全脂牛奶/升	11.5	4.03
牛腩	45	22.12
猪肉馅	18.61	13.24
猪里脊	22.6	22.12
93号汽油	6.27	5.09
0号柴油	6.24	5.8
总计	217.37	199.7

网友调查中美日常生活价格比较

为什么中国物价超过美国

一位杭州网友与她波士顿的朋友联手做的一次中美实地物价调查发现，在21种商品的价格（人民币）中，杭州有12种商品贵过了波士顿。21种被调查的商品价格，王佩按美元对人民币汇率1:6.7计算。王佩认为，由于豆腐、小青菜、韭菜等是中国人喜欢吃的，在美国需求量本身比较低，所以价格才超过中国。但肉蛋奶的价格，已经赶英超美了。

在美国，一杯咖啡2美元，看场电影10美元，分别占美国人均月收入万分之六和千分之三。而在国内，这一数据分别是百分之一点三和百分之三点五，相当于美国居民负担费用的45倍和12倍左右。中国商品中所含的税比任何一个发达国家都高：是美国的4.17倍，是日本的3.76倍，是欧盟15国的2.33倍。

近日，一条微博在网上疯狂传播：中国，工资5000元，吃次肯德基30元，下馆子最少100元，买条Levis牛仔裤400元，买辆车最少30000元——夏利；美国，工资5000美元，吃次肯德基4美元，下馆子40美元，买条Levis20美元，买辆车最多30000美元——宝马。

最大交易成本是税负

当今中国物价是否比美国还贵？几位接受采访的专家给出的结论是：相对于购买力和人均收入水平而言，中国物价明显高于美国，在绝对价格上，也在局部商品上出现了中贵美贱的情况。

一个被广泛提出的观点是:在过去两年多时间里,政府主导的大规模投资导致商业银行贷款急速膨胀,致使国内广义货币供应量已经超过美国20%多,从而导致同样的商品在中国所对应的货币量远远大于在美国所对应的货币量。同时,中美贸易顺差不断拉大,从而再次增加了货币流通量,推动物价上涨。

但一些疑问也随之产生。银河证券首席经济学家左小蕾告诉记者,在美国,不仅中国制造的产品远比国内售价便宜,即使是美国制造,也出现了相同的情况,比如她曾在美国加州一个机场商店购买的美制风衣,价格不到北京赛特商场里同款风衣的五分之二。

左小蕾连续提出两个问题。同样的成本,同样的产品,如果产自中国国内,即使算上"出口退税"的部分,也不该出现高于国外市场两倍的情况。反之亦然,如果产品来自国外,在WTO框架下,即使是制裁性关税,也绝对不可能出现超过一倍的价差。

时寒冰则认为,国内商品价格被推高的主要原因之一在于,藏在商品里由消费者买单的额外交易成本,最大的交易成本就是税负。

据中国社科院财政与贸易经济研究所副所长高培勇统计,自1994年实行分税制改革以来,中国政府的财政收入增速几乎每年都是GDP增速的两倍。而在中国现行的税制格局下,70%以上的税收来自于增值税、消费税和营业税等流转环节。剩下不足30%的税收来自于企业所得税和个人所得税等收入环节。

这就意味着,无论是哪国制造,只要流入中国,就将背负上这些间接税。

依据国际货币基金组织《政府财政统计年鉴(2007)》公布的2006年数据计算,倘若国家征税的总量均为1000元,"排除其他方面要素的影响不论,那么,作为价格构成要素之一、直接嵌入各种商品售价之中的税收数额分别为:中国700元,美国168元,日本186元,欧盟15国300元。"其中,中国商品中所含的税比任何一个发达国家都高:是美国的4.17倍,是日本的3.76倍,是欧盟15国的2.33倍。

"或许政府还没有意识到,自己也成了物价上涨的推手。"复旦大学经济学院教授韦森说。在他看来,一个中国制造的产品,尽管不需要承担远渡重洋的交通成本,却要在国内一路承担重重收费甚至罚款。物价背后更深层次的问题是国家经济发展路径的选择,"一种路径是选择政府主导投资拉动为主的发展策略,税负的增加无可避免,另一种路径则是通过减税的方式藏富于民,同时走上降低物价刺激内需的发展道路"。

资料来源:根据大众网—齐鲁晚报《专家分析中国物价超美国称最大交易成本系税负》改编,http://www.sina.com.cn,2011年06月30日。

关键概念

交易费用　　市场型交易费用　　管理型交易费用　　政治型交易费用
制度费用　　交换成本　　零交易费用　　正交易费用

思考题

1. 试比较康芒斯、科斯和威廉姆森关于交易的分析。
2. 为什么会存在交易费用?
3. 如何理解作为一种分析范式的交易费用理论?
4. 如何正确理解从零交易费用到正交易费用?

5. 简述交易成本经济学的特点及总体思路。
6. 交易费用测量的意义和难点是什么?
7. 如何两个层次的交易费用的含义及其相互关系?
8. 总量交易费用的大小主要取决于哪些因素?
9. 技术进步到底是提高了交易费用还是降低了交易费用?

推荐阅读

1. [美]迈克尔·迪屈奇:《交易成本经济学》,经济科学出版社1999年版。
2. [美]科斯、诺思等著,[法]克劳德·梅纳尔编:《制度、契约与组织——从新制度经济学角度的透视》,经济科学出版社2003年版。
3. [美]埃里克·弗鲁博顿、[德]鲁道夫·芮切特:《新制度经济学——一个交易费用分析范式》,上海三联书店2006年版。
4. [美]奥利弗·E.威廉姆森:《资本主义经济制度——论企业签约与市场签约》,商务印书馆2002年版,第30—31页。
5. 约翰·克劳奈维根编:《交易成本经济学及其超越》,上海财经大学出版社2002年版。
6. 张五常:《经济解释——张五常经济论文选》,商务印书馆,2000年版。
7. [美]约翰·N.德勒巴克、约翰·V.C.奈编:《新制度经济学前沿》,经济科学出版社2003年版。

第五章 产权理论

经济学要解决的是由于资源稀缺而发生的利益冲突,从而必须运用这样或那样的规则即产权来解决这种冲突。产权经济学研究的就是如何通过界定、变更和安排产权的结构,降低或消除市场机制运行的社会费用(外部性问题),提高运行的效率,改善资源配置,加快技术进步,增加经济福利,促进经济增长。本章主要介绍西方产权理论,包括产权的内涵、产权的功能与属性、产权的起源和保护、产权与经济绩效以及科斯定理等内容。

第一节　产权的内涵、构成与分类

一、产权的概念

产权是财产权(财产所有权)或财产权利的简称。例如,我们在《大不列颠百科全书》中看到,property 是指"法定权利的客体,它把占有和财富结合在一起,通常强烈意味着个人所有权。在法律上,这个词指人与人之间对物的法律关系的综合"。① 该定义表明,property 不仅是产权的客体——财产,而且是"指人与人之间对物的法律关系的综合"。

在权威性的经济学辞典《新帕尔格雷夫经济学大辞典》里有艾伦·瑞安撰写的 property 词条和著名产权经济学家阿尔钦撰写的 property rights 的词条。瑞安写道:"财产权与稀缺性和理性一样,是经济学的基础"。接着他介绍了法学、政治学、哲学和经济学中的"property",从他的解释中我们不难发现,瑞安是从所有权的角度阐述产权的。"没有哪一个所有权定义能完全满足一切目的:'财产权就是以法律所允许的最独断的方式处理事物的权利',这是法兰西民法中的规定,也被其他很多法典所引用。它抓住了两个关键点:第一,我不能把刀子刺进你的胸膛,这不是侵犯了我对这把刀子的所有权。法律不允许任何人把刀子刺进其他人的胸膛,但我(没有别人)可以使用这把刀子去做那任何人用任何刀子都可合法去做的一切事情。第二,所有主必须具有任何人对所考虑的事物所可能具有的一切权利。"②阿尔钦则称,"产权是一种通过社会强制而实现的对某种经济物品的多种用途进行选择的权利。"③

除上述定义外,由于不同的产权学派研究产权问题的出发点和着力点不同,他们对产权的内涵各取所需,无法形成统一的产权定义,但是,对产权的理解还是有一些共识。例如,产权经济学家都把产权视为人们对物的使用所引起的相互关系,即是一种人与人之间的基本关系,而不是人对物的关系;他们都强调产权是一组行为性权利,或者说是一个"权利束";他们都把某一物品所附着的权利数量及其强度视为该物品经济价值大小的决定性因素;他们都把产权看做一些社会制度等。

思拉恩·埃格特森"把个人使用资源的权利叫做'产权'"。④ 巴泽尔认为"个人对资产的产权由消费这些资产、从这些资产中取得收入和让渡这些资产的权利或权力构成。"⑤德姆塞茨在《关于产权的理论》中强调:"产权是一种社会工具,……产权的所有者拥有他的同事同意他以特定的方式行事的权利。""要注意的很重要的一点是,产权包括一个人或其他人受益或受损的权利。……那么很显然,产权是界定人们如何受益及如何

---

① 《大不列颠百科全书》,中国大百科全书出版社 1999 年,第 509 页。
② 《新帕尔格雷夫经济学大辞典》(K—P).经济科学出版社 1996 年版,第 1099—1100 页。
③ 同上,第 1101 页。
④ [冰]思拉恩·埃格特森:《新制度经济学》,商务印书馆 1996 年版,第 35 页。
⑤ [美]Y.巴泽尔:《产权的经济分析》,上海三联书店 1997 年版,第 2 页。

受损,因而谁必须向谁提供补偿以使他修正人们所采取的行动。"①阿兰·鲁福斯·华特斯给产权下的定义是:"产权是以人们认为合适的办法控制和处理财产的权利。……它不同于国家所有权以及在此基础上产生的对人的具体权力。产权是指人们有资格处理他们控制的东西的权利,即人们有权拥有明智决策的回报,同时也要承担运气不好或失职所带来的成本。"②柯武刚、史漫飞也称,"我们可以将产权定义为个人和组织的一组受保护的权利,它们使所有者能通过收购、使用、抵押和转让资产的方式持有或处置某些资产,并占有在这些资产的运用中所产生的效益。当然,这也包括负收益——亏损。因此,产权决定着财产运用上的责任和受益。""决不能将产权混同于拥有的物品……产权并非物质对象,而是一些在社会中受到广泛尊重的权利和义务。"③可见,在一些产权经济学家看来,产权是人们对财产的一束权利。

另一些产权经济学家则认为,产权不是物,不是人对物的关系,而是人们对物的使用所引起的相互关系,即是一种人与人之间的基本关系。例如,菲吕博腾和配杰威齐在《产权与经济理论:近期文献的一个综述》一文中明确指出:"产权不是指人与物之间的关系,而是指由物的存在及关于它们的使用所引起的人们之间相互认可的行为关系。产权安排确定了每个人相应于物时的行为规范,每个人都必须遵守他与其他人之间的相互关系,或承担不遵守这种关系的成本。因此,对共同体中通行的产权制度可以描述的,它是一系列用来确定每个人相对于稀缺资源使用时的地位的经济和社会关系。"④持有相同观点的还有斯韦托扎尔·平乔维奇和费希尔(I. Fisher)。费希尔指出:"产权是享有财富的收益并且同时承担与这一收益相关的成本的自由或者所获得的许可……产权不是有形的东西或事情,而是抽象的社会关系。产权不是物品。"⑤平乔维奇也认为,"产权是人与人之间由于稀缺物品的存在而引起的、与其使用相关的关系。"并认为,"产权的这一定义是与罗马法、普通法、卡尔·马克思的著作和新制度(产权)经济学相一致的。"⑥

经济学研究的产权比法学家研究的产权概念要宽。阿尔钦强调:"任何社会里个人使用资源的权利(产权)被各种成规、社会习惯、排斥力等所规范和支持着,正式的法律条例由国家强制力量来维护。许多影响着私有财产的约束都与成规、社会排斥力量有关。"⑦加里·D.利贝卡普(G. D. Libecap)也认为:"产权是一些社会制度。这些制度界定或划定了个人对于某些特定财产,如土地或水,所拥有的特权范围。这些财产的私人所有权可以包括很多种不同的权利,其中包括阻止非所有者进入的权利,挪用因为使用资

---

① 德姆塞茨:《关于产权的理论》,载于[美]R.科斯、A.阿尔钦、D.诺斯等著《财产权利于制度变迁》,上海三联书店1994年版,第97页。
② 阿兰·鲁福斯·华特斯:《经济增长与产权制度》,载于[美]詹姆斯·A.道、史迪夫·H.汉科、[英]阿兰·A.瓦尔特斯编著《发展经济学的革命》,上海三联书店2000年版,第128页。
③ [德]柯武刚、史漫飞:《制度经济学——社会秩序与公共政策》,商务印书馆2000年版,第212页。
④ E.G.菲吕博腾、S.配杰威齐:《产权与经济理论:近期文献的一个综述》,载于[美]R.科斯、A.阿尔钦、D.诺思等《财产权利于制度变迁》,上海三联书店1994年版,第204页。
⑤ I. Fisher, *Elementary Principles of Economics*, New York: Macmillan, 1923, P.27.
⑥ 斯韦托扎尔·平乔维奇:《产权经济学——一种关于比较体制的理论》,经济科学出版社1999年版,第28页。
⑦ Armen A. Alchian, *Some Economics of Property Right*, Il Politico 30(No.4), 1965, P.129 – 130.

源和对资源投资所得的租金流的权利,将资源卖给或转让给其他人的权利。"①"在法律文献中,我们会找到关于产权的两种含义。首先是大陆民法(Continental civil law)(如源自于罗马法的德国民法)中的狭义的产权。这里,产权仅仅与有形的物品有关。其次是盎格鲁—美国普通法(Anglo - American common law)中的较为宽泛意义上的产权它不仅与有形物品有关,而且还与无形物品有关,后者包括专利、版权和合约权……最后,还可以给出第三种类型的产权定义。个人不仅拥有受到法律保护的权利,而且还拥有受到'由社会礼节、习惯和放逐法的力量所支持的'传统或其他如自我执行式(self - enforcement)的非法律工具保障的权利……第三种类型的产权与客户关系、友情等意义上的产权有关。"②

综合上述众多的产权经济学家对产权的定义,我们得出结论:产权不是指人与物之间的关系,而是指由物的存在及关于它们的使用所引起的人们之间相互认可的行为关系。产权不仅是人们对财产使用的一束权利,而且确定了人们的行为规范,是一些社会制度。

二、产权的构成

既然产权是一束权利,那么它究竟由哪些权利构成的呢?在《牛津法律大辞典》中,产权被认为是由"占有权、使用权、出借权、转让权、用尽、消费权和其他与财产有关的权利"构成的。③埃格特森认为,产权"第一是使用一项资产的权利——使用者权利,即规定某个人对资产的潜在使用是合法的,包括改变或销毁这份资产的权利……第二,是从资产中获取收入以及与其他人订立契约的权利。第三是永久转让有关资产所有权的权利,即让渡或出卖一种资产。"④另一位学者阿贝尔对"产权束"也进行了描述,他指出产权包括:"所有权,即排除他人对所有物的控制权;使用权,即区别于管理和收益权的对所有物的享用和收益权;管理权,即决定怎样和由谁来使用所有物的权利;分享剩余收益或承担负债的权利,即来自于对所有物的使用或管理所产生的收益和成本分享和分摊的权利;对资本的权利,即对所有物的转让、使用、改造和毁坏的权利;安全的权利,即免于被剥夺的权利;转让权,即所有物遗赠他人或下一代的权利;重新获得的权利,即重新获得业已失去的资产的可能和既定保障;其他权利,包括不对其他权利和义务的履行加以约束的权利、禁止有害于使用权的权利。"⑤罗马法详细规定了几类产权:所有权、邻接权、用益权、使用权,以及抵押权。⑥

尽管产权学家对权利束的划分不尽相同,但我们从已有的文献中,将产权的构成归结为以下四种基本权利,即将产权分解为所有权、使用权、用益权和让渡权等。其中,所有权是指在法律范围内,产权主体把财产(产权客体)当作自己的专有物,排斥他人随意

---

① [美]加里·D.利贝卡普:《产权的缔约分析》,中国社会科学出版社2001年版,第1页。
② [美]埃里克·弗鲁博顿、[德]鲁道夫·芮且特:《新制度经济学——一个交易费用分析范式》,上海三联书店2006年版,第102页。
③ 沃克:《牛津法律大辞典》,光明日报出版社1988年版,第729页。
④ [冰]思拉恩·埃格特森:《新制度经济学》,商务印书馆1996年版,第35—36页。
⑤ 刘伟、李风圣:《产权通论》,北京出版社1998年版,第10—12页。
⑥ 斯韦托扎尔·平乔维奇:《产权经济学——一种关于比较体制的理论》,经济科学出版社1999年版,第29页。

加以侵夺的权利。具体讲,这一权利包含以下几层含义:第一,它表明产权主体对客体的归属、领有关系,排斥他人违背其意志和利益侵犯他的所有物(有形财产或无形财产);第二,所有者对他的所有物可以设置法律许可的其他权利,即对他的所有权进行分解的权利,如他可以把他的房子出租给其他人或将收入权在一定时期内转让给另一个人(如出租车主班司机与代班出租车司机的关系);第三,利用所有者权能收取一定的经济利益。①

使用权是指产权主体使用财产的权利。对财产的使用我们可以大致分为三种情形:第一,使用而不改变其原有形态和性质,如人们利用机器进行生产时,机器的物质形态和性质不变;第二,部分改变其形态,而根本性质不变,如人们把布做成各式各样的服装;第三,完全改变,甚至使其原有形态完全消失,转换成其他的存在形式,如人们消费食物等等。应该强调的是,在使用他人财产时,不得将其出租、出售或者改变质量。

用益权,国内一些学者称为"收益权"。西方产权学家认为,财产的用益权是指获得资产收益的权利。进一步说,"用益权是赋予所有者有权获取来自于一种资产的'果实'或'产出'","用益权的所有者仅对财产的果实拥有排他权,不拥有带来果实的资产"。②例如,一个农民可以拥有一块土地的农作物收益的权利,但这块土地不是他的。在这里,产权主体使用的是属于他人的物品,或者将其出租,但不是改变其质量或者出售给别人的权利。可见,在实施用益权的过程中需要遵守某些限制。根据德国民法,享有用益权的产权主体必须保证财产在经济上的完整性和特性,他不可以随意将森林改造成耕地,他的经营活动必须和有序管理的原则相一致。

让渡权是指以双方一致同意的价格把所有或部分上述权利转让给其他人的权利。让渡权是体现产权完整性的最为重要的组成部分,它确定了产权主体承担资产价值的变化的权利。

根据财产关系的变化,每一种权利还可以进行更细致的分解,产权分解的过程,也是权利界定的过程,产权的分解产生了多个权利主体。因为产权只有在多个权利主体之间进行权利界定时,才有存在意义。权利界定归哪一方,则该方相对于其他方来说就拥有产权,反之,其他方就不拥有产权。离开了其他方权利主体,面对一个单独存在的权利主体,就无从谈及产权的归属问题,这就是产权的相对意义。

与某一资源相联系的权利束一般被分配给了许多人,一些权利可能公共持有,所有人都可享用,即是非排他和不可转让的;一些权利可能只是用益权,即排他的和不可转让的;还有一些权利可能是私人拥有的,既排他又可自由转让。例如,某人可能拥有一块土地的某些排他性的使用权,如可以耕种农作物,但不能种大麻,同时,享有对这块地的收益权及以双方达成的价格把这些权利自由转让的权利。然而,资源的用途具有多样性,对这块地而言,另一个人可能拥有穿过这块地进行灌溉的用益权,其他社会成员还可能享有向这块地排放烟雾和噪音的权利。所以,"产权的范围也是十分巨大的(E. Ostrom, 1988)"。③

---

① 权能——产权主体对财产的权利、职能和作用。
② [美]埃里克·弗鲁博顿、[德]鲁道夫·芮且特:《新制度经济学——一个交易费用分析范式》,上海三联书店 2006 年版,第 106 页。
③ [美]埃里克·弗鲁博顿、[德]鲁道夫·芮且特:《新制度经济学》,上海财经大学出版社 1998 年版,第 55 页。

因此,产权是一个复数的概念,产权分解的必要性,取决于生产力发展与生产关系的矛盾规律。从发展的趋势看,随着生产社会化程度的提高,产权由合一到分解是社会分工的发展在产权权能行使方面的具体表现。值得注意的是,产权学派并不把产权视为使用权、用益权和转让权的简单相加,而是深入分析可转让条件下产权的全部权利在空间和时间上的分布形态,以及产权内部各种权利之间的边界和相互制约的关系。

三、产权的分类

我们可以从不同角度对产权进行分类,产权的分类标准不同,产权类型就不同。例如,我们既可以从产权的排他性程度来划分,也可以从产权的特征来划分,还可以从产权的主体和客体来划分等。在此,我们选择了较常见和较新颖的两种分类加以介绍。

大部分西方产权学者根据产权的排他性程度将产权分为以下三种类型或形式:

1. 私有产权(private property rights)

"私有产权是对必然发生的不相容的使用权进行选择的权利的分配。"[1]这种权利并不是对物品可能用途施以人为的或强加的限制,而是对这些用途进行选择的排他性权利分配。换句话说,私人权利的所有者有权排除他人行使这种权利。值得注意的是,私有产权并不意味着所有的权利都掌握在一个人手里,私有产权可以由两个或多个人拥有,同样是一种有形资产,不同的人可以拥有不同的权利。只要每个人拥有互不重合的不同权利,多个人同时对某一资源或资产行使的权利仍是私有产权。所以,私有产权的关键在于,对所有权利行使的决策及其承担的后果完全是私人作出的。

2. 共有产权(communal property rights)

共有产权是将权利分配给共同体的所有成员。即共同体的每一成员都有权分享同样的权利,但排除了共同体外的任何成员对共同体内的任何成员行使这些权利的干扰。原始社会土地上耕作和狩猎的权利常常是共同拥有的,现代社会在人行道上行走的权利也是共有的。共有产权的特点是,某个人对一种资源行使某项权利时,并不排斥他人对该资源行使同样的权利,它与私有产权相比,其最重要的特点在于共有产权在个人之间是完全不可分的,即完全重合的。因此,即使每个人都可以使用某一资源来为自己服务,但每个人都没有权声明这个资源是属于他的财产。由于共有产权在共同体内部不具有排他性,因此,这种产权常常给资源利用带来外部效应。例如,清洁的空气是公有的,但结果是个人造成污染却不对排放有害气体负责。

3. 国有产权(state-owned property rights)

国有产权则意味着只要国家按可接受的政治程序来决定谁可以使用或不能使用这些权利,它就能排除任何人使用这一权利。

从经济学意义上来讲,不同的产权形式对资源配置的效率会产生不同的影响。例

---

[1] A. A. 阿尔钦:《产权:一个经典注释》,载于[美]R. 科斯等著:《财产权利与制度变迁》,上海三联书店1994年版,第167页。

如,在共有产权下,由于共同体内的每一成员都有权平均分享共同体所具有的权利,如果对他使用共有权利监督和谈判成本不为零,他在最大化地追求个人价值时,由此所产生的成本就有可能有部分让共同体内的其他成员来承担一个共有权利的所有者,无法排斥其他人来分享他努力的果实,所有成员要达成一个最优行动的谈判成本可能非常之高,共有产权导致了很大的外部效应;在国有产权下,由于权利是由国家所选择的代理人来行使,作为权利的使用者,由于他对资源的使用与转让,以及最后成果的分配都不具有充分的权能,就使他对经济绩效和其他成员的监督和激励减低,而国家要对这些代理者进行充分监督的费用又极其高昂,再加上行使国家权力的实体往往为了追求其政治利益而偏离利润最大化原则,在选择其代理人时也具有从政治利益而非经济利益考虑的倾向,因而国有产权下的外部效应也是极大的;在私有产权下,所有者在作出一项行动决策时,他就会考虑未来的收益和成本倾向,并选择能使其私有权利的现期价值最大化的方式来做出使用资源的安排,而且为了获取收益所产生的成本,也只能由他个人承担。因此,在社团产权和国有产权下的许多外部效应,就在私有产权下被内在化了,从而产生了更有效的利用资源的激励。

此外,产权还可分为绝对产权(absolute property rights)和相对产权(relative property rights)两大类。① 所谓绝对产权是针对所有其他人的,包括有形物品(如土地财产等)和无形物品(如版权和专利等),它是指对所有物具有个人独占的权利,它保证所有者可以实施于其他所有人身上的权利。绝对产权界定了有关非所有者必须遵守或承担不遵守的成本的行为规范。相对产权是指赋予所有者"能够施加于一个或多个特定人身上的权利"。② 相对产权可能产生于自由达成的合约或者法庭上的指令(侵权行为的情形中)。也就是说,相对产权包括合约性产权,如信用债务关系或销售关系,以及法律上的强制义务等。

私有产权、共有产权和国有产权基本涵盖了财产权的范围。这三种产权形式还有各种不同的组合,构成了复杂的产权体系。在当今世界,存在纯而又纯的产权结构的国家很少了。产权的多元化是一种世界性趋势,当然,还存在某种产权类型为主导的问题,如我国是以公有制为主导多种所有制形式并存的社会主义国家。主导的产权决定着社会制度的性质。主导产权的选择并不限于效率,它还要考虑到社会的公平、分配及意识形态等。从效率来讲,公有产权配置资源并不是最有效率的。如美国学者曾对资源在公有和私有两种体制下的资源利用效率进行调查,具体是比较实行不同资源所有制的州的牡蛎产业。通过分析马里兰州、弗吉尼亚州、路易斯安那州、密西西比州的数据资料,他们发现,第一,对比1945—1970年在收获季节前期和后期的产量比例,在资源公有的州(马里兰州)是1.35,而在邻近的资源私有的州(弗吉尼亚)则为1.01。也就是讲,资源私有的州更有利于资源价值的最大化。在资源公有的州,大家总是担心别人获得的牡蛎比自己多,所以尽量在收获季节前期获得牡蛎,这样牡蛎可能不会是最大化的,但至少获得者个人不会吃亏。第二,在1950—1969年间,弗吉尼亚渔夫的平均年收入为2453美元,而

---

① [美]埃里克·弗鲁博顿、[德]鲁道夫·芮且特:《新制度经济学——一个交易费用分析范式》,上海三联书店2006年版。
② 同上,第103页。

在马里兰州则是 1606 美元。由此可见,在资源私有的情况下,所有者以较少的资源消耗量获得了较高的回报,其资源的利用效率明显高于资源公有。①

第二节 产权的功能与属性

一、产权的功能

在一个资源不稀缺的世界里,产权是不起作用的。但是,人类社会所面临的是一个资源十分稀缺的环境,每个人的自利行为都要受到资源的约束。如果不对人们获取资源的竞争条件和方式作出具体的规定,亦即设定产权安排,就会发生争夺稀缺资源的利益冲突,以产权界定为前提的交易活动也就无法进行。因此,产权制度对资源使用决策的动机有重要影响,并因此影响经济行为和经济绩效。

我们可以从一则有趣的故事引出产权的功能或作用。萨缪尔森(P. A. Samuelson)在1950 年曾预言,经济发展最快的将是南美,因为那里资源丰富,劳动力受教育程度高,但后来他发现自己错了。因为他原先预计产权制度并不是经济结构最基本的问题。但事实上,战后欧洲以及东南亚地区经济发展最快。尽管这些国家资源贫乏,但由于产权制度合理,产权管理得当,因而经济得到了高速发展。这个故事说明,产权的功能和作用是非常大的。

产权的基本功能可以概括为以下几个方面:

1. 激励和约束功能

产权经济学的一个共同特征是强调了产权、激励与经济行为的内在联系。"对未来产权的确信度,决定人们对财富种类和数量的积累。"②产权的激励功能是通过利益机制得以实现的,如果产权受到威胁和没收,就会造成人们对未来预期的不确定性。由于获取未来收益的概率较小,要求得到或创造资产的人就很少,生产性资产的价值就会大大降低。在这个过程中,储蓄会向当前消费转移,并导致经济增长率的下降。同时,良好界定的产权使拥有者能把他的努力结果转让给他的后裔,反之,则减少了人们为将来做好准备的激励。中国古代思想家孟子说过,有恒产才有恒心。

约束与激励是相辅相成的,实际上,约束就是一种负激励。我们知道,产权关系既是一种利益关系,又是一种责任关系。从利益关系说是一种激励,从责任关系说则是一种约束。如果说,只有利益而没有责任,或者只有激励而没有约束,那么产权就不能发挥应有的作用。"良好界定的产权限制人们使用资产的方式。要使人们对他们的行动或不行动的结果负责,产权是其中的重要因素。此外,产权界定保证人们以某种方式承担他们行为的成本。"③产权不清晰,责任就无法明确。一个明显的例子,在产权没

---

① 惕藤伯格:《环境经济学与政策》,上海财经大学出版社 2003 年版,第 208 页。
② 阿兰·鲁福斯·华特斯:《经济增长与产权制度》,载于[美]詹姆斯·A. 道·史迪夫·H. 汉科、[英]阿兰·A. 瓦尔特斯编著《发展经济学的革命》,上海三联书店 2000 年版,第 131 页。
③ 同上,第 134 页。

有明确界定的情况下,对森林的乱砍滥伐将导致生态失衡,水土流失,因为这里只有利益而没有责任。因此,产权的约束功能表现为产权的责任约束,即在界定产权时,不仅要明确当事人的利益,而且要明确当事人的责任,使他明确应该做什么,不应该做什么,使他知道侵权或越权的后果或所要付出的代价。如此一来,产权主体或当事人就会自我约束。

2. 外部性内在化①

在鲁宾逊的世界里,产权是不起作用的。产权是一种社会工具,其重要性就在于事实上它们能帮助一个人形成他与其他人进行交易时的合理预期。这些预期通过社会的法律、习俗和道德得到表达。产权的所有者拥有他的同事同意他以特定方式行事的权利。也就是说,产权包括一个人或其他人受益或受损的权利。那么很显然,产权是界定人们如何受益及如何受损,因而谁必须向谁提供补偿以使他修正人们所采取的行动。这一认识能很容易地导致产权和外部性之间的密切关系。

外部性最典型的就是人们所熟悉的烟尘的例子。在对外部性的处理方面,传统经济学家庇古主张对外部性(危害)一律实行政府干预。而科斯等产权经济学家则主张可以通过产权谈判和产权界定,使得外部性问题内在化。产权方法很强调外部性是与确定、交换、监督或执行产权的成本相联系的,高昂的交易费用导致大量的外部性产生。在产权经济学家看来,只有当内在化的所得大于内在化的成本时,产权的发展才有利于使外部性内在化。德姆塞茨指出:"产权的一个主要功能是引导人们实现将外部性较大地内在化的激励。"②比如,欧洲封建社会中的农奴向自由人的转变就是一个产权重新界定,将外部性内在化的过程。我们知道,由于农奴对庄园主有人身依附关系,庄园主在使用农奴劳动时并没有支付农奴劳动的全部成本,而只支付了自给工资。如果农奴是自由人,那么他们就可以和庄园主进行谈判,要求庄园主向他们支付以作为自由人的预期报酬为基础的自由补偿。③ 这样,庄园主使用农奴劳动时的成本在计算中就被内在化了。可见,产权在将外部性内在化中所起的作用十分明显。

3. 资源配置功能

产权与经济选择之间存在系统关系,"新产权方法的中心任务是要表明产权的内容

---

① 外部性概念源于马歇尔《经济学原理》中分析产业生产成本作为产量函数时引入的"外在经济"的术语。"我们可以把任何一种货物的生产规模之扩大而发生的经济分为两类:第一是有赖于这工业的一般发达的经济;第二是有赖于从事工业的个别企业的资源、组织和经营效率的经济。我们可称前者为外在经济,后者为内在经济"。(摘自马歇尔:《经济学原理》上册,北京:商务印书馆1974年版,第279—280页。)随着经济学的发展,马歇尔的内在经济概念演变成为厂商规模经济;而外在经济概念与它的对立词外在不经济一起被作为外在性的两种类型广泛地应用于分析生产活动和消费活动。通常外在性是指某一生产或消费的行为对其他生产者的生产函数或消费者的消费函数产生的影响,而这种影响又没有通过价格机制得到体现,外在性的制造者既没有信号提醒他考虑外在性,也没有激励刺激他考虑自己制造的外在性,结果便是:供给曲线不能完全反映生产的边际成本,需求曲线不能完全反映消费的边际成本,经济效率的条件得不到满足,市场失灵便出现了。

② [美]德姆塞茨:《关于产权的理论》,载于[美]R.科斯等著《财产权利与制度变迁》(中译本),上海三联书店1991年版,第98页。

③ 德姆塞茨指出:"在一项关于一个人的自由权利的法律创立时,如果一个人要得到服务,这将迫使企业对纳税人提供部分补偿以足以包括使用他的劳动的成本。因此,劳动的成本在企业或纳税人的决策中就被内在化了。换言之,法律授予了企业或纳税人对奴隶劳动的明确权利,这将迫使奴隶的所有者考虑愿意为他们的自由提供的支付总量。"摘自[美]R.科斯等著《财产权利与制度变迁》(中译本),上海三联书店1991年版。第99页。

如何以特定的和可以预期的方式来影响资源配置合使用的。"①在其他情况不变的条件下,任何物品的交换价值都取决于交易中所包含的产权束,因此资源中所包含的产权会进入决策者的效用函数,这样产权制度的变迁必然会影响人们的行为方式,并通过对行为的这一效应,产权安排会影响资源的配置、产出的构成和收入的分配等。

产权制度包括正式制度,如宪法条款、成文法、法庭判决和与财富的配置及使用有关的非正式的惯例和习俗。产权决定了在一个经济体系中谁是经济主体,规定了社会中的财富分配。在资源禀赋类似的社会里,产权制度的不同导致了经济绩效上的差异。产权经济学家认为,通常情况下私有产权的资源配置效率要高于共有产权,正如阿尔钦所言:"除私有产权以外的其他产权都降低了资源的使用与市场所反映的价值的一致性。"②因为,一方面如果共有产权意味着每个自由进入的使用者都能平等地分享和获得平均报酬,这必然会导致资源的过度使用,例如对公海或江河中的鱼资源的过度捕捞等。另一方面,如果共有产权意味着现有的使用者能阻止更多的使用者,那么,当现有成员在使个人的平均产量(不是边际产量)最大化时,其结果将是较少的使用者,资源就会利用不足。例如,俱乐部资源的使用。但我们不能误解成私有产权绝对优于共有产权,因为并不是所有资源都能由私有产权得到满意的控制,空气、水、电磁发射、噪音和风景就是一些例子。因而,人们设计了其他一些产权形式。

因此,不同性质的资源要有不同的产权形式与之匹配,只有合适的产权安排,才是生产资源得以有效使用和优化配置的先决条件。这一点已经得到经验事实的证明。日本和一些新兴工业化国家在发展初期,都进行过重新的现代产权调整,对其经济复兴起到了不可低估的作用,中国也是如此。

二、产权的属性

1. 排他性

排他性是私人产权的决定性特征。它不仅意味着不让他人从一项资产受益,而且意味着资产所有者要排他性地对该资产使用中的各项成本负责,包括承担确保排他性的成本。排他性是所有者自主权的前提条件,也是使私人产权得以发挥作用的激励机制所需要的前提条件。只有当其他人不能分享产权所界定的效益和成本时,这些效益和成本才可能被内在化,即才能对财产所有者的预期和决策产生完全的、直接的影响。其他人的意愿通过他们对该财产使用的估价(货币选票)传送给所有者,所有者也才有动力将其财产投于他人需要的用途。③当部分效益或者部分成本不能影响财产所有者时——外部性的产生,这些信号和激励就会被扭曲。

产权完全排他是很少见的。因为在一定意义上,有些所有者行动的潜在权利具有无限性,它可能由私人、共同体或国家拥有。例如,汽车的所有者在正常情况下或许可以排

---

① E.G. 菲吕博腾、S. 配杰威齐:《产权与经济理论:近期文献的一个综述》,载于[美]R. 科斯、A. 阿尔钦、D. 诺斯等著《财产权利于制度变迁》,上海三联书店1994年版,第204页。
② A.A. 阿尔钦:《产权:一个经典注释》,载于[美]R. 科斯等著《财产权利与制度变迁》(中译本),上海三联书店1991年版。第174页。
③ [德]柯武刚、史漫飞:《制度经济学——社会秩序与公共政策》,商务印书馆2000年版,第215页。

除他人在未经同意时使用,但战争时期,政府可以被授权征用该车。要描述潜在所有者的权利的完整意义是不可能的,要讨论它们是由私人所有还是由国家所有也是不可能的。完全的私有权,完全的国有权和完全的共有权的概念,相对于所包含的实质的权利束有很大的弹性。尽管产权是一种具有排他性的权利,但是产权不可能是一种完全不受限制的权利——产权的残缺。产权的残缺或弱化可能发生在以下几种情形:①一种资产的形式、地点或本质的改变;②对一种资产的所有权利以一个共同协议的价格转让给其他人;③大多数限制是由国家强制的。权利之所以常常会变得残缺,是因为一些代理者(如国家)获得了允许其他人改变所有制安排的权利。国家对所拥有的资源的使用的考虑不一定与支配私人使用的考虑相一致。因此,"所有权的残缺可以被理解为是对那些用来确定'完整的'所有制的权利束中的一些私有权的删除。"①通过限制性措施的强制所导致的私有(或国有)产权的弱化,会影响所有者对他投入的资产使用的预期,也会影响资产对所有者及其他人的价值,以及作为其结果的交易形式。

2. 可分割性

产权要想有效作用,还必须是可分割的。可分割性意味着产权能被"拆开",一项资产的完整所有权能与其各种具体用途上的权利相分离。例如,对于一片林场的所有者来讲,有些人可以通过向林场主付费获得进去休闲的权利;而另一些人可以通过向林场主支付土地租金获得植树或狩猎的权利等。产权的这种可分割性使得拥有该土地权利的林场所有者将不同的权利分派给散步、投资植树和狩猎者。

产权的可分割性可以增加财产的有用性,使具有不同需求和知识的人们将某项独特的资产投入他们所能发现的最有价值的用途上去。例如,一些人,他们自己可能没有什么财产,但他们拥有经营好财产的良好创意和能力——企业家才能;而另一些人,他们拥有财产,但可能不太善于经营(财产在他们手里无法实现效用最大化),在这种情况下,如果产权是可分割的,就可以使具有企业家才能的人较容易地获得他人的资产。更重要的是产权可分割性扩大了现代股份公司的基础。因为一个大型股份公司的产权可以分割为较小投资者能够购买的股份,这样,重大项目和基础设施所需的巨额资本就可以聚集起来。

可见,"产权的可分割性增进了专业化和知识搜寻的创益,但有关资产所有权的最终责任依然留给了它的所有者。"这就是说,可以把权利的集合依财产的特定要素加以分割,从而使财产在不同的环境下,经济地用于各种广泛的目的。不仅如此,所有者权利束的分割是随着人们的需求和创造性的不断增进而细化的,"财产包含着一个无期限的权利束(an open-ended bundle of rights)。"②产权往往只有在能被分割的情况下,才能有效地利用大规模集中的财产。通过分立的个人和群体,财产的各种要素常常能得到最有效的利用。

3. 可转让性(或可处置性)

可转让性是产权的另一重要属性,它涉及所有权通过出售或捐赠等方式的变化。不

---

① 德姆塞茨:《一个研究所有制的框架》,载于[美]R. 科斯等著《财产权利与制度变迁》(中译本),上海三联书店1991年版,第189页。

② [德]柯武刚、史漫飞:《制度经济学——社会秩序与公共政策》,商务印书馆2000年版,第229页。

可转让的产权不能被他人出售和使用,并因此而经常不能在使用上充分发挥其潜能。也就是说,在禁止出售产权的地方,尽管其他人对该财产具备更好的知识和技能而可以更好地利用该财产,使该财产的价值更高,但由于产权被束缚在一个既有的所有者手里——不可转让,结果,减少了这些财产对其所有者的价值。除非产权是可转让的,否则我们不能把资源从低价值使用者手里转移到高价值使用者手里。如果出售权或进行资本化的权利受法律或其他制度安排的限制,财产的价值就会下降。比如,政府对房屋租金的控制,意味着政府不允许房东向租赁者收取房子的全部租金,换句话说,房东被取消了超过政府租金允许范围的房屋使用权的让渡,但房东仍保留着决定谁占有出租空间的权利。这样,房屋维护和可提供给公众租用的房子数量减少,房东将把房子租给亲戚或朋友,或者用于商业和其他不受政府控制的用途,最终使产权仅仅部分从所有者手里转移到当前的房客群体,廉租房的供应不仅没有增加,相反导致拥挤的贫民区出现。

新制度经济学家认为,"当稀缺资源的所有制是共有时,排他性和可让渡性都是不存在的。没有人会节约是用一种共有资源,也没有人有权将资源的所有制安排给其他人。"[1]共有制与"完全"私有制之间有一个巨大的范围。在这两个极端之间,产权的残缺(对权利的某些限制)在一定意义上削弱了可让渡性,但保留了排他性。

4. 永久性(或安全性)

为了有效地发挥产权的作用,产权除了具备排他性、可分割性和可转让性外,必须具备安全性。"产权归属任何个人,其必须被认为是永久性的。"[2]一旦产权不能保证个人安全获取其所能创造的净收益,人们就会失去创造这些净收益的激励。也就是说,人们利用一种资源的权利得不到保护或不能延续,那么,他将改变甚至放弃对该资源的使用方式,进而转向使用那些需要较少预先投入的资源。例如,假定一个农民在一块土地上种下庄稼,他播种、施肥、除草……辛勤劳作,眼看庄稼成熟了,可此时庄稼却被其邻居收割并出售。如果该土地的产权安排是农民既不拥有他播种的土地,也不拥有庄稼,那么,他就不能针对邻居的行为获得合法补偿,即该农民对土地的使用得不到制度的保障。发生这种事情以后,农民将放弃耕作该土地,或许他会选择在该土地上狩猎。

什么样的产权制度是最有效率的? 在科斯看来,有效率的产权制度能够把权利(包括产权)从低效的人手中转移到高效人的手中,而要做到这一点,需要交易成本低和法律简化。有效率的产权制度除了交易成本低和法律简化外,还包括以下几条:第一,产权界定明晰。这是市场机制有效发挥作用的前提,也是有效产权制度的基础。第二,产权的属性完备。产权属性越完备,产权制度就越有效率。第三,产权的有效保护。产权保护的越好,产权的功能发挥得就越好。一个国家产权保护得好坏,可用法治化程度来量化,法治化程度越高,产权就保护得越好。

---

[1] 德姆塞茨:《一个研究所有制的框架》,载于[美]R.科斯等著《财产权利与制度变迁》(中译本),上海三联书店1991年版,第192页。

[2] 阿兰·鲁福斯·华特斯:《经济增长与产权制度》,载于[美]詹姆斯·A.道、史迪夫·H.汉科、[英]阿兰·A.瓦尔特斯编著《发展经济学的革命》,上海三联书店2000年版,第129页。

第三节 产权的起源和保护

一、排他性产权的起源

探讨产权的起源是产权理论的核心问题之一。产权为什么会形成,就像为什么产生制度一样,是新制度经济学家们最为关注的问题。在 20 世纪初期美国的制度主义学派和德国的历史学派指责现代经济学缺乏有关财产起源的理论,从而不能真正地理解长期的经济发展,在当时这种指责是正确的。但是从 20 世纪 60 年代后期开始,一批学者开始使用新古典主义的研究方法研究财产的起源问题,以弥补这一不足。人们把这些早期的理论称为原始产权理论,因为他们在研究排他性产权的发展时,并没有建立有关社会制度和政治制度的模型。该理论通过比较排他性权利的成本和收益以及对于众人分享产权的内部控制成本来解释排他性权利为什么被确立或没有被确立。后来,一些学者通过引入利益集团、寻租理论和国家理论,扩展了原始产权理论。我们这一节的主要任务是先构造产权的原始模型来说明产权的起源,而引入利益集团和国家的产权模型将在后面的章节中论述。

(一) 德姆塞茨的原始产权模型

德姆塞茨 1967 年发表了他的《关于产权的理论》一文,这篇文章是原始产权理论中的经典之作。他的主要论点是:"新的产权的形成是相互作用的人们对新的收益—成本的可能渴望进行调整的回应。"[①]当内在化的收益大于成本时,产权就会产生,将外部性内在化。内在化的动力主要源于经济价值的变化、技术革新、新市场的开辟和对旧的不协调的产权的调整。当社会偏好既定的条件下(对于私人所有还是社会所有的偏好),新的私有或国有产权的出现总是根源于技术变革和相对价格的变化。[②]

德姆塞茨运用海狸的相对价格的变化解释了加拿大北部印第安部落土地私有权的产生。在 18 世纪之前,印第安人猎取海狸获得肉和毛皮只为了自己消费,排他性权利并没有出现,因而土地使用的机会成本为零。随着毛皮贸易的发展,对海狸需求的增加提高了其相对价格,因而大大刺激了狩猎活动,这就要求增加保护海狸资源的投资(例如对野生动物的驯养)以实现海狸价值的最大化。但对海狸资源的最优化利用需要对狩猎者的行为加以一定的控制,于是在 18 世纪早期,这些印第安部落之间通过划分狩猎区的方式逐步确立了获取海狸的毛皮的排他性权利。正因为在没有排他性权利的条件下,海狸的私人价值为零,而排他性权利的确立可以提高社会的净财富量,所以印第安人才有了确立这一权利的经济激励。

---

① 德姆塞茨:《关于产权的理论》,载于[美]R. 科斯等著《财产权利与制度变迁》(中译本),上海三联书店 1991 年版,第 100 页。
② [冰]思拉恩·埃格特森:《新制度经济学》,商务印书馆 1996 年版,第 224—225 页。

他还进一步分析了美国西南部的印第安部落之所以没有发展起相似的产权,是因为建立私有狩猎区对他们来说成本太高而收益较小,在那里没有具有重要商业价值的海狸,平原动物都是一些活动范围很广的食草类品种。

(二) 安德森和黑尔的原始产权模型

安德森和黑尔(1975)进一步扩展了原始产权模型,增加考虑了界定排他性的费用因素。他们使用了一个图示模型,包括用于界定产权的投入的边际成本函数和边际收益函数,并分析了影响这两个函数的关键参数的变动情况。该模型见图5.1。

图的横轴表示界定和实施(排他性权利)的行为,界定排他性权利的投入品的价格降低或界定排他性技术的改进使边际成本曲线向下移动,从而导致建立排他性行为增加。边际收益函数则代表对排他性的需求,当一种资产价值上升或外界侵权的可能性增加的时候,曲线向右移动。

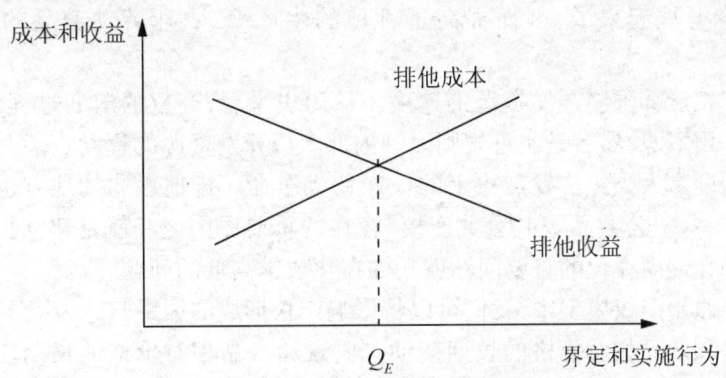

图 5.1 排他性行为的均衡数量

安德森—黑尔模型代表了原始理论的较为典型的特征:关于产权的决策制定仅仅与私人的成本、收益相关。这一理论并未涉及搭便车等影响团体决策的问题,也没有涉及政治过程。

(三) 诺思的原始产权模型

诺思(1981)利用原始产权理论,在排他性权利界定的成本—收益的分析中,增加了外生变量——人口,从而对于远古时期各种产权制度的演变研究——对史前农业的发展提供了一个新的解释。诺思将人类从狩猎和采集向定居农业的这一演变称为第一次经济革命。

诺思通过对100多万年前的人类生活描述,说明人口与资源基数之间的关系如何导致排他性产权的形成。最初,在这个世界上,人类赖以为生的动植物的供应似乎是无限的。当动植物相对于人类人口的需求还算丰盛的时候,就没有激励机制去承担因建立对动植物的产权所产生的费用。只有在稀缺性增大的过渡时期内,才值得去承受建立和行使产权所必需的费用。

当某个地区人口的扩张威胁到食物供应时,群落就会分化并迁移到新的地区,于是逐渐分离出一些新的群落。① 从这一模型来看,在这个世界上,每个新增的劳动力的报酬都是固定不变的,以至于人口的增长导致产出也成比例地增长。只要有相同生产率的空地可供新增人口开发,这个报酬不变的世界就会存在。只要这个条件存在,就不会有试图取得对动植物的排他性所有权的刺激。

一旦人口扩大到资源基数被充分利用的程度,那么,人口的进一步增加就会导致狩猎采集劳动的边际产品下降。当人口压力持续增大和为了占有公有财产资源而展开竞争的时候,这些资源就会日渐稀缺,并使得获取资源所需的劳动时间相对"高昂"。与这些发展相适应,单个的群落开始不许外来者分享资源基数,在这一过程中,这样的群落就定居下来。

解决史前人类所面临的公有财产的两难困境(人口的增长和资源的枯竭)的办法就是建立排他性的公有产权。排他性公有产权的建立使群落努力提高资源基数生产力。因为一旦确立了排他性领地,除草、原始灌溉和选种都通过实践在不断摸索过程中逐渐开展起来了,因而提高了种植的生产率,农业劳动产品的边际价值也上升了。

排他性产权能够限制开发资源的速度。从历史来看,产权的演变过程包括,首先是不准外来者享用资源,然后是制订规则限制内部人员开发资源的程度。② 可以说,建立排他性的产权制度是人类经济发展史上的一次伟大革命。排他性弱的地方也就是外部性严重的地方。一些"公共品"和"公共产权"存在的重要原因之一就是建立排他性产权的成本太高。外在性内在化的首要问题就是内在化成本高低的问题。

从以上的原始产权模型中,我们可以将影响产权形成的因素归结为以下几点:

(1) 要素和产品相对价格的长期变动。要素和产品相对价格的长期变动是历史上多次产权制度安排变迁的主要原因之一。某种要素价格的上升,会使这种要素的所有者相比其他要素而言能获得相对更多的利益。某种产品价格的上升,也会导致用来生产这种产品要素的独占性(包括建立更明确的排他性产权)使用更具有吸引力。此外,相对价格的变动还会影响产权变迁的方向、速度及其规模。

(2) 排他性费用。原始模型告诉我们,当潜在的所有者对于排他性权利的期望收益为正时,对于一项资产的排他性权利就会被界定。如果强制的边际成本上升和边际收益下降,那么排他性权利很少是完全的,而且所有者一般也只在度量和强制成本较低的方面实施这一权利。在大部分社会里,稀缺的和重要的资源的使用都会受到某种形式的排他性权利的限制,但是仍有一些例外,对于某种经济相当重要的资源也有时部分地或整个地被置于公共领域。例如,海洋中渔业资源的使用就是最广为人知的例证。根据我们上面的分析,有三个方面的因素可能会导致像鱼类资源这种重要资源的所有权结构为一种公共财产:①高额的排他性费用;②对于分享型排他性权利行使的高额的内部控制费用;③政府强制开放资源的限制(例如出于公平的考虑)。

(3) 人口压力。在影响制度和产权的成本与收益的多种参数中,"那种最重要的参

---

① 人类学家把这一过程描述为一个开放移植系统。
② 道格拉斯·诺思:《经济史中的结构与变迁》,上海三联书店1994年版,第80—98页。

数的变化就是人口的增长,它可以导致制度的创新从而给西方世界的起源提供一种说明。"①在人类社会早期,公共土地就像空气和水这类免费资源一样大量存在。这时候也就没有必要建立排他性产权。随着人口的增长,一些资源也逐步开始变得稀缺起来。人口与资源的矛盾必然促使人们建立排他性的产权。人口变化还通过影响土地和劳动的相对价格,从而在改变经济组织和产权中起着同样的决定作用。在人类社会早期,离开了人口这个因素,我们就很难解释产权的起源。

(4) 资源的稀缺程度。资源的稀缺程度是人口变化的函数。某一资源稀缺程度的增加也必然伴随其价值的上升,从而对其产权的界定是合算的。阿尔钦曾说,在本质上,经济学是对稀缺资源产权的研究。人类社会早期所建立的排他性产权也是从最稀缺的资源开始的。因为只有在稀缺性增大的过渡时期内,才值得去承受建立和行使产权所必需的费用。产权能够限制开发资源的速度。

(5) 技术。我们知道,只有当产权所有者得自产权的收益大于他排除其他人使用这一产权的费用时,排他性产权才会被确立。当费用过高时,财产将成为共同所有。一些技术的发明降低了实行所有权的费用。例如,历史上,用带铁蒺藜的铁丝构成的低费用围栏的创新,引起了美国西部公共牧场中出现私人所有和牧场出租。在人类社会技术因素是制约产权制度演变的一个重要因素。道格拉斯·C.诺思在分析历史上为什么所有权并没能让个人收益和社会收益相等时,他发现了两个普遍的原因:第一,可能缺乏技术阻止"搭便车"或强迫第三方承担他对交易成本的份额。为了使个人收益接近社会收益,保密、报酬、奖金、版权和专利法在不同时代被发明出来;但使局外人不得受益的技术直到今天仍一直是代价很高和不完善的。在当今世界各国,对知识产权的保护程度远不及对有形财产产权保护的程度,这并不是人们不重视对知识产权的保护,而是因为对知识产权保护的技术要求更高。第二,对任何团体和个人来说,创造和实施所有权的费用可能超过收益②,而这又或多或少与技术有关。

人类社会发展过程中产权及其制度的产生、演变、发展大体经历了三个阶段:一是建立排他性的产权制度,人类社会早期的历史在某种程度上讲就是一个建立排他性的产权制度的历史;二是建立可转让性的产权制度,产权的交易、转让是与社会分工、市场经济制度的发展联系在一起的;三是与各种组织形式创新联系在一起的产权制度,如股份公司制度的建立使产权的分割、转让、交易等更加容易,从而使产权制度效率不断提高。

(四) 强力产权论

在阿姆拜克之前,没有关于产权形成和初始分配的一般理论。而阿姆拜克(1981)通过对19世纪加利福尼亚淘金热的描述,指出在实践中权利得以界定的基础是强力。强力在产权的形成中起着极为重要的作用。阿姆拜克批评阿尔奇安的产权概念,后者认为产权是某些人能够有效使用某种物品的预期(能力),譬如只有一个会爬树的人,则椰子树就为他所占有。而阿姆拜克把强力引进来之后这个概念就有问题了,因为即使某个人不会爬树,但是他可以将树砍倒,这样能爬上树的人的产权就难以实施了。那么这时对

---

① 同上,第11页。
② [美]道格拉斯·C.诺思等:《西方世界的兴起》,学苑出版社1988年版,第6—7页。

财产的所有权只有当其他人遵守协议或者能够把不遵守的人用武力排除在外的时候,才会存在。阿姆拜克的产权模型首先描述两个具有相同武力的淘金者,对无差异的土地(地下含金矿)的争夺。如果第一个淘金者占有所有土地,则对他来说,土地的边际产出率低,而劳力的边际产出率高。比较两人的土地和劳力的边际替代率(两个边际产出率之比),就会发现第二个淘金者更渴望拥有土地,当他诉诸武力竞争的时候,第一个淘金者认为使用相同的武力与之对抗是不合算的。所以,第二个淘金者取得了一块土地,如此下去,竞争的均衡结果是两个人平分土地。这个模型可以推广到三人、多人和不同质量的土地的情况。而且,阿姆拜克证明,即使有多人联合对付一人也不足为惧。因为联合行为存在成本,所以以寡敌众的人仍能够获得一块价值相当于众人联合排挤他所付出的成本的土地,因为所有人都要考虑成本—收益的比较,他们都是理性的人。

比较阿姆拜克与阿尔奇安的产权概念,我们也可以看到,后者把排他性建立在某些技术性因素的基础上,而前者直接把它托付给武力来解决。但是遵循阿姆拜克的分析理论,这两种产权导致的结果可能相差无几。因为在具有相同武力的条件下,边际产出率高的人会为排斥他人付出更多的努力。所以,即使存在武力,产权初始的分配结果仍然可能与不同的人的使用效率成正比。当然,阿姆拜克的分析是深刻的,他为产权的初始界定和实施提供了一个强有力的框架。但是巴泽尔认为,阿姆拜克的研究结果难以应用到更有秩序的情形。在我们看来,阿姆拜克所描述的暴力威慑在存在国家时将不起作用,而且,国家的暴力威慑对于保护产权可能更为有力和更符合规模经济。如诺思所说,国家的"暴力潜能"使国家在产权保护方面有比较优势。

阿姆拜克应该把国家或者政府纳入分析,而引入国家或者政府也可能产生另一种情况。道格拉斯·阿伦(Douglas Allen,1991)研究了美国于1862—1934年间在一些州实行宅地运动(home-steading),即一种"先入为主"(First come,first served)的土地政策及其结果。他指出,在国家以暴力实施产权的成本很高的情况下(在印第安人的争夺和争执),由私人无偿(或者近于无偿)拥有将是一种最低成本的替代方式。与阿姆拜克不同,阿伦认为财富最大化追求者也讨厌永远采用武力,他证明使用武力的高成本促使人们选择其他方式保护产权。在阿伦的案例中,印第安人的敌对行动使政府军队不堪重负,于是政府把公地转让给愿意为土地投资的人,或者说政府诱使渴望土地的人保证对土地投资,方能得到土地。当一个地区的人口密度达到一定程度时,就可以应付印第安人了。从政府行为的角度,阿伦的研究表明成本问题是重要的考虑因素。同时可以看到,巴泽尔对阿姆拜克的批评同样也适用于道格拉斯·阿伦。在一个有秩序的经济里,政府的责任是保护个人的产权,而不是由个人来保证自己的权利。[①]

最后值得指出的是,原始产权模型的特点可以概括为以下几个方面:第一,原始产权模型重点分析了排他性产权的建立过程。在建立排他性产权的过程中,由于测量或其他方面的原因,一些产权界定的费用太高就会成为公共产权。第二,在原始产权模型中,参与者相互之间的博弈及其根据不断变化的外部力量来选择产权形式,还没有形成相对固定的集团。换句话说,在原始模型里不存在国家,因而政治、法律对产权形成的影响可以

---

① 吕之望:《一个关于产权保护和实施的文献述评》,《江苏社会科学》2003年第1期。

不考虑。第三,在原始产权模型里,资源配置可以达到帕累托最优。这类似于新古典经济学所描述的完全竞争市场。第四,在原始产权理论中政府的作用是不甚明了的,模型假设政府会创造一个一般的产权框架,使个人能够通过劳动分工和市场交易使社会净财富最大化。在存在较高的交易费用的情况下,政府或者将产权直接分配给个人或者重新用其他方式界定产权使财富最大化。

现代产权理论的研究已经远远超越了"很好地发挥作用的市场需要可信的产权"这样相当普通的观点,它已经深入到探索更基础性的问题,如产权怎样形成、意味着什么、怎样得到实施、这些权力怎样被限制以及在不同的制度下怎样进行调整。历史角度的、跨国家的、跨文化的和发展中国家的研究是富有成果的,尤其是在形成一个对产权及其效应的更完整的理解方面。

二、产权的保护

(一) 产权保护的必要性

产权的形成与控制资源的自由使用的问题是紧密联系的,从某种意义上说,产权的起源就是为了避免资源的过度自由使用。"如果不存在对于人力资本、非人力资本和自然资源的自由使用进行约束的制度,那么没有一个社会是能够生存的。自由使用减少了一个社会的财富,在一个资源稀缺的世界上,对于生存是有害的。"[1]也就是说,如果不建立对资源利用的排他性权利体系,就不会有任何经济秩序,社会将通行霍布斯"丛林法则",即处于"一切人反对一切人的战争"状态。

财富的积累是经济发展的物质基础,一旦产权不能保证个人安全获取其所能创造的净收益,人们就会失去创造这些净收益的激励。也就是说,人们利用一种资源的权利得不到保护或不能延续,那么,他将改变甚至放弃对该资源的使用方式,进而转向使用那些需要较少预先投入的资源。换句话说,如果一个社会不能有效的保护财产,那么财产的积累就会十分缓慢,或者财产的价值就会大大降低。

巴泽尔曾指出,任何个人的任何一项权利的有效性都要依赖于:①这个人为保护该项权利所做的努力;②他人企图分享这项权利的努力;③任何"第三方"所做的保护这项权利的努力。

人们对资产的权利(包括他们自己的和他人的)不是永久不变的,它们是他们自己直接努力加以保护、他人企图夺取和政府予以保护程度的函数。最后这点主要通过警察和法庭奏效。如果所有者的财产有可能被盗,那么他对"自己"的财产就不会享有充分的权利,所有者就无法确保自己将来还能使用这些财产。他们实际的权利到底有多大,在一定程度上取决于国家对他们财产的保护效果如何,也取决于他们自己采取何种防卫措施;但按理说,防卫费用越高,权利也就越有保证。[2]为什么经常发生盗窃案的社区房地产价格低呢?因为在那里的财产安全系数低,人们不能充分享有财产的权利。如果在该社区安装防盗设施,或采取其他措施对盗贼严加防范,从而增加盗贼的偷窃成本,那么,

---

[1] [冰]思拉恩·埃格特森:《新制度经济学》,商务印书馆1996年版,第254—255页。
[2] 巴泽尔:《产权的经济学分析》,上海三联书店1997年版,第2、153页。

该社区财产就能得到较好的保护,人们对财产的预期收益会提高,于是,该社区的房地产价格也随之上升。由此可见,产权保护能提升财产的价值,进而使人们获得积累财富的持续激励。真可谓有恒产就有恒心。

有效的产权保护既是一国发展的基础,也是一国稳定的基础。如果可用资产的权利缺失,并且权利的执行不充分时,那么个体将为权利而竞争。这种竞争的成本在总量上可能达到或超过资产本身的价值。这种竞争是一种社会资源的浪费。产权得不到有效保护的损失是无法计量的,甚至整个社会就表现出冲突、混乱、政治无序和经济萎缩(诺思,2010)。

(二)产权保护的机制

埃格特森认为,控制资源的自由使用和确立排他性权利的社会机制包括四个相联系的方面:①用武力或武力威胁建立排他性;②价值体系和意识形态,用以影响私人的动机从而降低排他性的成本;③习俗和习惯法,如在前国家的社会中的一些界定个人所从属的氏族、复仇群体、合法婚姻以及其他的一些行为规则;④由国家或其他代理机构强制实施的规则,包括宪法、成文法、普通法和行政法规。① 我们分别介绍无国家社会和有国家社会的产权保护机制。

1. 无国家社会的产权保护机制

所谓无国家社会是指没有正式的政府机构和立法者、法官、政治家、检察官和行政官员这些专门的职位的原始社会。无国家社会的秩序和凝聚力从何而来?产权如何得到保护?贝茨和埃文斯·普里查德对于非洲尼罗河地区努埃尔人游牧部落中的秩序形成和维持,用博弈论的囚犯困境的模型进行了解释。

努埃尔人的经济以牛为基础,牛属于排他性的,归一个大家庭所共有——基本的所有权单位包括父亲、他的儿子和他们的妻子,努埃尔人不能够依靠任何权威机构保护他的牛,他只能靠自己的个人力量捍卫他的权利。②

让我们设想有两个大家庭的情况,A 和 B,每家有同样的武力潜能和侵犯倾向,每家都拥有相当于 10 头牛(努埃尔人的货币单位)的净财产。每家都有两种行为选择:侵犯对方和不侵犯对方。两个策略的收益与另一家的策略选择相关,因而就有四个可能的结果,下面就是一个假设的收益方阵 1:

	家 庭 B	
	侵犯	不侵犯
家庭A 侵犯	(4,4)	(18,2)
家庭A 不侵犯	(2,18)	(10,10)

如果两家同时选择非侵犯策略使财富总量达到 20 头牛并两家平分;如果双方同时选择侵犯策略则消耗了资源,将财富总量降为 8 头牛,也同样由两家平分。最后,如果只

---

① [冰]思拉恩·埃格特森:《新制度经济学》,商务印书馆1996年版,第254—255页。
② 这一例子来自贝茨(1983),"The Preservation of Order in State less Societies: A Reinterpretation of Evans - Pritchad's *The Nuer.*" Chapter I in *Essays on the Political Economy of Rural Africa.* (Cambridge: Cambridge University Press) p. 9~13。

有一方采用侵犯策略。财富总量不变,但从(10,10)分配变成了(2,18)或(18,2)的分配。在不知道对方策略的情况下,要求每一方都作出不可更改的选择,就会导致囚犯困境,这时,不管对方采取什么策略,每一方选择侵犯策略可以使他的期望财富达到最大化——因为 4＞2,18＞10。均衡的结果是(侵犯,侵犯),这是一个产权得不到保障的社会,也许最终会导致牛的养殖与放牧在经济上根本得不偿失。

要解决这个基本的社会困境,就必须给对策者加以外部约束或内在化价值以改变收益方阵的相互关系,使结果(侵犯,不侵犯)或(不侵犯,侵犯)对于每一个潜在的侵略者不再有吸引力或不再可能。例如,我们可以改变游戏规则,通过引入一个第三者(一个仲裁者)使双方都知道对方会对侵犯行为进行报复——这样(侵犯,不侵犯)或(不侵犯,侵犯)的结果就不可能再出现,变为收益方阵2:

	家 庭 B	
	侵 犯	不侵犯
家庭A 侵 犯	(4,4)	(0,0)
不侵犯	(0,0)	(10,10)

如果武力报复的威胁是确定的,那么理性的和追求财富极大化的家庭现在就会选择非暴力,这样只会有一个选择结果(10,10),当然要优于(4,4)。

贝茨(1983)模型对努埃尔人产权的保护机制进行了分析,其中还包括习惯法和意识形态的影响。比如宗教信仰,在许多部落中,存在着这样一个普遍的信仰:对本部落成员的侵犯会带来一连串的天灾、瘟疫和其他灾难。在许多无国家社会,复仇群体(vengeance groups)的出现增加了被侵害方报复侵略者的倾向。而对宗教和巫术的信仰可以帮助人们建立秩序,减少暴力冲突。在无国家社会,还有另一种社会安排可以建立秩序和降低保护产权的费用,这就是补偿制度。在一个补偿制度下,侵犯别人产权的人必须赔偿受损者,这样就改变了游戏规则,从而会改变参与者所面临的收益方阵。

报复和赔偿都对潜在的侵略者起到了威慑作用,并降低了保障产权的成本。但是,赔偿过程所产生的敌对群体之间的高额谈判成本又如何降低呢? 贝茨认为需要通过一个中立仲裁者,在努埃尔人中,这位仲裁者就是文身的头领,他并不依靠任何强制的权力,通过仲裁降低了解决纠纷的交易成本。此外,异族通婚的习惯法,使原本相互争斗的复仇群体的成员之间形成了亲戚关系、朋友关系等。这种横向关系的形成,导致了对本部落忠诚冲突的成本,冲突双方的相互关系降低了侵犯他人产权的净收益,会使人们更愿意通过仲裁来解决争端。由此可见,习俗和信仰共同增强了无政府社会的内在秩序的稳定性。这也是人们为什么选择合作而非侵犯的原因。

总之,无国家社会为我们研究习俗和私人保护对经济行为的影响提供了样本。自我强制、习惯法和价值体系对于阻止自由使用和有害的掠夺财富的活动都有十分关键的作用。

2. 有国家社会的产权保护

有国家社会的产权保护从由自愿性团体进行的非官方管理转向国家管理。因为国家具有使其内部结构有序化的相应规则,并具有实施规则和与其他国家竞争的强制力,即与其他组织相比,国家具有"暴力潜能"的优势。正如诺思指出:"国家可视为在暴力方面具有比较优势的组织,在扩大地理范围时,国家的界限要受其对选民征税权力的限制。产权的本质是一种排他性的权利,在暴力方面具有比较优势的组织处于界定和行使产权的地位。……在这里,理解国家的关键在于为实行对资源的控制而尽可能地利用暴力。"①

诺思提出的"暴力潜能"这个范畴具有丰富的内涵,它既包括军队、警察、监狱等暴力工具,也包括权威、特权、垄断权等"无形资产"。若暴力潜能在公民之间进行平等分配,便产生契约性的国家;若这样的分配是不平等的,便产生了掠夺性(或剥削者)。

暴力实质上也是一种资源。在国家未产生以前,这些暴力资源都分部在"社区"或"庄园"之类组织的手里。显然,暴力资源的这种分散配置方式无疑是低效的。在这种情况下,产权保护的费用也就相当高了。这时的一个基本规则是,暴力潜能形成的边际成本等于产权保护的边际收益。国家在暴力方面的比较优势表现在以下两个方面:第一,国家暴力是对付暴力的暴力,即对付非法暴力的合法暴力,这种合法性起源于每个人捍卫自己利益,抵御别人侵害的合法权利。第二,国家暴力只有在能够实现某种社会合作,并且比其他制度(如市场和其他组织)更有效时,才被采用。国家暴力资源之所以能更有效的使用在于其能达到规模经济和防止"搭便车"问题。例如,在一个可能遭到进攻的社区中怎样建立防御体系的问题。"安全"对社区中的每一个成员来说都是"公共产品"。因此用市场的方法"购买安全"就有可能失败,因为"安全"一旦被提供,对社区的所有成员都是一样的,但不同成员对安全的需求是不同的,例如富人对安全的需求远远大于穷人对安全的需求,并且有人还会采取"搭便车"的行为:不为"安全"付费也会享受安全的好处。这样一来,整个社区因此建立不起来有效的防御体系。这时,采取政府的形式,强制性地要求每个成员为"安全"付费,就是解决"搭便车"问题的有效方法。政府在这方面的价值,就是政府所保护的社区若没有"安全"这种产品所遭受的损失。在历史学演进中,那些没有建立政府的社区就会因没有良好的防御体系,被别人征服而消失。

国家或政府对产权的保护(防止一些公民受另一些公民的强制)能增进秩序。如果我们处于无政府状态中,所有公民都必须抵抗他人以保卫其财产,那将会代价极高。而极高的排他成本和强制执行成本会抑制大量有利的劳动分工并阻碍繁荣。因此,在现代国家里,要求政府在行使其保护性职能时予以强制执行的许多规则都被正式地制定在刑法和民法之中。另外,政府的保护还指防止外部威胁,即抵御外来强制,保护公民们眼前的和将来的自由(安全)。

值得注意的是,政府保护性职能也是有局限性的。在政府的保护性职能中,有相当一部分是通过政府管制来实现的。现在,许多国家在保健、安全和环境方面正实施着的大量管制,这类管制的激增造成了交易成本,并削弱着竞争市场的协调控制功能。问题并不在于有这样的专项干预,而在于这类干预的广泛影响和高发生率。因此,对这类管制措施中的每一项,都必须根据其可能给整个制度系统带来的成本和收益来加以评估。在政府的保护性职能中存在一种倾向,即喜好强调安全,而不惜牺牲对竞争系统协调能力和控制能力的培育,并因而牺牲繁荣。对每一项管制措施,我们都要权衡与长期社会成本相对应的长期社会效益。

---

① 道格拉斯·诺思:《经济史中的结构与变迁》,上海三联书店1994年版,第21页。

总之,在国家产生之前的社会和存在正式政府的社会一样,必须至少在最低限度上通过界定个人排他性权利或制定公社内部的管理规则、传统和禁忌来保证合作和维护产权结构。在这些社会中,由个体相互制约形成的规则和习俗是对于经济行为者的最关键的社会约束。但是早期的制度结构根本不能用来支持非相关个体间复杂的交换关系,这种交换关系伴随着高度发达的专业化生产和大市场、先进的技术及时间密集型的生产形态。如果没有国家以及相应的制度和对产权的支撑组织,那么高交易成本将使复杂的生产系统瘫痪,也不会有涉及长期交换关系的投资。[①]

第四节 科斯定理

一、庇古税和科斯问题

科斯把毕生精力用于分析影响生产的产权制度结构上,而科斯的产权理论可以说,是以"外部性"问题的分析为出发点的。其思想主要体现在他1959年的《联邦通讯委员会》和1960年的《社会成本问题》两篇论文当中。科斯通过对十个相互伤害案例的研究来阐述自己的产权理论。所谓科斯定理,实际上科斯本人从未归纳过,它是斯蒂格勒[②]根据《社会成本问题》一文中的一系列案例提出的。

在《联邦通讯委员会》中,科斯认为,面对人们争相广播引起的相互干扰,应通过在频率中划分产权,让市场来解决这一问题。只要对产权作明确的划分,减少总产出损失的目标可通过市场本身轻而易举地达到,而且还会更有效。[③] 这篇论文的观点,已包含了后来被称为"科斯定理"的基本内容。

在《社会成本问题》中,科斯不赞同传统的福利经济学解决"外部性"的方法。他认为当A污染了B,对B产生了"负外部性"后,可以通过对A征税、追究A的法律责任等方式来解决,是不对的。福利经济学在此忽视了"外部性"问题的"相对性":"问题通常被想成是:A对B造成损害我们应该如何制约A?但这种想问题的方法是错误的。我们所处理的问题是相对的。若想避免对B造成损害则势必对A造成伤害。故其真正的问题是:应该允许A损害B,还是允许B损害A?核心所在,乃是怎样避免较大的损害。"[④]在科斯看来,对A的限制会引起A的损失,不限制A会引起B的损失。如果对A的限制所引起的损失大于不对A进行限制,则不限制A(听任A去损害B)的社会总产值要大于限制A(使A不去损害B)的社会总产值。因此,解决外部性问题的宗旨是使社会总产值最大化,而不应该拘泥于使A的私人成本与社会成本相等。

应该强调的是,科斯把对别人造成损害的权利看做一种生产要素,生产要素的使用能

---

① [冰]思拉恩·埃格特森:《新制度经济学》,商务印书馆1996年版,第284页。
② Stigler,1968,*The Organization of Industry*. Homewood,Il1,Richard D. lrwin.
③ [美]罗纳德·哈里·科斯:《联邦通讯委员会》,载于科斯《企业、市场与法律》,上海三联书店1990年版,第24—64页。
④ Coase,1988,The Firm,*The Market and the Law*,University of Chicago Press,P.96.

为其所有者创造价值,即 A 损人的权利能为他带来利己的结果。但 A 是否能得到这种权利,要根据产值最大化要求而定,即只有当 A 能带来更大的社会总价值时,才应该给予 A 损人利己的权利。在这一意义上,任何外部性损害都是相互的。从法律逻辑上作出谁对损害负责的决定并不能替代经济学的分析,因为经济学的目的是:社会总价值最大。只有符合这一目的的法律行为才是最优的。所以科斯指出:"必须从总体的和边际的角度来看待外部侵害问题。"[1]权利界定后,不论属于谁,只要交易费用为零,资源配置均可通过市场交易达到最优。为了真正弄清"科斯定理"的含义,我们将以空气污染为例来说明。见图5.2。

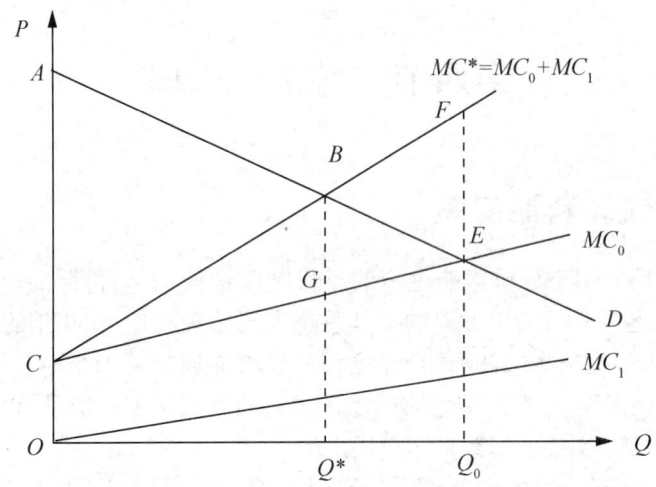

图5.2 外部性与资源配置效率的关系

我们分析的前提是假设污染问题不能通过价格机制来解决。如果某一地区有许多企业,它们生产某一产品的私人边际成本曲线用 MC_0 表示。并且企业在生产过程中会导致空气污染,随着产量的增加,污染空气的数量将增加。不同空气污染数量给附近居民带来的边际成本曲线用 MC_1 表示。这样企业生产的边际社会成本曲线就为 $MC^* = MC_0 + MC_1$。由于 MC_1 无法通过价格机制得到实现,所以,企业从事生产活动时只考虑它们的私人边际成本,企业的供给曲线 S 将和 MC_0 重合。假设该商品的市场需求曲线为 D,则在完全竞争市场条件下,价格机制实现的竞争均衡产量为 Q_0。但从社会的角度看,该产量水平并不具有帕累托最优的性质。因为当产量为 Q_0 时,企业为生产 Q_0 支付的私人总成本是四边形 $OCEQ_0$ 的面积,强加给附近居民的总成本是三角形 CEF 的面积,企业生产 Q_0 的社会总成本是四边形 $OCFQ_0$ 的面积,即 $OCFQ_0 = OCEQ_0 + CEF$。净经济价值为三角形 ABC 的面积减净社会福利损失,即三角形 BEF 的面积。

反之,当我们把产量限定在 Q^*,或者像庇古设想的那样,对企业征收 BG 数量的污染税,使企业污染给附近居民带来的边际成本内部化,企业生产的私人边际成本将等于社会总边际成本,企业供给曲线将和 MC^* 重合,它与需求曲线 D 相交于 B 点,实现竞争均衡产量 Q^*,避免了以三角形 BEF 面积表示的社会净福利损失,使净经济价值达到最大,实现了帕累托最优。

---

[1] Coase, 1960, "The Problem of Social Cost", *Journal of Law and Economics*, 3 (October), p.76.

在图 5.2 中，当企业不考虑空气污染给附近居民带来的边际成本时，竞争性均衡产量 Q_0。我们现在进一步假设产量与空气污染量之间的比例是 1:1，则所有企业的空气污染量也是 Q_0。这样图 5.2 中企业空气污染给附近居民带来的边际成本曲线 MC_0 就可以用图 5.3 中的 MC 曲线来表示。当我们从左往右看横轴时，MC 曲线表示企业增加空气污染量给附近居民带来的边际成本；当我们从右往左看横轴时，MC 曲线代表企业降低空气污染量给附近居民带来的边际收益，或者表示附近居民对清洁空气的需求曲线。纵轴在这里则相应表示企业不同空气污染量给附近居民带来的边际成本，或附近居民对清洁空气的需求价格。

当企业采用更清洁的生产方法以减少空气污染量时，企业的边际成本将会增加；反之，企业则可节约生产成本，增加收益。假设产量和空气污染量的比例不变(1:1)，在图 5.3 中我们用清洁空气的数量来标示企业采用更清洁的生产方法。且企业采用更清洁的生产方式付出的边际成本可以看做其污染空气所获得的边际收益，用 DD 曲线表示。当我们从左往右看横轴时，DD 曲线表示企业污染空气的边际收益或对污染空气的需求；当我们从右往左看横轴时，DD 曲线表示企业采用更清洁的生产方式的边际成本或污染的供给。纵轴则代表企业不同空气污染量对应的边际成本，或附近居民对清洁空气的需求价格。另外，在图中 DD 曲线、MC 曲线、横轴和左右两条纵轴一起，将 DD 曲线和 MC 曲线下面的面积分成 B、C、D、E 四部分。

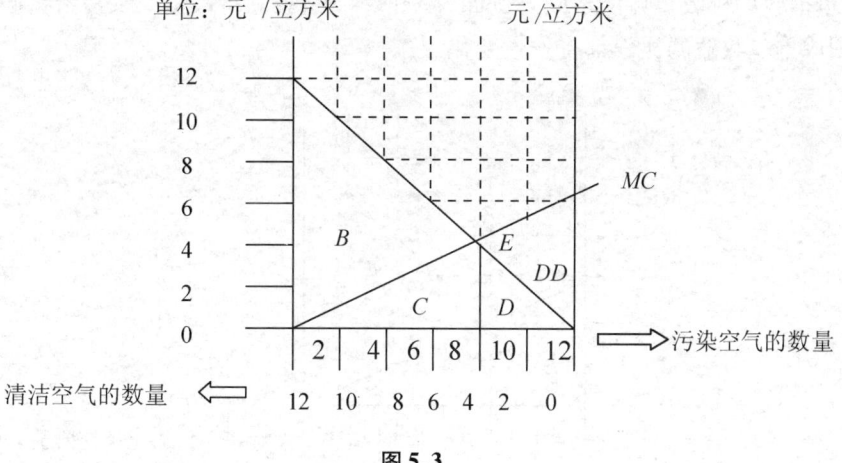

图 5.3

当 DD 曲线表示企业污染空气的边际收益时(从左往右看)，它下面围起来的面积表示不同空气污染量所增加的利润。例如，当污染 8 立方米空气时，企业利润为 $B+C$ 元；当污染 12 立方米时，企业利润为 $B+C+D$ 元。当 DD 曲线表示采用更清洁的生产方式的边际成本时(从右往左看)，它下面围起来的面积表示企业为减少污染所放弃的利润。例如，企业为附近居民提供 4 立方米的清洁空气，将放弃 D 面积的利润；当企业为附近居民提供 12 立方米清洁空气时，企业放弃的利润 $B+C+D$ 元。

现在我们来分析 MC 曲线，它表示企业空气污染给附近居民造成的边际成本，它下面围起来的面积表示不同空气污染量给附近居民带来的总成本或福利损失。例如，当污染

8立方米空气时,给附近居民带来的总成本是 C 元;当污染12立方米时,居民的福利损失为 $C+D+E$ 元。

由于前面假定企业与居民无法通过价格机制来解决企业制造的空气污染这种外部性,那么企业将根据利润最大化原则,制造12立方米的空气污染。此时企业收益为 $B+C+D$ 元,给居民带来的总成本是 $C+D+E$ 元。社会净经济价值等于企业获得的收益减附近居民承担的成本,即 $(B+C+D)-(C+D+E)=B-E$。在此,B 相当于图5.2中三角形 ABC 的面积,E 相当于图5.2中三角形 BEF 的面积。从图5.3中,我们可以计算出 $B=48$,$E=12$;则 $B-E=36$(元)。显然,竞争性均衡决定的空气污染量12立方米不具有帕雷托最优的性质。如果通过某种途径把空气污染量降低到8立方米,此时企业的收益为 $B+C$ 元,给居民带来的总成本是 C 元;附近居民则享有4立方米的清洁空气,其福利水平为 $D+E$ 元,给企业带来的成本是 D 元;企业和附近居民的收益减去两者的成本,净经济价值等于 $B+E=48+12$,即60元,比企业实现最大化利润时污染12立方米空气的净经济价值36元高出24元;且任何偏离8立方米的污染量都会使净经济价值低于60元。所以,此时的8立方米的空气污染量具有帕雷托最优性质。

按照庇古的看法,既然企业与居民无法通过价格机制将企业的空气污染量限制在8立方米,那么当企业污染超过8时,政府应该对企业每污染1立方米空气征收大于或等于4元的税收。当然,企业污染的边际成本和边际收益不同,最优污染量也不同,超过最优污染量征收的税收也可能不同。例如,在图5.4中,我们将最优空气污染量假设为4立方米,则成本—收益的比较都将发生变化。①

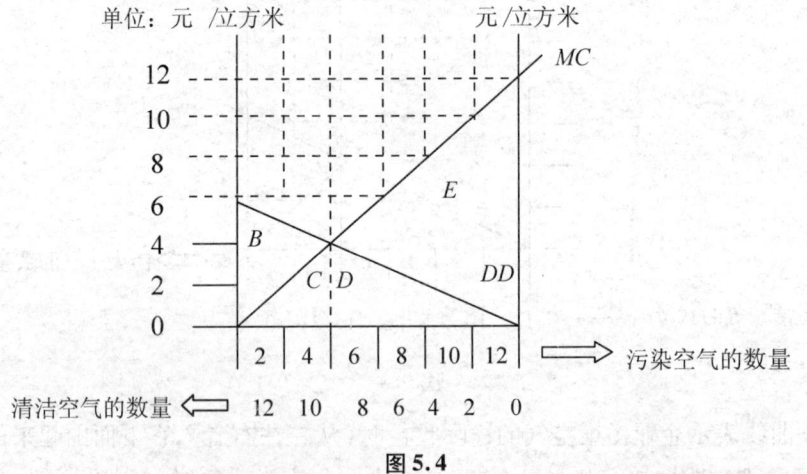

图5.4

关于庇古税的传统批评是其可行性,即庇古税隐含着一个假定"调节者已经完全通晓国民经济,因此能够计算最优税收,或者私人经济行为者的策略行为似乎并不根据他们的私人信息。但情况常常不是这样。问题是设法获得这个私人的信息,并使用它计算

---

① 在这里我们只考察了解决外部性的方法之———庇古税,其实还有另一种方式就是关闭污染企业。当污染的成本收益如图5.3所示时,关闭企业社会福利得到改善,因为 B>E;相反,当污染的成本收益如图5.4所示时,关闭企业将降低社会福利水平,因为 B<E。

税收,这是个困难的问题。"①

科斯没有走传统批评的老路,而是提出问题:为什么不能在外部性的制造者和受害者之间建立一个外部性市场?或者说,为什么外部性无法通过价格机制得到配置?显然,这个问题在科斯的《企业的性质》论文中,就有了答案——交易成本的存在。因为在科斯看来,利用市场或居民与企业就外部性进行交易是有成本的。在此基础上,科斯进一步思考的是:当交易成本等于零时,企业和居民将通过交易把最优空气污染量限制到什么程度?当交易成本大于零时,最优空气污染量又是多少?对这些问题的思考,构成了《社会成本问题》的核心内容,也是科斯定理的核心所在。

二、科斯定理 I

科斯定理 I 是指,当交易费用为零时,只要允许自由交易,不管产权初始界定如何,最终都能实现社会总产值的最大化,即帕累托最优状态。换句话说,当权利任意配置可以无成本地通过市场得到重新配置时,可交易的权利初始配置不会影响它的最终配置或社会福利,因为权利的任意配置可以无成本地得到相关主体的纠正。因此,仅仅从经济效率的角度看,权利的一种初始配置与另一种初始配置并无差异。下面我们可以通过几何论证来证明科斯定理 I 的成立。

如前所述,在图 5.3 中,当企业享有污染空气的权利但无权出售这种权利时,它们将污染 12 立方米,我们可以计算出社会净经济价值为 $B - E = 36$(元)。同理,我们可以推算出图 5.4 中的净经济价值为 -36 元。反过来,假设居民享有清洁空气的权利但同样不可以交易。在图 5.3 中,附近居民享有 12 立方米清洁空气,获得的总收益是 $C + D + E$ 元,企业为此承担的总成本是 $B + C + D$,净经济价值是 $E - B$,即 -36 元。同理可以求出图 5.3 中的净经济价值是 36 元。我们把上述结果用表 5.1 表示。

表 5.1 权利不可交易前提下的福利影响

	图 5.3	图 5.4
企业拥有空气污染权	净经济价值等于 36 元	净经济价值等于 -36 元
附近居民享有清洁空气权	净经济价值等于 -36 元	净经济价值等于 36 元

从表中我们可以看出,即是在产权不可以交易时,产权归属界定仍然影响着经济效率的高低。当空气污染给企业和居民带来的成本—收益具有图 5.3 形状时,把权利界定给企业比界定给居民有效率;反之,在图 5.4 中,把权利界定给居民比界定给企业更有效。因此,科斯指出,当甲给乙造成损害时,"必须决定的真正问题是:是允许甲损害乙,还是允许乙损害甲?关键在于避免较严重的损害。"②

现在,我们假设政府把权利判定给企业或居民一方,并允许它们把这种权利用于交易。那么企业和居民就没有必要在污染和清洁空气之间作出非此即彼的选择。因为,他

---

① 《新帕尔格雷夫经济学大辞典》,第二卷,经济科学出版社 1996 年版,第 282—283 页。
② 科斯:《论生产的制度结构》,盛洪等译,上海三联书店 1994 年版,第 142 页。

们可以通过交易来实现某种组合,且企业和居民都会认为这种组合优于最初权利界定。

首先,我们假定政府把权利界定给居民,只要愿意,他们可以自由出售这些清洁空气。由于交易成本为零,企业与居民之间的竞争将使企业对空气的污染的需求曲线 DD 与居民对清洁空气的供给曲线 MC 相交,见图5.5。

在图5.5(a)中,企业将按每立方米4元的价格从居民手中购买4立方米的空气污染权。此时,企业将污染4立方米空气而放弃污染剩下的8立方米空气。在图5.5(b)中,企业将按每立方米4元的价格购买8立方米的污染权。这样,两图中,企业污染空气获得的价值是 $B+C+D$ 元,支付的成本是 $C+D$ 元,剩余是 B 元。居民出售清洁空气的收益是 $C+D$ 元,完全能弥补企业污染强加给他们的福利损失 D 元,他们的剩余是 C 元。因此,污染空气带来的净社会经济价值是 $B+C$ 元,居民现有清洁空气的净经济价值是 $E+F$ 元,全社会共享有净经济价值是 $B+C+E+F$,即60元,实现了帕雷托最优。

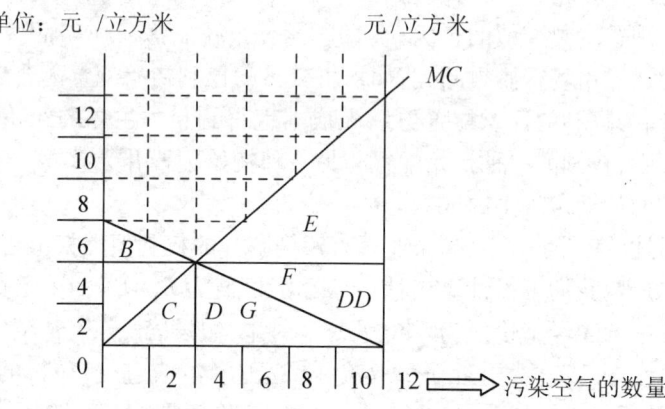

图5.5(a)

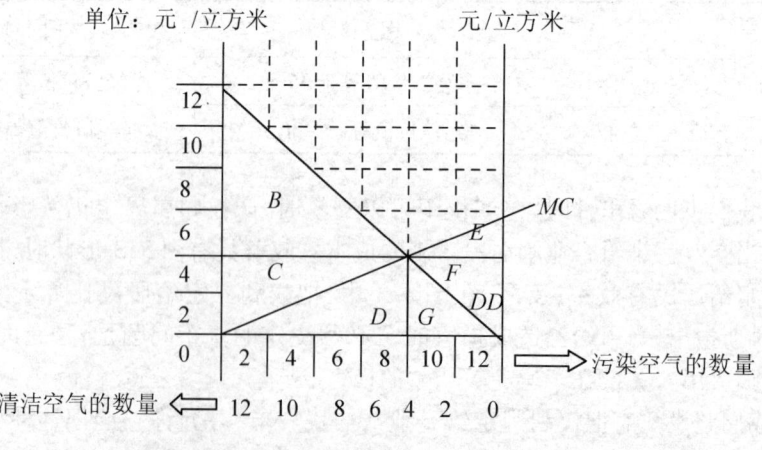

图5.5(b)

现在,我们假设把污染权利界定给企业,只要他们愿意,也可以自由出售这些权利。那么,如果居民想降低空气污染,就必须从企业那里购买清洁空气。当居民在企业那里购买了清洁空气,实际上就是企业放弃污染权。在图5.5(a)中,假设居民购买了8立方米的清洁空气,在图5.5(b),则购买了4立方米的清洁空气。那么,两图中居民购买清洁空气带来的价值是 $E+F+G$ 元,支付的成本是 $F+G$ 元,剩余是 E 元。企业出售清洁空气的收入是 $F+G$,完全能弥补它们因放弃污染而失去的潜在利润 G 元。它们的剩余是 F 元。由此可见,与把清洁空气权界定给居民得到的结果相同:企业污染空气带来的净经济价值是 $B+C$ 元,居民现有清洁空气的净经济价值是 $E+F$ 元,全社会享有的净经济价值是 $B+C+E+F$,即60元,实现了帕累托最优。所不同的是它们的最优清洁空气量的差别。在图5.5(a)中,最优空气污染量是4立方米,最优清洁空气量为8立方米;在图5.5(b),两者恰好相反。这说明,无论政府把污染权界定给那一方,得到的结果是完全一致的。这一结果是我们看到,在交易费用为零的世界里,产权只要完全界定给一方或另一方,并允许他们把这些权利里用于交易,就可以通过市场机制有效率地解决外在性问题。这引起了经济学家们的极大重视,乔治·斯蒂格勒最先把这个结论归结为科斯定理。①

三、科斯定理Ⅱ

科斯定理Ⅱ是指,交易费用为正的情况下,可交易权利的初始安排将影响到资源的最终配置。在引入交易费用以后,对外部侵害的权力调整只有在经过调整后的产值增长大于它所带来的成本时方能进行。所以,"合法权利的初始界定会对经济制度运行的效率产生影响,权利的一种安排会比其他安排带来更多的产值"②,也可能有更高的费用。换句话说,市场交易费用影响着资源配置的效果。科斯定理Ⅱ有两层含义:第一,在交易成本大于零的现实世界,产权初始分配状态不能通过无成本的交易向最优状态变化,因而产权初始界定会对经济效率产生影响;第二,权利的调整只有在有利于总产值增长时才会发生,而且必须在调整引起的产值增长大于调整时所支出的交易成本时才会发生。下面我们仍然用前面的例子来说明,当交易费用大于零时,空气污染数量和它对社会福利水平的影响。

我们假设在每次交易中,双方都要承担一定的交易费用。且企业从居民手里购买空气污染权时,双方实现每立方米空气交易支付的成本是3元;居民从企业手里购买清洁空气时,双方实现每立方米空气交易的费用是6元。这样假设的目的是为了说明买卖双方的市场地位可能影响到交易费用。

在图5.6(a)中,我们假定政府把12立方米清洁空气界定给居民,企业将购买2立方米空气污染权。企业为每立方米空气污染权支付的需求价格是5元,居民出售每立方米清洁空气的供给价格是2元。二者之差就是企业和居民实现每立方米空气交易的费用。这样,实现2立方米空气交易的总费用是面积 B,等于6元。经社会福利损失三角形是面积 C,等于3元。空气污染过少(2立方米取代了4立方米),社会福利损失增加。换句话说,清洁空气过多(10立方米取代8立方米)。社会福利损失等于交易费用与净社会福利损失三角形之和,即 $B+C=9$,净经济价值等于 $60-9$,即51元。

---

① 乔治·J.斯蒂格勒:《价格理论》,第三版,麦克米伦公司1996年版,第113页。
② 科斯:《社会成本问题》,载科斯著《企业、市场与法律》,上海三联书店1990年版,第92页。

我们进一步在图 5.5(a)中讨论,现在假设政府把 12 立方米空气污染权界定给企业,实现每立方米空气交易的费用是 6 元,附近居民将从企业购买 4 立方米的清洁空气。居民愿意支付的需求价格是 8 元,企业供给价格是 2 元,两者之间的差额则是居民和企业实现每立方米空气交易的费用。结果,4 立方米空气交易的总费用是面积 D,即 24 元。由于空气污染过多(8 立方米取代立方米),居民的净福利损失上升,面积为 E,即 12 元。两者相加,社会福利损失是 D + E,即 36 元,净经济价值则为 60 − 36 = 24(元)。

可见,这里政府把权利界定给居民还是界定给企业所带来的净经济价值是不同的,前者的界定净经济价值要大于后者的界定。所以,就本例而言,从经济效率的角度看,政府应该将清洁空气的产权界定给居民。

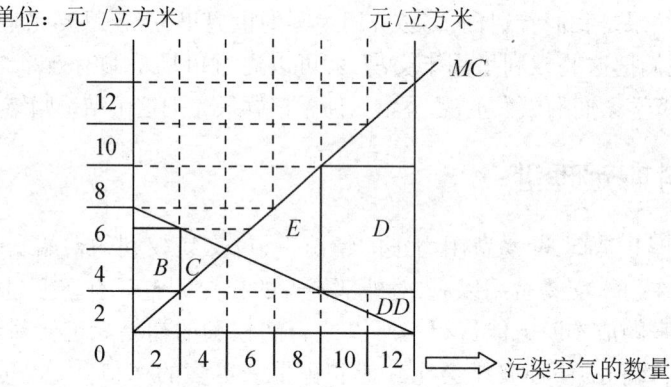

图 5.6(a)

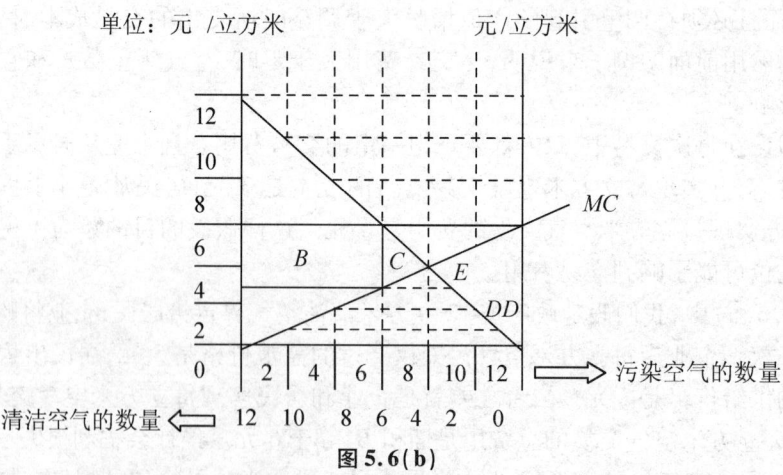

图 5.6(b)

图 5.6(b)则提供了一个不同的情形:假设政府把 12 立方米清洁空气判定给居民,并假设企业与居民实现每立方米空气交易的费用为 3 元,企业将购买 6 立方米(而不是 2)空气污染权。实现 6 立方米空气交易的总费用是面积 B,即 18 元。净社会福利损失是面积 C,即 3 元。净经济价值等于 60 − 21 = 39(元)。反之,如果政府把 12 立方米空气污染权界定给企业。居民本想从企业购买一些清洁空气,但企业和居民发现,他们实现每立

方米空气交易的费用是 6 元,大于每立方米清洁空气带来的净经济价值,使清洁空气的交易是一种得不偿失的行为。净经济价值此时为 60 - 12 = 48(元)。所以,在图 5.6(b)情况下,政府应该把空气产权界定给企业,即使这样会导致 12 立方米的空气污染,但是这种产权初始界定将使净经济价值达到最大,或社会损失最小。

图 5.6(b)还说明,产权界定的目标不应该仅仅是单位交易成本或总交易费用或净社会福利损失三角形中的某一项指标最小。因为,在图中可以看到,如果只注重单位交易成本或净社会福利损失三角形,政府都应该把 12 立方米空气界定给附近居民而非企业。但是,把 12 立方米空气做这样的出使产权界定,其社会福利损失可能比界定给企业要大(见表 5.2)。

表 5.2　交易费用大于零时产权的不同界定对净经济价值的影响

	图 5.6(a)	图 5.6(b)
企业拥有空气污染权	净经济价值为 24 元	净经济价值为 48 元
居民享有清洁空气权	净经济价值为 51 元	净经济价值为 39 元

既然权利的初始安排将影响社会福利,因此,提供较大社会福利的权利初始安排就较优。产权界定的目标是使净经济价值最大化,或社会福利损失最小化,这正是科斯 II 定理的含义所在。根据这一定理,我们可以推论:第一,在选择把全部可交易权利界定给一方或另一方时,政府应该把权利界定给最终导致社会福利最大化,或损失最小化的一方;第二,一旦初始权利得到界定,仍可能通过交易来提高社会福利。但是,由于交易费用为正,因此,交易最多只能消除部分而不是全部与初始权利安排相关的社会福利损失。

由此可见,科斯 II 定理揭示了通过调整产权初始界定来提高经济效率的可能性,并提出了两种权利调整的方式——用组织企业或政府管制代替市场交易。并指出,这两种调整方式同样是有成本的。从科斯定理中我们得知,市场并不是唯一配置资源的方式,除此以外,企业和政府也可配置资源。企业和政府配置资源可以不通过市场进行,从而可以节约市场交易费用。根据科斯的企业理论,企业代替市场的原因是,企业通过市场一次性购买(生产要素)各方的权利。然后企业在内部通过行政决定方式配置资源,这就避免了不断重复进行市场交易所需的费用。政府在这方面的情况虽然类似于企业,但存在重大差别。因为政府的地位是垄断的,而企业存在竞争;政府可以回避市场,企业则与市场存在替代关系;政府可以对社会规定生产要素的使用方向,它甚至可以没收财产,企业不存在这种可能。政府在资源配置上的这些特点,显然不存在市场交易费用。但值得注意的是,无论是企业还是政府配置资源,它们虽然可以避免市场交易费用,但是将会产生非市场交易费用。这种交易费用在企业方面表现为,企业内部组织交易代替市场交易时所产生的管理费用;在政府方面表现为,政府用行政和命令代替市场交易时所产生的行政管理费用(包括经济信息、制定法规政策、保证其决定的落实等活动所需的费用)。

总之,在科斯看来,任何一种权利安排都需要费用,问题的实质只在于选择一种费用较低的权利安排方式。现实中不存在某一种安排方式在任何领域费用都最低的情况,从而根据费用较低原则,市场、企业、政府都有其资源配置功能上的最优边界。从动态上看,三者的最优边界会由于某一配置资源的费用变化而变化。例如,公司制度的发明使企业内部配置资源的费用降低。从而,社会的经济运转、资源配置过程就是一个以交易费用最低为原则,不断地重新安排权利、不断地调整权利结构的过程。

四、科斯定理Ⅲ

科斯定理Ⅲ是指,当交易费用大于零时,产权的清晰界定将有助于降低人们在交易过程中的成本,改进效率。换句话说,如果存在交易成本,没有产权的界定与保护等规则,即没有产权制度,则产权的交易与经济效率的改进就难以展开。由政府选择某个最优的初始产权安排,就可能使福利在原有的基础上得以改善;并且这种改善可能优于其他初始权利安排下通过交易所实现的福利改善。

我们仍从图5.6(a)出发,在前面的分析中我们已经知道,政府把12立方米清洁空气全部界定给居民的效率要高于把12立方米空气污染权界定给企业。从这一产权的初始界定出发,我们曾假定企业将购买2立方米空气污染权,交易完成后,空气最终配置是企业拥有2立方米空气污染权,居民拥有10立方米清洁空气。社会福利损失是$B+C$,其中B是交易费用,C是净社会福利损失三角形。可见居民和企业通过市场行为,改进了权利的初始配置。

以上例证说明,权利的可交易性能够改善权利的初始安排,增加社会福利水平。同时我们也可以推论出,市场并不是唯一的配置方式,我们也可以通过产权的清晰界定来配置资源。如果政府一开始就能在经济活动主体之间较为准确地分割权利,那么,它将更能增加社会福利水平。科斯曾指出:"甚至当有可能通过市场交易改变权利的法律界定时,显然也需要减少这种交易的必要性,从而减少进行这种交易的资源耗费。"①

例如,政府如果一开始就把2立方米空气污染权界定给企业,把10立方米清洁空气界定给居民,这就消除了所有改善福利性质的交易,为社会节约了交易成本B元,净社会福利损失就只有C。有趣的是,另一种初始安排得到的结果与此相同,那就是把6立方米空气污染权界定给企业,6立方米清洁空气界定给居民。这两者造成的社会福利损失正好相等,都为3元。②

政府甚至可以做得更好,把4立方米空气污染权界定给企业,8立方米清洁空气界定给附近居民。这种产权配置不仅可以消除所有改善福利的交易,从而消除所有交易成本,而且还可以消除整个净社会福利损失。可这必须有一个前提——政府拥有完全信息。

实际上,前面我们论证过,在交易费用大于零的情况下,尽管政府不可能拥有完全信息,但它能够把2立方米以上、6立方米以下的空气污染权界定给企业,从而把净社会福利损失减低到C以下,相应地增加社会福利。把2立方米以上、6立方米以下的空气污染权界定给企业所产生的结果,比任何通过交易来实现的结果都要好。

由此可见,当交易费用大于零时,由政府选择某个最优的初始产权安排,就可能使福

---

① 科斯:《论生产的制度结构》,洪盛等译,上海三联书店1994年版,第161—162页。
② 当把2立方米空气污染权界定给企业,10立方米清洁空气界定给居民时,社会福利损失是3元。我们还可以找到相同的结果,即从DD曲线与MC曲线的交点所确定的污染和清洁空气数量出发,向右移动到社会福利损失为3元时对应的污染和清洁空气的数量。

利在原有的基础上得以改善;并且这种改善可能优于其他初始权利安排下通过交易所实现的福利改善。这就是科斯定理Ⅲ的内容。其实质是,在交易费用为正的真实世界里,如果政府选择了某种最优的产权初始安排,那么,经济主体之间的纠正性交易将变得没有必要,纠正性交易的交易费用就能节约。当然,该定理的假设是较为苛刻的,即政府能够成本较低地近似估计并比较不同权利界定的福利结果,同时它还假定政府能公平和公正地界定权利。①

五、科斯定理相关的定理

与科斯定理相关定理包括相对于霍布斯规范定理而言的"规范的科斯定理"、波斯纳定理和政治科斯定理。

(一) 霍布斯规范定理和"规范的科斯定理"

合作能够产生经济剩余,这是经济学的一个基本原理。17世纪著名的哲学家托马斯·霍布斯看到了尽量使不合作的损失降到最小的重大意义。他认为即使不存在什么严重的谈判障碍,人们也没有充分的理性在分享合作剩余问题上顺利达成一致协议。人们天生的贪财心会使他们在利益分享上喋喋不休。除非有一个强有力的第三方出面强迫他们同意,否则争执将是不可避免的。这些见解意味着一个重要原则,这个原则被称为"霍布斯规范定理",即通过建立法律结构,使私人协议难以达成所造成的损失最小化。②

根据这一定理,法律制度的设计应该能阻止强制性的胁迫,并将意见不一致所造成的损失达到最小。产权法的中心目的就是消除合作谈判的障碍,其中一个重要原因是一个成功的合作性谈判会创造一个合作剩余,而福利经济学的定理指出,自愿的合作或交易对双方都是有利的,因此产权法的目的必须是保障合作性交易或合作性谈判顺利进行。从这个意义上说,产权经济学的一个重要内容就是找出合作性谈判的各种障碍,并证明产权规则如何有助于消除这些障碍。考特和尤伦将阻止谈判顺利进行和达成合作协议的障碍归结为三种费用:信息成本、监督成本和对策成本。

产权规则的确立就是要减少这三类成本,有助于合作协议的达成,促进经济效率的提高。这个思想是科斯在《社会成本问题》一文中提出的。斯蒂格勒将这一命题称为"科斯定理"。于是科斯定理就有了另一种被称为"规范的科斯定理"的表述——通过建立法律来消除私人协议的障碍。这个命题其实和前面的表述在本质上是一致的,如果没有障碍阻止谈判的顺利进行,那么私人之间一致性的协议将使权利的配置达到最优。因此,法院对这些权利的初始分配不会影响最终的效率。

霍布斯规范定理和"规范的科斯定理"代表了产权规则的两大原则:一是使私人对资源配置的不一致行为所造成的损失最小化;二是使私人在资源配置上达成合作协议的障碍降到最低。这两大原则在交易费用为正的情况下能使资源配置达到"帕累托最优"。

---

① 绝对的公正是不可能的。像选民一样,有些读者可能希望政府站在居民一边;像赞助商和说客一样,有些读者可能希望政府站在企业一边。科斯暗示政府可能站在政府的企业和受管制的企业(如机场、公共电信等)一边。
② "霍布斯规范定理"的思想是由霍布斯提出的,但命名这个定理的是当代产权经济学家R.考特。

(二) 波斯纳定理

霍布斯和科斯虽然强调了法律对私人之间谈判的意义,但他们都没有给出具有操作意义的权力安排应遵循的准则。波斯纳则弥补了这一缺陷。

美国法学家波斯纳在他 1973 年出版的《法律的经济分析》一书中,给出了协议中权利安排应遵循的一般性规范:"如果市场交易成本过高而抑制交易,那么,权利应赋予那些最珍视它们的人。"[①]这一结论被人称之为"波斯纳定理"。波斯纳还归纳出这一定理的对偶形式,即在法律上,事故责任应该归咎于能以最低成本避免事故而没有这样做的当事人。波斯纳主张,任何法律条款的正当性都必须以经济上的合理性为基础;在一个资源稀缺的世界里,浪费资源是不可能获得正当评价的。

科斯在《生产的制度结构》一文中曾表述过与"波斯纳定理"类似的思想,他指出,契约安排的理想状态是,权利应该配置给那些能够最具生产性地使用权利并且有激励他们这样使用的动力的人。但是,只有在恰当的产权制度及其实施条件下,才会出现这种理想状态。科斯主张,在存在交易费用的条件下,法律对于资源配置就不再是中性的。法律通过明晰产权、界定经济主体之间的利益边界和提供行为规范,发挥着难以替代的效率上的作用。如果说科斯是想借助法律界定产权,改善资源配置,从而达到以法律促效率的目的;那么波斯纳则是以经济效率为法律定向,试图为法律之车铺上一条经济学轨道。

(三) 政治科斯定理

政治科斯定理的提出与科斯定理的局限性有关,即科斯缺乏对产权形成的政治市场的分析。德姆塞茨(1984)在研究科斯定理时指出,科斯定理只涉及零交易费用的情况(这里指政治市场的交易),一旦分析外部性问题时要明确地探讨正交易费用,那么,没有理论之外的经验性论据,关于如何矫正外部性的标准规范结论就难以给定出。因此,要分析正交易费用条件下的资源配置效率问题,就必须详细地探讨权利的性质,需要一个分析产权产生、形成、运转的分析框架。诺斯也强调,经济效率在正交易费用状况下决定于权利的初始安排。因此,要把握经济增长的根源就必须建立一个所有权产生、形成的分析框架,这个框架就是政治分析框架。

为了给政治交易的经济分析奠定一个理论基础,德姆塞茨和诺斯分别从不同的角度提出了政治科斯定理。德姆塞茨(1984)指出,科斯定理对完全的政治民主的含义是,当政治竞争的功能完好无缺时——政治活动中的信息费用或交易费用为零,个人对从事政治活动的偏好不再与民主制度有关系。诺斯(1990)则更明确地指出,政治活动决定产权制度的形成,如果政治市场的交易费用为零,最优的制度变迁将必定产生,并且它与政治禀赋的初始配置无关。非效率的产权制度产生的根源在于政治市场的交易费用过高。根据上述各种论述,维拉(1997)总结出"政治科斯定理",即"在给定的诸如投票权、游说

---

① 波斯纳:《法律的经济分析》,中国大百科全书出版社 1997 年版,第 20 页。

权等政治权利的初始配置下,并在给定宪法框架中,如果政治交易费用为零,最优的制度产出将会出现,并与政治权利的初始配置无关。"[①]

利伯凯普(1998)认为,只要允许政治市场进行充分交易,即某一产权制度变迁的获利者补偿受损者,那么导致经济增长的制度变迁便会在一致同意中获得通过,并且这种通过是与政治权利的初始安排无关。所以,政治科斯定理的逻辑完全是和科斯定理一致的,它将经济中的契约自由原则推广到政治领域之中。

🔍 案例 1

牛气 40 年的日本"钉子户"

到过日本东京成田机场的旅客,在走出机舱的那一刻都会注意到,机场内居然矗立着民宅!民居怎么会被允许建在国际机场里?

成田机场还有一个特色:不提供航班夜间起降服务。成田机场地处东京东北的成田市三里镇,是日本最重要的国际机场,为什么连航班夜间起降服务都无法提供?是技术原因还是另有隐情?

事实上,这些民宅在这片土地上"扎根",比机场还要早,是这里不折不扣的"钉子户"。原来,在上世纪 60 年代,日本政府决定建设成田机场。机场原本设计有 3 条跑道,可征地没有征得当地农民的同意,多次发生冲突,历时 12 年,直到 1978 年 3 月 30 日,1 号跑道建成 5 年后才得以启用。根据机场和"留守"居民的协议,夜间禁止航班起降,以免影响居民们休息。

1999 年,为了承办 2002 韩日世界杯,迎接各国来宾和游客,日本政府不得已启动了成田机场 2 号跑道的修建工程。但是,谈判僵持了 3 年,7 户"钉子户"拒绝妥协。没办法,政府只好妥协,决定让 2 号跑道避开顽固的"钉子户",北移 800 米,由 2500 米缩短为 2018 米,终于在世界杯之前投入使用。但因跑道长度不够,一些大型客机无法在此起降。

2005 年 1 月 11 日,政府再次和 7 户"钉子户"展开谈判,甚至由首相出面道歉,希望能买下他们的地,以便将跑道延长到足够的长度,但遭到了拒绝。万般无奈之下,政府只好再次决定,将机场跑道向北侧延伸。

2006 年 11 月,时任日本首相安倍晋三在主持内阁经济财政会议时指出,希望东京的机场可以 24 小时运作,夜间也能起降,以提高运转效率。很快就有媒体评论说,安倍的提议很可能进一步打击成田机场的地位。

时至今日,3 号跑道仍然停留在图纸上。据说,日本政府已经失去了耐心,打算不再与"钉子户"们谈判,放弃 3 号跑道。

从最初决定征地到现在,"钉子户"们已与机场斗争了 40 多年。经过旷日持久的"战争",政府不再劝说他们搬走,还对他们的生活照顾有加。为了减少噪音对居民生活的影响,政府给他们的住宅加装了隔音设施;为了不影响居民们休息,机场管理方至今仍不准飞机在夜间起降。

资料来源:http://www.milnews2.com/2011/0120/21879.html。

[①] Vira, B., 1997, "The Political Coase Theorem: identifying differences between Neoclassical and critical Institutionalism", *Journal of Economic Issues*. Vol. 16. Sept.

案例 2

房子产权 70 年,"引爆中国"的定时炸弹

最近,深圳被曝出所谓"全国首例无偿收回土地到期房产"案——金桃园大厦一期业主被告知土地出让年限期满后,政府将无偿收回土地,土地上的建筑及其他附着物,将被政府无偿取得。后来政府方面的澄清,越发让普通人看不懂。作为普通人要问:70 年之后我的房子会不会被收走?这种奇怪的土地制度是怎么形成的?

1998 年,原深圳市规划国土局同意原南山区建设局以零地价的方式,将这块土地转让给深圳市罗沙工程有限公司,同时规定:土地期限届满,政府不仅无偿收回土地使用权,土地上的建筑物及其他附着物,也由政府无偿取得。"无偿收回"的事被抖了出来,媒体作了报道,才有了"全国首例无偿收回土地到期房产"的新闻。

回溯历史,解放之后我们一直在追求一大二公,对于私有化,特别是土地私有化一直非常"警惕"。在改革与保守的博弈中,政策往往是摸石头过河式的"机会主义"。1978 年的十一届三中全会决定改革开放之后,1979 年出台了《中外合资经营企业法》,其中使用了"场地使用权"的说法,明显是临时租地的意思,没有土地使用权的含义。之后随着改革的发展,土地日益成为重要的生产要素,于是 1990 年国务院的《城镇国有土地使用权出让和转让暂行条例》规定了土地使用权有偿出让制度,其中规定居住用地的使用权最高年限为 70 年。

这就是所谓"70 年"的最早出处。土地使用权期满以后怎么办?该条例第 40 条规定"土地使用权期满,土地使用权及其地上建筑物、其他附着物所有权由国家无偿取得",到期连房子一起无偿收回,这也是当年深圳出让金桃园地块时,合同所明确要求的。

同时作为"例外"第 41 条还规定,土地使用权期满,土地使用者"可以"申请续期,并重新签订合同,支付出让金。这只是"可以"而不是政府"必然"续期。原则上要收回,例外情况下可以延期,这是在 1990 年的环境下作出的"机会主义"决策。

1995 年施行的《城市房地产管理法》中,不再提"无偿收回",第 21 条规定:年限届满后,土地使用者可申请续期,除根据社会公共利益需要收回该幅土地的,应当予以批准。经批准准予续期的,重付土地使用权出让金。

居住用地的使用权最高年限为 70 年带来了许多问题,其中"以房养老"就难以推行。当老人年迈将房产抵押时,商品房的使用年限大都已经不多,而当老人身故后,房子的使用年限更是所剩无几。保险公司或银行依靠剩下的使用年限来补偿已支付的养老金成本,一方面所能承受的给付能力有限,另一方面风险也较大。因为,保险公司或银行将房产收回后无非出租或出售,以获得相对稳定的现金流,但在房价泡沫破灭的时候,租不出去或卖不出高价的情况也是可能发生的。

"房屋随它的主人一起就墓",这是对我国房屋"大限"形象而生动的描述。当然,它还不完全准确,因为据统计,我国居民平均寿命为 71 岁(2011 年 8 月 30 日《北京晨报》),如果再扣除建房时间,事实上房屋的实际产权年限肯定不到 70 年。如果"以房养老"的话,等于人还没"走",房屋早已就墓。

如何改革我国土地制度?周天勇提出,第一,延长土地使用年限,比如说耕地一千年,住宅五百年,企业用地三百年,沙漠、盐碱地一千年。土地性质还是国有,就是一千年以内归你所有。第二,确立近似产权,土地房屋可以交易,抵押、入股、出租、继承都行。一万年归你就相当于给你,这个时候就可以征财

产税了。第三，各种土地平等进入市场，不要政府一家卖地，政府一家卖地就没有竞争者，所有的地都进入市场，就形成竞争性的土地供应市场，地价就能降下来。第四，废除土地招拍挂。农民的土地、宅地、林地、耕地都应该允许交易、继承、抵押、入股、出租。我国台湾地区的宅地、耕地、林地就是这样交易的：如果这个地增值100%，"政府"40%，自留60%；如果增值200%，各拿50%；如果增值300%，"政府"60%，自留40%。涨价的部分按比例累计归公。

资料来源：根据沈彬《房子产权70年，"引爆中国"的定时炸弹》http://blog.sina.com.cn/guangyingshijie(2011-08-04)；《周天勇：延长土地使用年限到1000年》http://news.dichan.sina.com.cn 中国房地产报2011/8/15；工人日报《中国推行以房养老遇6大障碍70年房屋产权引忧》http://www.sina.com.cn 2011年10月15日等改写。

关键概念

产权　外部性　私人产权　共有产权　国有产权　绝对产权　相对产权

思考题

1. 产权的含义是什么？你买了一辆车，你对车拥有了怎样的产权？请至少举出属于不同类型的5种权利。
2. 科斯与庇古在解决外部性问题上有何分歧？
3. 为什么说科斯定理反映了产权安排、交易费用与资源配置效率之间存在着内在的联系？
4. 影响产权形成的因素有哪些？
5. 产权的主要功能是什么？
6. 产权有哪些特征？
7. 产权起源的原始模型是怎样分析产权起源的？它具有什么特点？
8. 产权保护有何意义？产权保护的社会机制有哪几种？
9. 科斯定理Ⅰ、Ⅱ、Ⅲ的含义分别是什么？试用图表说明之。
10. 与科斯定理相关的定理有那些？

推荐阅读

1. A. 阿尔钦："产权"，《新帕尔雷夫经济学大辞典》第3卷，经济科学出版社1996年版，第1101—1104页。
2. R. 科斯等：《财产权利与制度变迁》，上海三联书店1994年版，第96—113页、166—178页。
3. 德姆塞茨：《所有权、控制权与企业》，经济科学出版社1999年版，第128—143页。
4. 罗伯特·D. 库特："科斯定理"，《新帕尔雷夫经济学大辞典》第1卷，经济科学出版社1996年版,第497—500页。

5. 约瑟夫·费尔德:"科斯定理1-2-3",《经济社会体制比较》2002年第2期。

6. 科斯:"社会成本问题",载《论生产的制度结构》,上海三联书店1994年版,第141—196页。

7. 科斯:《社会成本问题的注释》,载于盛洪《现代制度经济学》(上),北京大学出版社2003年版。

8. 巴泽尔:《产权的经济分析》,上海三联书店1997年版,第3页。

9. A. 爱伦·斯密德《财产、权力和公共选择—对法和经济学的进一步思考》,上海三联书店1999年版。

第六章 契约理论

> 本章以契约思想的演进为线索,分析契约理论三个发展阶段的主要内容及基本特征。在古典的契约理论中,契约安排与简单的交易行为相适应,契约是完全自由的、个别的、不连续的、即时的,随着交易的复杂化,新古典契约理论在一系列假设条件之下建立起来,新古典契约模型揭示了新古典的契约特征,无论是瓦尔拉斯的卖者喊价契约模型、埃奇沃斯的重订契约理论和阿罗—德布鲁范式,契约的个别性与即时性仍是其主要特征,契约仍是完全契约,现代契约理论则放松了新古典契约理论严格的假设条件,以有限理性和信息不对称为假设,揭示现代契约的主要形式——不完全契约的特征,使契约理论对经济现象的解释力进一步加强。

第一节 契约概述

契约是随着人类社会中交易行为的产生而出现的。在经济发展的漫长过程中,人们的交易行为不断扩展、演变,人们之间的交易关系也日趋复杂,契约在经济发展中的作用越来越重要。可以说在现代经济生活中,契约的安排千差万别、丰富多样,简直是无处不在,无所不包。例如,为什么生产者购买一部分零部件而生产另外一部分零部件?是什么决定了契约安排的存续期和结构?企业什么时候通过独立的销售网络分销产品而不是使用自己可靠的雇员?为什么在零售部门特许经营成为如此重要的销售形式?正因为契约在经济中的广泛性、重要性,契约问题的研究引起经济学家的兴趣,并成为西方经济学研究中最为活跃的领域。

布坎南(1977)指出:"经济学越来越接近于成为一门'合同科学'而不是一门'选择科学'……(因此)最大化者应被仲裁者——在相互冲突的索取权间实现妥协的外部人——代替。"交易成本经济学采纳了合同科学的思想,但它用一个制度设计专家取代了仲裁者。交易成本经济学的目的并不是在前进过程中不断解决冲突,而是在事前认识到了潜在的冲突并设计了治理结构来阻止或弱化冲突。①

契约在以前被认为是一个过时的和法律上的词,而现在迅速变成了经济学中占统治地位的研究对象。如果我们浏览一下最近主要的经济学杂志,诸如美国经济评论、政治经济学杂志或经济计量学中所涉及的问题,并与同一本杂志在15年或20年前所涉及的问题相比较,就会发现,在那个时间,很难找到"契约"一词,找不到专门研究我们现在称做契约问题的文章。而今天这类文章多得很,"契约"一词几乎到处可见(拉斯·沃因,1990)。②

契约不仅提供了一个明确的框架来衍生有关组织形式的实证依据(因此是检验关于组织的假说的基本实证来源),而且是衍生有关双方在一种交换中将建立的更为复杂的组织形式的方式的线索。也就是说,契约将反映促进交换的不同方式。不管是通过企业、特许或其他更为复杂的协议形式,以及从直接的市场交换延伸到垂直整合的交换。③

对于企业来说,选择从事什么样的经营活动,以及该经营领域与其他企业的经营活动建立什么样的契约关系,都是重要的战略决策问题,而这些问题关系到经营活动的成败。因此,企业决策人在选择设计契约和签订契约的时候要三思而后行。例如,美国的一些州对特许人终止受许人的特许经营权等方面进行立法限制,一项对其立法效应的研究发现,单单这一种契约工具(终止特许的权利)的缺失就会大大减少特许经营方式在有这种立法的州的利用,同时还把其他州的特许人的价值平均减少6.4%,对于一家中型的企业来说,这相当于200万美元。又如,对一项海军建设成本的估计发现,错误选择采购模式的代价是多支付零部件的价值的12%—25%。④

---

① 埃瑞克·弗鲁博顿、鲁道夫·芮且特编:《新制度经济学》,上海财经大学出版社1998年版,第68页。
② 科斯、哈特、斯蒂格利茨等:《契约经济学》,经济科学出版社2003年版,第2页。
③ 诺思:《制度、制度变迁与经济绩效》,上海三联出版社1993年版,第72页。
④ Scott E. Masten:《契约和组织案例研究》,中国人民大学出版社2005年版,第2页。

一、契约及其起源

契约安排或产权的界定是市场交易的前提,任何商品或资源的交易只有在契约条款或产权界定清楚的情况下才能顺利进行,市场价格机制才能起到作用,资源才能有效地得到配置,这是现代契约理论最基本的原则。任何契约安排都是人们为了减少交易费用选择的结果。

(一) 什么是契约

契约,俗称合同、合约或协约,英文为 contract(compact,covenant),是指几个人(至少两人)或几个方面(至少两方)之间达成某种协议,意在做什么。在《牛津法律大词典》中,契约是指两人或多人之间为在相互间设定合法义务而达成的具有法律强制力的协议。从现代法律经济学的角度看,契约就是资源流转方式的一种制度安排,它规定了交易当事人之间的各种关系,或限定了当事人各方的权利与义务。

从法律的角度看,美国《第二次契约法重述》对契约的界定最为经典,即契约就是一个或一组承诺,法律对契约的不履行给予补偿或者在一定的意义上承认的履约义务。[1] 而系统的、以法律形式固定下来的契约概念首先是在罗马法中出现的。在罗马法中,契约是由双方意愿一致而产生相互间法律关系的一种约定。《法国民法典》第 1101 条规定:"契约为一种合意,依此合意,一人或数人对于其他人或数人负担给付、作为或不作为的债务。"所谓合意是指,签约双方当事人意见一致的状态。契约的签订必须依据双方的意志一致同意而成立,缔约双方必须同时受到契约的约束;在《法国民法典》中,也包含着第三层意思,即契约自由。首先,缔约是自由的,即是否与其他人订立契约,由当事人自主决定。法律保护当事人在不受任何人妨碍和干涉的情况下,决定是否缔约,缔约双方具有签约内容和方式的自由,缔约双方约定的内容和采取何种方式由双方自由选择,并且由法律确认并具有法律效力。其次,契约是正义的。正义有两层意思:一是机会均等,二是签约内容的公正合理性。

一般来说,契约是当事人(两人以上)在地位平等、意念自由的前提下,各方同时为改进自己的经济状况而在交易过程中确立的一种权利流转关系。[2]

经济学中的契约概念与法律规定的契约概念有所不同。这两种概念有一定的联系,但有很大的区别。现代经济学中的契约概念比法律上的契约概念更为广泛,它不仅包括具有法律效力的契约,也包括一些默认契约(比如心理契约、关系契约)。现代经济学中的契约概念,实际上是将所有的市场交易(无论是长期的还是短期的、显性的还是隐性的)都看做一种契约关系,并将此作为经济分析的基本要素。

威廉姆森使用三个变量来刻画契约的特征:价格、资产专用性和安全措施条款。价格是激励的一个关键成分(加上对暗含的信息处理的强调);资产专用形式(更一般的是

---

[1] 易宪容:《现代合约经济学导论》,中国社会科学出版社 1997 年版,第 352 页。
[2] 同上,第 9 页。

交易的特征)是契约的持久性和完备性的主要决定因素;安全措施条款是实施的一种手段。①

契约的涵义比较丰富,我们可以从几个不同的层次去理解:第一,契约可以指社会秩序。一个社会的秩序不是出于自然,而是建立在约定之上,这个层次上的契约是指社会契约,包括制度、宪法、国家建制、公权力等内容,比如多数表决的规则,本身就是一种约定的确定,并且假定至少是有过一次全体一致的同意,因为,如果没有事先约定的话,少数人服从多数人的抉择这一义务又从何而来呢?② 霍布斯认为人在自然状态下是彼此敌意的,通过社会契约使得个体向集体转让其全部自然权利才进入社会状态。卢梭认为,由于人类只有结合才能生存,社会契约就是要每个结合者将一切权利转让给集体,形成共同力量保护每个结合者人身和财富,并像以往一样自由。第二,契约与组织的形式有关。对此,科斯曾指出:企业是一系列契约的联结。麦克尼尔把企业组织视为关系契约的典型。他认为,公司不仅是契约主体,这种组织本身也就是契约关系体。企业的横向联合与纵向一体化、企业相互持股、企业边界等问题都可以从契约的角度作出解释。第三,契约指交易。人们常常提及的合同就是这个层次上的契约,每一份合同都是一个交易的外在形式。无论是从什么层次去看,无论契约的外在形式如何,其实质为当事人几方达成的某种合意或者约定。

(二) 契约的起源

1. 契约的起源

契约的产生及发展是随着人类交易发展的需要而产生的。

卢梭在《论人类不平等的起源和基础》第一部写道:"随着人类的发展,困难也就与之俱增……人于是便与别人结合成群……这就是人们之所以能不自觉地获得某种粗糙的相互订约的观念的由来。"③

在原始部落经济中,部落财产实行共有产权制度,部落内部成员没有剩余产品,因而不存在以物易物的交换关系。在原始社会的后期,部落内部成员的财产情况发生了分化,部分成员手中掌握了剩余产品,剩余产品的出现不仅使交易成为可能,而且使交易成为必不可少。不过,那时的交易是人情式交易(personalized exchange),人情式交易是指整个交易活动是以交易者的宗亲关系为核心而展开。由于专业化和分工处于较低的水平,个人是在相互了解的基础上进行交易,交易重复出现,买和卖几乎同时发生,瞬间完成,不需要达成契约。

随着交易的不断发展和扩大,交换行为也逐渐成了经常性、重复性与习惯性的活动,人类早期的契约观念也随之萌发与产生。根据国外学者对北美洲土著社会的研究,在原始农业社会时期已存在以"礼仪性的交易"形式表现的、阐述详尽的多边契约安排。那时人们的交易是基于礼仪式的、习俗的、宗教的以及个别市场的偶然性交易,这些交易往往

---

① 科斯、诺思等:《制度、契约与组织——从新制度经济学角度的透视》,经济科学出版社2003年版,第279页。
② [法]卢梭:《社会契约论》,商务印书馆2003年版,第18页。
③ 同上。

是建立在习俗、宗法、宗教关系的基础之上,契约安排并非完全是出自当事人自愿选择的结果,而往往是半强制下的行为。①

2. 契约的早期发展

人情式交易是简单、重复和地域性的,买卖几乎同时发生,每次交易的人数有限,物品和劳务不同质,不用专门收集交易信息,物品的大小是看得见摸得着的,用不着发展度量制度。由于交易双方互相了解很深而且交易重复进行,信守契约的收益大于成本,契约多是自我履行。这种契约安排下的典型经济组织有村庄的集市贸易、中世纪的封建庄园制及岁入经济。最初的乡村集市由于交易产品简单,产品的质量识别成本低,交易活动重复进行,交易双方较为了解,欺骗等机会主义行为很少发生,交易时间集中也降低了个人搜寻交易物品信息的成本,因此交易的不确定性减少,交易费用低,因而也就不需要设立特别契约安排来约束人们的交易行为,交易者之间容易合作。这种交易方式对社会经济发展起到重要作用,并保存下来,其结果是催生了商业和商人阶层,促进了城市的兴起和专业化市场的形成。②

正如卡尔森(Colson,1974)所说:"不论我们称它为习惯、法律、律令或习俗,似乎都没有关系,重要的是像汤加(Tanga)这样的社会并不允许其成员各行其是。这些社会自有一套规则和标准,来确定各种不同情况下的适当行为。大致而言,那些规则的作用让人们能够察觉出同伴的行为反应,因而消除他们之间的利益冲突。如此而产生的实际效果,使需求受到节制,并且让公众来裁判其行为。"西欧中世纪的庄园制是这样一种交易制度,它是理解近代社会的关键。"典型庄园的契约协定现在可以看做当时的一种有效的契约安排。其所以选定投入分摊这一农奴为其领主和保护人提供劳役的契约形式,是因为在贸易品所含交易费用的升高受到约束的情况下它是最有效的。产品市场几乎完全没有建立,再加上存在着一个不完全的劳动力市场,这些都保证了投入可以按低于其契约安排的交易费用加以分摊。"《剑桥中世纪简史》也认为,庄园制在某种意义上可以看作是以一种公开的或隐蔽的契约为基础的社会协定。中世纪的契约安排实际上是一种宗法式的契约关系,是一种人情式的准交易形式。③

城市的出现不仅促进了商业的快速发展及社会分工的进一步细化,而且促使了交易行为的改变,人情式交易集市逐渐由非人情式交易(impersonal exchange)所代替,习俗影响下的关系契约由正式契约所代替。非人情式交易是随着远程交易的发展而不断发展起来。远程交易的种类和数目越来越大,必须订立的契约越来越复杂,跨地区、跨国界的契约的履行也越发困难,由于信息不对称、信息不完全而产生的机会主义不可避免,新的契约制度应运而生。例如,度量衡、计算单位、交换媒介、公证、驻外领事、商务法庭逐渐发展起来,汇票的演进、会计与审计制度的发展、海商保险制度的建立、完全代理制度的演变等都是10—15世纪契约安排的创新。可以说,正是这些契约的创新与变迁为现代经济的成长奠定了坚实的基础。

经济史专家汤普森认为:"到了13世纪,管理运货的法律已经充分发展,所以商人不

---

① 易宪容:《交易行为与合约选择》,经济科学出版社1998年版,第37页。
② 同上,第41页。
③ 科斯、哈特、斯蒂格利茨等:《契约经济学》,经济科学出版社2003年版,第4页。

一定需要亲自或派他的伙伴送货到目的地去。有时,他们把运货之类的事情,委托给转运者,他们到市场上等候运到的货物。"①

二、契约的原则和契约的功能

(一) 契约的原则

契约是当事人(两人以上)在地位平等、意念自由的前提下,各方同时为改进自己的经济状况(至少理性预期)而在交易过程中确立的一种权利流转关系。在这个契约定义中,至少包括以下几方面的原则。

第一,社会性原则。契约达成必须至少在两方之间进行,契约的当事人至少是两人。这也意味着契约为一种人与人之间的社会关系或人际交往。不仅契约本身构成不同的社会关系,而且契约内在于社会之中,离开了社会的契约是没有意义的。但是,契约的社会性原则是以平等、自由、理性的契约当事人个体为前提的,否则谈不上达成契约协议以及建立契约关系。②

第二,平等性原则。契约的平等性强调的是契约当事人的交易活动是在地位对等的情况下进行的。尽管契约当事人原有的权利禀赋可能存在非均一性,但是就契约活动本身而言,当事人之间的地位是对等的,并且这种对等性得到了互相认可。泰勒(Taylor)指出:"人与人之间的共同体契约是由人们对相互关系的认可,由他们对共同契约的成员的需求的尊重来衡量的。契约并不一定要表达出来,但是只要人们自愿缔结交换关系,彼此认可这种关系对他们双方都有约束作用,合约就是并且总是有效的。"也就是说,只有契约当事人在相互尊重、相互认可的情况下,他们之间才能在某种程度上达成一致意见或合意,形成共识。这样,当事人才能对自己的行为负责。只有在这样的基础上建立起来的关系才能对所有的当事人都有约束力,契约才能有效。

第三,自由原则。自由原则是指契约是当事人不受干预和胁迫地自由选择的结果,它包括签约与否的自由、选择签订契约方的自由、决定契约内容的自由和选择契约方式的自由。任何第三者,包括作为立法者和司法者的国家,都应尊重当事人的自由合意。也就是说,契约当事人在某种局限条件下有选择做什么和不做什么的自由,同时他要认识到自己选择所要负的责任。也正是契约的平等原则与自由原则构成了契约关系的内在要求,这是区别于以命令、服从为特征的行政管理的重要标志。③

第四,理性原则。契约的理性原则是指当事人能够根据自己所掌握的信息或约束条件对契约的备选方案进行比较和权衡,发现其中能以最小的资源耗费使需要得到最大限度满足的契约。即理性的契约当事人能够按偏好次序排列结果;在约束条件下追求自己的偏好;在约束条件下尽量达成自己的效用最大化。④

第五,互利性原则。互利性原则是指进入交易领域的任何人都是通过对方实现自己

---

① 汤普森:《中世纪社会史》(下),商务印书馆1984年版,第173页。
② 易宪容:《现代合约经济学导论》,中国社会科学出版社1997年版,第9页。
③ 同上,第10页。
④ 同上,第11页。

的利益追求的,并且只能在双方都接受的点上才能达成契约。在这个意义上,任何契约行为对当事人来说都是一种预期正值交易。所谓预期正值交易是指当事人根据自己所掌握的信息,预期到他们的契约行为通过交易会增加其利益。换言之,契约达成是一种帕累托改进,即这种交易至少会使一方的利益有所改善。这是契约发生的前提条件。如果当事人预期到签订契约不能增加利益,那么契约行为就不会发生。当然,这种"对双方有利"只是在交易前双方的理性预期中,而不一定是交易的实际后果。在现实的生活中,完全有可能出现这样一种情况,即签订契约时,双方的预期被后来的现实所打破,以致使契约一方无利可图、利益受损,甚至双方的利益都受到损失。但是,即使这样,也不会改变契约发生的上述基本原则。

第六,过程性原则。过程性原则是指契约关系不仅包括契约的一个个不连续的点,更为重要是包括整个契约动态发展的过程。在这个过程中,既有时间维上的扩张、空间维上的拓展,也有当事人之间互惠互动。这样就完全改变了传统契约关系中把焦点集中于陌生人之间瞬间点交易契约关系,结成了复杂的、现实的、相互依存的契约关系网络。这样,任何关于人与人之间关系的状态都可以用某种契约关系来描述分析了。[1]

现代契约经济学就是在上述契约原则的基础上来诠释现实生活中不同的契约关系,揭示不同契约关系的机理,构建契约经济学的理论体系的。

(二)契约的功能

契约的功能是指通过契约来协调人类社会中的各种关系、维护社会正常的生产和生活秩序、保持社会的永续发展的一种调节力量。

契约的基本功能是维护缔约双方或多方的合作,鼓励缔约方在恪守承诺、承担责任的前提下,谋求新的、更为远大的利益。正是契约制度的这一性质,使得成千上万个不同的、细微的所有权结合成一个巨大的所有权;同一个所有权又能合理分离,分工合作,构成所有者——经营者——使用者链条上的不同环节。契约制度不仅使同民族、同信仰的所有者相互信赖,进行跨地点、跨时间的交易,同时还能使不同民族、不同信仰的所有者进行跨地点、跨时间的交易。它不仅使得非所有者能够借得到,也使得所有者敢于借出。所以,契约制度的功能具有主动、进取、积极的性质。一百多年前马克思在说明地主的收入时曾说过这样一句话:"地租来自社会,而不是来自土壤。"现在我们似乎也可以说:"增值的利益由契约形成,而不由所有权形成。"[2]

契约的作用主要有三个方面:一是能在多重均衡的情况下协调独立地行动。作为纯协调的契约,往往是自我实施的,所以,它的设计应当侧重于设立和解释,而不是执行。契约的这项作用,在实践中非常重要,但对它的研究,却不如对它的激励作用的研究。合约的这种作用类似于提供一种协调的"参照系",这种作用可能是有形的,也可能是无形的,甚至是一种暗示。二是能使依赖未来事件的交易得到执行。因为未来状况的不确定性,所以这种交易不能由即期市场完成,而只能由体现了事前承诺的合同,比如保险合同、远期合同、担保合同来执行。若没有这类合同,我们许多交易是无法进行的。三是能

---

[1] 易宪容:《现代合约经济学导论》,中国社会科学出版社1997年版,第12页。
[2] 张琦:《论契约制度》,《社会科学研究》2005年第5期。

促进有利于提高事后交易总剩余的事前投资和生产。对于交易双方来说,交易前的专用性投资可以增加产品和服务的价值,降低提供的成本,但是,只有通过有效的产权或其他恰当的合同,才能克服套牢问题和打折扣问题,提高交易事前和事后的效率。①

契约的条款有两个功能:第一,这些条款允许签约的各方确立交易利益的分割方式,以补偿他们的固定成本;第二,他们决定当事人双方在合同执行中的履约激励。在契约自由的条件下,合同条款的让渡起到了阻止利益分割因素干预激励结构选择的作用。②

19世纪英国法学家亨利萨姆纳梅因在其所著的《古代法》中,曾这样概括人类历史的发展:所有进步社会的运动,到此处为止,是一个"从身份到契约"的运动。"从身份到契约"指的是从封建的等级不平等制度向通过自由订立的契约来形成的社会秩序的转变。身份是指生而有之的可以成为获得财富和地位的依据,身份成为确定人们地位高低、权利大小、义务多少的根本标准。在"身份社会"里,身份是配置权力的根本标准,权力来自身份。在契约社会里,契约作为设定人们权利义务的手段,它不像"身份社会"那样不作任何努力而依靠出身继承却获得种种特权,它主要依靠的是每个当事人自身的努力,通过自由竞争,成为创设人们权利义务的种种手段中最合理的手段,它能激发和维持人们的主动性、积极性和创造性。身份社会与自然经济相联系,而契约社会与商品经济相联系。

三、契约的分类和契约的履行

(一) 契约的分类

契约条款中存在的变化几乎是无限的,但是,条款变化中的基本模式集合却是非常有限的。例如,仅存在很少的几种有特色的激励措施。③ 这表明契约的分类是可能的,虽然目前还不存在确定的能被普遍接受的分类。

1. 契约的多样性

契约的形式是多种多样的。不仅不同的行业与部门的契约形式不同,跨地区、跨国的契约形式不同,即使在相同的行业与部门中契约的形式也是千差万别的。契约的不同形式是由交易的特点决定的,是由交易的不同风险决定的,如交易中财产之间所需要的相互依赖程度、观察度量所涉及的活动和投入的困难程度。当交易非常复杂并包含明显的互补性时,契约的执行将变得更复杂和更具有欺骗性。

契约间的变化可以归纳为四种:第一,契约持续时间不同。许多经验研究表明,持续时间与有风险的交易的特性是密切联系的。投资专用性越强,关系的持续性越是重要,契约的持续时间也越长。④ 第二,契约涉及的变量不同。这些变量包含价格、质量、数量,以及延迟和罚金的完备程度。契约的完备程度随资产的专用性而提高,随不确定性而下

---

① [美]帕特里克·博尔顿,[比]马赛厄斯·德瓦特里庞:《合同理论》,格致出版社、上海三联书店、上海人民出版社2008年版,第1—2页
② Scott E. Masten:《契约和组织案例研究》,中国人民大学出版社2005年版,第122页。
③ 科斯、诺思、威廉姆森等:《制度、契约与组织》,经济科学出版社2003年版,第274页。
④ 同上,第276页。

降。第三,契约提供的激励机制不同。契约提供的激励机制虽然有差别,但是可以归纳为几个基本类型。这些机制包括计件工资率、小时工资、对雇员的份额分配、支付给所有者的资产回报和给合作项目合伙人的租金分红等。第四,契约所依赖的实施程序不同。正如前面所言,契约的多样性是由交易的不同特征决定的,由于交易具有的风险,交易发生的环境不确定性,和它们所动用的资产的专用程度不同,契约所依赖的实施程序不同。在契约安排中存在着多种执行程序,有自我执行的程序,有来自契约外的第三方的干预程序,而这种维持秩序的行动可能是私人的,也可能是公共的,或者是二者的混合。

2. 契约的分类

对契约的分析有两个主要方法:完全契约理论对第一个方法做过很好的说明,它强调契约的形式分析;特别是一个最优契约所要求的决定条件,即一个从根本上可以自我实施的契约,这一方法的理论学家主要关注事前因素,即关注使契约条款满足契约有效性的优先条件。第二个方法将大多数契约视为不完全的,因此这些契约的实施和执行需要能弥补契约中的空白并对所牵涉的各方施加外部限制的措施。[①] 根据不同的标准,可以将契约作如下区分:

(1) 完全契约与不完全契约。完全契约是指缔约双方都能完全预见契约期内可能发生的重要事件,愿意遵守双方所签订的契约条款,当缔约方对契约条款产生争议时,第三方比如说法院能够强制其执行。完全契约就是契约条款详细地表明了在契约行为相应的未来不可预测事件出现时每一个契约当事人在不同的情况下的权利与义务、风险分担的情况、契约强制履行的方式及契约所要达到的最终结果。也就是说,如果契约是能够履行的,那么完全契约就能最优地实现契约当事人的协议所要达到的目标。不完全契约又称为"完整的不完全契约"(incomplete contracting in its entirety),"完整"是指契约当事人各方都知道契约条款是不完全的,同时也知道需要协调不同的激励约束机制来填补契约中的缺口,纠正扭曲的契约条款和更有效地适应意外的干扰。不完全契约与完全契约正好相反。由于个人的有限理性,外在环境的复杂性、不确定性,信息的不对称和不完全性,契约当事人或契约的仲裁者无法证实或观察一切,就造成契约条款是不完全的,需要设计不同的机制以对付契约条款的不完全性,并处理由不确定性事件引发的有关契约条款带来的问题。[②]

(2) 显形契约与隐性契约。隐性契约(implicit contract)又称默认契约,它与显形契约相对比,是用以阐述雇主和雇员之间各种书面的心照不宣的复杂协议的。这些协议,在对各种就业人员的投资阻碍了劳动力流动的时候,以及在不完全竞争市场的未定债权限制了逃避风险的机会的时候,统管着劳务的交换。隐性契约的基本内容是,在交易中雇主不比工人更厌恶风险,因此雇主向工人提供一种包括保险在内的就业契约,就是有利可图的。这个契约之所以是隐性的,是因为工人要想从雇主那里获得保险,工人与雇主必须事前预先达成默契,以使工人能够对企业有某种类型的依附关系。这个契约必须说明,如果自然状态发生变化时,应该采用什么样的条款,以确保双方的利益。隐性契约

[①] 科斯、诺思等:《制度、契约与组织:从新制度经济学角度的透视》,经济科学出版社2003年版,第273页。
[②] 科斯、哈特、斯蒂格利茨等:《契约经济学》,经济科学出版社2003年版,第14页。

是在知道自然状况之前所作的一种规定条款,即在各种自然状况下,雇员向公司提供的劳动服务,以及公司将要付给工人的相应保险额。在执行隐性契约的情况下,雇员的收入除了正常的工资以外,还加上一个公平合理的保险单所规定的保险额。

(3) 激励契约是指委托人采用一种激励机制以诱使代理人按照委托人的意愿行事的一种条款。在通常情况下,在制定一个激励契约时,主要采用实物地租的形式,计件工资是另一种激励契约的形式,按相对产出支付报酬也是激励契约的一种形式。①

(4) 自我履约协议和第三方履行契约。一个自我实施的契约是如果一方违反契约的条款,另一方的唯一追索权是终止协议。也就是说,契约不会由政府或任何第三方来强制执行。当契约的自我履约机制失效时,这就要求辅助性的机制,即来自契约外的第三方的干预。在第三方履行契约中,解决争端的程序是事前由各方商定的,参与调解行动的第三方可以是私人的,也可能是公共的,或者是二者的混合。

(5) 关系性契约。关系性契约是一种长期性的契约安排,在这种安排中,过去、现在和预期未来的个人之间的关系在契约各方之间非常重要。因此,这种契约在某种程度上是隐性的、非正式的和非约束性的。在这里,自我履约有着重要的作用。契约双方对不确定的未来情况都希望保持弹性和有限的反应,从而使得契约中可证实条款的范围和精确性受到限制,因而通常契约的不完全是必然的且有目的性的。而且,大多数在关系性契约中签订的交易通常是不断进行着的一种长期性商业联合,各方并不是陌生人,他们大多数的合作发生在古典经济学契约之外,不需由法院根据看得见的条款来执行,契约的执行机制是合作与威胁,交流与策略。②

(二) 契约的履行

1. 契约的自我履行

所有的契约都包括对履约机制的规定,同时所有的契约理论都强调协议应尽可能有效地嵌入履约机制的作用。不确定性是决定契约履行机制的关键因素。

契约的自我履行适合在稳定环境中的情形,例如技术是稳定的,需求是可预测的,博弈的规则保持不变;适合通常是通过市场进行的交易;适合完全契约或者说古典契约;适合在频繁的交易中,交易的特点为各方所熟悉;适合不包括很高的专用资产,从而如果条款不被任何一方遵守时,可以很容易提出终止契约。

契约的自我履行还适合这样一种情形,在具有中等不稳定性的契约环境中,交易各方都会面临交易风险,因为契约双方都有专用投资,并且处于一个环境的变化会使交易者发生机会主义行为,同时更换合作者的代价将是昂贵的。

自我实施的契约被理解为是一组基于合作方的合意并且在执行中没有争端的条款,因此,第三方没有必要介入(例如,延迟罚金是自动实施的)。泰瑟(Telser,1981)提出了一个关于自我实施的契约的观点,并得到大家的认同,他认为:一个自我实施的契约是如果一方违反契约的条款,另一方的唯一追索权是终止协议。也就是说契约不会由政府或任何第三方来强制执行。

---

① 科斯、哈特、斯蒂格利茨等:《契约经济学》,经济科学出版社2003年版,第16页。
② 埃里克·弗鲁博顿、鲁道夫·芮切特:《新制度经济学》,上海三联书店2006年版,第207页。

自我实施的契约,或者契约中的自我执行条款都有实施的自动程序。如果非常松散地理解,那么所有的契约都可以说成是自我执行的,因为他们都包含实施条款的机制、解决争端的机制和万一发生违规惩罚相应方的机制。法庭是这样一个机构,黑手党也是,一个独裁者要求他的选举人尊重某种"社会契约"也是这样。

2. 契约执行的第三方监督

当契约的自我履约机制失效时,契约的执行依赖于第三方的监督。当交易环境的不确定性增加,当交易包含很高程度的专用资产,风险会显著上升,在这些条件下,自我执行机制倾向于无效。可能是自我执行的条款太昂贵以至于不能签订和执行,也可能是因为形势要求灵活性,或者形势变得太复杂以至于无法通过事先设定的条款来进行管理。契约的失败产生了,这就要求辅助性的机制,即来自契约外的第三方的干预。解决争端的程序是事前由各方商定的,参与调解行动的第三方可以是私人的,也可能是公共的,或者是二者的混合。

如果第三方介入是以私人秩序的形式,它将可以采取几种不同的形式。最小限度的形式是契约双方都同意通过一个纯粹外生的措施解决冲突的程序。一个例子是解释模糊条款的联合委员会,它们会补充契约的空白,或者对无法预测事件进行调解。当市场交易受到不确定性威胁时,一个更为正式的安排将契约的规则强加在所有交易者身上,例如商业法体系中的私人审判。当不确定性和资产专用性水平结合在一起时,私人秩序倾向于变得更加严厉,大多数情况下,一个"权威"组织会出现,来管理契约化的安排。正式的规则将由该权威实施,以限制各方随着发展起来的相互依赖的资产而出现的机会主义,调整不完全的契约,裁定由于事后的不确定性而产生的冲突。有一个很好的例子,法国的磨坊主通过一组契约,联合起来生产和销售高质量烘烤面包的面粉,因此所形成的网络创造出了一个私人的"法庭";由三个磨坊主负责约束和控制它们,包括实施惩罚的能力。

第三方的介入还可以采取公共秩序的形式,法庭和相关的机构(司法管理部门、政策、监狱)是将私人秩序嵌入公共秩序的最杰出的机制。私人秩序几乎总是嵌入在一个制度环境中,而这个制度环境通过特定设置表现出来,并且可以被确认为潜在于公共秩序之下,私人秩序几乎总是被公共执行的形式所支持和限制。公共秩序不仅仅为私人秩序领域定义博弈规则,它也贯彻一套为执行契约和支持交易而设计出来的机制,它持续不断地介入私人秩序,保证了私人秩序的可信性,一旦私人秩序失败时它可以提供辅助性的措施,其结果是大多数契约都是通过公共和私人秩序的一个混合物而得以执行的。[①]

3. 一体化手段

当不确定性的水平和所包含的资产专用性的程度很高时,契约的执行要求采用一体化的形式。对于一体化来说,通过对资产使用权和剩余控制权的配置,所有权能够消除非所有者隐匿资产不投入使用的能力,进而约束敲竹杠等机会主义行为。通过消除潜在的第二个交易者,所有权可以有效地免于被敲竹杠。在一体化中,企业的高层管理者将对企业内部各部门之间的纠纷施加最终的权威,这是企业自身的最终法庭。

---

① 科斯、诺思、威廉姆森等:《制度、契约与组织》,经济科学出版社 2003 年版,第 286 页。

第二节 古典契约理论和新古典契约理论

一、古典契约理论

古典经济学是指经济思想史上从亚当·斯密的《国富论》问世,到19世纪70年代初期门格尔、杰文斯和瓦尔拉斯所代表的边际学派出现时这个阶段。尽管古典经济学家们没有系统构建契约理论,但在他们的著作中契约问题是他们关注的重点问题。在斯密、李嘉图和米勒的著作中经常可以见到关于契约的论述。

古典契约中,理想的情况下达成契约的当事人只有两方,交易双方关系简单,达成协议的当事人以追求个人利益最大化为目标,除了追求个人自身的利益之外,没有任何其他东西把他们联系在一起。在订立契约时,经过双方的讨价还价,交易条件在事先已协商好,当事人根据双方的协议把交易的内容明确地写入契约条款中,条款通常还包括对可能出现的争端的调解条款。古典契约是一种标准化的契约,其条款全面、明确、有约束力,完成后不考虑今后的修正或调整。在履行契约时,一定程度上依赖于交易者的信誉,契约得以自动履行。但由于交易多是离散的、偶然性的,仅依赖于交易者的信誉是无法完全预防机会主义的,契约的受害者可以通过法院的裁决得到满意的处理。交易完成时,当事人契约关系终止。

古典契约理论深受古典经济学的影响。在完全竞争的市场中,古典契约的特征是与古典经济学的交易行为相适应的。古典契约的基本特征可以概括为三个方面:

第一,契约的完全自由选择性。契约的完全自由选择性是指契约是以具有自由意志的交易当事人之间的协商为基础,他们所签订的契约是不受外部力量的控制、干预(包括政府和立法机构)情况下自由选择的结果。在一个完全竞争的古典市场中,每一个交易者都有选择是否订立契约的自由,选择与谁订立契约的自由,契约的达成是当事人双方选择的结果,不需要政府来干预他们的契约行为,当一方不履行契约时,另一方依赖法律帮助去实行他要求赔偿的权利。

第二,契约是个别的、不连续的。契约的个别性是指交易者之间除了单纯的物品交易外不存在任何其他关系的契约,而且所签订的契约把交易者事前和事后的其他事情分离开。个别性契约的实质就是限制当事人在交易中的某种承诺。只有那些作为交易一部分的承诺才是合法履行的,而如果一个契约的承诺者不履行一个合法的或可履行的契约,那么他就应该向违约的受害者支付损失赔偿费。

第三,契约的即时性。契约的即时性是指把全部的契约行为、契约活动,无论是过去的,还是未来的都归结于或转化为当前的事情处理。契约的即时性是个别性的必然结果,又强化了契约的个别性。首先,契约当事人之间的交易在瞬时完成,既不与过去相联系,也不与将来相关,契约是现时的。其次,契约的条款完全清楚的规定了交易当事人的现实责任与义务,因此交易当事人只要按照所达成的协议条款去履行便可,不需要对未来的规划,而且对契约的完全清楚的规定本身就把未来的事情包括在内。再次,由于契约对交易当事人的权利与义务作了明确的规定,协议的条款是明确的,因此,契约的谈判、签订、履行都是即时的。[①]

古典契约理论的局限性。古典经济学的重要性与原创性在于它能够对"何以日渐兴盛的交易活动在道德上是可能接受的"提出了合理的解释。从18世纪后期开始的一百多年里,到19世纪后期英国大体上完成了一般契约法从发展到成熟的过程。古典契约理论发展到了顶峰。随着经济的发展,古典契约理论的不足也日益凸显:第一,古典契约理论忽视了经济外部性问题。即使是在完全竞争的市场,契约不仅对契约当事人发生作用,而且会对契约当事人之外的经济活动产生影响,古典契约赋予了契约当事人追求利益的权利,却忽视了契约对第三方或公众所造成的后果。第二,古典契约理论忽视了垄断问题。古典契约理论中的交易发生在完全竞争的市场,忽视了垄断问题,其结果是忽视了政府或法律在市场交易中的作用。第三,古典契约强调契约当事人之间的自由选择和平等地位。这仅是假设的一种理想状态,19世纪后期的契约交易中不平等是很普遍的现象。第四,古典契约强调契约的个别性。在现实交易中,一次有限的个别性契约并不是普遍现象,长期契约关系越来越受到经济学家的重视。

二、新古典契约理论

从19世纪初到60年代末,古典经济学的内在缺陷已经使它无法适应当时社会发展的需要,在19世纪最后的30年里,经济学渐渐地掀起了一场库恩范式的革命,19世纪70年代初,边际革命采用一套全新的经济学概念体系与方法,建构了新古典理论的分析框架,标志着新古典经济学的诞生。到20世纪初,马歇尔的《经济学原理》基本上确立了新古典经济学在主流经济学中的地位,新古典革命也基本完成。

(一)新古典契约理论的模型

新古典经济理论的基本原则是在约束条件下的经济主体的最优原则。经济主体的最优原则是指个人与企业在一系列既定的背景条件下,最大化各自的特殊利益目标。在一定的产品价格条件下,消费者作为要素的所有者追求收入的最大化和个人消费的效用最大化,企业则追求利润最大化。每个经济主体的选择和行为的结果,都或多或少地体现在市场相对价格中,通过价格机制对其他人产生影响,并在各种约束条件下,最终实现自己的利益最大化和社会资源的最优配置。

在千百万种不同类型的市场中,存在着无数种不同类型的交易行为。新古典理论认为,在市场交易中产品市场的加总价格能够与要素市场的加总价格相配合,而且对产品所支付出去的价格能恰好等于要素所得到的收入。但是这种均衡的结果究竟是怎样达到的呢?而且,产品市场与要素市场的均衡是否有一致性呢?如果具有这种均衡,是否具有唯一解?如果有唯一解,这种均衡是否是稳定?如果脱离了均衡点,是否有一种自动的力量使其回到均衡状态?这些问题成了新古典经济学必须回答的问题。

---

① 易宪容:《交易行为与合约选择》,经济科学出版社1998年版,第89页。

1. 瓦尔拉斯的卖者喊价模型

对于这些问题,瓦尔拉斯(Walras)最先以一般均衡理论作了回答,而一般均衡理论最为核心的部分则是交易理论。瓦尔拉斯的交易理论是一般均衡理论分析的基础,其实质就是:企业与个人都能满足自身目标的最大化而处于均衡的状态之中,市场机制是实现这个目标的保证。各经济主体在给定的价格体系下,能够选择自己的目标函数,实现自身目标的最大化。

瓦尔拉斯巧妙地构造了一个卖者喊价(tatonnement)机制,以此来说明市场均衡的实现。卖者喊价是实现交易或有效契约的一种预备性价格或数量调整过程。模型中假设所有交易的个人和企业都在市场相遇,由于市场是完全竞争的,所有的企业与个人都只是价格的接受者,因此可以假设存在一个确定价格的拍卖者。开始拍卖者随机地报出各种价格。如果报价是固定的,交易者就会接受该价格为供给价格或需求价格,根据该价格作出生产或消费的决策。如果在这个价格下总供求相等,交易者就会签订契约达成交易。如果总供求不能相等,交易就不能达成,原有的契约就可能被取消。在这种情况下,拍卖者就会放弃那种无法实现的、过时的价格,报出新的价格,这一过程反复进行,直到均衡价格确立为止。

2. 埃奇沃斯的重订契约理论

埃奇沃斯(Edgeworth)也研究了市场运行的均衡状态,但是他没有使用拍卖者这个工具,他假设交易者在签订了契约之后,如果又找到了更好的机会,就可以放弃原有的契约,重签新的契约,这种重新签订契约的过程可以反复进行,直到交易双方感到满意不再签订契约为止。这时整个市场体系达到了均衡,所有的交易同时完成。在埃奇沃斯重订契约的过程中,可签订契约是在有限的范围内进行。交易者以商品的初始持有量为起点,两种商品的交换比率是可变的,交易的目的是为了增加双方的效用。契约是不可废除的,交易者可以通过重新签订契约实现均衡。所有的均衡点构成了契约曲线,也就是说契约曲线上的每一点都有可能是均衡契约,因而,每一份契约都是不确定的。

埃奇沃斯的重新签订契约的交易模型创立了契约曲线和无差异曲线,这些理论后来成为现代经济学的重要分析工具。他所提出的契约不确定性思想,后来成为阿罗—德布鲁(Arrow - Debreu)范式的核心内容。

在帕累托(Pareto)发展了一般均衡交易模型以后,希克斯(Hicks)创建了一种宏观经济学的动态交易理论。它从分析个人均衡入手,推演了交易的一般均衡、企业的均衡和生产的一般均衡。而交易的一般均衡是其他均衡的基础。阿罗和德布鲁在希克斯、萨缪尔森(Samuelson)创立的一般均衡交易模型的基础上,进一步发展了一般均衡理论。他们利用当时的两个最先进的数学工具凸性和不动点定理,代替了边际分析工具,解释了帕累托效率的分配与竞争均衡之间的相关性关系,研究了能在某一时点通过商品交换所能得到的那些配置。

3. 阿罗—德布鲁范式

阿罗—德布鲁范式是指阿罗—德布鲁在希克斯—萨缪尔森一般均衡交易模型上创立的一套交易理论概念体系。阿罗—德布鲁模型的基点是创造了一个纯粹的阿罗—德布鲁或有商品(contingent commodities)的概念。一般来说,每一种商品被假设可以被一种客观的、可量化的和普遍一致的方式来描述。在现实生活中,不可能将一种商品的特征完全描述出来。但是,对商品进行物质形态上的描述是很重要的,因为,商品的种类界定得越清楚,人们在交易中选择的范围就越大。如果两个当事人都有苹果和橘子的时候,一个人的水果交换另一个人的水果就没有意义了。但是如果一个人的苹果与另一个人的橘子相交换,双方的状况都可能得到改善。商品之间的划分在原则上是没有尽头,而商品划分细节越小,其意义就越不大。当一种商品的划分并不能产生可以想象得出的、能够提高当事人满足程度的配置时,那么,这种商品就被称为阿罗—德布鲁商品。

在现实世界中,很难发现一个纯粹的阿罗—德布鲁商品市场。在一般情况下,许多阿罗—德布鲁商品是以不可分离的组合形式,在许多时点上按"次优"交易进行交换的。

阿罗—德布鲁模型在分析一种商品的生产配置效率时提出了或有商品的概念。一种商品配置于一种生产是否比配置于另一种生产好,既取决于商品的特性,同时又取决于生产的不同环境。当不存在不确定性时,每一种商品都由其物理特性、所处的地理位置及可供日期规定。但是,当两种不同的环境事件出现时,同一种商品在两种不同的环境中是很不同的。例如,同一把伞,在同一地点,在下雨与不下雨时是不同的。或有商品的作用就是要弄清楚我们研究的商品的可供性要看出现什么样的环境事件。①

阿罗—德布鲁模型中的消费者具有理性选择的能力。每一个消费者都能设想一个计划集合。在这个集合中,明确规定了每一个消费者的偏好有一个完全的、传递的和连续的次序关系。消费者在作出消费选择的时候,是在完整的消费计划之间作出选择,而不仅仅只是局限于单个商品,单个商品只有在和消费者选择的商品有联系时才有意义。消费者一旦作出理性选择,其选择便是使消费者达到效用最大化的状态。

阿罗—德布鲁模型包含了不确定性的思想。阿罗—德布鲁模型包含了资源可获得性的不确定性以及有关消费和生产可能性的不确定性的情况。在现实的经济生活中,不确定性是一种十分普遍的现象,它以不同的方式影响人们的经济行为,影响着消费者的偏好、企业的生产技术和市场价格。而不确定性又可以分为外在的不确定性与内在的不确定性。外在的不确定性是指外在环境的不确定性,例如天气变化、自然灾害、消费者的偏好和企业的技术等。对外在的不确定性,尽管人们能够通过不同的方式来分散这种不确定性给个人带来的风险,但是没有任何一个经济体系可以减少外在的不确定性。内在的不确定性是指经济体系本身运行有关的不确定性。内在的不确定性主要在于经济行为者的决策。由于每一个当事人经济行为都是在他们所掌握的信息基础之上所作出的选择,因此可以通过获得信息减少不确定性。

阿罗—德布鲁模型讨论了信息在经济中的作用。信息在经济中的作用可以分为两种情况:一种是在任何一个日期,每个经济行为者关于环境状态的信息是不完全的,但是所有经济行为者的信息是相同的。在这种情况下,经济行为者具有固定的信息结构,可以实现阿罗—德布鲁竞争均衡存在性和最优性。另一种情况是不仅每个经济行为者关于环境状态的信息是不完全的,而且所有的经济行为者的信息都是有差异的。在这种情况下,不同的经济行为者对同一环境不确定性的因素,由于各自所掌握的信息的差异性,

---

① 易宪容:《交易行为与合约选择》,经济科学出版社1998年版,第114页。

其行为所作出的反应是不同的。这时人们作出决策不仅依赖于经济变量的分布,而这种分布会根据自己所接受的信息加以调整。这也意味着实际经济行为部分的是由非价格变量支配的。而且在存在信息差异性与信息不对称性的情况下,不仅存在着对获取信息的激励和对传播信息的激励,可能会导致市场失灵的状况,妨碍最优契约的签订,出现逆向选择和道德风险的现象。正因为信息是不完全的和市场是不完全的,契约才变得重要。①

(二) 新古典契约的特征

瓦尔拉斯形成了他的契约模型,埃奇沃斯建构了第一个系统的契约理论,阿罗—德布鲁模型则为契约理论研究提供了一套理论上的范式,尽管这些新古典经济学家关于契约的含义不同,但其基本特征是一致的。总结起来,有以下几点:

第一,契约的抽象性。无论在瓦尔拉斯交易模型中,还是在埃奇沃斯契约曲线中,任何契约既是交易当事人卖者喊价的结果,又是交易的均衡点。交易成了实现均衡的手段。从实质上说,这种契约已经剔除了古典契约中的道德伦理因素,变成了市场自然秩序的结果。这与达尔文进化结果是一脉相承的。契约是交易当事人反复摸索、调整的结果。

第二,契约的完全性。在新古典的一般均衡交易模型中,所有的契约都是价格与数量的交易,这种交易能够在有秩序、不混乱、没有干扰的情况下顺利进行和完成。每一份契约都是市场供求关系的均衡点,每一份契约都能够得到严格地履行和实施。契约都是完全的。这主要表现在,契约条款在事先都能明确地写出,在事后都能完全地执行;当事人还能够准确地预测在执行契约过程中所发生的不测事件,并能够对这些事件作出双方都同意的处理;当事人一旦达成契约,就必须自愿遵守契约条款,如果发生纠纷,第三者能够强制执行契约条款。在新古典契约理论中,契约对当事人的影响只限于在缔约双方之间,对第三者不存在外部性;每一契约当事人对他选择的条款和契约结果具有完全信息;且存在足够多的交易者,不存在有些人垄断签订契约的情况;契约签订和执行的成本为零。

这种完全契约是以新古典经济理论的完全竞争市场为条件。这意味着:①交易者是理性的,有稳定的偏好函数;②每种可选择的结果的概率分布是已知的,契约当事人可以在局限条件下作出自己的偏好选择;③契约当事人的行为是在有约束的条件下追求自己的效用最大化。

在完全竞争市场的条件下:①契约条款的影响与作用不存在当事人之间的外在性;②契约当事人对其契约拥有完全的信息;③存在着足够多的交易者,每一契约当事人对整个市场影响很小;④契约交易过程中的交易费用为零。契约的交易过程包括信息的获得、契约的讨价还价过程、契约的签订与契约的履行。

第三,契约的不确定性。无论是瓦尔拉斯的拍卖者喊价模型、埃奇沃斯的重订契约理论,还是阿罗—德布鲁的或有契约,都涉及契约的不确定性。因此,契约的不确定性是新古典契约的基本特征。

---

① 易宪容:《交易行为与合约选择》,经济科学出版社 1998 年版,第 119 页。

埃奇沃斯开创性地创立了契约曲线，并认为契约均衡在契约曲线上任一点均有可能达到，因此，就某一时点来说，每一份契约都是不确定的，竞争均衡不存在唯一解。

阿罗则用或有商品的思想来讨论不确定性契约的问题。一个单位的或有商品是这样一种契约，即只有当特定的事件发生后，提供一个单位的特定商品或支付一个货币单位。如果某一事件必定发生，那么随这一事件发生出现的交易契约与相应的无条件契约是相同的，由此，或有商品市场的建立没有任何意义。如果这一事件肯定不发生，那么，随着这一事件出现的或有商品价格为零，而或有商品市场的存在同样没有任何意义。如果某一事件的出现存在着不确定性，那么，为该事件的或有情况签订契约的市场一般来说将是可行的，而且存在一个价格，使交易顺利达成。这就以或有商品的方式达到不确定契约出现的均衡点。[①]

由于交易过程中的不确定性存在，增加了签订契约的成本，而且使契约的履行受到限制。这样，契约当事人往往会就有关条款留待以后需要的时候再解释。因此，任何契约的条款对契约事件只能作出部分的描述，不可能完全和确切地规定每一个当事人未来情况下的权利与责任。如何将不确定性契约转换成确定性契约，在新古典契约中，这种转换可分为事前的和事后的两类。事前的不确定性风险可以通过不同类型的保险来转换；事后的不确定性风险可以通过第三者的事后契约调整来实现。

新古典的契约关系是一种长期的契约关系，当事人关心契约关系的持续，并且初步认识到契约的不完全性和事后调整的必要。若双方发生纠纷，当事人首先寻求内部解决，如果解决不了再付诸法律。它强调一种包括第三方在内的规制结构。正如麦克尼尔（Macneil）所说，新古典长期契约具有两个共同特征：一是契约筹划时留有余地；二是无论是留有余地还是严格规定，契约筹划者所使用的技术和程序本身可变范围很大，导致契约具有一定程度的灵活性。

正因为契约的不确定性，新古典交易理论开启了现代契约理论新的思路。

第三节　现代契约理论

现代契约经济学，由西方经济学家于 20 世纪 70 年代后期创立，它是在新古典契约理论基础上发展起来的新契约经济理论。现代契约经济学的形成和发展经过两个重要的阶段：非对称信息下的委托—代理契约理论和不完全契约理论。

委托—代理理论，即所谓的合同理论，迅速被现代制度经济学接纳。但是，新制度经济学在问题的描述方式上却发生了很大变化，强调的重点放在了不完全或关系合同上。威廉姆森的主要理论都应理解为不完全合同理论。在这一文献中，合同订立以后的不对称信息（道德风险）扮演着一个重要角色，但是，不完全合同问题与不对称信息下的代理问题并不完全相同。在标准的委托—代理模型中，合同各方只需谈判一次，并且凭借这唯一的一次谈判就解决了一切问题。委托—代理理论假定，在合同订立以后，双方在履

---

① 易宪容：《交易行为与合约选择》，经济科学出版社 1998 年版，第 126 页。

行各自义务上不存在任何问题。它并不认为代理人或委托人的事后机会主义重要。这一结论可以阐述如下:人们相信(可证实的)义务的履行可以由法庭以一种完全可预测的方式即以确定的方式强制实施。威廉姆森对这一"机制设计"问题的批判建立在两个关键点上。一方面,他认为,在实践中,委托人并不完全了解所有未来事件和代理人的偏好。委托人只具有有限理性,而不是完全理性。另一方面,威廉姆森否认代理人的机会主义在事前或事后并不重要的观点。①

一、委托—代理契约理论

1. 信息不对称(asymmetric information)

在新古典契约理论中,每一份契约都是完全契约。新古典的交易是以人的完全理性,完全信息为基础,是在完全竞争的市场中签订,不存在外部性,不需要交易费用,所有信息都可以通过市场的价格反映出来,因此,这样的契约是完全契约。然而,新古典契约理论的假设条件在现实经济中难以成立,因为契约人是有限理性的,信息是不对称的,且信息的获得也是有成本的。如果放松完全信息的假设条件,这就是信息不对称条件下的契约选择。

信息不对称是20世纪70年代兴起的信息经济学中一个核心概念。信息不对称是指契约当事人一方所持有而另一方不知道的,尤其是他方无法验证的信息或知识。这种信息也称为"私人信息"。这里的"无法验证",包括验证成本昂贵而使验证在经济上不现实或不合算。

信息不对称大致可以分为两类:一类是外生性信息不对称。它指交易对象本身所具有的特征、性质与分布状况等,不是由交易人所造成的,而是客观事物本身所具有的。这类信息一般是出现在契约行为发生之前。另一类是内生性信息不对称。它是指契约签订以后他方无法观察到的、无法监督到的、事后无法推测到的行为所导致的信息不对称。在现实的经济中,这两类不同的信息不对称往往交织在一起。

信息不对称还可从时间和内容上来划分。一是信息不对称所发生的时间不同,可能发生在事件的开始,也可能发生在事件的中间或事后。发生在当事人缔约前的,叫做事前不对称;发生在当事人缔约以后的,叫做事后不对称。研究事前当事人之间博弈的信息不对称模型叫做逆向选择(adverse selection)模型,研究事后当事人之间博弈的信息不对称模型叫做道德风险(moral hazard)模型。二是信息不对称的内容不同。信息不对称的发生可能是由于当事人的行动只被他自己知道,或只被契约中所有的签约人知道,而局外人不能观察到,这叫做隐藏行动或隐蔽行动(hidden action)。信息不对称也可能发生在信息分布的不平衡上,签约一方对他本人的知识(个人特征)知道得很清楚,而其他人不知道或知之甚少,或者可能影响契约的自然状态的知识某个人知道而另外的人不知道,这叫做隐藏信息或隐藏知识(hidden information)。②

---

① 埃瑞克·菲吕博顿、鲁道夫·瑞切特编:《新制度经济学》,上海财经大学出版社1998年版,第19—20页。
② 科斯、哈特、斯蒂格利茨等:《契约经济学》,经济科学出版社2003年版,第19页。

信息不对称的存在会导致均衡契约或最优契约难以实现。因为信息不对称的存在，具有机会主义倾向的交易者会利用信息不对称尽量逃避风险，把交易成本转移到他方身上。

2. 委托—代理问题

在现实的经济活动中，委托—代理关系无处不在。例如，经理代表股东管理公司，律师给当事人提供服务，政府向市民征税等。委托—代理关系是人们在经济活动中的一种契约关系。在这种契约关系下，为了使交易双方的利益关系得到协调，委托人希望设计一种契约机制授权给代理人从事某项活动，并要求代理人为委托人的利益活动。这种契约机制要求代理人采取适当的行为，同时实现自己的效用最大化和委托人的效用最大化的目标。这样的契约是最优契约。

一个最优契约要满足以下条件：第一，要求委托人与代理人共同分担风险；第二，能够利用一切可能利用的信息，即在经济行为者隐藏行动和隐藏信息时，要利用贝叶斯(Bayesian)统计推断来构造一个概率分布，并以此为基础设计契约；第三，在设计机制时，其报酬结构要因信息的性质不同而有所不同，委托人和代理人对未能解决的不确定性因素和避免风险的程度要十分敏感。①

正如完全竞争市场中的均衡最优解存在的意义一样，最优合约在现实中是否实现上存在争论，但是在理论上不妨碍它的存在，并且成为缔约人达成契约的参照系。

一份无不确定性下的标准雇用契约可以描述如下。考虑一份雇员、雇主间的双边契约：雇员拥有的初始禀赋是他的时间，既可以留给自己，也可以作为劳动服务卖给雇主，雇主会将雇员的时间投入生产。令 $U(l,t)$ 代表雇主的效用函数，l 是雇主从雇员那里购买的时间量，t 代表雇主可支配的货币数量；$u(l,t)$ 代表雇员的效用函数，l 是雇员留给自己的时间量，t 是雇员可支配的货币数量，并且假设他们的效用函数是严格增、严格凹的。

假设雇主与雇员的初始禀赋分别是 $(\hat{l}_1, \hat{t}_1) = (0,1)$ 和 $(\hat{l}_2, \hat{t}_2) = (1,0)$。即，交换前，雇主没有时间但拥有所有货币，而雇员没有货币但拥有所有时间。

如果双方不交换，则获得保留效用 $\overline{U} = U(0,1)$ 和 $\overline{u} = u(1,0)$，交换将改善他们的福利水平，提高他们的联合收益。

契约双方都是理性人，各自都为了得到收益最大化，该问题形式化为下面的最优化问题：

$$\max_{l_i, t_i} U(l_1, t_1) + \mu u(l_2, t_2)$$

l_i 表示双方交易后实际消费的雇员时间，t_i 表示双方交易后实际消费的产出数量，$i = 1,2$，μ 是双方各自的讨价还价能力。

并且服从约束条件：$l_1 + l_2 = \hat{l}_1 + \hat{l}_2 = 1$，$t_1 + t_2 = \hat{t}_1 + \hat{t}_2 = 1$。

最大值由一阶条件得到：$U_l + \mu \cdot u_l = 0 = U_t + \mu \cdot u_t$

$$\frac{U_l}{U_t} = \frac{u_l}{u_t}$$

见图 6.1 的无差异曲线图。

---

① 科斯、哈特、斯蒂格利茨等：《契约经济学》，经济科学出版社 2003 年版，第 1 页。

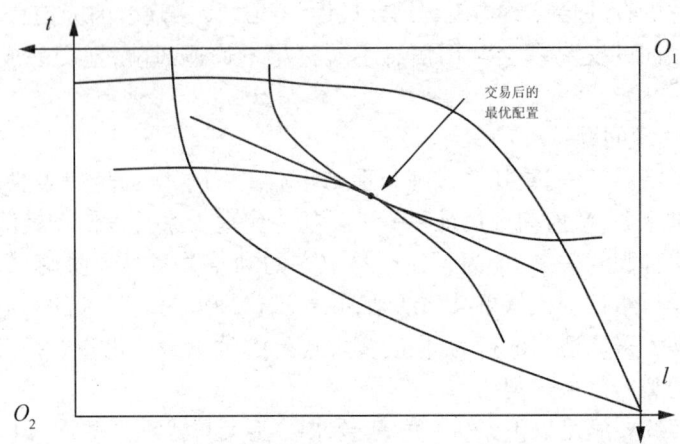

图 6.1　无不确定性下交易的最优配置

对于雇主和雇员来说,他们的货币与闲暇的边际替代率相等时可以达到联合剩余的最大化。

当存在着不确定性时,雇主与雇员之间的契约要进行风险分担安排,对于不确定性下的决策问题,可以使用冯·诺依曼和摩根斯坦(1944)的分析框架,将雇主和雇员的事后效用函数分别用 $U(t)$ 和 $u(t)$ 表示,$U'(t)>0, u'(t)>0, p_j \in (0,1)$ 来表示特定的自然状态下 θ_j 发生的概率,假设仅仅有两个可能的未来自然状态 θ_L 和 θ_H,令 θ_L 代表不利的产出冲击,或是衰退,θ_H 代表好的产出,或是繁荣。假设每个个体在不同的自然状态中各自的禀赋如下,

$(\hat{t}_{1H}, \hat{t}_{1L})(2,1)$,对于个体 1;

$(\hat{t}_{2H}, \hat{t}_{2L})(2,1)$,对于个体 2。

$\hat{t}_{ij}$ 是个体 i 在自然状态 θ_j 下的禀赋。

在自然状态实现之前,每一个个体对消费束 (t_L, t_H) 的偏好都可以用其效用函数表示,对雇主来说效用为 $V(t_L, t_H)$,对雇员来说效用为 $v(t_L, t_H)$。

如果两个个体没有交换,他们的事前效用为 $\bar{V} = V(2,1), \bar{v} = v(2,1)$,他们可以通过共同投保其在经济中的风险来提高事前效用。有效率的保险契约能够实现,当每个状态依存商品的最终配置 $\{(t_{1L}, t_{1H}), (t_{2L}, t_{2H})\}$ 满足:

$$V_{tL} + \mu v_{tL} = 0 = V_{tH} + \mu v_{tH}$$

$$\frac{V_{tL}}{V_{tH}} = \frac{v_{tL}}{v_{tH}}$$

见图 6.2 的无差异曲线图。

事前的效用函数就可以定义为事后效用函数的期望:

$$V(t_{1L}, t_{1H}) = p_L U(t_{1L}) + p_H U(t_{1H})$$
$$v(t_{2L}, t_{2H}) = p_L u(t_{2L}) + p_H u(t_{2H})$$

最优保险条件为:

$$\frac{v_{tL}}{v_{tH}} = \frac{P_L}{P_H} \frac{U'(t_{1L})}{U'(t_{1H})}$$

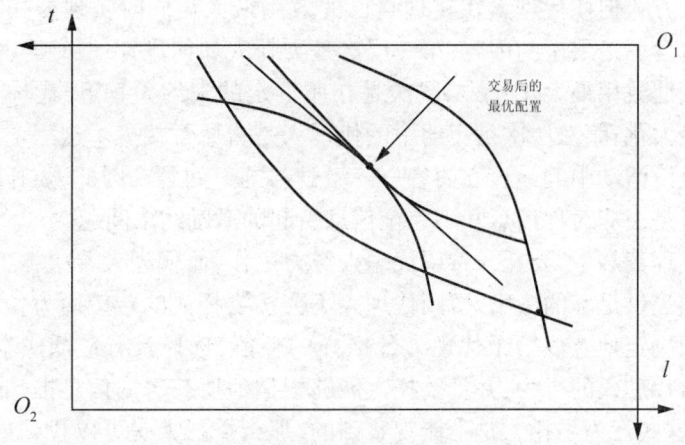

图6.2 不确定性下交易的最优配置

令(l_{1L},t_{1L})和(l_{1H},t_{1H})代表雇主的两种不同状态依存时间/产出束,(l_{2L},t_{2L})和(l_{2H},t_{2H})代表雇员的两种不同状态依存时间/产出束,并且令$(\hat{l}_{ij},\hat{t}_{ij})$表示各自的初始禀赋($i=1,2;j=L,H$)。双方签订的保险契约可以表示为下列最优契约问题的解:

$$\max[p_L U(l_{1L},t_{1L})+p_H U(l_{1H},t_{1H})]$$
$$\text{s.t. } p_L u(l_{2L},t_{2L})+p_H u(l_{2H},t_{2H})\geq \bar{u}$$

并且,$l_{1j}+l_{2j}\leq \hat{l}_{1j}+\hat{l}_{2j}$

$t_{1j}+t_{2j}\leq \hat{t}_{1j}+\hat{t}_{2j}$

其中,$\bar{u}=p_L u(\hat{l}_{2L},\hat{t}_{2L})+p_H u(\hat{l}_{2H},\hat{t}_{2H})$。

委托—代理问题是由于代理人与委托人之间存在信息不对称,代理人的目标会偏离委托人的目标,或者说代理人在追求自身效用最大化的同时无法实现委托人效用最大化的目标,使得委托人利益受损的现象。

委托—代理问题存在的根本原因就在于信息成本的存在与契约当事人之间的信息非对称性。委托人对代理人已经采取了什么行动或应该采取什么行动的信息是非对称的,因为代理人行为不容易观察,或者说要完全监督代理人的行为,其成本非常高。例如,一个企业的管理者不能完全观察到职员的工作努力程度,一家银行不可能完全观察到他的借款人的经营活动情况。具体来说,委托—代理问题产生的根源可以分为以下几个方面:①保险与信用关系的存在。在信用契约中,一个人给予另一个人某种资源,以换取在今后某个时期归还某种借款的允诺。但是,由于贷款人不能完全观察到借款人的行为,这就存在借款人欺诈的可能性。这样,委托—代理问题就产生了。②如果某一个人租借一耐用品给另一人,后者所采取的行动肯定会影响租借品的质量,在行动可以监督的范围内,租借契约可能详细地表明要采取行动。但是,这些行动是不可完全监督到的,这样就产生了委托—代理问题。③由于委托人在对某工作任务或产出结果是知情的情况下,而代理人是不知情时,委托人企图从代理人那里获得更多的租值,会尽量压低代理人应该获得的报酬而使自己租值最大化。这时,委托—代理问题就会产生。

既然代理人的行为不可观察,而且代理人的行为又会对委托人产生影响,那么,委托人应该采取什么方式促使代理人在实现自己的效用最大化同时实现委托人的效用最大化?这个问题包含三个层次的内容:第一层次是委托人如何设计一份契约能够使代理人实现委托人的预期效用最大化;第二层次是在所设定的契约条款下,代理人如何实现自身的预期效用最大化;第三层次是契约中的代理人是否愿意接受。这三个层次的内容归纳到一点就是经济活动中的最核心内容——激励与约束问题。因此,委托—代理问题模型的基本问题就是由非对称信息和不完全信息引起的激励约束问题。[①]

在委托—代理契约中,委托人希望代理人努力工作,而代理人希望少工作多得报酬,这样委托人必须提供足够的激励,否则代理人不会按委托人的希望而为。委托人在设计契约的时候必须决定他应该给予代理人什么样的补偿,选择具有最低成本的激励方案。如果委托人知道代理人的行为,并且委托人能够根据他所获得的信息推知代理人会采取什么行动,即使这些行为委托人是不能观察到的,那么委托人是可以找到最优契约解的。但是,委托人会面临着来自代理人的两个约束条件。第一个约束条件是代理人的激励兼容约束。即任何委托人所希望的代理人行为只有通过代理人的行为效用最大化来实现。第二个约束条件是代理人从接受契约中得到的预期效用不能小于不接受契约中得到的预期效用。在这种条件下,委托人所选择的契约设计不存在着最优解。因为,在代理人真正决定做什么之前,代理人可能观察到他的行为所导致的某些成本信息,或关于他的预期回报的某些信息。这样,代理人可能会根据他所观察到的信息对将来的不可预测的事情采取有利于他的策略,委托人的选择只是一种次优解。

二、不完全契约理论(incomplete contract theory)

(一) 不完全契约的产生原因

既然完全竞争市场中的契约假设条件与现实的经济生活相去甚远,既然人们在交往中的契约总是不完全的,那么是什么原因导致了契约的不完全性呢?人们为什么宁可签订不完全契约而不签订完全契约呢?在不完全契约的情况下,契约又是怎样运行呢?等等。这些都是不完全契约理论要回答的问题。下面首先从个人理性假设入手来讨论。

所谓完全契约,就是契约条款详细地表明了在与契约行为相应的未来不可预测事件出现时,每一个契约当事人在不同情况下的权利、义务与风险分享情况,契约强制履行的方式及契约所要达到的最终结果。换言之,如果一份计划是有效率的计划,那么一份完全契约能够促使其计划达到有效的结果。或者说,如果契约是能够强制履行的,那么完全契约就能最优地实现契约当事人的协议所要达到的目标。

在完全契约中,个人具有完全的理性。契约当事人可供选择的对象是给定的,每种可供选择结果的概率分布是已知的,这样,他就能够把所有信息综合在单一的效用函数中得出最优契约结果。可是,在实际的经济生活中,尽管人的行为选择是理性的,但人的理性选择不是完全的,而是有限的。不完全契约产生于下述几种原因:

---

① 易宪容:《交易行为与合约选择》,经济科学出版社1998年版,第142页。

第一，人的有限理性(bounded rationality)。由于人在神经生理和语言方面能力以及外在事物的不确定性、复杂性，从事经济活动的人在愿望上是追求理性的，但是在实际中只能有限地做到这一点，人类的理性总是有限的。由于人的有限理性与外在环境的复杂性、不确定性，人们既不能在事前把与契约相关的全部信息写入契约条款中，也无法预测到将来可能出现的各种不同的偶然事件，更无法在契约中为各种偶然事件确定相应的对策并且计算出契约事后的效用结果。

第二，交易成本的存在是导致契约不完全的重要原因。在零交易成本的假设条件下，契约信息的收集、契约谈判、签订与履行都是不需要花成本的。契约当事人能够把所有的意外情况都详细地写入契约条款中，并对每一种意外情况的解决措施作出了规定，这样也就不会发生任何事后纷争。在现实经济生活中，契约当事人是契约人，其交易活动通过契约实现，任何契约的运作都是要花费成本的。"契约人"具有有限理性与机会主义倾向，在交易过程中设计契约的事前成本是昂贵的，因此无法在契约中列出将来所有的或然事件；而且事前没有考虑到的可能事件会增加事后成本。因为一旦这些事件出现，就需要重新谈判与重新签订契约。由于当事人预期到将来一定会出现某些事前没有估计到的偶发事件，所以他们又会在最初的契约中增加相应条款，从而增加了相应的契约成本。契约当事人将会相当理性地漏掉许多可能意外发生的事情。契约当事人宁愿等待和观望，也不愿将大量具体的不太可能发生的事情包含在契约条款中。此外，任何契约的履行都是要花费成本的，尤其是当事人对契约条款发生争议需要第三者来裁决时，其契约履行成本更高。可以说，交易成本的存在是契约不完全的根源。

第三，信息不对称。信息不对称是指契约当事人一方所持有而另一方不知道的，尤其是他方无法验证的信息或知识。要完全消除信息不对称是不可能的。产生交易成本的重要原因就是因为信息不对称，要获得与契约相关的信息要付出成本，有时这个成本相当高。因为信息不对称的存在，具有机会主义倾向的交易者会利用信息不对称尽量逃避风险，把交易成本转移到他方身上。

第四，语言使用的模糊性。一个契约有时因为语言表达模棱两可或不清晰而造成契约的模棱两可或不清晰。语言只能对事件、状况大致地描述，而不能对它们进行完全精确地描述。这就意味着语言对任何复杂事件的陈述都可能是模糊的。例如，契约法的商业可预见性条款表明，当一个同意签订契约的企业其行为可能预见到时，其契约就应该强制履行。但是，契约中关于条款所适用的环境的语言表述并不清楚。如果把未来可能的事件用更多的专门条款加入契约中，这也意味着给实际的环境划定更多的边界，而哪一条款可以适用这些环境会出现更多的问题。因此，由于语言使用的模糊性，在契约中增加许多更为详细的条款可能会导致契约履行的更多争议。可见，语言使用的模糊性造成了契约的不完全性。[①]

第五，最新理论声称，只要至少市场一方是异质的，且存在足够数量的偏好垄断经营的当事人时，则契约就是不完全的。一个契约是否完全契约，这取决于当事人的类型。

[①] 易宪容：《现代合约经济学导论》，中国社会科学出版社 1997 年版，第 98 页。

当不知情方不了解对方类型的分布,或知情方不能令人信服地披露他的类型时,契约将肯定是不完全的。①

关于不完全契约存在的原因,仍是契约理论研究的前沿领域。第三方能否验证是否构成契约不完全的原因是争论的焦点。有关研究表明,即使某些内容是第三者无法验证的,只要缔约双方知道双方的预期成本和收入,就不需要把不可验证的内容写入契约,在这种情况下,就可以设计出一份完全契约。这个结果被称为"不相关定理"(irrelevance theorem)。

(二) 不完全契约理论的两个分支

不完全契约的思想起源于科斯1937年《企业的性质》一文,沿着科斯的思路,发展出了不完全契约理论的两个分支:一支是以威廉姆森为主要代表的交易费用经济学,主张在契约不完全的情况下,通过比较各种不同的治理结构来选择一种最能节约事前交易费用和事后交易费用的制度,也称交易费用学派;另一支是以哈特为代表的产权理论,主张通过某种机制来保护事前的投资激励,也称新产权学派。

1. 交易费用经济学(transaction cost economics)

交易费用理论由科斯首先提出,并由威廉姆森、克莱茵、张五常等人发展起来。交易费用经济学主张,应把交易而不是人作为最基本的分析单位。而任何交易总是或明或暗地在一定的契约关系中进行,所以契约可以成为分析交易最基本的方法,一切经济关系问题都可以转化为或理解为契约问题并用其契约方法来研究。交易成本经济学与古典经济学、新古典经济学的"经济人"假设不同,它建立在"契约人"概念基础上。因为他们无不处于交易之中,并用或明或暗的契约来协调他们的交易活动。而"契约人"的行为特征不同于经济人的理性行为,具体表现为有限理性与机会主义(opportunism)行为。所谓的机会主义行为,也就是指人们在交易过程中通过不正当的手段来谋求自身的利益。机会主义行为又分为事前的机会行为和事后的机会主义行为。前者是指逆向选择的情况,后者是指道德风险的情况。这也是前面提到过的隐藏信息与隐藏行动的问题。契约人的第一个特征表明,由于人的有限理性,交易双方要想签订一个完全契约是不可能的;契约人的第二个特征表明,仅仅相信缔约者的口头承诺是无法保证契约会自动履行的。所有复杂的契约都是不完全的。由于机会主义的存在,缔约各方都会采取各种策略行为来谋取自己的利益,因此不可避免地会出现拒绝合作、失调、成本高昂的再谈判等危及契约关系持续下去的情况。

根据交易的性质,可以把交易分解为三个维度(contractual dimensions):①交易受制约的不确定性;②交易发生的频率;③对长期交易专有投资程度要求实现供应成本最小化或资产专有性。

第一个交易的维度是交易的不确定性。交易作为人们的一种经济决策活动,只要人们决策的可能结果不止一种,就会产生不确定性。正是因为不确定性存在,人们的选择才成为必然。当交易受到不同程度的不确定性影响时,人们就会在交易成本尽量低的情况下对不同的交易协调方式进行选择。在不确定性较低的交易中人们的选择较为明确,也不需要对交易协调方式进行选择。对不确定性,库普曼斯(T. C. Koopmans)把它分为

---

① 科斯、哈特、斯蒂格利茨等:《契约经济学》,经济科学出版社2003年版,第103页。

两类:一种是初级的不确定性,指的是由于自然的随机变化和消费者偏好的不可预料的变化所带来的不确定性;一种是次级的不确定性,这是由于信息不对称而引起的不确定性。此外,威廉姆森还指出了行为的干确定性,即由于人的机会主义行为以及这些行为的千差万别,人们因无法预见而产生的不确定性。不确定性在不同的交易中所起的作用和约束交易协调方式的程度是不相同的。因此,这也给交易协调方式的选择留下广阔的空间。

第二个交易的维度是资产专用性。资产专用性是指某些投资一旦形成某种专门用途的资产就难改变为其他作用,如果要改变为其他用途肯定会造成较大的经济损失。与资产专用性相对应的是资产通用性,这时资产专用性接近或等于零。资产的专用性是与沉没成本概念有关的。资产专用性的细节只有在不完全契约背景下才会清楚地表现出来,而人们在谈论交易成本之前是不容易发现的。

专用性资产至少可以分为四类:①物质资本专用性(physical-asset specificity),是指专为特定用户设计制作工具或模具等装备的投资产生的专用性;②场地或区位专用性(site or location specificity),当买主或者卖主将其设施建立在毗邻对方的地方以节约运输成本时,就产生这种专用性;③人力资本专用性(human-asset specificity),如果交易者学到的技能和知识只在与特定交易伙伴交易时才有价值,而在该关系之外价值就会减少,就产生这种专用性;④特定资产专用性(dedicated assets),为了维持与特定顾客生意上的往来而进行的投资,虽然不是专用于该顾客的,但是一旦该顾客终止采购所生产的产品,就会使这种产品的生产能力严重过剩。

另外,资产专用性还可能表现为时空专用性(temporal specificity)。时空专用性发生在契约履行时或按时履约是至关重要的因素。比如,一件产品的价值天生就与时间有关,报纸就是这样一种商品。生产过程的连续性质也将导致这种专用性,例如建筑工程。时空专用性在易腐烂的产品那里很明显,例如农产品经常出现这种专用性。而天然气和电力等产品的储藏成本很高,也易产生时空专用性。在这些情况下,拖延履约就是榨取准租金的有效武器。①

在资产专用性的情况下,契约关系的连续性显得特别重要。这时,当契约双方中有一方投入专用性资产时,一旦另一方采取机会主义的行为终止契约,投资方就可能会遭受损失。反之,在资产通用性的环境中,买方能轻易转移他所选择的资源,卖者能够有目的地和没有困难地把他的产品由一个买者转移到另一个买者。而且当事人的专用资产识别有一个重要的成本承担结果时,非市场的能力问题就产生了。这种交易也就称为特异性(idiosyncratic)。

交易的第三个维度是交易发生的频率。由于任何交易协调方式的确立与运作都是要花成本的,而这些成本能够在哪一点上为所产生的收益所抵消,又取决于这种交易协调方式中所发生的交易频率。频率越高,建立与运作交易协调方式的成本就越能得到补偿,多次发生的交易要好于一次性交易,因此,交易频率对交易协调方式的选择也有重要影响。可见,该维度并不影响交易成本的绝对值,而只影响进行交易的各种方式的相对成本。

契约的三个维度中最为关键的是不确定性,它与交易发生的频率和投资特异性程度相关。

---

① Scott E. Masten:《契约和组织案例研究》,中国人民大学出版社 2005 年版,第 14 页。

为了说明这点,威廉姆森假定不确定性是在某种居中程度上存在,而把重点放在所发生的消费为交易专用的频率和程度上。然后,列出三种交易频率和三种投资方式。交易频率可以看做一次性的、偶然的和重复的。投资方式可以划分为非专用性的、混合的和特异性的。

一次性交易和偶然性交易的差别并不大;偶然性交易和重复性交易的差别保留。交易协调方式需要六种类型的交易相匹配。大致有三种类型的交易协调方式:非专用性交易或通用性交易、准专用性交易或混合交易以及高度专用性交易。

威廉姆森建立了一个交易契约经济学的分析模型。这里,用 K 来表示交易中资产的专用性的程度。应用通用性技术时,所形成的资产也是通用性的,即 $K=0$;应用专用性技术时,相应的资产具有专用性,$K>0$。在后一种情况下,为了满足契约关系中一方的特定需要而采用了专用性技术,形成了专用性资产。这也就意味着,如果这项交易被终止,那么专用性投资就会受到损失。可见,专用性资产投资具有很大的风险性。为了降低这种风险性,当事人在进行专用性资产投资时,契约各方当事人有动机设计某种保障机制来维护契约关系中专用性资产价值。

这里,用 S 来表示这种保障机制的强弱程度。如果在契约关系中没有建立保障机制,$S=0$;如果在契约关系中建立了保障机制,$S>0$。这里所指的保障机制,包括了三类情况:建立契约赔偿规则;设立交易中的契约协调机制;制定交易过程中的限制性条款,以此来使当事人的交易风险均衡。而把交易中的价格 P,资产的专用性 K 与保障机制 S 三者相互关系作整体分析,就构成了交易中的契约关系模型。

(1)当 $K=0$ 时,在这种交易关系中,买方可以在市场上找到很多的卖方,卖方也可以方便并没有损失地把他的资产转移到其他地方。在这种理想的竞争市场上,出于交易双方是相互独立的,没有任何依赖关系,交易往往是一次性完成,因此在契约关系中不需要交易保障机制。

(2)当 $K>0,S=0$ 时,在这种契约关系中,卖方进行专用性资产投资,但是没有保障机制来维护交易的持续进行。一旦交易关系中止,专用性资产的价值将受到重大损失。

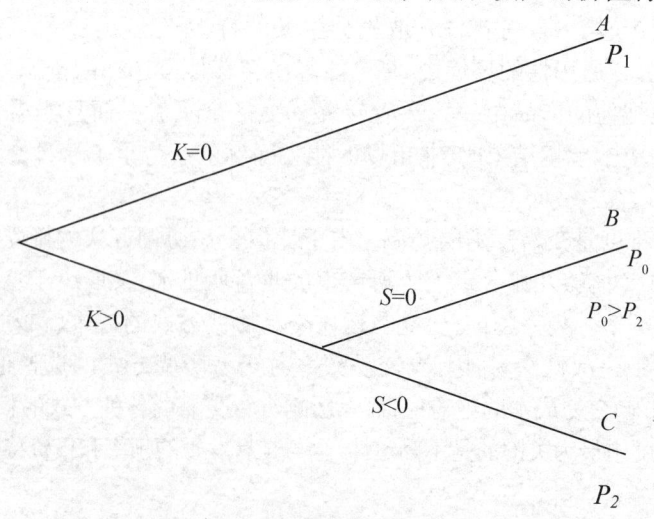

图 6.3　多种签约选择计划

因此，专用性资产的投资者，为了降低自己在交易中的风险，往往会把产品的价格定在较高的水平 P_0 上。这自然增加了买方的成本。

（3）当 $K>0, S>0$ 时，在这种契约关系中，应用专用性技术，进行专用性资产投资。同时契约双方建立某种形式的契约保障机制，它能较好协调契约关系的纷争。因此，交易价格较低：$P_0 > P_2$。这个契约关系模型也表明：在交易中，资产专用性 K，保障机制 S 和交易价格 P 三者是相互联系相互作用的。它揭示了交易中的技术选择、经济组织和市场价格三者之间的关系。

威廉姆森采用契约计划图来表示多样性契约关系的形成。图6.3 中，A、B、C 三点各代表一种价格，各种价格可以进行比较。其中：①分支 A 表示的是 $K=0$ 条件下的供给量，其预期收支平衡价格应为 P_1。②分支 B 表示的是用于专用资产交易，即 $K>0$，但无需安全措施，即 $S=0$，预期收支平衡价格应为就是 P_0。③分支 C 表示的也是用于专用资产交易，由于在这类契约中提供了安全措施，即 $S>0$，因此预期收支平衡价格 P_2 将低于 P_0。在上述三种情况下，第一种情况就需要调整激励契约计划；第二种情况是建立并使用某种专门的契约计划，以应付并解决有关的契约纠纷，从分支 C 所对应的契约计划来看，其特点是通过调解仲裁来解决各种纠纷；第三种情况是依靠贸易规则，鼓励并判断双方持续合作的意向，用双边互惠方式解决贸易不平衡的贸易计划。契约计划图说明了多样性契约的关系形成，而且用途非常广泛。

由此可以得到威廉姆森最基本的命题：交易者将选择那种使交易费用最小的交易协调机制。而哪种交易协调机制使交易费用最小，则要视交易过程中的特征而定，即要根据资产专用性程度、不确定性和交易频率这些变量而定。具体情况如下：①如果资产的专用性程度低，无论是否存在确定性或交易频率大小，只要采用古典契约就可以了，因为在这种情况下，交易各方都能够根据市场价格竞争机制容易地、低成本地寻找自己的交易伙伴，达成各自交易。②当资产的专用性或不确定性较高但不是最高时，可以采用不同的关系性契约，例如，双头式、三头式以及等级式契约，至于实际中采用哪种还要看交易频率。③当资产专用性与不确定性非常高时，一般会采取关系式契约。但是，这种契约关系并不能防止过高的交易费用，这也许会出现一体化联合。当然，这仅是从静态角度来考虑的，如果一旦加入动态的因素，例如，产品的质量控制、企业市场开发能力等，问题就复杂得多了。[①]

在具有专用性资产安排的契约关系中，产生了一种可占用的专用性准租，出现了一种事后的机会主义行为，这就是前面所提到的道德风险问题，在交易费用经济学中，人们把这种行为叫做"敲竹杠"（hold‑up）问题、"套牢"或"要挟"。所谓"敲竹杠"问题，就是当人们一旦做出专有资本关系投资后，担心事后重新谈判被迫接受不利于自己的契约条款或担心出于他人的行为使他的投资贬值。一般来说，"敲竹杠"行为并非是建立在非对称性信息或欺骗行为基础之上的，而是当大量不可预见的事件动摇了两个具有相同知识的交易者的契约关系时，它就自然地出现了。也就是说，在契约完全的情况下，由于详细规定了契约当事人在将来不同状况下不同的权利与责任，契约是完全可以严格履行的，因此也就不存在"敲

[①] 易宪容：《现代合约经济学导论》，中国社会科学出版社1997年版，第296页。

竹杠"问题。只有在不完全契约的情况下,由于契约存在漏洞,当事人就会利用这些漏洞使自己利益最大化。可见,"敲竹杠"问题只是不完全契约问题的一个方面。

尽管"敲竹杠"的出现将增加事后的不可预见性,在这种情况下就资源配置而言,某种价格或其他契约条款可能证明是不可取的,当事人可能希望(通常能观察到)就契约进行事后的重新谈判。但当一个实际的"敲竹杠"潜在者出现时,处于劣势条件下的当事人对其他当事人来说并不仅仅是契约重新谈判或给予一次性支付的问题。因为当交易者设法使对手相信"敲竹杠"存在并起了巨大的作用时,一些非对称信息可能是在时间上展开,真正的资源在契约谈判过程中消散,因此"敲竹杠"会造成资源的浪费。

如何解决"敲竹杠"问题,成为契约经济学所要研究的前沿问题。哈特认为当事人之间可以签订状态依存契约、收益分享契约、成本分享契约以及第三方仲裁等来解决。但是这些方式会由于交易成本过高、或是信息不对称等因素不能达到最优水平。当"敲竹杠"问题出现时,人们可以求助于法院,法院可以强制履行契约条款或促使当事人重新谈判来减少"敲竹杠"问题,但是这样做不仅不能完全消除"敲竹杠"问题,有时还会导致更为严重的"敲竹杠"问题。在现实的经济生活中,大多数契约依赖习惯、诚信、声誉等方式完成,即使是在发生严重争执的情况下,当事人各方也是尽可能依靠他们自己的力量和努力来解决契约争端,而不是尽量依靠法院去解决问题。因为,在当事人看来,利用法律程序是要花交易成本的。如果契约是不完全的,其中包括了遗漏的条款和模糊不清的陈述,要适当地履行契约就可能要求有许多法官和陪审团,而他们不一定具有这样的能力和知识。在这种情况下,由法院来履行契约可能意味着一次昂贵的赌博。

因此,在"敲竹杠"问题上,人们更多的是依靠契约的自我履约机制。一个自动履约契约就可以利用交易者的性质和专用关系将个人惩罚条款加在违约者身上。这个惩罚条款包括两个方面的内容:一是终止与交易对手的关系,给对方造成经济损失;另一方面是使交易对手的市场声誉受损,违约的交易者会因此在将来的业务中增加其交易成本。这是因为,一旦与其交易的未来伙伴知道其违约前科,就会变得更不愿意相信违约交易者的承诺。如果要与他进行交易就会要求有更多优惠的、清楚明白的契约条款。例如,假设某契约协议是一种特许权安排。为了保证特许权契约行为的履行,特许人必须作出保证提供给受许人未来的准租值流,而这租值必须高于受许人通过提供低于承诺质量的东西而出现的"敲竹杠"行为的现值。如果受许人没有在质量上进行欺骗而特许人终止了他们之间特许权经营,那么所有现有的特许经营者将不会相信特许人关于公正处理的承诺,并会发现他们在利益上欺骗自己,因为对特许人来说,在缺乏信誉的情况下,要想签订任何新的特许权经营是困难的。

但是,如果交易者发现在这个自我履约的范围以外,还存在一个比施加的个人惩罚条款损失还要大的收益时,自我履约机制就失灵了。如果个人具有无限的履约资本,缔约当事人对所存在的潜在"敲竹杠"现象是不在乎的。但是正是个人履约资本的有限性,才限制了自我履约的范围。

2. 产权理论(property right theory)

以哈特(Hart)为代表的不完全契约理论可以称为产权理论,它的主要框架由格罗斯曼(Grossman)、哈特(Hart)和摩尔(Moore)等人的重要工作构成,其基础与逻辑可概括如下。

如果买方与卖方要交易一个小物品。自然状态和小物品的形状在投资生产前是不可预见的,因此,双方只能缔结一个不完全的契约。假定双方都是风险中性,无财富约束,利率为零,卖方单方面对小物品进行关系专用性投资,投资的结果可能产生 n 种不同的小物品,但是在每种状态下只有一个"特殊品"被交易,而其余 n-1 个小物品的成本按照一定的规则排列。如果当事人不能承诺不进行再谈判,那么当环境足够复杂,即当 n 趋于无穷大时,无论未来状态是否可以事先描述,买方的专用性投资激励都将趋于零。此时,初始契约的价值就收敛于没有契约或者是"君子协议"的价值。哈特和摩尔考虑了更一般的情况,他们将契约看做一系列结果的列表(a list of outcomes)。松弛型(loose)契约更具事后灵活性,但是妨碍事前专用性投资激励,而紧密型(tight)契约激励事前投资,但是可能事后是低效率的。最佳的契约在事前效率和事后效率之间权衡取舍。产权理论导出的基本含义是:因为契约是不完全的,所以应该设计一种机制保护事前(关系专用性)投资激励,实现次优社会福利效果。

交易费用经济学和产权理论在理论基础上具有相似性,都把有限理性、机会主义和资产专用性作为契约不完全的主要原因。但两者在分析问题的重点上有着明显的分歧。交易费用经济学强调契约的不完全性导致的交易费用主要在于事后的失调,因而主张问题的重点在于契约的事后适应性治理;产权理论对于交易成本的界定过于狭窄,认为契约不完全产生的主要问题在于事前的专用性投资激励,因此主张问题的重点在于事前设计一种机制来保护投资激励。在一体化问题上,两者的分歧看上去更加严重,交易费用经济学批评产权理论忽略了一体化前后各方在激励密度、信息分布、行政管理和契约法等方面的差异;而产权理论则批评交易费用经济学忽略了一体化前后资产所有者在产权方面的激励变化。事实上,二者在内容上可以相互补充。

(三)关系契约理论

1. 什么是关系契约(relational contract)

关系契约并不对交易的所有内容条款进行具体详尽的规定,仅仅确定基本的目标和原则,过去、现在和预期未来契约方的个人关系在契约的长期安排中起着关键作用。契约服务于交易,而每项交易都是嵌入在复杂的关系之中,因此,必须将契约与其社会背景联系起来考察才能理解契约的本来面目。

麦克尼尔(Macneil,1994)将契约分为个别性契约(discrete contract)与关系性契约,个别性契约也就是古典契约,比如出售一匹马、一间房、一块土地或短期服务等,其交易完全由法律来保障。在高速公路边的加油站给汽车加油的买卖关系是一个典型的个别性契约。

2. 关系契约的特点

第一,关系契约具有较大的弹性。在关系性契约中,缔约双方只是规定一个约束框架,仅仅就交易的原则、程序、解决争议的机制以及谁应拥有权利作出说明。但同时也要求双方未来合作的收益足够大,并且应该存在较好合作关系以降低契约协商中的交易成本。第二,关系契约是自执行契约,关系契约依赖于自我履约机制,关系契约中包含着很强的人格化因素,双方在长期合作中出现的问题都可以通过合作和其他补偿性技术来处理。由于有限理性和交易费用的存在,在专有性投资中"敲竹杠"问题不可避免,而付诸法院解决此类问题可能引起更大的敲竹杠问题,因此,只有依赖于自动履约机制来保障交易的顺利进行。第三,关系契约是隐性契约、非正式契约,是一种在特定环境下第三方不能强制执行,契约方基于重复博弈的未来关系价值、自我执行的非正式协议。关系契约中的交易各方并不是陌生人,信任在关系契约治理中起着关键作用,他们大多数的互动发生在合约之外,不需要法院根据看见的条款来执行,而是代之以合作与威胁、交流与策略这样一种特殊的平衡机制。第四,关系契约是长期契约。关系契约持续时间长,随着时间的延伸而继续,将包含未来不确定时期内的一系列"市场交易"。随着时间的延伸和关系的复杂化,关系契约可能涉及其他人,比如供应商、客户、担保人和银行,因此,关系契约可能涉及两个以上的民事主体,超越了传统分立性交易的界限。长期交易会促进和鼓励有效的交易,并且在长期交易所提供的合作方面的信息有助于建立信任、减少机会主义行为。关系契约的长期性使得契约方可以寻求法律以外的保证机制,避免单次交易中的囚徒困境的发生。①

关系契约并不仅仅是依靠"拉关系"维持的契约。有人认为关系契约更多地存在于交易范围狭窄的市场中,比如发展中国家(如中国)存在大量的关系契约,事实上,在发达国家,关系契约也同样存在于市场交易之中。

相比正式契约,关系契约具有诸多优点:第一,契约参与方比法院更容易监控对方采取的行动;第二,与法庭的有利行动与不利行动的两极判断不同,契约参与方的判断更加细微;第三,契约方可以根据法律不易观察的一些现象作出判断,如某些特别事件,并且关系契约可以随时间变化调整。

关系契约治理较之正式契约治理在某些方面更为有效,在于它赋予了当事人某种具有较高自我强制实施机制,利用交易者的性质和专用关系将个人惩罚条款加在违约者身上。这种惩罚条款通常包括两方面的内容:一是终止交易关系,给对方造成经济损失;二是毁坏交易对手的市场声誉。这种契约的执行是通过习惯、诚信和声誉来实施的,法院只作为最后强制执行的手段。关系契约设计时要让不履约的收益总是小于履约所带来的长期收益,未来合作的价值作为关系契约执行的唯一保障。关系契约的治理不仅依赖于对交易结构的事前规定和理性规划,还依赖于关系性规则,这些关系性规则包括社会过程和社会规则,与正式的制度安排一起,共同保证了关系契约的履行。

3. 关系契约的作用

第一,关系契约可以减少机会主义行为。威廉姆森把关系契约引入交易成本理论,提出关系契约适用于解决由专有性投资造成的签约后的机会主义行为。伴随着企业关系由竞争转向竞合,企业越长期合作也使得企业越来越依赖于关系契约。第二,关系契约可以激励专有性投资。在信息不对称的情况下,契约执行不依赖于完善的绩效评价,而取决于保持合作关系的未来价值大小,即只要双方合作的剩余足够大,契约执行就能得到保证。第三,关系契约可以替代正式契约。在法律等正式约束不完善的环境中,关系契约可以代替正式契约来保证交易的完成。法律制度不健全的地方,全社会的大市场难以形成,因此,在市场规模较小时,关系契约是一种有效的治理结构,但是当市场不断扩大时,关系契约应该让位于法律制度。格里夫(Grief)等人研究发现,在法律保障不

---

① 孙元欣、于茂:《关系契约理论研究述评》,《学术交流》2010年8月,第118页。

可行时,关系契约可以保证交易的顺利进行,任何一方违约后将破坏彼此的关系并且各方不再能从交易中获益(导致交易的终结),当关系契约嵌入在一个社会网络中时效果最好,因为同一网络中的其他主体会联合惩罚违约的一方。比较典型的就是中国、东欧在原有的计划经济转型后由于法制建设缺位,关系契约承担了补缺的作用。约翰逊(Jhonsow)发现,在俄罗斯、波兰、罗马尼亚等东欧国家,关系契约是主要的治理契约形式,并且在转换成本较大、契约双方经由过去交易获取了较多对方信息时,关系契约效率优于法律契约。

案例 1

合同——苏美尔人的泥板

苏美尔人在公元前 4 世纪不仅发明了城市,而且可能还创造了"楔形文字",这以后不久,埃及人创造了"象形文字"。

考古学家发现,苏美尔人最早是把简单的图像刻画在一块软泥板上。每一个图像就是一个概念:太阳、水、男人、女人。由于在软泥板上写直线最容易,所以后来的图像得以简化,变成了由很多楔形组成的象征。泥板在太阳下很快晒干,写作者就有了一部可以保存多年的文献,时至今日。

五千多年前,苏美尔人是出于什么考虑要用文字形式把他们的思想固定下来呢?理由可能很多。但文字对商人们才是最重要的。早在苏美尔最古老的泥板上,人们就已发现了"商人"这个词。在教士之间,如果需要,还可以口头交流他们的复杂的知识。但商人们,他们旅行在陌生的地点,和陌生人谈判陌生的商品,当他们的生意比较复杂,已经超出了单纯用羊皮交换陶罐的界限时,就必须用一种方式把他们之间的协议固定下来。由于有了文字,就可以把劳务的交换用合同固定下来。

一份合同规定了一方供应某种商品的义务,即使他有时并不感到舒服。比方他为提供皮革所耗费的支出超过了预期。只有通过这样可靠的协议,才有可能持久地同关系并不亲密或根本就不认识的人进行分工。只有这样才能保证,劳务互换按照协议进行。

合同越是复杂,那么对它的监督就越发重要。简单的商品交换,几乎是自动进行的。但大笔交易,双方就必须得到保障,对那些违反协议中义务的人可以进行惩罚。为进行这样的监督,就需要国家。因此,苏美尔人在政治上的进步,也为他们带来了经济上的好处。

苏美尔的商人们,对他们的书面协议是很认真的:每笔生意都记在泥板上。他们按照规定的重量浇铸金锭和银锭,并在上面打上印章,当作支付手段使用——这就使复杂的易货交易变得简单了。苏美尔人还为重量制定了量器:最大的单位约为 25 千克,称为泰伦特;然后分为 60 米纳,每一米纳分为 60 谢克尔。不仅是文字给苏美尔人带来了好处,而且还有他们在数学方面的进步。从这个时代留到今天的有:我们把每小时分为 60 分,每一分钟又分为 60 秒,以色列国的货币至今仍称为"谢克尔"。

资料来源:尼古拉斯·皮珀:《故事中的经济史》经济日报出版社 2003 年版,第 20—22 页。

案例 2

美国电煤交易的长期契约

美国是世界上除中国以外最大的电煤消费大国,其燃煤发电量占总发电量的一半左右。美国煤炭产区集中在阿巴拉契亚地区、中央地区和西部地区，2008年这三个地区的煤炭产量分别占美国煤炭总产量的33.34%、12.53%和54.13%。从20世纪70年代开始美国西部地区的煤炭生产迅速提高，2008年怀俄明一州的煤炭产量已占全美国煤炭总产量的近40%。

美国90%以上的煤炭消费用于发电。在美国中西部地区、南大西洋地区、东南地区、西部山区煤炭发电占这些地区发电量的一半以上。2008年德克萨斯州电煤消费数量超过1亿吨，印第安纳州、伊利诺伊州、俄亥俄州、宾夕法尼亚州的电煤消费数量也都超过0.5亿吨。同中国一样，美国也存在煤炭产出地域与消费地域在地理空间相距很远的问题，电煤平均运输距离超过1100公里，而西部山区所产电煤的平均运输距离超过1700公里。电煤运输主要以怀俄明、西弗吉尼亚、肯塔基三州为起点，采用铁路运输为主(占70%以上)，辅以内河驳船与公路运输。

根据乔斯科(Joskow)研究，1982年美国只有不到15%的电煤供应是由纵向一体化机制完成的，即由电厂的所有者拥有的煤矿提供所用电煤；拥有煤矿的电厂中，只有一半实现了煤电完全一体化，即所用电煤完全由所属煤矿提供；美国当时最大的20家电厂中，超过半数未实行煤电纵向一体化，甚至一些电厂因政府对电煤内部转移价格的规制不利于企业，正试图将所属煤矿剥离出去；美国煤电行业之间的纵向一体化程度远远低于美国煤钢行业的纵向一体化程度，钢铁行业所用65%左右的焦炭由一体化企业供应；而且，倾向于采取电煤纵向一体化机制的主要是位于美国西部的坑口电厂。但仍有相当高比例的坑口电厂未采取电煤纵向一体化机制，而是采用复杂的、结构化的长期契约交易机制，契约期限长达20年到50年，通常为35年。

美国85%左右的电煤供应通过市场交易来完成。美国的煤炭市场契约交易安排(包括美国能源部能源信息署的数据统计)仅分为短期契约交易与长期契约交易两类。煤炭短期契约交易通常是指交货期限于一年以内的交易；而长期契约交易则是指交货期超过一年的交易，长期契约的交货期可以长达50年。从20世纪70年代以来，美国绝大多数的电煤契约交易都是长期契约交易(1982年电煤长期契约交易占电煤契约交易的份额超过90%)，少量为短期契约交易。但是，从80年代后期到90年代，电煤短期契约交易呈上升趋势，达到电煤交易量20%；与此同时，电煤契约的平均交货期则从14年下降到8年。此外，美国煤炭交易的地区差异显著，西部地区几乎不存在短期契约交易，而东北部的阿巴拉契亚地区的短期契约交易远远超过其他地区。

乔斯科(Joskow)对美国煤电纵向交易关系的实证研究结果表明，美国在20世纪80年代初期的煤电纵向交易与交易成本理论的预测一致。乔斯科(Joskow)研究结果如下，对于只能从特定的煤矿获得煤炭供应、依赖单一的铁路运输并且需要对运煤列车投资的电厂，电煤交易的长期契约占主要比率，此外，电厂可能会考虑纵向一体化策略；只能从特定地区获得煤炭供应、依赖两条不同的铁路运输煤炭，电煤交易的长期契约为主要交易形式，会有少量短期交易契约为补充；可以接受多种品质的煤炭、能够与不同的铁路、驳船公司签订运输契约的电厂采用现货交易与短期契约方式，这样的交易契约占总量的比例较低。

资料来源：钱勇、曹志来《煤炭、电力企业与政府博弈：契约机制与市场界别》改编，《改革》2010年第9期。

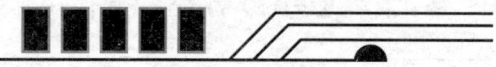

关键概念

契约　完全契约　不完全契约　关系性契约　隐性契约　或有商品
非对称信息　逆向选择　道德风险　委托—代理关系　有限理性
资产专用性　"敲竹杠"问题

思考题

1. 简述契约的原则。
2. 简述古典契约的特征。
3. 简述新古典契约的特征。
4. 简述交易的三个维度。
5. 论述委托—代理问题产生的原因。
6. 论述不完全契约产生的原因。

推荐阅读

1. 科斯、诺思、威廉姆森等:《制度、契约与组织》,经济科学出版社2003年版。
2. 科斯、哈特、斯蒂格利茨等:《契约经济学》,经济科学出版社2003年版。
3. Scott E. Masten:《契约和组织案例研究》,中国人民大学出版社2005年版。
4. 埃里克·弗鲁博顿、鲁道夫·芮且特:《新制度经济学》上海三联书店,上海人民出版社2006年版。
5. 科斯:《财产权利与制度变迁》,上海三联书店1991年版。
6. 麦克尼尔:《新社会契约论》,中国政法大学出版社1994年版。
7. 易宪容:《现代合约经济学导论》,中国社会科学出版社1997年版。
8. 易宪容:《交易行为与合约选择》,经济科学出版社1998年版。

第七章 企业理论

本章重点介绍新制度经济学的企业理论，为保证理论的延续性，我们首先比较新古典经济学和新制度经济学的企业理论，解释企业的本质和边界；继而分析企业的产权安排和企业内部权力配置，解释以"行政命令配置资源"[1]的企业内部权威的来源；第三节在委托—代理理论的框架下分析公司治理结构；最后分析企业家在企业创立和成长中的作用，探讨创业型企业的生存与发展。

---

[1] R. Coase, "The Nature of the Firm", *Economica*. 1937, vol. 4, pp. 386–405.

第一节 企业的本质与边界

一、企业的本质与边界——新古典经济学观点

迄今为止,新古典经济学仍然是世界范围内标准经济学教材的核心内容,新古典范式对经济学的后续发展依然存在根深蒂固的影响。而现代企业理论的发展大多也是源于对新古典企业理论的修正和补充,因而重新回顾新古典经济学对企业本质和企业问题的认识将有助于我们更清楚理解现代企业理论发展的脉络。哈罗德·德姆塞茨指出:"把真实世界的与经济理论的企业相混淆,是一个错误。新古典经济学的首要任务是理解价格机制如何与资源的利用相协调,而不是去理解真实企业的内部运作。"①

(一)企业的本质②

新古典经济学的核心在于通过分析家庭和企业两个微观经济主体的经济行为,阐释价格的决定机制。秉承古典政治经济学"看不见的手"的经济思想灵魂,新古典经济学引入微积分等数学分析工具,利用替代分析和边际分析等研究方法,力图证明市场机制(价格机制)作为唯一完美的资源配置方式足以实现稀缺资源的有效配置,从而为实施自由放任的资本主义市场经济体制的合法性提供理论辩护。

新古典经济学中的企业是以向市场提供商品和服务的"生产者"的身份存在的,企业唯一目标是实现利润最大化。作为完全理性的经济人,企业拥有产品市场和要素市场的完全信息,可以根据市场传递的价格信号及时调整生产要素的技术组合以实现利润最大化。在新古典经济学的视阈内,企业纯粹是将投入(生产要素)转化为产出的生产转换器(如图7.1)。根据马歇尔"四位一体"的要素理论,企业可以描述为利用劳动、资本、土地、企业家才能生产产品和服务的生产函数。由于存在充分有效的市场竞争机制,要素价格和产品价格完全由市场的供求关系决定,要素所有者的收入也完全取决于要素市场的价格水平。因而,给定技术水平,在完全竞争的市场条件下,企业被简化为根据要素边际产品价值(VMP)等于要素价格的原则实现利润最大化的产品和服务的供给者。

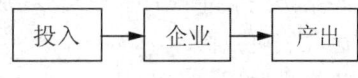

图7.1 新古典经济学中的企业

(二)企业的边界

新古典经济学对企业边界的分析等同于企业规模的分析。新古典经济学更多从技术和要素不可分性的角度阐述企业规模(边界)的决定。由于认为企业的本质是将投入

---

① [法]埃里克·布鲁索等:《契约经济学:理论和应用》,中国人民大学出版社2011年版,第41页。
② 严格意义上,由于新古典经济学视企业为"自然存在之物",因而它仅仅解释了企业本质问题的一个方面——企业是什么,而没有回答企业为什么会存在的问题。

转化为产出的生产技术转换器,因而企业的规模也唯一取决于生产的技术水平,企业的最优规模将由长期平均成本曲线的最低点决定。企业存在适度规模是因为长期内存在规模经济作用原理。当企业规模较小时,由于专业化分工、技术不可分性等因素导致的规模报酬递增会诱致企业规模的扩大。但是,当企业规模达到一定程度时,由于信息费用、管理层级增加等因素会导致规模报酬递减。由此可见,服从于对"利润最大化"目标的追求,为最小化企业的生产成本,企业应该选择适度的生产规模。

二、企业的本质与边界——新制度经济学观点

由于新古典经济学将企业设定为一个反映投入产出关系的生产函数,而生产的技术水平又是外生给定的,因而他们舍弃了对企业存在和企业内部组织问题的研究。正是在这个意义上,传统新古典经济学的企业理论(更准确地说是厂商理论)被冠以"黑箱论"(black box)的称谓。为弥补新古典经济学企业理论的缺陷,科斯在其1937年的《企业的本质》①一文中,沿用了新古典经济学边际替代的分析方法,通过对新古典范式中那些"脱离实际"的假设条件的修正,将对企业问题的分析牢固建立在个体主义方法论的基础上,打开了现代企业的"黑匣子",开创了被威廉姆森称为"新制度经济学"的一个新的经济学分支学科。继科斯以后的新制度经济学家围绕企业存在和企业治理问题展开了深入研究,取得了一系列卓有成效的研究成果。从企业交易功能的角度来阐释企业性质与边界的主要理论包括:以科斯、威廉姆森为代表的交易费用经济学的企业理论以及以格罗斯曼、哈特和莫尔为代表的产权经济学的企业理论;从企业生产功能角度切入,分析企业本质和企业边界的典型代表是德姆塞茨和阿尔钦的团队生产理论。

(一)企业的本质与边界——科斯观点

1931年,年仅21岁的科斯在获得学士学位以前,利用旅游奖学金考察了包括福特公司在内的美国的主要汽车生产厂商。在对"产业纵向和横向一体化"的课题研究中,科斯构思和起草了《企业的本质》一文。在该文中,科斯对新古典经济学中企业这个"自然存在之物"产生了疑惑,提出"假如生产是由价格机制调节的,生产就能在根本不存在任何组织的情况下进行,面对这一事实,我们要问:组织为什么存在?"②对此问题科斯给出的答案是:利用价格机制是存在成本的,而其中最明显的成本就是发现相关价格的成本,因而我们可以假定企业的显著特征就是作为价格机制的替代物。科斯引入了被后人定义为交易费用(transaction costs)③的概念,开创了利用正统经济学的收益—成本分析方法分析包括企业在内的各种社会组织和制度安排本质的新纪元。也正是在该文中,科斯全面分析了包括企业本质、企业边界在内的现代企业理论的基本问题。

1. 企业的本质

探寻企业的本质需要回答企业是什么及企业为什么会存在的问题。科斯继承康芒

---

① R. Coase,"The Nature of the Firm"。个人认为将"nature"译为"本质"而不是"性质"能更准确体现该文的意图。
② R. Coase, The Nature of the Firm, Economica. 1937, vol. 4, pp. 388。
③ 交易费用的概念是由阿罗(Arrow)1969年最早使用的。

斯[1]的传统将"交易"作为经济分析的基本单位,重点考察社会组织的契约性质。科斯从经济协调和资源配置角度分析企业的本质,认为企业与市场一样是作为经济协调工具和资源配置方式而存在的。企业作为一种资源配置方式存在的原因在于市场利用价格机制配置资源是存在交易费用的,其中最明显的交易费用就是发现相关价格的耗费。在新古典经济学完全信息和完全理性的假设下,经济主体可以免费获得与其经济行为相关的所有价格信息。但科斯认为即使存在买卖信息的专业人士,也只可能减少这类成本,而不可能消除。除此以外,交易费用还包括每一笔交易的谈判和签约费用。虽然在某些市场(如农产品市场)可以设计一些技术来最小化契约的成本,但也不可能消除。

在利用价格机制配置资源存在交易费用的情况下,通过形成一个组织,并由权威(一个企业家)来支配资源,就能节约某些市场运行成本。科斯继而分析了企业相对于市场(价格机制)具有成本优势的原因:一是因为企业的存在减少了签约的数量。因为企业存在时,某一生产要素(或它的所有者)可以充当中心签约人,与其合作的其他要素签订一系列契约。从而将要素所有者之间的多边契约关系转变为要素所有者与中心契约人之间的双边契约关系,减少了契约数量。另外,"企业或许是在期限很短的契约不令人满意的情形下出现的。"[2] 通过用一个长期契约代替若干个短期契约,可以部分节省签订每一个签约的费用。二是企业可以以低于它所替代的市场交易的价格得到生产要素(否则要素交易将重新回到公开市场)。三是企业契约关系的特性在于,生产要素所有者通过签约获得一定的报酬(固定或浮动的)并同意在一定限度内服从企业家的指挥。企业家在限定的范围内,利用其权力在不确定性环境中将生产要素配置到"最优"的用途。由此可见,企业的存在是为了减少交易费用,是在利用价格机制配置资源存在较高交易费用时对价格机制的替代。

2. 企业的边界

企业的存在是因为利用价格机制配置资源存在交易费用。与此相对应的问题是,既然企业能够节约交易费用,而且事实上也确实节约了交易费用,那么为什么市场交易仍然存在?为什么所有生产不是由一个大企业进行?科斯的回答是利用企业配置资源并不是免费的,而是存在组织成本。在资源数量既定的前提下,是采用价格机制配置资源还是采用企业配置资源取决于二者相对成本的高低。由于利用企业进行资源配置的组织成本并不总是低于市场的交易费用,因而将所有的资源配置完全交由企业完成并不是最优选择。资源最优配置的条件是满足"等边际成本"原则——利用市场价格机制配置的最后一单位资源的边际成本(交易费用)等于利用企业配置的最后一单位资源的边际成本(组织成本)。由此可见,市场交易费用和企业组织成本的高低决定了企业可以配置的资源数量的多少,从而决定企业规模的大小(企业的边界)。当追加的交易由企业家组织时,企业就变大;当企业家放弃对这些交易的组织时,企业就会变小。

科斯具体分析了随着所配置资源数量的增加企业组织成本上升,导致企业不能无限扩张的原因:一是随着企业规模的扩大,企业家函数(entrepreneur function)存在的收益递

---

[1] 旧制度经济学的主要代表,提出将"交易"作为经济分析的基本单位。
[2] R. Coase, The Nature of the Firm, *Economica*. 1937, vol. 4, pp. 391.

减规律会导致在企业内部追加单位交易的成本上升;二是当组织的交易增加时,或许企业家不能成功地将生产要素运用在它们价值最大的地方,即不能实现生产要素的最佳利用;三是一种或多种生产要素的供给价格可能会上升,因为小企业拥有大企业不具备的"其他优势",从而导致需要对大企业的企业家提供更多的报酬,以弥补其丧失经营小企业机会的非货币性收益。基于上述原因分析,科斯在企业—市场两分法下,通过对"在企业内部生产,还是通过市场购买"的"自制购买"(make-or-buy)问题的分析研究了联合和"一体化"问题。认为企业作为市场机制的替代物,替代程度是有限的。企业只会扩张到在企业内部组织交易的成本等于在另一个企业组织中的组织成本,或是等于由价格机制"组织"这笔交易所包含的成本为止。在满足上述条件的"边际点"上,企业的最优边界也随之确定。

(二) 企业的本质与边界——威廉姆森观点

作为将科斯交易费用概念推向"可操作层面"的经济学家,威廉姆森从资产专用性、人的有限理性和机会主义三个层面拓展了对交易费用产生原因的分析,并以交易作为基本分析单位,提出了资产专用性、交易不确定性和交易频率三个刻画交易的维度。威廉姆森认为应该根据交易的不同属性采取相应的治理结构以降低事前和事后的交易费用,而企业[①]就是作为一种交易的治理结构而存在的(firm as a governance structure)。其理论的基本逻辑思路为:由于人是有限理性的,在交易中并不能够预见未来的各种意外事件(contingencies)[②]并且以双方都没有争议而且能被第三方证实的语言缔约,因而任何一项交易的契约必然是不完全契约(incomplete contract)。在契约不完全的情况下,具有机会主义的经济主体为牟取个人私利,在缔约后不可避免会出现拒绝合作、制造条件违约及阻碍再谈判等危及契约有效执行的行为。为保证契约关系能够持续性地良性发展,就必须根据不同性质的交易或契约采取不同的治理结构,并通过对不同治理结构的比较,最终选择交易费用最小的治理结构。

1. 企业的本质

威廉姆森借鉴"颇有启发意义"的麦克尼尔的"三分法",将契约分为古典契约、新古典契约和关系契约。[③] 并在暂时不考虑不确定性的情况下,根据交易频率及资产专用性的程度所确定的交易类型,划分了与四种不同交易类型相适应的治理结构。

表7.1 交易性质与治理结构

交易频率		资产专用性		
		非专用	混合	独特
	偶然	市场治理 (古典契约)	三方治理(新古典契约)	
	经常		双方治理	统一治理
			(关系签约)	

---

① 在威廉姆森的著作中,"企业治理"、"一体化治理"、"科层"(hierarchy)似乎是同义语。
② 目前国内的很多译著将"contingencies"译为"或然状态",个人认为译为"意外事件"更能体现原意且通俗易懂。
③ 威廉姆森:《资本主义经济制度》,段毅才、王伟译,商务印书馆2004年版,第100页。

由表 7.1 可见,只要是非专用资产,无论是经常交易还是偶然交易,都属于古典契约。古典契约所强调的是法律原则、正式文件及自我清算,在任何一种双方自愿的交易中,交易双方的身份确定与否不会影响交易的进行。交易双方没有维持持久交易的愿望,而且一旦交易发生纠纷可以交由法律完美地加以实施,因而都可以采取市场治理的方式;如果是混合或资产专用性程度较高,而且交易的次数又较少时,由于低频率交易无法弥补建立专门治理机构的成本,因而只能寻求第三方(仲裁机构、管制当局)来实施契约,采用三方治理;如果资产专用性较高,而且交易也频繁,足以弥补专用治理结构的成本,这种契约便属于关系契约,可以采取双方治理①或统一治理的形式。具体而言,对于交易频率较高的混合型非标准投资,应该采用双方治理。因为这类交易中,双方具有长期交易的愿望,可以利用诸如抵押、互惠、特许权等方式解决契约纠纷。在双方治理中,交易各方仍然是平等的市场关系,混合型投资依然由分立的组织独自进行。但如果是经常交易的高度专用性资产,则需要采用统一治理,将契约双方原本各自独立所有权统一起来,即双方一体化为一家企业。由此可见,威廉姆森认为企业的本质在于企业是一种交易的治理结构。

在明确了企业的本质是作为一种治理结构的论断以后,威廉姆森又进一步从激励、控制和"固有的结构优势"三个方面阐明了企业这种治理结构的特点(企业作为一种治理结构的相对优势):一是就激励而言,企业作为内部组织强调面对面的谈判,这样即使不能完全协调利益冲突,至少也能使契约各方从狭隘的机会主义形式中摆脱出来。二是企业最显著的优点是控制手段更多,且更有作用。与此特别相关的是,一旦发生冲突,企业能够以命令或权威的形式以相对于讨价还价方式更低的成本解决冲突。三是企业"固有的结构优势",这种优势突出表现为企业存在信息经济,即由于组织内部的长期共处和共同的培训经历所形成的对信息阻塞(information impact)的缓解、观察经济(observational economies)和预期集中(convergence of expectations)。简言之,威廉姆森认为企业这种治理结构相对于其他治理结构的突出优势在于,企业具有更强的适应性效率。

2. 企业的边界

威廉姆森采用"离散的结构选择分析方法"(discrete structural choice analysis)分析了"市场—混合组织(hybrid)—科层组织(hierarchy)"三种主要的治理机制。企业是作为一种科层的治理结构而存在,威廉姆森在对纵向一体化进行分析的过程中,综合考察了资产专用性和生产成本对企业边界的影响。随后从激励强度、管理控制、契约法②等维度进一步考察企业的边界。

在假定产出水平不变的前提下,威廉姆森建立了一个"启发式模型"(heuristic model)分析交易费用(用资产专用性表示)和生产成本对企业边界的决定。用 $H(k)$ 代表内部组织的官僚主义成本,$M(k)$ 代表相应的市场治理成本,其中 k 是资产专用性指数。由于假设市场能够提供高能激励(high-powered),当资产专用性很低时,市场能够能更有

---

① 威廉姆森认为"双方治理"的功能远未被人了解,因而在《资本主义经济制度》一书中,专辟第七、八两章分析双方治理结构。

② Contract laws,这里的契约法不是"合同法"的意思,威廉姆森用 law 的复数形式表示不同契约对应不同的规则和法律。

效地减少官僚成本,从而 $H(0) > M(0)$。令 $\triangle G = H(k) - M(k)$,用以反映市场和企业两种治理机制的治理成本差别。再考虑生产成本,令 $\triangle C$ 为企业自己生产所需产品的生产成本和从市场购买同样产品生产成本的差额,而且是 k 的减函数。由于存在规模经济和范围经济,显然 $\triangle C > 0$。威廉姆森认为最优的治理结构应该能够实现交易费用和生产成本之和的最小化,即 $\triangle G + \triangle C$ 最小,如图 7.2 所示。

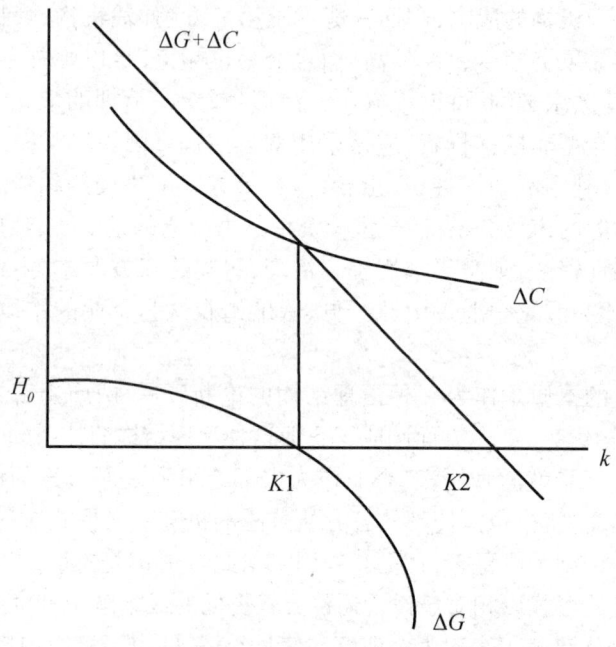

图 7.2 生产成本与治理成本的比较的决定。

通过上述分析,威廉姆森只是解释了交易采用企业治理或市场治理的原因,但是并没有解释为什么随着资产专用性程度的提高,企业并未出现规模无限扩张的趋势?威廉姆森曾经尝试用"控制损失"(control loss)解释企业不能无限扩张的原因。所谓控制损失是随着企业规模扩大,企业内部管理层次的增加,从而导致企业内部因为信息传递偏差而产生的损失。[①] 但后来威廉姆森认为如果允许企业采用选择性干预(selective intervention)[②],则可化解控制损失问题。当然,即使选择了选择性干预也不可能使企业规模无限扩大,原因在于不可能在企业内部引入高能激励。因为在企业内部实行高能激励会导致两类问题:一是会导致代理人过度使用委托人的资产,因为代理人无需为资产损害负责;二是委托人会利用自己的权威,通过内部定价盘剥代理人的利润。基于此,威廉姆森认为企业只适宜采用虽然有较高的官僚成本,但适应性较强的(低能)弱激励机制(low-powered)。由此可见,威廉姆森是通过比较不同治理结构进行交易治理的收益和成本来界定治理结构的边界的。企业的边界取决于企业这种治理结构的收益和成本的权衡。

---

① 产生原因在于人是有限理性的,其直接管理下属的人数是有限的,企业规模扩大必然导致企业的管理层级增加,从而导致控制损失。
② 选择性干预是指委托人给予代理人独立自主的地位,但是代理人必须无条件满足委托人的特殊需要。

(三) 企业的本质与边界——产权经济学观点

产权经济学对企业理论的贡献集中体现在格罗斯曼和哈特(Grossman & Hart, 1986)、哈特(1995)、哈特和莫尔(Hart & Moore, 1990)等人的著作中。通过建立形式化(formal)的数学模型(GHM 模型),产权经济学具体分析了一体化的收益和成本,界定了企业的本质和边界。产权经济学对企业的分析是建立在不完全契约①的基础上的,哈特认为企业产生在人们不能拟定完全契约,从而权力和控制变得极为重要的地方。其基本的逻辑思路为:契约的不完全性导致交易各方缺乏进行事前关系专用性投资(relation-specific investment)的激励,因此应该通过最优的产权安排获得最大化的联合产出。生产应该由两个独立的企业分别进行还是一个企业进行取决于企业之间资产的互补性程度。

1. 企业的本质

格罗斯曼和哈特(Grossman & Hart, 1986)将契约权利(contractual rights)分为两种类型:确定性权利(specific rights)和剩余权利(residual rights)。前者是指在契约已经做了明确规定的契约方对资产的权利,后者则是在初始契约中没有明确规定的所有与资产相关的权利。由于格罗斯曼和哈特对企业所下的定义为:企业由其所拥有的资产(如存货、机器)所组成。因而,两人认为企业的本质是一种物质资产的集合体。基于此,有关契约权利中的剩余权利也是对物质资产的权利,即"剩余控制权"。哈特(1995)将资产所有权等价于资产的剩余控制权,认为剩余控制权和剩余索取权应该是对应的。谁拥有剩余控制权谁就应该拥有剩余索取权,否则这种权利配置就不是最优的,会导致企业效率损失。

由于人力资产天然属于私有,因此企业之间的兼并只是对非人力资产(机器设备、厂房、专利、客户名单、商标等)的兼并。正是在这个意义上,哈特认为只有从物质资产角度定义企业才有解释力。假定事前专用性投资必须借助某种物质资产才能得以实现,则签约各方谈判力的大小将最终取决于谁拥有物质资产所有权(剩余控制权)。由于拥有控制权的一方在决定资产用途和企业剩余方面具有权威性,因而谁控制了物质资产,谁就相应地控制了人力资产。剩余控制权的权威性表现在,物质资产的所有者如果不满意员工的表现,将有权利选择性地解雇任何雇员,带走所有的非人力资产。由此可见,剩余控制权的配置不仅影响控制者的专用性投资激励,也影响被控制者的专用性投资激励。因而,企业获得最大化联合产出的关键在于实现控制权这种稀缺资源的最优配置。

2. 企业的边界

产权经济学认为企业边界取决于纵向一体化收益和成本的权衡(trade off)。假设存在甲、乙两家独立的企业,各自拥有对企业物质资产的所有权。若两家企业实行一体化,伴随企业规模的扩大,企业边界无疑也扩展了。因而,企业边界与一体化问题息息相关。在 GHM② 模型中,产权经济学得出的基本结论是,虽然任何一种纵向一体化模式在事后

---

① 我们可以暂时将不完全契约和完全契约的主要区别理解为契约是否可以经由第三方证实和实施。具体而言,导致不完全契约产生的原因有三:一是在一个充满不确定性的世界中,有限理性的个体无法预知未来所有情况;二是即使签约各方能够预测未来,他们也难以用共同语言将这些意外事件写入契约,而且过去的经验也无助于事;三是即便签约各方能够就未来计划达成一致意见,这些计划也很难得到第三方(外部权威)的证实。

② 限于篇幅,这里不介绍形式化的 GHM 模型,有兴趣的读者可参考格罗斯曼和哈特(Grossman &Hart, 1986),哈特和莫尔(Hart &Moore, 1990)两篇文献。

总是有效率的,但无一例外都会对事前的投资产生不同程度的扭曲。这种扭曲表现为谁在纵向一体化后的企业中拥有控制权谁就会出现投资过剩(overinvestment),而处于被控制的一方则会投资不足(underinvestment)。因而,纵向一体化的必要性取决于所有权的配置能否最大限度的减少投资扭曲(distortion),只有当拥有控制权的一方提高的生产率超过被控制方损失的生产率,从而能增加总剩余时,纵向一体化才有意义。

如果两家独立企业的资产具有高度互补性,则应该实施纵向一体化,将其合而为一,并将"新企业"的所有权或剩余控制权给予投资不可或缺的一方。因为,如果高度互补的资产属于不同的所有者,则任何所有者都不具有真正的权力,因为离开对方谁也无法获得最大化的产出。如果双方的资产同等重要,则应该实行联合所有权。如果双方资产没有任何互补性,纵向一体化后在"新企业"中拥有控制权的一方没有获得更多的投资激励,而处于被控制的一方由于失去资产支配权而丧失投资激励。其结果必然是降低联合总剩余,因而,如果企业拥有的资产是互不依赖的,则最好维持企业的独立性。由此可见,产权经济学认为纵向一体化决策决定企业边界。当一体化的收益高于成本时,企业实施一体化扩张其边界,相反,当一体化的收益低于成本时,企业则维持不变的规模和边界。①

(四)企业的本质与边界——团队生产理论观点

作为对科斯(1937)的回应,阿尔钦和德姆塞茨(1972)②提出了企业的团队生产理论(team production)。他们虽然仍坚持主流的契约论方法,但是开始意识到企业的生产性,并将研究重点从企业与市场的关系分析转向企业内部激励与监督问题的分析。由于主要研究企业的内部组织问题,团队生产理论几乎没有涉及对企业边界③的探讨,而只是回答了企业本质问题。

阿尔钦和德姆塞茨首先否定了企业契约和市场契约之间存在的权威性差别。他们认为将企业的特征定义为通过命令、权威或约束行动解决问题,是一种错觉。④ 企业并不拥有其所有的投入品,它没有发号施令的权力,没有权威,没有约束行动,这和任何两个人之间的一般市场契约完全一样。阿尔钦和德姆塞茨(1972)认为一个杂货店老板与其雇员间的关系和他与客户间关系的唯一区别在于,前者是投入品的团队使用和某一方在所有其他投入品的安排中处于中心地位。因此,企业无非是一种特殊的契约安排,其本质是生产的团队性质。

所谓团队生产是指具有以下特征的生产过程:第一,企业使用不同类型的生产要素;第二,生产使用的要素属于不同的所有者;第三,总产出并不是单个要素产出的简单加总,因为每种要素都会影响其他要素的边际生产力(边际产量)。由于团队生产中要素的

---

① 严格意义上讲,产权经济学是在企业存在的前提下讨论企业的边界,并没有追溯企业的起源问题。
② 团队生产理论主要思想体现在阿尔钦和德姆塞茨1972年发表在《美国经济评论》的《生产、信息成本与经济组织》一文中。
③ 由于否定企业契约和市场契约的区别,团队生产理论可能难以探讨企业边界问题,或者像张五常一样,认为企业不存在边界。
④ Arman Alchian and Harrold Demsetz,"Production,Information Costs,and Economic Organization," *The American Economic Review*,62(1972),PP. 777-795.

相互依赖性,导致具体测度每种要素对产出的贡献变得困难,并进而导致根据要素边际产出进行的报酬支付变得困难。在此情况下,自利的团队成员便有了偷懒的动机。如果企业不能对这种偷懒行为进行有效监督,就必然导致团队生产效率下降。由于团队成员之间的相互监督非常困难,因此应该设立专门的监督人。监督人通过观察和指导投入品的活动或用途,减少偷懒活动,获得剩余收入。① 在这个意义上,企业被赋予能有效解决团队生产中偷懒问题的"监督机制"(policing device)的含义。

第二节　企业产权理论

解释了企业的存在性,明确了企业的本质和边界以后,我们需要进一步分析业已存在的企业应该归谁所有的问题。企业产权问题的核心是企业的产权配置与企业绩效,是如何通过产权的优化配置提高企业的"合作剩余"的问题。我们将在介绍企业产权内涵和配置原则的基础上,探讨与不同企业制度相匹配的产权安排,并利用现有的产权理论分析国有企业的产权和产权改革。

一、企业产权

企业契约区别于市场契约的特殊性在于企业内部能够利用权威和行政命令配置资源。作为契约的联结,企业契约中各个缔约方的权利安排是不对等的,存在"雇主"和"雇员"的区别。套用委托—代理理论的术语,企业内部存在委托人(principal)与代理人(agent)的区分。企业产权安排主要解决在参与企业生产的众多要素所有者中,由谁充当委托人,谁充当代理人的问题,即谁雇佣谁的问题。

(一)企业所有权、剩余索取权与剩余控制权

广义的所有权具有产权概念的全部内涵,它集中体现为对财产排他性的占有、使用、收益和处分的权利。剩余索取权是指对企业进行团队生产产生的合作剩余的要求权,或者是对企业总收入中扣除固定契约性报酬(固定工资、固定利息等)后剩余收入的要求权。② 剩余控制权的概念则是由格罗斯曼和哈特(1986)提出的,如前所述,他们将剩余控制权定义为没有在契约中明确规定的权利,并认为拥有剩余控制权的一方,有权决定资产除最终契约限定的特殊用途以外的所有用途。上述三种权力都内在地具有普遍性、排他性、可交易性、可分割性、行为性等产权的基本属性。

严格意义上而言,剩余索取权和剩余控制权概念的提出都是为了从经济学角度更好解释企业所有权。但是在新制度经济学的视阈内,关于所有权、剩余控制权和剩余索取权的相互关系却至少存在三种不同的认识:传统产权经济学(阿尔钦和德姆塞茨)将所有权定义为剩余索取权(residual claim),以格罗斯曼和哈特为代表的产权学派则将所有权

---

① 监督人拥有团队生产产生的合作剩余的索取权。
② 阿尔钦和德姆塞茨最早定义了剩余索取权,见 Arman Alchian and Harrold Demsetz, "Production, Information Costs, and Economic Organization," *The American Economic Review*, 62(1972), PP.785。

定义为剩余控制权(residual control rights or residual rights),米尔格罗姆和罗伯茨(1992)则主张用剩余索取权和剩余控制权的统一来定义企业所有权。① 阿尔钦和德姆塞茨(1972)将剩余索取权的概念建立在所有权的法律意义上,认为企业的所有者就是企业的剩余索取者。但是哈特(1995)批判了这一观点,"人们时常认为,所有权的关键特征是,资产所有者得到来自资产的剩余收入的法定权力(entitles)。……但是,剩余收入可能不是一个非常健全或重要的理论概念。"②他主张将企业所有权定义为剩余控制权,因为只有企业的所有者才有权力决定资产在最终契约所限定的特殊用途以外如何使用。只有所有者才可以拥有完全的控制权,可以按照不与先前的契约、惯例或法律相违背的方式决定资产的各种用途。表面上看,传统经济学和产权学派对企业所有权的认识存在较大分歧。但是阿尔钦和德姆塞茨认为剩余索取权应该赋予专门进行生产监督的"监督者",我们可以将这里的监督者拥有的监督权理解为哈特意义上的剩余控制权。同时,哈特自身也认为拥有剩余控制权的目的在于获得企业剩余收入。剩余索取权和剩余控制权是具有高度互补性的权利,因此应该配置给同一缔约方,否则就会产生激励扭曲,出现敲竹杠问题(hold-up problem)。③ 有控制权而无收益权,经济人就会缺乏实现最优产出的激励;相反,有收益权而无控制权,经济人就会只顾实现私利最大化而不关心资源的损耗。

(二) 企业产权配置

根据科斯定理,在正交易费用的世界中,产权的配置是非常重要的。企业作为要素所有者之间的契约联结,其产权配置的核心是确定企业的所有权归属。因为企业契约中的缔约方,作为自利的经济人都有自己的私人利益,需要通过合理的产权配置尽量减少私人利益与企业集体利益的冲突。但令人遗憾的是,无论是企业理论研究还是企业运行实践,都没有为企业产权配置提供统一的认识。在企业究竟应该为谁所有的问题上,我们仍然存在太多的分歧。主流的经济理论和企业理论坚持"资本强权观",认为企业的所有者天然属于资本家或非人力资产所有者。但是在现实世界中,劳动管理型企业(labor-managed firm,LMF)却一直存在,其历史甚至比资本管理型企业(capital-managed firm,KMF)还要久远。世界范围广泛出现的合作社组织似乎昭示了这种企业的生命力。20世纪80年代,日德企业展现出的在世界范围内的竞争力,以及社会对企业伦理、企业社会责任和环境问题的关注,使人们开始质疑"资本强权观"和"股东利益至上论",提出企业不仅是"股东"的企业,而应该是利益相关者(stakeholders)的企业的新的企业产权配置观。

1. 资本雇佣劳动

无论是马克思的政治经济学还是西方主流的新古典经济学和现代企业理论,都不约而同先验性地给定资本主义企业是"资本家"的企业,"资本雇佣劳动"是资本主义企业的逻辑起点。但是,对于资本家(非人力资产所有者)为什么会成为企业的所有者,却存

---

① 这种观点反映在由弗鲁博顿和芮且特编著的西方经典的新制度经济学教材中(中译本《新制度经济学——一个交易费用分析范式》,上海三联书店),他们认为企业的所有权主要包括剩余控制权、剩余索取权及将这两种权利按照自己的意愿进行交易的权利。
② 哈特,《企业、合同与财务》,上海三联书店,第76—77页。
③ 敲竹杠的详细解释可参见威廉姆森《资本主义经济制度——论企业契约与市场契约》,商务印书馆2002年版。

在不同的解释。

马克思以资本主义生产关系为基础,认为拥有劳动的工人和拥有资本的资本家地位不平等导致资本对劳动的雇佣。"正是非劳动者对这种生产资料的占有,使劳动者变成雇佣工人,使非劳动者变成资本家。"[①]资本主义企业产生的充分条件是资本雇佣劳动,资本家之所以能够占有剩余劳动,原因就在于资本所具有的社会属性。虽然"在完全竞争的世界里,谁雇佣谁并不重要"(Samuoelson,1957),但从新古典经济学的逻辑本身可以推理,他们仍然暗含了"利润最大化"的利润应该是属于资本家(投资者)的假设。对于这一不言自明的假设,新古典经济学并不同意马克思的解释,而是认为资本作为生产要素的稀缺程度超过劳动,而使资本雇佣劳动成为必然。

奈特(1921)从风险和保险的角度出发解释"资本雇佣劳动"的合法性,认为企业存在"保险功能"。在《风险、不确定性和利润》中,奈特认为资本家(企业家)和工人存在不同的风险偏好,资本家或雇主是风险中性的(risk-neutral),而工人或雇员则是风险规避的(risk-averse)。企业在劳资之间建立起一种长期契约关系,规避风险的工人将由于市场不确定性带来的风险转嫁给风险偏好中性的资本家,同时由于劳动市场的竞争性使得工人把全部"风险佣金"(risk-premium)付给资本家作为他承担风险的报酬,自己自愿领取一份低于期望收入固定的"确定性等价"(certain equivalent)工资。这样,资本家因承担了由市场不确定性带来的风险而成为剩余索取者,同时也获得企业内部管理的权威以控制道德风险,减少风险损失。

哈特(1995)认为非人力资产(non-human asset)[②]是企业的基本特征。企业的非人力资产代表将企业粘结在一起的粘结物(glue),如果没有非人力资产,企业的人力资产只会是一盘散沙,企业就会仅仅只是一个幻影。正是在这个意义上,哈特认为企业的所有权应该赋予物质资产所有者,并通过物质资产实现对人力资产的控制。如果人力资产必须结合某种非人力资产才能实现生产力,他就有激励按照资产所有者的意图行事。这必然导致非人力资产所有者对人力资产所有者的指挥和控制,形成事实上的"资本雇佣劳动"。张维迎(1995)从企业家能力甄别的角度论证了资本雇佣劳动的合法性。他认为只有具有足量个人资产的人才能被信赖为合格的企业家,因为资本可以传递有关经营能力的信息。在存在信息不对称时,只有资本家才能充当企业家,只有资本雇佣劳动才能保证只有合格的人才被选作企业家;相反,如果是劳动雇佣资本,则企业家或经营者市场上将会被东郭先生所充斥。可见,资本雇佣劳动的合法性在于能够将把劣等的人选从企业家或经营者队伍中排除出去,以增进企业绩效。

2. 劳动雇佣资本

与坚持"资本雇佣劳动"的汗流充栋的研究文献相比,"劳动雇佣资本"的相关文献少得极为可怜。由于在发达市场经济国家,资本管理型企业占据主导地位,加上前南斯拉夫工人自治企业的失败,对劳动管理型企业的研究被长期排斥在主流企业理论的范围以外。即使在新制度经济学主流企业理论的研究中涉及"劳动雇佣资本"的主题,更多也

[①] 马克思:《资本论》(第三卷),人民出版社 1975 年版,第 49 页。
[②] 非人力资产包括"硬"的方面,如企业的存货、厂房、机器设备等,也包括"软"的方面,如客户名单、商标、声誉、专利、档案等。

是证明这种产权配置的低效率。在对"劳动雇佣资本"持肯定态度的稀有文献中,具有代表性的是汉斯曼(Hansman)从交易费用经济学角度提出的 LMF 在特定条件下有效率的观点。

汉斯曼秉承组织存在是为了降低交易费用的交易费用经济学主旨,认为 LMF 是一种交易费用很低的企业产权安排。他将交易费用分为市场交易费用和企业所有权成本两类,采用制度的比较分析方法,比较了 LMF 相对于 KMF 在交易费用节约方面的优势和劣势。汉斯曼认为由于下述原因导致 LMF 在节约市场交易费用上具有比较优势:LMF 企业中的雇员具有相互监督的激励,有助于减少企业的偷懒行为;LMF 企业中的雇员有进行专用性人力资本投资的激励;LMF 企业中的管理者和雇员之间存在较经济的信息沟通机制,能更有效地克服企业内部的机会主义行为。在论证了 LMF 企业的上述优势以后,汉斯曼不得不面对 LMF 相对于 KMF 分布较少的困境。[①] 为此,汉斯曼进一步从代理成本、风险分担成本和集体决策成本三个方面分析了 LMF 相对于 KMF 在所有权成本节约方面的弱势。特别的,LMF 面临高昂的集体决策成本,因为雇员要对诸如工资、投资决策等问题进行集体决策,但不同雇员存在的偏好、期望等个体差异将提高决策成本,降低决策效率。通过上述两个方面的比较,汉斯曼得出的结论是出于节约集体决策成本的需要,LMF 即使存在,也只适合较小的规模。

3. 利益相关者

利益相关者理论质疑主流企业理论"股东至上论"的观点,认为"公司本质上是受多种市场力量影响的企业实体,而不应该是由股东主导的企业组织制度。考虑到债权人、管理者和员工等众多参与者为企业提供的特殊资源,股东并不是公司的唯一所有者"(Donaldson & Preston,1995)。利益相关者理论的重要代表人物布莱尔(Blair)指出,公司的出资不仅来自股东,还来自员工、供应商、债权人和客户。这些主体都为企业进行了专用性投资,因此应该赋予他们剩余控制权和剩余索取权,由他们共同分享企业的所有权。利益相关者是由那些能够影响企业目标实现,或者能够被企业目标实现过程所影响的任何群体和个人。根据这一定义,企业的利益相关者包含了股东、雇员、债权人、分销商、供应商、消费者、社区、政府等在内相当宽泛的组织和个人(Freeman,1984)。

利益相关者理论并不否定主流企业理论将企业看成是"契约联结物"的观点,他们同样认为"企业是相关利益方之间的一系列多边签约"(Freeman & Evan,1990)。只是在企业签约主体和契约执行方式上,利益相关者理论与主流企业理论产生了分歧。通过前面的介绍我们知道,主流企业理论区分了企业契约和市场契约,认为企业与消费者、债权人、供应商的契约是市场契约,企业内部契约的特点是利用权威和命令配置资源。但利益相关者理论认为弗里曼意义上的利益相关者都是企业契约的主体,只不过他们所签订的契约存在显性契约和隐性契约的区分。企业的股东、管理者和雇员一般都有明确的契约关系,而企业与社区、政府、消费者之间则存在隐性的契约关系。但隐性契约并不能简单看成主流企业理论的市场契约,因为签约方同样存在专用性投资的利益和风险。在契约执行方式上,利益相关者理论也认为契约的执行是签约方相互协调的结果,而不是依

---

① 交易费用经济学认为,只有有效率的组织形式才能存续下来。

靠资本的强权进行命令和指挥。如果将企业所有权理解为状态依存(contingent)所有权，即在企业不同的经营状态下，对应着不同的剩余索取权和控制权的安排，我们可以进一步佐证利益相关者分享企业所有权的合法性。若企业经营状态发生变化或某个财产权利主体的利益受到损害时，受损方就会启动某种机制，保护自己的利益。在企业正常的经营状态下，债权人取得契约确定的收入，工人获取固定的工资，因而债权人和工人一般没有企业的控制权。此时，股东是拥有企业的剩余控制权和剩余索取权。而当企业经营不善，不能按期偿还债务时，企业已不存在剩余收入，此时债权人便拥有了企业的剩余控制权。由此可见，企业所有权并不天然属于股东，而是可能在不同签约方之间发生转移。

二、企业制度与企业产权

企业制度主要是以产权制度为核心的企业组织制度。从企业产生和发展的历史看，企业制度依次经历了业主制、合伙制和现代公司制三种组织形式。时至今日，三种企业制度仍然不同程度地存在于国民经济的不同行业中，形成了相互演进和共生的局面。

（一）业主制和合伙制企业的产权

业主制和合伙制企业是主流企业理论意义上的"古典式企业"，其基本特征是企业的产权结构单一，所有权、剩余控制权和剩余索取权高度统一。严格意义上讲，这两类企业中不存在谁雇佣谁的问题，因为委托人和代理人不是分离的。业主制企业是企业发展的历史起点和逻辑起点，又被称为个体企业，是指企业由业主个人投资兴办，直接经营和控制，获取全部剩余并对债务承担无限责任的自然人企业。从产权配置角度看，业主制企业天然属于业主所有。

继业主制企业之后出现的合伙制企业，是指由两个或两个以上的投资者共同出资、共同经营、共同所有和控制、共同分享企业剩余、各出资人对企业承担连带无限责任的企业。合伙制企业实际上是叠加的业主制企业，与业主制企业的唯一区别在于两个或多个合伙人按照契约规定分享企业剩余。由于将企业所有权赋予了多个主体，合伙制企业的"监督者"就会存在"偷懒"的动机和搭便车的行为以及缺乏相互监督的激励。因此，根据团队生产理论，合伙制企业只应存在于要素边际产出测度成本很高的行业，比如律师、会计师等。同时，合伙制也只是适用于规模较小的企业，因为企业规模的扩大会进一步诱发合伙人的机会主义行为，降低企业的效率。

（二）现代公司制企业的产权

随着技术和资本市场的发展以及市场范围的扩大，20世纪30年代，西方市场经济国家相继出现钱德勒[①]所言的"大企业时代"。"经理革命"的发生使得支薪经理管理的大企业逐渐代替家族小企业成为国民经济的主导力量。企业规模的扩大使原本由价格机制协调的市场交易一体化为企业内部交易，企业内部的契约关系复杂化了。在股权高度

---

① 艾尔弗雷德·钱德勒(Alfred D. Handler)，美国企业史研究领域的权威。著有三本经典之作：《战略与结构——美国工业企业成长的若干篇章》(1962)、《看得见的手——美国企业的管理革命》(1977)和《企业的规模与范围——工业资本主义的原动力》(1990)。

分散的现代股份公司中,企业往往被仅有少数股权,甚至没有股权的内部经理所控制,形成事实上"所有权和控制权分离"(伯利和米恩斯,1932)的局面。规模庞大的现代公司制企业融入了多个要素所有者,为防范机会主义行为和降低交易费用,现代公司制企业实行了不同与业主制和合伙制企业的产权安排。

1. 有限责任制度

现代公司制企业,无论是有限责任公司还是股份有限公司,都无一例外地摒弃了古典企业的无限责任制,采取了有限责任制度。所谓的有限责任是指当公司破产时,股东仅以其投入公司的股本为限对公司债务和亏损承担责任。有限责任责任制度作为股东利益的保护机制,旨在降低股权分散情况下不同所有者因为机会主义行为可能导致的损失。股份公司内部,所有股东都成为公司剩余的索取者,剩余索取权的分享会加剧股东的机会主义行为。有限责任制度可以保护股东免受机会主义引起的更大的损失,这对于资本额超过股东个人财富的企业尤为重要。

2. 用手投票和用脚投票

在股权高度分散的情况下,如果公司的所有决策都要股东共同制定,必然面临高昂的谈判成本(交易费用),出现类似于 LMF 企业的集体决策成本。而且股权越是分散,单个股东占有的企业剩余的份额越低,股东越容易出现决策上的偷懒行为(廉价投票权)。为此,所有股东会将决策权交由一个小团体执行(董事会),但是保留对诸如更换小团体成员、企业并购重组等重要问题的决策权。由于这种权利通过股东大会举手表决的形式得以实现,因而被形象地称为"用手投票"。如果单个股东认为公司行为不能满足个人利益,而通过"用手投票"方式改变公司行为又面临较高的交易费用,此时股东便可以"用脚投票"。通过在股票市场出售股东被企业控制的那部分财产,股东实现了自我利益的保护。

3. 股东和经理层分享企业所有权

股东和经理层分享企业所有权是现代公司制企业"所有权和控制权分离"特征的主要体现。如前所述,为降低集体决策的成本,全体股东将部分剩余控制权委托给代表自己利益的董事会。而董事会为进一步提高决策效率,又将企业的日常经营权委托给了经理层。但在企业运行实践中,由于经理层的信息优势,使他们掌握了企业的部分剩余控制权,形成事实上股东和经理层分享企业所有权的产权配置格局。对这种产权格局的形成,我们可以从"主动分权"和"被迫让权"两个角度理解。独享企业所有权的股东主动让渡部分权利的原因在于权利让渡实现的收益大于所导致的损失。因为在企业生产经营活动日趋复杂的背景下,适度分权有利于利用专业化分工的优势,发挥经理层人力资本优势,提高企业效率。当然,权利让渡本身可能也是作为非人力资产所有者的股东在谈判力量削弱情况下不得已的选择。经理层进行的人力资本投资既具有专用性也具有专有性[①],为保护人力资本专用性投资免受敲竹杠和套牢(lock-in)的风险,理应赋予投资者剩余控制权。另外,经理层人力资本的专有性在于他们或者拥有核心技术,或者拥有

---

① 专用性投资和专有性投资的具体区别见杨瑞龙、杨其静《专用性、专有性与企业制度》,《经济研究》2001 年 3 期。

市场销售网络、特殊的经营才能,一旦他们退出企业,会对企业造成巨大损失。正是经理层这种人力资产的专有性,增强了他们与作为非人力资产所有者的股东进行谈判时的谈判力,促使股东被迫让渡企业所有权。

4. 员工持股计划(employer-stock-owned-plan,ESOP)

ESOP 是使公司员工有条件地拥有公司股份的一种产权制度安排,它是指企业内部员工出资认购本公司部分股权,委托专门机构(一般为员工持股会)集中管理运作,并参与持股分红的一种新型企业内部股权形式。ESOP 的实施,是现代公司制企业所有权的又一次分离,反映了企业所有权在非人力资产所有者和人力资产所有者之间的重新配置。尽管 ESOP 在西方发达国家的实施具有复杂的政治和社会背景,但从经济学角度看,ESOP 作为一种产权配置主要源于两方面原因。一是通过 ESOP 进一步分散公司股权,增加敌意并购和接管的难度。在此意义上,ESOP 可以理解为股东和管理层为自身利益建立的保护机制。二是通过 ESOP 使普通员工成为公司的所有者,承担风险和享有剩余,这反映了普通员工作为人力资产所有者对企业所有权的分享。

三、国有企业产权与产权改革

所谓国有企业[①]是指由国家代表全民行使所有者职能的企业,从产权归属上看,国有企业(state-owned enterprise)"清清楚楚"属于国家所有,似乎不存在理论界常言的"所有者缺位"或"产权不明晰"问题。但是,正是由于国家概念的抽象性,导致"产权明晰"的国有企业找不到真正负责任的所有者。当始于 20 世纪 80 年代的国企改革进入第四阶段[②]以后,我们开始从改革理论和实践上审视国有企业产权问题,并尝试逐步通过产权改革改善国有企业绩效。

(一)国有企业产权

国有企业的特殊性在于国有企业的资本全部或部分由国家投入,其资本或股份全部或部分由国家所有。由于国家作为一个经济主体直接占有或经营企业,使国有企业表现出与一般私有企业不同的产权特征。

1. 国有企业"国家利益至上论"

国有企业既然是"国家"的企业,无可置疑地应该实现国家利益,这并不违背坚持"资本强权观"的主流企业理论的逻辑。从这个意义上讲,国有企业天然具有"政企不可分性",必然成为政府机构的附属物。由于国有企业的这种产权属性,导致国有企业被赋予了除实现经济利益以外的大量其他国家利益的职能,背负了严重的政策性负担(林毅夫,1995)。受国家意志左右的国有企业,成为国家实现"战略目标"、国家安全、社会稳定、充分就业等目标的手段,显现出不同与私有企业以"利润最大化"为目标的价值追求。

2. 国有企业产权"虚置"

作为国有企业所有者的国家,其所有者职能的行使只能通过各个具体的政府管理部门来实现。在我国,长期以来,中央大型企业工委、国家财政部、国有资产管理局及国家

---

① 国有企业在世界范围内广泛存在,但无特别说明,本文的国有企业均指中国的国有企业。
② 国有企业改革始于 1984 年,在产权改革之前,依次经过放权让利、利改税、承包制三个阶段改革。

计委等政府部门,由于对国有企业的人事任免、资产管理及技改项目投资等企业活动拥有最终决定权,从而代替国家成为国有企业事实上的所有者代表,共同分享企业的剩余控制权。所有权的分散使"监督活动"本身成为一种"团队生产活动"。由于部门利益的差异,使得同时作为国有企业所有者的各个政府部门在行使所有者的"监督"职能时,存在"偷懒"的动机,从而导致国有企业缺乏真正负责任的所有者,形成事实上的产权"虚置"。不仅如此,所有权的分散还使得国有企业的目标从受"国家意志"左右变为受"部门利益"左右,进一步加剧企业资源耗散。

3. 剩余控制权和剩余索取权错配

现代企业理论表明,剩余索取权和剩余控制权的不统一将导致廉价投票权(张维迎,1995)。① 例如,如果某一权利主体行使某项控制权能够带来的剩余为 S,当他能够占有全部剩余 S 时,要使他放弃该项控制权,则至少应向他提供 S 单位的补偿。即,与 S 单位剩余索取权相对应的剩余控制权的价格为 S。如果该权利主体只能占有剩余 S 的 $1/n$,则只要向其提供 S/n 单位的补偿,就可能使其放弃其控制权。由此可见,剩余控制权和剩余索取权的错配将导致剩余控制权的廉价。在国有企业中上述两种权利的错配问题相当严重,突出表现在:第一,国有企业控制权分散配置在中央大型企业工委、国家财政部、国有资产管理局及国家计委等政府部门,而这些部门并不是合法的国有企业剩余的最终索取者;第二,国有企业中的人力资本所有者(特别是经理层)由于处于信息优势占有剩余控制权,但却没有任何合法的剩余索取权。原因在于"为了彻底消除生产资料被个人占有的任何可能性,公有制的法权体系规定全部生产资料归国家和集体所有,并宣布个人不得拥有任何生产性资源的合法权利"(周其仁,2000)。不仅如此,"个人也不准拥有其本人人力资源的法律所有权,只要这部分资源具有生产性"(周其仁,2000)。否定了人力资本所有者法律上②的所有权,也就从法律上根本否定了其对企业剩余的索取权。结果导致拥有剩余控制权的人力资本所有者不关心国有资产保值增值,形成事实上的"内部人控制"。

(二)国有企业产权改革

作为推进国有企业改革,提高国有企业绩效的一项重要举措,国有企业产权改革自始至终都是存在争议的论题。③ 关于国有企业产权改革是否是国有企业改革的充分条件、必要条件还是充要条件,国有企业产权改革究竟应该怎样改这些问题在理论层面上仍然存在较大分歧。从新制度经济学的角度看,产权改革至关重要,因此,我们尝试介绍一些国有企业产权改革的设想和举措。

1. 从战略上收缩国有企业

中共十五大以后,我们对公有制和公有制的实现形式形成了新的认识,明确提出股份制和股份合作制是公有制的实现形式。并且认为公有制为主体,主要体现在公有制经济的控制力,不再盲目追求公有制经济占国民经济的比重。在此背景下,国有企业产权

---

① 张维迎认为剩余控制权就是投票权。
② 由于人力资本天然属于私有,因此即使否定了法律上的所有权,也无法否定事实上的所有权。
③ 突出表现在张维迎和林毅夫上世纪90年代的争论,及本世纪以郎咸平为代表的经济学家与"主流"经济学家的争论。

改革开始进入从战略上收缩国有企业的阶段。突出的政策表现就是全国范围实施的以"国退民进"、"抓大放小"为特征的国有经济结构性调整和国有企业战略性重组。理论上已经证明,国有企业天然具有"政企不可分性"而且容易受到国家意志左右。从战略上收缩国有企业是通过减少国有企业数量来治愈国有企业的"顽疾"。改革的结果是国有企业主要存在于公共产品领域、非竞争性、非盈利性行业,成为承载国家为社会提供公共服务职能的主要载体。

2. 建立人力资本分享企业所有权的机制

所有权和控制权的分离是现代公司制企业的普遍特征,而且随着非人力资产在企业中地位的削弱,人力资产分享企业所有权是企业产权配置的必然趋势。由于国有企业名义上是国家代表全民所有的企业,全体人民均拥有国有企业法律上的所有权,是企业剩余法律上的索取者。"剩余索取权被授予一个以上的个体组成的共同体;每个个体享有相同份额的剩余索取权;没有人能够将其剩余索取权有偿转让给他人"(张维迎,1995)。国有企业的人力资本所有者分享所有权的关键是将法律上的索取权转化为事实上的索取权,以纠正控制权和索取权的错配。"到目前为止的国有企业改革,实际上是一个将剩余控制权和剩余索取权从政府分配给企业内部成员的渐进过程"(张维迎,1995)。为此,我们在借鉴和引进国际经验的基础上,进行了诸多的探索和实践。我们相继通过实施经营者年薪制、股票期权制度、管理层收购等制度安排建立了经理层分享企业所有权的机制。又通过职工持股、内部股等安排确认了国有企业普通员工人力资本所有权对企业剩余的分享。

3. 建立合理的产权流转机制

无论是从战略上收缩国有企业还是建立人力资本所有者(甚至是利益相关者)分享企业所有权的机制,无不要求国有企业的物质资本所有者让渡企业的部分剩余控制权和索取权,因而都面临国有企业产权合理流转的问题。从已有的国有产权改革实践看,能否建立合理的产权流转机制甚至直接关系前两项产权改革举措实施的合法性[①]和效率。一直以来,困扰产权流转机制的主要问题是国有资产的定价问题。由于国有资产的形成过程非常复杂,并且捆绑了诸多的利益群体,加上经过几十年的变动,因此要形成各方满意的完全公平合理的价格几乎没有可能性。在目前产权市场不发达的情况下,我们暂时只能依靠评估认定、职工代表大会通过、国有资产管理局批准等办法确定价格。但是资本资产定价原则要求我们确定资产的价格主要以其未来收入的现金流为基础,而不是其重置价值或是资产原值。坚持上述原则,我们就能在利益各方充分博弈的基础上拟定各方都能接受的价格,实现国有产权的合理流转,推进国有企业产权改革。

第三节 公司治理[②]

明确了企业的产权安排就确定了企业的委托人和代理人,至此,我们可以在给定委

---

① 围绕国有资产是否流失、国有股减持的争论直接影响国有企业产权改革的合法性。
② 由于业主制和合伙制企业不存在治理"问题",因而通常用公司治理代表企业治理。

托人和代理人的前提下,研究委托人对代理人进行激励和控制的最优契约安排,进入公司治理(corporate governance)层面。从广义的角度理解,公司治理是保护公司所有者利益实现的一系列制度安排①,是包括公司产权制度、激励约束机制、财务制度、企业文化等在内的公司利益协调机制。从狭义角度理解,公司治理主要解决公司的委托—代理问题。由于第二节已详细讨论了企业产权问题,因此本节对公司治理的讨论显然仅限于狭义角度。我们将主要在委托—代理理论的分析框架下,探讨企业的委托—代理问题和相应的激励机制设计,并比较成熟市场经济国家不同的公司治理结构。

一、委托—代理理论

委托—代理理论(principal-agent theory)是现代企业理论的重要构成部分,主要研究"所有权和控制权分离"的现代公司中,经济主体之间在信息不对称分布(asymmetric information)情况下的激励和约束问题。

(一)委托—代理理论基本概念

委托—代理关系最早用于法律领域在法律上当A授权B代表A从事某种活动时委托代理关系就发生了,A称为委托人,B称为代理人。在委托代理理论中,我们一般将"委托人"定义为不拥有私人信息,在信息占有上处于劣势的参与者;"代理人"定义为拥有私人信息,在信息占有上处于优势的参与者。根据信息不对称发生的时间和内容,我们可以对信息不对称进行具体分类:从时间上看,信息不对称既可以发生在当事人签约之前,也可以发生在签约以后,委托代理分别用逆向选择(adverse selection)和道德风险(moral hazard)模型描述签约之前和签约之后的信息不对称问题;从内容上看,信息不对称可能是参与人的行动,也可能是参与人的知识。我们将研究不可观测行动的模型称为隐藏行动模型(hidden action),研究不可观测知识的模型称为隐藏知识(hidden knowledge)或隐藏信息模型(hidden information)。我们主要介绍与公司治理密切相关的两个委托代理模型②:隐藏行动的道德风险模型及逆向选择模型。

(二)隐藏行动的道德风险模型

我们分两种情况讨论隐藏行动的道德风险模型,首先假设产出结果是确定的,只受代理人的努力程度的影响,求最优解;然后假设产出成为受到外生冲击影响的不确定函数。分别分析两种情况下,委托人如何制定针对代理人的激励计划。

1. 产出结果确定

代理人控制着委托人拥有的公司,公司的利润唯一地取决于代理人的努力程度,并与代理人努力程度呈正方向变化,可以假设利润函数为:

$$Q = e \tag{1}$$

---

① 布莱尔认为公司治理是保护利益相关者的机制(Blair,1995),施莱弗和维什尼将公司治理定义为一种使公司资金提供者确保自己获得投资回报的途径(Shleifer & Vishny,1997)。

② 对委托代理理论其他模型感兴趣的读者,可进一步阅读张维迎《博弈论与信息经济学》,上海三联书店1996年版。本部分模型主要参考了弗鲁博顿和芮且特《新制度经济学——一个交易费用分析范式》,上海三联书店2006年版。

委托人不能直接观测到代理人的努力水平，但是可以通过产出间接观测，代理人存在主观努力的成本函数，为：

$$c = \frac{k}{2}e^2 \quad (k>0) \tag{2}$$

委托人给代理人提供激励工资为 w，代理人的效用表现为工资与努力成本的差额，代理人以效用最大化为目标，效用函数为：

$$A = w - \frac{k}{2}e^2 \tag{3}$$

假设委托人给代理人提供线性激励，激励报酬函数为：

$$w = r + \alpha Q$$
$$0 \leq \alpha \leq 1 \tag{4}$$

即报酬等于固定工资加提成（α 是分成比例）。这样代理人的决策问题可以采用下述模型表示：

$$\max_e A = r + \alpha Q - \frac{k}{2}e^2$$
$$s.t\ Q = e$$

根据最大化的一阶条件可得：

$$\alpha - ke = 0$$

或

$$e = \frac{\alpha}{k} \tag{5}$$

此式为代理人对委托人提供的线性激励的反应函数。

现在假设委托人知道代理人的反应函数，从而可以通过提供 α^* 的利润分成诱使其达到 e^* 的努力水平，因而等式(5)构成代理人的激励约束(incentive constraint, IC)。① 我们可以进一步假设代理人可以自由决定是否接受委托人的激励计划，当且仅当代理人能够实现其保留效用($\bar{A}$)时才会接受委托人的激励，此条件为代理人的参与约束(participation constraint, PC)②，因而参与约束可以表示为：

$$r + \alpha Q - \frac{k}{2}e^2 \geq \bar{A} \tag{6}$$

委托人的目标函数为净利润最大化

$$Q^n = Q - w$$

或

$$Q^n = (1-\alpha)e - r \tag{7}$$

进而委托人的决策问题变为：

$$\max_{r,e} Q^n = (1-\alpha)e - r$$
$$s.t\ e = \frac{\alpha}{k}\ (\text{IC})$$

---

① 代理人总是选择自己效用最大化的行为，委托人希望代理人采取的行动都只能通过代理人的效用最大化行为来实现。

② 即代理人从接受合同中得到的期望效用不能小于不接受合同时能得到的最大期望效用。

$$r + \alpha Q - \frac{k}{2} e^2 v \bar{A} \quad (PC)$$

由于追求利润最大化的委托人理所当然想尽量支付较少的报酬来换取代理人的努力,参与激励起作用,并进一步假定代理人的保留效用为零。利用拉格朗日函数求解上述最优化问题,我们可以得出此时均衡的分成比例、努力水平、总利润及固定工资和总工资:

$$\alpha^* = 1 \tag{8}$$

$$r^* = -(2k)^{-1} \tag{9}$$

$$e^* = \frac{1}{k} 1 \tag{10}$$

$$Q^* = \frac{1}{k} \tag{11}$$

$$w^* = r^* + \alpha^* Q^* = \frac{1}{2k} \tag{12}$$

$$Q^{n*} = -r^* + (1 - \alpha^*) e^* = \frac{1}{2k} \tag{13}$$

这里,我们隐含假设了委托人和代理人都是风险中性的。由模型可以发现,由于分成比例等于100%,代理人获得全部提成,成为公司完全的剩余索取者。

2. 产出结果不确定

假设产出不仅受代理人努力水平的影响,而且受到外生的随机冲击的影响,委托人和代理人都不能控制外生冲击发生的可能性。给定总利润函数为:

$$\tilde{Q} = e + \tilde{\theta} \tag{14}$$

$\tilde{\theta}$ 是呈正态分布的随机变量,均值为零,方差为 σ^2。产出结果可以为委托人不费成本地观测到,相应的线性激励为:

$$w = r + \alpha \tilde{Q}, \ 0 \le \alpha \le 1 \tag{15}$$

此时需要考虑委托人和代理人的风险偏好,如果两者都是风险中性的,则风险完全由代理人承担,结论与产出确定情况下的相同。由于委托人可以利用证券市场分散风险,而代理人主要只能在一个企业工作,因此更为现实的假设是,代理人是风险规避的,而委托人是风险中性的。为简化起见,我们利用绝对风险规避型的冯纽曼—摩根斯坦期望效用函数[①]对委托人和代理人进行分析,并假定代理人的效用函数具有不变绝对风险规避特征。

代理人效用函数为: $$u(\tilde{A}) = -\exp(-a\tilde{A}), a > 0 \tag{16}$$

相应的确定性等价为: $$C(\tilde{A}) = E(\tilde{A}) - R \tag{17}$$

其中,$C(\tilde{A})$ 代表确定性的效用水平,$E(\tilde{A})$ 代表期望效用水平,R 代表风险贴水。利用(16)式和正态分布的随机变量 $\tilde{\theta}$,可以得到风险函数为:

---

① 有关冯·诺依曼—摩根斯坦期望效用函数更为详细的介绍,可参阅微观经济学中级或高级教程。

$$R = \frac{a}{2}\alpha^2\sigma^2 \qquad (18)$$

根据总利润函数(14)式和线性激励安排(15)式,带入(3)式可得相应的保留效用函数为:

$$\tilde{A} = r + \alpha\tilde{Q} - \frac{k}{2}e^2 = r + \alpha e + \alpha\tilde{\theta} - \frac{k}{2}e^2 \qquad (19)$$

相应地,

$$E(\tilde{A}) = E(r + \alpha\tilde{Q} - \frac{k}{2}e^2) = r + \alpha e - \frac{k}{2}e^2 \qquad (20)$$

故确定的效用为:

$$C(\tilde{A}) = r + \alpha e - \frac{k}{2}e^2 - \alpha^2\frac{a}{2}\sigma^2 \qquad (21)$$

委托人的决策问题简化为:

$$\max_{\alpha,r,e} E(\tilde{Q}^n) = (1-\alpha)e - r$$

$$s.t\; C(\tilde{A}) = r + \alpha e - \frac{k}{2}e^2 - \alpha^2\frac{a}{2}\sigma^2 \geq \bar{C}\;(PC)$$

假定信息对称,委托人了解代理人的保留效用并且可直接观测到代理人的努力水平,参与激励起作用,并假定 $\bar{C} = 0$,则

$$r = -\alpha e + \frac{k}{2}e^2 + \alpha^2\frac{a}{2}\sigma^2 \qquad (22)$$

对委托人的目标函数求相应的一阶条件可得:

$$\alpha^* = 0 \qquad e^* = \frac{1}{k} \qquad (23)$$

相应的固定工资和总工资为:

$$r^* = -(2k)^{-1}$$

$$w^* = r^* + \alpha^* Q^* = \frac{1}{2k} \qquad (24)$$

由此可以发现,代理人获得固定工资,委托人承担全部风险。

在信息不对称的情况下,委托人不能直接观测到代理人的努力,但是可以通过结果间接观测,此时的均衡结果仅仅是次优的。现在重新考虑代理人的决策问题:

$$\max_e C(\tilde{A}) = r + \alpha e - \frac{k}{2}e^2 - \alpha^2\frac{a}{2}\sigma^2$$

代理人的激励约束 $e = \frac{\alpha}{k}$,相应的参与约束为:

$$r + \alpha e - \frac{k}{2}e^2 - \alpha^2\frac{a}{2}\sigma^2 \geq \bar{C}(\bar{C}=0)$$

从而委托人的决策问题简化为:

$$\max_{\alpha,r,e} E(\tilde{Q}^n) = (1-\alpha)e - r$$

$$s.t\; r + \alpha e - \frac{k}{2}e^2 - \alpha^2\frac{a}{2}\sigma^2 \geq 0\;(PC)$$

$$e = \frac{\alpha}{k} \text{ (IC)}$$

同样假定参与约束起作用，并将两个约束条件带入目标函数可得：

$$\max_{\alpha,r,e} E(\tilde{Q}^n) = (1-\alpha)e - r$$

$$= (1-\alpha)e + \alpha e - \frac{k}{2}e^2 - \alpha^2 \frac{a}{2}\sigma^2$$

即

$$\max_{\alpha} E(\tilde{Q}^n) = \frac{\alpha}{k} - \frac{1}{2}\frac{\alpha^2}{k} - \alpha^2 \frac{a}{2}\sigma^2$$

相应的一阶条件为：

$$\alpha^{**} = \frac{1}{1+k\partial\sigma^2} < 1$$

$$e^{**} = \frac{1}{k(1+k\partial\sigma^2)} < \frac{1}{k} \tag{25}$$

$\alpha^{**} < 1$ 说明风险规避的代理人并没有承担全部风险，而是与委托人签订了"分成契约"。$e^{**} = \frac{1}{k(1+k\partial\sigma^2)} < \frac{1}{k}$ 说明代理人的努力水平相对于信息对称分布而言降低了。

（三）逆向选择模型

委托人只知道代理人类型分布的概率，而不知道代理人具体的类型，信息非对称发生在签约之前。

假设代理人 j 努力的成本函数为：

$$c_j(e_j) \tag{26}$$

假设存在 n 个代理人，而且每个代理人对产出的贡献是可分离的，代理人对产出的贡献与努力水平呈正比，则总利润函数为：

$$Q = \sum_j Q_j, Q_j = e_j, j = 1,2,\ldots n \tag{27}$$

委托人提供的工资水平激励为，工资函数：

$$w_j = w_j(e_j) \tag{28}$$

代理人的效用函数为：

$$A_j = w_j(e_j) - c_j(e_j) \tag{29}$$

假定代理人的保留效用为零，且努力的成本函数为：

$$c_j = \frac{k_j}{2}e_j$$

存在两类不同的代理人，$j = 1,2$，而且代理人 1 具有较低的边际努力成本，即满足

$$k_1 < k_2$$

我们先考虑签约前后信息是对称的，委托人确切知道每个代理人的类型，在此条件下实现利润最大化：

$$\max_{w_1,w_2,e_1,e_2} Q^n = e_1 + e_2 - w_1 - w_2$$

$$\text{s.t.} \quad \begin{aligned} w_1 - \frac{k_1}{2}e_1^2 &= 0 \, (PC_1) \\ w_2 - \frac{k_2}{2}e_2^2 &= 0 \, (PC_2) \end{aligned}$$

两式分别为代理人 1 和代理人 2 的参与约束条件。将两式带入目标函数,并求得相应的一阶条件为:

$$\begin{aligned} e_1 &= \frac{1}{k_1} \\ e_2 &= \frac{1}{k_2} \end{aligned} \tag{30}$$

相应的均衡工资水平为:

$$\begin{aligned} w_1 &= \frac{1}{2k_1} \\ w_2 &= \frac{1}{2k_2} \end{aligned} \tag{31}$$

委托人获得的总利润水平为:

$$Q^{n*} = e_1 + e_2 - w_1 - w_2 = \frac{1}{2k_1} + \frac{1}{2k_2} \tag{32}$$

上述结果说明在信息对称情况下,委托人可以根据代理人的努力程度确定不同的工资水平,越是努力的代理人将获得越高的报酬激励。

现在我们考察签约前信息不对称的情况:委托人不知道代理人的类型,从而要诱使代理人说真话,而诚实的前提是诚实的收益比不诚实的收益高,实际上形成代理人的激励约束:

$$\begin{aligned} w_1 - c_1(e_1) &\geq w_2 - c_1(e_2) \, (IC_1) \\ w_2 - c_2(e_2) &\geq w_1 - c_2(e_1) \, (IC_2) \end{aligned}$$

将代理人的努力成本函数

$$c_j = \frac{k_j}{2}e_j^2$$

带入上述两式可得激励约束条件为:

$$\begin{aligned} w_1 - \frac{k_1}{2}e_1 &\geq w_2 - \frac{k_1}{2}e_2 \, (IC_1) \\ w_2 - \frac{k_2}{2}e_2 &\geq w_1 - \frac{k_2}{2}e_1 \, (IC_2) \end{aligned}$$

假设某种类型代理人的概率用其占总代理人的比例来表示:

$$\pi_j = \frac{m_j}{m}, \sum_j m_j = m$$

假设委托人是风险中性的,实现期望利润最大化:

$$\max_{w_1, w_2, e_1, e_2} Q^n = \pi_1(e_1 - w_1) + \pi_2(e_2 - w_2)$$

$$\text{s.t.} \begin{cases} w_1 \geqslant \frac{k_1}{2}e_1^2 + (w_2 - \frac{k_1}{2}e_2^2) \\ w_1 \geqslant \frac{k_1}{2}e_1^2 \\ w_2 \geqslant \frac{k_2}{2}e_2^2 + (w_1 - \frac{k_2}{2}e_1^2) \\ w_2 \geqslant \frac{k_2}{2}e_2^2 \end{cases}$$

上述条件分别为(IC_1)、(PC_1)、(IC_2)、(PC_2),根据 k_1、k_2 的基本关系并同样假设参与约束起作用,则上述约束条件可简化为:

$$w_1 - \frac{k_1}{2}e_1^2 = w_2 - \frac{k_1}{2}e_2^2$$

$$w_2 = \frac{k_2}{2}e_2^2$$

$$e_1^2 > e_2^2$$

解此最优化问题可得相应的努力水平和工资值:

$$e_1^{**} = \frac{1}{k_1} = e_1^*$$

$$e_2^{**} = \frac{1}{k_2 + \frac{\pi_1}{\pi_2}(k_2 - k_1)} < \frac{1}{k_2}(\frac{1}{k_2} = e_2^*)$$

$$w_1^{**} = \frac{1}{2k_1} + \frac{1}{2[k_2 + \frac{\pi_1}{\pi_2}(k_2 - k_1)]^2} > w_1^* = \frac{1}{2k_1}$$

$$w_2^{**} = \frac{k_2}{2} + \frac{1}{[k_2 + \frac{\pi_1}{\pi_2}(k_2 - k_1)]^2} < w_2^* = \frac{1}{2k_2}$$

由此可见,低成本的代理人(高能力代理人)在付出与信息对称情况相同的努力水平下,信息不对称将会使其获得较高的薪酬激励,有的学者将此称为低成本代理人获得的"信息租金"[1]由于低成本的代理人获取了足够的剩余,因而不存在伪装成高成本代理人的动机。这也从反面说明,如果企业不给予低成本代理人足够的激励,则低成本代理人会隐藏自己的能力,即出现高能力代理人偷懒的现象。

二、企业的委托—代理的问题

现代企业实行了所有权和经营权的"两权分离",而且伴随资本市场的发展,股东分散化程度提高,企业所有者对经营者的控制力受到削弱。在关于企业经营状况、经营者努力程度等与企业相关的所有信息的占有上,企业的所有者和经营者之间存在信息的不

---

[1] 弗鲁博顿、芮且特:《新制度经济学——一个交易费用分析范式》,上海人民出版社2006年版,第270页。

对称分布,前者在信息占有上处于劣势,成为企业"委托—代理"关系中的委托人,后者由于占有信息优势而成为"委托—代理"关系中的代理人。在代理人与委托人存在目标冲突的情况下,代理人可能利用信息优势不为委托人利益服务,甚至损害委托人利益,从而导致现代企业的委托—代理问题。

(一) 代理成本

由于代理人是一个具有独立利益和行为目标的经济人,其行为目标与委托人的目标不可能完全一致。委托人与代理人之间存在严重的信息不对称和契约的不完全性,使"对委托人和代理人来说,想不费分文就确保代理人将做出按委托人观点来看的最优决策,一般是不可能的"(Jesen & Meckling,1976)。委托人和代理人的目标冲突所导致的效率损失以及为协调这种冲突所付出的成本就是代理成本。Jesen & Meckling 将代理成本(agency cost)定义为委托人的监督支出、代理人的保证支出(bonding expenditures)以及因代理人决策与使委托人福利最大化的决策存在偏差而使委托人遭受的剩余损失的总和。具体而言,委托人付出的监督费用包括观察代理人行为和测度代理人产出的费用,以及与预算约束、补偿措施、操作规则等相关的交易费用;代理人的保证费用是指代理人由承担的保证契约履行的费用,如代理人支付委托人的保证金或承诺违约后对委托人的补偿费等;剩余损失则是在交易费用存在的情况下,委托人实际实现的剩余与"新古典利润最大化"剩余的差额。简言之,代理成本是现代公司制企业"所有权和控制权分离"的费用,是一种特殊的交易费用。

(二) 激励—约束机制设计

为降低企业的代理成本,现代企业内部普遍建立了针对代理人的激励—约束机制。① 我们将根据委托—代理论总结激励约束机制设计的基本原则,并介绍具有代表性的针对企业经理层的激励—约束机制。

1. 激励—约束机制设计原则

根据前述的委托—代理模型可知,最优的激励机制设计需要考虑委托人和代理人双方利益,满足三个条件:参与约束,是指代理人从契约中得到的期望效用不能低于不接受契约时能得到的最大期望效用(保留效用);激励相容约束,即代理人总是选择自己效用最大化的行为,委托人希望代理人采取的行动都只能通过代理人的效用最大化行为来实现;效用最大化,即委托人支付代理人报酬后所获得的纯效用,不低于采取任何其他契约的效用。在满足上述条件的情况下,激励—约束机制设计的基本原则为:在任何满足代理人参与约束和激励约束,而且使委托人预期效用最大化的激励契约中,代理人都必须分担部分风险;如果代理人是风险中性者,则可以通过代理人承担全部风险的方法达到最优结果;由于激励契约的执行是存在交易费用的,因此激励约束机制的设计不能只强调契约的激励效果(收益),还要考虑机制设计成本。

---

① 除内部约束以外,还可利用证券市场、产品市场、要素市场、经理人市场实行外部约束。

2. 企业经理层激励—约束机制设计

伴随企业规模的扩大,"经理革命"发生以后,为有效激励和约束企业经理层,现代企业相继实施了一系列具有代表性的经营者激励制度。

(1) 年薪制。经营者年薪制是以企业一个生产经营周期(一般以年度)为单位确定经营者的基本报酬(基薪)并视其经营成果浮动发放风险收入的工资制度。

企业经营者的年薪收入包括"基薪"和"风险收入"两个部分,前者是固定收入(无风险收入),后者是委托人对经营者风险分担的回报。年薪制实质是一种线性激励制度,体现了委托人和代理人共担风险的原则。

(2) 经营者股票期权制度(executives stock option)。最初产生于美国,目前已发展成西方国家普遍采用的企业激励机制。基本做法是给予企业经营者一种权利,允许他在特定的时期内按照某一约定的价格购买企业普通股。这种权利不能转让,但所购股票仍能在市场上出售,持有这种权利的经营者可以在规定的时期内以股票期权的行权价格购买本公司股票(此购买过程称为行权)。而在行权以前股票期权持有人没有任何现金收益,行权以后个人收益即为行权价格与行权日市场价格之间的差价。当行权价一定时,行权人的收益与股票价格成正比。由于股票价格是股票内在价值的外在体现,股票价值是公司未来收益的贴现,于是公司经营者的个人利益就与公司未来发展建立起一种正相关的关系。经理股票期权实际上就是让经营者拥有一定的剩余索取权并承担相应的风险,使经营者更加关心投资者的利益、资产的保值增值和企业长远发展,经营者股票期权常也被形象的称为经营者的"金手铐"。

(3) 管理层收购(management buy-outs, MBO)。是指目标公司的管理层利用自有资金或外部融资所获资金购买目标公司的股份,通过收购企业的经营者变成了企业的所有者,实现了所有权与经营权的新统一,使管理层同时具有所有者的表决权,进而达到重组本公司并获得预期收益的一种收购行为。詹森对 MBO 的激励原理进行了精彩的论述 (Jesen,1986)。他认为股权的日趋分散,管理层对企业的控制权日趋上升,在那些成熟的企业和行业中产生了大量的自由现金流,使管理层有了进行多元化并购的自由选择空间,任意使用自由现金流成为管理层代理成本的主要体现。管理层热衷于多元化经营扩大企业规模,而不是最大化股东收益,结果出现了高现金流和低效投资并存的现象,企业资源被低效利用。因此,就产生了潜在的效率提升空间,只要提高企业负债率,就可以通过强制性的债务利息支出缩小管理层自由支配现金流的空间,降低由自由现金流而产生的代理成本,负债和破产压力也会迫使管理层提高经营效率,高负债因此成为降低管理层代理成本的控制手段。从经营者激励机制看,MBO 是非人力资本所有者通过企业所有权分享(股权)对管理层进行的激励和控制,其本质是通过"消灭"代理人降低代理费用。

三、公司治理结构比较

由于公司治理是公司所有者实现利益保护的机制,因此对"企业应该归谁所有"的不同认识必然产生不同的治理机构,即企业的产权安排决定相应的治理结构。但是作为一种制度安排,公司治理结构还受到不同国家和地区的法制环境、企业文化、金融体制等诸多因素的影响。因而,在公司治理结构的组织体系大致相同的情况下,各国公司治理结构的具体模式呈现出多样性的特点。

(一)公司治理结构的组织体系

公司治理结构的组织体系一般由股东大会、董事会、监事会和经理层构成。

1. 股东大会(general meeting of stockholders)

股东大会由公司全体股东组成,是公司的权力机构,即公司的最高决策机构。股东大会的主要职权在于对涉及公司的重大事项作出决策,如:决定公司的经营方针和投资计划;选举和更换董事、监事,决定董事、监事的报酬;审议批准董事会、监事会的报告;审议批准公司财务预算、决算方案;审议批准公司的利润分配、弥补亏损的方案;对公司注册资本增减、发行公司债券、变更公司形式、解散和清算方案;修改公司章程等。

2. 董事会(board of directors)

董事会是股东大会的常设机构,由股东大会选举出的董事组成,是公司的管理、执行机构。董事会的主要职责是:执行股东大会的决议;决定公司的经营计划和投资方案;制定公司财务预算、决算方案;制订公司的利润分配、弥补亏损的方案;制订公司注册资本增减、发行公司债券、变更公司形式、解散方案;决定公司内部管理机构的设置;决定公司经理层和财务人员的聘用及报酬事项等公司经营管理事项。董事会须向股东大会报告,董事会制订的方案须经股东大会审议批准,董事会须对股东大会负责。股东会与董事会之间是决策与执行的关系。

3. 监事会(board of supervisors)

监事会是公司内部的专职监督机构。监事会对股东大会负责,以出资人代表的身份行使监督权力。其基本职能是监督公司的一切经营活动,以董事会和总经理监督对象,在监督过程中,随时要求董事会和经理人员纠正违反公司章程的越权行为。为了完成其监督职能,监事会成员必须列席董事会会议,以便了解决策情况,同时对业务活动进行全面监督。监事会向股东大会报告监督情况,为股东大会行使重大决策权提供必要的信息。为了完成监督职能,监事会的不仅要进行会计监督,而且要进行业务监督。不仅要有事后监督,而且要有事前和事中监督(计划、决策时的监督)。

4. 经理层

经理人员受雇于公司董事会,以契约形式明确与公司之间的委托—代理关系。经理对董事会负责,可以列席董事会会议行使相应的职权。经理人员应当遵守公司章程,忠实履行职务,维护公司利益,不得利用在公司的地位和职权为自己谋私利。

四者之间的基本权利配置可见图7.3。股东大会产生董事会和监事会,董事会雇用经理层,监事会负责对董事会和经理层的监督。

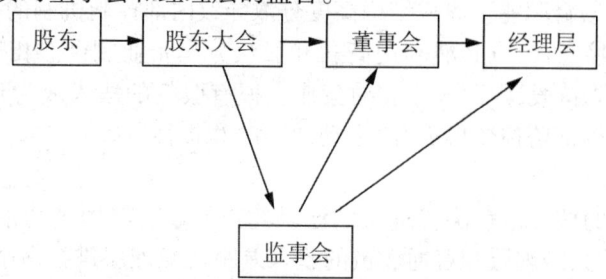

图7.3 股东大会、董事会、监事会和经理层关系

(二)公司治理结构的比较

在公司治理结构的组织体系基本相同的情况下,世界范围内主要存在两种具有代表性的公司治理机构:以美国为代表的"基于市场"(market-based)的公司治理和以日本为代表的"关系导向"(relation-oriented)型公司治理。两者的比较见表7.2。

表7.2 美国和日本公司治理结构比较

	美国	日本
股权机构	相对分散,法人持股比例受到限制	相对集中,法人相互持股
董事会	外部董事相对较多	主要由内部董事构成
经理报酬	高	低
资本市场	流动性很强	流动性较弱
激励机制	高薪、股权激励	低薪、内部提升
监控方式	外部市场监控力度大	内部利益主体监控

1. 组织体系

在组织体系设置上,美国实行"单层制"模式,而日本实行"三角制"模式。美国的公司治理结构由股东大会和董事会组成,美国公司设股东大会、董事会、董事会的附属机构以及首席执行官职位,不设监事会。为加强董事会的监督和控制职能,美国法律规定公司必须要有一定数量的外部董事,客观地监督和评价公司的运作。股东大会是非常设机构,在公司治理中常设机构是董事会,这就是所谓"单层制"的公司治理结构。日本的公司采取三权分立的管理制度,其机构主要有董事会、监事会、成员大会(股东大会),它们之间相互制约。监事会是公司内部专职的监督机构。但事实上,由于日本法人持股现象突出,监事会难以发挥有效的监督职能。

2. 股权结构

美国公司(尤其)是上市公司股权结构高度分散,虽然机构投资者(养老金、投资基金等)持有公司的部分股权,但是单个机构投资者持股比例都较低。而且美国制定了严格的《反托拉斯法》,对公司法人持股比例作了极为严格的规定。股权结构的高度分散提高了股东集体决策的成本,因而美国的公司治理结构中董事会的作用极为重要。为防止"内部人控制"及经理层和内部股东的合谋,美国公司董事会中设立了为数不少的外部董事(独立董事)行使监督职能。股权结构高度分散导致内部控制机制的相对弱化,经理层享有事实上的企业控制权,也必然利用高薪和股权分享企业剩余。相比美国而言,日本公司由于主要由法人持股,因而股权相对集中。握有股权的法人成为日本企业的"利益相关者",使企业的内部监控变得更有"主动性"和"积极性"。

3. 激励约束机制

公司治理结构的核心是解决代理人的激励约束问题。美国公司治理遵循个人主义的文化理念,通过拉大经理层和普通雇员的收入差距对经理层进行激励。同时高度发达的证券市场使企业面临接管和购并的威胁,迫使经理层注重企业绩效。另外,经理人的职业化和市场化也使经理层面临外部市场竞争,形成经理层的自我约束机制。日本企业奉行集体主义文化,经理层和员工收入差距较小,因而对经理层的激励主要偏重内部职位提升。相比美国企业而言,日本企业更加注重经理层的"精神激励",注重利用非经济手段满足经理人的个人效用(经理人人力资本被企业和社会的认同)。

第四节 企业家与企业

全球范围内自主创业的复兴,迫切要求我们从理论上探讨企业的创立和成长过程,重新审视企业家在企业成长中的作用。前述的主流企业理论主要以成熟的大企业作为研究对象,对企业家和创业企业着墨较少。本节将在全面梳理企业家理论的基础上,探讨企业家理论与企业理论的区别与联系,分析企业的起源与演进,探讨企业家在新企业成长中的作用和企业成长所需的社会条件。

一、企业家理论

企业家理论一直是企业理论的重要构成部分,但与浩如烟海的主流企业理论的文献相比,正统经济理论有关企业家(entrepreneur)的参考文献"既数量少,又常常空洞无物",理论"没有提供任何描述、分析企业家职能的有效工具"(转引自毕海德,2004)。我们尝试在介绍企业家概念的基础上,对现有的企业家理论进行梳理,以帮助读者从总体上把握企业家理论的研究进展。

(一)企业家

企业家一词源于法语 entreprendre,最初的含义是冒险家,指当时领导军事远征的人。根据《新帕尔格雷夫经济学大词典》[①]"企业家"这一术语最早由法国古典政治经济学家坎迪隆(Richard Cantillon)引入经济学理论。综合现有对企业家分析的文献,对企业家的定义具有代表性的主要存在以下四种:

(1)企业家是协调者。法国古典政治经济学家萨伊在提出劳动、资本、土地"三要素论"的基础上,将企业家界定为"生产的指挥协调者"。萨伊(J. B. Say,1803)认为企业家是组织劳动、土地和资本三种要素进行生产并为产品寻求价值的代理人,但并非由自己提供资本或借贷资本。他认为将稀缺资源从效率低、产量小的领域转到效率高、产量更大领域的人就是企业家。

(2)企业家是套利者。奥地利学派著名学者柯兹纳(Kirzner)将企业家定义为"中间商"的角色。他是从市场进程(market process)角度考察企业家的,认为市场是一个持续不断的过程,而这个过程的推动者就是企业家。企业家具有常人所不具备的敏锐观察市场获利机会的能力,这种能力使企业家能够通过"低买高卖"实现"套利"。与萨伊不同的是,柯兹纳不认为企业家是一种生产要素,他不需要组织协调和选择最优产出比之类的特殊技能。企业家需要的是发现未被利用机会的洞察力,节俭和追求产出最大化不是企业家需要具备的知识。

---

① 《新帕尔格雷夫经济学大词典》,经济科学出版社1996年版,第162页。

（3）企业家是创新者。熊彼特（Schumpeter）将企业家定义为打破现有秩序和市场均衡的创新者。他认为企业家的"灵魂"就是创新，企业家是经济发展的第一推动力。具体而言，熊彼特将创新解释为建立一种新的生产函数，是将一种从未有过的生产要素和生产条件的新组合引入生产系统。创新的具体形式有五种：引进新产品，引进新技术，开辟新市场，控制原材料或半成品的新的供应来源，以及实现企业新的企业组织形式。熊彼特认为作为以"创新"为基本职能的企业家并非是风险承担者，企业家只是制定创新决策、实施创新决策并产生"新组合"的人，而风险承担者应该是贷款人或资本家。

（4）企业家是不确定性风险的承担者。坎迪隆最早赋予企业家"不确定性承担者"的角色。他认为企业家履行了重要的经济职能，他们在不知道消费者愿意为最终产品出价多少的情况下，就承诺购买生产要素。奈特（Knight）明确区分了"风险"和"不确定性"，认为风险是管理者通过保险可以解决的。但是面对不确定性，管理者无能为力，只有企业家才能对不确定性问题进行决策，而"利润"则是对企业家不确定性决策的回报。

（二）企业家理论

主流的新古典经济学先验性的假设企业是投入产出的生产函数，在完全信息和完全理性的假设下，企业家自然被排除在理论分析范围以外。但是在经济学强调更为彻底的个人主义分析方法和全球创业浪潮掀起的背景下，企业家必然从"游荡于经济学模型以外的幽灵"逐渐被"带回经济学模型中"（鲍莫尔，1993）。

1. 马歇尔的企业家理论

虽然在新古典经济学理论中并不存在企业家发挥作用的场所，但是作为新古典经济学的集大成者，马歇尔对企业家问题的详细论述仍然是后续许多企业家理论的思想源泉。马歇尔的企业家理论全面涵盖了企业家的定义、报酬及企业家和股东利益的协调三个方面：

（1）企业家的定义。马歇尔对企业家的定义是实实在在的"大综合"。他认为"依据手边工作的不同"，企业家可以是生产的协调者、套利者、风险承担者和创新者。马歇尔认为产品生产和销售都是协调生产要素卖方和产品买方关系的"中介行业"，企业家的作用就是在潜在的要素所有者和消费者之间建立联系。因此他将生产和销售统一纳入经济学分析框架，认为企业家不仅包括生产产品的制造商，还包括从事商品销售的商人。此外，马歇尔认为企业家不仅要组织企业资源配置、管理生产过程而且要承担经营决策的风险。在此意义上，马歇尔认为股东和金融中介人因为承担了公司风险，因而也是企业家。

（2）企业家的报酬。马歇尔在定义生产函数时，将"三位一体"要素公式拓展为"四位一体"，并将要素和要素所有者的收益一一对应：劳动—工资，资本—利息，土地—地租，组织—利润。我们通常将"组织"要素理解为企业家才能，因而马歇尔认为企业家作为一种独立的生产要素，其报酬就是企业的利润（更为准确的说，是正常利润）。

（3）企业家和股东利益的协调。马歇尔已经认识到当时的股份公司存在资本所有权和使用权的广泛分离。并且提出承担风险的企业家和被委以管理权的企业家是以"事业上的信任和确信"为媒介联系在一起的，但这种联系的脆弱性需要提供稳定的组织保障加以弥补。马歇尔认为组织内部的这种利益冲突可以通过声誉机制、集体决策和股东投票方式加以解决。

2. 奥地利学派的企业家理论

奥地利学派在现有经济学流派中是最推崇企业家在经济发展中的作用的。由于对企业家问题的重视,奥地利学派形成了被理论界广泛引用的企业家理论。奥地利学派企业家理论的形成得益于熊彼特、卡森、柯兹纳等学者的贡献。

熊彼特的企业家理论主要强调企业家的创新职能,如前所述,熊彼特认为风险分担不应该成为企业家的职能。在此基础上,熊彼特严格区分了企业家和资本家,并且认为企业家也不是发明家。企业家的本质是将发明的技术引入到生产活动中,形成新的经济增长活力。卡森[①]在综述现有企业家理论基础上,将企业家定义为稀缺性资源的"判断性决策者"。判断性决策就是完全依靠决策者个人判断的决策,其本质在于决策中不存在一条明显是正确的,而且只使用公开可获信息的规则。[②] 卡森的定义强调了企业家在缺乏信息的情况下对自己判断力的自信,并且认为在市场经济中,对自己的判断缺乏信心的人,可以将决策权委托给企业家。我们可以将卡森的企业家理解为以自信判断为基础的投机者。此外,由于决策所需的某些信息的获取不仅成本高昂,而且靠直接观察是得不到的,在此背景下,企业家的判断力不仅受制于客观信息也受到企业家主观信仰的影响。因此,卡森也强调文化和个人信仰对判断力的影响。

3. 奈特的企业家理论

奈特的企业家理论包含于企业理论中,由于将企业存在的根源解释为企业家和员工之间风险重新分摊所带来的收益。因而,在奈特的企业理论中企业家的作用至关重要。具体而言,奈特认为在不确定性存在的前提下,"实施某种具体的经济活动成为了生活的次要部分,首要的基本功能是决定干什么和如何去干"(奈特,1921),而"首要的功能"就是企业家的基本职能。企业家作为自信和敢于冒风险的人承担了不确定性成本,他通过保证向胆小的雇员提供固定回报获得对他们的权威和监督,并以企业的剩余收入或利润作为回报。由于对人和物支付了按照在人的服务和物的服务竞争中所规定的支付价格之后,留下的产品剩余才是利润。因此利润既可以是正数,也可以是负数。由此导致承担"不确定成本"企业家的收入本身也具有"不确定性"。

二、企业家的企业理论

"企业的起源和企业的本质经常被作为一个问题来考察,但是无论是从社会分工角度还是从交易费用和治理机制角度对企业本质的研究,都忽视了企业家作为一种'能动'要素在企业创立中的作用"(毕海德,2004)。由于现有企业理论缺乏对企业"生产属性"与"交易属性"的综合研究,也就必然忽视对能够有效整合两大企业理论分支的理论工具——作为企业创立者的企业家角色的考察。但是,如果应用交易费用范式研究企业交易属性时,进一步追问以权威和行政命令为特征的资源配置方式——企业的权威来源我们就会发现就如企业家和企业天然不可分一样,企业家理论和企业理论之间也存在密不可分的联系。

---

① 马克·卡森,《新帕尔格雷夫经济学大词典》"企业家"词条的撰写者。
② 《新帕尔格雷夫经济学大词典》,经济科学出版社1996年版,第163页。

(一) 企业家理论与企业理论①

基于交易属性的企业理论,都将所有企业抽象为一种不同于市场的资源配置方式,这种对企业的"同质性"假设抹杀了不同企业之间的相互区别,也抽象掉了企业的"主观主义"成分,忽略了企业家与企业本质、企业边界和企业内部组织的必然联系。但是如果深入考察企业家和企业的关系,我们就会发现交易费用经济学企业理论和企业家理论应该存在我们尚未深入探究的理论上的逻辑联系。事实上,交易费用经济学将企业视为不同于市场的资源配置方式,企业家理论将企业视为企业家的创造物,两者都认为企业的存在源于"市场失灵"。由于市场配置资源存在交易费用,因而企业的产生是为了矫正市场不能有效配置资源而产生的"市场失灵",这是我们熟知的交易费用范式对企业本质的认识;企业家创造企业的原因在于企业家拥有的"创新理念"无法通过市场进行交易,面对市场价格机制失效导致的"市场失灵",企业家只有通过创立企业实现对"创新理念"实行间接定价。此外,交易费用经济学认为"当资源的导向依赖于企业家时,由一些关系系统构成的企业就开始出现……当追加的交易由企业家组织时,企业就变大;当企业家放弃对这些交易的组织时,企业就变小"(Coase,1937)。由此可见,企业能够节约交易费用的原因在于企业家的权威,企业配置资源的本质是企业家配置资源,企业家与交易费用节约密切相关。

然而,令人遗憾的是现有交易费用企业理论或许由于关注的理论重点不同(或许由于企业家问题难以用现有的最优化方法模型化),一方面该理论将企业定义为以企业家权威为特征的资源配置方式(治理结构),另一方面,在理论研究中又几乎完全割裂了企业家和企业的内在联系。无论是基于企业家和企业天然融为一体的事实,还是基于交易费用经济学对企业本质的理论定义,在交易费用分析中缺乏对企业家的考察都是一种理论缺憾。为弥补这种缺憾,我们需要在现有交易费用分析中引入企业家维度。将企业或其他治理结构的目的界定为节约交易费用,首先需要明确交易费用产生的原因。然而现有的交易费用分析虽然认识到有限理性的存在,但只是从道德风险、激励角度分析交易费用(机会主义、敲竹杠问题等)。实际上,有限理性不仅意味着经济个体对客观世界认识的不完全性,而且暗含不同经济个体在"意图实现完全理性"时表现的认知差异,即有限理性意味着认知不完全和认知不一致。由于认知不一致产生的沟通和谈判成本作为交易费用的重要组成部分,并不以"机会主义"的存在为前提。而且,企业家之所以具有权威正是因为其具有提出和实现"创新理念"的认知能力,企业的出现是基于认知能力差异进行社会分工的结果,由企业家专司"判断性决策"(Foss,1997)的职能,节约了由于认知不一致产生的交易费用。

此外,现有交易费用分析范式都是基于市场存在的前提下,通过分析企业和市场的相互替代研究企业的本质和企业边界,而现实是市场并不是天然存在的。放松"市场天然存在"的理论假设,将市场作为一种"进程"(process)考察,我们就会发现企业的出现并不仅仅是"成本推动"(cost push,交易费用节约)的结果,它同时也是敏锐的企业家为满足消费者需求的创造物,是"需求拉动"(demand pull)的结果。无论是新企业的创立还是

---

① 主要是新制度经济学中的交易费用经济学的企业理论。

成熟企业的扩张或收缩，都可能不仅仅是基于企业和市场相对成本的考量，因为在没有市场存在的情况下，市场成本无从谈起。现实情况表明，新企业的出现，包括很多新兴产业的出现和传统产业的转型、价值链的重组，都是逐利的企业家为实现潜在赢利机会的行为所致。只有在交易费用分析中融入企业家因素，我们才能从动态角度对企业和市场的关系做出更为合理的解释，进而完善交易费用经济学企业理论。

（二）企业家与企业本质

企业和企业家、企业理论和企业家理论在现实和理论层面固有的内在联系，预示着在现有企业理论中引入企业家因素的分析，或者从企业家视角观察企业能够让我们对企业本质及其边界产生新的认识。

我们认为前述对企业家的不同定义只是从不同侧面反映企业家的"特质"，而所有这些特质无非都是企业家人力资本的特殊表现。因此，我们认为企业家不同于资本家、企业经营管理者或其他普通要素供给者的关键在于其独特的人力资本价值。[①] "企业家是具备企业家人力资本的人，企业家的人力资本包括提出创意的能力和整合投入品的能力（杨其静，2005）。"企业家凭借自身的人力资本价值去组织实施创新理念所需的物质资本或其他人力资本，企业家是具有创新理念并能将创新理念赋予实施的人。

企业家与其他普通要素所有者一样，需要通过某种合理渠道实现其独特的人力资本价值。理论上，任何生产要素的所有者在实现其价值时，都有三种方式可供选择（Cheung, 1983）：①自己生产并出售商品（不是自己生产自己使用）；②直接出售生产要素；③进入一种契约安排，将要素的使用权委托给代理人以换取收入。其中，第二种方式是直接通过要素"市场"实现要素价值，第一种方式和第三种方式都是通过"企业"实现要素价值，因为这两种方式都涉及将要素转化为用于销售的产品的过程。如果我们承认任何产品（服务）的生产都是多要素合作的结果，那么第一种方式和第三种方式无非是从不同要素所有者的角度观察企业这种特殊的契约关系。

由于企业家人力资本的特殊性，企业家只能通过"企业"实现其人力资本价值，而且只能选择上述价值实现方式中的第一种方式。这种选择源于企业家人力资本"市场直接交易的不可能性"（第二种方式不可能）及企业家"被雇用的不可能性"（第三种方式不可能）。"市场直接交易不可能性"的本质是企业家的人力资本难以通过市场直接定价，即传统意义上的市场失灵。[②] 因为市场定价的过程实际上是买卖双方讨价还价，最终就交易对象价值取得"一致意见"的过程。但是由于企业家人力资本价值在于其"创新理念"，在存在认知差距的情况下，这种理念的价值难以获得其他市场主体的认可。因此，即使企业家希望通过市场出售其创新理念，也会由于高额交易费用产生的"议价"困难而使交易缺乏效率。另外，即使企业家的价值得到市场认同，伴随市场交易的严重道德风险（moral hazard）仍然会使企业家望而却步。因为企业家拥有的"创新理念"都是涉及新产品、新技术、新组合等一系列蕴含潜在赢利机会的私人信息，这些私人信息很难通过专

---

① 由于企业家的独特性在于其人力资本，因而企业家并不必然是资本家（物质资本的拥有者），而经营管理者的主要职能是执行企业家的创新理念。

② 很多点子公司都是骗子公司就是明证。

利制度获得产权保护,而在市场交易中"在买方得到信息之前,他并不了解信息对其的价值,但是,一旦他了解信息的价值,他实际上已经无成本地获得了这一信息(Teece,1982)。"市场交易的"信息悖论"(Arrow,1969)会诱发或强化买方的机会主义动机,导致卖方放弃市场交易。

企业家"被雇用的不可能性"意味着企业家不可能将其人力资本的使用权委托给其他代理人,而只能作为代理人接受其他要素所有者的委托。契约理论表明真实世界的所有契约都是不完全契约,但是涉及人力资本的契约由于面临相对物质资本更高的测度成本,因而存在大量的落入"公共领域"的人力资本属性。企业家人力资本相对普通人力资本更加难以度量,而且也不可能通过"产权转让"实现对其的控制(典型如奴隶制,即使宣告奴隶视同物质性财产,但是不可能实现完全控制,物质资产的控制可以通过产权转让实现)。因此,在这个意义上,企业家是企业家人力资本具有技术不可分性的所有者和控制者,企业家不可能受雇于其他人(企业家自身不愿意,其他人也不愿意"购买"企业家),只能通过自己创立企业实现其价值。

综上所述,从企业家的视角认识企业,我们发现企业的本质是企业家实现自身人力资本价值的工具,是企业家在面临人力资本市场交易障碍的情况下,通过组合其他生产要素建立的为企业家"间接定价"的组织。在这个意义上,企业发挥了类似专利保护制度的功能,有效保护了最难以界定的企业家人力资本的产权。

(三) 企业家与企业边界

从企业家角度认识企业,将企业的本质界定为企业家实现其人力资本价值的工具,将我们研究企业的目光重新带回到企业的逻辑起点和历史起点,便于我们从企业创立、经营的动态成长过程分析企业边界的形成和变迁。

1. 企业边界决策是企业家基于价值最大化进行主动选择的结果

企业既然是企业家创造用于实现其人力资本价值的工具,企业边界决策必然也是企业家基于价值最大化主动选择的结果。与交易费用经济学分析不同的是,此时的企业不再是基于比较成本优势的"交易治理结构",而是企业家的价值实现手段。企业边界的扩张或收缩也不再是以节约交易费用为目的,而是从属于企业家价值最大化的目标。因而,在这个意义上,交易费用是内生于企业家边界决策的,是企业家价值最大化目标函数的"约束条件"。企业家之所有将原本由其他企业家(市场)从事的交易活动纳入企业内部(企业边界扩张),或者将原本由自己从事的交易活动推向市场(企业边界收缩),是因为认识到自己配置资源与其他企业家配置时存在的价值差异。由于面对高度不确定性环境时,个体之间认知不一致的表现更为明显,因而我们发现企业边界的大规模变迁均发生在技术革新、产业政策大幅度调整(管制和放松管制政策)等外部环境动荡时期。不确定性加剧了理性计算的困难,却为企业家实现创新理念带来机遇。

2. 企业边界变迁受制于企业家获取资源的能力

由于企业家不能通过要素市场直接出售其"创新理念"实现人力资本价值,因而企业家必须依赖自身人力资本"黏合剂"的作用动员其他要素所有者以组成企业。只有企业建成后,企业家才能通过资本市场出售企业或者继续企业运营,通过产品市场"迂回"实现人力资本价值。但是由于认知差距,要素所有者并不会自然将其拥有的要素交给企业家去实现"创新理念",企业家能够配置的资源并不是现成的,他必须说服资源所有者认识到资源在现有用途和企业家创新用途之间的"价值差距"(value-gap),将资源投入企业家设想的"事业"(venture)。

企业家越是容易获取组织相关生产活动所需的资源,则企业边界变迁过程越是顺利。由于企业家人力资本属性存在测度困难,因而需要相应的担保机制为其"可变性"提供担保以保证交易实施。但是由于人力资本与人本身的不可分性(人力资本天然的私有性质),人力资本本身不具备担保功能(在没有建立声誉的情况下),必须借助其他担保物实现对人力资本的担保。由于企业家投入的自有资本反映企业家对"创业理念"的认同,因而自有资本发挥了对企业家人力资本的担保功能,从这个意义上讲,"富人相对于穷人更容易成为企业家"。在缺乏自有资本担保的情况下,外部资源所有者对企业家人力资本的评价和行为选择至关重要。因为在寻找投资(广义的资源投入,并不一定货币资本投资)机会的过程中,投资者往往存在"搭便车"的心理,不会首先耗费成本对企业家的创业理念进行评价。对此,企业家必须给"先行者"(first-mover)更加优越的激励(比如以优先股的形式赋予优先权等),"先行者"注入的资源实际上行使了类似自有资本的担保功能,"诱发"其他投资者积极评价企业家人力资本价值,并将资源使用权委托给企业家。如此,企业家方能通过资源的重新组合实现其对生产活动的组织,为执行企业边界决策提供可行性。

三、新企业的起源与演进

无论是新古典经济学还是主流的契约理论对企业问题的分析基本都是静态分析,至多是比较静态分析,缺乏对企业成长、发展"过程"的动态考察。但是,任何成熟大企业都是从"新生小企业"演化而来的,而且在为数众多的新企业中只有少数的幸运者能够成功演变为大企业。影响新企业成功与否的因素有很多,但优秀企业家的存在似乎是企业成功的必备条件。我们将在分析新企业成功必须具备的特质的基础上,融合企业家理论和企业成长理论分析企业成长和演进的过程。

(一)新企业的起源

企业的起源和企业的本质经常被作为一个问题来考察,但是无论是从社会分工角度还是从交易费用和治理机制角度对企业本质的研究,都忽视了企业家作为一种"能动"要素在企业创立中的作用。但现实的情况是,企业的创立离不开企业家活动的参与。因而,对新企业起源的分析我们主要关注的是成功企业所依赖的企业家特质。根据毕海德的分析(毕海德,2004),有前途的新企业应该具备以下特质:

1. 初始条件(禀赋)

多数的企业家在筹建新企业时都面临资本约束,他们大都只能依靠自有资金进行"自力更生"式的创业。企业家面临资本约束的主要原因在于企业家人力资本的特殊性。前面已经提及企业家必须具备常人所不具备的洞悉市场获利机会的能力,但这种能力通常难以获得外部资本家的认可。企业家人力资本价值难以得到认同和人力资本缺乏抵押功能,导致企业家创业初期主要依赖个人资本。

2. 行业的性质

资源有限的创业企业家所从事的行业往往具有低事前投资、高不确定性和低可能利润的特点。这一方面源于企业家初始禀赋的约束,因为对于能够获得巨额收益的项目,他们往往支付不起所需的先期投资。另一方面,也可能是源于"收益—成本"的考虑,因为较小的事前投资即使没有回报也不会给本来就"财务匮乏"的企业家带来多大损失。

3. 企业家的品质与技能

"创办不确定的企业要能高度容忍模糊性(ambiguity)"(毕海德,2004,第18页)。原因在于企业家所在的行业具有高度的不确定性,不可能通过调研获得有价值的信息,而且资本约束也不容许企业家有更多的事前计划和研究。在此情况下,企业家必须充当"判断性决策"的角色,进行"机会主义"式的策略调整。同时为获取外部资源支持,企业家还必须具备说服资源所有者的能力,能够找到愿意为"创新"分担风险的机构和个人(风险资本、天使投资者等)。

(二)新企业的演进

企业演进过程是企业从新企业到转型企业再到成熟企业的角色转化过程,企业演进过程伴随企业边界的扩张和企业规模的扩大。主流企业理论基于交易费用分析范式,主要用一体化考察企业边界的变化。但正如前面所言,即使纵向一体化对企业边界的考察也只是比较静态分析。相反,非主流企业理论(演化企业理论、企业能力理论、基于资源的企业理论、基于知识的企业理论)由于强调企业的异质性和生产属性,对企业动态成长和演进的分析似乎更有解释力。

1. 企业成长理论

非主流企业理论大都从企业的生产属性考察企业的性质,无论是将企业作为资源的集合体、能力的集合体还是知识的集合体,都是为了探讨企业作为一个生产单位的起源和演化。演化经济学的代表人物纳尔逊和温特在其著作《经济变迁的演化理论》明确将企业的特点定义为"惯例"(routines)(纳尔逊和温特,1997)。他们认为企业惯例涉及企业的特质性知识,这种特质性知识很多是无法用语言和文字清楚表达的默许知识(tacit knowledge)。就像每个生物都有自己的遗传基因一样,企业惯例成为企业都拥有独特的"组织基因"。企业的差异来源于不同的企业惯例,并因惯例的稳定性而得以不断延续。

纳尔逊和温特用惯例的"搜寻"解释企业的行为演进。企业在适应性生存的压力下,如果发现现有惯例不能获得"满意"的结果,就会通过模仿和创新来寻求新的惯例进行矫正。企业的演化过程部分是"惯例"的演进过程,但他们同时强调由于环境的不确定性和企业的程序理性,偶然性因素有时会成为影响企业成败的重要力量。比如,企业在搜寻新"惯例"时,并不知道备选惯例的优劣,企业能否在允许的时间内获得满意的结果,有时要靠运气的关照。"运气才是最终将赢家和准赢家区别开来的主要因素——尽管技能和能力上的差异能将竞争者和非竞争者区别开来"(转引自毕海德,2004)。

2. 企业家与新企业成长

与主流企业理论以成熟大企业作为分析对象一样,现有的企业成长理论主要着眼于大企业的分析,"我们所面对的组织主要是那些面临大量协调问题的组织"(纳尔逊和温特,1997)。但相对已经在长期演化的过程中建立了可供遵循的"惯例"的大企业而言,新企业显然缺乏"组织基因",而且通常难以遇见明显的增长机会。在这些"客观条件"均不完备的情况下,新企业的成长更多依赖企业家的主观判断。因而,考察新企业成长时必然考察企业家在企业成长中的作用。毕海德(2004)将企业家在新企业成长中的作用概括为三个方面[①]:

1. 制定大胆的目标

任何想建立长寿型公司的企业家几乎都制定了"难以实现"的目标。大胆的企业目标会刺激创新活动和对企业的投资。毕海德认为哪怕是不合逻辑的理由也会产生心理上的诱因,从而对企业的员工产生推动力。另外,大胆的目标昭示企业家强烈的事业心,这种声誉可以为企业获取更多的外部资源。毕海德认为制定大胆的目标对于处于转型期的公司有着非同寻常的意义。但是对于新企业的创立而言,大胆的目标并不是创业的必备前提。许多企业家进行的创业活动仅仅只是基于类似做自由职业者、获得更多的经济收入等朴素的个人主义想法,创业的原因是"只不过想自己干而已"。有前途的新企业在创业初期主要关注企业的生存和现金流。

2. 确定实施目标的战略

新企业的创立更多依靠企业家的"判断性决策"和机会主义的投机行为,他们很多只是通过对现有概念的模仿或稍事修改进行"创新"。但是,在企业进入转型期以后,为保证创新活动的一致性,企业家必须将有限资源的投入限定在一定范围内,以获取协同效应和规模经济。除此以外,企业战略还需考虑企业面对的其他"约束条件",如现有的市场环境、顾客资源、声誉等,企业已经进行的创新活动也会对企业战略决策形成"路径依赖"。企业进入转型时期,企业家必须根据各种"意外情况"对战略进行适应性调整以保证企业具有适应性效率。此时,企业家真正充当了企业"权威"和领导者的角色,通过制定实现长期目标的战略为企业"长寿"奠定基础。

3. 有效执行战略

为获得企业员工和外部资源所有者对企业战略的认同,企业会让自己的战略成为公共信息。如此,企业战略会成为竞争对手的"共同知识"(common knowledge),企业的竞争力关键取决于战略的执行。通常意义上讲,战略的有效执行需要资源保证和组织保证。人力资源是企业的第一资源,新企业成长初期难以吸引高质量的人力资源。但是伴随企业的转型,企业家必须为企业战略的实施提升资源质量,重构资源供给者。此外,创业初期的企业缺乏基本没有组织可言,进入转型期以后,企业家必须注重建立组织的基础设施。适时进行组织结构改造并不断植入"企业文化",增强企业组织的"黏性",是保证企业战略有效执行的重要举措。

四、新企业成长的社会条件

当钱德勒所言的"大企业时代"受到世界性创业浪潮的冲击以后,人们又重新将注意力投向新生的小企业。我们发现,在企业生存的"丛林"中,大企业和新生小企业是共生和互补的关系。企业家创立企业的目的可能只是基于"自利",但是自利的企业家具有的

[①] 以下的分析更像管理学的"范式","体现"一下企业理论研究中经济学和管理学融合的趋势。

企业家精神却有明显的"正外部性"。由于新企业的大量涌现具有重要的社会意义,我们也必须创造有利于新企业成长的社会条件。

(一)新企业的社会意义

新企业的社会意义主要阐述新企业对经济增长的作用,着重强调企业家的创新活动如何推动经济增长。"如果忽视了企业家的角色,对过去所取得的增长中的相当大一部分我们就无法做出充分的解释"(毕海德,2004)。在发展经济学中,罗斯托的经济成长理论将企业家作为经济起飞的两个"先行资本之一"。赫希曼等人提出的产出非平衡发展战略也将投资者和经营者具有的企业家精神,对产业链变动的反应作为产业实现平衡发展的两个重要条件之一。在经济学中推崇企业家精神在经济发展中的重要作用的,当属奥地利学派的经济学熊彼特。

熊彼特将企业家置于整个创新活动的中心,主要研究成熟企业的创新活动如何通过"创造性的破坏"推动经济增长。但现实的研究表明,新企业(小企业)的创新并不比大企业少,企业规模和企业创新活动之间并不存在显著的正相关关系。在通过创新活动推动经济增长的过程中,新生小企业和大企业仍然存在互补性的特征。新企业具有从事小规模的、高不确定性创新的能力。由于很多"破坏性"技术一开始并不能在主流市场竞争,新企业开拓的非主流的机会市场填补了市场空缺,容纳了这些"破坏性"技术。而且新企业的企业家精神具有"扩散效应"和"溢出效应",新企业的成功会激发更多的创业激情。新企业所从事的小规模、高不确定性的创新也在一定程度上削弱了创新活动的"破坏性",使创新沿着稳定的渐进的,而不是激进的路径发展。

(二)新企业成长的社会条件

我们特别强调企业家在新企业成长和创新中的作用,并不是忽视新企业成长的客观社会条件。实际上,企业家自身的成长就需要良好的社会条件,良好的外部环境能加速企业的成长和创新活动。

1. 信任

信任在新制度经济学中是作为非正式制度而存在的,信任对经济发展的意义在于降低交易费用。"实际上每一笔商业交易本身都具有信任的元素,任何跨越一定时期的交易更是如此。世界上绝大多数经济落后的国家都可以用缺乏相互信任来解释,这种观点可能有些道理"(毕海德,2004)。如果将企业作为一种契约的联结,缔约方的相互信任将减少签约前的谈判成本、契约执行的保证成本及监督成本。相互信任可能是原本无法进行的交易变为可能,并且有利于克服妨碍合作的"囚徒困境"。但是由于企业家人力资本的特殊性,创业的企业家缺乏令人信任的"资本"。在此情况下,整个社会的信任程度的高低将对企业创业产生重要影响,福山(Francis Fukuyama,1995)将信任视为国家繁荣的源泉,并将德国和日本的繁荣归功于其"高信任度",而将中国和意大利的欠发达归咎于"低信任度"。张维迎(2000)的研究也表明,一个国家和地区的经济绩效与信任度之间存在高度的正相关关系。

2. 金融市场

高度发达的金融市场为企业家摆脱资本束缚创造了条件,从而降低了非人力资本在企业中的地位,使企业家的人力资本成为企业的"关键资源"(key resources)(Rajan & Zinglas,1997)从而相应获得企业的控制权。虽然多数的新企业在创业初期并未获得金融市场的支持,但是经济发展实践表明,完善的金融市场体系会便利新企业的成长。美国"新经济"的出现和硅谷模式的兴起,都源于风险投资制度和证券市场对创业的金融支持。世界范围内出现的专门为解决中小企业融资困境的中小银行和政策性银行的建立,也昭示着在信息不对称情况下,金融体制对创业资本约束的改善。在企业家人力资本难以被"第三方证实"的情况下,金融市场充分发挥了其分散风险的功能,通过对不同风险的企业家人力资本的配置,从总体上改进了企业家人力资本的利用效率。

3. 政府公共政策

由于根本不存在完全自由竞争的市场经济体制,政府的公共政策必然对所有的社会活动产生影响。几乎所有的发达国家都制定了专门针对中小企业的产业政策,通过限制垄断,降低企业的市场控制力来鼓励创业和中小企业发展。同时,对于创业企业制定了相对优惠的税收政策,使企业相对于个人具有纳税优势,以此鼓励新企业的成长。相对于产业政策和税收政策而言,政府的管制政策对创业的影响更为深远。理论和实践都证明,严厉的政府管制将限制企业家的创业活动。比如对公司注册资本、股东人数的下限进行管制,就将提高企业创业的交易费用。政府对企业创业活动的层层审批和行政低效率,以及伴随的"寻租"行为,将浪费企业家本就稀缺的物质资本和时间资源,降低创业活动的效率甚至消灭企业家的创业激情。因此,相对自由宽松、鼓励竞争的市场环境更加有利于新企业的成长和演进。

🔍 案例1

通用—费雪车体公司收购案例[①]

费雪车体(Fisher Body,以下简称费雪)是由费雪六兄弟创办的家族企业,专业从事汽车车体生产,并为全美主要的汽车生产厂商提供车体。为保证车体供应,通用公司1917年与费雪签订了按成本加成17%的价格购买车体的协议,并在1919年将此项协议的有效期延长到1929年。此外,1919年的协议条款(Coase,2000)还包括通用收购费雪60%的股份,费雪融资委员会五名成员中的三名由通用公司任命。1921年,费雪六兄弟之一成为通用的一名主管。1924年,另外两兄弟加入通用,其中一名成为通用卡迪拉克分公司总裁。此后,由于通用公司对车体的需求大幅增加,通用要求费雪关闭离通用距离较远的底特律工厂,而将工厂搬迁至离通用较近的弗林特,以节约运输费用。在通用的这一要求遭遇费雪的拒绝以后,通用于1926年收购了费雪剩余40%的股份,费雪六兄弟中又一人(第四人)加入通用公

---

① 通用收购费雪是企业理论中广为引用、但颇具争议的案例。由于无法获得这起收购案详情的原始资料,我们只能根据掌握的研究文献对案例进行分析和评论。

司董事会。同时,通用公司成立了费雪部,关闭了位于底特律的工厂,在弗林特建立了新工厂。

作为在企业理论的经验研究(empirical study)中被广泛引用的案例,不同经济学家对通用收购费雪的动机进行了不同的解读。对这一案例的最为人熟知的解读来自克莱因、克劳弗德和阿尔钦(Klein, Crawford & Alchian,1978)。他们将这一案例作为对交易费用经济学企业理论(主要是威廉姆森观点)有力的经验支持。其研究认为通用收购费雪是企业替代市场,是通过纵向一体化将通用与费雪之间原本的市场治理变为企业治理。收购动机在于解决由于车体制造的物质资产专用性和地点专用性所带来的"敲竹杠"(hold-up)问题。但克莱因随后的研究(Klein,1988)改变了其初衷,认为收购的主要动机在于解决费雪六兄弟的人力资产专用性,而不是物质资产专用性。现代企业理论的开创者科斯在全面查阅了这起收购案的原始文件以后,于2000年发表了对这一问题的看法。科斯认为通用收购费雪的唯一动机是希望费雪兄弟全面融入通用所有业务。原有地点专用性的解释与事实相违背,因为在1922—1925年间,费雪确实在离通用较近的位置新建了8个车体制造厂。而且,两家公司在1919年签订的协议已经有效解决了"敲竹杠"问题,因此,这一案例并不支持企业治理是为了有效解决"敲竹杠"问题的结论。

资料来源:http://blog.sina.com.cn/s/blog-69616ed00100jvrr.html。

🔍 案例 2

"国美电器"企业控制权争夺案例

1987年,黄光裕在北京创立了第一家国美电器店,经营进口家电产品。2006年,上海永乐创始人兼董事长陈晓被黄光裕任命为国美CEO。2008年3月,中国连锁经营协会发布"2007年中国连锁百强"经营业绩,国美电器以1023.5亿元位列首位(1200多家直营店);睿富全球最有价值品牌中国榜评定国美电器品牌价值为490亿元,成为中国家电连锁零售第一品牌。2008年12月,黄光裕因涉嫌经济犯罪被拘留调查,国美出现危机。2009年1月16日,黄光裕辞去董事职务,并终止董事会主席的身份,陈晓临危受命接任董事会主席的职务,并兼任行政总裁。

自此,国美董事会开始在未经黄氏家族充分同意的情况下作出一些重要决定。2009年6月,国美电器向全球私人股权投资公司贝恩资本发行了18亿港元可转换债券(约占总股份的11%),在引资的同时,摊薄了黄光裕的股份,与贝恩资本的交易还包括确保贝恩资本的三位人员成为非执行董事。一个月之后,在没有充分告知黄光裕的情况下,陈晓在国美电器推出了"管理层股权激励方案",向国美电器的100多位管理人士发放了相当于总股份3%的股权。至此,黄氏家族的股份和权力被进一步摊薄和削弱,国美控制权之争开始逐渐进入公众视野。在2010年5月举行的年度股东大会上,持有国美电器33.98%股份的黄光裕通过旗下公司Shining Crown Holding否决了贝恩资本的三位董事提名。当晚,陈晓领导的董事会重新提名了三位董事,并称黄光裕的决定不代表所有股东意见。此外,陈晓还表示,重新任命三位董事的行动是由公司章程授权的。2010年9月28日下午,特别股东大会对8项普通决议议案进行投票表决,投票结果反映了黄光裕和陈晓之间的妥协,至此,创始人黄光裕以及现任董事局主席陈晓之间对公司控制权展开的激烈争斗暂时回归平静。

思考:企业家在企业成长的不同阶段应该扮演什么角色?股东大会如何实现对经理层的激励和约束?

关键概念

剩余索取权　剩余控制权　激励相容　用手投票　用脚投票　员工持股计划　管理层收购　利益相关者　企业家　公司治理　代理成本　企业成长理论

思考题

1. 如何科学评价新古典经济学的企业理论(厂商理论)?
2. 结合企业理论,分析企业和市场的主要区别。
3. 试分析契约不完全的原因。
4. 试分析企业边界的决定因素。
5. 试述企业产权配置与企业绩效的关系。
6. 试述委托人和代理人的风险偏好对激励契约的影响。
7. 结合我国国有企业改革实践,谈谈国有企业经营者的激励问题。
8. 分析企业家理论与企业理论的主要区别,如何从企业家角度理解企业的本质?
9. 结合新企业成长的社会条件,分析我国创业型企业成长的主要障碍和解决对策。

推荐阅读

[1] 阿玛尔·毕海德:《新企业的起源与演进》,中国人民大学出版社2004年版。
[2] 威廉姆森:《资本主义经济制度》,商务印书馆2004年版。
[3] 威廉姆森:《企业的性质》,商务印书馆2007年版。
[4] 弗兰克·H.奈特:《风险、不确定性与利润》,商务印书馆2006年版。
[5] 张维迎:《企业的企业家——契约理论》,上海人民出版社2004年版。
[6] 聂辉华:《声誉、契约与组织》,中国人民大学出版社2009年版。
[7] 杨瑞龙:《企业理论:现代观点》,中国人民大学出版社2005年版。

第八章 相互依赖性、合作与互惠制度

> 人类的相互依赖性及合作关系产生了大量的互惠制度,而互惠制度则是制度分析的微观基础。在行为中自私自利的作用和社会合作的基础等互相纠缠在一起的课题,不仅在经济学中是基础性的,而且在所有的社会科学中,以及大部分生物学中也是基础性的。[①]

---

① 《新帕尔格雷夫经济学大辞典》(第3卷),经济科学出版社1996年版,第662页。

第一节 相互依赖

一、相互依赖性

人们的相互依赖性是有效利用稀缺性资源的一种基本形态。一个人的行为影响另外一个人的福利,这就需要解决和给定秩序,否则就会发生残忍的暴力与战争。[①] 人类历史的许多暴力与战争都源于对稀缺资源的争夺。

分工既提高了效率,也同时形成了人类之间的相互依赖性。新古典经济学认为创新取决于研究与开发上的投资,它不考虑个人专业化水平及社会的分工水平,而古典主流经济学派认为新机器和新技术的出现是由分工网络与相关市场容量决定的。亚当·斯密认为,分工的发生将使得生产活动的专业化水平得以提升,专业化水平的提升使企业的生产效率提高,利润增加。企业扩大规模,产生规模经济。供给与需求的增加意味着市场容量的扩大;而市场容量的扩大将进一步促进专业化与分工水平的发展。这种分工与市场容量之间的良性循环关系是亚当·斯密对于经济发展的原理作出的重要解释。

亚当·斯密之后,马歇尔、黑格尔以及后来的众多学者都注意到分工对技术进步、经济发展的重要影响。希克斯认为最早的市场主体是商人,而商人的专业化取决于"需求的集中程度"。其中暗含了劳动分工与市场规模之间存在联系。杨格把这种联系进一步深化,认为分工和专业化是为了获得规模收益,而规模收益的获取要靠"迂回的生产方式"。迂回的生产方式使产品的单位成本降低,规模收益使给定家庭收入的购买力上升。这样市场规模就会扩大。杨格把这种市场规模引致分工的深化,分工深化又引导市场规模的扩大,这样一个演进过程称为"经济进步"。在经济进步过程中,市场规模是内生的。杨格认为这时限制演进速度的是制度演进的方向与速度,各种资本品的积累程度和产品需求的弹性。随后,卡尔多在研究了 12 个工业发达国家经济增长率与该国工业部门产出规模的正相关关系。他发现,各国劳动生产率与工业规模呈正相关。受杨格、卡尔多的影响,杨小凯提出了把交易成本与分工演进相结合的数学模型。杨小凯认为分工使规模收益递增,但分工的深化同时也会使"交易成本"增加。所以,分工的深化会受到交易成本的限制,从而把制度进步引起的交易效率的提高与劳动分工联系起来。

为什么新古典经济学不重视对分工的研究?杨小凯则认为新古典之所以逐渐淡忘了分工问题的研究,是受当时分析手段制约的结果。他认为,对专业化和分工进行数学分析需要能分析角点问题的数学方法,而当时引入经济学的边际分析方法是"以内点解为基础的古典数学规划方法",它不能分析角点问题。因此,马歇尔在《经济学原理》一书中研究分工和专业化的部分就没有任何数学分析。

如果我们超越自给自足经济,并利用专业化生产和规模的优势,那么人与人之间就会产生相互依赖性。若不能实行有效协调,则我们又会回到自给自足经济时代;经济活

[①] 阿兰·斯密德:《制度与行为经济学》,中国人民大学出版社 2004 年版,第 100 页。

动可以通过法律平等主体之间的对话来协调,也就是可以通过买卖资格的资源所有者之间讨价还价来实现经济的协调,达成谁做什么和什么时候做的交易协议。①

专业化和分工程度越高,从最初生产到最终消费者的整个生产环节也就越多,考核费用也就越多。组织形式的选择将受到产品或劳务特性以及特定的考核技术的影响。② 产品(或资源)的内在特性是人类社会相互依赖性的条件,一个人的行为对其他人的福利影响的可能性是产品和服务的物理过程和生物过程的函数。正式制度和非正式制度都能解决利益群体中潜在的相互依赖性。内在产品特性包括不相容程度、排他成本、为其他使用者提供产品的成本、生产额外物质单位的成本和各种各样的交易成本。在不同相互依赖性背景下,确定各种制度,提出的假设为可选择的制度如何促进一个群体还是其他群体的利益。③ 相互依赖性产生对制度的需求,而制度安排又极大地强化了人类的相互依赖性。

二、社会相互作用的社会资本分析

人类行为的相互依赖是一种客观现实。相互依赖性既可以产生效率,产生合作,也可能形成低效、内耗,甚至冲突和对抗,并会产生外部性。同时,不可避免地产生人的机会主义行为倾向。制度经济学方法承认,人们确立双向的关系并需要各种持续的群体结合。每一种与他人的联系都给我们一种归属感,但同时也将一种制度约束加于我们。这样的联系使人们体验到一种深深的满足,并给人以一种认同感和安全感。可以说,社会联系有助于控制我们自私的、返祖的、机会主义的个人本能。制度在限制受本能驱使的机会主义上占有着中心地位。④ 相互依赖性问题不仅关注成本分担,而且关注在生产或者购买物质单位时,谁得到联合供给产品的数量和质量。⑤

社会相互作用不仅可以进行制度分析,也可以从社会资本理论的角度进行分析。

制度分析利用人类学家的文化概念试图考察社会相互作用的内涵,这种社会相互作用为人们模拟出了经济秩序,并给人们提供了把其生活同其他人的行为统一起来的指南。⑥ 人类社会的许多制度就是在社会相互作用中形成的。人们由于自然环境、地理位置等的差异在相互作用中形成了不同的文化、生产方式和生活方式,同时也形成了相应的正式制度、非正式制度及实施机制。正式制度和非正式制度都能解决利益群体中潜在的相互依赖性,并为他们提供秩序和预测可能性。⑦

1980 年,法国社会学家皮埃尔·皮迪厄正式提出了"社会资本"的概念,并把它界定为"实际或潜在资源的集合,这些资源与由相互默认或承认的关系所组成的持久网络有关,而且这种关系或多或少是制度化的"。⑧ 关于社会资本最著名的定义是帕特南给出的,帕特南把社会资本看做对社区生产能力有影响的人们之间所构成的一系列"横向联

---

① 阿兰·斯密德:《制度与行为经济学》,中国人民大学出版社 2004 年版,第 224 页。
② [美]道格拉斯·诺思:《经济史中的结构与变迁》,上海三联书店 1991 年版,第 43 页。
③ 阿兰·斯密德:《制度与行为经济学》,中国人民大学出版社 2004 年版,第 124 页。
④ [德]柯武刚、史漫飞著:《制度经济学——经济秩序与公共政策》,商务印书馆 2000 年版,第 71 页。
⑤ 阿兰·斯密德《制度与行为经济学》,中国人民大学出版社 2004 年版,第 142 页。
⑥ [美]阿尔弗雷德·艾克纳主编:《经济学为什么还不是一门科学?》,北京大学出版社 1990 年版,第 172 页。
⑦ 阿兰·斯密德:《制度与行为经济学》,中国人民大学出版社 2004 年版,第 123 页。
⑧ 李惠斌、杨雪冬主编:《社会资本与社会发展》,社会科学文献出版社 2000 年版,第 3 页。

系"。这些联系包括"公民约束网"和社会准则。构成这个概念的基础是两个假设:第一是关系网和准则以经验为依据相互联系,第二是它们具有重要的经济学影响。在该定义中,社会资本的主要特征是它促进了协会成员相互利益的协调与合作。社会资本,诸如信任、规范以及网络,一般说来都是公共品,而常规资本一般则是私人品。信任是社会资本的重要组成部分。经济学家阿罗指出,"实际上,每一起商业交易都内含信任成分,无疑,任何一种交易都要有一定的时间跨度。人们似乎有理由认为,经济落后很大一部分程度是由缺乏互相信任造成的"。①

社会资本的性质主要包括以下四个方面:第一,社会资本是一种达成的共识,它在一定程度上是产生凝聚力、认知力和共同意志的社会纽带。第二,我们可以将社会资本看做关系网的集合,一种社会组织。人们同时属于许多社会组织,而且这些组织可以具有不同的规则。第三,社会资本是声誉的聚集和区分声誉的途径。个人投资于声誉,是因为它减少了交易费用并有助于打破进入各种生产和交易关系的障碍。第四,社会资本包括管理者通过他们的管理风格、动机和支配权、工作实践、雇佣决定、争端解决机制和营销体系等发展起来的组织资本。②

社会资本的作用主要表现为:①共享信息。正规和非正规制度有助于避免与不充分或者不准确信息相关的市场失灵。制度有助于传播充分和正确的信息,以使市场参与者做出合适、有效的决定。例如,日本和韩国通过成立"审议委员会"管理厂商间对于贷款和外汇的竞争。整个过程是透明的,通过消除寻租行为的动机来鼓励厂商间的合作行动与信息共享。②协调行动。经济代理人不协调或者机会主义行为会导致市场失灵。例如,许多灌溉工程由于常常缺乏促进产生共享水源的公平协议和正式或非正式途径而失败。在与水源使用者类似的协会中,有效社会资本能够克服这些问题,这些协会通过创建一个成员间频繁接触的平台、提高成员间信任度减少机会主义行为。③集体决策。集体决策是公共物品和市场外部性管理的必要条件。与政府类似,地方协会和志愿者协会并非总是最有效地运作其能力进行集体决策。集体决策的水平,不仅取决于它们如何较好地提出信息共享问题,而且取决于公平普遍存在的程度。③

社会资本对经济增长的贡献主要体现在两个方面,在微观经济层面上,经济学家主要考虑社会资本促进市场发挥作用的能力。社会资本与市场交易相互作用、相互影响。在这种相互补充和相互作用的关系中,斯蒂格利茨提出了一个社会资本密集度与经济发展水平的倒 U 型关系。在市场经济发展早期,当市场狭小且不完备时,人际关系的大网发挥了解决分配和分布问题的作用。市场发展和深化的最初冲击使一些人际关系网被打乱并被破坏。私人关系的价值以及与之相关的社会资本价值下降了。在发达的市场经济中,似乎存在着不是形成"制度和规则"来代替或补充市场和政府,而是形成一种"达成的共识"的社会资本重构和深化问题。④ 社会资本能够通过促进合作行为来提高社会的效率。

---

① [美]罗伯特·帕特南:《使民主运转起来》,江西人民出版社 2001 年,第 199 页。
② 李惠斌、杨雪冬:《社会资本与社会发展》,社会科学文献出版社 2000 年版,第 76—77 页。
③ [美]帕萨·达斯古普特:《社会资本——一个多角度的观点》,中国人民大学出版社 2005 年版,第 59—60 页。
④ 同上,第 81—82 页。

像其他形式的资本一样,社会资本也是生产性的,它可使得某些目标的实现成为可能,而在缺乏这些社会资本的情况下,上述目标就无法实现。例如,一个团体,如果其成员是可以依赖的,并且成员之间存在着广泛的互信,那么,它将能够比缺乏这些资本的相应团体取得更大的成就。在一个农业共同体中,那么的农民互相帮助捆干草,互相大量出借或借用农具,这样,社会资本就使得每一个农民用更少的物质资本干完了自己的农活。①

在宏观经济层面上,经济学家考虑制度、法律框架和政府在生产组织中的作用是如何影响宏观经济绩效的。诺思和奥尔森研究了社会资本更广泛的定义对宏观经济效果的影响。他们认为,国家间人均收入的差别无法通过生产资料(土地、自然资源、人力资本和生产资本)的人均分配解释。制度和社会资本的其他类型及公共政策,共同决定了一国能够从其资本的其他形式获取的成果。奥尔森指出,低收入国家,即使这些国家拥有大量的资源基础,也无法从投资、专业化和贸易中获取巨大收益。这些国家受限于缺乏公正执行契约、保障长期产权的制度及误入歧途的经济政策。② 对于政治稳定、政府效率甚至是经济进步,社会资本甚至比物质资本和人力资本更为重要。

最后我们分析一下社会资本与制度的关系。第一,制度构成着关键的社会资本。可以说,它们是导引人际交往和社会发展的"软件"。实际上,我们正在发现,软件通常要比硬件(有形事物,如物质资本)更重要。③ 第二,社会资本与制度一样,都影响经济绩效。社会资本指的是社会联系或网络、准则以及信任,它们都能促进社会中的合作,并最终能对经济绩效产生作用。帕特南认为,在社会资本含量很少的社会中,经济绩效很可能会受到损害。更重要的是,缺乏社会资本的社会,其许多潜在资源难以转化为现实的产出。④ 第三,非正式规则是制度和社会资本都共同具有的部分。多尔(1983年)在对日本企业的对比分析中还发现,这个国家的相对效率和技术推动力有相当一部分来自"责任关系联盟",这不同于契约中格式化的条款,而是长期贸易关系中的责任、信任相互礼让精神。在企业的内外建立这种联系,是日本工业成功的重要原因之一。⑤

第二节 合　　作

一、合作与合作剩余

传统经济学强调了经济当事人之间的竞争,而忽略了合作。如果说竞争能够给人们带来活力与效率的话,那么合作能够给人们带来和谐与效率。其实,竞争与合作是一对矛盾的统一体。在这个意义上讲,制度就是人们在社会分工与协作过程中经过多次博弈

---

① [美]罗伯特·帕特南:《使民主运转起来》,江西人民出版社2001年版,第196页。
② 帕萨·达斯古普特:《社会资本——一个多角度的观点》,中国人民大学出版社2005年版,第58页。
③ [德]柯武刚、史漫飞:《制度经济学——经济秩序与公共政策》,商务印书馆2000年版,第7页。
④ [美]科斯、诺思等著,[法]克劳德·梅纳尔编:《制度、契约与组织——从新制度经济学角度的透视》,经济科学出版社2003年版,第181页。
⑤ 霍奇逊:《现代制度主义经济学宣言》,北京大学出版社1993年版,第248页。

而达成的一系列契约的总和。制度为人们在广泛的社会分工中的合作提供了一个基本的框架。制度的功能就是为实现合作创造条件,保证合作的顺利进行。尤其在复杂的非个人交换形式中,制度更加重要。所以,制度的基本作用之一就是规范人们之间的相互关系,减少信息成本和不确定性,把阻碍合作得以进行的因素减少到最低限度。

我们用产权制度起源的"思想实验"来说明合作剩余的产生。

首先,要解释在没有政府的情况下人们如何靠武力来声明对土地的权利。用罗尔斯的话说,就是人们在"自然状态"(state of nature)中如何行事。这种"自然状态"成为新制度经济学家研究制度起源的"起点"。"自然状态"实质上就是"无政府状态"。通过对"自然状态"的研究既可发现制度起源的根源,又可分析制度的效率。

其次,我们要阐述建立一个政府并由政府履行和保障产权的优势在什么地方。存在政府的所谓市民社会(civil society)就相当于我们前面所讨论的"合作解",也就是各方能就一些问题达成一致协议(类似布坎南的一致同意)。在"自然状态"下人们为保障土地产权所花费的代价与市民社会中产权制度运行成本之间的差值称为"社会剩余",它相当于博弈论中的"合作剩余"。

最后,要描述合作利益的分享协议是如何规定分配比例的。分配制度的好坏又转过来影响"社会剩余"数量的多少。

为了回答上述3个问题,让我们假定"假想的世界"只有A和B两个人。在"自然状态"下,每个人都种植谷物、偷取对方的谷物或防止偷窃,但每个人种植谷物、行窃和反行窃的技术程度有差异。因此在"自然状态"下,A和B得到不同的结果,见表8.1。

表8.1 自然状态

	谷物收成	偷窃所得谷物	被窃所失谷物	实际可消费的谷物
A	50	40	−10	80
B	150	10	−40	120
总计	200	50	−50	200

资料来源:罗伯特、考特、托马斯、尤伦,《法和经济学》,上海三联书店1994年版,第133页

从表8.1可看出,A和B共同生产的谷物为200个单位,但是,由于双方的偷窃活动造成谷物在他们之间的重新配置。根据表8.1所列数字表明,A的偷窃技术高于B,因此B的被窃损失大于A。结果是A实际可供消费的谷物为80个单位,而B则只有120个单位,少于他生产的数量。这种偷窃活动造成的谷物的重新配置对于社会进步没有任何好处,它只能扭曲社会的激励机制。

假如A和B打算摆脱"自然状态",他们决定达成一个合作协议,互相承认对方的产权和排他权,并建立一个强有力的机制以彻底消除偷窃行为。由此,本来用于防窃措施的大量资源(包括时间和精力),现在就可用于增加谷物生产。假设可使谷物产量从200个单位提高到300个单位,在这种情况下,就有100个单位构成了所谓的,"社会剩余",即合作的剩余。我们把这个结果的数字写成下表(表8.2)。它表明,在市民社会里,每个人得到合作剩余的一半,再加上"自然状态"下的实际消费单位即每个人的风险值。

表 8.2　市民社会

	风险值	分享的剩余	实际消费
A	80	50	130
B	120	50	170
总计	200	100	300

资料来源：同表 8.1。

从"自然状态"到"市民社会"时过程，也就是一个制度起源与制度创新的过程。从无规则到有规则的出现，是人类社会从"自然状态"转变到"市民社会"的关键所在。"合作剩余"的大小是我们衡量制度效率的重要指标。

合作以及由合作产生的剩余，可能是我们人类心智、人类社会行为包括人类文化和人类制度共生演化的最终原因。建立一个更缜密、更精致、更有效的合作规范，使合作秩序得以维持和扩展，也许是我们这个物种在生存竞争中最大的优势。在长达数百万年的演化链上，最初的动力来自自然本身的选择压力，也就是我们上面所描述的，这是一个合作规范内部化的过程，即自然选择压力迫使人类进化出有利于合作的偏好；这些偏好被桑塔费学派恰如其分地称作"亲社会情感"，主要包括同情心、愧疚感和感激心。正是它们平衡了进化赋予人类的另一种天性——冷酷的自私与理性的算计。由于依靠自我约束实现社会规范内部化的进程是凭借自然力量建立起来的，因此我们把这一阶段称作"自然为人类立法"。随着人类生产能力的不断提高，自然施加于人类的选择压力开始减少，单纯依靠自我约束也许已经难以维持不断扩展的合作秩序，于是人类开始进入渔猎—采集社会。由强互惠者实施的利他惩罚是一个"进化稳定策略"，它能够在更大范围内维持人类合作，从而显著提高族群的生存机会。在这个阶段，已经内部化的社会规范虽然仍在发挥作用，但强互惠者提供的利他惩罚——其实它就是我们人类固有的"路见不平，拔刀相助"的正义感——对维护合作秩序具有不可替代的作用，因此我们把这一阶段称做"个人为社会立法"。最后，在近现代社会，尤其是工业革命带来前所未有的分工，使人类合作无论在规模和程度上都发生了根本的质变，这种合作必须依赖一个建立在理性和民主基础上的不断完善的司法制度，于是我们把当今这个阶段称之为"社会为个人立法"。[①]

合作的进化要求个体有足够大的机会再次相遇，使得他们能形成在未来打交道的利害关系，如果是这样的话，合作的进化可以分三个阶段。

（1）起始阶段：合作可以在一个无条件背叛的世界里产生。零散个体之间几乎没有机会交往，合作也就不会产生。然而，以相互回报合作为宗旨的小群体之间，一旦有交往的可能，合作便会出现。

（2）中间阶段：基于回报的策略能够在许多不同类型的策略组成的环境里成长起来。

（3）最后阶段：基于回报的合作一旦建立起来，就能防止其他不太合作的策略的侵入。因此，社会进化的齿轮是不可逆转的。[②]

综上所述，出现合作的首要条件是合作比不合作对各方都更有利，即合作会给双方带来互惠的利益，可以简单地称做交往惠利，而对于每个人来说，这个交往惠利要大于他

---

① 叶航：《利他行为的经济学解释》，载《经济学家》2005 年第 3 期。
② [美]罗伯特·艾克斯罗德：《对策中的制胜之道——合作的进化》，上海人民出版社 1996 年版，第 15 页。

的交往成本,即净交往惠利大于零。出现合作的第二个条件是信息和知识完全,即各方都知道合作有大于零的净交往惠利,而且每一方都明了对方具有这种知识。也就是双方要具有共同的文化。净交往惠利和共同文化共同构成合作的充分条件,这两个一般条件的具体内容在不同的人类活动中是不同的。在经济活动中,净交往惠利就是团队生产相对于单干的优越性、分工相对于不分工的优越性、交易相对于自给自足的优越性,以及在政治活动中结盟或统一战线的优越性,等等。①

二、合作与博弈

合作理论是基于对追求自身利益的个体的研究,而且这些个体中并没有什么中心权威强迫他们相互合作。个体追求自身利益,彼此之间的合作便不是完全基于对他人的关心或对群体利益的考虑。②

(一)"囚犯困境"

在"囚犯困境"的游戏中,有两个对策者,他们可以有两个选择:合作或背叛。每个人都必须在不知道对方选择的情况下,作出自己的选择。不论对方选择什么,选择背叛总能比选择合作有较高的收益。所谓的"困境"是指,如果双方都背叛其结果比双方都合作要糟。③

表 8.3 囚犯困境

	合作	背叛
合作	R=3,R=3	S=0,T=5
背叛	T=5,S=0	P=1,P=1

博弈论着重强调了合作问题,并揭示了为改变支付给游戏者的报偿所采取的具体策略。但是在一个相对明晰的、准确的和简化的博弈论世界,与人类发生相互关系的复杂的、不准确的和摸索性方式之间,还有一个巨大的差距。④

搬开"囚犯困境"模型的性质不谈,我们可以从这个模型中归纳、抽象出人类社会运行的一个基本原则,即社会经济生活需要合作。在保罗·萨缪尔森看来,在完全竞争的市场上,亚当·斯密的看不见的手可以把个人的自私自利转化为某种社会最大的福利的情形,"几乎可以说是奇迹般的偶然性"。"这种看不见的手的幸运结果,不大可能在所有社会环境里出现"(萨缪尔森语)。

"囚犯困境"实质上对亚当·斯密的"看不见的手"可以把个人的自私自利转化为某种社会最大福利的论断提出了质疑。在一定条件下,每个人"自私"不一定就"自利","恶性竞争"的结果可能是"两败俱伤"。历史上这样的事例并不少见。若我们把"囚犯困境"模型"多次往复",那么囚犯终究会发现:合作比"自私"更有利。同样地,"经济人"在多次交换中发现,遵从某种合作规则要比通过欺诈自作聪明地获得少数几次不义之财

---

① 张旭昆:《人类形成合作关系的条件》,载《上海立信会计学院学报》2005 年第 4 期。
② [美]罗伯特·艾克斯罗德:《对策中的制胜之道——合作的进化》,上海人民出版社 1996 年版,第 5 页。
③ 同上,第 6 页。
④ 诺思:《制度、制度变迁与经济绩效》,上海三联出版社 1993 年版,第 20 页。

更有利,这时制度便会自发地产生。在这里,所谓制度就是市场交换中的合作规则及习惯。经济人选择合作规则,好像最初他们选择不合作(欺诈)一样,也是经过成本—收益计算的结果。生意场上的"利他主义",并不是道德说教的胜利,它也是基于经济原则。在新制度经济学看来,个人效用函数里,既有利己主义,也有利他主义。人们倾向于哪种"主义",主要受制度因素的影响。

戈登·图洛克指出,"囚犯困境"的状况并非像通常所说的那样,是一个特例或不现实的案例;相反,它适用于许多基本的社会经济交换过程。在他看来,几乎所有人类之间的相互作用,都能够在囚犯困境博弈中找到自己的影子,因为对每一个人来说,通过欺骗而获得一次性收益是可能的。但是,在人类历史上通过欺诈而致富的毕竟是少数。当然,合作问题抽象为"囚犯困境"要忽略许多实际问题本身的重要特点。例如,这种完全的抽象没有考虑语言交流的可能、第三者的直接影响、一个选择的实现问题以及对方上一次选择的不确定性。①

通过使用实验对象,心理学家们已经发现,在"重复囚犯困境"中,所得到的合作和获得合作的特定模式取决于游戏的环境、各个对策者的品质特征及对策者之间的关系等各式各样的因素,由于在这个游戏中的行为反映了人们如此多的重要因素,"囚犯困境"已经变为一个标准的方式,用来探讨社会心理学中的各种问题。② 倾向于合作的博弈本身还有其内在的条件,如参与者数量有限,有关每一参与者以往行为的信息丰富,参与者对未来并非完全不予考虑。③

(二)博弈、合作与制度

传统微观经济学在分析个人决策时,就是在给定一个价格参数和收入的条件下,如何使个人效用最大化;个人效用函数只依赖于他自己的选择,而不依赖于其他人的选择;换言之,个人的最优选择只是价格和收入的函数,而不是其他人选择的函数。在此,经济作为一个整体,人与人之间的选择是相互作用的,但是对单个人来讲,所有其他人的行为都被"抽象"在一个参数里,这个参数就是价格。这样,一个人作出决策时,他面临的似乎是一个非人格化的东西,而不是面临着另外一个人(或另外一个决策主体)。总之,他既不考虑自己的选择对别人选择的影响,也不考虑别人选择对自己选择的影响。然而在博弈论里(囚犯困境问题实质上是一个典型的博弈案例),个人效用函数不仅依赖于他自己的选择而且依赖于他人的选择;个人的最优选择是其他人选择的函数。从这个意义上讲,博弈论研究的是在存在相互外部经济条件下的个人选择问题。人们之间决策行为相互影响的例子很多,如 OPEC(石油输出国组织)成员国选择石油产量;寡头市场上,企业选择它们的价格和产量;又如家庭中的夫妻,他们之间的行为也是一种博弈;等等。显然,传统微观经济学把别人的行为都总结在价格参数里的分析模式并不能解释上述中的一些问题。博弈论实质上就是要研究人与人之间的关系问题,如合作、竞争等问题。在这方面,他们与新制度经济学"殊途同归"。

---

① [美]罗伯特·艾克斯罗德:《对策中的制胜之道——合作的进化》,上海人民出版社1996年版,第14页。
② 同上,第21页。
③ [美]罗伯特·帕特南:《使民主运转起来》,江西人民出版社2001年版,第194页。

博弈分为合作博弈(cooperative game)和非合作博弈(non-cooperative game)。人们现在谈到博弈论,一般指的都是非合作博弈。合作博弈与非合作博弈之间的区别主要在于当人们的行为相互作用时,当事人能否达成一个具有约束力的协议,如果有,就是合作博弈,反之,则是非合作博弈。例如有两个寡头企业,如果他们之间达成一个协议,联合最大化垄断利润,并且各自按这个协议生产,就是合作博弈。它们面临的问题就是如何分享合作带来的剩余。但是如果这两个企业间的协议不具有约束力,就是说没有哪一方能够强制另一方遵守这个协议的话,每个企业都只选择自己的最优产量(或价格),就是非合作博弈。此外,合作博弈强调的是团体理性(collective rationality),强调的是效率(efficiency)、公正(fairness)、公平(equality)。非合作博弈强调的是个人理性、个人最优决策,其结果可能是有效率的,也可能是无效率的。

博弈论进入主流经济学,反映了经济学越来越重视人与人关系的研究,特别是人与人之间行为的相互影响和作用,以及人们之间的利益冲突与一致、竞争与合作的研究。经济学开始注意到理性人的个人理性行为可能导致集体非理性。这一点明显地不同于传统经济学。在传统经济学里,价格可以使个人理性和集体理性达到一致。现代经济学开始注意到个人理性和集体理性的矛盾与冲突,但是解决这个问题的办法并不是像传统经济学主张的那样,通过政府干预来避免市场失败所导致的无序状态。而是认为,如果一种制度安排不能满足个人理性的话,就不可能贯彻下去。所以,解决个人理性与集体理性之间冲突的办法,不是否认个人理性,而是设计一种机制(或进行相应的制度安排),在满足个人理性的前提下达到集体理性。个人理性与集体理性的冲突是制度起源(或制度安排)的重要原因。

一般来说,非合作博弈关注的是人们交互的短期关系,人们的交互方式更多是长期关系,也就是进行重复博弈。罗伯特·奥曼正是在这方面做出了开创性的工作。诺贝尔评奖委员会在颁奖词中特别提到:"在现实世界,长期关系比短期关系更加容易合作,并且具有效率更高的博弈结果,因此一次性博弈往往有失偏颇,奥曼通过对重复博弈原创性的全面研究,很好地诠释了长期中的合作行为"。

合作博弈的基本形式是联盟博弈,它隐含的假设是存在一个在参与者之间可以自由流动的交换媒介(货币),每个参与者的效用与它是线性相关的。但在现实社会中,更为一般的情况是参与者之间的效用是无法比较的,因而也是无法转移的,奥曼把"可转移效用"(transferable utility,TU)理论扩展到一般的非转移效用理论(NTU),并由此引出联盟博弈的核仁、议价集、内核和核仁等许多合作博弈理论的核心概念。在 TU 与 NTU 两个方面发展并极大地丰富了合作博弈理论。奥曼关于长期合作(long-term cooperation)的研究对整个社会科学具有深刻的影响。

对博弈当事人之间长期互动的性质进行考察后可以发现,博弈的不同阶段是相互依赖的,其结果是理性博弈当事人的决策不仅受到其过去经历的影响,而且还要受未来潜在可能性的影响。现实生活中的许多行为模式,比如奖励、惩罚、传送与泄漏信息等都可以被看做是多阶段动态博弈。在动态博弈理论中,最重要的是重复博弈,即同样结构的博弈重复多次,其中的每次博弈称为"阶段博弈"。经过多阶段的博弈,只要行为人有足够的耐心,任何满足个体理性的可行支付都可以通过一个特定的子博弈精炼均衡达到,并由此产生合作关系。

奥曼(1974)提出的"相关均衡"的概念对合作的解释更加深刻。相关均衡就是人们根据博弈策略以外的特定相关信号机制进行决策选择实现的均衡。相关均衡最简单的例子就是交通信号灯的作用。在没有交通信号灯时,车辆、行人通过路口时很容易发生事故,原因是驾驶员或者行人在选择停或行方面存在多重纳什均衡,而且缺乏协调机制,只能盲目选择。但信号灯的出现就给人们提供了一种协调机制,当大家利用它们来选择时,就有了相互判断对方选择的方法,从而自己就能做出正确选择,顺利通过路口。奥曼的相关均衡中相关机制的原理实际上与交通信号灯是一样的,只不过社会经济问题比交通问题更复杂。在博弈存在多重均衡时,也就是人们有多重选择但需要协调的情况下,"相关均衡"就是解决决策选择方面协调困难和避免冲突的重要机制之一。这说明合作需要通过许多因素来共同作用,比如法律的、道德的、文化的因素。

作为动态博弈中的重要内容,重复博弈既可以是完全信息的重复博弈,也可以是不完全信息的重复博弈。奥曼拓展了该领域的研究空间,并使之成为研究经济理论中极为重要的"一般"合作博弈。从20世纪60年代中期开始,奥曼和其他合作者一起,发展了不完全信息的重复博弈论,使博弈论研究更接近实际。不完全信息下,行为人大概不会拥有被重复着的一次性博弈所具有的一些相关信息。在这种情况下,重复博弈的重要性在于能使得行为人从其他行为人的行为中,获取并了解到信息。重复博弈一定程度上有促进合作和提高效率的作用,所以诺贝尔评奖委员会才会给出这样的评语:"重复博弈加强了我们对合作条件的理解:为什么在参与者越多、互动越不频繁、关系越不牢固、时间越短、信息越不透明的背景下合作越难维持?这些问题都能从重复博弈中得到启发,这些启发对于我们理解贸易战、价格战、公共产品管理效率等现实问题不无裨益"。

谢林提出混合动机冲突(mixed-motive conflict)概念,指的是两个或多个团体面临相冲突的合作和竞争动机时的情景。他认为,博弈模型不可能表述双方或多方之间相互影响。决策主体的期望和行为的决定因素与其说是数学的,不如说是创造声誉、沿袭传统、建立自信、显示大度等经验。非数理博弈理论分析的就是这样一种状态下的社会和经济行为:行为者本身对其他人的反应也作为其他人的期望而影响其行为。

谢林的聚点均衡思想与奥曼的相关均衡思想是相似的,也是在存在多重纳什均衡时,帮助人们预测均衡和进行选择的,最简单但也是最重要的机制,是博弈论的均衡选择理论的重要组成部分。1960年托马斯·谢林还在其著作《冲突的战略》中首先引入了聚点的概念。谢林提出这样一个关键的问题,即如何解释一个讨价还价博弈中均衡的多重性。谢林所说的讨价还价(bargaining)实际上是一个非零和博弈。在效率曲线上,博弈者的利益是对立的,没有帕累托改进的余地,即任何一个人的趋利变动都会损害另一个人的利益,这种所谓的对立只是一种逻辑上的可能性,在效率曲线上必然存在一点,使得博弈当事人的利益是一致的。博弈者都希望避免两败俱伤,这种"双赢"的共同想法就体现为,在效率曲线上找到一个合适的点来解决彼此之间的冲突。任何因素都有可能使参与者的注意力集中到一个特定点上,继而选择这一点。这种可能的结果成为"聚点"(focal point)。上面例子中的"交通信号灯"就可以看做聚点。一个这种聚点能协调社会行为人博弈行为的预期,不论这种协调是由于共同利益还是由于一部分不一致的利益。一种凸显点往往由一些社会关系背景中的某些特征所决定,如普通的文化观或历史传统。行为人之所以能达成以有利可图的结果而进行协作,这是由于他们通过重复互动(博弈)逐渐认识那种有利于结果的凸显性特征并且由此形成了他们的预期。由于所有的行为人都宁愿选择某一稳定的均衡,而不愿选择不合作的战略,因而一些行为人最终会集中于某个特定的结果,并且其他的行为人将迟早会顺应它。谢林1978年发表的著作《微观动机与宏观行为》阐述了相互依存的选择和行为理论,更深刻说明了合作过程中的"路径依赖"现象。在社会决策过程中,来自于文化、习惯等方面的许多强制力(compelling force)能让决策汇集于一点形成共识。一旦社会上形成一个特定的惯例(如语言、习俗等),那么就很难改变,即使每个人都知道这种惯例不是最优的。[①]

  沿着博弈论的思路探讨下去,我们可以意外地发现制度起源的根源。传统经济学过分强调了对竞争的研究,而忽视了对合作的研究。这与过去西方经济学只研究生产力,不研究生产关系的理论研究导向有关。近些年诺贝尔经济学奖授予新制度经济学家、博弈论专家的事实表明,西方经济学越来越重视人与人之间关系的研究。社会经济生活中,人与人之间的关系并不仅仅只有竞争,而且还有合作。撇开其他条件,竞争与合作是一对矛盾。因为人的有限理性与信息不对称等方面的原因,人自身不可能处理好竞争与合作的关系,制度安排能有效地解决合作问题。

  通过重复博弈而出现的相互合作,在博弈理论中已是人所共知的。一般的观点是,一个博弈参与者可能通过背离使博弈各方都获利的行为模式而获得短期收益,但这种背离也会在后来带来成本,即如果其他参与人也采取背离行为,其博弈的收益将更差,这或许是因为合作失败,或许是因为其他参与人故意惩罚最初背离规则的参与者。概括起来,大致越是在以下情况下,合作越有可能出现:①关系链越长;②参与者不因眼前利益而不顾长远利益,从这个意义上讲,参与者越有耐心;③发现这种背离行为越快、越准确;④通过对最初的背离进行惩罚而给背离者带来的成本越高。[②] 当游戏重复进行,参与人对其他参与人过去的行为有完全信息,并且参与人数量较少时,在博弈中达到合作的结果是最有可能的。但当我们将这一过程反转过来,当不重复博弈或者是有限博弈,参与人对其他人过去的行为不了解,并且参与人数量较多时,合作则很难达到。因为在那种环境中,不合作的收益通常要大于合作的收益。[③] 就目前的讨论而言,斯考特论点的关键是,即使在囚犯困境中,如果博弈重复多次,合作战略照样可以出现,而每个人都有强烈的背叛(非合作)激励的情况只适用于一次性博弈。假定博弈进行的次数无限(或不确定),这种机会就不会没有。因为这时每个参与者都面临下列可能性,即他在眼下这一"回合"的不合作会导致对于下一回合的不合作。每个参与者都可以通过放弃自己的合作有效地惩罚对手的不合作,用自己的合作来回报对方的合作。当双方相互合作的利益

---

  ① 吕本富、刘正涛《人类交互方式的范式分析——冲突与合作》,载《管理评论》2005年第11期。
  ② 阿维纳什·K.迪克西特:《经济政策的制定——交易成本政治学的视角》,中国人民大学出版社2004年版,第51页。
  ③ 诺思:《新制度经济学及其发展》,载孙宽平主编《转轨、规制与制度选择》,社会科学文献出版社2004年版,第9页。

超过互不合作的利益时,就有了建立和维持一种相互合作局面的激励。这种主张,再加上罗伯特·阿克斯洛德(1984)等证明重复囚犯困境博弈中"针锋相对"战略能够产生合作行为的计算机实验,引起很热烈的反响,预示着这一研究有望成为新个人主义社会科学的基础(布鲁纳 1987)。①

三、制度与合作

亚当·斯密第一个提出"人都是追求自利的经济人"假设,但也正是斯密,第一个发现人类合作的伟大之处,视之为社会进步的源泉,并将"学会合作"作为"人猿相揖别"的最大之处。斯密写道,人类进步的根源恰在于人学会了"以物易物、物物交换和把一件东西换来另一件东西",没有人看到"狗赶集市和仔细考虑与另一条狗用一块骨头交换另一块"。新古典经济学在关于市场机制的分析中特别强调竞争的作用,而新制度经济学则特别强调合作在市场机制及社会经济中的作用。如诺思所说,创造经济和政治的非个人交易的合作框架,是社会、政治和经济生活中的问题的核心。②

诺思认为迄今为止,人类经历了两类交换形式。一类是简单的交换形式。在这类交换形式中,专业化和分工处于原始状态,交易是不断重复进行的,卖和买几乎同时发生,每项交易的参加者很少,当事人之间拥有对方的完全信息,因而不需要通过建立一套制度来约束人们的交易行为,达到合作解。这种个人的交易受市场和区域范围的局限,专业化程度不高,生产费用高。实际上这就是新古典理论中的完全竞争状态。然而,随着专业化和分工的发展,交换的增加,市场规模的扩大,另一类即非个人交换形式出现了。在这类交换形式中,交易极其复杂,交易的参与者很多,信息不完全或不对称,欺诈、违约、偷窃等行为不可避免。这样个人收益与社会收益就会发生背离,如果个人收益与其投入不相对称,个人便失去了从事生产性活动的动力,社会效率也达不到最优。新古典理论没有把这两种交换状态区别开来。亚当·斯密所说的通过看不见手的作用,人们追求个人利益最大化的同时,能自动实现社会利益最大化的假定,说明不了非个人交换的状态。于是产生了"囚犯困境"和奥尔逊描述的"搭便车"(free riding)情况,因此,制度便应运而生。制度的作用在于,规制人们之间的相互关系,减少信息成本和不确定性,把阻碍合作得以进行的因素减少到最低程度。

在诺思的非个人交换形式中,如果没有"合作"状态的出现,那么专业化和分工给人们带来的好处可能被过大的交易费用所抵消。N.斯科菲尔德指出:"合作的基本理论问题就是,个人用什么方法获得其他人的偏好和可能行为的知识。既然大家都需要了解各自的偏好及其战略,合作的问题就变成了提供共同知识的问题。也就是说,在给定的环境下,一个当事人必须最少了解到有关当事人的信息和需求,以便能够形成一致的行为,并且这种知识可以传递给其他人。"③"共识"是合作得以进行的基本条件,而为合作提供"共识"就是制度的基本功能。它告诉人们在什么条件下能做什么,以及违约所要付出的

---

① [英]马尔科姆·卢瑟福:《经济学中的制度——老制度主义和新制度主义》,中国社会科学出版社 1999 年版,第 57 页。
② 诺思:《经济学和认知科学》,《北京大学学报》2004 年第 6 期,第 18—23 页。
③ N. Schofield Anarchy, Altruism and Cooperation: A Review, *Social Choice an Welfare*, Vol 2, 1990, PR 207—219.

代价这类共识,这就是人们设计的一系列规则。制度是一个社会的游戏规则,更规范地说,它们是为决定人们的相互关系而人为设定的一种制约。①

博弈论着重强调了合作问题,并揭露了为改变支付给游戏者的报偿所采取的具体策略。但是在一个相对明晰的、准确的和简化的博弈论世界,与人类发生相互关系的复杂的、不准确的和摸索的方式之间,还有一个巨大的差距。此外,博弈论模型同新古典模型一样,也假定博弈者是财富最大化的游戏者。但是,正如一些实证经济学文献所揭示的,人类行为显然要比这一简化的行为假定所包含的内容复杂得多。尽管博弈论表明了在各种关系下合作与背叛所获得的收益,但它却没有向我们提供一个作为交易成本基础的理论,也没有分析这些成本在不同制度结构下是如何改变的。要理清这些问题有必要回到科斯定理。②

在一个非人格的市场——这是经济效率的基础——之中,导致低成本交易的条件并不是自发出现的。博弈论很好地说明了这一点。在交换中个人通常会发现,当博弈重复进行时,当有关博弈者以往表现的信息完备时,当参与博弈的人数足够少,亦即以人格化交易为特征的小社会条件得到满足时,与别人合作是有利可图的。而当博弈不是重复进行(或博弈次数有限)时,当关于其他博弈者的信息不足时,当参与博弈者众多,亦即以现代经济非人格化交易为特征的相互依存世界之条件得到满足时,合作是难于维持的。创建可以改变成本—收益比率并兼顾各方利益的制度是经济绩效的主要问题,因为这必将导致有效的(亦即生产性的)经济和政治制度的创立。鉴于政治市场与生俱来的低效率以及政治制度在经济绩效中扮演着关键角色,得出经济绩效一直不能令人满意的结论,并不令人感到惊讶。③

交换在时间和空间上越复杂,为实现合作结果需要的制度就越复杂,成本也越高。通过建立由第三方的实施或降低另一方的信息费用的自愿制度,可能使十分复杂的交换得以实现。④ 经济生活中存在着许多情形,与个人各自努力取得收益相比,合作增加了潜在的团体总收益。这种结果的实现是一个"协调问题"。制度本质就是协调。⑤ 在一个信息完全的世界,是不需要制度的。然而在信息不完全时,合作方案将会失败。除非创造出的制度为人们监察背离行为提供了充分的信息。一种制度要保证合作须有两部分:第一,形成一种必要的交流机制形式,以提供知道什么时候进行惩罚的必要信息。通过获取相应的信息,制度使监察成为可能,它们一般能节约信息。因此,比如行为者不必再知道任何一方的全部过去。第二,由于惩罚常常是一种公共品。在此共同体成员能获取收益,而成本却由少数人来承担,因此,制度必须要提供一种激励,使这些人在这样做时进行惩罚。应该强调的是,创造一种制度环境,以诱致可信的承诺,将能确保一个复杂的制度框架,在此正规规则、非正规制约及实施一起使低成本的交易成为可能。⑥ 在霍布斯哲学世界,市民缺乏甚至是很基本的能够使他们考虑在商业事业和自发组织方面与别人合

---

① 诺思:《制度、制度变迁与经济绩效》,上海三联书店1993年版,第3页。
② 同上,第20页。
③ [美]约翰·N.德勒巴克、约翰·V.C.奈:《新制度经济学前沿》,经济科学出版社2003年版,第20页。
④ 诺思:《制度、制度变迁与经济绩效》,上海三联书店1993年版,第79页。
⑤ 阿兰·斯密德:《制度与行为经济学》,中国人民大学出版社2004年版,第79页。
⑥ 诺思:《制度、制度变迁与经济绩效》,上海三联书店1993年版,第78—79页。

作的信任。①

有效的社会合作是可行的,因为人们会从真实的世界中获取经验,更多的人会认识到人们具有共同的利益,同时合作行为也是互惠的。实际上,非文字的传统和协议在社会中是自发形成的。②陶凯维勒关于19世纪美国的描述是目前开始这方面讨论的一个普遍的例子。陶凯维勒观察到,在一些小镇,那种有利于促成一个健康的民主和经济的信任的基础本质上并不是社区的存在,而是组织的发展。事实上,他想强调的是,自利导致某些制度安排出现,这些制度安排使可能的商业合作出现,而正是从这些商业合作中个人学会了彼此信任。只有在那时他们才更普遍地认识到了在自愿范围内组织的价值和信任的价值。在这些制度出现之前,陶凯维勒暗示,信任几乎没有基础并因此使合作的空间不能正常开发。③

由此可见,恰当的制度安排是要为市场中和组织里的人际合作提供一套框架,并使这样的合作较具可预见性和可信赖性。一套协调框架是由如文化习俗、共同的伦理体系、正式的法律规章和管制条例那样的制度来提供。

财富最大化行为与社会合作结果的不一致,是博弈理论发展过程中的关键要素。博弈论的主要依据是所谓的"囚犯困境"。它实质上与M.奥尔森的搭便车难题有密切联系。它们都表明了在人类合作与协作问题上令人沮丧的前景。④近来运用博弈论对合作的研究已经延伸到研究假定无限重复的相互作用的环境中的行为。

第三节 互惠制度

一、互惠制度及其形成

互惠即互惠互利的制度。马林诺夫斯基认为:"所谓互惠制就是一种双方承担义务的制度,一方做出给予行动后,被给予的另一方必须给予相应的回馈。同理,一方不正当的欺骗行为也会导致另一方与之断绝关系。"古尔德纳指出:"互惠规则是一个和乱伦禁忌同等普遍而重要的文化因素。"可见,互惠行为是人类根深蒂固的本性,自己得到礼物或帮助,一定会以某种形式加以报答。互惠之所以是互助的基本原则,是因为"互惠是典型的劳动交换模式的观念基础",也是一般的社会交换所应遵循的最基本的规则。⑤

互惠有两种:一是均衡的互惠,它是指人们同时交换价值相等的东西,如办公室同事互换节日礼物;二是普遍化的互惠,即交换关系在持续进行,这种互惠在特定时间里是无

---

① [美]科斯、诺思等著,[法]克劳德·梅纳尔编:《制度、契约与组织——从新制度经济学角度的透视》,经济科学出版社2003年版,第161页。
② [美]埃里克·弗鲁博顿、[德]鲁道夫·芮旦特:《新制度经济学——一个交易费用分析范式》,上海三联书店2006年版,第139页。
③ [美]科斯、诺思等著,[法]克劳德·梅纳尔编:《制度、契约与组织——从新制度经济学角度的透视》,经济科学出版社2003年版,第161页。
④ 诺思:《制度、制度变迁与经济绩效》,上海三联出版社1993年版,第17页。
⑤ 蒋英菊:《苏村的互助——乡村互惠交换体系的人类学分析》,载《广西右江民族师专学报》2004年第1期。

报酬的和不均衡的,但是,这使人们产生共同的期望,现在己予人,将来人予己。

个人在作经济决策时,不仅仅会考虑到自己的物质利益,也会表现出一种"互惠"的行为倾向,"互惠"指的是这样一种倾向:对于友善的人,人们愿意牺牲他们的物质利益去帮助他们,对刻薄的人,人们愿意牺牲他们的物质利益去惩罚他们。这一事实是与新古典经济学的追求物质利益最大化的"经济人"假设是相矛盾的,而与新制度经济学关于人的双重动机的假设是相一致的,新制度经济学认为人们不仅追求物质利益的最大化,同时也追求非物质利益最大化。"互惠"的出现,可以支持大量的合作行为,合作问题是传统的经济学所忽视的问题,又恰恰是新制度经济学所关注的问题,新制度经济学总是试图在理论模型中引入制度变量,来说明竞争的双方为什么要进行合作,因此,互惠制度是用来研究合作问题的一个新的思路。人的互惠这种社会性偏好对于经济行为中的双边谈判,对于市场和激励功能的发挥,对于产权与合约结构,对于合作与集体行动的规律,是非常重要的。

人们一般把"互惠"看做是一种动机、偏好、倾向或者是行为,致力于论证"互惠"的存在这一事实。互惠是如何形成的？法国人类学家马歇尔·莫斯在《礼物》一书中提出了一个核心问题:"在原始或古代类型的社会中,什么是受赠者必须报偿的原则？所送的东西中有什么力量迫使受赠者要作出回报？"莫斯是用物的灵魂来解释交换或赠予、回报现象的。他认为,迫使受赠者作出回报的力量是礼物中的一种叫做"豪"的东西,即"礼物之灵"。"豪"总是希望返回其源地,但只有通过回赠礼物这一媒介才能做到。不回礼可能会引起严重的麻烦,甚至包括受赠者的死亡。

为反对莫斯的礼物之灵说,英国功能学派的代表人物马林诺夫斯基在《原始社会的犯罪与习俗》一书中提出了互惠原则并试图用它来解释地方的交换体系。他认为,经济义务的约束力在于任何一方都有可能诉诸制裁来中断交换联系,一切权利和义务都要"被置入互惠性服务的均衡链中"。在《西太平洋的航海者》一书中,马林诺夫斯基讨论了称之为"库拉圈"的交换制度。"库拉"是在美拉尼西亚地区的特洛布里恩德岛部落之间波及面相当广泛的交换形式。在一个封闭的人群圈子里,岛民用手镯交换项链,又用项链交换手镯。库拉圈的交换伴随着巫术和仪式,只在男人之间进行。马林诺夫斯基认为,"库拉"制度具有令人惊叹的规模与复杂性,它并非是单一的经济上的交换,而是包含着许多感情与社会责任的因素在内。马林诺夫斯基关于交换中的互惠原则和对库拉交换的研究在人类学史上具有重要意义,他开启了一条将人类学研究与经济学研究相结合的新思路,同时也为我们正确理解现代社会中的互助交换现象提供了一种理论分析的模式和途径。

莫斯对礼物之灵的诠释在遭受马林诺夫斯基的理性互惠模式的挑战之后,又成为美国人类学家萨林斯更为激烈的批评对象。萨林斯确定了决定馈赠与交换之一般属性的三个重要变量:亲属关系的远近、合群度及慷慨度。论证了互惠的普遍性后,萨林斯还提出了互惠的三种类型,即概化互惠、平衡互惠和负性互惠。这样,萨林斯使礼物之灵非神秘化,并且强化了互惠原则的可计算性。

在《道德情操论》里,亚当·斯密描述了相互依存的关系是如何地被"爱、慷慨、友谊和尊敬"来促进的,在这种情况下的社会是"繁荣而幸福的"。在《国富论》中,他详细地阐述了在不确定次数重复相互作用的环境下，为什么互惠可以作为在纯粹关注自身利益的动机下所产生的结果来维持下去。《国富论》重点讲述了利益如何来维持社会秩序，而不是什么建立了秩序。①

经济人类学家卡尔·波朗尼提出了"社会整合的三种模式"，即互惠、再分配和市场交换。所谓"互惠"，是一种交换的形式。"互惠性"不一定是"等价性"，交换对象可能只有象征性价值。它并不限于物质与服务的提供，而是一种广义的互助关系。波朗尼认为，互惠行为的动机不是个人私利，而是害怕在社会上受到轻视、排斥或降低声誉与丧失身份。波朗尼的解释扩展和深化了马林诺夫斯基和萨林斯的基本观点，同时也大大丰富了人类学关于交换学说的理论。②

互惠与交易都是一种交换行为，但二者又有着本质的区别。第一，交易双方地位平等，关系非常脆弱，交易完毕后即告结束，然而互惠双方地位不一定必须平等，但关系牢固，而且通过交换，双方的关系进一步强化。第二，交易是商品的等价交换行为，但是，互惠交换一般是不等价的。第三，交易双方的行为是同时进行的，而互惠中的帮助和回报不是同时进行的。第四，交易的目的是为了获得个人利益，但互惠行为不完全是为了个人的利益，它还涉及社会性、个人的感情和道德等因素。如在中国农村盛行的"帮工"与"还工"这种互惠行为不仅是一种以道德约束为基础的劳动交换，而且也是塑造德行的劳动过程。③

经济学、政治学和心理学的研究已经表明，当博弈重复进行的时候，互惠互动机制是存在并且可以维持的。最新的经济学跨学科研究，主要是美国桑塔费学派的赫伯特·金迪斯和萨缪·鲍尔斯等人的研究表明，利己行为并非是一个无可挑剔的"生物进化稳定策略"，根据计算机仿真，在具有人类早期演化特点的条件下（已有的人类学知识表明，这些条件存在于距今大约十万年前的人类渔猎—采集社会），较小数量的强互惠者可以侵入自私者人群并获得进化稳定。强互惠的特征是与他人合作并不惜花费个人成本去惩罚那些违反合作规范的人（即使背叛不针对自己），甚至在预期这些成本得不到补偿时也这么做。正如金迪斯和鲍尔斯指出的，这类行为很难用亲缘利他和互惠利他来解释，因此带有纯粹利他的性质。瑞士苏黎世大学的恩斯特·费尔等人则通过正电子发射线断层扫描技术，观察了强互惠行为的神经基础。这一杰出的研究成果发表在2004年月8月的《科学》杂志上，并被作为这期刊物的封面文章。在这篇研究报告中，费尔博士和他的同事们指出，在没有外部补偿的条件下，合作剩余促使合作得以维持的社会规范内部化，即人类在长期进化过程中形成了一种能够启动纯粹利他行为的自激励机制，这种机制是由位于人类中脑系统的尾核来执行的，它使行动主体从利他行为本身获得某种满足，从而无须依赖外界的物质报偿和激励。④

---

① [美]亚历山大·J.菲尔德：《利他主义倾向——行为科学进化理论与互惠的起源》，长春出版社2005年版，第92页。
② 同上，第95页。
③ 蒋英菊：《苏村的互助——乡村互惠交换体系的人类学分析》，载《广西右江民族师专学报》2004年第1期。
④ 叶航：《利他行为的经济学解释》，载《经济学家》2005年第3期。

二、特里维斯的互惠他利行为模型[①]

特里维斯提出了这样一个假设:一个溺水者在没有得到营救的情况下有 0.5 的死亡概率。而如果救援者营救溺水者,二者都会死亡的概率是 0.05。很明显,在这个例子中,基于个体的选择将不会表现出利他行为的倾向,因为那些不去援救溺水者的人将会有较高的存活和繁殖后代的概率。"如果这是一个孤立的事件,很清楚援救者不应该费尽力气去营救溺水者。但如果溺水者会在将来某个时间进行回报,或者如果存活概率恰恰相反,那么冒生命危险营救他人对于每个援救者来说都是有利可图的"。

对于在单次囚犯困境中采取合作策略的解释,一直是摆在理论选择模型和个体选择进化分析理论前面的问题。采取合作行为确实是利他的,并且也是非理性的,但合作—合作策略对于一起进行决策的参与者来说,是三个有效结果中最好的。如果一个人能转入这样一个环境,在这个环境中反复互动——尤其是无限次反复互动,能被合理地推断出来,那么利己与利他倾向就能够共同保持着人与人之间的相互作用。但是个体处于这样一个环境的假设,是不能够充分解释他是如何从一次性互动的情景中转变过来的。[②]

一旦相互之间的关系和更复杂的社会结构建立起来,那么个体水平上的进化机制和经济学家强调的成本—收益计算就能使它们保持下来,二者的方向是一致的。[③]

特里维斯指出,他对人们之间出现互惠利他行为的分析前提之一是"生命是微小的、相互依赖的、稳定的社会群体"。但如果这些先驱者群体的成员扩大到直系亲族之外,问题就变为:假如在与非亲族的一次性互动中没有了合作倾向带来的利益,那么持续的相互关系是如何出现的;从定义上讲,利他行为是如何在违背个体层面选择情况下出现的。[④]

经济学家和政治学家无数次对合作的起源进行了解释,他们没有放弃理性选择理论常见的自我中心假设。一直以为,特里维斯的理论留下了一个谜团,即一个人是如何从"自我中心"状态走出来并进入到"社会性"状态之中的。特里维斯否定了群体选择的任何可能性作用,他认为群体选择"与已知的自然选择的进行过程是不相符的"。

利他行为的出现一开始是在一些最初行为者身上偶然发生的,这些行为者的适应性成本相对来说是非常小,小到我们可以忽略不计。一旦有了第一步,接下来就会有一连串的结论。当然,一旦互惠关系建立起来,这个条件就没有什么意义了。对于这个机体做的几乎其他一切事情也是一样的。在相互利益所维持的互惠中,在所有例子中消耗精力的成本要比享受到的利益小。一旦互惠关系建立起来了,它就成为了获得利益的间接手段。[⑤] 如果人们或其他机体愿意为了别人而牺牲自己,并且倘若他们花费的成本相对较低而行为目标带来的利益相对较高,在这种情况下,会有这种为别人而牺牲自己的可

[①] [美]亚历山大·J.菲尔德:《利他主义倾向——行为科学进化理论与互惠的起源》,长春出版社 2005 年版,第 101 页。
[②] 同上,第 102 页。
[③] 同上,第 103 页。
[④] 同上。
[⑤] 同上,第 104 页。

能。因此,我们可以预测"英雄"更有可能冒着生命危险援救溺水者的生命。① 为什么会产生这种行为? 纳什均衡的分析预测:在单次或次数固定且已知的囚徒困境中没有人会采取合作行为,并且对公共物品自愿做的贡献也将是零。

动物学家们曾经反对特里维斯的理论,依据是互惠行为在动物王国中是很少见的:吸血蝙蝠之间相互分享对方的静脉血液,这是一个互惠的主要例子,但在动物中却是一个例外。出现这个反对意见的部分原因是"互惠利他行为"潜在地限制了有着积极帮助作用的行为。② 人类社会的行为之所以与动物区别开来,这是因为动物仅仅面临的是自然环境,而人类除了面临自然环境外,还面临着复杂的社会环境(制度环境)。

那么是什么使人类行为在这方面有着显著不同? 这是因为:人类本身就有着一种和非伤害性利他行为混合的、积极正面的帮助非亲族的倾向——虽然不太明显但却十分重要,而这种倾向在动物王国中却是很少见的。其次,利他行为在人类中没有受到阻碍。利他行为得到发展需要一套特殊的大脑子系统在进化中得到发展,这套大脑子系统会系统性地拒绝逻辑和数理上的推理。③ 最后值得指出的是,动物界的相互依赖性与人类的相互依赖性是有本质区别的,那就是人类之间的相互依赖性除了自然属性(如自然环境、资源的稀缺性等),还有社会属性(如制度环境、社会资本等)。制度在形成人类的互惠性方面发挥着极其重要的作用,互惠制度是人类互惠性的"物化",这种互惠制度更多地是以习惯、习俗等非正式形成存在的。

三、互惠制度与人类行为

新古典经济理论可以解释为什么人们按自我利益行事,也可以解释人们为什么讨厌选举。它可以解释,作为搭便车问题的结果,当个人得利微不足道时人们为什么不愿意参加集体行动。然而,它不能有效地解释问题的另一面,即对自我利益的计较并不构成动机因素的那些行为。我们如何解释利他行为(如自愿献血),以及人们自愿作出巨大牺牲而从事并无明显报酬的活动(历史上无数个人和集团为了抽象的事业而被关进监狱或牺牲)? 我们怎样解释大量参与选举的人或自愿作出大量努力参与一个自发的组织的人(在那里个人得益甚少、甚微)?④

从制度经济学的角度来看,研究产权、交易费用、公共选择及新经济史等问题都涉及互惠制度是怎样形成的问题。我们把这称之为制度的微观基础研究。这是因为经济人还需要更为具体化的研究,人类的行为演化和互惠行为之间是一种"同等的互惠关系"和"同等经济主义"。无论是正式制度还是非正式制度,其实都涉及互惠的问题。制度实际上涉及人与人之间的关系,这种关系既可以体现为共同的利益关系,也可能体现为一种包含着冲突的利益关系。制度的基本功能之一是减少人们之间交易的冲突或矛盾,为人们之间的合作提供一种解。新制度经济学的一个重要任务就是要揭示各种互惠制度是如何形成的。没有规则结构,互利互惠和复杂的社会组织便不可能产生。

---

① [美]亚历山大·J.菲尔德:《利他主义倾向——行为科学进化理论与互惠的起源》,长春出版社 2005 年版,第 107 页。
② 同上。
③ 同上,第 108 页。
④ [美]道格拉斯·C.诺思:《经济史中的结构与变迁》,上海三联书店 1991 年版,第 11 页。

在原则上,有三种途径能使人们为他人利益而努力:①他们出于爱、团结或其他各种利他主义而努力有益于他人;②他们受到胁迫,胁迫者以对他们使用暴力(命令)相威胁;③他们按其自己的自由意志行动,但出于明智的自利动机,因为他们预期能获得充分的回报,那样,他们为别人做的事会产生对自己有利的效应。①

建立在经济人假设基础上的新古典主义经济学并没有回答"看不见的手"是通过什么机制将自利、互利和社会利益有机地结合起来的。而这正是新制度经济学需要探讨的问题。无论是正式制度和非正式制度,还是相应的实施机制,其实质都包含着把自利、互利和社会利益有机地结合起来。

建立在相互依赖性基础上的个人为了得到分工的好处和合作的剩余,他们有一种对互惠制度的需求,只有互惠制度能给他们带来分工的好处和合作的剩余。互惠制度既强化和维持了人们之间的分工与合作关系,同时也有延续性和跨际的功能,我们的后代生存在一个互惠的制度环境里,他们就不需要像我们的祖先那样,要在博弈中去建立互惠制度。

互惠是人类的本性,但并不是所有的组织和规则都有利于互惠的形成。如一个职业团体的活力源泉来自于互惠——自由地给予和接受帮助、知识和资源。但是一个公司的设计和文化有可能对互惠构成阻碍。例如,在一种只以个人的绩效来评价和激励的公司文化中,人们就不会愿意自由地分享知识。相反的,最好的公司能创造出一种坚持互惠原则的文化。②

制度就是要解决激励和约束的问题。激励问题在每一个社会经济单位中都会出现。一个人做的每一件事都涉及利益与代价(收益与成本),只要利益和代价不相等,人们就会有不同的激励反应。既然个人、社会和经济组织的利益不可能完全一致,怎样将自利、互利和社会利益有机地结合起来呢? 那就是激励相容。所谓激励相容就是使自利的个人和人们之间的互利统一起来,使得每人在追求其个人利益时,同时也达到了其制度安排设计者所想要达到的目标。由于每个人从所要做的事中获得利益与付出代价,通过对利益和代价的比较,将会对游戏规则作出合理的激励反应。这样,检验一个经济机制或规则是否运行良好的一个基本标准是看它能否提供内在激励使人们努力工作,激励决策者作出有利于他主管的经济组织的好决策,激励企业尽可能有效率地生产。一个好的经济制度安排就是要看它是否给主观为自己的个人以激励,使他们客观为社会而工作。③

新古典经济学的制度分析主要从效率方面去分析制度是不完善的,我们对制度的选择与评价必须联系制度的正义、公平等互惠性质。正义的重要特性之一是它的互惠性。康德在《道德形而上学原理》中提出道德学的主要原则是:"要只按照你能同时认为也能称为普遍法则的准则去行动"。这一原则就表明了正义的互惠性,它表明正义的承诺是相互的,是有条件的利益交换规则,每个人能否遵守正义规范,都取决于他人是否也遵守这些正义规则,"你"可以追求自己合理的利益和愿望的满足,正义行为不能是单方面的付出,正义行为者可以正当地期望当自己处于与自己的公正行为的受动者相当的处境时

---

① [德]柯武刚、史漫飞:《制度经济学——经济秩序与公共政策》,商务印书馆2000年版,第73页。
② 曾荣湘选编:《走出囚徒困境——社会资本与制度分析》,上海三联书店2003年版,第21页。
③ 田国强:《现代经济学的基本分析框架与研究方法》,中国经济学教育科研网经济学论坛,2004年11月。

也能得到相同的公正待遇;但在追求自己利益和需求的行动中,也要遵循人们普遍认同的正义规范,照顾他人的利益和愿望。被称为道德黄金律的格言:己所不欲,勿施于人,也典型地表达了这样一种互惠性,即若你想别人怎样待你,你就应该怎样待人。

案例 1

一位大学教授的圣诞卡片

几年前,一位大学教授做了一个小小的实验:他给随机抽样挑选出来的一批素不相识的人送去了圣诞卡片。虽然他也估计会有一些回音,但随后所发生的一切还是大大出乎他的意料——因为从那些素未谋面的人处寄来的节日贺卡雪片似的飞了回来。大部分给他回赠卡片的人根本就没有想到过打听一下这个陌生的教授到底是谁。他们收到卡片,自动就回赠了一张。为什么人们会回赠卡片?人们的考虑可能是多方面的,有的是出于礼貌,别人给我卡片我要应该回赠卡片;有的是出于怕失礼的考虑,或许这个教授我们曾经见过面,只是我现在想不起来而已;还有的可能出于对自己声誉的考虑,在这个社会来而不往非礼也。

这个实验规模虽小,却很巧妙地证明了我们身边最有效的影响武器之一互惠原理在人们的行为中所起的作用。互惠原理认为,我们应该尽量以相同的方式回报他人为我们所做的一切。如果一个女人帮了我们一次忙,我们也应该帮她一次;如果一个男人送了我们一件生日礼物,我们也应该记住他的生日,届时也给他买一件礼品。

资料来源:根据西奥迪尼《互惠原理》改写,《随感》2006 年第 5 期第 54 页。

案例 2

世界第一次囚徒困境的实验

囚徒困境(PD)第一次由加利福尼亚州圣莫尼卡的兰德公司两位研究者梅里尔·弗勒德和梅尔文·德雷谢尔正式提出。弗勒德和德雷谢尔提出,在博弈中,两个参与者在"合作"与"背叛"之间抉择,并且他们认为对双方都有利的最佳结果对每个个体来说并不是最佳。大约与此同时,约翰·纳什对这种普通的博弈提出了一种解决方法,即今天以他名字命名的特征化的不后悔的非合作的均衡。纳什均衡是一种每个参与者的参与是对另一个参与者的最好应对的战略理论。

在这个例子里,战略情形只不过是对方参与的成对的列表。在两个参与者的单次博弈的囚徒困境里,会出现四种情形:合作—合作,合作—背叛,背叛—合作,背叛—背叛。每组的第一要素表明每一个参与者的对策,第二要素表明第二个参与者的对策。独一无二的纳什均衡理论,作为研究此例的范例,是采用的最后一组情形,因为在这种情形里,任何一个参与者都不能对对方战略采取更好的对策。在单次囚徒困境博弈中,相互背叛导致纳什均衡。但是战略的理论吸引力甚至更强烈,因为对每个参与者来说,背叛还是占绝对优势地位。这意味着不顾对方选择所产生更高的回报。一个参与者的对方无论是按照规则作出合作的"错误"对策,还是作出背叛的"正确"对策,根据过去经验分析,最好的选择就是背叛。

弗勒德和德雷谢尔关注的不只是求得对博弈论的认可,他们还想知道人类——复杂的人类事实上如何参与博弈。最后,他们吸收了加州大学洛杉矶分校经济系阿门·阿尔钦和兰德公司数学部主任及

《完备的战略》的作者约翰·威廉斯。在第一次囚徒困境实验里,阿尔钦和威廉斯不厌其烦地进行了一百次实验。当时的传统理论是将全部序列理解为一种博弈,认为参与者双方的每组博弈是一个阶段。在两个参与的、既定的、已知的期间的博弈里,独一无二的纳什均衡过去是现在也是为了每一位参与者在一百次博弈中进行背叛。假定阿尔钦和威廉斯的实验者彼此认为是理性的,并且让他们自己理性选择,不断背叛对任何一方而言只是防卫性战略。

但是,在这个初始的实验中,两个参与者的行为与理论所认为的十分不同。与纳什分析表明的预测相反,尽管开始背叛,阿尔钦合作了68次,威廉斯合作了78次。参与者采取了相互合作(合作—合作),对每个参与者而言相互合作比相互背叛更好,虽然背叛总是对个体有利,但在百次实验中有60次背叛。

在1950年,纳什访问了兰德公司且达到其学术最高水平,当他得知否认其预测的弗勒德和德雷谢尔的研究成果时,他给实验者们写了一篇论文,论文最后收集在他的最终学术报告里。这篇论文包括了对(十分幼稚的)阿尔钦和威廉斯的实验行为成果的非凡的、在某种程度上讲有些悲伤的评论:"我认为他们更理性。"

资料来源:根据[美]亚历山大·J.菲尔德,《利他主义倾向——行为科学、进化理论与互惠的起源》,长春出版社2005年版,第1—5页改写。

案例3

缓解血荒需要打消"血疑"和"制度性贫血"

近年来,中国临床血液需求快速增长,而无偿献血基础却越发薄弱。据卫生部数据,中国人口献血率是8.7‰,低于世界卫生组织推荐的10‰的标准。为什么出现缺口越来越大的"血荒"?相关部门的说法是中国人的奉献精神不足、认识上有误区。

无论是汶川地震还是温州动车事故之后,"献血队伍长龙"击碎了奉献精神不足的说辞,中国人是非常具有社会责任感的。更真实的原因是,一部分民众对献血非常疑虑,所谓"血疑":害怕献血不安全,过程中针头不干净,可能会造成感染;又担心血站暗中倒卖血浆,从中牟利;另外,对献血是否对身体完全无恙甚至有益也心存疑虑。的确,有体质因素造成献血后身体长期不舒的例子,但在献血过程中却没有被充分知会。

除了献血前的"血疑",还有"制度性贫血"的问题,比如现行《献血法》规定,献血之后可以终身免费输血,但现在的情况是,血浆可以免费,但输血前的检测、存储、分离和运输是收费的,而且价格很高,跟血浆不是免费的情况相比,总体费用相差甚小,即血浆费用在输血总成本的比重不高,造成"献血证"的保险功能并不十分明显。另外,献血证虽然全国通用,但很多省份之间却不通行。比如,广东献血、安徽输血,最终还要去广东报销血浆费用,这种不方便也足够让人打退堂鼓。

所以,要解决"血荒问题",不仅要打消"血疑",更要修复"制度性贫血"。要知道,"血荒"最终还是依赖无偿献血机制,而不能通过"有偿"的价格机制来提高供应。社会学家迪特马斯已经分析过所有国家的献血历史,得出结论是"自愿无偿献血是最优的"。我们用经济学来复述他的分析:献血最大的问题是信息不对称,即无法将那些需要钱,但血浆有问题的人用低成本的方式剔除出去,而自愿无偿献血则解决了这一点,自愿意味着对身体的自信,无偿则意味着没有扭曲激励的可能,这大致能够维护血浆的干净。

献血者这方面的信息不对称大致解决了,但献血者面对的是抽血方面的信息不对称,这就是"血疑"问题。我们提出一种创新思路来设计合理的献血方式化解。比如,献血不仅会得到"献血证",有时候也得到象征性的几百元营养费(这不是血浆的报酬)。那么,是否可以用"礼物模型"的方法论将后者实施一定的转化？我们认为，为了感谢无偿献血，可以献血时提供一次免费套餐体检，设定为较高等级的套餐，抵消掉营养费。这相当于对献血的"礼物交换"。

首先，它解决了"血疑"中的场所疑虑，因为这意味着献血不是在封闭的血站车上，献血者担心设备的干净程度，而是在有设备标准的医院。另外，身体有不适，可以实施相应的护理，献血者的心情会安定很多。而在献血车上，一般观察10分钟，就让献血者走人；其次，将献血同体检捆绑，它会让献血者觉得，自己是做检查的时候顺便献血。尽管人们每年都会例行体检，但很多体检是很简陋的，献血使得年体检的密度上升，并比例行体检有更多的项目，人们不会觉得这是"多此一举"。更重要的是，体检的过程可以预先查出ALT升高的情况，降低献血之后的血液报废，从而提高了献血的效率；再次，这还改变了血站的管理链，让血站驻医院体检部，重新构造了血站的业务流程。这其实是符合目前的用血流程的。因为大量的血浆都是输送给医院的临床治疗。将"献血和体检捆绑"的方案，使得血站直接派驻到医院，血库与医院合作，这降低了输血前的检测，存储，分离和运输费用，也就是说，它实质性地降低了用血成本。

资料来源：《21世纪经济报道》，http：//gongyi.sina.com.cn，2011年12月15日。

关键概念

相互依赖　　社会资本　　合作与合作剩余　　互惠制度

思考题

1. 为什么人类会产生相互依赖性？
2. 社会资本的作用是什么？
3. 举例说明合作剩余的形成。
4. 人类形成合作关系的条件。
5. 简述制度与合作的关系。
6. 互惠制度是如何形成的？
7. 如何理解里维斯的互惠他利行为模型？

推荐阅读

1. [美]亚历山大·J.菲尔德：《利他主义倾向——行为科学、进化理论与互惠的起源》，长春出版社2005年版。
2. 曾荣湘：《走出囚徒困境——社会资本与制度分析》，上海三联书店2003年版。
3. [美]罗伯特·艾克斯罗德：《对策中的制胜之道——合作的进化》，上海人民出版社1996年版。
4. 阿兰·斯密德：《制度与行为经济学》，中国人民大学出版社2004年版。

第九章　集体行动、利益集团与制度选择

> 本章的目的就是要提供一套经济理论，以更好地理解集体行动和公共政策，即集体性的经济选择和对整个共同体的政治性协调，重点探讨集体行动、利益集团与制度选择的关系。本章分析了集体行动的基本要素、奥尔森的集体行动逻辑与奥斯特罗姆的自主组织理论、集体行动的问题以及制度选择中的利益集团。

第一节 集体行动的基本要素

一、为什么要研究集体行动

经济学对社会制度有两种不同的理解。一种解释是由约翰·康芒斯在他的《制度经济学》里提出的,可以称之为"集体主义"(collectivist)的解释。另一种解释是在卡尔·门格尔的《经济学和社会学问题》里提出的,可以称之为"有机的"(organic)理论。康芒斯将社会制度视为理性的经济行为人有意识的集体行动的表达。[①]

新古典经济学忽略了对集体行动的研究。集体行动和个人行动一样总是存在的,但是除了对工会的非难和对伦理道德或公共政策的讨论外,从亚当·斯密到 20 世纪这段时间,集体行动被排除或忽视了。其实,在社会经济生活中,除了新古典经济学所简单分析的企业以外,有类似于工会的组织,还有大量的第三部门。约翰·康芒斯曾指出,制度是集体行动对个体行动的控制。由于资源的稀缺性,获得它们就得由集体行动加以管理,而集体行动的结果便是制度安排——规定财产和自由签订契约的权力及义务,以防止发生无政府状态。在康芒斯看来,在制度行为背后的一致原则是执行制度的、集体的和有目的的行动。没有对集体行动的研究,我们就难以解释历史与现实中许多制度的形成及其演化。

门格尔对于制度产生的解释与康芒斯不同。他将制度看做无数个体经济行为人自利的相互作用的产物,其中每个人都追求他自己的私利。制度是以个体的方式,而不是按集体的设计或意愿演化的。因此,门格尔相信康芒斯所称的"心理经济学"不需要为了建立一个社会制度理论而被抛弃。相反,这构成了它的理论的上层建筑。就像亚当·斯密的"看不见的手"可以引导经济行为人达到帕累托最优竞争均衡那样,它也可以带领人们在竞争结果不是最优时创生出促进人们相互作用的制度。[②]

制度与个体经济行为、集体行为的关系是什么样的? 用个人行动能否解释一切制度现象?

从个体经济行为与制度的关系来看,个体能够根据自己的成本、收益进行选择和比较,但是,除了有生命力的个体之外,包括制度在内的实体是不能进行选择的。不同的个体偏好于不同的制度,那么,集体选择的结果是什么呢? 阿罗悖论道出了加总的困难。集体的选择过程更多的是一个政治选择过程。如何保证政治选择一定能够提高经济效率? 新制度经济学在新古典个人主义、自由主义的大背景下加入了制度的因素,而制度背后加入的是集体主义的因素。因此,在新制度经济学理论体系内部,如何从个体行为分析跳跃到制度层面的分析,至今仍未取得成功。[③] 可以说,缺乏分析集体行动的理论框

[①] 安德鲁·肖特:《社会制度的经济理论》,上海财经大学出版社 2003 年版,第 5 页。
[②] 同上,第 6 页。
[③] 曹利群:《什么样的制度是'好'制度?》,《经济学消息报》2005 年 4 月 8 日。

架也是主流经济学忽视集体行动研究的重要原因之一,奥尔森的集体行动理论的框架较好地解决了这个问题。

制度与集体行动有着内在的联系。没有对集体行动的研究,我们对制度的性质、制度的起源及制度变迁的分析不可能是完全的。像其他社会科学一样,经济学研究的目标应当是对社会群体,而不是个人行为进行预测和解释。经济学作为一门学科所要描述的不是个人反应,而是个人作为一个大的社会体系中的一员的反应,也就是社会群体的经济行为。显然,目前流行的经济学中的理论强调"理性经济人"而无视社会组织的重要性,这很容易形成错误的结论,即经济学能够解释个人的行为。① 当代主流经济学从个人主义方法论出发,在分析了微观经济主体(如家庭和厂商)的行为后,就直接上升到宏观层次的经济问题分析。个体之和是否等于整体?个人理性是否等于集体理性?这些问题经济学尚未真正解决。更重要的是,经济学界对中观层次的分析还没有引起足够的重视,我们通过三个层次的制度分析,把中观层次的问题整合进来,从而提高经济学的解释力。在有关集体选择的研究中,重要的是去了解集体决策的结果如何出自该过程中各个相互影响的参与者的有目的行为。

进一步来说,在处理集体选择过程,尤其是处理牵涉政治派别、选票交易以及有组织的压力集团等内容的复杂过程时,不难发现,最后的结果来自众多不同个人和群体的意图和目标的相互作用。尽管整体过程的目标(在某种程度上)是产生某种审慎实施和强迫执行的制度规则,但对最终出现的设计作准确具体的规定可能不符合有关各(或任一)方的最初意图。最终的结果在这个更为有限的意义上可能仍然是有意行为者相互作用的无意后果。在有关集体选择的研究中,重要的是去了解集体决策的结果如何出自该过程中各个相互影响的参与者的有目的行为。这同样也提出了重要而又有趣的解释要求。②

二、集体选择的要素

参与者、决策方式和选择标准是集体选择的关键要素。

(一) 参与者

我们可以把集体选择简单地看做是,一个集团的每个成员都聚集一起决定他们共同关心的事情。这使人想到共同体、归属和责任,但它仅仅刻画了集体选择的部分性质。③集体选择中可以有很多(或很少)参与者,他们可以被选举、任命或雇用参与,也可以自愿参与。并且他们对于如何解决一个问题可以有非常不同的看法。参与者并不限于选民、参议员和政府工作人员。工商企业、同业公会、工会、非赢利组织以及很多其他利益集团也可以参加。

参与集体选择通常是自愿的,但除非有让人参与的社会压力、公民荣誉或获益前景,否则自愿意味着没有参与。比如,你可以通过投票参与,但你的选票仅是众多选票

---

① [美]阿尔弗雷德·S.艾克纳:《经济学为什么还不是一门科学?》,北京大学出版社1990年版,第6页。
② [美]罗伯特·艾克斯罗德:《对策中的制胜之道——合作的进化》,上海人民出版社1996年版,第42页。
③ [美]乔·B.史蒂文斯:《集体选择经济学》,上海三联书店1999年版,第2页。

之一,无足轻重,因而你可能放弃投票。参与者往往是由获益机会和担心损失而自我选择的。

官僚是集体选择的重要参与者。作为公众的仆人在管制市场方面,他们常常会有其自己的利益,从而自由的私人选择会被公共选择所取代。官僚们创造出各种专项制度,因为这些制度赋予他们权力和影响。一些人的交易成本常常是另一些人的收益这一命题告诉我们,这会导致制度的官僚主义变形和内在制度的取代。在现代经济生活高度复杂化的情况下,有一种趋势,即议会建立一种授权性法规框架,该框架允许由官僚专家们编写各种体现为政府管制措施的专项规则。在这种倾向表现得很强烈的地方,规则会层出不穷,变更频仍,而自由的私人选择领域则相应地受到羁绊。

如政党一样,院外集团和官僚利益并非民主政体原型的组成部分,它们在宪法中很少被提及,更难受到集体行动中明确规则的约束。

(二) 决策方式

集体选择的第二个要素是决策方式,这些方式多种多样,并且往往不止一种方式被用于特定的情形。具体来讲有以下几种决策方式:

(1) 集权的独裁决策方式。这是指在以宗教、传统或军事力量作为权威基础的高度集权化的社会里,所有重要决策都是有独裁者一人作出。决策正确与否取决于独裁者的智慧和人格的高尚。

(2) 分散的自我决策。这是指以市场作为分散化决策方式,由个人选择他们买卖什么。为什么把分散的个人决策也看做集体选择的一种方式呢?因为,当大家都反对将上述选择集中控制时,我们就已共同决定要让个人选择起作用。当然,我们也可通过其他方式作出上述选择。

以上两种决策方式是极端的决策方式,现实中大部分决策既不是由独裁者一人决定,也不是完全由分散的个人决定,而是介于这两者之间。也就是说,除这两种极端决策外,还有其他决策方式。

(3) 专家决策。这种方式主要是依赖于拥有才能或专门知识的人,即人们从专家那里获得忠告,听取专家意见,作出决策。专家的作用究竟有多大,是一个复杂的问题。它取决于专家的权威与人们自我决策间的张力。

(4) 一致同意或通过的方式。以这种方式,一个群体即使在某些细节上有不同意见,但在基本问题上只有当所有成员都达成一致时,才能作出决策。但是,达到一致同意的过程可能是缓慢的,而有时问题却不容拖延。一致同意是否正确也有争议。

(5) 授权决策或代议制决策。这种集体决策主要是靠定期选举、权力分立和法治来控制代理人。其基础在于承认某些统率其他规则的、不可剥夺的个人权利,以及人民在向其集体代表授予暂时性权力上所享有的终极主权。授权决策又可分为以下几种:①投票决策方式。因为我们往往等不及达成一致意见,所以需要以投票的方式来决定一个议题。在投票前我们必须决定我们为什么投票、投票的规则及投票资格的认定。我们究竟采用过半数规则、一致同意、简单多数还是其他投票方式?通常情况下都是采用过半数规则投票。②选举代表决策。即通过挑选在校务会、城市议会、州立法机构和国会代表我们的人进行决策。这里的问题不是我们是否应该有代表,而是什么类型的规则和激励才能让代表对我们的需要和愿望负责,也就是,如何解决委托—代理问题。③精英决策。在对中世纪城邦的经典研究中,罗伯特·戴尔(Robert Dahl,1961)发现,大多数重要的共同体都是有少数地方领袖作出决策,他们中的很多人都是商人和专业人员,而不是被选举的官员。德和泽格勒(Dye and Ziegler,1990)相信,精英在国家历史上支配着集体选择。④自愿人员作出决策。无论是通过国会操纵者、政府工作人员、为利益集团或其他非政府组织效劳的人进行代议或决策的过程,实际上包含大量的自愿性。由于他们是自愿人员,因而对某些议题的看法可能更为有力,并且往往其他持相反意见的自愿人员也会参与。

在大多数情况下,集体选择涉及的决策都在校正或取代市场。这些由代表作出决策又得到自愿主义和精英主义强化,再由才能加以补充。人们选举出来的实体,无论是国会、州立法机构或学校董事会,都在对我们的经济生活某一个侧面如交通安全、金融机构安全、公共卫生安全、孩子的教育等实施控制。美国每个众议员代表着50万以上的人民,在竞选活动中,他们必须要为能够连任作出大量努力。一些人代表既得经济利益集团,例如反映储贷协会利益的行业组织;另一些代表以公民利益为基础的集团,他们特别关注诸如环境、健康或产品安全性等。而"共同理想组织"和"女选民联盟"等其他自愿者,则代表特别关注民主过程的利益集团。授权给非选举的政府行政人员实施对公路、森林、住宅和学校的政策管理,是因为这些政府机构拥有能力。因而,我们称为代议制的这种集体选择方式,在现代复杂社会里,实际上是所选代表、自愿利益集团和非选举的行政人员的混合。

(6)摸索(muddling through)。被查尔斯·林德拉姆(Charles Lindblom,1959)定义为摸索(muddling through)的集体选择方式,是一种同意行动而非目标、强调方式而非目的为特征的集体选择的过程。林德拉姆认为,这种方式是有效的和可操作的。这种方式侧重于手段而非目的的协调一致。林德拉姆还提出了一种被称为"泛理性决策"的方式。按此方式,同意一个目标,就要评价可达此目标的各种可选择的途径,然后才作出决定。也就是说,首先决定目的或目标,然后选择适当的手段。

(三)选择标准

集体选择的第三个关键因素是选择一种而非另一种集体行动的标准或理由。在我们的生活中,人们已经接受一些简单的决策标准,例如孩子上学的共同标准是每年的9月1日前必须满7岁,办理身份证的年龄标准是必须年满16岁。然而,当问题变得更复杂时,简单标准对集体选择就不够了,我们经常需要为采取一项特定行动考虑好几种理由。

然而,现实中,很可能没有明确表述的集体选择的标准,从而只能有对特定结果感兴趣的个人和集团对其加以含混及歪曲的表述。对标准缺乏清晰、准确表述的原因之一,是人们很难、甚至不可能说清楚他们支持一项行动的理由。例如,人们可能喜欢临近的小公园,但他们也许很难准确表达他们为什么喜欢。所以,人们在集体选择时往往能就一项行动程序达成一致,而不必要考虑标准一致。换句话说,有人可能因为公园提供开放的空间而喜欢它,另一些人可能因为喜欢公园的树木和草地。虽然他们喜欢的理由或标准不同,但幸运的是他们都喜欢这座小公园。

对标准的歪曲通常是激励结构的结果,即某人含混或误导性地表达他对某一集体行动程序的支持或反对是有利可图的。政治学家莫里斯·非奥利娜(Morris Fiorina,1989)曾写道:"历史为这些披着公共利益羊皮而有特殊利益的狼提供了太多的例子。"① 正因为表达集体行动的标准存在非常现实的困难,人们在集体行动中往往轻视标准的作用,而热衷于通过联盟形式、策略选举和操纵投票范围等政治手段来达到策略人意愿的结果。

鉴于上述集体选择标准上的特征,以及对歪曲表达行动真实理由的激励,经济学家考虑的两种集体选择的标准是:效率和公平。经济效率是考虑经济成果的大小,公平是考虑经济成果在社会成员间如何分割。公平、道德、平等、正义、分配作为一个社会可能追求的意愿目标,都属于公平这一标准。当效率和公平这两个标准在某一议题上不能在相同方向起作用时,这就需要我们能够基于其他人可以接受或拒绝的明确标准,判明我们的建议。有效率可能不公平,公平的也许无效率。因而,在集体选择中,必须经常进行效率和公平的取舍。明确标准和进行取舍这两种活动,都有助于经济学家从事集体选择。

从事公共政策分析的学者认为,选择结果仅仅浓缩为效率和公平这两个标准是困难的。应该考虑到结果的复合属性(Stokey and Zeckhauser,1978)或复合标准决策(Zeleny,1982)。② 总之,决策制定者是否仅以效率和公平作为集体行动的标准,他们是否使用选择结果的其他描述物,或他们是否使用某些其他系统,这都涉及集体选择的第三个关键要素,即要有一些手段能对选择结果进行评价和判定。集体选择的标准一般而言,具有模糊而非清晰、暗含而非明显、多重而非单一的特点。经济学家已发展了净经济价值的思想,即商品和劳务提供给消费者和生产者的货币价值量,以此作为进行比较效率的统一尺度,最有效率的行动是能够导致净经济福利最大化增长的行动。

三、集体选择的特征

公共选择或者集体选择,是指那些与个人决定的产权运用决策有关的行为。尽管个人都懂得,当他们缔结财产运用的契约后必须承担全部成本并享有全部获益,但在要由许多人来同意一项选择的决策中,这一点通常并不十分明确。这些人还很少能处于充分影响决策的位置上。然而,在成本和收益不能全部内部化的时候,公共决策是必需的。但公共决策经常会被延伸到可以留给私人选择的领域中去。由于公共选择不涉及双向的付出和收益,只涉及非相互性的好处,它就很容易导致搭便车、道德风险、公地灾难和代理人机会主义。因此,集体行动经常要依靠自上而下的命令和合法强制。与私人选择相比,集体选择会在配置上和知识搜寻上更为复杂,具体来讲有以下一些特点:

---

① [美]乔·B.史蒂文斯:《集体选择经济学》,上海三联书店1999年版,第7页。
② 斯托克和泽克豪舍认为:"如果政策选择可能产生的各种混合结果以单一属性,如货币计量衡量,那么就不难决定多比少好(或当你在谈到成本时,少比多好)……麻烦的是多数政策建议……用于各种各样目的,并且它们的结果可以描绘为不止一种特点,而其中有一些特点也许是不能令人满意的。这些特点我们称为'属性'。除了异乎寻常的幸运,没有哪种结果的各种属性都是最好的。由各种属性组合的结果很少有自然令人满意的……也没有什么现成的便利机制,能够将所有的属性归纳为共性。这个'复合属性问题'无所不在,从而难以在结果中确定我们的偏好。"——摘自[美]乔·B.史蒂文斯:《集体选择经济学》,上海三联书店1999年版,第8页。

(1) 集体选择的交易成本比私人选择高。在互惠、等价的私人交易中,付出和获取是明确相连的。这样,决策者从自己的决策得到完全的反馈。相反,集体选择涉及多边的付出和获取。其中,利益通常是间接和非相互性的,所以决策制订者得不到直截了当的反馈。在集体选择的"一揽子交易"中,成本和收益被混在一起,且不相等,必然会产生"败德危害"①(或道德风险)的诱惑、"公地灾难"②的危险,以及很高的监督成本和强制执行成本。由于集体决策牵涉较多的参与者,他们的机会成本不断变化,目的也各不相同,所以要达成明确的决策比较困难。而制定决策的交易成本大都要比私人的双边选择高。

(2) 集体选择不能满足个人偏好的多样性。由于个人的偏好必须合为一体,形成一致,集体决策就不可能像形形色色的私人选择那样充分地满足个人欲望的多样性。这个特点与肯尼思·阿罗的"不可能定理"的发现有关。阿罗证明,个人偏好的混合不可能靠表决程序来加总,从而不可能确保个人所偏好的选择也被集体决策所选中。他证明会出现各种不一致,它们不会让许多个人偏好无矛盾、无冲突地实现加总。

(3) 除了极小的群体外,集体选择必须靠代表来进行。这种代表可以是自封的,也可以是选举出来的。他们将各种个人偏好掺合在一起以便作出具有可行性的决策。由代表来作集体选择需要有三个基本的安排:第一,必须就集体表决的规则和程序达成一致。例如,该规则可以是全体一致同意(这要求耗费极高的协商成本),也可以是2/3多数或51%多数同意;第二,集体决策中的"付出"必须靠政治选择来决定,如靠规定税率来决定。会有相当大的激励促使个人减少其贡献(但要搭便车享受获益)。这样,监督和强制执行就变得必不可少,这必然会产生相应的代理成本。在小集体中,代理成本相对较低,但在大集体中,监督和强制执行成本会相应地直线上升;第三种安排要规定应如何分配集体创造的效益,当公民们相互争利时,他们应根据什么准则来获取那些共同财产品。这需要政治权力,并会造成政治权力自身的委托—代理问题。

(4) 在集体选择中,往往"多数派被贪婪的少数派所利用"。③ 由于集体选择必须依靠政治权力,当政治系统全部由追求其自己目标的政党组织、有组织的利益集团和谋求私利的官僚所占据时,运用政治权力所造成的委托—代理问题将层出不穷。因为,在多级的按少数服从多数原则作决策的过程中会出现一个有关政治选择问题:如果像党纲那样的原则性决策是根据一批集体选择作出的,而具体决策则在以后由当选政党或委员会中特殊的有关个人来作,那么很有可能就只有委托选票的51%中的51%(即26%)在决定政策。那么,多数人会觉得权利遭到剥夺。完全可以想像,在一个群体中,在一项特殊

---

① 当人们机会主义地行事时,我们就说他们沦入败德行为。这个词最初是在保险分析中使用的。它描述这样一类情形,即投保的个人在知道他们将获得赔偿的情况下不采取所有可能的措施来避免伤害。现在,败德行为一词具有了更一般的意义,它被用来描述这样的情境,即自利的个人受某种因素的引诱而违反有关诚实和可靠的一般准则,因为环境允许他们这样做而不受惩罚。——摘自[德]柯武刚、史漫飞:《制度经济学——社会秩序与公共政策》,商务印书馆2000年版,第81页。

② 公地灾难出现于共同拥有的资源由众多人使用的情境之中。其中,每一个人在为自己的利益而最大限度地利用该公共资源时都能获益,但如果所有人都如此行事,就会出现资源遭破坏的灾难性局面。这可能正是公海上鱼群存量的情况。所谓公地灾难,就是饥荒和沙漠化侵入并覆盖土地不归私人所有的地区。——摘自[德]柯武刚、史漫飞:《制度经济学——社会秩序与公共政策》,商务印书馆2000年版,第139—140页。

③ [德]柯武刚、史漫飞:《制度经济学——社会秩序与公共政策》,商务印书馆2000年版,第354页。

的公共选择上具有重要利益的很小的少数派在制定决策,从而可以说是"多数派被贪婪的少数派所利用"。

（5）在集体选择中,大多数公民处于理性无知的状态。在一个复杂的社会中,公民若想了解全部公共选择,要承受极其高昂的信息成本,且往往只能得到有限的获益。因此,公民消极无为并容忍在一定程度上与己不利的集体选择往往是合算的(Downs,1957a和b)。这种理性无知会助长对群体团结的侵蚀,助长不安全感和权利丧失感。尤其是当财产运用方面的大部分决策都要服从于集体选择时,就更是如此。理性无知可以解释选民和市场参与者为什么不愿意为更多地了解情况而投入必要的信息成本。在许多场合,他们懂得,基于追加信息的行动会劳而无功或所获甚微。因此,在靠有组织的供应者集团来推进寻租活动的那类群体中,理性的无知成了一个组成部分。

四、影响集体行动的因素

一个人是否参与集体行动,是理性分析和选择的结果。这一理性体现为在为产生集体利益所做投入(成本)和集体利益能够给个人带来的效益比较中。这种比较主要考虑三个因素:个人获益度、效益独占的可能性、组织成本和"选择性"激励,而这些都和团体的规模、团体的异质性有关。

（一）集团的规模

对每一个成员而言,为集体公共物品生产付费只有在团体的边际收益超过个人的边际成本时才是"经济的"。"个人能够分享一个集团的总收益,其份额取决于集团的人数以及与集团的其他人相比他能够从那一物品获益多少。集团总收益取决于获得集团物品的比率或水平,以及集团的'规模'。集团的'规模'不仅取决于集团中的人数,也取决于某一集体物品对集团中每个人的价值。"①也就是说,集体效益的净增值要不小于个人在集体中所占份额的倒数。如某人在一集团中占1/100的份额,则他只有在预期集体效用在投资后会增长100倍(1/100的倒数)以上才合算,他此时才会为集体效用投资。由此可见,集体公共物品的供给和集团规模有关:集团规模越大,个体越多,个体的份额就越小,集团的公共物品的供给量就越远离最优水平。这说明,集团中微不足道的个人极难为集体利益贡献。从另一方面,小集团的组织成本较低,达成共识的可能性高于大集团。大集团中的成员往往因为成员过多,难以满足个人偏好的多样性及难以对搭便车或不守规则的现象进行有效监督,而无法有效提供集体需要的公共物品。显然,成员数目多的集团效率要低于成员数目少的集团。

（二）个人获益度

如果集团规模相同,集体公共物品能否产生就取决于集团中每个成员从一定水平的集体物品供给中的获益程度。一般来讲,在个体份额接近的集团中,公共物品的供给状况要差于个体份额差异较大的集团。这是因为个体份额差异大的集团中,那些大份额的成员更有可能接近效益独占状态,因此有较高的激励来为集体公共物品的生产作贡献。

---

① 曼瑟尔·奥尔森:《集体行动的逻辑》,上海三联书店1995年版,第20页。

另外,在集团中,成本负担的分配是也不合比例的,份额较大的个体负担较多的费用,但在公共物品消费时又是个体均等的。所以,在具有共同利益的小集团,"存在着少数'剥削'多数的倾向"。[1]

(三)集团的组织成本

集团的规模不同,那么不同规模集团的组织成本也存在较大差异:在小集团(特权集团)中,一个成员可以获得总收益中很大的一部分,即使他个人承担全部的成本,比起没有这一物品时他仍能获得更多的好处。这时,集体物品就有可能被提供——甚至不需要任何集团协议或组织。另一方面,在比这类集团大的集团中(中介集团和潜在集团)[2],不借助于某些集团协议、合作或组织就不可能获得集体物品。在中等大小或寡头卖方垄断的集团中,由于两个或两个以上的成员必须同时行动才能获得集体物品,所以至少得有心照不宣的合作或组织。而且,集团越大就越需要协议和组织,且包含在集团协议或组织中的成员数目就越大。因此,要找到和组织集团的一个子集就越难,而且子集中的人会继续和集团中的其他人讨价还价,直到成本被广泛的分配,这样必然增加讨价还价的组织成本。由此可见,组织成本是集团中个人数量的一个单调递增函数。所以,大集团或潜在集团不会受到激励为获取集体物品而采取行动,因为不管集体物品对集团整体来说是多么珍贵,它不能给个体成员任何激励,使他们承担实现潜在集团利益所需的组织成本,或以任何其他方式承担必要的集体行动的成本。

(四)"选择性"激励

只有一种独立的和"选择性"的激励会驱使潜在集团中的理性个体采取有利益于集团的行动。这些"选择性"激励既可以是积极的,也可以是消极的,就是说,他们既可以通过惩罚那些没有承担集团行动成本的人来进行强制,或者也可以通过奖励那些为集体利益而出力的人来进行诱导。这里的强制被定义为一种惩罚,这种惩罚是一个个人比起不受强制而承担集体物品的成本来处于一条较低的无差异曲线上。积极的诱导被定义为任何奖励,它使承担了集体物品的成本并得到奖励的人比起他不承担集体物品的成本而失去奖励时,处于一条较高的无差异曲线上。换句话说,选择性激励就是对个人偏好的价值要大于个人承担的集体物品成本的份额。价值较小的制裁或奖励不足以动员一个潜在集团。例如,工会这种潜在集团之所以能够维持至今,就是利用选择性激励机制。即强制入会的"封闭工厂制"和"工会工厂制",乃至工人纠察与暴力,以及靠某种非集体利益,如工会为其会员提供的保险、救济、互助等。国家作为一个最大的潜在集团,更不会靠成员的自愿来提供公共物品,只能靠强制。比如,采用自愿的方式就不会有人纳税,只有靠强制性税法约束才能保证这一公共物品的有效供应。

---

[1] 曼瑟尔·奥尔森:《集体行动的逻辑》,上海三联书店1995年版,第26页。另外,"剥削"一词带有道德色彩,从一个纯粹的逻辑分析中得不出一般的道德结论。在这里"剥削"是用来描述不同人们的获益和牺牲不成比例的情形。

[2] 中规模集团(中介集团),即未大到无法监督每个成员的行为后果,也未小到个人可以单独付费的集团。潜在集团的特点是,如果一个成员帮助或不帮助提供集体物品,其他成员不会受到明显影响,因此没有理由作出反应。

第二节 集体行动逻辑与自主组织理论

一、奥尔森的集体行动逻辑

在奥尔森集体行动理论产生之前,除了马克思主义的阶级分析深刻地揭示了不同阶层的利益矛盾外,很少有学者系统地研究集体行动问题。奥尔森探讨的集体行动困境问题为我们分析制度的性质、制度的变迁及制度的绩效提供了一个中观层次的视角。奥尔森的《集体行动的逻辑》一书的核心前提是建立在"组织费用"这假设之上,组织费用是一组不同的交易费用,它们的重要性随着组织规模的增加而不断地发生着变化。他为"特殊利益"的不对称权力提供了一个现代制度经济学的解释。①

奥尔森思想的特点可以概括为以下几个方面:

第一,奥尔森把集团利益区分为两种,一种是相容性的(inclusive),另一种是排他性的(exclusive)。前者指的是利益主体在追求这种利益时是相互包容的,如处在同一行业中的公司在向政府寻求更低的税额以及其他优惠政策时利益就是相容的。用博弈论的术语来说,这时利益主体之间是一种正和博弈。后者指的是利益主体在追求这种利益时却是相互排斥的,如处于同一行业中的公司在通过限制产出而追求更高的价格时就是排他的,即市场份额一定,你多生产了就意味着我要少生产。这时利益主体之间是一种零和博弈。与此相适应,奥尔森把集团分为相容性集团和排他性集团。在他看来,较之排他性集团,相容性集团就有可能实现集体的共同利益。奥尔森的集体行动理论的基本思想可以简单地概括为,个人理性不是实现集体理性的充分条件。

第二,按照奥尔森的分析,集体行动的形成取决于两个重要条件:组成集团的人数足够少,并且存在着某种迫使或诱使个人努力谋取集体利益的激励机制(他称之为"选择性刺激")。对于规模较小、组织较好的特殊利益集团,如果通过产权结构调整,集团的成员都会有较大的收益,而且集团较容易地就可获得、控制和加工信息,那么这一集团对于议员们的影响能力往往很强。在利益集团中失利的往往是那些从属于大集团的个人:例如消费者作为一个整体——对他们来说一些产权结构的调整(如新的关税)往往对每个人影响很小——组织费用很高、搭便车也很容易,个人信息成本也过高。越是小的利益集团越是容易达成一致意见,从而可以影响统治者。一些文献分析了少数团体成员怎样过度滥用其投票权,致使产权结构变得有利于他们,而使大多数选民付出了代价。为什么少数人能愚弄多数人呢?有人认为有两种相互联系的原因:产权结构的边际变化能导致人们的收益和成本的不公平分配,而在这些变化中,得益者和受损者之间的信息分布不对称。② 从奥尔森的集体行动理论我们可以作出这样的判断,在利益博弈的过程中,社会最终会形成强势利益集团和弱势利益集团。

---

① [美]埃里克·弗鲁博顿、[德]鲁道夫·芮且特:《新制度经济学——一个交易费用分析范式》,上海三联书店2006年版,第87页。

② [冰]思拉恩·埃格特森:《新制度经济学》,商务印书馆1996年版,第60页。

第三,用寻租理论分析经济制度。奥尔森认为,集体行动跟个人行动一样是自然的,一旦"公共品"被控制,特殊利益集团将发展起来。奥尔森用集体选择理论解释为什么不同社会的增长率不同。那些有利于生产性活动的制度有利于创新和增长,而那些有利于非生产性活动的制度则不利于创新和增长。

第四,用分利联盟解释国家或文明的兴衰成败。在奥尔森看来,导致影响国家命运的要素就是"分利联盟"。所谓"分利联盟"(distributional coalitions)是指由一批希望采取集体行动来增加自身收入份额的个人所形成的组织。分利联盟的活动不可避免地损害经济增长,为什么呢?对于分利联盟来讲,既可以促进整个社会生产率的提高来改善本利益集团的福利,也可以尽可能地为其成员争得社会生产总额中更大份额来改善本利益集团的福利,分利联盟一般地选择后者。

奥尔森对所谓"科斯定理"进行了批判和拓展。在他看来,科斯理论的核心在于交易成本和自愿交换,其基本结论是人们会为了实现他们的共同利益而采取集体行动。对此奥尔森评价说,"科斯定理"(亦即在交易成本为零时,个人理性可以通向集体理性)仅仅适用于集体规模很小的情况。一旦集团成员足够多,即使交易成本为零,其成员也不会受到激励去为集体产品的提供作出贡献,因为这时搭便车的潜在收益相对会更高。再者,科斯的理论只注意到理性的自利会使自愿交换产生互利结果,但却忽略了理性的自利也会引导人们用手中的权力强迫别人就范的可能性。恰恰是后者才是解释政府的不同类型——强化市场型政府还是作为其对立面的政府——的有效工具或途径。还有,源于自愿交换之收益的最终实现有赖于契约的执行,而"契约如果没有剑作保证则等于一纸空文"(霍布斯语)。

奥尔森为我们研究国家提供了一个有用的框架,他关于利益集团一些特点的分析可以解释制度经济学的一些问题,例如:①为什么我们历史上选择的制度不是都有效的,这可能与小利益集团在社会中的话语权更大有关,对这些小利益集团的有利的制度选择,但全社会来讲可能是低效的。②利益集团的目标是双重的,一方面寻求利润的最大化,即寻利,另一方面,是寻求租金的最大化。如果利益集团和国家仅仅是利润最大化即寻利这个单一的目标,那么我们选择的制度就一定是最有效率的制度了。③奥尔森利益集团理论还可以解释为什么一些低效的制度长期存在,从而为我们分析制度变迁中的"路径依赖"问题提供了解释。

二、自主组织理论

"集体行动困境"成为社会科学中的一个难题。为克服这一难题,人们应用了国家和企业制度,但两者都存在一定程度的失灵问题。针对这种情况,美国著名学者埃莉诺·奥斯特罗姆教授在《公共事务的治理之道:集体行动制度的演进》一书中提出了一个新思路,即强调一定条件下的人们能够为了集体利益而自主组织起来采取集体行动,并由此开发了自主组织和治理公共事物的集体行动制度理论,即自主组织理论。为当今世界性的公共改革提供了一条不同于国家和企业制度的自主治理的新思路。

在治理公共事物特别是公共资源利用和开发时,传统的集体理论认为,与公共事物密切相关的个人或者是公共资源的使用、开发者个体是难以组织起来,就他们长远和公共利益采取集体行动的。因此,只有借助于国家外部干预的方式来维护公共利益,或者通过产权私有方式单独经营。对此,奥斯特罗姆认为,上述观点的立论基础是"公地悲剧"、"囚徒困境"博弈和"集体行动困难",但它们"只是一些使用极端假设的特殊模型,而非一般理论。当特定环境接近于模型的原有假设时,这些模型可以成功地预测人们所采取的策略及其结果,但是当现实环境超出了假设的范围,它们就无法预测结果。"①上述模型的前提假设主要有两个,一是个体之间沟通困难,二是个人无改变规则的能力。这适用于一些大规模的公共事务治理,因为在这种体系中的个体往往缺乏沟通,每个人都独立行动,个人改变现有结构的成本很高。而对于其他一些情况,特别是规模较小的公共事务治理和资源利用而言,就完全不适用。因为在那种环境下,人们之间能够在相互接触中经常沟通、不断了解,并且彼此之间建立了信任和依赖感。由于长时间的共同居住和交流,人们之间建立了共同的行为准则和互惠的处事模式,个体与个体之间能够就维护公共利益而组织起来,采取集体行为,进行自主治理。为探讨这个问题,奥斯特罗姆教授从研究小规模公共池塘资源问题出发,在调查研究了世界众多实际案例的基础上,应用制度分析与经验分析的方法,得出了许多重要观点和结论,形成了自主组织理论。

自主组织理论的中心内容是研究"一群相互依赖的委托人如何才能把自己组织起来,进行自主治理,从而能够在所有人都面对搭便车、规避责任或其他机会主义行为形态的情况下,取得持久的共同收益。"②奥斯特罗姆讨论这一问题时,采用的是理性人的假设。在她看来,复杂不确定环境下影响个人策略选择的内部变量有四个,即预期收益、预期成本、内在规范和贴现率。人们选择的策略会共同在外部世界产生结果,并影响未来对行动收益和成本的预期。个人所具有的内在规范的类型受特定环境中其他人的共有规范的影响。"如果这一规范成为与他人共享的规范,那么采取被其他人认为是错误的行动所要受到的社会非议便会对他形成制约"。贴现率既受个人所处的自然和经济保障程度的影响,"那些对过了当年是否还有足够的食物抱有怀疑的占用者,在对生存可能性的增长进行权衡时,会给予未来收益很高的贴现率。同样,如果无论当地占用者采取什么行动、公共池塘资源都会被其他人的行动所毁坏,那么即使那些多年来一直对自己获取公共池塘资源的量加以限制的人,也会开始给予未来收益很高的贴现率";贴现率又受居住在特定社会或地方社群的人们在比较未来与当前的相对重要性时所共有的一般规范的影响。总之,内部贴现率受个人在外部任何特定环境中所拥有的机会的影响。通过这一理论,我们可以预测,理性个人的策略应是预期收益大于预期成本的策略。收益、成本、共有规范、机会都是影响个人决策选择的总和变量,但是在现实中,这些内部的、内心的、主观的总和变量很难有准确的汇总方法;即使有,个人也不可能把有关净收益和净成本的信息完全而准确地转化为预期收益和预期成本,更何况还有大量机会主义行为的存在。因此,判断理性个人的策略选择应把重点放在影响总和变量的可以观察的环境变量及其环境变量组合上。

自主组织理论认为,任何集体行动都需要解决三个问题。第一个问题是制度供给问

---

① [美]埃莉诺·奥斯特罗姆:《公共事务的治理之道:集体行动制度的演进》,上海三联书店2000年版,第275页。

② 同上,第51页。

题,即由谁来设计自治组织的制度,或者说什么人有足够的动力和动机建立组织。不确定条件下的重复博弈理论的研究结果表明,"在一个有限重复的囚犯困境博弈中,对局人确切收益的不确定性能够产生合作均衡和其他许多均衡。在这样的条件下,一个对局人会向另外一个对局人显示合作的意图,为的是使他们形成一系列互利有效的对局"。① 就现实的协会等自主组织的产生过程而言,发起人就是第一个向其他人显示合作意图的人。制度起源和制度变革是结合在一起的,两者共同组成了统一的制度变迁。在促进型政治体制的良好推动下,自主组织的制度变迁正是一个渐进、连续和自主转化的过程。

自治组织面临的第二个难题是可信承诺问题。奥斯特罗姆认为,复杂的和不确定的环境下的个人通常会采取权变策略,即根据全部现实条件灵活变化的行动方案。"我会遵守承诺,只要大多数人也都这么做"是权变策略的基本写照。在一个自治组织的初始阶段,一个人对在大多数人同意遵循所提出的规则的情况下他(她)的未来预期收益流量作了计算后,可能会同意遵守这套规则。但是在以后,当违反这条或那条规则所得到的利益高于遵守规则(C)所得到的利益时,他也有可能违反规则(B),除非这种行为被人觉察并受到制裁(S),而且 C>B-S。② 由于大家都采取权变行为,组织成员违反组织规则所带来的必然是成员之间承诺的可信度降低。

因此,遵守规则的权变承诺只有存在监督的情况下才是可信的,作为一个自治组织的群体,必须有适当的监督和制裁,他们必须在没有外部强制的情况下激励他们自己(或他们的代理人)去监督人们的活动、实施制裁,以保持对规则的遵守。这也就是自治组织所面临的第三个难题,即相互监督问题。奥斯特罗姆认为,只要人们对遵守规则作出了权变的策略承诺,就产生了监督他人的动机,为的是使自己确信大多数人都是遵守规则的。同时,监督成了人们实施规则、进行自主治理的副产品,因为不必付出太多其他额外成本。所有这些,都使自主组织内部的相互监督得到增强,而相互监督的增强又增加了人们采取权变承诺的可能,提高了人们对规则承诺的可信度,两者相互补充、相互加强。

埃莉诺·奥斯特罗姆教授在分析世界各地案例的基础上,归纳出了实现自主治理的八项具体原则:①分享资源单位的个人或家庭之边界界定清晰,即公共池塘资源本身的边界必须予以明确规定,有权从公共池塘资源中提取一定资源单位的个人或家庭也必须予以明确规定。②使用、供给与当地具体情况相适应。③集体选择安排。绝大多数受操作规则影响的个人应该能够参与对操作规则的修改。④有效监督。积极检查公共池塘资源状况和占用者行为的监督者,或是对占用者负有责任的人,或是占用者本人。⑤越"规"的分级制裁。违反操作规则的占用者很可能要受到其他占用者、有关官员或他们两者的分级的制裁。⑥低成本如论坛式的冲突协调机制。占用者和他们的官员能够迅速通过低成本的地方公共论坛,来解决占用者之间或占用者和官员之间的冲突。⑦对组织权的认可。占用者设计自己制度的权利不受外部政府威权的挑战。⑧分权制组织。在

---

① [美]埃莉诺·奥斯特罗姆:《公共事务的治理之道:集体行动制度的演进》,上海三联书店2000年版,第71页。
② 同上,第71—73页。

一个多层次的分权制企业中,对占用、供应、监督、强制执行、冲突解决和治理活动加以组织。[①] 上述这些原则既包含对制度供给问题的具体解决,也包含对可信承诺与相互监督问题的具体解决。

埃莉诺·奥斯特罗姆认为,在个人能够组织起来,进行制度创设和自我管理的情况下,从体系外部通过政府的力量实施管制和干预或者干脆实行产权私有都是错误的,弊大于利。其实,埃莉诺·奥斯特罗姆能够进行自主组织的部分也就是那些小范围的集体或组织,这类似于奥尔森所说的小集团。从这个方面看,埃莉诺·奥斯特罗姆与奥尔森从不同层面研究了同一问题,即小集团容易形成集体行动。这类组织可以自主组织。但是,在大范围内的集体行动还是要采用政府干预和产权私有等方式解决集体行动的困境。

我们以德国为例,说明自主治理的有效性。在德国境内,莱茵河畔有大大小小的企业3000多家,产生的污水也不少,但莱茵河的水总是清的。为什么德国人能把莱茵河的水搞清?在任何国家,企业处理污水都是一种成本负担,但德国人能把处理污水变成一种能够收取回报的产业投资。其做法也不难,就是几家企业合建污水处理厂,并成为一家独立的股份制企业,再由政府派人、出钱来管理,政府也占其中一部分股份,企业分占余下的股份。以后政府还可动员新企业加入,更可降低排污成本。因为有利可图,企业都非常乐意兴建污水处理厂。在这里,几家企业合建污水处理厂并成立独立的股份制企业,解决了制度供给问题;由政府派人、出钱来管理,政府也占其中一部分股份的安排解决了可信承诺问题;企业不多,加上政府的介入有效地解决了相互监督问题。当然,这些问题的解决最终是建立在企业有利可图的基础上。

第三节 集体行动的问题

一、搭便车

无论是马克思主义方法,还是新古典方法,都没有解答"搭便车"问题,而这个问题是解释团体行为的关键。[②] 最为关键的是,任何一个成功的意识形态必须克服搭便车问题,其基本目的在于促进一些群体不再按有关成本与收益的简单的、享乐主义的和个人的计算来行事。[③] 拉坦还考察了制度供给过程中的集体行动行为。拉坦指出,当制度在团体层次上予以供给时,会遇到严重的"搭便车"问题。即每个人都只想其他成员去做出组织的努力或承担维持组织的成本,而自己却坐享其成。因此,这种集体行动过程中的搭便车行为,会严重损害制度的供给能力。解决这一问题只有种方式:一是强迫成员参与;二是提供超常规的经济利益激励。

---

① [美]埃莉诺·奥斯特罗姆:《公共事务的治理之道:集体行动的制度演进》,上海三联书店2000年版,第14—16页。
② [美]道格拉斯·诺思:《经济史中的结构与变迁》,上海三联书店1991年版,第69页。
③ 同上,第59页。

经济学家对个人利益的思考源于个人效用的思想,经济学家称"人们拥有效用函数",只是意味着人们在评价和界定他们自己的需要和偏好,并不代表他们必然是自私的或仁慈的。例如,一个人把他的全部财产义无反顾地捐助给慈善机构的人,或许只是在最大化他的私利,他与一毛不拔的守财奴没有什么两样。因为只要他们的行动和他们的目标一致,经济学家就把他们都看做是理性的。然而,确定集体利益将涉及不止一人的偏好加总,从而引发了关于个人偏好能否或是应该加总的许多问题。对于私利和集体利益相互冲突的可能性,是曼瑟尔·奥尔森的经典之作《集体行动的逻辑》(Olson,1965)的核心主题。他对自愿组织或联盟的存在是为了推进其成员的共同利益这样一个社会学家的传统假定提出了挑战。

传统理论认为,集团和组织之所以存在,是因为个人可以通过组成集团实现其"共同利益",因此,集团的基本目标也应是实现共同目标,即"集体利益"最大化,马克思的阶级理论、制衡权力理论即如此。但奥尔森认为,从个人理性和自利的前提中推演不出人们会作为增进集体利益的行为。"除非一个集团中人数很少或者除非存在强制或其他某些特殊手段以使个人按照他们的共同利益行事,有理性的、寻求自我利益的个人不会采取行动以实现他们共同的和集团的利益。"[①]他的论证逻辑是,集体利益是一种"公共物品",集团中任何一个成员对此类物品的消费都不会影响其他成员的消费。因此,如果我们有个人都是自利且追求效用最大化的假设,那么,团体中的成员就会在集体利益这一公共物品的生产和消费上,采取以下行为:在公共物品的生产上尽量少投入,将自己应付的成本转嫁到他人身上,尽量多地消费公共物品。这种搭便车的倾向使得公共物品的生产和消费都存在着较大的"外部性",最终结果是,如果以自愿为行为的基准,则无人愿意为公共物品的生产付费,却自愿免费消费公共物品。

奥尔森认为,一个人是否参与集体行动,是理性分析和选择的结果。这一理性体现在为产生集体利益所做投入(成本)和集体利益能够给个人带来的效益的比较中。我们假设图9.1表示了一种农产品的市场供求状况和个别农场主的成本和收益。由于所有生产该农产品的农场主都希望得到更高的价格,农产品的市场价格在这里成了集体利益的主要项目。大部分农产品都缺乏需求弹性,意味着产出下降会导致价格更大比例的上升,以此降低产出通常会扩大所有农场主的总收益。

在奥尔森的框架中,因为农场主拥有与集体利益并不兼容的私人利益,所以减产行动很可能无效。因为,对个别农场主而言,一项关键性的私人利益是他的净利润,或在利润最大化产出水平上超过成本的收益。如果通过减产行动,使市场供给曲线从 S_0 移动到 S_1,其产品价格从 P_0 上升到 P_1,寻求最大化的农场主将发现,把产出从 q_0 扩张到 q_1 而非降至 q_0 之下符合他的最优利益(SMC 是该农场主增加额外产出的短期边际成本,SAC 是生产的短期平均成本)。在 q_1,更高的边际成本恰好等于由新市场价格获得的更高边际收益。如果较高的价格是减产者和非减产者都可得到的公共物品,通过扩张产出而有利用了这一价格优势的个人就可以使其净利润增加到 $efgh$ 的面积,它大于初始的净利润面积 $abcd$。因此,尽管一个集团(所有农场主)拥有共同利益(较高的价格),它的成员(个

[①] 曼瑟尔·奥尔森:《集体行动的逻辑》,上海三联书店1995年版,第2页。

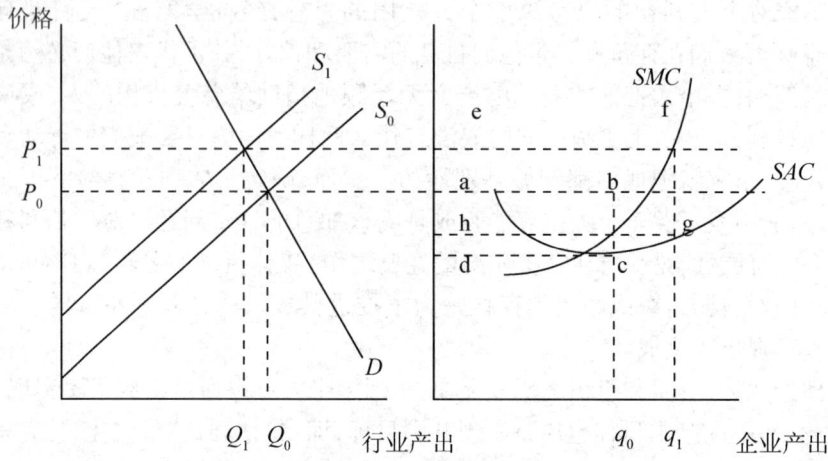

图 9.1 农业减产行动中的个人和集体利益

别农场主)也未必采取集体行动,必须解决搭便车或集体行动问题。生产和消费公共物品的集体行动的逻辑是不同的:创造集体效用时,总希望承担成本的成员越多越好;消费时则希望成员越少越好,最好是垄断。

奥尔森运用搭便车原理作为利益集团形成的理论基础,揭示了个体理性与集体理性之间的矛盾,并从这一理论出发解释了许多重要的宏观经济现象。这些假说和理论的逻辑简单扼要,而其解释含义却极为广泛。

二、集体行动的困境

在所有社会中,集体行动的困境阻碍了人们为了共同的利益而进行合作的尝试。第三方强制执行不足以解决这一问题。自愿性合作依赖于社会资本的存在。普遍互惠的规范和公民参与网络,鼓励了社会信任与合作,因为它们减少了背叛的动力,减少了不确定性,为未来的合作提供了模式。集体行动的困境通过利用外部的社会资本来加以克服。①

集体行动的困境表现为以下三个方面。

第一,集体决策很难,并且集体内的任何一个人追求纯粹的效用最大化都是不可能的。

当涉及集体决策时,我们还会遇到更大困难。在许多制度环境中,组织的决策由一个人作出的观点无法成立。具体地说,当一群决策者而不是一个决策者控制了一个组织的政策包括产权结构这一重要决策时,这种情况就可能出现。一旦决策由集体作出,各种问题就会出现,集体以和个人相同的方式决策吗?最大化集体效用是什么意思?组织并不具有偏好,它们并不是有意识和理性地——像人一样——作出选择。任何一个在委员会上任职的人都了解这一事实。在一个委员会上,通常没有哪个人有权选择结果,通过委员会程序得到的结果很少类似于个人的理性选择。当许多独立的决策者——他们

---

① 罗伯特·帕特南:《使民主运转起来》,江西人民出版社 2001 年版,第 198 页。

的目标分散并相互冲突——被迫相互影响时,集体效用最大化也是不可能的。① 由于集体决策牵涉较多的参与者,他们的机会成本不断变化,目的也各不相同,所以要达成明确的决策会比较困难。而制定决策的交易成本大都要比私人的双边选择高。②

在集体决策下,任何一个人获得的结果皆取决于其他人是如何作出选择的。如果对一个组织来说,一个稳定的目标函数并不存在,那么,任何一致和明确的目标(如交易成本利生产成本最小化)都可能是无法实现的。③ 阿罗证明,个人偏好的混合不可能靠表决程序来加总,从而不可能确保个人所偏好的选择也被集体决策所选中。他证明,会出现各种不一致,它们不会让许多个人偏好无矛盾、无冲突地实现加总。与分散而多样化的个人"货币选票"相比,"集体意志"不可能得到完美的表现。④

第二,不同规模的集团在社会经济中的影响并不与该集团的人数成正比,社会经济的多数规则的实施更多是形式上的。在奥尔森看来,在社会经济体系中,那些人数较少的利益集团在社会利益的分配中往往处于有利的地位,而人数较多的大利益集团由于自身受"搭便车"问题的困扰往往处于不利的地位。奥尔森批评了有组织的压力集团之间的讨价还价可以使冲突利益达成合理、可行的妥协的观点。他认为关键问题在于,极容易形成的群体将是那些把合理集中起来的利益允诺给少数人的群体。在这种情况下,个人会有自愿加入和支持该群体的激励。与此相对照,成员较多、每个个人获利较少的群体可能难以形成,尽管总的社会和经济利益较大也更重要。小规模特殊利益群体可能因此而保有"不相称的权力"。⑤ 许多论据表明,压力集团可以影响政府和政府机构的行为,而且有时是以有利于有关特殊集团、损害整个社会利益的方式来影响的。那些能够获得集中利益的小规模群体要胜过收益或成本更为分散的较大规模群体。压力集团操纵政策的能力也被认为明显是大多数投票人缺乏理性而助长出来的。⑥ 所以,社会经济的多数规则的实施更多是形式上的。人们在各种不同的小的团体互动语境中使用奖惩策略。和博弈论预言的非合作的策略相比,这些策略通常是不一致的,但是更是有利可图的。无论如何,这和博弈理论的家族法则有一致性,这个法则断言,重复偏爱合作。⑦

大的利益集团由于高昂的协调成本、组织成本及"搭便车"等方面的原因,他们很难在产权的形成中发挥有效的作用。为什么多数人难以采取对自己有利的集体行动?这主要有三个方面的原因:一是获得有关可靠信息的高额成本;二是搭便车问题;三是相对较小的人均受损额。⑧ 这样人数少的利益集团很容易达成一致同意,从而在产权的形成中发挥着重要的作用,他们甚至左右着产权的演变。这往往导致社会的产权安排并不是

---

① 埃瑞克·菲吕博顿、鲁道夫·芮且特:《新制度经济学》,上海财经大学出版社1998年版,第27页。
② [德]柯武刚、史漫飞:《制度经济学——社会秩序与公共政策》,商务印书馆2000年版,第350页。
③ 埃瑞克·菲吕博顿、鲁道夫·芮且特:《新制度经济学》,上海财经大学出版社,1998年版,第28页。
④ [德]柯武刚、史漫飞:《制度经济学——社会秩序与公共政策》,商务印书馆2000年版,第351页。
⑤ [英]马尔科姆·卢瑟福:《经济学中的制度——老制度主义和新制度主义》,中国社会科学出版社1999年版,第176页。
⑥ 同上,第189页。
⑦ 诺思:《经济学和认知科学》,《北京大学学报》2004年第6期,第18—23页。
⑧ [冰]思拉恩·埃格特森:《新制度经济学》,商务印书馆1996年版,第62页。

最佳选择,这种产权安排对于既得利益集团来讲是收益最大化,但是对于全社会来讲就不是收益最大化。

第三,不同社会利益集团博弈的结果,并不总是能达到均衡,而往往形成特殊利益集团。特殊利益集团的形成打破了新古典经济学关于集团或集体"匀质"的假设。政治上的理性无知所导致的收益和成本既不能胡乱地也不能均匀地分派给人们。投票者脱离组织成个人与正在争议的问题没有较大的利害关系,那他们有效地寻求自我政治利益将会受到严重阻碍,而组成特殊的利益集团能增进政治利益。例如,钢铁行业工会会主动要求政治保护,限制进口。在这种保护中,他们认识到了他们自己的利益,并且,他们会为这种利益而采取行动。保护带来的收益会相对集中到对该行业进行投资经营的少数几个人身上。他们的收入明显要受此影响。保护会带来较大的成本,但通常能分散出去,由为数众多的纳税人和消费者来承担。成本的淡化使得成本的承受者在政治上变得无效率。

特殊利益集团的政治力量不仅源于能容易地实现将收益集中到他们自己身上的政治方案,而且还源于组织其活动的成本较低。成本较低的原因在于,集团成员经常在工作时就能彼此保持联系。而分散的个人,即使他们打着同样的政治利益,承担的则是较大的组织成本。因此,仅仅当这样做时物质上的或金钱上的收益大于组织动员特殊利益集团所需的成本时,他们才会克服这一困难。①

为什么有些制度安排能够成功地克服集体行动的困境,而有些则失败了呢?在奥斯特罗姆看来,制度设计的原则很重要,如制度的界限得到清晰的界定;有关各方参与了规则的制定;违规者要受到分级惩罚;拥有低成本的解决冲突的手段等。现在的问题是,克服集体行动困境的正式制度是如何产生的?参与者自己似乎无法创造制度,所以他们首先需要有个制度。有了制度还需要实施制度的软环境,诸如共同体和信任,"在一个存在着囚犯博弈困境的社会里,合作性共同体将使理性的个人能够超越集体行动的悖论"。②

第四节　制度选择中的利益集团

由于公共选择不涉及双向的付出和收益,只涉及非相互性的好处,它就很容易导致搭便车、道德风险、公地悲剧和代理人机会主义。因此,集体行动经常要依靠自上而下的命令和合法强制。我们前面的分析已经说明,在一个小集团中,一个成员可以获得总收益中很大的一部分,即使他个人承担全部的成本,比起没有这一物品时他仍能获得更多的好处,这时的集体物品有可能被自愿提供。与此相反,在一个大集团中,没有某个人个人的贡献会对集团整体产生很大的影响或对集团中任何一个成员的负担或收益产生很大的影响,那么,"除非存在着强制或外界引导大集团的成员为实现他们的共同利益而奋斗,不然集体物品不会被提供。"③所以,本节我们将着重分析利益集团对制度选择的影响。

---

① 哈罗德·德姆塞茨:《竞争的经济、法律和政治维度》,上海三联书店1992年版,第62页。
② 罗伯特·帕特南:《使民主运转起来》,江西人民出版社2001年版,第195页。
③ [美]曼瑟尔·奥尔森:《集体行动的逻辑》,上海三联书店1995年版,第37页。

一、利益集团与政治行动

什么是利益集团？杰弗利·贝利(Jeffrey Berry,1989)将其定义为"一个由拥有某些共同目标并试图影响公共政策的个体构成的组织实体。"①利益集团最广义的定义既包括了自愿成员也包括了非自愿成员，还包括各类合法并机构化的形式。如公民利益集团（"共同理想协会"）、非营利性机构（"美国青年俱乐部"）、公共部门组织（"全国县区协会"）、企业利益集团（"抵押银行家协会"）等。利益集团之间在规模、资源、力量和政治导向上有显著区别，但它们的共同点是成员间存在这某种程度的共享利益。利益集团代表消费者、生产者、行业、选民、工人、政府、地区、江河流域、无家可归者和几乎人们能想像到的所有其他分类。

（一）公民需要政府的保护

公民为了保证自己的基本权利得到实施，必须借助政府的力量。"靠集体行动保护秩序和法治的做法可谓源远流长。"②在远古时期永久定居的村落、中世纪的集镇和城市等共同体内，为了裁决冲突，并尊崇或制定能据以解决或避免共同体成员间冲突的原则（正式制度），出现了国王、高级僧侣和法官。人类早期的仲裁者（第三方裁决者）的角色，一开始被授予那些受人尊敬并富有经验的长者，后来出现了正式的、产生统治者的宪法性的正式制度安排。集体行动、政治权力和政府的概念也由此而产生。"为了共同体利益，一些特定的行动被付诸实施，特定的官员或官方组织获得了凌驾于普通公民和公民团体之上的权威和强制性权力。在这些情况下，都必须由宪法性安排来决定集体行动的基础：如何任命代表，如何分配集体行动的成本和获益。"③在当代，供应者院外集团与政党之间的相互作用极大地影响着公共选择。

如果我们处于无政府状态，一部分公民为防止被另一部分公民强制，就必须抵抗他人以保卫其财产。根据交易费用理论，这种排他性成本和强制执行成本是极高的。它们将抑制大量的有利的劳动分工并阻碍繁荣。所以，在这里，保卫公民的生命财产安全，就成了集体利益。如果公民雇用一个代理人——国家或政府（国家理论中将详细阐述其职能），赋予它保卫和平的使命（合法使用暴力），将大大降低安全成本，节约更多社会资源。为了保护公民的安全，公民必须让他们的代理人掌握实施强制的权力，同时必须保证代理人（政府）不用这些权力反对委托人（公民）。

政府如何保护公民的安全及维护公民的自由权利呢？答案就是必须建立和实施一套制度，以维护社会秩序。这套制度适用于所有公民，它不允许公民使用暴力、欺骗或其他非法的暴力方式来实现自己的目的。如果没有这样的制度安排，自由就会变成放纵和无序。在现代社会里，公民赋予政府实施强制的权力都被正式地制定在宪法、刑法和民法之中。因此，我们可以说，公民的集体行动或选择产生了制度，制度反过来服务于公民。

---

① [美]乔·B.史蒂文斯：《集体选择经济学》，上海三联书店1999年版，第239页。
② [德]柯武刚、史漫飞：《制度经济学——社会秩序与公共政策》，商务印书馆2000年版，第358页。
③ 同上。

(二) 其他利益集团对政治行动的需求

供应商或有组织的供应商利益集团(行会),为了减少他们的竞争压力和节省他们的竞争成本,总是试图获取政治干预。即愿意付出代价谋取政治偏袒(采取寻租行动)。而政治代理人因代理人机会主义倾向自愿地通过管制市场和限制市场进入机会来做出回应。也许有些干预是合理的,例如政府制定统一的货币制度,有利于降低市场的交易费用。但大多数场合,政府的管制排除或阻碍了潜在竞争者,增加了市场参与者的服从成本,限制了缔约自由。

在民主国家中,从事寻租的企业集团有能力求助于政治家,因为政治家本身要为连任、政党赞助或宣传而竞争。因此,追求利益最大化的厂商们会对靠政治努力"强化"对他们有利的市场环境形成一种很强的需求。当政府主体向生产者发放特许权或征收关税以设置市场进入障碍时,会促使供应商由经济竞争转变为卡特尔或垄断。卡特尔是指卖方所达成的只按统一销售条件进行供应的协议。这样的卡特尔协议干扰了买方的自由权,购买者自由选择销售者的权利会因卖方的联合行动而变得毫无意义。

议员、官僚和其他政治主体同样有很强的动力来提供偏袒,保护生产者利益集团。这些政治权势的掌控者们,通过立法、管制或通过司法裁决降低市场中供应商之间的竞争强度,可以证明他们自己对于那个行业中的少数供应者和工人具有重要意义。政治企业家们借助政治权势对产权进行在分配,并追求由此产生的回报。实施干预的政府官员和议员可以通过征收特许权费、政党经费赞助、政治支持或为退休官僚和政治家提供有利的企业职位,或者通过直接的贿赂等方式,共享他们分配给受管制行业的利润。

对竞争过程的政府干预一般都以供应商利益集团为后盾,并有害于众多无组织的购买者。因为相对于同一市场中成千上万的购买者来说,供应商是更有组织性的"特殊利益集团"(小集团),他们更容易达成一致,采取集体行动来强化他们对政府的谈判力。相反,有损竞争的政府干预(供应商集体选择的结果),由于对每个购买者的损害大都很小,不值得他自己为抵制这种干预而劳神费力地进行游说。因此,干预政策的公共物品性质及购买者潜在利益集团(大集团)的特征,决定了购买者不关注且不采取政治行动来反击供应商的院外集团和政治偏袒是完全合乎情理的。最终,一项干预政策就可以在无人注意的情况下被付诸实施。因此,我们可以得出结论:当政治权势的掌控者与少数有影响力的供应商串通一气时,必然将企业家通过经济竞争和创新争取有利的市场环境中,引向通过寻求政治偏袒——寻租行为,实现他们的目标。

总之,利益集团的产生和激增,说明利益集团确实有向被选出的政治代理人转达企业或公民偏好的作用。鲍姆加特纳和沃克在有关政治参与的一个调查中发现,在美国有90%的公民卷入了集团。他们调查的这些人每人平均参加四个团体。而且,很多利益集团以保护和增进企业、专业、工人和地区经济地位的形式存在。企业寻求进口限制,国内工人寻求对非法移民的限制,城市和地方想获得直线加速器设备或者国防工厂,专业人员集团则想政府授予能力合格证书从而限制人数。所有这些集团的努力,都在创造稀缺性,以使受保护利益获得的价格上涨,并为那些能影响公共政策的人创造租金。

(三) 政治行动的成本

集体行动的代理人——政府,为了履行其各种职能,必须耗费资源。这被称为政府的代理成本。这部分成本必须弥补,通常是靠强制征税。而征税和管理公共资金又会进一步引出各种代理成本。不仅如此,集体行动还强加给公民服从成本。这些成本都是公民们在服从政府法律和政府管制时所必须承受的资源消耗。例如,公民在服从税法时,纳税人必须准备各类复杂的文书,或者厂商必须监视并报告特定的活动。

政府行政和法律的设计对服从成本的水平具有很大的影响,为了对法律和管制措施进行微调和重构,往往会频繁地变更程序性的管理指令,而这些也会抬高服从成本。应当指出,许多服从成本是固定成本,从而与大型公司相比,小企业所面临的成本障碍会相对更高,而大公司更有能力负担专业法律部门和政府关系部门的运作。因此,对于外来者的竞争、创造就业和各种小型新兴企业的创新来讲,服从成本是一种进入障碍。

此外,在政治组织和行政组织中,委托—代理问题存在于集体行动的每一个层面。因为,代理人(官僚、政治家),作为内部人,比他们的委托人(外部公民)更了解情况。然而,与代理人(经理)要受竞争约束的企业不同,在政府里,对委托—代理问题缺乏自动监察,这就造成了更大的信息不对称,并最终为代理人机会主义造成了更多的机会。它往往源于有组织的利益集团与政府机构之间的共谋。在多数政治系统中都存在着政治市场,它服务于干预和针对政府普适制度的歧视性变通,即寻租活动。政治性干预市场的供给方,政治家、官僚和法官,从事设租活动(rent-creation)。因此,政治市场中的委托—代理问题的大量存在,产生了巨大的委托—代理成本。

(四) 最优规则的选择

如何选择以及按什么标准选择投票规则呢?这正是最优规则所要研究的内容。现在让我们先来看看关于最优规则选择的成本分析模型。

布坎南与塔洛克在1962年出版的合著《一致性的计算》中,首先提出以成本分析为基础,考察最优公共选择规则的观点。由于某种特定规则一旦被选中,将适用于集体决策的所有参与者。这种集体决策的内在强制性,使得每一个参与者在集体决策规则的选择过程中,都面临着性质完全不同的两种成本:外在成本与决策成本。

所谓外在成本,是指在规则的选择中,由于其他人的行动而使单个参与者预期个人所需承担的成本。外在成本在个人的控制能力之外,是通过集体决策的内在强制性而施加给单个参与者的。当集体选择结果与参与者个体的实际偏好一致时,该个体承担的外在成本为零;而当两者不一致时,由于该个体必须接受与自身偏好不相符的集体选择结果,因而他所需承担的外在成本为大于零的正数,并且随着这种不一致程度的增加,外在成本额也随之增大。

如果用函数关系来描述则为,由于其他参与者的行动而使第三个参与者所承担的预期外在成本的现值,是最终的集体行动方案被采纳前所需赞同人数的减函数。这里的赞同人数是从1到整个参与者集体之间的任一种人数规模。当所需的赞同人数为1,即当集体决策权被某一特定社会成员所独揽时,由于经济人的自利性,独裁者将按自己的意愿做出抉择。这种个体意愿在很大可能性上将与其他参与者的爱好不一致。因而,其余参与者将预期到他们所面临的外在成本值最高。而当所需赞同人数等于总的参与人数,即当集体决策按全体一致同意规则制定时,由于每一个参与者的愿望都将在最终的集体选择结果中得以反映,任何参与个体都不需要承担由于他人行动而强加给自己的成本负担。在集体决策中,随着所需赞同人数从一个到全体参与者的逐渐增大,单个参与者的外在成本将按递减的比率逐渐下降。

决策成本则指单个参与者为了使集体决策得到所需的同意人数规模而耗费的时间与精力。这种时间与精力的耗费,我们统称为决策成本。当集体决策只需要一个人作出时,决策成本极其微小,可以忽略不计。当集体决策需要全体一致同意时,每一个参与者的偏好对最终的集体决策结果都起着决定性的作用,所以作出集体选择的耗费最大,决策成本值最高。在所需赞同人数处于一个到全部参与者人数之间时,集体决策的形成需要参与者之间不同程度的讨价还价,随着人数的不断增加,讨价还价行为发生的可能性也将成倍增加,从而使决策成本以递增的比率上升。这样,决策成本与作出集体决策所需赞同人数之间存在着一种增函数关系。

外在成本与决策成本之和构成社会相互依赖成本。作为理性的选择者,当面临决策规则的选择时,追求自身效用最大化的动机,将驱使他按最低的相互依赖成本进行规则的选择。用这时所对应的集体决策所需要的赞同人数,我们就能确定出投票规则所对应的赞同比例。例如,若总参与人数为 101 人,根据上述方法所得到的最低社会相互依赖成本,要求一项集体决策的作出有 63 人赞同,那么,这时的最优规则就是一种以 63/101 为比例的多数规则。

上述成本分析很直观,但不论在理论分析还是实际应用中都存在着问题。通常,我们只能一般性地了解这两种成本与决策规模之间的关系,而几乎无法具体地测量这两种成本。再者,上述最优规则的选择只是就个体而言,不同的个体可能有不同的最优规则要求,如何综合以解决个体之间的差异,在现实中也不易做到,因为第一个问题就是信息不完备,特别是当人数众多时。

为了避开成本分析模型所面临的困境,雷依于 1969 年,仅基于上述外在成本概念,建立了一个关于最优选举规则的概率确定模型。这种模型的要点并不是极小化社会相互依赖成本,而是极小化决策结果与个人偏好不一致的可能行。它的基点是:最好的选举规则应是那种能使这种偏离的可能性达到最小的规则。基于这种模型,他证明,多数规则是一类比较理想的投票规则。仅当公共组织的互相依存成本低于市场组织的互相依存成本时,活动推移到公共部门才是理性的。虽然参与决策的只有少数人,但公共组织的外部性成本会非常高。随着决策规则涵盖人数的增加,外部性成本下降,但决策成本上升,并最终推动公共组织互相依存成本的上升。[1]

二、利益集团对制度选择的影响

奥尔森分析了利益集团对经济发展和制度变迁的影响,认为利益的变化是制度变迁的基础。如果一个社会允许某些特殊利益集团具有强权地位,那么他们会拼命剥夺整个社会的利益,但如果有不同的利益集团形成相对均衡的态势,则会对社会产生正面影

---

[1] [英]马尔科姆·卢瑟福:《经济学中的制度——老制度主义和新制度主义》,中国社会科学出版社 1999 年版,第 183 页。

响。① 制度均衡是这样一种状态,即在行为者的谈判力量及构成经济交换总体的一系列合约谈判给定时,没有一个行为者会发现将资源用于再建立协约是有利可图的。要说明的是这一状态并不意味着,每个人对现有规则和合约都满意,只是由于改变合约参加者游戏的相对成本和收益使得这样做不值得。现存的制度制约确定和创立了均衡。② 国家在某种程度上讲是不同集团的集合体。统治者就是这些不同集团利益的"均衡者"。正如舒尔茨所指出的那样,"处于统治地位的个人在政治上依赖于特定群体集团的支持,这些集团使政体生存下去。经济政策在这个意义上讲是维持政治支持的手段。"③制度安排(包括产权制度)的变迁经常在不同群选民中重新分配财富、权力和收入。如果变迁中受损者得不到补偿,他们将明确地反对这一变迁。一个强有力的集团也可能促进那些有利于这个集团收入再分配的新制度安排,尽管这种变迁将损害经济的增长。显然,包括产权在内的各种制度安排并不完全取决于效率(或经济)原则,它们还取决于不同利益集团的规模、地位以及与统治者的关系。在民主与法制健全的制度环境下,在经济上强势的利益集团一般不会转变为政治上的强势利益集团,或者会大大地受到限制。

拉詹与津加莱斯认为,越来越多的研究者提出建立经济增长需要的制度基础是最重要的因素,但这是不够的。他们研究思路认为,人们在初期得到的人力和物质资本禀赋的数量有差异,这种初始资源和机遇的差异决定了人们有不同的偏好,并结成了不同的政治利益集团。各种集团将通过投票来决定国家的政策和制度,从而影响未来的资源分配甚至未来的政治利益格局(见图9.2)。④ 所以,与其关注制度的缺失,不如关注需要良好制度的利益集团的缺失。这将使未来的讨论转移到要素禀赋与如下的问题上:我们怎样才能改变贫穷国家的要素禀赋,特别是克服占据统治地位的利益集团的阻力?这个问题可能比如何改变制度的问题更有指导意义。

我们如果考虑到利益集团对制度选择及制度制度的影响,转型时期的改革和制度建设并不是像我们认为的那样简单。根据拉詹的分析,制度和教育的确是不发达状况持续的可能原因,但更深层的因素,是自我持续的利益集团的存在。"发展陷阱"的本质在于,不利于经济发展的初始条件(比如教育资源的初始分配)造就了其特定的支持者,这些支持者构成的利益集团又成功地使那些坏的政策得以延续,并继续产生新的支持者,从而自我复制。因此,要改变不发达状况,就"必须把注意力从坏的制度,转向需要这些制度的人们",否则徒劳无功。⑤

集体行动的困境对制度的影响是多方面的,本节主要分析集体行动困境对制度的性质、制度变迁的速度及制度的效率影响。

1. 制度的非中性

我们可以从制度的普适性上把制度分为两类:一是中性制度,即对社会的每一个人

---

① 罗金生:《利益集团与制度变迁:渐进转轨中的中小商业银行》,中国金融出版社2003年版,第2页。
② 道格拉斯·诺思:《制度、制度变迁与经济绩效》,上海三联书店1994年版,第115页。
③ Schultz, Theodore W. *Distortions of Agricultural Incentives*, Bloomington: Indiana University Press, 1978. P10.
④ 拉古拉迈·拉詹、路易吉·津加莱斯:《痼疾难消的贫困:政治制度、人力资本还是利益集团》,载吴敬琏主编《比较》(第二十五辑),中信出版社2006年版。
⑤ 国际货币基金组织(IMF)首席经济学家拉古拉迈·拉詹(Raghuram G. Rajan),在清华大学经济管理学院主办的"世界计量经济学会2006年远东会议"的演讲。

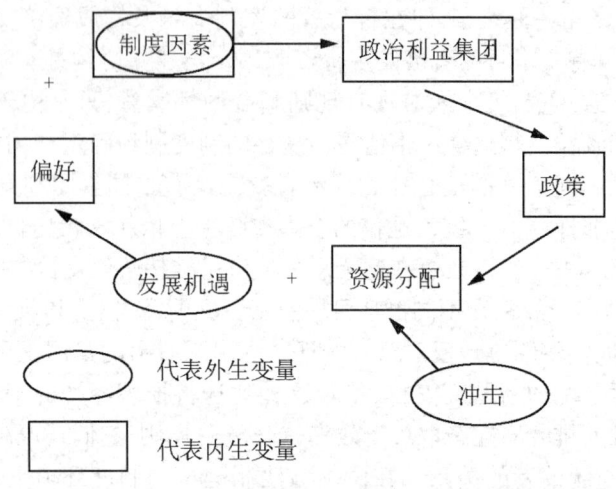

图 9.2 模型

而言有益、或至少不受损的制度;一是非中性制度,即给社会的部分成员带来好处并以另一部分人受损失为代价的制度。如货币制度以及交通规则的确立等,均可以被算做是以公共产品的形式被创造出来并存续下去的增进全社会福利的中性制度。而另一些制度,如井田制、王莽的币制改革、美国宪法(虽然私有财产神圣不可侵犯,但家徒四壁者和腰缠万贯者在该制度下的受益程度大相径庭,却是一个不容辩驳的事实)等,则都可归入非中性一类。换句话说,在中性制度下,没有什么人的利益受损,却至少使一人获益,从而使整个社会福利水平提高。相应地,在非中性制度里,却有人受损,有人获利。

制度的非中性主要体现在以下几个方面:

第一,制度可能只为部门利益服务,而且还可能损害其他群体或社会整体。新制度经济学对国家的考察,尤其是对寻租以及对压力集团和分配联盟影响的研究,就常有这种含意。老制度主义有时候也把制度看做牺牲他人或长期社会利益而为某些集团利益服务的东西。这在凡勃仑有闲阶级和金融精英的分析中就非常明显。[①] 利益集团对制度安排的影响是股强大的力量。这就有可能导致制度的非中性。中立的国家是很难的,没有偏向的国家是不存在的,不同利益集团之间的博弈及其不平衡将会影响国家目标及其行为。集团行动主要表现为介于个人与国家之间的各种中介组织,如行会、产业工会、宗教、党派等。在我国,现在一些主管部门(部委)往往成为本产业或行业的代理人,这是我国社会经济转型中一种独有的现象。从表面看,他们代表国家和整体利益,但是实际上(甚至表现在一些规则的制定),他们往往代表了本产业、本行业的利益,这是我国不同行业收入差距扩大的重要原因之一。这些行业如果容易采用国有体制,更加剧了利益集团对经济的负面影响。这些组织往往代表一个群体的利益,他们与国家之间的博弈关系对于一个国家的制度及其体系的形成产生了重要的影响。行业之间的利益失衡的行业垄断成为我国社会经济发展中一个重要制约因素。

---

① [英]马尔科姆·卢瑟福:《经济学中的制度——老制度主义和新制度主义》,中国社会科学出版社 1999 年版,第 98 页。

第二,制度非中性表现为产权变化的再分配效应。一个群体为使产权发生有利于其成员的特殊变化,可能会投资于游说,投资于政治捐款。尽管这种产权安排给国民收入总水平带来负面影响,情况仍然有可能发生。因此,要理解"观察到的产权模式",必须分析"经济和制度变迁的成功者与失败者,以及他们在具体政治环境中的相互作用"。根据奥尔森(1971)的说法,一般认为,再分配的趋势是从"广义利益到狭义利益,从非集中产业到集中产业,从无组织者到有组织者",但到底"哪些群体能充分组织起来赢得再分配的利益",可能因时因地而异。① 公共的再分配政策大都被一种"供应者偏向"所左右,尤其是若环境已长期未受扰动,从而既得利益和政治联盟已有足够的时间变得固若金汤的话,更是如此(Olson,1982)。②

第三,许多制度都是由独裁者、强势利益集团和政治上的多数派创立的,他们建立这些制度的目的就是为了牺牲他人利益从而使自己获利。例如,公共选择理论就认为国家所有权就是在任的政治家用来向庇护人分配职位和取得政治支持的一种手段(Shleifer & Vishny,1998)。③ 在同一制度下不同的人或人群所获得的往往是各异的东西;而那些已经或将要能够从某种制度安排中获益的个人或集团,也定会竭尽全力地去为之奋斗。这两句话所展现的,便是有关制度非中性和利益集团理论的精神实质。个人及其在自愿基础上结成的集团,为获取制度收益而"争权夺利"本无可非议,但是这里的关键点在于,那些最终给某些个人带来好处的制度安排,很可能使其他人的"经济"选择既与其预期目标、又与整个社会福利相脱节。④ 由于存在交易费用、搭便车和信息的非对称性,一些仅对特殊的利益集团有利的产权制度的建立给整个社会的产出造成了重大损失。

2. 制度变迁的进程受到影响

利益集团既可能有益于制度调整,也可能不利于制度调整,这要取决于有影响力的寻租集团如何影响他们;而这种集团中会盛行部落保护心态。因此,与从事寻租活动的院外集团结盟的议员和官僚往往能巩固歧视性的外在规则,阻挡对外开放,妨碍支持竞争的规则不断演化。事实上,在多数国家和多数时代,这都是人类和统治方式的通常状况。⑤ 政治机会主义会产生出制度刚性和硬化症。当人们为应付变化了的环境而调整外在制度时,其破坏性一般会少于反映政治机会主义的规则变更。现代大众民主国家中存在着有组织利益集团的多变联盟,并坚持社会福利政策,这造成了大量机会主义性质的、往往是非常短命的立法。这可能会以对立的、极其蛮横的方式与内在规则系统相冲突。即使变化了的环境在呼唤有利于整个共同体的调整,既得利益集团仍会维护既有规则,反对调整。实际上,外在制度有可能变得极其僵化,以至于有损物质进步和人类的其他基本欲望。⑥ 政治方面的动机往往是设租,而不是在外在制度中导入阻止寻租的变革。当集体行动的发起者们坚持歧视性的外在规则时,发生经济停滞和衰退的可能性会变得更高。⑦

---

① [英]马尔科姆·卢瑟福:《经济学中的制度——老制度主义和新制度主义》,中国社会科学出版社1999年版,第139—140页。
② 同上,第392页。
③ S.詹科夫、R.拉·波塔等:《新比较经济学的新视角》,吴敬琏主编《比较》,第4辑,2002年。
④ 张宇燕:《经济发展与制度选择》,中国人民大学出版社1992年版,第145—153页。
⑤ [德]柯武刚、史漫飞:《制度经济学——社会秩序与公共政策》,商务印书馆2000年版,第489页。
⑥ 同上,第481页。
⑦ 同上,第484页。

在议会制民主政体下，一项拟议中的外在规则变革要得到采纳，首先必须有足够数量的民众和民间组织在内心认可这项变革。他们认可这项改革的原因，既可以是因为他们期望从中受益，也可以是由于他们容忍这项改革，因为这项改革的负面影响不大。第二，接受一项规则本身并不能保证这项规则是有益于经济增长的。例如，只要共同体中有足够多的成员认为关税保护有益且其负作用微不足道，它就会因获得广泛赞同而被保留下来。①

在不发达国家和发达的民主经济里，政治过程常常在固化经济结构方面都有很大的影响力。在不发达国家里，已形成的既得利益集团可能握有统治权。而在发达的民主经济中，院外集团和谋求私利的权势集团可能把持政治过程和行政过程，抵制适应新条件的结构调整。② 既得利益集团如何阻止有效的制度变迁？一是这些既得利益集团往往从舆论上打着国家利益的招牌，进行院外活动，影响政府制定对自己有利的产业政策或保护政策；二是对新的进入者设置障碍，即斯蒂格勒所说的一种管制需求，强调管制，以行政的手段分配资源等；三是在这种有利益集团影响的行业或部门往往形成以行政垄断为支撑的产权结构，其他经济主体很难进入这些行业，产业缺乏竞争，从而导致低效。

奥尔森在其《国家的兴衰》(1982年)中扩展了他的早期分析，用寻租理论分析经济制度。奥尔森认为，集体行动跟个人行动一样是自然的，一旦"公共品"被控制，特殊利益集团将发展起来。奥尔森用集体选择理论解释为什么不同社会的增长率不同。他的主要观点是：寻租过程(人们为自己特殊利益进行疏通而组成集团)给社会带来了限制和约束，减慢这个社会的增长率。他认为，如果一个国家不经历战争一类突发性的制度变化(有人把这种变化称之为"奥尔森振荡")，那就不能打破这些既得利益集团，经济增长将变得越来越缓慢，最终停滞。

我国利益集团对一些政策和制度的影响越来越明显。这主要表现在产业政策和再分配及社会保障领域。例如，目前国内的房地产市场，一方面是有效的规章制度由于受到既得利益集团激烈反对而无法推行。如2003年央行推出的121文件，本来是对房地产市场金融规范的一个有效文件，却因为遭到强大的房地产商的反对，而被有利于房地产商的18号文件所取代。另一方面，过时的、不适应变化了的市场环境的制度则由于有利于既得利益集团而无法调整与改革。如住房预售制度，本来是计划经济条件下的产物，是一个由消费者单边承担风险的制度，是一个严重掠夺消费者利益的制度，由于职能部门倾向于房地产商的利益而迟迟不进行改革(易宪容，2006)。还有我国公务员和事业单位的社会保障(退休及医疗保障)改革因为该集团的抵制和反对而无法进行。一些强势利益集团一方面享受着政府保护(体制内)的好处，另一方面又可以在市场体制中追求自身利益的最大化。社会的公平及公平分配被利益集团所侵蚀，不规范的利益集团的博弈及强势的再分配一方面导致收入差距的扩大，另一方面增加了社会的交易成本，使共享式增长难以实现，从而使收入增长缓慢。

3. 制度选择的低效

如果引入利益集团因素，那么制度的效率就会受到影响。诺思(1994)说："制度并不一定是，甚至经常不是按社会效率来设计的，相反，它们(至少正规规则)是为了服务于那

---

① [德]柯武刚、史漫飞：《制度经济学——社会秩序与公共政策》，商务印书馆2000年版，第483页。
② 同上，第19页。

些具有创造新规则谈判能力的利益集团而创造的"。① 经济政策(包括制度设计)的制定是一个动态博弈,其条件是不确定的和不断变化的,其规则在形成过程中至少有一部分由参与者制定。每个参与者都想竭力控制随后的博弈,以尽量获得有利于自己利益的结果。② 在这个博弈过程中,小利益集团在制度选择方面往往处于主导或有利地位,现假设小利益集团决定着制度的选择,如果小利益集团与大利益集团的利益的选择是相容的,那么制度是有效率的,如果这两者的利益是不相容的,那么有利于小利益集团有利的制度,从整个社会来看,那么就不是最有效的。

制度的产生反映的是利益集团之间建立在实力原则基础上冲突与妥协的结果。但这并不等于就是说制度的确立,都会满足效率原则。因为制度设计本身,最初可能就不是以增进普遍或社会福利、而是以集团利益为目标的。此外,制度与效率结果之间并非是一一对应的关系。而是必须要经过人的活动或选择。制度设计并非必然地导致稀缺资源的有效配置。即使我们有完善的制度形成程序,但由于集体决策中形成一致规则(或制度)的成本太高,以至于我们不可能在制度上达到帕累托最优状态。

拉丰和梯若尔也考察了政治的不确定性将使政府不会从长远的角度来制定政策,但他们认为,如果当权的政府总是偏向某一个特殊的利益集团,并且放任政府锁定这个对该利益集团有益的政策,对社会可能是有害的,因此,制约与平衡是十分重要的。③ 利益集团与强势政府的结合不利于发展方式的转变和体制机制的创新。利益集团与政府的关系有多种组合。在民主和政治体制成熟的国家,在有效权力制约体系下,利益集团对政策和制度的形成都会有影响,但不会形成特殊利益集团或既得利益集团,从而可以形成制度均衡。而在政治体制不成熟的国家,由于缺乏有效的权力制约体系,不同利益集团的博弈中会产生特殊利益集团或既得利益集团,少数利益集团成为强势的利益集团,他们直接或间接的影响政策和制度的制定。这些特殊的利益集团在追求自身利益最大化的过程中,往往是以牺牲其他利益集团的利益为代价的。

三、制度决定中的"数量悖论"

按照奥尔森的分析,在社会经济政策和制度的决定中,往往是人数少的利益集团容易形成一致行动,容易克服搭便车现象,从而能影响社会经济政策和制度的决定,而人数多的利益集团存在集体行动的困境,在社会经济政策和制度的决定中往往处于不利的地位。这就是制度决定中的"数量悖论",中国农民及三农问题就存在数量悖论。

制度演进的方向与一个社会中利益集团之间的博弈规则、过程和结果相关。制度演进的方向是由社会中处于强势地位的利益集团决定的。强势集团之所以能够决定制度演进的方向,主要是通过获得权利决策机构的大多数席位来控制国家政权以影响制度的制定。思拉恩·埃格特森认为,个人既可以在既定的制度框架内专心生产,也可以从规

---

① 阿维纳什·K.迪克西特:《经济政策的制定——交易成本政治学的视角》,中国人民大学出版社2004年版,第17页。
② 同上,第21页。
③ 同上,第52—53页。

定制定者、立法者和政府机构中争取法律或规则的有利变动,以实现个人财富最大化,具体途径取决于改变权利结构的相对成本。当成本较低时,有影响的利益集团会影响制定一些使社会的生产能力只部分实现的经济制度。① 人们为了自身利益,在制度规则制定与实施的过程中,会通过各种活动尽量使制度向有利于自己利益的方向倾斜。

布坎南认为制度就是决策规则。决策本身的好坏是影响个人和社会效用的直接原因,但决策的好坏取决于决策机制。不同的决策规则会产生不同的决策结果,因此,关键不是选择什么样的决策,而是选择什么样的决策规则。② 规则比决策还要重要。各级人民代表大会中各阶层代表名额比例分配是最重要的决策规则之一。从经济学角度看,正如布坎南所说,一致同意是帕累托最优的政治对应物,但前提是平等的投票权。换言之,在权利上不平等,在经济上就无效率。一个社会中最大的人群被压缩了权利,经济政策就会出现系统性的偏差。从几十年的农业政策史及其经济后果来看,缺少一个反映农民利益的、平衡的政治结构,是我国社会经济生活中许多损害农民利益进而损害全社会利益的政策轻易出台的重要原因。对于制度和政策,如果农民能够直接发出与他们的人口比例相称的声音,我们就直接将损害农民的政策排除在外。因此,给农民以真正平等的权利,是避免我国农村政策失误的宪法层次的解决办法。③

据统计,十届全国人大代表中工人农民仅占代表总数的18.46%,而农村人口占全国人口的64%,其代表比例显然过低(见表9.1)。如果在代表结构上忽视农民这个最基本和最主要的群体,是无法真正保护农民的切身利益的。在我国,虽然宪法规定每个公民的权利是平等的,但选举法实际上却规定:农民选举1个人大代表的人数是城里人的4倍,也就是4个农民的权利相当于1个城里人的权利。为什么农民的利益长期被忽视?这背后实际上是一种体制性原因。

表9.1 全国人民代表大会农民代表比例及改革开放以来历届全国人大中应选和实选农民代表一览表

届别	代表总名额	农民代表比例%	应选农民代表	实选农民代表	实选占应选比例%
一届	1226	5.14			
二届	1226	5.46			
三届	3040	6.87			
四届	2885	22.9			
五届	3500	20.59			
六届	2978	14.9	668	348	53.7
七届	2970	10.5	680	312	50.5
八届	2978	9.4	708	280	35.9
九届	2981	8	876	240	27.4
十届	2985	8.4	815	251	30.8

资料来源:王开盛、杜跃平:《投票参政权、城市偏向制度与城乡收入差距》,载《经济体制改革》2006年第3期。

---

① [冰]思拉恩·埃格特森:《经济行为与制度》,商务印书馆2004年版,第242页。
② 盛洪:《经济学透视下的民主——谈谈有关公共选择的经济理论》,汤敏、茅于轼《现代经济学前沿专题:第二集》,商务印书馆2002年版,第99—100页。
③ 盛洪:《让农民自己代表自己》,《经济观察报》2003年1月27日。

在城乡利益博弈中,人数众多的农民处于不利的地位。

在我国的国家权力构架下,农民的政治活动空间和组织行动能力不能有效地影响国家政策的形成。而在发达国家中,农民人数的比重很低,农业产值在国民生产总值中也只占很小的份额,但农民在国家政治生活和决定农业政策方面一直发挥较大的作用,农民组织给政府决策带来了巨大政治压力。农民是政治天平上有分量的砝码,具有举足轻重的作用。谁忽视农民,谁在政治市场上就处于不利地位。如在日本,自本世纪初就开始实行农业保护政策,其主要农产品特别是大米的价格远远高过了国际市场价格。究其原因,就在于日本农民具有较强的利益表达能力,在政治市场上处于优势地位。目前日本农业人口不足全国总人口的5%,但控制着全国25%的选票,并且有自己的得力团体——农协,从而迫使政府决策顾及农民的要求。①

从效率改进的角度来看,城乡二元体制的取消并不是帕累托改进,而只是卡尔多改进。因为二元体制使得城市户口成为一种许可证,并且包含着租金,而城乡一体化会使之消散。偏向城市的政策作为一种制度安排,是人与人之间在长期博弈过程中所达到的一种稳定的均衡状态(青木昌彦,2003)。从这个角度理解,城乡体制的存续也应该是城乡两部门政策博弈的结果。我们首先假定在放弃赶超型发展战略之后,政府面临政策的重新选择,此时,有影响力的集团将左右其政策导向,那么偏好城市的制度安排是如何被维持的呢?②

从城市偏向政策向城乡关系平等和两个部门均衡发展环境的转变,关键在于农民人数的大幅度减少。一方面,当农业中就业人数减少后,农民影响政策形成的信息成本、搭便车成本和其他交易费用都相应降低,从而其政策影响力提高。另一方面,这种相对人口比重的变化导致不同利益集团游说激励相对强度的改变,从而政策朝相反的方向进行调整。这时政策会朝有利于农民的方面转变。一项利用可计算一般均衡模型进行的模拟表明,在农业普遍被剥夺的贫穷国家,农民及其代理人寻求农业价格保护或反对工业保护这类贸易政策,所能够获得的潜在总收益,只是农业普遍受到保护的富裕国家同一利益集团的1/9至1/6;而与此相对应,贫穷国家工业资本家及其代理人寻求对工业的保护和对农业的剥夺的激励强度,却是富裕国家同一利益集团的10倍以上。在贫穷国家和富裕国家,靠剥夺农业来支持制造业的贸易政策,给工业资本家带来的收益,比给农民带来的损失,分别高9倍和4倍以上。可见,农民相对于资本家游说活动的交易成本不谈,激励的强度也足以说明政策的可能取向。③

农业部门存在一种数量上的悖论:人数众多,但政治影响力微弱。城市部门的影响力至少是农村部门的1.4倍(7.6亿:5.4亿)。从城乡政策的收益范围来看,城市部门的这种集体行动的优势还会进一步增强。因为,①一个城市的开放政策对农村居民的收益会溢出给别的地区,而维持分离体制的收益由本城市居民独占,所以,对一个特定城市而言,当它决定是否要放开乡二元政策时,城市居民的利益集中,活动能力强,而农村居

---

① 李成贵:《国家、利益集团与"三农"困境》,《经济社会体制比较》2004年第5期。
② 傅勇:《城乡差距、数量悖论与政策偏向》,《经济社会体制比较》2005年第4期。
③ 蔡昉:《城乡收入差距与制度变革的临界点》,《中国社会科学》2003年第5期。

民的利益分散,难以形成集体行动。②城市中通常存在着传统政策的"受益大户",比如国有企业,他们可能充当智猪博弈中的大猪,城市集体的影响力因而得到增强。③城市集团作为既得利益者,在目前的城乡差距情况下,城市部门有更多资源去影响政策。④在城市部门,由于居住集中,成员间的沟通成本要远远小于农村部门,其合作行动的可能性大大提高。① 在中国这种强势集团的形成有其特殊性,我们很难用西方国家的利益集团形成的框架来分析中国强势集团的形成。现在国内有学者用工人和农民在各级人民代表大会的比例来解释城市倾斜制度和政策。其实这种解释存在两个问题:第一,中国的城市居民与西方国家的城市居民对政府政策的影响是有差异的。西方国家的议员是在城市区域内被居民选举出来的,而我国的各级人大代表是各单位确定的。我们把各行业、各部门的代表都统称为城市居民的代表是不准确的。并且我国政策和制度的出台与西方国家也是存在较大差异的。第二,在我国行政权力还缺乏有效制约机制的情况下,增加农民在各级人代会的代表并不能解决城市倾斜制度和政策的问题。有人说城市居民凭着政治压力上的优势而获得更多的资源和利益,而农民则无力阻止那些对他们不利的制度和政策出台,无法改变国民收入分配上的城市倾斜制度和政策。这种说法也不一定准确。我国城市居民是由各部门、各单位、各行业组成的,单位本位、行业本位及部门本位构成了我国城市居民的强势集团。我国城市一般居民对制度和政策的影响作用微乎其微。

为什么在城乡利益博弈中,人数众多的农民为什么处于不利地位?仅仅用利益集团理论也是解释不清楚的。假若没有城乡分离的政策障碍,人口自由流动能够保证同质劳动力获得同等收入,由城乡发展不平衡所导致的人均收入差距将有效地拉平。纯粹由技术因素引起的二元结构被称为自然的过渡性二元结构,它的一个逻辑结论是这种二元仅仅是缘于分工上的差别,真实收入不会出现太大差别(杨小凯,1998)。而国际比较和城乡差别的分化趋势则表明城乡差距很大程度上是由体制或制度落差造成的。问题是,这种不合理的体制和制度为什么能产生并能持续存在?市场化的改革也没有使我国城乡间的二元体制受到多大的冲击。市场化改革在农村和城市部门内部大力推进的同时,城乡间的二元体制作为存量保留下来。利用农业比较劳动生产率、二元对比系数和二元反差系数等指标对中国转型以来城乡二元结构动态进行考察,我们发现,虽然中国的市场化程度总体上在1995年就已达62%—80%(陈宗胜,1999),但城乡二元结构并没有得到缓解,甚至还略有强化的趋势。由于制度障碍,市场机制及人口流动拉平城乡差距作用大打折扣,城乡差距在城市现代部门的迅速发展中逐步强化。

在欧美国家,农业人口占总人口的比例低,但农民对政府的影响却较大。这与农民的组织程度与西方国家的民主选举中农民的选票至关重要有关。在发达国家,农业人口只占总人口很小的一个比例(比如美国为2%),但我们都知道农业部门极具影响力。比如,根据WTO的"黄箱"政策,我国对农民的收入补贴可以达到农业总产值的8.5%,而我国目前"黄箱"政策的补贴只占到农业总产值3.3%,有5.2%的合理空间农民没有享

---

① 傅勇:《城乡差距、数量悖论与政策偏向》,《经济社会体制比较》2005年第4期。

受(林毅夫,2003)。为什么我国农民没有西方国家的农民影响力大？一是我国没有有影响的农民组织,如农民协会。二是我国缺乏一种直接反映各利益集团的有效渠道。中国农民人口数量大,难以形成有效的集体行动。但问题是,在我国现有政治体制下即使农民能形成有效的集体行动,能否影响城市倾向政策也是不确定的。

在城乡利益博弈中,人数众多的农民为什么处于不利地位？这可能需要用多种因素来解释,①农民人口占我国人口比例过大,难以形成有效的集体行动。同时,我国缺乏有效的农民组织。②我国缺乏一种有效的政治市场,这种政治市场是协调各利益集团的平台,同时也是达到制度均衡的条件。其实国内学者关于城乡人口比重与政策和制度选择的关系分析是没有在政治市场这个平台上进行的。所以难以让人信服。奥尔森的分析是建立在有效政治市场基础上的。③地权(或土地产权)制度的改革滞后与限制农民流动的制度组合(如户籍制度、就业制度和社会保障制度等)使大量的农民被束缚在农村。这就产生了第一种情形。④缺乏民主与法治的等级制度又使我国难以形成有效的政治市场。这四个因素又相互联系、相互制约并形成循环。我们把这叫做制度循环陷阱。这可以解释为什么在城乡利益博弈中,人数众多的农民为什么处于不利的地位。

案例 1

出工不出力与见死不救

在拉绳实验中,先把被试者分成2人组、3人组和8人组,要求各组用尽全力拉绳;然后,要求这些被试者单独用尽全力拉绳。不管是分组拉绳子还是单独拉绳,都用灵敏度很高的测力器分别测量各组和每个被试者的拉力,并进行比较。测量和比较的结果是,2人组的拉力只是这两人单独拉时拉力总和的95%;3人组的拉力只是这3人单独拉时拉力总和的85%;而8人组的拉力则降到这8个人单独拉绳时拉力总和的49%。人越多,个人愿意出的力就越少。为什么人越多,合力反而越小呢？这也与我们经常所说"人多力量大"的说法是不相吻合的。

另外,在我们生活中为什么会出现见死不救的现象呢？对此,社会学家和经济学家都有过解释。我们来看心理学家是如何分析这种现象的。两位年轻的心理学家巴利和拉塔内对旁观者的无动于衷、见死不救作出了新的解释,他们进行了下面的试验:他们让72名不知真相的参与者分别以一对一和四对一的方式与一假扮的癫痫病患者保持距离,并利用对讲机通话。他们研究在交谈过程中,当那个假病人大呼救命时,72名不知真相的参与者所作出的选择。事后的统计数据是:在一对一通话的那些组,有85%的人冲出工作间去报告有人发病;而在有4个人同时听到假病人呼救的那些组,只有31%的人采取了行动。这两位心理学家把这种现象概括为"旁观者介入紧急事态的社会抑制",或者通俗地说,就是"旁观者效应"。他们认为,正是由于当一种紧急情形出现时,由于有其他的目击者在场,才使得一些人没有太强的责任感,从而成为袖手旁观的看客。

资料来源:[英]诺斯古德·帕金森等,《责任人几个最好》,见《读者》2005年第7期。

案例 2

公用地的悲剧

1968 年英国科学家哈丁（G. Hardin）在美国著名的《科学》杂志上发表了《公地悲剧》（*The Tragedy of the commons*）一文，此文描述了理性地追求最大化利益的个体行为是如何导致公共利益受损的恶果。哈丁设想古老的英国村庄有一片牧民可以自由放牧的公共用地，每个牧民直接利益大小取决于其放牧的牲畜数量，一旦牧民的放牧数超过草地的承受能力，过度放牧就会导致草地逐渐耗尽，而牲畜因不能得到足够的食物就只能挤少量的奶，倘若更多的牲畜加入到拥挤的草地上，结果便是草地毁坏，牧民无法从放牧中得到更高收益。个人理性不是实现集体理性的充分条件，其原因是这时便发生了"公地悲剧"。同时，尽管每个牧民决定增加饲养量考虑到现有牧畜的价值的负效应，但他考虑的只是对自己牧畜的影响，并非所有牧畜的影响。于是，最优点上的个人边际成本小于社会边际成本，纳什均衡总饲养量大于社会最优饲养量。正如哈丁所说："这是悲剧的根本所在，每个人都被困在一个迫使他在有限范围内无节制地增加牲畜的制度中。毁灭是所有人都奔向的目的地，因为在信奉公有物自由的社会中，每个人均追求自己的最大利益。"

其实经济学家们早已探讨了"公地悲剧"产生的根源就在于"公地"的产权是非排他性的或者缺乏一套有效使用公地的规则。人人都想在公地上追求自己利益的最大化，但是最终谁也得不到好处。个人的理性不等于集体理性。历史上的"圈地运动"就是"公地悲剧"迫使人们寻找到的一种解决"公地悲剧"的方法。在 16 世纪，海外羊毛价格大幅度上涨，于是人们纷纷往公地里增加牧羊的数量，牧场被所有想从涨价中获得好处的人搞得拥挤不堪，地力衰竭，结果，羊主人事实上无法获得市场变化应该使得他获得的利益。这样就出现了要求对所有权做出新规定的压力，这就是历史上有名的"圈地运动"。当时"圈地运动"有三个特点：一是养羊最多的人圈地最积极，因为不分地他们的损失最大；二是圈地是从人口稀少的地方开始，因为人越少，分地就越容易，利益矛盾也少得多；三是国王反对圈地，因为公地分到个人（私人土地）以后国王的权力就小多了。但圈地是一种群众性的、自发性的经济运动，国王最终也没能阻止圈地运动。我国西部一些草原的牛羊承载率是世界平均水平的三倍。为什么？难道是牧民积极性高？非也。是我们草原的产权模糊不清。当大家都可以不受限制地在草原上放牛放羊的时候，"公地悲剧"就会产生。

资料来源：根据 Garrett Hardin. The Tragedy of the commons. [J]. in *Science*, Dec., 1968, Vol. 168. 1244 编写。

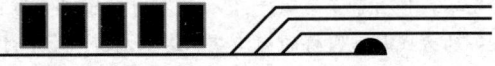

关键概念

私人物品　公共物品　搭便车　利益集团　选择性激励

思考题

1. 什么是集体行动，影响集体行动的因素有哪些？
2. 集体选择的要素和集体选择的特征是什么？

3. 比较奥尔森的集体行动逻辑与奥斯特罗姆的自主组织理论。
4. 什么是集体行动的问题？
5. 试述利益集团对制度选择的影响。
6. 举例说明制度决定中的"数量悖论"。

推荐阅读

1. [德]柯武刚、史漫飞:《制度经济学——社会秩序与公共政策》,商务印书馆2000年版,第八章、第十章。
2. [美]曼瑟尔·奥尔森:《集体行动的逻辑》,上海三联书店1995年版。
3. [美]乔·B.史蒂文斯:《集体选择经济学》,上海三联书店1999年版,第一章、第五章、第七章(第4—6节)。
4. [冰]思拉恩·埃格特森:《新制度经济学》,商务印书馆1996年版,第八章(第4、5节)。
5. 卢现祥:《新制度经济学》,武汉大学出版社2004年版,第三章(第2节)。
6. 汪翔、钱南著:《公共选择理论导论》,上海人民出版社1993年版。
7. 张宇燕:《经济发展与制度选择》,中国人民大学出版社1992年版,第五章、第六章。
8. [美]埃莉诺·奥斯特罗姆:《公共事务的治理之道:集体行动制度的演进》,上海三联书店2000年版。
9. [美]曼库尔·奥尔森:《国家兴衰探源——经济增长、滞胀与社会僵化》,商务印书馆1999年版。
10. 卢现祥等:《有利于穷人的制度经济学》,社会科学文献出版社2010年版。

第十章 国家理论

在国家理论上,新制度经济学的主要贡献是把国家作为影响经济绩效和制度变迁的内生变量纳入分析框架,并运用经济理论研究了国家的起源、作用和演变等问题。但缺乏公认的国家理论是新制度经济学研究中的缺陷。本章包括国家的定义与职能、诺思的国家理论与巴泽尔的国家理论、强化市场型政府,最后还分析了国家内的竞争和国与国之间的竞争对制度的影响。

第一节　国家的定义与职能

一、国家的定义和国家的"三只手"

（一）国家的定义

什么是国家？国家的实质是什么？

第一，国家是一种具有暴力潜能的组织，并且国家是一种具有垄断权的制度安排，它的主要功能是提供法律和秩序。近代制度经济学的代表人物之一的康芒斯认为国家是接管物质制裁权力的组织。① 诺思也把国家定义为具有暴力潜力的组织。新古典经济学把非市场的制度，例如国家和组织，看做是市场的替代物；与此相反，新制度经济学认为国家既可能发挥增进市场制度的补充作用，又可能由于自身利益而阻碍市场的发展。② 国家作为一种具有垄断权的制度安排在许多方面不同于一些竞争性的制度安排（如市场、企业等）。

第二，国家是一种第三方实施的暴力机制，它在一定程度上比其他机制更有利于契约的实施。新制度经济学把国家定义为由个人组成，这些人受制于一个单一的、以使用暴力作为强制实施手段的最终第三方。它的地域边界是以它的强制实施力来划分的。在此边界内，国家的范围是以所有被第三方以暴力手段强制执行的协议的价值与总产品价值（其中包括输入产品）的比率测量的。③ 巴泽尔从实施机制定义国家：国家是一种第三方实施的暴力机制，它在一定程度上比其他机制更有利于契约的实施。人们只有当暴力实施者滥用权力的倾向能被有效制约时，才会使这种实施机制（国家）出现。国家愿意实施的法律权力取决于对界定权力与调解纠纷的交易成本的比较。

第三，国家决定着产权制度的效率。诺思论证了国家常常会导致为了收益而进行大量的产权交易（如在一个封闭的市场中发许可证），这样做的结果是抑制了经济增长。产权内容的改变，取决于统治集团对改变现有的产权安排所带来的收益的事前估计与监察和执行权利结构的改变所带来的成本的事前甚或事后估计之间的相互关系。④

在经济学中，国家的分析模型主要有三种，即"无为之手"、"扶持之手"和"掠夺之手"。这"三只手"都有其理论基础。掠夺之手的理论基础是新制度经济学。建立在掠夺之手基础上的国家模型，可以探讨如何让国家在制度变迁中发挥积极作用，同时又限制国家的"掠夺之手"的这个新制度经济学国家理论要解决的核心问题。历史上有些国家成功地通过制度安排限制了国家的"掠夺之手"，这些制度安排往往是不同利益集团博弈

---

① ［英］马尔科姆·卢瑟福：《经济学中的制度——老制度主义和新制度主义》，中国社会科学出版社1999年版，第122页。
② ［日］青木昌彦：《比较制度分析——起因和一些初步的结论》，载孙宽平主编《转轨、规制与制度选择》，社会科学文献出版社2004年版，第129页。
③ 科斯、诺思等：《制度、契约与组织——从新制度经济学角度的透视》，经济科学出版社2003年版，第246页。
④ ［美］科斯、诺思：《财产权力与制度变迁——产权学派与新制度学派译文集》，上海三联书店1991年版，第206—207页。

的结果。从历史和实践来看,那些能够有效限制"掠夺之手"的国家,社会经济就能协调地发展。因此,在我们看来,国家是一个具有合法使用暴力和强制提供法律、秩序的组织,以及拥有垄断权,最终要对造成经济的增长、衰退或停滞的产权结构的效率负责的制度安排。

(二) 国家的"三只手"

1. 无为之手

按照亚当·斯密的理论,正因为有了充分信息的市场这只有效的"看不见的手",国家在多数情况下就应该充当一只无为之手,政府应当越小越好。无为之手实际上是把国家作为一个外生变量。仿效科斯定理,我们可以阐明权力是如何融入理性选择的国家观的:在一个产权明晰、市场完全和交易成本为零的世界中,无论权力初始配置如何,运用和行使权力的职位将归于那些能使权力价值最大化的人。但是,如果这些条件不满足或不能被近似满足,权力的最终运用和处置方式将取决于其初始配置状况和社会个人间相互关系的特殊性质。① 无为之手模型所描述的是一个接近于交易成本为零的世界。

2. 扶持之手(helping hand)

这是建立在福利经济学基本思想基础之上的。"扶持之手"依据市场失灵分析了政府通过制度设计来完善市场的思路,但是扶持之手对于政府与市场的边界没有进行研究,在国家权力没有受到制约的情况下,通过制度设计来完善市场的目标难以有效实现。更重要的是,国家在实施扶持之手的过程中,由于权力没有受到制约,国家的掠夺之手也会发挥作用。斯蒂格勒的研究发现,如管制中的管制需求和"俘获"问题,证明管制是无效的,并有可能导致设租与寻租互动的寻租社会。

3. 掠夺之手(grabbing hand)

国家也有自身利益,并会使用强制力来实现自身利益。这种理论是把国家作为一个内生变量来处理的。国家这样做时,它就成为掠夺之手。奥尔森指出,在人类社会,总有人认为,与其生产财富,不如去掠夺财富来得容易。而要掠夺财富,就要有武力。靠武力和掠夺获得财富的人有两种:掠夺地域是稳定的,或者是不稳定的,奥尔森分别称之为坐寇和流寇。奥尔森把国家视为一个坐寇。比如过去的皇帝,他要归要,但一般还是会提供许多公共品,维持和增加自身的长远利益。针对国家的统治者会顾及长远利益这一观点,施莱弗他们等研究了英国王位继承的历史后发现,实际上国家统治者的利益经常是不长远的。这里有王位继承中的斗争和不确定性的问题,也有统治者个人当前高消费需要的问题。统治者当前和短期利益的需要,经常会驱使他们去过度掠夺。在理论上,国家作为掠夺者的思想在布坎南、塔洛克和尼斯卡宁的公共选择学派以及斯蒂格勒、佩尔兹曼和贝克尔的文章中都有体现。②

上述三种模式是有差异的,我们认为,"掠夺之手"模型可以作为新制度经济学国家理论的分析框架。首先,从理解不同国家现存的制度差异、解释这些制度构建的原因,以

---

① 思拉恩·埃格特森:《新制度经济学》,商务印书馆1996年版,第153页。
② [美]约翰·N. 德勒巴克等:《新制度经济学前沿》,经济科学出版社2003年版,第160页。

及研究它们对经济发展和增长的利弊这些问题上,从"掠夺之手"的视角出发都是很有益的。在描述一个国家的制度,比如所有权模式、管制结构和法律机制的时候,经济学家们过去常常关注制度发展的促进作用(例如,North 和 Thomas,1973)。但是在最近,人们发现很多制度的结果恰恰是阻碍了增长,而不是促进了增长(North,1990),例如,管制机构阻碍了产业进入,法院在解决纠纷时武断甚至缺乏诚实,政治家们利用政府的财产来讨好自己的支持者,而不是服务于大众。要弄清楚这些功能紊乱的制度是如何产生的,又如何长期存在的原因,我们就必须了解这些制度的设计者和执行者的政治目标以及他们手中的权力。

其次,掠夺之手模型的一个中心内容是如何构建支持改革的政治联盟。与看不见的手模型一样,掠夺之手模型对政府持怀疑态度,但是,掠夺之手却更加准确地描述了政府在实际上的所作所为。掠夺之手模型和扶持之手模型都对政府改革持积极态度,但对政府的理解差距较大。一般而言,掠夺之手的分析会寻找限制政府的方法,反对扩大政府的范围。①

再次,从掠夺之手的角度来研究问题有利于制度改革。② 就像康芒斯所强调的,重要的是对政府权力的控制,历史上围绕该控制的斗争导致了代议制民主及政党政治制度的逐步演化。国家本身就是"社会阶级之间相互妥协的累积过程,每个阶级都企图单独控制隐含在私有制社会中的强制因素"。③ 以掠夺之手的分析模型构建新制度经济学的国家理论是没有多大争议的,现在的问题是如何构建。

二、国家的四大职能

国家的职能是什么?这是政治学和经济学都要探讨的问题。新制度经济学关于国家职能的分析有四个方面。

(一)作为最大制度供给者的国家

国家作为一种具有垄断权的制度安排在许多方面不同于一些竞争性的制度安排(如市场、企业等)。国家独特的地位决定了在任何长期变迁的分析中,国家模型都将占据显要的一席。没有国家理论的新制度经济学是不完善的新制度经济学。

国家最重要也是最困难的任务是建立一系列的游戏规则,并付诸实施,以鼓励全民充满活力地加入到经济活动中来。④ 一国的正式制度大多数由国家供给。国家在供给制度时涉及三个主要问题:

一是提供什么性质的制度。国家制定什么样的规则,是鼓励生产性的还是非生产性的,将决定着一个国家经济发展和人们选择的基本方向。如果制定的规则是生产性的,那么就会大大地有利于社会财富的增长;如果制定的规则是非生产性的,这不仅不利于

---

① 安德烈·施莱弗、罗伯特·维什尼:《掠夺之手》,中信出版社 2004 年版,第 3 页。
② 同上,第 7 页。
③ [英]马尔科姆·卢瑟福:《经济学中的制度——老制度主义和新制度主义》,中国社会科学出版社 1999 年版,第 122 页。
④ 诺思:《国家经济角色的昨天、今天与明天》,载斯蒂格利茨《政府为什么干预经济——政府在市场经济中的角色》,中国物资出版社 1998 年版,第 163 页。

财富的增长,而且还会耗费社会的资源。任何国家都会提供制度,关键不在于提供制度的多少,而在于所提供的制度的性质和质量。如诺思所说,国家制定的规则将不仅决定何种经济活动是可行的、会赢利的(比如,生产活动与再分配活动的对抗),而且还将决定公司和组织的内部结构转变的效率。它是通过对市场进入的控制,占统治地位的结构形式和管理组织的灵活性来实现这一点的。那些用来鼓励增长知识、培养有创造力的天才企业家的规则将尤其重要。①

二是制度供给的数量。能否及时供给有效的制度及数量,满足社会不同经济主体对制度的需求。按照诺思对制度的定义,制度有正式的制度、非正式制度及其实施机制。一个国家的正式制度大多数是由国家提供的。国家是最大制度的供给者。有效的制度可以大大地降低交易费用。国家在提供制度时会出现三种情况:一是制度的供给与制度的需求基本相等。这是国家供给制度最理想的情况。二是制度供给不足。由于认知、成本及制度供给中的滞后等原因,历史和现实生活中会出现制度供给不足的现象。三是制度供给过剩。② 无论是制度供给不足还是制度供给过剩,这些都会增加社会经济生活中的交易费用。

三是制度供给的效率问题。制度供给的效率在很大程度上取决于制度供给的性质。在人类历史上,人们选择的制度并不总是最有效率的(诺思),这其中的原因是什么呢?为什么我们选择的制度并不是最有效率的? 第一,许多制度的建立并不完全取决于成本—收益的计算,还要受政治制度的制约,而政治市场按照经济学的效率标准往往是低效的。许多制度基于公平的考虑,不得不牺牲一些效率。第二,利益集团的对制度的选择及制度的变迁起着极为重要的作用。第三,路径依赖引起的转换成本太高。第四,受人类认知能力的限制,我们的制度选择集及构造制度的能力是有限的,制度的完善也是一个试错过程。第五,如诺思所说,国家将会制定使统治者及其集团收入最大化的规则,并以此为前提,设定降低交易费用的规则。如果对统治者有利,自愿的组织形式就会存在,如非自愿奴隶制。如果更有效率的组织形式从内部或外部威胁到了统治者的生存,则相对低效率的组织形式将会生存下来(例如,苏联的集体农场、古代雅典的粮食贸易组织)。并且对统治者的征税来说,度量费用较低的组织形式将会继续存在下去,尽管它们相当地缺乏效率(例如在法国考尔伯特时期的垄断权的授予)。③

(二)作为产权界定和保护者的国家

国家与产权关系是新制度经济学所探讨的一个重要问题。新制度经济学认为,离开国家,人们很难对产权作出有效的分析。因为产权的本质是一种排他性的权利,在暴力方面具有比较优势的组织处于界定和行使产权的地位。正如道格拉斯·诺思所指出的那样,国家理论"关键的问题是解释由国家界定和行使的产权类型以及行使的有效性。

---

① 诺思:《国家经济角色的昨天、今天与明天》,载斯蒂格利茨《政府为什么干预经济——政府在市场经济中的角色》,中国物资出版社1998年版,第164页。
② 卢现祥:《论制度变迁中的制度供给过剩问题》,《经济问题》2000年第10期。
③ 道格拉斯·诺思:《历史上经济组织的分析框架》,载盛洪主编《现代制度经济学》(上),北京大学出版社2003年出版,第300页。

最富有意义的挑战是,解释历史上产权结构及其行使的变迁。"①诺思说,"我研究的重点放在制度理论上,这一理论的基石是:①描述一个体制中激励个人和集团的产权理论;②界定实施产权的国家理论;③影响人们对'客观'存在变化的不同反应的意识形态理论,这种理论解释为何人们对现实有不同的理解"。② 总之,离开了国家理论,我们很难对产权及其演变作出分析。国家可以被视为允许行为人通过保证他们产权的安全而获得帕累托最优结果的一个有效率的制度。这种保证使他们避免了在没有国家的状态下引发的耗费成本的抵抗和偷窃成本,国家对于作为整体的社会具有纯粹的分配性的特征。③

按照新制度经济学的分析,政府从来就不能被当作发展政策的一个外生角色,只有恰当地安排一系列产权并执行(这些将会产生竞争的市场条件)时,适宜价格的产生才能实现所要的结果。④ 不同的主体对产权的选择是有差异的,从个体来看,按照新古典经济学关于个体追求最大化利益的假设,个体是能够选择到最有效的产权安排。但是到了中观及宏观后,由于集体选择和国家的选择都受双重目标(寻利与寻租)选择的制约,不可能达到产权效率的最大化安排。但是,国家也有自己的优势,如国家在产权的界定、保护等方面是有自己优势的,与私人保护产权相比,国家大大地降低了产权保护的成本。显然,所有的行为人为了去实施对应于博弈所引致的产权而一致同意建立的大的保护性组织不是别的,就是国家,它是被行为人在均衡状态下创生的,虽然国家产生于这个分析,但参与者们并没有在最初就开始去创生它。它的创生是作为自然状态偷窃博弈的解的一部分而出现的,与之相对应的产权系统也是一样。在没有国家的情况下,人们生活在霍布斯式的丛林里,更多的时间不是用来生产财富,而是相互去争夺。于是国家的制度性的价值在这个分析中被视为内生的变量,而不是在一开始就被强加给这个分析的。结果,我们就有了哈耶克所描述的被人们行动所创生而不是人类设计所创生的制度。⑤ 作为界定和保护产权的国家,我们主要探讨两个问题:

1. 国家为什么要界定和保护产权

第一,界定和保护产权是建立市场经济的必要条件。如上所述,诺思认为国家理论的"关键的问题是解释由国家界定和行使的产权类型以及行使的有效性"。尊重和保护产权之所以有利,是因为它将企业家精神、人的精力、创造性和竞争性导入建设性的、和平的方向。战争或盗窃只能将企业家精神引入零和博弈或负和博弈,而保护私人产权则促进着大量正和博弈。这些正和博弈将汇入总的经济增长,并使社会成员更易于实现自己的愿望。⑥

第二,对于国家或地区来讲,特别是对于在财产或资源能够流动的地区来说,产权的界定和保护会更加重要。欧洲在经历了"黑暗时代"之后,私人财产逐渐在有效的政府行动下受到系统的保护。在小而开放的欧洲国家里,机会主义的统治者们常要对付有钱人

---

① [美]道格拉斯·诺思:《经济史中的结构与变迁》,上海三联书店1991年版,第21页。
② 同上,第7页。
③ 安德鲁·肖特:《社会制度的经济理论》,上海财经大学出版社2003年版,第75页。
④ 诺思:《新制度经济学及其发展》,载孙宽平主编《转轨、规制与制度选择》,社会科学文献出版社2004年版,第10页。
⑤ 安德鲁·肖特:《社会制度的经济理论》,上海财经大学出版社2003年版,第75页。
⑥ 柯武刚、史漫飞:《制度经济学——社会秩序与公共政策》,商务印书馆2000年版,第252页。

和商人及企业家逃离其领土的问题。而别的国家则开始强化产权,其主要手段是发展可以进行产权交易的自由市场。那些国家通过制定法律和建立有效的法庭来保护契约。他们建立了有序的税制,并使其服从于法律。谁的产权保护好,财产和资源就流向那个地方。像威尼斯、佛罗伦萨、热那亚,以及后来的葡萄牙、纽伦堡、荷兰、英国那样的国家都受益于资本和企业的流入,这使它们的收入不断增长。于是,那些为财产提供良好制度保护的国家繁荣了起来,而财产保护差的国家则变得越来越贫穷。这种成功受到模仿,加上竞争的压力,政府对产权的保护在西欧多数地区普及开来。君主们经常抱怨他们控制商人的权力越来越小,但他们除了尊重私人产权以外别无选择。在20世纪里,对产权的保护已扩散到了许多非欧洲经济。① 历史与现实表明,国家与国家之间的竞争,地区与地区之间的竞争,最终很大程度上是一个产权保护的竞争。

第三,从理论上来看,产权的极端重要性被启蒙运动时期的哲学家和经济学家们发现和强调。在1739年,大卫·休谟在其《人性论》中写道:"财产必须稳定,它必须靠一般规则来保护。尽管在某一场合,公众可能是受害者,但这种暂时的毛病可以靠始终不渝地执行规则以及这种规则在社会中所建立起来的平安和秩序来完全补偿。"在他们看来,要使社会系统按最大多数人的利益运转,排他性是必需的。他们还将注意力集中于自主运用产权方面的基本经济自由,并谴责政府垄断和对私人特权的政治庇护。作为对这些考虑的反映,美国宪法明确地保护财产权,反对任意的没收。后来,世界上许多其他国家的宪法——虽未必在精神上,但至少在形式上仿效了这些保护措施。② 如何衡量国家保护产权的程度?巴罗用法治测量产权保护程度,用自由选举测量民主。只有在法治国家才能更好地保护产权,法治程度越高,产权保护也会越完善。实践也证明,在法治环境下,产权保护的成本也是最低的。

2. 为什么国家在大多数情况下提供的是低效率的产权

所谓"低效率"的产权,诺思指的是在现存权利结构下,因为丧失机会或重新分配行为导致的损耗,造成不是实现而是放弃潜在租金。诺思认为,政治制度有一种形成低效率产权制度的天生倾向,这种制度导致了经济停滞或衰退(诺思,1987)。诺思主要从三个问题中得出现行政治制度无效率的看法:信息不完全、各种交易成本和第三方行为者的后果(如在产权实施或不实施中国家代理人的作用)。这三个问题都能很容易地用于市场经济中通常的商业交易研究。国家的作用往往与强制因素联系在一起。③ 国家根据掌权的统治集团的利益界定产权,然后在这些约束条件的限制下规定能使交易费用最小化的经济组织形式。④ 如果假定一个"中立"的国家存在,那么在给定现行技术、信息成本和不确定性的约束条件下,在稀缺与竞争世界中以最小成本解决方案而存在的产权形式将是有效率的。

无效率产权的形成原因除了我们上面分析的以外,还有一些其他原因:

第一,统治者偏好的多元性与有限理性。产权的有效性由它对国民总财富的影响界

---

① 柯武刚、史漫飞:《制度经济学——社会秩序与公共政策》,商务印书馆2000年版,第249页。
② 同上,第250页。
③ 约翰·N.德勒巴克等:《新制度经济学前沿》,经济科学出版社2003年版,第51页。
④ 道格拉斯·诺思:《经济史中的结构与变迁》,上海三联书店1991年版,第119页。

定。统治者可能是一个财富最大化者(或租金最大化),但是财富仅仅是被统治者所重视的许多商品中的一种。例如,如果统治者更为关心他在国际政治舞台上的威望,那么他可能牺牲国民财富而建立强化军事力量的制度安排。随着财富的增加,统治者更为关心他的威望。即随着统治者财富的增加,财富的边际效用在降低,其他商品(如威望、历史地位、国际影响等)的边际效用却在增加。统治者偏好的多元性及其有限理性无疑会影响他对产权制度安排的选择。在统治者的偏好中,产权有效性可能是一个重要"砝码",但不是唯一的"砝码"。

第二,不同集团利益的冲突。国家在某种程度上讲是不同集团的集合体。统治者就是这些不同集团利益的"均衡者"。正如舒尔茨所指出的那样,"处于统治地位的个人在政治上依赖于特定群体集团的支持,这些集团使政体生存下去。经济政策在这个意义上讲是维持政治支持的手段。"[1]制度安排(包括产权制度)的变迁经常在不同群选民中重新分配财富、权力和收入。如果变迁中受损者得不到补偿,他们将明确地反对这一变迁。一个强有力的集团也可能促进那些有利于这个集团收入再分配的新制度安排,尽管这种变迁将损害经济的增长。显然,包括产权在内的各种制度安排并不完全取决于效率(或经济)原则,它们还取决于不同利益集团的规模、地位以及与统治者的关系。人类历史上无效率产权之所以成为"常态"的根源也在于此。

(三) 作为第三方实施者的国家

新制度经济学把国家定义为由个人组成,这些人受制于一个单一的、以使用暴力作为强制度实施手段的最终第三方。它的地域边界是以它的强制实施力来划分的。在此边界内,国家的范围是以所有被第三方以暴力手段强制执行的协议的价值与总产品价值(其中包括输入产品)的比率测量的。[2] 作为第三方实施者的国家在一国制度体系的有效性方面起着极为重要的作用。按照诺思对制度的定义,制度有正式的制度、非正式制度及其实施机制。非正式制度主要起源于民间及社会各主体之间的博弈。而正式制度的制定及其实施机制的运作则主要是由国家来完成的。

从历史来看,我们观察到商法仲裁这种私人裁决制度最终让位于正式的第三方机制,它以法典为准绳,由国家实施。诺思和温加斯特认为,当国家最终掌握了强制性权力,可以没收不履行裁决的人的财产或将他们投入监狱时,惩罚犯规者的成本大为减少。他们同时也指出,国家实施的全面性税收制度代替个人对商法仲裁者的付费可大大降低维护第三方组织的成本。[3] 国家不是唯一的第三方强制实施者,它以使用暴力强制实施为特点。国家在施加大量直接成本上具有比较优势,但是,在诸如意识形态等其他手段有效的地方,其他第三方在强制实施上有优势。使用暴力的强制实施者使用权力时有可能会没收被强制者的财产。被强制者可以事先团结起来,建立某个机制以强制实施者,并且能够制约实施者的权力,但也要允许他有足够的权力以强制实施协议。他们会要求强制实施者仅使用明确客观的强制实施标准。在商品交易中,共有标准是最有效的。第

---

[1] Schultz, Theodore W. *Distortions of Agricuitural Incentives*, Bloomington: Indiana University Press, 1978. P10.
[2] 科斯、诺思等:《制度、契约与组织——从新制度经济学角度的透视》,经济科学出版社 2003 年版,第 246 页。
[3] 青木昌彦:《比较制度分析》,上海远东出版社 2001 年版,第 79 页。

三方累积权力的使用,以及国家强制实施的合同下的商品交易都具有规模经济。① 从这些分析可以看出,国家最终作为正式的具有强制力的第三方实施者是与其规模经济、比较优势及相对较低的成本有关。

按照诺思的分析,国家作为第三种当事人,能通过建立非人格化的立法和执法机构来降低交易费用。既然法律的发展是一种公共产品,它就能随之带来具有重要意义的规模经济。既然交换的基本规则已经确立,那么,只要存在法律机构,谈判和行使的费用会不断减少。② 在一国制度体系中,法律的重要性还没有引起人们的足够重视。我们认为,在一国制度体系中,法律制度(或法治国家)起着重要的作用。就像科斯所说的,在交易成本为正的情况下,法律制度极其重要。国家作为第三方实施机制有效性和权威性主要源于其法律制度及其法律的威慑作用。如果法律没有权威或在一个非法治的环境里,那么各种机会主义行为和违约行为会大大地增加,从而增加经济活动的交易费用。在人类的经济活动中,尽管大量的交易及其纠纷是通过"私了"(交易双方甚至非国家的第三方仲裁者)解决的,但是如果没有法律作为后盾,一些"私了"就不会进行。因为在法律没有权威或执法成本很高的情况下,在交易中处于"不利"的一方就会选择违约。

(四) 作为不同利益集团利益关系协调者的国家

国家的一个重要职能是协调不同利益集团的利益关系与利益矛盾。国家本身就是"社会阶级之间相互妥协的累积过程,每个阶级都企图单独控制隐含在私有制社会中的强制因素"。③ 新制度经济学应该在三个层次来研究制度及其制度演化的问题。第一个层次是在微观层次(个人和企业)研究个体与制度的关系,第二个层次是在中观层次(利益集团)研究集体行动与制度及其制度演化的关系,第三个层次是在宏观层次上研究国家与制度及其制度演化的关系。利益集团在制度的形成,尤其是在各种正式制度中发挥着极其重要的作用,如何在制度变迁中协调不同利益集团的利益关系是国家的一个重要职能。

制度设计过程实际上是不同利益集团博弈的结果。制度设计常常更多地牵涉到利益派别间的谈判和讨价还价,牵涉到正规政府制度的功能发挥。而这也正是康芒斯以及公共选择理论研究的主题。两者都假定,国家的起因部分来自自发过程运作的限制,部分来自群体改变收入分配增加自身利益的愿望。公共选择理论进一步详细地分析了投票规则、直接民主与代议制民主、政党、寻租、官僚行为等制度形式的实际后果。④ 个人既可以在既定的制度框架内专心于生产,也可以从规则制定者、立法者和政府机构中争取法律或规则的有利变动,以实现个人财富最大化,具体的途径取决于改变权利结构的相对成本。当成本较低时,有影响的利益集团会影响制定一些使社会的生产能力只部分实现的经济制度。为什么我们不能总是选择到最有益于社会财富最大化的制度安排? 这与利益集团的存在及其对制度安排的影响是分不开的。诺思在分析拉美国家经济社会发展不成功的原因时强调,这些国家缺乏一套抵御利益集团对经济发展负面作用的制度体系。

---

① 科斯、诺思等:《制度、契约与组织——从新制度经济学角度的透视》,经济科学出版社 2003 年版,第 269 页。
② 诺思:《经济史中的结构与变迁》,上海三联书店 1991 年版,第 39 页。
③ 马尔科姆·卢瑟福:《经济学中的制度——老制度主义与新制度主义》,中国社会科学出版社 1999 年版,第 122 页。
④ 同上,第 110 页。

第二节 诺思的国家理论与巴泽尔的国家理论

一、诺思的国家理论

(一) 诺思国家理论的特征

国家理论是诺思制度理论的重要组成部分。

第一,把国家视为一种组织。如诺思把国家定义为:"国家可视为在暴力方面具有比较优势的组织,在扩大地理范围时,国家的界限要受其对选民征税权力的限制。"[1]既然国家可视为一种组织,那么关于企业的理论也就可以用来分析国家问题了。过去尽管政治学、社会学和人类学等学科对国家问题进行了一系列理论分析,但对国家行为进行深层次分析必然要依赖经济学(国家与政府尽管有区别,但在本章中我们不考虑这些区别,把它们当作同等的概念交替使用)。将经济学用于政治学的公共选择理论至多仅仅在解释政治决策上取得了初步成功。新制度经济学把国家视为一种组织和制度安排,无疑为国家问题的研究提供了一个新的视角。

第二,揭示了国家与产权的内在联系。在众多揭示国家起源的理论中,都未能把国家与产权的确立联系起来。新制度经济学认为,离开产权,人们很难对国家做出有效的分析。因为产权的本质是一种排他性的权利,在暴力方面具有比较优势的组织处于界定和行使产权的地位。正如诺思所指出的那样,国家理论"关键的问题是解释由国家界定和行使的产权类型以及行使的有效性。最富有意义的挑战是,解释历史上产权结构及其行使的变迁。"[2]诺斯在其新近的研究中,已经放弃了专门使用效率解释的做法。他首先建立探讨政府的理论,这里的统治者是按照他们自己的利益要求设计产权的(诺思,1981)。这种理论再加上交易费用,就能解释"整个历史进程中……不曾带来经济增长的产权的广泛存在"(1990)。近来,有关有组织的利益集团与制度之间相互作用的讨论,以及有关"人类看出机会的变化并作出反应的回馈过程"的讨论(1990),又给该解释作了补充。这些思想使得诺思相信,制度演进是路径依赖的。但路径依赖意味着历史很重要,而且对任何既定制度变迁的解释都必须将其他现存的制度当作既定的事实。[3]

第三,揭示了国家的内在矛盾。在当今世界上,对国家问题的研究远没有对企业、消费者问题的研究那么成熟。国家还有不少神秘的"面纱"。公共选择理论在用经济学解释国家上尽管取得了初步成功,但还有不少深层次问题尚未涉及。新制度经济学在对历

---

[1] [美]道格拉斯·诺思:《经济史中的结构与变迁》,上海三联书店1991年版,第21页。
[2] 同上。
[3] 马尔科姆·卢瑟福:《经济学中的制度——老制度主义和新制度主义》,中国社会科学出版社1999年版,第55—56页。

史的研究中发现,"国家的存在是经济增长的关键,然而国家又是人为经济衰退的根源"。① 这一悖论使得那些主张国家干预论者与自由主义经济学家们不得不重新"审视"一下自己的理论。国家行为比企业、消费者和其他经济主体的行为更复杂一些。意识形态上的一些"禁区"限制了理论家们对国家问题的研究。此外,国家问题上还有不少理论上的难点,如国家目标问题、公共决策的一致性问题、国家增长现象的原因及国家的职能问题,等等。新制度经济学是把国家置于一种"矛盾状态"中来分析国家在制度变迁以及社会经济发展中的作用的。

(二) 国家的起源

政治学、社会学等学科从不同的角度分析了国家的起源,但最有影响的主要有两种:一种是契约理论,另一种是掠夺或剥削理论。

关于国家起源的契约理论有着悠久的历史。契约论认为,国家是公民达成契约的结果,它要为公民服务。契约的达成是多重博弈的结果。近年来,由于新古典经济学在逻辑上拓展了交换定理,认为国家在其中起着使社会福利最大化的作用,因而这一理论得以复兴。由于契约限定着每个人相对他人的经济活动,因而它对经济增长来说是十分重要的。社会分工及协作受契约与交易费用的约束。契约的有效性制约着社会分工向纵深方面的发展。有的经济学家甚至将"制度"定义为人与人之间关系的某种"契约形式"或"契约关系"。② 市场经济在某种强度上讲就是一种契约经济。国家的存在有利于契约制度的建立和契约(合约)的实施。假设没有国家,那么契约实施的交易费用将相当高。过高的交易费用将使任何契约都失去了意义。

国家掠夺或剥削论认为国家是某一集团或阶级的代理者,它的作用是代表该集团或阶级的利益向其他集团或阶级的成员榨取收入(如列宁将国家定义为是一个阶级压迫剥削另一个阶级的工具)。掠夺性的国家将界定一套产权,使权力集团的收益最大化而无视它对社会整体福利的影响。即这种产权制度对某一权力集团是有益的,但并不能促进整个社会效率的提高。从长期来看,这必然演变成无效率产权。

以上两种理论所说的国家都能在历史和现实中找到佐证,但它们均不能涵盖历史和现实中的所有国家形式,因而不具有一般性、普遍性。新制度经济学将这两种理论有机地统一起来。从理论推演的角度看,国家带有"契约"和"掠夺"的双重属性。诺思提出了有关国家的"暴力潜能"分配论。若暴力潜能在公民之间进行平等分配,便产生契约性的国家;若这样的分配是不平等的,便产生了掠夺性(或剥削性)的国家,由此出现统治者和被统治者,即掠夺者(或剥削者)和被掠夺者(或被剥削者)。

诺思提出的"暴力潜能"这个范畴具有丰富的内涵,它既包括军队、警察、监狱等暴力工具,也包括权威、特权、垄断权等"无形资产"。国家的"暴力潜能"类似于企业拥有资金、劳动力、技术等生产要素后所具备的"生产能力"。国家的比较优势就在暴力方面。暴力实质上也是一种资源。在国家未产生以前,这些暴力资源都分布在"社区"或"庄园"之类组织的手里。显然,暴力资源的这种分散配置方式无疑是低效的。在这种情况

---

① [美]道格拉斯·诺思:《经济史中的结构与变迁》,上海三联书店1991年版,第20页。
② 汪丁丁:《制度创新的一般理论》,《经济研究》1992年第5期。

下,产权保护的费用也就相当高了。这时的一个基本规则是,暴力潜能形成的边际成本等于产权保护的边际收益。

不同于市场和企业,国家这种制度安排的特点是它的强制性。强制性的后盾是国家暴力。但是,第一,国家暴力是对付暴力的暴力,即对付非法暴力的合法暴力,这种合法性起源于每个人捍卫自己利益,抵御别人侵害的合法权利。第二,国家暴力只有在能够实现某种社会合作,并且比其他制度(如市场和其他组织)更有效时,才被采用。国家暴力资源之所以能更有效地使用在于其能达到规模经济和防止"搭便车"问题。例如,在一个可能遭到进攻的社区中怎样建立防御体系的问题。"安全"对社区中每一个成员来说都是"公共产品"。因此用市场的方法"购买安全"就有可能失败,因为"安全"一旦被提供,对社区的所有成员都是一样的,但不同的成员对安全的需求是不同的,例如富人对安全的需求远远大于穷人对安全的需求,并且有人还会采取"搭便车"的行为:不为"安全"付费也会享受安全的好处。这样一来,整个社区会因此建立不起来有效的防御体系。这时,采取政府的形式,强制性地要求每个成员为"安全"付费,就是解决"搭便车"问题的有效方法。政府在这方面的价值,就是政府所保护的社区若没有"安全"这种产品所遭受的损失。在历史演进中,那些没有建立政府的社区就会因没有良好的防御体系,被别人征服而消失。[①]

(三) 国家模型

统治者也是一个具有福利或效用最大化行为的"经济人"。他们也面临着生存和发展的问题,他们也面临着潜在竞争对手,他们与选民是一种"交换关系"。具有一个福利或效用最大化的统治者的国家模型具有三个基本特征:

(1) 国家为取得收入而以一组被称之为"保护"与"公正"的服务作为交换。由于提供这些服务存在着规模经济,因而作为一个专门从事这些服务的组织,它的社会总收入要高于每一个社会个体自己保护自己拥有的产权的收入。换言之,国家为选民提供"保护"与"公正",选民交纳税收维持国家正常运转,在某种程度上讲,这就是一种"交换关系"。

(2) 国家为使收入最大化而为每一个不同的集团设定不同的产权。在这里,国家实际上是一个"带有歧视性的垄断者"。

(3) 面临其他国家或潜在统治者的竞争。在这里,国家并不能"高枕无忧",它面临着强有力的外在竞争压力。"统治者垄断权力的程度是各个不同选民集团替代度的函数。"[②]在这里,国家面临的外在竞争压力与开放程度相关,越是开放的国家,统治者所感觉到的竞争压力就越大。

新制度经济学的这个"国家模型"对于认识国家的起源、演变以及职能是颇有启发意义的。新制度经济学国家理论的最大贡献就在于抓住了国家与产权的内在联系。国家在历史上产权结构及其行使的变迁方面起着至关重要的作用。历史和当今世界上各种产权制度和产权结构的差异只能在国家理论上找到完整的答案。

---

① 盛洪:《外部性问题和制度创新》,《管理世界》1995 年第 2 期。
② [美]道格拉斯·诺思:《经济史中的结构与变迁》,上海三联书店 1991 年版,第 23—24 页。

国家的目标是什么？国家的基本职能是什么？这些确实是困扰古今中外理论家们的一个难题。在亚当·斯密看来，国家只是起一个"守夜人"的作用，要让"看不见的手"。在资源配置方面起着基础性的作用。自国家产生以来，不主张国家干预（自由主义者）与主张国家干预的争论从来没有停止过。

国家提供的基本服务是博弈的基本规则。国家目标可能"众说纷纭"，但最基本的目标有两个：一是界定形成产权结构的竞争与合作的基本规则，即在要素和产品市场上界定所有权结构，这能使统治者的租金最大化；二是在第一个目标框架中降低交易费用以使社会产出最大，从而使国家税收增加。换言之，国家有两个方面的目标，它既要使统治者的租金最大化，又要降低交易费用以便全社会总产出最大化，从而增加国家税收。然而，这两个目标是相互冲突的。也正是因为存在着这样的冲突并导致相互矛盾，乃至对抗行为的出现，国家由此兴、由此衰。

为什么上述国家的两个目标是冲突的？冲突的根源是什么？上述两个目标存在着内在的矛盾。第二个目标包含一套能使社会产出最大化而完全有效率的产权，即只有在有效率产权的基础上才能使社会产出最大化，而第一个目标是企图确立一套基本规则以保证统治者自己收入的最大化。到底是使统治者的租金最大化，还是使社会产出最大化，在许多情况下，这确实是个鱼和熊掌不可兼得的两难选择问题。要在这两者之间选择一个"皆大喜欢"的"均衡点"是很困难的。从历史上来看，在使统治者（和他的集团）的租金最大化的所有权结构与降低交易费用和促进经济增长的有效率体制之间，存在着持久的冲突（见图10.1）。

从图10.1可知，统治者可在光滑的曲线上"寻找"到一个均衡点。是让 $Oa > Ob$，还是让 $Oa < Ob$，或者 $Oa = Ob$，这并不完全是由统治者的偏好决定的，还取决于政治体制、社会经济发展水平、历史文化传统、外来的竞争压力等。如在经济全球化的背景下，外来的竞争压力迫使统治者不得不注重产出最大化。

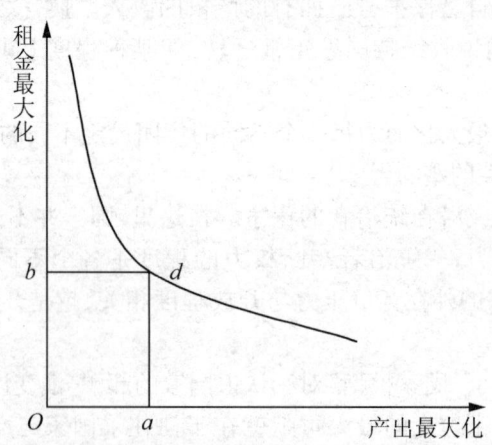

图10.1　国家的目标及其冲突

国家两个目标冲突的根源在于有效率的产权制度的确立与统治者的利益最大化之间存在着冲突。建立有效率的产权可能并不有利于统治者利益（租金）的最大化。诺思分析"羊人团"①的例子就说明了这个问题。为了社会产出的最大化就必然要废除羊人团的特权,从而建立一种有效率的产权;但是建立有效率的产权将在短时期内"危及"到国王的利益,于是羊人团的特权迟迟不能废除。

(四) 诺思悖论

国家是一种强制性的制度安排。一方面,国家权力是保护个人权利的最有效的工具。因为它具有巨大的规模经济效益,国家的出现及其存在的合理性,也正是为了保护个人权利和节省交易费用之需要;另一方面,国家权力又是个人权利最大和最危险的侵害者。因为,国家权力不仅具有扩张的性质,而且其扩张总是依靠侵蚀个人权利实现的,在国家的侵权面前,个人是无能为力的。

在国家提供的基本规则中,主要是界定形成产权结构的竞争与合作的基本规则。没有国家权力及其代理人的介入,财产权利就无法得到有效的界定、保护和实施,因此,国家权力就构成有效产权安排和经济发展的一个必要条件。就此来看,没有国家就没有产权。另一方面,国家权力介入产权安排和产权交易,又是对个人财产权利的限制和侵害,就会造成所有权的残缺,导致无效的产权安排和经济的衰落。这就是有名的"诺思悖论"。

如何理解"诺思悖论"

我们最好还是先看一下诺思自己是如何解释这个问题的。1995年3月9日下午诺贝尔经济学奖获得者道格拉斯·诺思在北京京城大厦学术报告厅答京城听众问。

听众:"如何解释诺思悖论,即由国家来界定保护产权可以产生规模效益,而国家在界定和保护产权时又不是中立的,在竞争约束和交易费用约束的双重约束下,往往会导致非效益的产权结构?中国的产权改革也被这一著名的诺思悖论所困惑。"

诺思:"我自己都不知道有一个诺思悖论。这个问题三言两语说不清。总的来说是这样一种观点:没有国家办不成事,有了国家又有很多麻烦。也就是说,如果给国家权力,让它强制执行合同或其他规章,它就会用自己的权力强制性施加影响,造成经济效率不高的现象……麦迪逊在其文章中也向我们提出了一些建议(美国总统麦迪逊18世纪末在美国联邦储备档案文集中写道:政治体制的一个根本问题就是利益集团往往要在经济市场和政治市场中活动,来改变市场经济的有效性。诺思指出,这种由于利益集团的冲突而导致经济市场和政治市场效率低下的状况在200多年后的今天仍然存在)。美国也采纳了这些建议,即防止国家和利益集团通过各种途径实现自己的目的。换句话说,我们故意建立起一个效率低下的政治制度,防止受到一个效率很高但想干坏事的政府的危害。尽管如此,美国和其他一些国家也出现了一些成功的政府和政治机构,它们的运转并非导致了刚才所说的结局。与此同时也给我们造成了一种新困惑。如果我们严格按经济学的行为方式提出假设的话,就是布坎南提出的一种政治上的假设困惑。事实上大家都承认上述结论至少有一部分是错误的,否则我们所有

---

① "羊人团"是指诺思在其著作《经济史中的结构与变迁》中,在阐述国家对产权的效率的影响时的一个例证。他指出,在西班牙历史的早期(1273年),当地称为梅斯塔的牧羊人行会被阿方索十世合并为一个行会,叫做卡斯第牧羊人梅斯塔荣誉议事会。梅斯塔作为皇室筹措与摩尔人作战的经费的主要收入来源,皇室允许其特权扩大到可以在整个西班牙国土上来回放牧羊群。结果,有效土地产权制度的建立被拖延了几个世纪。

的政治机构就像黑手党那样。如果他说的完全正确,我们这些国家的经济就不会有今天的成就。所以我认为,假如真有悖论的说法的话,人们谈论经济问题时并非完全合理。但无论如何取得效益最大化的行为准则对任何国家都是十分重要的。所以具有一个好的行为准则对一个社会来说是至关重要的,它弥补了一个社会现有各种规章制度的不足。实际上要想取得交易成本低的经济市场和有效的政治市场,也需要有这种诚实的、合乎理性的、好的行为准则。社会学家科尔曼将这种社会品格称为'社会资产(Social Assets)',他的观点收集在《如何使民主运转》一书中。"[1]

诺思悖论实质上揭示了这样一个道理:没有国家办不成事,但有了国家又有很多麻烦。在新制度经济学看来,几乎任何一套规则都好于无规则。什么是国家?国家是一种"制度"结构,它的职能是生产和出售一种确定的社会"产品",即安全和公正。那么怎么能确保秩序、公正和安全呢?因此,人们把权利的垄断权,也就是确定和保护"所有权"的垄断权交给国家,以便它能够完成人们要求它完成的任务。但是,国家要有钱才能运转。国家的活动不是免费进行的,它必须付钱给公职人员、法官和军队。税制和捐税作用就在于使国家获得财源。捐税实际上是公民交给国家保护公共财产权和其他权利的一种费用。

在诺思看来,因为是国家界定产权结构,因而国家理论是根本性的。最终是国家要对造成经济增长、停滞和衰退的产权结构的效率负责。国家的存在是经济增长的关键,然而国家又是人为经济衰退的根源。诺思悖论可从"纵"与"横"两个方面解释,从纵向来看,在同一国家里,国家过去是阻碍经济发展的,而现在则变成促进经济发展的一个因素了;从横向来看,在同一时期,甲国的国家有利于经济发展,而乙国的国家不利于经济发展。诺思是把"国家"放在人类历史长河和世界格局中来分析的。因此我们也必须从这个"视角"去理解"诺思悖论"。

二、巴泽尔的国家理论

巴泽尔试图用"公共领域"概念替代"交易费用",从而对国家做出新的解释。

巴泽尔认同张五常以契约合同来总括企业与市场的观点,主张把"企业"和"市场"还原成合同。他认为所谓"企业"、"市场"或者"政府"、"俱乐部"等组织形式,只不过是人与人之间各种合同的表现形式,它们都可以还原成为个人以及与之联系着的一组合同。而合同的核心也就是界定和转让产权,由于一项资产可以有许多属性(有用性或潜在有用性),并且这些属性完全由一个人占有往往不是最有效的产权安排,所以对一项资产的所有权往往被分割给若干技能各异的个人。当这些人的利益之间不完全一致的时候,就产生了"组织"的必要。因此,巴泽尔对组织的定义是,"组织"是"对所有权被分割的实体的管理"。而"企业"存在的理由在于"大型设备时常有重要属性易产生公共财产问题,所以……它们将由某一集权的组织所拥有……成为企业"。[2]

而所谓交易成本是权利的转让、获取和保护所需要的成本,其之所以存在,是因为获取关于资产的各种有用性和潜在有用性的信息是有成本的。由于信息成本,任何一项权

---

[1] 见《经济学消息报》1995 年 4 月 8 日,第四版。
[2] 巴泽尔:《产权的经济分析》,上海三联书店 1997 年版,第 59 页。

利都不是完全界定了的。而没有界定的权利于是就把一部分有价值的资源留在了"公共领域"里。"公共领域中的财产既可扩大,也能缩小,随着商品各种属性的价值不断变化,随着产权界定之测算成本不断增减,人们会相应地改变原来的决定,放弃某些财产,使其化做公共领域的财产;或者对现有的公共领域的财产进行重新界定,使之归于自己名下。"在组织内部,"决定所有权最优配置的总原则是:对资产平均收入影响倾向更大的一方,得到剩余的份额也应当更大。""其方式是使在管理那些容易产生共同财产问题的属性方面具有比较优势的当事人获得对于这些属性的权利。"①

这里,巴泽尔提出了"公共财产"概念,用来对企业、市场、中间性组织以及政府国家等组织进行不同于威廉姆森交易费用概念的解释,其逻辑关系是这样的:这些组织形式是人与人之间各种合同的表现形式。它们都可以还原成为个人以及与之联系着的一组合同;它们的不同在于合同的完全性不同,这又是由于权利——产权的界定及其变化的差异;由于信息成本,任何一项权利都不是完全界定了的,而没有界定的权利把一部分有价值的资源留在了"公共领域"里;产权的界定是一个演进的过程,随着新信息的获得,资产的各种有用性和潜在有用性被技能各异的人们发现,因而各种组织形式实乃是恰当利用资产有用性的不同方式方法。例如在一个企业中,大型设备往往易于产生惠及大家的外部性,具有形成公共财产的重要属性,这样它们将由某一集权的组织所拥有;再如管理技能,对其界定的成本较高,具有形成公共财产的外部性,因而通过一定的组织就能使其资产价值发挥出较大的效应。仅就国家层面来看,大量存在着难以界定产权的公共财产。为了有效利用这些财产,于是出现了各种各样的组织形式,而政府提供和国有制仅只是其中之一种,并不是在公共财产领域中的唯一形式。

巴泽尔提出了产权和国家演进的模型,论述了从专制到法治过程中产权的变化以及作用。统治者和臣民都被假定是利益最大化的,统治者面临着一个两难选择:自身安全和财富追求。控制臣民可以提高统治者的内部安定,代价是产出的降低和专制者财富的减少,而增加财富是抵御外部威胁的保障。巴泽尔认为在现实中不存在绝对的独裁者,因为统治者无法掌握个人能力的完全信息。于是,收取定额租金(这里假定臣民起初没有财产)比给臣民支付固定报酬对双方都是有利的。统治者开始允许臣民拥有财产,私有产权就产生了。下一步臣民可以接受一个更高的定额租金,以换取更多的自由,显然,财产和自由在这里是正相关的。巴泽尔证明,由于信息成本、侵权的交易成本以及信誉等问题的存在,使得统治者侵犯产权的行为会得不偿失。所以,统治者愿意诱导臣民形成一个集体行动的机制,以使自己建立可置信的承诺。在巴泽尔的模型里,集体行动机制乃至法治并非统治者和臣民权力斗争的结果,而是统治者寻求合作和利益最大化的产物。

巴泽尔虽然描述了产权和国家演进的过程,其结果却可以通过比较静态分析得出,譬如定额租金和固定报酬的替代关系。所以,巴泽尔的模型里面并没有真正起作用的时间因素。另外,产权既然是一组权利束,那么,私人产权的演进实际就是个人权利不断丰富的过程。但是巴泽尔论述的从专制到法治,他更重视的是财富数量上的增加以及与之对应的自由的增加。

---

① 巴泽尔:《产权的经济分析》,上海三联书店1997年版,第159页、第67页。

巴泽尔的国家理论总体上说是在科斯的产权理论框架下，运用博弈论的基本分析方法，对新制度经济学国家理论的进一步发展。这个理论主要集中在解释国家是如何起源的以及阐述法治国家产生的演变路径等方面。巴泽尔运用他对产权分析的深厚功力，他提出了国家起源和演变的三个重要的观点。

1. 国家是一种第三方实施的暴力机制，它在一定程度上比其他机制更有利于契约的实施

巴泽尔的国家理论认为人类社会一开始是处于霍布斯丛林，即人们独立行动而且缺乏组织力量的原始状态。在这种世界里，人们仅依靠自身的力量就能够控制商品的分配，这种配置状态下的个人享有的权利就是所谓的"经济权利"（与第三方暴力实施机制状态下的"法律权利"相对应）。

霍布斯认为，人性是恶的——自私自利、残暴好斗。因此在原始时代还没有社会和国家之前，人们是处在一种充满互相争斗、恐惧不安的自然状态中。自然状态受着自然法的支配。所谓自然法就是一种合乎理性的规律或法则，例如人人都是天生自由的，人人都有保存自己、企求安全的欲望，人人都有大自然赋予的理性和平等的权利等。既然自然状态如虎狼之境悲惨可怕，出于人的理性驱使，人们要求摆脱它而寻求有组织的和平生活，就互相订立了一种社会契约，愿意放弃原来享有的自然权利，并把它交托给一个统治者或主权者（一个人或一个集体），从此建立了国家。所以，根据霍布斯的理论，国家不是根据神意创造的，而是人们通过社会契约创造的，君权不是神授的，而是人民转让的、托付的。换句话说，国家不过是一个人工模造的人，主权则是人工模拟的灵魂。创建国家的目的是出于人们的理性和幸福生活的需要。这样一来，霍布斯就彻底推翻了君权神授之说，摧毁了封建专制制度的理论基础。①

根据诺齐克的理论，当一个社会里的行为人为了裁决他们相互之间的争端，并相互保护以免外部人对自己不利时，他们形成了保护性的联盟，这时国家就产生了。如果在这样的保护性联盟的形成中存在任何对集体的规模递增收益的话，一个稳定的"巨大的保护性联盟"将被形成，所有的行为人将归属于它，并且它具有裁决所有争端的力量。这个巨大的保护性联盟就是诺齐克所称的"最小的国家"。结果，行为人并不需要抱着创生一个国家以使之出现的明显目的而坐在一起，它可以作为个人的保护行为的均衡结果而被无意识地创生出来。②

在霍布斯世界里，为了占有物品之间的侵占与抵抗构成了人们之间的大部分活动。然而，人们最终认识到了平等交换的好处，并拓展了平等交换的机会。但是这又使得物品的分配产生了新的问题，即互惠的交易或交换行为在很多状况下并不能同时完成，而且在很多时候，人们对交易商品的品质也不能直接观察。因此，成功地进行贸易必须要有一种可实施的机制，以保证契约各方的合作，比如在将已承诺的商品按时交付或提供符合品质要求的商品等。因此，为了促使契约的成功达成，第三方实施的暴力机制开始出现。

---

① ［英］托马斯·霍布斯：《利维坦》，商务印书馆1996年版，第12页。
② ［美］肖特：《社会制度的经济理论》，上海财经大学出版社2003年版，第68页。

2. 人们只有当暴力实施者滥用权力的倾向能被有效制约时,才会使这种实施机制(国家)出现

人们发现,这类暴力实施者会滥用其权力。对此,巴泽尔认为人们会认识到这种危险的存在,从而在这种第三方暴力实施者产生前与之进行斗争,即"为避免这种不利局面,人们会要求这些暴力实施者与其他的权力专家分享权力,以制约他们的侵权行为"。人们于是会创建一种集体行动机制,以限制产权保护者们的过度侵权行为。为保证多样化交易契约的实施所选择的不同方法组合决定了国家的规模和性质。此外,随着交易商品日益标准化和贸易领域的不断扩大,国家控制的领域也会不断拓展。

正如霍布斯所说,如果社会契约本身只是通过外部的物质强制迫使个人联合起来,这种联系实际上是不稳定的,且毫无伦理价值,因为只有当个人自觉地使自己服从于权力而不是权力强制个人服从时,权利才具有道德价值。

3. 国家愿意实施的法律权力取决于对界定权力与调解纠纷的交易成本的比较

第三方暴力实施机制(国家)的创立还直接导致了法律体制的出现。在巴泽尔的分析框架里"经济权力"与"法律权力"是两个重要的基本概念,经济权力是指由个体自发界定的权力,而法律权力是指由国家界定的权力。为了使实施机制有效,国家必须界定可实施的权力和可用于解决纠纷的调解机制。巴泽尔的分析主要集中在这种过程中交易成本的核心作用:"界定本身是有成本的,因此对一种资产要不要进行保护取决对产权界定成本的权衡"。例如,特质性资产很难进行界定,从而国家也不太可能对此给予保护;同样地,如果某些商品很容易导致纠纷且调解成本很高时,国家会简单地选择禁止这些商品的交换。此外,在现有技术条件下,法律权力界定和实施成本是决定国家对什么进行保护和如何保护的关键。[1]

三、诺思的国家理论与巴泽尔国家理论的异同点

诺思的国家理论与巴泽尔的国家理论有许多相同点,如他们都把国家作为一种具有暴力潜能的组织,国家是重要的第三方实施机制,都重视国家与产权的内在联系的分析等。

巴泽尔认为,交易费用的高低由对产权的界定与维护所决定,这又与权利——产权的多维属性相联系。由于存在信息成本,总是有一部分没有界定的权利连同有价值的资源留在了"公共领域"里,它们将由某一集权的组织所拥有,以便发挥出公共财产外部性属性的效应。诺思恰当地把巴泽尔等人的"公共领域"概念吸收到了他的"国家分析框架",完善了他所强调的"组织效率"观点。这一点在他1994年诺贝尔经济学奖得主的系列演讲中,在回顾自己的学术生涯时,他提到从张五常和巴泽尔两人那里获益良多。[2] 但他并没有明确将国家作为一个组织看待,他在论述国家的产生时更是将国家作为"第三方"的协调人看待。

---

[1] 朱华等:《国家的起源、作用与演变——关于国家理论的比较分析》,《浙江工程学院学报》第21卷,第4期,2004年12月。

[2] 诺思:《新制度经济学前沿:绪论》,载约翰·德勒巴克和约翰·奈《新制度经济学前沿》,经济科学出版社2003年版,第15页。

诺思和巴泽尔在关于如何约束国家的问题上也有共同之处。国家可以减少交易费用并使得个人企业家从交易中受益。这样一个国家所做的远不只是推行自由放任的原则。可见,他们想突破古典经济学关于国家"守夜人"的界定,力图为国家赋予一些职责。因为的确有一些不能也不宜划分的产权留在了"公共领域",在国家层面能发挥较大的效用。但国家层面所获得的好处却为大家共享,好像其内在的治理结构和激励机制不好安排,尤其是当国家的代理人——政府及其官员假公济私地设"租"寻"租"之时,由此而得出让人困惑的"国家悖论":"第三方强制实施意味着国家应该成为一个能有效监督产权,强调实施产权的强制力量",但"在现阶段,以我们现有的知识,还无人知晓如何创建这样一个实体"。"简单地说,如果一个国家具有这样强制力量,那么,那些管理该国家的人便会利用这种力量来谋取自身的利益,而以牺牲社会其他人的利益为代价。"①由上面的分析可以看出,诺思想建立"一个分析国家的框架",但在国家是否就是一个组织的定位上举棋不定,现实的困惑来自于国家的强制力往往被那些管理国家的人假公济私地利用,更为深层的困惑可能是对制度、国家、政府如何界定的问题,一个国家的运作机制或者规制结构的确不同于企业的规制结构,但现今所发现的权力的相互约束与企业的治理结构的确很相似。诺思建立分析国家框架的努力给人留下了"国家悖论",但国家力量的趋强却是存在的现实。或许探讨国家的规制结构可能是理论和实际双重的要求,这也可能是新制度经济学关于国家作用的努力方向。

第三节 强化市场型政府

一、奥尔森的国家理论

在巴黎新制度经济学年会上举行的纪念奥尔森的专题会议上,有人提出按照奥尔森的思想,用现代制度的构建、演化和分析方法来构建一个新制度主义的国家理论。在构建新制度经济学国家理论的过程中,吸收奥尔森的理论的部分观点是必要的,但仅建立在奥尔森思想上又是不够的。新制度经济学所需要的国家理论要解决两大基本问题,第一,国家的目标是什么? 政治人物的利益是什么? 这些利益将如何体现在政策和制度中,以服务于政治人物的目标?② 第二,如何限制国家的"掠夺之手"? 奥尔森所提出的理论框架有利于第一个基本问题的解决,但是如何限制国家的掠夺之手,奥尔森采取的是悲观性的态度,所以我们还要研究如何限制国家的掠夺之手。

奥尔森理论的最大可取之处在于,解释各种利益集团的利益如何体现在政策和制度中的问题。而这些恰恰是新制度经济学国家理论所缺乏的。建立在新古典经济学基础之上的制度经济学理论对人类行为与制度的关系进行了分析(如诺思等),也有经济学家对国家与制度关系进行了分析(如诺思、巴泽尔等),但是缺乏对集体行为与制度关系的

---

① [美]道格拉斯·诺思等:《西方世界的兴起》,学苑出版社1988年版,第23—26页。
② 安德烈·施莱弗、罗伯特·维什尼:《掠夺之手》,中信出版社2004年版,第13页。

分析,而奥尔森的分析有利于这个问题的解决。其实,人类社会许多制度是不同利益集团博弈的结果。更重要的是,奥尔森的理论可以使我们从不同层面揭示国家与制度的关系。

在探讨国家起源的问题时,奥尔森认为在人口众多的社会中很难产生社会契约式的政府,他否定了国家的契约起源论而将最初创建国家的功劳归于匪帮。在无政府状态下,流窜的匪帮所进行的非协调一致的竞争性偷盗,摧毁了投资和生产的积极性,无论大众还是匪帮都不会有更多的资源。如果其中一个匪徒能成为一个独裁者,那么对大众和匪帮两方面都会更好些——只要他是一位长驻的匪徒,即以各种税收的形式垄断偷盗物品并使之合理化。一个稳固的独裁者因他的地盘对其有切身的利益,因此他会提供和平秩序和其他增加生产力的公共物品,独裁者对大众的掠夺一旦以税收的形式固定下来,就会给大众以恢复生产的信心,因为掠夺不再是不确定的。正常情况下,和平秩序和其他公共物品所带来的产出的巨大增加使长驻匪徒获得的利益比他未治理前要大得多。于是"看不见的手初次赐福":流窜绑匪中的理性的、自私自利的匪首被"看不见的手"牵引着,驻扎下来,戴上王冠,并以其统治来代替无政府状况。

历史上有些国家成功地限制了国家的"掠夺之手",并且是通过制度安排来限制国家的"掠夺之手",这些制度安排往往是不同利益集团博弈的结果。奥尔森的理论框架有利于对这个问题的解释。新制度经济学国家理论所要解释的基本问题可以在奥尔森的理论框架下进行,这也是一些经济学家为什么主张以奥尔森思想为基础构建新制度经济学国家理论的原因。但是仅仅限于奥尔森的思想也是不够的,我们认为应该在三个层次上构建新制度经济学的国家理论,奥尔森的分析主要是限于中观层次,但完整的新制度经济学国家理论应该是建立在微观层次、中观层次及宏观层次基础上的,从三个层次研究政府(国家)行为将有利于解决新制度经济学国家理论所需要解决的问题。

二、强化市场型政府

奥尔森去世前的四个多月,主持召开了一次讨论会。也恰恰是在这次会议的发言中,奥尔森创造了一个可以高度浓缩其长期增长理论的重要概念:强化市场型政府(market-augmenting government)。一个政府如果有足够的权力去创造和保护个人的财产权利并且能够强制执行各种契约,与此同时,它还受到约束而无法剥夺或侵犯私人权利,那么这个政府便是一个"强化市场型政府"。这就是关于国家作用的"本质两难"(fundamental dilemma)问题,最先是由政治学家巴里·温加斯特这样表述的:国家需要足够强大,才能具有足够的强制力,去做它该做的事,即执行合同;但国家又不能过分强大,以至于它可以不受约束,滥用自己的强制力,任意侵犯公民的财产和权利。诺思悖论也体现了国家作用的"本质两难"。"诺思悖论"是指"国家的存在是经济增长的关键,然而国家又是人为经济衰退的根源"。[①] 没有国家不行,有国家又有许多麻烦。

研究如何制约国家比研究国家起源更重要。政府的权力受到约束是国家理论要解决的核心问题。在共和时代的罗马,国家权力的确受到了重要的约束,但这种约束来自

---

① [美]道格拉斯·诺思:《经济史中的结构与变迁》,上海三联书店1991年版,第20页。

于罗马政府的制度结构,而不是来自于人民的利益。① 国家权力的行使的需要以及这一点可以通过制度设计做到的观念,在伯里克利时代的雅典和共和时代的罗马政治体系中都是显而易见的。"立宪的"政治秩序的观念其起源与西方政治思想一样古老。②

奥尔森反复且多角度论证说,经济成功有两个必要条件:

1. 存在可靠且明确界定的财产权利和公正的契约执行权利

从以往的历史经验来看,尽管个人权利通常是经济发达国家才能承受的一种奢侈品,但它也是人们在经济活动中,特别是在复杂的交易中获得收益的必不可少的条件。尤其是,只有所有的经济当事人,无论是个人还是公司,国内的还是国外的,都有权公正有效地履行他们所选择的合约时,市场经济才能充分地发挥它所具有的全部潜能。而合约能够公正有效的履行又必须以个人权利得到有效保护和清楚界定为基础。而且,这种个人权利并非是自然赋予的,而是社会或政府设计的结果。如果没有政府的保护,个人所拥有的就仅仅是资财而不可能有真正意义上的个人财产。一个社会只有能够保护和清楚界定个人权利时,人们才有动机去进行生产、投资和从事各种互利交易,社会经济才得以繁荣。在诺思看来,持续的经济增长不仅是靠政府对所有权保护的承诺,所有权保护对人们来说是可以依赖的。不仅是某些人对某件事情进行宣誓和约定,而是遵守宣言和约定对自己来说是有利的,有了这样的条件,使其他人和组织可以依赖它,这在经济学上称为"承诺"。

2. 不存在任何形式的强取豪夺

在霍布斯的"原始丛林"中,在某种极权统治下,在传统的计划经济里,以及在市场经济不发达的地方,这种掠夺到处可见。但是,在个人权利得到较好保护、经济发达的社会中,这样的条件在尊重个人权利的民主社会中是能够达到的。但对个人权利掠夺的情况也时有发生。这种掠夺往往是通过制定某种有利于特殊利益集团的法律、对某些经济事务的管制,以及通过卡特尔来固定价格或工资的方式来进行的。如果一个社会的财富被少数人攫取,如果一个社会的创新被窒息,如果市场价格机制的运作被扭曲,那么这个社会的经济一定会没有活力而僵滞。这是在东西方都曾发生过的事情。当然,这两个条件并不能完全保证出现完善的市场、社会创新的充分利用、资源的有效配置及社会财富的公正分配。但离开了这两个条件,社会经济繁荣绝不可能。只有在这两个条件充分满足的情况下,一个社会才能存在市场,才能让市场拓展到经济活动的各个方面。③ 建立强化市场型政府需要国家建立可信承诺和维护公民权利的多样性,确保公民拥有相应的政治安全而免受政治机会主义的侵害。如果国家无法提供这些保护,公民权利就不会得到保障。在这种情况下,公民在生产性经济活动上的投资也将不足。

强化市场型政府设立的目标,在于获得所有潜在的得自贸易的收益。为此就必须建立一套法律体系和政治秩序来强制执行合同或抵押协议,提供负有限责任的公司制度安排,并且保障资本市场的长期稳定及有效运转。在这里,财产权利、契约权利以及由此催生的资本市场,便成为区分市场强化程度之"色谱"的重要尺度。该"色谱"的两端分别

---

① [美]斯科特·戈登:《控制国家——西方宪政的历史》,江苏人民出版社2001年版,第15页。
② 同上,第2页。
③ 易宪容:《权力运作与经济繁荣》,载《国际经济评论》2001年第3—4期。

为产权高度密集型和产权高度粗放型,各国的经济也就可以据此被划分成不同的类型。显而易见,为创新提供必要资本支持的金融市场属于高度契约密集型产业,因而对强化市场型政府的依赖性就特别高。当把贸易领域和生产领域联系起来考察时,我们还会发现一个有趣的现象:产权密集型经济通常对应的是资本密集型经济。其背后的逻辑十分简单,如果机器或工厂总是面临着被没收或充公的高风险,那么人们就不愿意从事资本密集型生产。这也顺带解释了在"产权—资本粗放型"经济中,往往是那些具有自我保护性质的产业比较发达,比如人力资本密集的手工艺和种植业。①

强化市场型政府的产生条件,也就等价于如何使政府或执政者具有共容利益的条件。对此,奥尔森的回答是:民主政体,或至少是代议制政体。奥尔森谈论的民主,其核心或本质不在于它是否赋予普遍公民选举权,而在于它是否保证了政府产生于自由的政治竞争过程,从而确保拥有共容利益的精英掌握政治领导权。他的这一思想倾向,与熊彼特在《资本主义、社会主义与民主》(1942)中所持的立场如出一辙:政治的民主原则,即应该从争取选票的竞争性斗争中产生出来;民主就是政治家的统治,人民总是可以被定义弄得他们像是在统治;除了在某种程度上保证了言论和出版自由之外,民主和自由就没什么关系了。尤为令人深思的是,对民主有类似想法的人远不止熊彼特和奥尔森。譬如,早在1926年,20世纪最重要的政治学家之一卡尔·施密特就曾写过一篇题为《论议会制和民主制的抵牾》的文章(载其《政治的浪漫派》)。他说,所有人作为人的平等,不是民主,而是某种类型的自由主义;让最优秀最有能力的政治精英掌握政治领导权并承担公共事务,才是议会民主制的本质。

诺思和温加斯特(1989)、温加斯特(1995)进一步拓展了可信承诺、产权保护和政治力量之间关系的研究。假如实际上产权保护是经济增长的一个关键因素(诺思和托马斯于1973年推测),那么在过去,这种保护在由那些有军权的、地位高于其臣民的国王所统治的社会里是如何实现的呢?诺思和温加斯特认为,1688年英国的光荣革命使得国王对产权保护的承诺为经济发展提供了制度基础。

英国光荣革命期间以及光荣革命之前的几年内战时期,议会树立了抵制一个滥用产权的国王的权威。这使得国王必须向其臣民承诺产权保护。进一步而言,为提高这种威胁的可信度,并以此限制国王违约的能力,议会采取了各种措施。国王的权力被明确地界定,即在关注着国王的行动可能导致的后果的议员中进行协调。议会控制了税收和收入的再分配,建立了一个独立的司法体系,国王的特权被削减了。为了支持光荣革命使得产权保护得以加强的这个观点,诺思和温加斯特指出在18世纪期间,主权债务增加了,英格兰私人和公共资本市场上交易的证券的数量和价值都增加了;与此同时,利率大为下降。

巴罗在论文《经济增长的决定因素——多国经验研究》(NBER,1994年)中考察了1960—1990年间约100个国家的经验数据发现,在给定的真实人均GDP的初始水平下,那些教育水平较高、出生率与政府支出水平较低以及法治较好的国家,经济增长率更高。同时,巴罗还在论文中强调了制度的重要性,他说:"经验证明,制度差异是各国

---

① 张宇燕:《强化市场型政府》,载《读书》2005年第2期。

经济增长率、投资最重要的决定因素,体制改革为一国从贫穷走向繁荣提供了最佳捷径。"很多人认为政治民主与经济自由是高度关联的,认为民主是市场经济的基础和经济增长的希望。但巴罗研究发现,作为竞选权利和公民自由量度的民主,与经济增长并无多大关联。他用法治测量产权保护程度,用自由选举测量民主,然后考察这两个指标与经济增长的联系,他发现"法治对于增长的效果相当大,而民主与经济增长的关系则相当弱",即是说,"民主既不是经济增长的充分条件也不是必要条件"。因此,巴罗主张发展中国家要实现经济增长必须加强法治;没有法治,民主不可能带来经济繁荣。

第四节 国家内的竞争和国与国之间的竞争对制度的影响

一、地区之间的竞争对制度的影响

引入地区因素分析制度的形成及其制度的差异是新制度经济学一个值得关注的领域。地区及其地方政府可以作为解释制度的一个重要因素。现以新制度经济学对竞争性联邦制的分析为例来说明这个问题。

竞争性联邦制的好处表现为,在一个国家内部,可以通过设计联邦内各州的宪法,在该国内部获得某些政区间竞争的好处。联邦制是为发现受欢迎的行政解决办法和制度而利用(州和地方)政治组织间争胜的一个途径。如果人员和生产者有机会在独立的国内政区间流动,立法者和行政官员们就会被迫相互竞争。这种退出权给他们施加了源于公民委托人的反馈,只要公共政策较少集中于中央集权制政府之手,就会有更好的机会抑制寻租活动、压力集团和代理人机会主义。①

竞争性联邦制导致的州和地方之间的竞争所产生的结果优于一个中央集权制的政府机构所提供的结果。竞争性联邦制使公民们大权在握,并在公共政策中培育出公民们真正想要的那些创新来。这不过是应用了竞争所具有的权势抑制手段,这种手段促使政府为吸引公民和投资者而投入信息成本和交易成本。从地方行政机构和州行政机构中的跨政区企业家活动中产生出来的演化性反馈还可能增强一个国家的国际竞争力和吸引力。

从这个角度来看,许多长期繁荣的民主国家拥有联邦制宪法(尤其是瑞士、美国、加拿大和澳大利亚),而许多其他国家中的地区共同体曾一直努力要求通过下放政府职能以肯定其集体认同感(例如,在西班牙、英国、南非、俄罗斯、中国),绝不是偶然的。看来,与靠中央集权化来窒息这样的欲望和冒地区间政治对抗的风险相比,将地区认同感导向建设性的行政—制度性竞争是更可取的。②

---

① [德]柯武刚、史漫飞:《制度经济学——经济秩序与公共政策》,商务印书馆2000年版,第492页。
② 同上,第493—494页。

统一地、中央集权化地供给共享品可能会与各地区的偏好和优先考虑相抵触。因为公共政策的制定者距公民们较远,中央集权化会孕育出选民公众身上的委托—代理机会主义以及道德风险。联邦制在政策制定上的多样性允许选民们作选择,并允许在共享品供给的控管方式上存在差异。那时,公民们将会对培育地方的和地区的经济发展产生更多的兴趣。

地方之间的竞争有利于激励地方政府制度创新。只有当多数选民即使面对利益集团的抵制仍愿意支持变革时,或者当有组织的集团发现了开放的好处时,制度创新才会开始。如果开放了,政府就会相互竞争(跨政区的竞争)。因此,开放和制度创新在很大程度上要依赖于政府和公众认识到"退出"信号的重要性并从中做出下述结论的能力,即懂得即使面对压力集团的抵制和内向的部落本能,也必须提供适宜的制度,以构成有吸引力的区位性要素。① 此外,各地方政府竞争导致了各地纷纷降低"政府价格",从而降低了市场发育的交易费用就难以估计了。② 如拉坦所说,制度创新的引入,不管它是通过扩散过程,还是通过社会、经济与政治程序所进行的制度转化,它们都会进一步降低制度变迁的成本。

要使职能下属化原则有内容和实质,竞争性联邦制系统应当采用三个一般性制度设计:

第一,联邦应当坚持原产地规则(rule of origin),它规定,在联邦某一部分合法生产的产品在联邦各地的销售都自动地具有合法性。这类似于中国的反对地方保护主义。

第二,联邦宪法应当将各种控管任务分别专一地派定给特定的一级政府。也就是权责利要明确。任务承担者的专一性缩小了政治家和行政官员逃避责任的余地。从公民和企业的观点来看,支持职能下属化原则(principle of subsidiarity)是很有益的。即应永远将集体行动中的每一项任务置于尽可能低的政府级别上。政府的大量任务都能被分散化,并由相互竞争的机构来承担。③

第三,联邦应当坚持财政平衡的原则,禁止公共资金的纵向转移,并迫使每个行政机构为其负责的任务或其已选择由它自己靠征税、收费和借贷来完成的任务筹措资金。这就限制了再分配性收入转移,并迫使各个竞争中的行政机构承担财政上的责任。④

当然,竞争性联邦制的运行也是有成本的。竞争性联邦制允许"客户"用脚投票,但是,它的运行会不可避免地带有一些摩擦并消耗一些资源——如所有的竞争性系统所表现的那样。

美国的制度特点可以概括为联邦制、民主制度、市场经济制度,再加上有限政府。这四个方面是有内在联系的:联邦制主要是解决中央与地方的关系,民主制度是经济社会治理的制度安排,市场经济制度是经济运行的基本制度,而有限政府是建立强化市场型政府的前提条件。

---

① [德]柯武刚、史漫飞:《制度经济学——经济秩序与公共政策》,商务印书馆2000年版,第489—490页。
② 高小勇:《中国坐标图》,《经济学消息报》2005年2月11日。
③ [德]柯武刚、史漫飞:《制度经济学——经济秩序与公共政策》,商务印书馆2000年版,第492页。
④ 同上,第493页。

二、国与国之间的竞争对制度的影响

制度竞争(或"体制竞争")概念突出了内在规则和外在规则体系对于一个国家的成本水平从而国际竞争力的重要性。由于全球化——密集的贸易和更大的要素流动性——对高成本的制度系统会存在更加直接的反馈,由此会出现调整那些制度的必要性,不仅会出现被动的制度调整,而且还可能出现预先主动进行的调整。[①] 没有一套促进跨国界交易的制度框架的空前发展,全球经济的这种增长是无法想像的。这些制度的优越性,加上通信、运输和旅行方面的技术进步,已成为经济增长的强大动力,并提高了国际维度(international dimension)在国民经济中的相对重要性。[②]

国与国之间竞争,实际上是制度的竞争。人们往往把先进国家的经济发达与其制度联系起来,于是会产生一种示范效应,接着是模仿与学习;技术之间的竞争引起国与国之间的技术转移;产品之间的竞争引起国与国之间产品的交换;组织形式的竞争引起组织形式的移植;同样的道理,制度与制度之间的竞争引起制度的移植。有效的制度可以大大地促进一国经济的发展,这种示范效应是制度移植的一个重要原因。那些具有制度优势的国家也有一种输出制度的动力。格莱尔德·斯库利在研究中发现:"制度结构的选择对经济效率和增长有深远的影响。与法律条例、个人财产、资源市场配置相结合的开放社会,与那些自由被限制和剥夺的社会相比,其增长率是后者的 3 倍,其效率是后者的 2.5 倍。"[③] 国与国之间的竞争、地区与地区之间的竞争实际上是制度的竞争。这主要表现在有效的制度安排可以大大地降低这个地区的交易成本,吸引更多的生产要素流入这个地区,有效的制度安排还可以大大地提高要素使用的效率。有人绕地球一圈后很有感慨地说,在美国办一个企业只要两三个小时,在香港要两三天,在深圳两三个星期也够了,但在我国内地一些地方可能得两三个月。这种差异并不仅仅是一个办事效率的问题,而且还涉及制度、体制、文化、观念等深层次问题。这些不同因素将大大地影响一国"制度运行的费用"(交易成本)。尽管国与国之间、地区与地区之间的制度的竞争看不见、摸不着,但却客观存在,并且愈来愈激烈。很多学者认为,21 世纪世界的竞争将是制度之间的竞争。谁的制度好,资源就会流向那里。人才、资金及技术都会流向那些制度环境好的地方。总之,经济停滞和负增长是与封闭经济、国内和国际冲突、巨大的经济体制变革、对私人创造性和私有制的严重限制(缺乏自由)联系在一起的;而迅速的、可持续的增长则是与可靠的产权、竞争和开放联系在一起的。对这一假说的确值得我们探讨和解释。[④]

影响欧洲社会史的基本因素是欧洲在地理上的多样性,而这种多样性又有利于形成许多具有独立统治者的小国家。这些统治者不仅通过战争相互争夺,而且还越来越通过吸引生产资本和有技能、有知识的人才的跨政区竞争而相互争夺。欧洲经济的小规模和开放性使跨政区的要素流动成为可能,它为一个以两种方式起作用的演化过程创造了条件。

---

① [德]柯武刚、史漫飞:《制度经济学——经济秩序与公共政策》,商务印书馆 2000 年版,第 490 页。
② 同上,第 418 页。
③ [美]詹姆斯·道等:《发展经济学的革命》,上海三联书店 2000 年版,第 9—10 页。
④ [德]柯武刚、史漫飞:《制度经济学——经济秩序与公共政策》,商务印书馆 2000 年版,第 15 页。

首先,面对规则系统上的政区间差异,有些资本、知识和企业的所有者总是决定迁往这样一些地区,在那里,不可移动的要素——首先是土地、非熟练人员和制度性基础结构——能使他们获得较好的回报,并能在工作上和生活上为他们提供安全和自由。在有些场合,最初的迁移是为了寻找安全的生活条件。

其次,欧洲经济的小规模和开放性还响应和进入政治竞争的政治系统发出了挑战。政治争胜植根于制度发展的运动过程中。面对可移动资本和技术人员的退出选择,统治者受到限制,无法采取机会主义的任意行动(退出的控制功能)。他们懂得,培育某些制度,如安全的产权、个人自主和无需特许的投资,以及普通自由,是完全值得的。那些统治者的目标是保持和扩大权力,但这种努力的副产品却是使他们懂得了要按公民们的利益行事。同时,那些国家里的居民们则学会了适应有益于贸易和创新活动的规则。这样,源于物质性成败的反馈启动了重塑内在制度和外在制度的学习过程。①

国与国之间的竞争对制度的选择及制度变迁的影响表现在以下几个方面。

一是国与国之间的竞争对统治者形成了一种竞争的压力。全球化影响着民族国家的制度体系。惯于掌握无限制政治权力的人和只要经济不很开放就能享有政治特惠的人常常对这种影响怀恨在心。在那些正在丧失竞争地位的国家里,在那些正面临着可移动资本、人员和企业净流出的国家里,全球化对民族国家的影响会被视为一种公然侵犯。尽管有这样的抵抗,全球化——在近几十年内和在整体上——仍然充当了推动国家制度演变的主要动力。这种演变的方向是更少对产权进行政治性再分配和更多的竞争自由。②

二是开放能成为寻租活动的有效解药。以前封闭的政治系统和经济系统一旦开放,制度就必须变,权势集团会丧失舞台。一个鲜明的历史实例是1854年日本在美国海军干涉下的开放,它导致了德川幕府在1867年的倒台,为明治维新中的现代化铺平了道路。那次制度转换并非没有冲突,也远非根深蒂固。在20世纪30年代和40年代初期,日本陷入了内向的孤立主义,并由侵略性权势集团所把持。1945年后的美国干涉在某种程度上是第二次开放了日本,它又一次触发了席卷日本的制度改革和意想不到的繁荣。③全球化已经从根本上改变了各个国家的政治博弈计划。现在,较小的成本差异都会促使了解不同国家间条件差异的私人主体去从事"套利"活动。结果,对国家政策和制度的反馈更加直截了当,政区间的差异也更难以持久。对(越来越多的)交易成本产生影响的各种制度现在都服从于国家间的制度竞争。④

三是国与国之间的竞争增加了制度的多样性及灵活性。在人类历史上,对外开放并非单行道。然而,跨国界贸易和要素流动中较低的运输成本、通信成本和交易成本在总体上增进了开放,削弱了院外游说和制度僵化。开放能有力地激励人们投入信息成本,并奖赏普适规则,如直接导向私有财产体制。较低的运输成本和交易成本使商人和要素所有者们更易于放弃其他制度系统。他们还可能更多地了解到不同国家里可供替代的制度条件。当可国际移动要素的所有者在跨国界重新定位时,不可避免地要在各种制度

---

① [德]柯武刚、史漫飞:《制度经济学——经济秩序与公共政策》,商务印书馆2000年版,第465—467页。
② 同上,第472页。
③ 同上,第487页。
④ 同上,第472页。

系统间作选择。只要他们认识到不同制度的影响,并恰当地解释这种效应,他们就会想到,其他国家在制度上的差异会产生一个直接后果,即会导致不同的赢利可能性。那时,制度选择就变成了一种竞争中的挑选。这种挑选要受经济开放程度的影响。①

四是有竞争力的制度既影响成本,也影响要素及资源流动的方向。推动内在制度和外在制度演化的因素,不仅有对国际贸易和要素流动的被动反应,而且还有为更好地竞争市场份额和动员生产要素而对制度进行的主动调整。全球化已经导致了"制度(或体制)竞争"。现在,制度系统对成本水平影响极大,以至于成了国际竞争中的重要因素。结果,各国政府也在不同程度上直接相互竞争。② 地方性的和全国性的制度越来越成为关键的成本因素,它决定着在哪里生产什么。因为,协调成本经常要占总成本的半数,并且这些因素要受主流制度的很大影响。③ 一个政区,如果能提供便利商务活动的惯例、常规、法律和政府条例,能促进交易成本的降低和可靠的竞争秩序。就会吸引面向全球市场的国际生产者。相反,达不到这些要求的政区很可能要经受越来越多的产业外迁,像零部件装配线、研究和开发、金融、娱乐、会计和法律咨询、计划和后勤服务那样的产业都可能外流。④

当前,资本、技术知识和组织知识、高级技能以及这些要素的集合——所谓企业——还有原材料,一般都可作国际流动。而劳动、土地和法律性、政治性、行政性体制则大都是无法在国际上流动的投入,它们的成本决定着一个区位或一个国家的国际吸引力或其他方面。制度又反过来创造着经济增长,从而决定着各种要素所有者相互交往的能力。因此,它们在决定生产和创新的相对交易成本上十分重要。⑤

既然制度对经济绩效如此重要,那为什么其他国家不能学习和采用在经济绩效较好的国家中运用的最佳的制度呢?这是诺思在一本开创性的论制度的书中提出的主要问题(1990)。为了分析这一问题,诺思把制度定义为"博弈规则",他把博弈规则分为两类:正式规则(宪法、产权制度和合同)和非正式规则(规范和习俗),即使能从国外借鉴良好的正式规则,如果本土的(indigenous)非正式规则因为惰性而一时难以变化,新借鉴来的正式规则和旧有的非正式规则势必产生冲突。其结果,借鉴来的制度可能既无法实施又难以奏效。

🔍 案例 1

国家不是公司,政府不是老板

据英国广播公司 2011 年 7 月 29 日的报道,美国财政部透露,政府在银行里可以调动的存款是 737 亿美元,而苹果公司手头的现钱却有 764 亿,比美国政府多出 27 亿。

---

① [德]柯武刚、史漫飞:《制度经济学——经济秩序与公共政策》,商务印书馆 2000 年版,第 487 页。
② 同上,第 486 页。
③ 同上,第 420 页。
④ 同上,第 423 页。
⑤ 同上,第 424 页。

还有比财政短缺更令美国政府头痛的,那就是美国的国债上限。如果美国政府到8月2日还无法提高目前为14.3兆的美国国债上限,那么就可能既无法按时签署还债的支票,又面临目前AAA信用等级的下跌。然而,就在美国政府愁眉苦脸之时,苹果公司却喜气洋洋地报告,2011年上个季度,它的收入增加了82%,利润增长更高达125%。

苹果公司不断以蓬勃的朝气推陈出新,令人炫目地在全世界连续推出iPhone和iPad。与此同时,美国政府却在当今世界上最年长的民主制度中,亦步亦趋地按老规矩办事。在纳税、举债等问题上,政府除了按照一贯的民主程序,在国会中小心翼翼地寻找利益平衡,没有其他办法,而且也完全没有要另辟蹊径、抄暗道走捷径的意思。安代勒(Rob Enderle)对此揶揄道:"苹果公司作任何决策都不会错,而美国政府作任何决策都不会对。"

苹果公司的决策是一个公司的,而美国政府的决策则是一个国家的。一个公司的人员有自然的共同利益,那就是提高收入,增加利润,钱挣得越多,大家的好处也就越多。只要能挣钱,公司的决策,就是对的,正确的。利润是政策对错、是非的唯一标准。

但一个国家却不同,它的人民由不同的利益群体构成,他们的利益不仅不一致,而且还相互矛盾和冲突。许多事情,一些群体得益了,另一些群体则必然受损。美国国债上限激烈争论和难以达成妥协,便是因为不同群体利益的矛盾和冲突极难调和,而不同利益的群体通过自己的议政代表,谁都对政府决策有争取自己利益的发言权。

美国要减少国债,全体人民对此早有共识,并没有人反对。但是,为减少国债是要增加税收还是减缩开支,增加多少,削减多少,在这些具体问题上,不同利益集团之间便难以达成共识。富人反对政府以加税来增加税收,而穷人则反对政府以削减社会福利来减缩开支。公正是政府决策对错、是非的唯一标准,但公正却永远是相对的。在民主政体中,政府的责任是兼顾不同利益、调和折中,寻找妥协。政府不可能做出让任何一部分人觉得是"完全正确"的决策。在这个意义上,确实可以说:美国政府做任何决策都不会全对。

但是美国人并不愿意看到他们的政府像一家公司那样运作,哪怕是非常成功的公司。他们更不愿意看到国家变成一个由特殊利益集团成员独家经营的集团公司。有研究者指出,在一个集团公司型的国家里,它的管理模式必然形成"一种自上而下的统合机制(中央集权)和地方政府的相互竞争机制"。国家主席是这个公司的董事长、总理是社长(总经理),副总理和国务委员是执行董事,而最高领导核心则是这个股份制集团公司的董事会。每一个省(自治区)就是这个股份制集团公司的子公司,而每一个市就是这个集团公司的孙公司。市的首长作为这个"孙公司"的经营者经营城市,经营好的话,有机会成为子公司的社长(省长),而子公司经营者中的优秀分子则有望进入集团公司的董事会,成为更核心的人物。这种国家体制确实有利于强势管理,甚至还有利于地方的发展。但是,同时也因为"强势管理"而导致"企业内不民主","子、孙公司相互竞争,导致资源的浪费和这些'社长'们的权利过于集中滋生出腐败"。

政府闹穷,公司有钱,并不一定就是政府的失败。公司有钱,那是因为有了好的产品;政府有钱,那是因为收了过多的税,提供了过少的社会福利和服务,取之于民超过了用之于民。国家不是公司,政府也不是老板,所以国家或政府并不是越有钱越好。政府支出少是发达国家和成熟市场经济体制国家的共同特征。

资料来源:徐贲,http://blog.sina.com.cn/xubenblog,2011-08-03。

🔍 案例2

香港老太启示录

全长近50公里、投资超700亿元的港珠澳大桥,是中国首座涉及"一国两制"并跨粤港澳三地的世界级跨海大桥,大桥的兴建对香港工商业发展极为重要。大桥可以减省陆路客运和货运的成本和时间。通车后,香港旅游、金融和商业等不同范畴均会得益。香港的基建设施如机场和货柜码头也可借着大桥,将服务的腹地伸延到珠三角西部及泛珠三角西南各省,把香港作为区内贸易和物流枢纽的地位进一步提升。但这座大桥争议持续了26年,协调难度前所未有,近日却被香港一66岁老太朱绮华叫停。

多病缠身的朱老太认为:大桥动工及通车会影响居住其边的她的健康,并以工程没有评估臭氧、二氧化硫及悬浮微粒的影响,不合理也不合法,2010年入禀香港高等法院,就大桥香港段环评报告申请司法复核。香港高院2011年4月18日裁定:港珠澳大桥香港段环评报告不合格。法官霍兆刚的判词指出:环保署长批核的环评报告,欠缺关于空气质素的独立评估,未能符合港珠澳大桥研究概要及技术备忘录的要求,要求撤销环境许可证。朱老太列出的7项理据,虽仅一项得到法官认同,但就凭此一项程序上的欠缺,港环署就被病老太"技术性击倒"。这是不受行政干预的法理精神的一次胜利。

朱绮华的代表律师之一黄鹤鸣强调,理解港珠澳大桥对三地经济发展和区域融合的重要性,"但政府不应因为经济利益和加速区域融合,而放弃行之有效的监督机制"。

港珠澳大桥香港段原定去年动工,但至今未能动工。香港特区立法会财务委员会2011年11月18日通过港珠澳大桥485亿元(港元,下同)工程拨款。香港特区运输及房屋局局长郑汝桦表示,会在年底前全力动工,追回失去时间,预料大桥可于2016年通车。大桥经多年讨论达成共识,当局会设法减低工程对环境影响,又指大桥是具策略性意义的运输建设,可扩阔香港整个腹地,令珠三角西岸进入香港3小时生活圈,减省运输时间六至八成,会为各行业带来好处,而拨款可增加14000个就业机会。政府向财委会申请的拨款,包括兴建香港口岸的304亿元、兴建大桥香港接线的费用161.9亿元,以及屯门至赤鱲角连接路的设计和勘察及前期填海工程费用19亿元。政府表示,由于工程受早前环评司法复核官司影响,成本要增加65亿元。当局已尽量减低大桥对环境的影响,但受到诉讼影响,令工程延误1年有多。虽然大桥要收回直接成本估计要100年以上,但大桥带来的间接收益却是无可限量,香港的建筑工人可以直接得益。建造业总工会约20名代表在当日审议港珠澳大桥香港口岸的拨款申请期间,到门外请愿,促请立法会通过拨款,让工程尽快上马,为工人提供就业机会。建造业总工会理事长周联侨表示,官司拖延工程令他们开工不足,受影响主要是钉板及石屎工人。

这让我想起国内重点工程的"拆你没商量"来。如几年前的武广高铁建设,当时湖南湖北主体工程基本完成,地方工作秘诀是"遇有钉子户先强拆再善后"。广东段却在广州花都区江高镇珠江村一民房前迫停,起因不过是几十万元"拆迁补偿"争拗。工程停工每天损失18万元,大半年才解决,直接间接损失高达数亿。

赔偿标准低于同地段房价是不争事实,也是神州拆迁暴力屡现的主要原因。上述高铁拆迁事例中的地方,并未采取简单粗暴的"拆你没商量",而是体现了文明的进步。虽然导致了损失和延误,但应理解为这是前期协调工作不到位、非钉子户顶牛直接所致。

国内不少大型工程都涉争议。建高铁和焚烧厂、核电站等,不再是仅冠名"国家重点工程"就随意可行,这对当下中国、尤其是最近的番禺垃圾焚烧发电厂选址风波借鉴意义更大。垃圾焚烧的空气环评一向饱受质疑,它的危害显然远远超过大桥竣工后所经汽车的尾气污染。

"钉子户"非中国首创,欧美国家都出现过"牛钉"。钉子户元老出在日本:上世纪60年代初,日本政府决定建造成田国际机场,在一个叫三里冢的地方,几户人家不肯搬迁。1971年强制征地,警民发生冲突。第二次强制征地时致3名警察死亡,多人受伤。后不得不把原先建三个机场跑道的计划缩减为一个,跑道甚至不得不改向。

这被称做是国家的妥协。"三里冢斗争"体现了一个认识,那就是"如果认为国家的决定比个人的权利更重要,甚至可以粗暴侵犯个人权利,那样的社会将很可怕"。印度曾经想学中国的开发区制度,但学不了,因为他们没有办法解决圈土地中的拆迁问题,居民不愿意搬迁,政府也不能强制。

上述几案,对当下大破大立如火如荼的"拆迁中国",尤具依法行政警戒意义。如何在贯彻执行《物权法》的前提下尊重私有财产神圣不受侵犯,是建设法治国家的前提。香港老太事例,更是一个善意警醒。

资料来源：赵世龙的 BLOG，http://blog.sina.com.cn/zhaoshilong，略有改动，2011-04-21，并根据国新闻网文青的《香港立法会通过港珠澳大桥485亿港元工程拨款》补充，http://www.sina.com.cn。

关键概念

国家　无为之手　扶持之手　掠夺之手　国家模型　诺思悖论
强化市场型政府　国家作用的"本质两难"　统治者的双重约束
制度竞争

思考题

1. 新制度经济学是如何定义国家的？
2. 如何理解国家的"三只手"？
3. 新制度经济学关于国家的四大职能是什么？
4. 无效率产权形成的原因是什么？
5. 试述国家的起源。
6. 国家的目标是什么？
7. 试述诺思的国家理论与巴泽尔的国家理论及其异同点。
8. 如何看待奥尔森的国家理论在新制度经济学中的地位？
9. 国家内的竞争和国与国之间的竞争对制度的影响。

推荐阅读

1. 斯蒂格利茨：《政府为什么干预经济——政府在市场经济中的角色》，中国物资出版社1998年版。
2. [美]曼库尔·奥尔森：《国家兴衰探源——经济增长、滞胀与社会僵化》，商务印书馆1999年版。
3. [德]柯武刚、史漫飞：《制度经济学——经济秩序与公共政策》，商务印书馆2000年版。
4. [美]斯科特·戈登：《控制国家——西方宪政的历史》，江苏人民出版社2001年版。
5. 安德烈·施莱弗、罗伯特·维什尼：《掠夺之手》，中信出版社2004年版。
6. 安德鲁·肖特：《社会制度的经济理论》，上海财经大学出版社2003年版。
7. [美]道格拉斯·诺思：《经济史中的结构与变迁》，上海三联书店1991年版。
8. 曼瑟·奥尔森：《权力与繁荣》，上海世纪出版集团2005年版。
9. [美]约拉姆·巴泽尔：《国家理论——经济权利、法律权利与国家范围》，上海财经大学出版社2006年版。

第十一章 制度演化理论

制度演化理论具有悠久的历史和广泛的基础,早期的苏格兰哲学家们,休谟、亚当·斯密、弗格森以及他们的先驱曼德维尔等人,都在不同程度上意识到,劳动分工和匿名市场系统类似于一种自发的秩序,而理解个人财产权利、契约自由和法律制度则是这种秩序的先决条件和变化动因,这其中已经包含了制度演化的观点。18世纪的德国,在艺术、法学和社会科学诸多领域中都能见到对自发秩序的理解,赫尔德、威廉·洪堡关于社会交往规则是由所有参与者的个体选择构成的这种观点成为奥地利学派经济理论的核心基石。达尔文革命之后,演化思想更是深刻地影响了经济学的发展,迄今为止,在制度演化分析这一领域中,已经积累了丰富的思想成果。阿尔钦(1950)提出演进假说,认为普遍存在的竞争将会扬弃那些不好的制度,而那些有益的制度则会幸存下来,他们将被用于更好地解决人类面临的问题。

第一节 社会演化理论的影响

在演化经济学家们看来,新古典所采取的方法论早就失去了存在的基础。19世纪末期,达尔文革命所引发的反本质论思想无论对当时的自然科学还是社会科学都产生了重大影响,但它居然未促使经济学走向演化之路,这看起来的确有些不可思议。威特写道,在19世纪下半叶,在两个不同的学科几乎同时发生了库恩式的"科学革命",一个是自然史中或科学中的著名的"达尔文革命",另一个是经济学中的"边际革命",这种巧合确实是对历史的讽刺,因为不可能再有比这两种革命所追求的目标更对立的了。尼古拉斯·乔治斯库—罗根也评论道,"正当杰文斯和瓦尔拉开始为现代经济学奠基时,物理学一场惊人的革命扫荡了自然科学和哲学中的机械论教条。奇怪的是,'效用和自私自利的力学'的建筑师,甚至是晚近的模型设计师,看来都没有及时地觉察到这种没落"。[①] 这就留给人们一个奇怪的问题:为什么当所有的社会科学和自然科学都开始抛弃毕达哥拉斯学派的本质论(也称类型论)思考方式时,经济学却将其发展到了极致?

从知识社会学的角度看,任何时代的理论都不可避免地带有"社会构造物"的特征。新古典在二战之后的全面兴起、20世纪80年代后演化经济学的复兴都与社会进化理论的发展有着密不可分的关系,马歇尔关于经济学的麦加在经济生物学的论断无疑受到斯宾塞和达尔文的影响,而纳尔逊和温特也毫不掩饰地表明自己的理论是社会生物学启发的结果。梳理社会进化思想的变化,不仅对于理解演化经济学,而且对于理解经济学在近百年时间里的路径变化,都无疑有着重要的意义。同时,从实质上说,社会演化理论也是一种制度演化的分析,它更强调宏观制度结构的变化,这种宏观分析的思想成果对后期的制度演化分析仍具有重要的理论价值。

一、黑格尔和孔德的社会演化理论

演化经济学的兴起与发展无疑与达尔文进化论有着密切的联系,不过,从思想史的历程考察,达尔文并不是第一个具有演化思想的学者。18、19世纪,进化理念在各学科中得以普遍提倡与发展,拉普拉斯和康德的天文学、莱尔的地质学、巴尔的胚胎学,以及马尔萨斯的人口学都蕴涵了进化的思想。在生物学领域,达尔文之前的拉马克和加法洛意的形态学观念也表现出了演化思想的雏形。而在同时期的社会科学领域,进化思想则发展得更为普遍,孔德、黑格尔和斯宾塞在探寻人类经济社会形态变化规律时都显示出了演化的思想倾向。作为时代的主流思想,他们的理论对达尔文进化论及因进化论引发的观念革命都产生了深刻的影响。

黑格尔的进化思想集中表现在他的社会有机论中。这一理论包括五个要点:第一,社会是一个有机存在,而不是个人的某种简单联合体;第二,整体大于部分之和;第三,整体决定部分的性质,个人的性质是由他所在的社会性质决定的;第四,离开整体不可能理

[①] Georgescu - Roegen, N., *The Entropy Law and the Economic Process*, Harvard University Press, 1971, PP. 2—3.

解部分,只有将个人置于整体之中才可能理解其社会特征;第五,组成整体的各部分之间互相联系、互相依存。不难发现,黑格尔的社会有机论思想和现代演化经济学倡导的个体群思考以及综合进化思想是完全一致的。孔德则将人类社会的演进历程概括为三个阶段:被超自然观念主宰的神学阶段、追溯抽象力解释的形而上学的阶段和基于实验观察、由科学定律主导的实验科学阶段,这三个阶段都由帮助人们理解周围环境的主导观念界定。

二、斯宾塞的社会演化理论

最广泛地使用进化一词并明确给自己的学说贴上演化标志的学者当属赫伯特·斯宾塞,正是通过他,"进化"一词才被广泛应用于社会科学中。

斯宾塞的演化思想是一个非常复杂的体系,其主要观点有:①社会超有机体论,社会与生物有机体有某些共同的特征,但又不相同,社会的超有机体性质主要表现在社会进化过程的特点上。②社会进化论。斯宾塞认为社会和生物机体一样也经历了一个从简单到复杂的演化过程。这一过程可以分为简单社会、简单混合社会、较高混合社会和高级混合社会四大阶段。在四阶段历程中,经济结构与社会结构都在发生变化,简单社会的经济结构十分单一,社会经历偶尔首脑阶段和永久首脑阶段;在简单混合社会中,农业是社会的基础,但劳动分工得到了较大的发展;进入较高混合社会后,农业仍为社会主要特征,但社会有了广泛的分工,商人、各类专家增多;高级混合社会则是现代工业,它不仅包含了复杂的经济结构和众多的产业门类,而且社会结构也分化得更为明显。

在研究视野和具体观点上,斯宾塞与黑格尔、孔德等人存在着一定差异。斯宾塞试图建立一种包容自然与社会科学的新科学,他希望将物质、自然世界和社会的变化统一在一个体系内,而这一体系的基础,也即是实现自然与社会连接的机制,就是进化。斯宾塞坚信进化的普遍性,对孔德的进化思想,他反对从思想观念的意义上解释社会的进程,而主张社会客观的自然作用。[①] 对达尔文的进化论,他反对将进化局限在生物方面,而主张进化的无所不在性;斯宾塞基于宏大视野的广泛研究和建设性意见当时无疑具有开辟思想新纪元的作用,并对此后的社会思潮产生了长远的影响。尤其难得的是,在达尔文之前,斯宾塞不仅意识到了进化的普遍性,并且明确提出了"适者生存"的概念。

三、各种社会进化思想对达尔文的影响

黑格尔、孔德和斯宾塞等人的社会进化思想构成了达尔文时代的思潮背景,他们的理论内蕴着两个关键命题:一是演化是否具有目的和方向?二是人类智力和理性是不是社会进化的决定性因素。这两个问题的实质,是人在社会变迁中的地位和作用的问题,更是从怎样的视野看待进化的问题。在第一个问题上,虽然黑格尔、孔德和斯宾塞都承认社会演化会经历一个从低级到高级的、从简单到复杂过程,但就目的、方向性的看法并不一致。在黑格尔看来,世界历史是一个确定的序列和进步的过程,存在一个预先的演化顶端;而在孔德那里,人类社会发展的三个阶段也是具有方向性的,并且这种方向与人

---

① [英]斯宾塞:《国家权力和个人自由》,华夏出版社 2000 版,第 17 页。

类知识和智力发展密切相关。斯宾塞的理论则比较矛盾,一方面,他承认进化是普遍的规则,进化没有终点,因此他否认乌托邦。在他看来,"乌托邦对于某种完善状态的描述意味着变化的停止。"①然而他也把均衡视为是进化的最终境界,在这种境界中,对立的力量达到了相互依赖和平衡,社会达到了一种无法律、无政府的状态,他本身又走向乌托邦。在第二个问题上,黑格尔和孔德都认为人的理性、知识力量是决定社会进化的关键,斯宾塞虽然不否认这种力量,但他更强调从自然与社会的关联中去思考人类社会进化的动力。

作为时代的产物,达尔文的进化论也不可避免地带有"社会构造物"的痕迹。达尔文最大的贡献在于挑战了他所处时代的主导观念——神创论,但在两个关键的地方达尔文态度一直不坚决。第一个问题同样与目的性和方向性有关,即进化是否具有明确和终极的完美方向。由于19世纪初期的社会理论中的各种进化思想都带有鲜明的目的论倾向,进化普遍被理解为是一项既定计划的展开,达尔文也不免受到影响,尽管贝格尔号的经历使他感到进化是随机的,但进化物变得越来越复杂却也是不争的事实,因此他始终无法鲜明地对目的论、方向论和终极论予以反对,而是在含糊中把生物演化变成了创世纪的世俗版。在达尔文的著作中,目的论、方向论、进步这些观念既是达尔文所反对的假设,也是达尔文不由自主地捍卫的假设(彼得·狄肯斯,1995)。第二个问题则与意识与物质的关系有关。虽然达尔文早在1859年就出版了《物种起源》,但那时他并没有将人类本身纳入这一解释框架中,这其中的主要原因在于,达尔文意识到,如果沿袭自己的思路下去,可能西方长期以来奉行的观念都面临着被推翻的危险,不仅仅是上帝的问题,而且是物质和意识谁是第一性的问题都面临彻底动摇。用达尔文自己的话说,"没有哪一种观点比认为心灵——无论多么复杂和有力都不过是大脑的产物这一观点更能动摇西方思想最为深刻的传统了……这种观念太异端了"。② 直到12年后,达尔文才在《人类的由来》中提出了共同祖先学说,从而最终与两千年来的哲学和宗教决裂了③,但他仍然困惑于人类迥异于其他物种的高度发达的能力是如何形成的这类问题,如抽象能力、语言能力、社会性和道德性、宗教性等,而几乎与达尔文同期提出进化论的华莱士则始终相信,人类之外的确还有超自然力量的引导。正是由于这两个问题的困扰,达尔文在进化论用于人类事务上一直持有极其谨慎的态度,当斯宾塞写信给他表示社会进化与人类进化的关联时,达尔文委婉地拒绝发表看法。

这样,尽管达尔文将人从进化树的顶端拉回到普通一枝的位置,但并未对早期社会进化论中目的性、方向性问题的争论提供更明确的支持。相反,进化论在为社会进化理论提供自然界证据的同时,也加剧了社会理论中进化思想的争论,目的论、方向性的问题不仅没有得到彻底解决,反而更为模糊了。随着19世纪末和20世纪初欧洲以共同体为基础的社会的彻底瓦解,社会理论者更加相信这种变化意味着社会进化具有可以识别的一个长期方向,事实上,这一理念潜在地影响到了后来主流经济学均衡观念的形成。

---

① Herbert Spencer, *An Autobiography*, New York, Appleton, 1904.
② [美]斯蒂芬·杰·古尔德:《自达尔文以来》,生活·读书·新知三联书店2004版,第7页。
③ 达尔文在笔记中写道:柏拉图在《斐多篇》中说,我们想象的理念来自预先存在的灵魂,而不是来自经验——然而预先存在的是猴子。转引自斯蒂芬·杰·古尔德:《自达尔文以来》,北京,生活·读书·新知三联书店2004版,第9页。

四、作为完美演化的新古典经济学

结合达尔文时代的背景,威特和罗根们的惊讶——为什么进化论的思想革命没有影响主流经济学,反而将其推向了另一极端这类问题并不奇怪,正如我们在前面的梳理中所看到的那样,虽然有了达尔文在生物进化理论中的突出贡献,但社会进化理论并没有因此而变得更为清晰。在早期的社会进化思想家、达尔文和后期的社会学家的工作之后,进化思想留下的遗产主要包括:被默认的目的性、方向性、存在争论的意识与物质的第一性,未加解释的人类独特理性和智慧能力、竞争选择以及自然、社会的二分法。

此后的社会理论接纳了最易于被人们接受和理解的部分,人们易于接受人的生物性观念,但也坚信人的智力、心灵的独特性和理性的无边能力,人们易于接受进化的必然性,但也坚信人类对自己的进化问题有控制和预测能力。在后期的社会进化思想中,进化的目的性、方向性被强化了,它被视为一个有目标的定向的过程,"大多数自然科学家都不希望看到偶然事件,而希望看到包揽一切的规律性,以肯定它们自己的感觉——世界是理性计划好的创造的产物,其结果是出现了一长串的社会达尔文主义,但这些理念却是芜杂的"。① 与此同时,工业化社会的出现使社会变迁是趋向于好的结果还是坏的结果也引起了广泛的关注,按滕尼斯的理解,欧洲社会从共同体单元、共同体协会、社会协会和最后的社会单元的演化过程中,新的社会单元蕴涵无序化、个人主义化、分裂化这些核心问题,因此社会进化的前景并不乐观;相比之下,涂尔干对社会进化前景的描述更能迎合人们对未来的渴望,他相信分化最终会导致协作互惠而不是竞争,从机械团结的社会类型(基于传统和小型共同体)转为有机团结社会类型(基于劳动分工和社会成员个性的增长)将会带来协作水平的提高,虽然这种分歧并没有明确的结果,但人们思想中普遍存在乌托邦幻想却是不争的事实。

这些混乱的、未加整理社会进化思想也影响到了当时的经济学家,并最终在他们的经济思想中得到折射。正是因为对诸如人类独特理性的来源和智慧能力的边界这类问题的争论没有达成一致性结果,边沁的快乐计算器才得以大行其道,成为早期边际学派的理论基础;正是因为在意识与物质的第一性问题没有得到解决,主观效用价值论才得以发展;正是因为目的性和方向性被默认了,而这一过程又是由人类智力所推进的,迎合人们头脑中潜在的乌托邦想象,才有了假想中的最优均衡态。

二战时期是主流经济学宏微观合流并彻底奠定主流地位的时代,也是社会进化理论发生重大转折的时代。二战之后,社会进化思想中那些将生物规律直接套用到人类社会的相关理论受到普遍置疑,与种族、性别有关联的理念被彻底剔除了,狭隘社会达尔文主义使得人们对进化论在人类事务的应用产生了怀疑甚至是厌恶,并使社会达尔文主义从此背上了恶名。人们正确地意识到生物界的规律不能不加诠释和区分地应用于人类社会。为了避免类似的悲剧发生,此后的进化思想更加紧密地靠近了西方传统的社会—自然二分法,进化论从此进入了"谨慎隐喻"的时代,但进步、目的论和理性能力却依然得以

---

① Bowler, *The Non-darwinian Revolution: Reiterpreting A Historical Myth Baltimore*, MD: Johns Hopkins University press, 1988, P.56.

保留,并潜在地成为欧洲民族主义和西方中心主义思想的支撑。如此一来,人们正确地泼掉了将生物规律机械套用于人类社会的脏水,却也倒掉了人类社会和自然之间联系的孩子,并且留下了一些未加清洗的痕迹。方向性、目的性、主观世界的重要性、人类无边的理性以及乌托邦的渴望都在经济学思想中得以继续保存,基于当时的经济学界迫切希望将经济学建成为一门不带传统社会科学色彩的"真科学"的热情,在数学语言和物理学术语的帮助下,在边际学派基础上发展起来的新古典经济学得以继续发展。

与此同时,一些客观社会事实也加快了新古典登上主流宝座的步伐。在政治上,由于马克思主义的兴起,资产阶级需要维护资本主义制度,必须有与根本否定资本主义制度相对应的理论经济学的产生;在经济上,企业的急速发展、大型垄断企业纷纷出现,有关企业管理、发展和调控的问题日益增多,客观上迫切需要新的经济理论的说明和指导。这样,经由马歇尔的供求均衡理论及其相关的生产成本理论、分配理论,加上克拉克、费雪、埃奇沃思等相继提出的在完全竞争条件下的边际生产力分配论、效用理论、报酬递减理论、无差异曲线理论等,新古典最终得以占据主导地位。这一次,理性选择终于占据了绝对的上风。

结合社会进化理论的变化,在某种意义上,新古典不是非进化,而是有目的和方向的进化,是基于完美理性的完美进化的凝固。新古典经济学家暗合社会进化论中的理性、方向和目的,也容纳了进化论中的关键术语——竞争和选择,构建了一个理性的、理想的有必然实现目的的进化。它可以说是演化思想的另外一种变形,它仍然是体现时代思潮的"社会建构物",也正因如此,才有演化经济学家主张将新古典视为演化经济学的特例(弗罗门,2003)。

然而,尴尬的是,虽然新古典暗合了当时社会思潮中的目的论和理性无边精神,但进化论在科学思考方式上引发的变革又与之相悖,新古典所借助的思维方式与进化论主张的思维方式是根本对立的。如前所述,达尔文的进化论从某种意义上说只是为演化哲学提供了自然科学的论据,但恰恰是这种来自自然的证据,为社会理论中潜在的反本质论思维奠定了基础,正是在达尔文革命之后,当时处于主流地位的、源于毕达哥拉斯学派的本质论(也称类型论)的思考方式才引起了广泛的置疑,本质论坚持的信条是:所有表象上变化的自然现象均可归入若干特质恒定的类别中,每一个类别和其他本质截然不同;事物是稳定且先验存在的,一切变异是偶然的、相互无关的,因而基本类型和其所代表的个体之间的差异是完全可以忽视的。时间无涉、种群稳定、可预见性和最优均衡是本质论在自然科学领域中的关键词,如物理学中的质点模型、生物学的神创论等。而进化论所蕴涵的思想方法具有与本质论思维迥然不同的特点,进化论认为演化动力来自个体差异,这种差异是基础性实在的本身,而不是对不变的基础性实在的偏离。因为演化的绝对性,所以时间是重要的,因为个体变异是动力,所以类型不会是稳定的。很显然,这种反本质论的思考方式与新古典的静态、时间可逆、个体主义都是无法共存的。尽管吸收了目的性、方向性和完全理性,但由于放弃了进化思维的本体论,新古典经济学就像一个奇怪的混合物。

思维方式的变革早在20世纪初期就已经出现了,本质论、机械主义和简单还原主义从那个时候起已经开始被各学科共同体所放弃,物理学中的量子学说取代了经典的牛顿力学体系;因此在思想倾向上,当时的经济学家实际上存在着对目的论、方向性和理性力量与反本质论的取舍,在前述的种种时代背景下,前者最终占据了上风,但方法论的隐患却一直遗留了下来,成为新古典日后备受指责与不断修正的根源。20世纪下半叶,复杂性科学所取得的进展更进一步加速了本质论的崩溃,非均衡、非线性的动态系统特征开始成为各类学科共同体新的认识论基础,分子生物学和古生物学的进展使目的论、方向性越来越受到怀疑,拉兹洛的综合进化理论引导人们从更广泛的方面探索进化动力;与此同时,行为科学、后弗洛伊德心理学、脑科学及生物学诸领域所取得的进步也使新古典的重要基石——完全理性也开始出现松动的迹象,一些经济学家敏锐地指出,自斯密以来就被经济学家回避、并不得不采取高度简化方式处理的理性来源和理性程度问题已经到了该解决的时候了,霍奇逊(Hodgson,2005)指出:"虽然所有的理论都必须把某些条件看做是给定的,但从演化的观点看,一个理论家必须对假定给予某些正当的理由和解释。如果这类解释没有被提供,那么作为科学家,我们就应该将其列入未来的研究议程"。[1]

对现实经济现象解释力的匮乏也促进了新古典的衰落并与此同时推进了演化经济学的发展。大量的创新行为和报酬递增现象的存在,人类学习和知识积累所展露出的惊人创造力使桑巴特所称的文艺复兴时期以来的积极——理想主义乐观经济学再次出现复兴迹象,经济学很难再将"物质"与"存在"作为唯一的研究对象,而必须转化到"思想"和"生成"的轨道上去,不能再孤立地关注"作为交易者和消费者的人类",而应该关注"作为生产者的人类"在知识扩展下的无限潜能[2](埃里克·赖纳特,1999),与此同时,国际贸易的收益主要来自熊彼特的历史性报酬递增而不是李嘉图的静态收益这类事实也使人们怀疑主流经济学是否隐藏着发达国家在取得绝对性优势之后有"抽掉梯子"[3]的企图(Ha-Joon,Chang,2002)。简言之,对新古典的不满与争议已经累积到了一个无法缓和的地步,必须有一个新的理论取而代之。在上述这些因素的综合作用下,演化经济学开始复兴。

五、达尔文革命对经济学发展的影响

马克思曾指出,"经济生活呈现的现象,和生物学的其他领域的发展史颇相类似"[4]。经济系统嵌入在人类的政治、文化和社会中,共同构成了一个复杂的开放性系统。和生物系统一样,经济系统的各要素之间以及经济系统和其他系统之间存在着复杂的结构和因果关系,各系统的变化都呈现连续性和极大的多样性,历史联系和相互作用普遍存在于经济的发展过程中。在生物与经济两个系统中,社会经济现象的变化与有机体的生物过程都存在起伏衰减和新事象的出现,都包含了无序和有序的交互作用,都处于混沌与秩序之间,而且从根本上说,人类社会也是万千进化生物系统的一个分支,经济系统所涉及的只是这一特殊生物系统的生存与发展问题。

---

[1] 霍奇逊:《制度与演化经济学现代文选——关键性概念》,高等教育出版社2005版,第8页。
[2] Erik Reinert, *Evolutionary Economics and Income Inequality*, Edward Elgar, 2004.
[3] 霍奇逊:《制度与演化经济学现代文选——关键性概念》,高等教育出版社2005版,第213页。
[4] 马克思:《资本论》第一卷,中央党校出版社1975年版,第23页。

当然，对象的同质性只是一个基本的前提条件，如果研究所依赖的基础理念存在差别，即使针对同样的对象，在同一学科中都可能产生不同的诠释，例如经典牛顿力学和量子物理学对物理世界的解释，神创论、智慧进化论与演化论对生物物种的解释等。只有在基本的哲学观念上存在通约性，对同质对象的解释才使隐喻在同质系统中的学科跨越成为可能。生物学隐喻之所以能在演化经济学中广泛应用，在于它们在观察世界时都坚持了不同于本质论和简单还原主义的进化哲学观念。事实上，进化观所引起的革命性浪潮不仅仅波及经济学和生物学，也广泛地影响到了物理学和其他自然科学。正如 E.迈尔指出的那样，相比对人类思想和哲学史的贡献而言，达尔文对物种起源和人类进化的解释远不是主要的，进化论真正的贡献在于提供了一种新的思维方式，它是一种思考的方式和趋向，其次才是在某一学科中的具体化。① 演化经济学之所以可能从生物学隐喻中得到启发，除了人类经济社会和生物系统的同质性之外，更为根本的原因在于两者所坚持的理念基础是相同的。

在进化论提出之前，科学领域中具有主导地位的是本质论的思维方式，在经济学中，本质论思维则体现为一般均衡和完全理性。而达尔文首次提出了一种新的思想方法，从而与本质论的类型传统彻底决裂。这种反本质论的思想在当时无论对自然科学还是社会科学都是颠覆性的，它迫使人们对传统的思考方式进行重新审视，并在经济、政治、历史和艺术等多个领域引起了巨大震荡，立足于牛顿力学体系的新古典经济学在 20 世纪里不断受到来自纳尔逊和温特等经济学家的置疑，其实质内涵也就是进化观与本质论的较量，在进化论的理念指导下，无论观察生物系统还是经济系统，人们都不会在拘泥于静态无摩擦和超理性力量，而是超越"存在"，进入"过程"。

在演化这一共有的哲学基础上，生物演化论和演化经济学在事实评价时所持有的基本信念上就必然存在很多共同之处。具体体现为：

第一，强调不可逆。在演化论中，生物和环境之间的交互作用是历史性的，不可能有任何瞬时因素在演化中孤立地发挥作用。同样，演化经济学也认为过程变化是重要且不可逆的，历史对演化经济学尤其重要，用博尔丁的话说，每种结构都是其过去过程的结果。②

第二，反终因论。进化论认为个体层面的变化就整个演化过程而言是完全随机的，一切变化都需要联系外在因素才能加以效率评价。演化经济学同样也认为由于不确定性和新奇事件的存在，经济事件不可能以目的论的方式展开。在不确定的随机因素扰动下，经济演进过程无法实现最优解，而且正是这些随机因素扰动决定了系统中不同个体会在期望、偏好、能力、知识存量和认知模式等方面出现差别，从而为经济演化奠定了"变异"的基础。

第三，否认超选择力量的存在。进化论坚决反对完美先验性创造假说（如神创论），因为承认这一点无异于否认进化的必要和价值。演化经济学同样贯彻了这一点，在微观的意义上，否认超选择力量的存在体现为对完全理性和完全信息的置疑；在宏观的意义上，则是对制度建构倾向的驳斥。

---

① ［英］史蒂文·琼斯：《达尔文的幽灵》，中国社会科学出版社 2004 年版，第 5 页。
② ［美］迈克尔·曾伯格：《经济学大师的人生哲学》，商务印书馆 2002 年版，第 69 页。

第四,强调动态稳定的重要性。在孟德尔和道金斯(R. Dawkins)之后①,演化论者意识到,生物演化这一长期动态的过程也需要相对静止,即演化的动态稳定。贝尔纳(C. Bernard)和坎农(W. B. Canon)称之为"稳态","稳态"的意义在于既确保了间隔性过程中变异的保存,又能为动态稳定的初期提供合适的环境。演化经济学的动态稳定观集中体现在演进博弈论中,它直接将人类在经济活动之间的互动行为的动态调整过程模拟为生物学中的进化演进过程,广泛地用于制度演化的研究。

就本质而言,生物进化论和演化经济学所共有的这些特征均源于对本质论、机械主义和还原主义的背离,从而和神创论、还原主义生物学以及以牛顿力学为基础的新古典经济学这些本质论与还原主义的产物形成了鲜明的对比。基于演化基础对世界进行研究往往只能作出诸如复杂性、概率性和多解性甚至测不准,断言复杂系统凸现性质的不可预测之类的结论,必然会强调对特定现象的描述和对历史过程作倒叙述这种较为初级的办法,这和人们的普遍期望可能会产生极大差异。但这既是世界的真实面貌,同时也说明人的认知处于多么狭小的范围和具有多么宏大的拓展空间。

第二节 制度演化理论的发展

演化主义的制度变迁理论包含在以凡勃仑、康芒斯为代表的旧制度经济学,纳尔逊和温特的经济演化论,哈耶克的进化自由主义,熊彼特的创新理论以及晚期诺思的制度变迁理论中。凡勃仑、康芒斯和哈耶克涉及的是文化、习俗这样宏大的制度变迁问题,其中哈耶克更是将人类文明演进的问题纳入自己的扩展秩序理论之中。纳尔逊和温特则将生物学中的演化原理和经济学分析有机地结合起来,构建了一个企业惯例——基因——适应——创新的演化理论,对经济中不同效率和不同行为方式的共同体存在和发展的过程作出了解释。20世纪90年代以来,青木昌彦、霍奇逊、多普非等人也提出了相应的见解,使制度演化理论得到了进一步的发展。

演化的制度变迁模型一般都尤为强调社会心理、行为动机、思维方式的重要性,对制度变迁的考察则强调进化主义和整体主义的结合。在他们看来,制度既然是历史、文化的产物,而历史、文化又是一个整体,因此对整体的理解不能忽视个体,对个体的理解也必须考虑整体。和新古典方式不同,演化制度变迁理论的前提假设是建立在人的有限理性和信息分散、连续上的,经济的均衡是暂时的而非长期的,因而关注和研究均衡本身并没有过多的意义,更应该关注的是事物和各种变量的动态变化,制度演化思想的核心就是试图在动态过程中看出经济体系内部导致变革的原因,强调经济现象的历史、经验和具体的市场机制的一致性。

一、凡勃仑的制度演化思想

凡勃仑是旧制度经济学派的标志性人物,他的经典论文《为什么经济学不是一门进

---

① 孟德尔以颗粒性遗传理论解释了生物性状的稳定积累,而道金斯则提出了稳定者生存,并将适者生存作为稳定者生存的一个特例。

化的科学》在演化经济学的思想史上被公认为"号角性"的启迪文献。① 在这篇经典文献中,凡勃仑主张经济学应围绕演化和变异这个核心和主题,而不是新古典经济学中倚重的静态和均衡的思想。

凡勃仑综合了达尔文进化论、德国历史学派、美国早期实用主义的分析方法,对资本主义的历史与现实进行了深入的分析,从经济学、人类学、文化学、生物学等多种视角漫谈经济和社会问题,将经济分析的核心转向制度,初步建立了一种迥异于传统经济学的、以研究制度演进过程为基本内容的经济理论。

与新古典理论不同,凡勃仑不是将价格、资源这些作为自己的分析对象,而是将社会制度和文化习俗放在了他理论分析的中心。他批驳新古典经济学那种事先给定偏好、技术和制度不变的简化论思想,"人类在社会中的生活,正同别种生物的生活一样,是生存的竞争,因此是一种淘汰适应过程,而社会结构的演进,却是制度上的一个自然淘汰过程。"②既然社会经济的发展同生物的发展一样,都是一个过程,动态的演进就应是一种常态,从而也就不存在适应于任一发展阶段的所谓正常状态。由于凡勃仑将制度理解为"一种流行的精神态度或者一种流行的生活理论。"③它就带有文化传统的意味,其演变过程也就是人类的思想和习惯的自然淘汰过程或者是人类应付外界环境的心理的变化过程。"人类制度和人类性格的一些已有的与正在取得的进步,可以概括地认为是出于最能适应的一些思想习惯的自然淘汰,是个人对环境的强制适应过程,而这种环境随着社会的发展、随着人类赖以生存的制度的不断变化而逐渐变化。"④可见,凡勃仑把社会经济制度不过看做是一种流行的精神态度,也就是说,把制度归结为在人们本能心理的基础上产生的思想习惯,并用这种心理和精神支配的一般制度来代替社会经济制度。

凡勃仑相信,社会习俗、惯例以及规范在社会个体成员目标、抱负及行为的形成中起着重要的作用。在凡勃仑看来,这种惯例和规范最初产生于该群体的生活习惯,产生于思想和行为模式,而思想和行为模式又主要来源于当时流行的生活方式。物质和技术环境塑造生活模式,后者又转而变成了常规。生活习惯同样包括某些成为常规的思维方式。凡勃仑认为制度基本上是个社会惯例问题,社会惯例来自制度系统首次出现时受实际生活方式磨炼或约束性影响的人们最终所得的一种意见一致。凡勃仑的确没有提供很多社会惯例最初到底如何形成方面的细节,但是很清楚,他认为它们出现于群体内部,这些群体有着相同的生活模式,因而最后都沿相同的路线习惯性地行动和思维。随着时间的推移,这些惯例最后就获得了规范性意义。

凡勃仑在分析制度和制度变迁时应用的是一种"累积因果论",即制度演进的每一步由以往的制度状况所决定,处在制度环境中的人的行为是由他过去的经历和所处的文化、宗教、环境和遗传等多种因素决定的,这些因素也具有累积性。这一理念至今仍然是制度演化分析的核心。他用"历史演进"、"历史趋势"和"历史起源方法"研究经济中各

---

① 凡勃仑在其 1889 年的著作《经济学为什么不是进化的科学》(*Why Is Economics Not an Evolutionary Science*)里最早提出经济学应放弃古典学的理论框架,而用生物进化论来重建经济学理论,因为从复杂性、不确定性和动态性角度,经济社会更像生物社会,人类社会的"制度自然选择"类似于达尔文的自然界的"物种的自然选择"。
② [美]凡勃仑:《有闲阶级论》,商务印书馆1997年版,第 138 页。
③ 同上,第 139 页。
④ 同上。

种制度从远古以来的各种形态及其历史进化过程,说明这些制度的变化同其所处的社会经济发展之间的关系,进而考察当前社会经济制度的优劣及其变动趋势。同德国历史学派一样,他也主张研究各国具体的历史经验材料,探讨每一历史时期、每一经济体系的各种问题,把社会经济发展不同阶段的历史相对性看作具体经济制度持续演进的表现。在凡勃仑的整个分析过程中,我们都可以清晰地看到进化哲学的影响,他正是依据社会达尔文主义的进化哲学来说明制度变迁的,他反复强调经济学是一门进化论的科学,把生物界的生存竞争、自然选择、自然淘汰规律用于说明人类社会,认为人类社会的发展过程就是人的生理和心理本能自然淘汰和适应环境变化的过程,即人类应付外界环境的心理反映过程。他断定,社会发展如同生物界一样,是一个只有渐进演变没有飞跃突变、只有量变没有质变的演进过程。人类社会经济系统的演化不仅取决于外部力量的冲击,也取决于系统内部的演化,人类社会的演进具有强烈的历史累积,同时,凡勃仑还相信人类社会经济的演进又体现出不确定性和复杂性,初始条件的微小差异可能会导致迥然不同的结果。

二、哈耶克的制度演化思想

在哈耶克毕生构建的宏大理论体系中,秩序和演化这两个关键性的范畴始终占据了重要地位,就制度的演化分析而言,哈耶克提出的社会秩序自发演化理论和二元观具有一定的代表性。

哈耶克把秩序看成是社会成员相互作用的一种状态,这种状态依靠某种规则来形成和延续。而规则被哈耶克视为一种共同知识,社会成员通过遵守它来弥补理性的不足,从而尽可能减少决策的失误。分散的个体追求自身利益最大化,相互作用形成彼此认同的规则,此即"内部规则",它是人们交往过程中自发产生的。个体也可以形成组织,通过组织获取更多的利益。组织内部通过命令——服从方式贯彻某种特定目的,所以组织作为规则是强制他人服从的,此即"外部规则"。在哈耶克看来,个人与内部规则之间、个人与组织之间、内部规则与外部规则之间均存在一种互动关系,这种个人、组织及内部规则之间的复杂的互动关系构成社会演进的原动力。[①]

哈耶克的社会演化理论分析制度变迁过程的基本思想如下:个体社会成员之间的互动及特定组织之间的互动逐步演化出一种特定的内部规则,并随着市场化迅速扩散;组织之间的互动导致外部规则的演化,其中知识的不对称决定演化的路径;个体与组织之间的互动寻求对规则理解的一致性,其冲突和协调构成制度变迁的主线;个体和组织之间合作的出现依赖共同知识的理解,其中默示知识起着关键性作用。

在哈耶克的制度演化思想中,有许多非常有价值的观点,这些观点对后来的制度演化研究具有重要的启示意义。

第一,对规则是一种共同知识的判断。哈耶克认为,任何社会秩序的形成所需的知识在社会中的分布是极度分散的尤其是有相当一部分知识属于默示知识,只能意会,很

---

① 无论是后期拉兹洛的综合进化,还是霍奇逊、多普非等人发展的 NEAR 演化经济学,复杂的层级关系及其内部作用,都是系统进化的重要源泉。熊彼特及诺思的某些理论也可以看作是哈耶克的演进思想的一些特定表现。

难言传。知识的分散化意味着人的无知,在给定知识分散化的前提下,社会成员之间的利益冲突与协调形成一种错综复杂的互动关系,如果每个人或组织无法理解或预期其他人或组织的行动,那么社会秩序无法形成。在社会交往过程中,个人或组织的一些意见和想法如果对其他人也有利,则大家就会以正式或非正式的方式认同,并在以后的交往中自觉遵守。这些知识的积淀形成了一系列规则,它使社会秩序趋于稳定并顺利延续。从这个角度讲,规则就是一种社会成员自发创造的并自愿遵守的共同知识的集合。它使社会成员无需担心自身知识的局限性,就可以正确预期他人可能的行动,从而大大减少了交往中的不确定性。

第二,基本规则与自然选择。哈耶克笔下的内在规则不仅是指市场,而且还包括法律、道德等一般性的和普遍适用于人类社会的规则。通过这些规则,当事人之间相互行动,形成"人类合作的扩展秩序"。在分析内部规则的形成过程中,规则的规则问题是无法回避的,否则,作为共同知识载体的基本规则又是从哪儿产生的呢?哈耶克认为,一些惯例一开始被采纳是为了其他的原因,甚至完全是出于偶然(在这里,哈耶克已经涉及后来的演化博弈论者要解决的聚点问题,后来肖特的理论中可以看出来),尔后这些惯例之所以得到延续,是因为它们使产生于其间的群体能够胜过其他群体。也就是说,当事人在应对特定的环境时,偶然地或出于其他原因采纳了某个规则,导致他在后来的竞争中获得优势,那么该规则作为优胜劣汰的结果被延续下来;同时,其他当事人会通过模仿该规则以增加自身竞争力,使该规则得以广泛传播。这种制度演化的自然选择理论观点在后来的演化经济学中也得到了体现。

哈耶克意识到,秩序的自发演化过程中,当事人与规则之间也会发生互动关系,即当事人通过一般规则的遵守来获得他人的行动信息,并决定其合作态度,但当特定环境发生变化时,当事人成功地采取新的行动策略加以应对,如果这种特定环境特征在其他场合频繁出现,那么新策略就会获得竞争优势,并因其他人模仿而上升为一般规则,因此,社会成员与内部规则之间的互动实际上是围绕共同知识的重新理解和交流的过程。但在互动过程中,可能出现两种相反的趋势。一方面,社会演化并不完全表现为熊彼特式的创造性破坏过程,而是更多地体现为日常生活中的细小革新的逐步累积过程,这就意味着一种新的知识上升为内部规则实际上是很漫长的,在一种内部规则持续作用的时期内,社会成员的偏好及所处的环境均会变化,而现有规则就可能阻碍社会成员的自发创新,或者个人的惰性产生对现有规则的依赖,导致创新动力的弱化,这就是所谓个人对传统依赖导致的制度"锁定"或路径依赖;同时个人的无知并不能完全通过了解内部规则加以弥补,当规则不足以提供正确预期时,个人就会决策失误,从而选择出不利于自身的规则。另一方面,如果内部规则正好满足人们作正确的预期,个人之间的知识交流就可能创造出一种共同优势,即社会成员间依靠统一的规则形成战略互动,从而实现规模收益递增。

哈耶克对这一互动过程的描述所蕴涵的理论意义是非常丰富的,它既包含了熊彼特式的创新过程,又体现了达尔文式的自然选择和扩散过程,还体现了学习在制度演化中的重要性,并将制度演化的模式也有所涉及,在其他制度演化分析中,如适用性效率、路径依赖、制度变迁的方式等诸多观点中,我们都能看出哈耶克这些思想的深远影响。

第三,对外部规则和内部规则在制度演化中交互作用的分析。由于人们的无知可能导致的错误选择及内部规则可能出现的"锁定"效应,社会成员可能形成组织来加以补救,哈耶克把组织视为"外部规则",它是组织内部成员创造出的一种特定的共同知识,目的是使组织内成员更好地预期相互之间的行动。但是,组织不一定对社会成员有利,除了信息不完备的制约之外,还因为组织对外部规则的实施行为是一种政治行为,常常会出现制度刚性和组织僵化。因而,社会秩序的演化出现两条主线:一方面,当事人在遵守内在规则的前提下自主行动,通过当事人之间的互动和当事人与规则之间的互动形成一种自发的"人类合作的扩展秩序";另一方面,组织为了自身利益,通过政治行为实施外部规则,形成一种围绕外生制度的外生秩序。但是,组织具有的强制力往往导致外部规则的越界,对这一点,哈耶克进行了特别强调。不过,哈耶克也指出,给定一个组织和个人激励兼容的环境,组织的制度创新活动可能有利于内部规则的形成。组织和个人之间在制度演化过程中存在着一种通过学习而产生的关联效应,比如,即使组织的创新活动本身是低效率的,但它形成的相关知识却可以节约其他人的创新成本,组织还可以从内部规则的演进中吸收有用的知识,来改造外部规则,从而使外部规则的运行效率提高。再者,内部规则与外部规则在一定条件下会出现竞争,外部规则之间也会出现竞争,这种类似于制度市场的竞争机制有助于制度和组织之间产生相互的学习机制,加速制度的演化。这种外部规则与内部规则的交互影响,对后来的制度演化分析具有重要的启示作用,其他制度经济学家对于由非正式制度、正式制度相互作用推进下的制度变迁分析,对政府在制度创新中的作用和地位的分析,与哈耶克的这种论述有明显的一致性。

概括地说,哈耶克的社会秩序演化理论的基本框架为:社会经济活动由分散的个体当事人来完成,当事人面临有限理性的约束及知识分散化的环境条件,由于个体的异质性和知识分布的差异性,导致获利机会的发现和获取的不同,其中一些人获得成功,其策略称为主导策略,并被其他人效仿,由此演化出一些一般性的规则,作为共同知识以节约后继者的创新成本,并稳定当事人对他人的预期。一般规则的形成为当事人的决策设定了相对确定的环境,使当事人相互之间可能合作。随着特定环境的变化,一般规则也会发生演变,以适应新的社会状态。当事人之间的互动及与一般规则之间的互动形成了围绕内部规则的自发秩序。但是,如哈耶克指出的,即使是自发秩序也不能完全消除环境的不确定性,再考虑到行为不确定性,内部规则就存在不足之处。组织的出现正是对其加以弥补。组织以一种命令式的动员方式获得行动优势,但组织一旦形成,便脱离内部规则,而按照自身的规则运转。这就是外部规则与外生秩序的演化过程。

哈耶克还对演化的层次进行了区分,他认为演化有三种水平:第一种是遗传学的演化。社会行为、影响秩序的态度和偏好等以原始的形式在人类心理学中被遗传和综合。第二种是人类智力和知识产品的演化。通过编码、存储和传递,信息在个体大脑有限地孵化,人类知识迅猛地扩张,以至于可以支配周围的环境和事物。第三种也就是被哈耶克看做是自身学说核心部分的。在直觉和推理之间起关键作用的文化演化,按照哈耶克的表述,文化演化既不是遗传决定的,也不是理性设计的,而是产出规律学习的传统,这些观点同社会生物学中的文化遗传理论很相似。

三、熊彼特的制度演化思想

在奥地利学派中,熊彼特的演化思想同样具有十分重要的地位。尽管在演化经济学内部,就进化经济学的创始人是凡勃仑还是熊彼特,存在着分歧并因此分为两派。① 但熊彼特的许多观点对后续研究者的启示作用却是无法否认的,他对企业家作用的分析,对创新的开创性研究以及对行为模式的研究都成为后熊彼特学派的重要思想源泉,不仅如此,熊彼特对制度演化的分析也具有独到之处。

熊彼特认为,人类的演化是根据日常惯例进行选择的,而日常惯例是由一般的行为经验、习惯构成的,它们构成了人类行为选择的价值体系。"……他在日常生活中的行为是根据一般的习惯和经验,在一个货物的每次使用中,他都从凭经验得知的这种货物的价值开始。但是这种经验的结构和性质,是在价值体系中给定的。这种彼此调整过的价值,是由个人年复一年地实现的。而这种价值体系,具有一种稳定性。在每一个经济时期都存在这种趋势:它重又转到以前的老旧的轨道上去,再一次实现相同的价值。即使这种经久不断性被打断,某种继续性总是会保持下来;因为即使外部条件改变了,也绝不是要做某种全新的事情的问题,而只不过是使以前做过的事情适应新的条件罢了。价值体系一旦建立,各种组合一旦确定,它们总是成为每一个新的经济时期的发轫点,可以说总有一种于它们有利的推测。"②熊彼特认为,这种价值体系就是规则体系,它具有非凡的稳定性,这种稳定性的来源在于:第一,这些规则对于任何个人都是不可或缺的,在绝大多数场合没有必要花费"重新创造这种经验所必需的脑力劳动";第二,因为"这些行为规则经受住了经验的考验;而且每个人都有这样的意见,那就是整个说来,他们不能比继续按照这些规则来行动做得更好一些",所以,熊彼特将这些规则体系称为"经验之山的地质构造";第三,个人行为的经验方式绝不是偶然的,而是具有合理的基础的。它的基础主要来源于,在一定条件下,每一种经济行为都是均衡的,是现有的手段与可能以最好的方式去满足需要之间的一种均衡。规则体系是与这种均衡的位置相适应的。换句话说,规则体系也同时处于帕雷托优化状态。由此,他给出了社会制度的定义:"社会事实……是处于这样一个环境中:各个个别的价值是彼此互相联系而不是彼此各自独立的。经济关系的总和构成经济制度,就像社会关系的总和构成社会一样。"③

熊彼特在讨论"适应性技术变迁"的时候,采用的"边际上小规模的变异"可能产生"大规模的放大效应",创新性的企业家执行的是"不同生产方式的新组合",这种组合是间断出现的,"新组合的实现必然会在越来越大的程度上变成同一经济实体的内部事情"。因为新组合是"企业家在自己熟悉的循环流转中顺着潮流游泳,如果他要改变这种

---

① 霍奇逊认为,熊彼特一贯反对把生物学的类比带到经济学中来,并在理论上是瓦尔拉斯的一般均衡理论的支持者,应该可以被看作是和马歇尔、瓦尔拉斯同类的。但反对者指出,和马歇尔、瓦尔拉斯不同的是,熊彼特主要关心的是非均衡的动态,而且这个动态是质的(不连续的)变化过程。详见八木纪一郎《进化经济学的现在》,载《政治经济学评论》,2004(4),中国人民大学出版社。

② 约瑟夫·熊彼特:《经济发展理论——对利润、资本、信贷、利息和经济周期的考察》,商务印书馆1990年版,第45—46页。

③ 同上,第63页。

循环流转的渠道,他就是在逆着潮流游泳。从前的助力现在变成了阻力。过去熟知的数据,现在变成了未知数"。①

熊彼特的作为制度的日常惯例是通过技术演化过程内植在人类演化过程之中的。"因为一切知识和习惯一旦获得,就牢固地根植我们之中。它不要求被继续不断地更新和重复生产,却深深地沉落在下意识的底层之中。它通过遗传、教育、培养和环境压力,几乎是没有摩擦地传递下去。我们所想的、所感知的和或所做的每一件事情,常常完全变成了自动的,而我们有意识的生活并不感受到它的累赘。"②

四、肖特的制度演化思想

在肖特(Schotter)的社会惯例演进分析中,制度等同于社会习俗或惯例。习俗和惯例是一种无意识的社会重复互动博弈的结果。在这种社会互动的行为中,行为者能够从协调合作中相互受益,在重复互动的过程中,行为者的每一方都依据某一个能从中受益的社会习俗或惯例而倾向于选择合作,而不愿意选择那种导致不合作的均衡结果。在博弈的信息方面,行为者也是对称的。

在肖特(Schotter)的理论中,一个重要的基石就是谢林(Schelling)的凸显点③(也称为聚点)概念,凸显点就是对参与博弈的行为者收益趋于增加的共同点。根据凸显点理论,既然每个行为人愿意以合作性的结果为目标进行协作而反对不协作的选择,那么他们就具有使用他们所掌握的任何凸显信息以便达到协作的天性。借助于聚点概念,习俗性制度的出现机制可以得到这样一个简化的解释:聚点的存在使博弈参与者为能达到有利的结果而积极协作,这是由于行为人通过从重复博弈逐渐认识到那种有利结果凸显性的特征,并且由此而形成的他们的预期,这个聚点可以识别一个确定类型的行为人和可能的社会均衡结果之间的一些关系,这样在博弈过程中就会选择出一个均衡来。制度产生的社会习俗分析方法及选择机制就是行为人之间的协作是通过聚点的凸显性而进行的,制度的一般化过程是在重复社会互动中以合作的收益为目的的适应与学习的过程。

肖特(Schotter)认为,规则的演进并非完全个人理性的,而是一个行为人无意识地关注到的凸显因素所决定的过程,任何特定的行为或者行为的团体利益都不能决定制度的最终安排。此外,对于不合作的结果而言,协作的均衡结果是帕累托最优的。肖特(Schotter)强调,只要行为人不是有意地去创造,他们将不会理性地去适应非帕累托改进

---

① 约瑟夫·熊彼特:《经济发展理论——对利润、资本、信贷、利息和经济周期的考察》,商务印书馆1990年版,第88页。
② 同上,第93—96页。
③ 在谢林的聚点理论中,聚点是应用于对一个博弈中的多重均衡现象进行说明的核心工具。在一个有多重均衡的博弈中,引起行为人关注于某个特定均衡的任何因素都可以引起行为人理性地认可他们,就如自觉地履行诺言一样。谢林认为带有多重均衡的博弈中,文化或者历史传统将会对行为人的决策产生一定影响。豪尔绍尼也曾经指出,当均衡是随机的时候,每个行为人的行为主要依赖与自己制度的私人信息,即使这种信息对行为人的偏好影响不是很大。但谢林则认为当博弈存在多重均衡时,行为人的行为主要依赖于行为人所知道的公共信息,即使这种信息对行为人的偏好没有本质影响,谢林和豪尔绍尼的分析说明,即使个体行为人都是完全理性的,文化传统和社会权威体系仍对参与人决策发生十分重要的作用。克莱珀斯的"焦点"focal point 假说也如此类似,克莱珀斯提出,当参与人之间没有正式信息交流时,他们存在于其中的"环境"往往可以提供某种暗示使得他们不约而同地选择与各自的条件相称的策略("焦点"),从而达到均衡。

的非协作性的行为,反而会选择帕累托改的合作型规则。

通过对聚点理论和无名氏理论的使用,肖特(Schotter)成功地将习俗解释为人类长期交往互动的合作型均衡行为并将其模型化。然而,这一理论也并非尽善尽美的,首先,这一理论只能够比较好地解释非正式制度的形成和演化,而不能解释正式制度的形成和演化。只要博弈者之间存在者利益偏好的巨大差异,重复博弈给出的均衡解就很难具有说服力,尤其是那些强制实施且效益在其后逐渐为人们所认同的制度,其初期的出现并非经过重复博弈而产生,但在其后的演化过程中却表现出了相当的稳定性。其次,聚点理论假设博弈者都有选择合作收益最大化的倾向,这种倾向是在一个初始的共同文化背景基础上形成的,一个共同聚点的存在是制度形成的前提。但对于那些依靠外部力量而实施的制度,在最初的时候,聚点对不同的博弈者是不相同的。最后,同时也最重要的一点是,如果不借助于某种筛选机制,无数人的重复博弈从而形成共识的过程在给定时间稀缺的前提下根本就不可能完成。如果我们认为重复博弈是每个人都需要和他人进行一次博弈,且仅仅假定只进行两次就可以称为重复博弈,其数量也至少是 $2n-1$ 的 n 次方,n 值只能是一个较小的值才能使重复博弈充分发生,这意味着肖特(Schotter)理论中的一个重要概念——重复博弈就只能是指有限参与人规模的小群体之间的博弈,此时问题就彻底暴露出来了,某一个群体确认的规则是如何得到社会人普遍接受的呢? 如果没有一种筛选机制,我们就只能弱智地认定所有进行博弈的小群体都是完全同质的,即成员数目、博弈内容、博弈的分值和博弈次数完全一致。

肖特(Schotter)的习俗演进模型还存在一个缺陷,那就是没有区分组织和个人在博弈过程中的不同层次及其不同作用。因为无论采用何种分析思路,演进博弈论都需要区分出共有理念和博弈均衡两者的演化和相互作用机制,共有理念即是肖特(Schotter)理论中的聚点,它类似于一种源初的博弈规则,其特征在于它不仅是参与人共同遵守的,而且这种遵守是无需反思自然而然地实现的。没有共有理念,博弈均衡就无法实现,共有理念的变化和博弈均衡的变化密切相关,没有共有理念的变化,也就没有博弈均衡的重新调整即没有制度的变迁,但是反过来,博弈均衡的变化又会对共有理念的变动发生影响。如果我们不能对这两者的关系进行说明,那么所有的演进博弈理论就非常容易进入循环论证的圈套,或者将文化中的某些因素视为外生给定,仅仅局限在习俗和惯例的解释上。对于这一问题,青木昌彦指出,人们实现自身利益的行为方式选择与这种行为方式选择中产生出的共有理念,两者存在着原则差别,前者是个人理性,后者是组织理性,从前者向后者的转换,是从主观到客观的转换,后者不能还原为前者(Aoki,2000)。

学习和知识的重要性在肖特(Schotter)的习俗理论显得尤为突出,博弈均衡出现所依赖的聚点就是一个参与博弈的人所具有的共有理念,这种基本的理念引导着他们对可能出现的各种博弈均衡进行筛选,共有理念的变动过程是一个博弈参与者对变化环境的理解,是一个学习的过程。

五、制度演化理论的新发展

早期的制度演化分析虽然以自己独特的笔触引起了人们对制度的关注,但在将制度界定为习惯、社会心理、文化和风俗等与文化传统相联系的概念的同时,也为制度演化的进一步分析带来了一个明显的困难,那就是无法将他们所描述的制度统一在一个核心概念下进行分析。在凡勃仑、哈耶克等人的理论中,惯例、文化、社会心理都是制度演化分析中的核心范畴,但这些范畴并不是完全一致的。无论是从表现形式还是从变动方式上看,习惯、风俗和社会心理这些范畴都存在着一定的差异。而且,从这些理论中我们可以看出,虽然所有的制度演化分析都看到了多层级制度间交互作用的存在以及这种交互作用对制度演化的影响,但对交互作用的作用机理的认识仍有待深入的系统探究。近年来,以霍奇逊、青木昌彦等学者就制度演化问题进行了进一步的研究,以图形成一个统一性和完整性的制度演化理论,这些后续研究的一个共有特点,就是越来越重视知识和认知的作用。

(一) 霍奇逊的制度演化思想

虽然霍奇逊被公认为当代演化经济学的旗手性人物,但他本人却并不偏好演化经济学这一提法,而更喜欢用制度演化理论来表明自己的立场,这在某种程度上也说明,制度演化理论在霍奇逊心目中的地位。

霍奇逊的制度演化分析显然不同于熊彼特、尼尔森和温特,他区分了"选择的结果"和"为什么选择"。同时,他坚定地主张在制度演化分析中,应该将拉马克主义嵌入达尔文主义,即人类制度的演化既有竞争筛选和自然选择的作用,但也必须考虑到传递的连续性。霍奇逊还表现出对拉茨洛的综合进化理论的借鉴,强调制度演化分析应进一步认识制度、制度环节和人的行为之间的交互作用关系,认为制度铸造了人类行为,并被人类行为所铸造。在霍奇逊看来,"制度既是经济行为大脑中的'主观的'思想,又是经济行为当事人面临的'客观的'结构,习惯与制度是孪生的,有助于克服社会科学中现实主义与主观主义之间的困境"。他主张,演化经济理论中的经济系统运动和制度变迁是在主观—客观两重世界的相互运动中取得的,前者是基于心智考虑的,后者则是以与心智无关的标准为特点的世界,它和知识以共同演化的方式得到发展。演化经济学的本体论既预设了开放世界的可能状态,又假定了知识的可能性状态,主体主观的信息和知识决定了对客体实在的利用能力和认知程度,反过来客体在被利用过程中的表现反射到主体的信息和存在又对主体的知识和认知模式产生影响,后者被利用的程度将会反馈到前者上,在这种互动的过程中,实践上的生产知识和主体对经济环境中的机会和约束的理解即相对主体而言的世界状态知识协同演进,从而在不同层面上表现出经济的变迁。正是这种以人的认知为中心和充满随机因素的互动过程存在,演化才表现出极大的动态性和随机特征。他认为,"在生物的和经济的背景中,演化不是一个宏伟的最优化者,或者是完美主义者。演化不仅是令人敬畏的和灌输式的,而且是杂乱的、愚蠢的和悲惨的。"[①] 不过,虽然在研究纲领上较前人有了很多进展,但霍奇逊在核心概念和分析思路上仍延续了前人的传统,比如,和旧制度经济学家一样,霍奇逊对习俗、惯例、文化传统也极为重视,并认为制度就是习惯凝固化,而且习惯具有无限复制的能力,应被视为制度演化的最小单元。

---

① Hodgson, *Economics and Evolution: Brings life back to Economics*, Ann Arbor: University of Michigan Press, 1997, p.212.

(二)诺思后期的制度演化思想

诺思早期的制度变迁理论模型局限于新古典范式,通过假定外在的获利机会,当事人则按照成本—收益法设计对自己最有利的制度安排。但到了后期,诺思显然表现出了更多的演化分析色彩,并逐步放弃早期的供求分析理论。在意识到新古典方法在分析制度变迁中的局限性(尤其是对很多历史事实无法给出完美的答案)之后,诺思对原来的论点和框架进行了修正和补充,他重新构建了以意识形态、国家和路径依赖等为解释变量,以产权理论、国家理论和意识形态理论为内容的较为系统的制度变迁理论。在这三个互为解释构成整体的理论分支中,首先是产权的界定和保护影响着资源配置的效率和经济增长的绩效,其次是国家的"暴力潜能"决定了国家在提供产权制度上的比较优势和积极性,最后是意识形态对制度的变迁和稳定产生至关重要的影响。在这一连贯的逻辑中,诺思部分地修正了在当事人追求利益最大化和市场竞争力量驱使下可以导致高效率制度安排的新古典逻辑结构,转而认为统治者在为了实现自身利益最大化的情形下也会维持低效率的产权制度,这就可以解释历史上一些长期无效率制度存在的史实。

尽管在诺思的这一理论中我们仍然可以看到一些新古典痕迹(比如他仍然把国家视为新古典意义上的经济人来认识),但作为其理论中决定制度演化绩效和方向的重要变量——意识形态这一范畴的引入,却显然偏离了新古典经济学的讨论范围。在1990年出版的《制度、制度变迁与经济绩效》一书中,诺思直接放弃了理性人假设,承认"毫无疑问,人们处理信息的思维能力是有限的。"[1]在1993年接受诺贝尔经济学奖的讲演中他再次指出:"为了建设性地探讨人类学习的性质,有必要抛弃奠定经济理论基础的理性假设。"[2]在其后的一系列论文和著作中,诺思都强调,制度变迁的起源在于决策者所洞察到的机会,这些机会或者是来自外部环境的变化,或者是来自决策者在给定的心智结构下对各种制度框架在边际上的成本收益判断。由此诺思得出结论,制度变迁的方式取决于人的学习过程,而学习是对人的心智结构的修改或重新界定。心智结构决定了认知主体对客观环境的看法或解释,它是个体认知体系的内在描述,表现为个体的信仰结构。虽然由于学习方式因人而异,导致个体间认知体系也存在差异,但社会的共同文化遗产能够缩减个体间智力模式的不同,形成社会成员共同认可的解释,并且能够在代际间遗传。学习不仅是认知主体面对新环境而产生的新经验的因变量,它同时还要受到既存信仰结构不断渗入的影响,这就决定了制度变迁中存在着路径依赖,即文化传承使现在和未来都同过去关联。路径依赖不仅可能使制度变迁沿着既有的路径进入良性轨道,也可能使制度变迁沿着错误的路径滑入低效率的状态而被锁定。从诺思对制度演化中的不确定性、锁定、低效率选择、路径依赖等问题的认识看,晚期诺思的制度变迁理论已经表现出极强的凡勃仑传统,即认知心理或信念的改变意味着和引导着制度变迁。在这样的转变过程中,诺思重新给出了一个比较完整和清晰的制度演化理论框架,在这一框架中,不仅当事人的行为假定和理性假定与新古典主义不同,而且在对待制度演化过程方面,也超

---

[1] [美]道格拉斯·诺斯:《制度、制度变迁与经济绩效》,上海人民出版社1990年版,第43页。
[2] [美]道格拉斯·诺思:《历时经济绩效》,载《经济译文》1994年第6期。

越了新古典主义的比较静态分析和动态分析。在诺思的框架中,制度不再是单纯的最优化选择结果,而是至少部分(非正式规则)是演进的结果,它意味着制度并不完全是人为设计出来的,这就和新古典范式下的契约经济学有本质不同。

(三)青木昌彦的制度演化思想

和诺思后期的思想一样,青木昌彦也把制度视为博弈规则,并假定当事人有限理性等。不过,和诺思不同的是,青木昌彦相信制度存在于当事人的意识中,并且可自我实施,制度作为共有信念的自我维持系统,其实质是对博弈均衡的概要表征(或信息浓缩)。作为意识的一部分的制度可以存在于参与人的意会理解中,也可以存在于人们头脑之外的某种符号表征中,但无论如何,它都起着协调人们信念的作用。青木昌彦假定环境变化带来获利机会,参与人需要调整决策以寻求利益最大化,这可视为一个博弈过程。即使参与人无法甚至也不需要推断其他参与人行动决策规则的全部细节(参与人有限理性),但在反复博弈中,也可以了解有关参与人在行动决策时可能采用的规则的一些显著特征,参与人根据这些浓缩信息得出自己在各种可能情况下的行动规则。所有参与人根据他们对别人行动规则的主观认知(信念)形成自己的行动规则准则,这些规则准则是不完备的、浓缩的。当这些浓缩认知稳定下来并不断再生时,参与人自己的行动规则才能趋于稳定,成为参与博弈的有用指南,反之亦然。在博弈过程中,当参与人的信念和行动规则一致时,纳什均衡就出现了,均衡被参与人共同遵守,在均衡条件下,每一个参与人对他人选择行动规则的预期稳定下来,这种预期沉淀为共有信念,参与人相互之间通过共有信念进行持续博弈。制度在这种预期稳定和共有信念形成过程中产生,并作为均衡的概要表征协调着参与人的信念。参与人基于共有信念决定随后的策略选择,导致均衡的再生,均衡的再生反过来又强化了关于它的概要表征。经过这样一个反复过程,制度不仅内生出来,而且稳定下来,并作为客观之物呈现在参与人的意识中,被参与人认为是理所当然的。制度本身也获得了自我维持。

青木昌彦的制度演化模型最大的贡献在于,由于有效地处理了参与人的行为假定和环境假定,使得新制度经济学不再依赖新古典主义的方法论,纵观青木昌彦的制度演化模型中,有如下几个特点值得强调:第一,就博弈过程来说,均衡结果可能有多个,则内生的制度结果可能是多重的,究竟哪个制度成为现实的制度被选择出来,并稳定下来,与参与人最终选定的制度则和其背景、相关的规则以及历史等有关,这里我们再次看到谢林的"聚点"描述。第二,青木昌彦认识到在制度演化过程中人的学习对共有理念的形成、维持和强化所起到的作用,从而对认知与制度的关系有了更为模型化的分析,在青木的模型中,参与人为了获得最有利的结果,会有意识地通过知识创造、交流、学习和模仿等来影响他人的信念,从而构造出部分共有信念。第三,对路径依赖问题开辟了一种认知—权力的分析路径,青木强调,只要参与人一旦获得优势地位,可以通过信念的维持来确保旧有制度,这就是路径依赖。所以,路径依赖既可能是对某些历史的遵从,也可能是人为的结果。第四,对制度的协调耦合性进一步强调。制度的关联和制度的互补问题虽然早就引起了制度经济学家的注意,但过去的研究往往只是考虑到了变化的不一致性,而未就各种可能的依存关系进行深入的分析,青木昌彦注意到,制度之间的一致性和分歧会对制度演变本身产生重要影响,如果某些制度的设计没有适应其他制度的要求,那么这些设计就会失败。作为整体的制度演进是各局部制度的一致变迁带来的。第五，将竞争因素引入到制度演化分析中，青木从奥地利学派的竞争是发现器这样的思想中得到启发，从信念本身的竞争角度分析了制度演化的过程，他强调，制度多重性和制度演变必须考虑备择制度之间的竞争。如果环境发生重大变化，参与人依靠现存制度提供的浓缩信息进行决策就可能出错，此时参与人必须重新确定自己的信念，而这又依赖一定的符号系统，参与人在新的环境条件下必须尝试各种行动规则，这些行动规则通过相应的符号系统展开竞争，胜出的符号系统成为均衡的表征，并凝结成新的制度。

（四）斯密德的制度演化思想

斯密德注意到，尽管制度的演化分析已经逐步将学习问题纳入分析框架，但对于学习的动机和学习结果的变化却缺乏深入的研究，即缺乏行为基础。为此，他主张通过心理学的研究来弥补制度行为研究的不足，他认为，既然制度演化分析已经认识到有限理性的重要性，那么对当事人的偏好的处理就不应该默认新古典主义的稳定性和有序性，而诺思和青木昌彦等人恰恰忽视了这一点。在斯密德看来，正确的做法是，不仅要强调有限理性的必然性，而且应将具有有限理性的当事人偏好变化视为一个在社会经济活动进程中的学习、调适与变化过程，他指出，"偏好和人格是在面对困扰和不断选择的过程中所发展起来的"。① 这样，斯密德就对制度演化分析开辟了另外一条途径，那就是偏好内生的处理。既然偏好是一个内生的学习过程，那么有限理性的当事人不仅在认知和计算能力上是不充分的，而且在偏好的表达上也是不完全的。这就意味着当事人在面对复杂环境时，不仅会出现计算错误，而且会出现表达错误，这时候就会涉及福利水平的判断问题。如果一个当事人的主观偏好不完全，在决策时，该当事人就面临很高的成本约束，除了和学习相关的信息成本外，对他人行动规则的判定的不确定性也会产生成本，并使当事人在决策时的心理成本发生变化。这时，当事人就会设法通过某些机制的设计来稳定预期，从而形成有序的偏好。斯密德指出，预期稳定的过程，也就是从事交易的当事人相互依存和相互交流的过程。在这个过程中，每个当事人对未来的预见都是不完全的，对未来结果的偏好预见也是不完全的，所以，当事人就没有必要针对未来的不确定性进行精确计算，而是通过一种共识的形成来降低不确定性带来的成本。这种共识沉淀下来，就演变为制度。由此，斯密德从另一条分析路径得出和前人一样的结论，即制度是稳定预期的设置，在某种制度约束下，有限理性和偏好不完全的当事人能够以较低的成本决策，尽管这种决策的后果可能不尽如人意。所谓制度的变迁，就是随偏好的学习过程所引致的共识的不断变化过程。

不难看出，在对偏好内生处理的过程中，斯密德将这种学习、调适和变化与人们的相互依赖性连接起来了，这种连接进而必然地将制度演化分析引向了福利分析的方向，这和青木、诺思等人注重效率的分析路径是有差别的，因为在主体的博弈演进过程中，主体的福利水平受到其他人的影响，主体不同的偏好、兴趣和经历意味着共有知识的形成并非一蹴而就的，而是存在冲突的可能性。而制度的形成则是为了降低这种冲突的可能

---

① ［美］爱伦·斯密德：《财产、权力和公共选择——对法和经济学的进一步思考》，上海三联书店、上海人民出版社1999年版，第298页。

性,使交易双方在共识的基础上得到交易剩余。在斯密德看来,基于偏好内生基础的制度演化理论侧重于通过福利评价来看待制度演化,而不仅仅只是通过效率评价来看待制度演化,并能通过对认知学习过程的心理分析解释更多的现实行为。如习惯是一种非正式规则,有助于参与人在不确定性环境下节约选择成本和时间,在这种情况下,习惯就具备了生产功能。

从制度演化理论的发展来看,认知与行为的心理基础已经构成制度经济学家思考的重点。诺思、青木昌彦和斯密德等人正在发展的制度演化理论力求以个体认知心理和行为研究为基础,来揭示制度演进路径的过程、性质和绩效,不过,在探询制度演化的心理基础时,所涉及的问题非常复杂并往往是跨学科的,有很多问题还得不到完整的解释,比如,制度的集体选择的心理活动是如何发生的?个人心理活动如何形成集体心理活动,作为共有信念的制度如何复制和传递?这些问题还有待研究。

第三节 制度演化的层次及其分析

在上述制度演进思想史的基础上,我们现在集中讨论制度演化的层次及自然演进和人为设计的关系问题。

一、制度演化的层次

最有用的制度研究框架是由威廉姆森提出来的(Williamson,2000),这种研究框架得到了越来越多的学者认同。值得指出的是,威廉姆森不仅划分了制度分析的层次,而且还提出了每个层次制度变迁的时间。威廉姆森的框架区分了社会或制度分析的四个相互关联的层次。

第一层次是指嵌入制度或者社会和文化的基础。这是制度层级的最高层次,包括非正式制度、习俗、传统、道德和社会规范、宗教以及语言和认知的一些方面。这个层级的制度是社会制度的基础。这些社会和文化的基础制度变化非常缓慢,改变和适应的过程至少需要1000年时间。

第二层次是指基本的制度环境。这个层级的制度包括基本的制度环境,威廉姆森称之为"博弈的正式规则"。这个层级的制度包括:详细制定的宪法、政治体制和基本的人权;产权及其分配;使政治权利和产权、货币、基本的金融制度以及政府的征税权力等得以实施的法律、法院以及相关的制度;规定移民、贸易和外国投资规则的制度;以及推动基本制度环境变迁的政治、法律和经济机制。在任何时点上,一个社会的基本的制度环境的性质都是对其基本的社会和文化基础的反映。在一个社会动态的均衡中,一个给定的基本制度集将会和社会的基础在特定时点上保持相容。基本的制度环境的变化比文化和社会基础(第一层次)发生得更快,但是其变化仍相对缓慢,适应周期大致在10年至100年之间,这部分是由于基本的社会和文化基础适应的速率较慢。

第三层级的制度指的是治理机制。这一层级制度包括被威廉姆森称之为的"博弈的玩法"。给定基本的制度环境,人们将参照制度(治理)的安排作出选择,通过这种安排,给定了基本的制度环境的属性后经济关系将得到治理。这个层次的制度包括:其基本结构的性质得到详细说明的、个人交易商品、服务和劳动的制度(如竞争性的市场);制约和影响合约及交易关系的结构、商业企业的垂直和水平的结构以及内部调节的交易和市场调节的交易之间的边界的制度;公司治理以及支持私人投资和信用的金融制度等。治理安排的选择在任何时点上都受基本的制度环境和一个国家的基本经济条件(如自然资源禀赋)的影响很大,治理安排的变化比基本制度环境的变化更快,威廉姆森认为时间跨度在1到10年。

第四层次是指短期资源分配制度(新古典经济学)。在以上三个层级的制度给定的情况下,这一层次的制度实际上指的是经济的日常运行。在垄断、寡头等不完全市场条件下,价格、工资、成本、买卖的数量等由市场的性质决定。威廉姆森在这里也许还包括代理理论和组织间及组织内的激励联盟,但是,我认为把这些安排归类到第三层级的治理制度也许更为合适。①

新制度经济学更多的是展开对制度科层中第二层次和第三层次中的制度安排的各个方面的分析。在2003年ISNIE的年会上所提交的论文中,有85%的论文属于以上类别并且探讨两个制度层次的论文大约各半。只有5%的论文探讨的主题大致可以归类到第四层次(其中一些运用了实验经济学),大约10%的论文涉及和第一层级制度有关的问题,其主要探讨宗教、伦理和规范的作用。同时,相当多的主题可以容易地归类到第二或第三层次,会议所提交的大多数论文探讨存在于这些层次制度中的定义严格的子课题。在探讨第三和第四层级制度的论文中,绝大多数主要涉及产权的定义和分配以及实施、产权对经济绩效的影响、合同、垂直一体化、各种混合组织形式、私有化、实证的政治经济、管制、放松管制、产业重组以及竞争政策。这些论文大多数运用了经验分析(包括案例研究)并且许多论文主要涉及发展中国家。学者们对探究第一层级制度以及其对第二层级的基本制度环境的涵义的兴趣正在上升。

我们可以把制度看做是一个复杂的系统。系统被定义为一个多要素结构。当这些要素与许多对应特征相互作用时,我们就称其为复杂系统。如果这种系统对未来是开放的,即各要素或特征会难以预见地变化,我们就称它为一个演化系统。在这种系统中,变异、选择和自稳定相互作用,产生出各种新的可识别模式。当我们考虑各种交叉连接的制度时,我们就称其为规则系统。它可以靠试验和演化性学习(已演化了的制度系统)来引导,也可以靠设计(人为的、设计出来的制度系统)来引导。因此,规则的秩序可以是计划出来的,也可以是自发形成的(对此我们将在后面探讨)。②

制度经济学的基础还包括视经济为一复杂的演化系统这样一种思维方式。这种分析方法与新古典经济学视均衡为可持久状态或正常理想条件的概念格格不入。演化经济学的引入有利于人们对制度演化的分析。与新古典经济学不同,复杂系统的方法视经济生活为一种处于渐进演化中的过程,在人们选择适合其多种目标的事物时,经济中的

---

① Paul L. Joskow, New Institutional Economics: A Report Card, June 2, 2004, http://www.isnie.org/old_conferences.html。

② [德]柯武刚、史漫飞:《制度经济学——社会秩序与公共政策》,商务印书馆2003年版,第170页。

有些因素会显现出来,而另一些因素则归于消失。① 规则形成一个系统,这个系统又会影响实际世界的现象系统。换言之,我们必须考察确立起人类行为秩序的规则序列(an order of rules)。我们必须从规则系统和经济、社会系统的角度来思考。对于这种制度系统我们研究的切入点是什么呢?经济学将研究社会制度的产生和演化,一种非常简单的方法上的路径就被提出了。我们应该在一个洛克式的自然状态下开始我们的分析,其中,根本没有什么社会制度,而只有行为人、他们的偏好,以及在他们的控制之下他们所具有的将投入转换成产出的技术。下一步是研究在这个经济演化的过程中,什么时候诸如货币、银行、产权、竞争性市场、保险合同和国家将会逐渐发展。②

诺思认为:"变迁过程源于事实上的持续不断的变化,持续不断的变化源于认知的变化,反过来,引导角色修正或者改变结构,再反过来,改变事实——如此不断地进行"(North,1997)。他在演化分析中发现:"制度框架已经演化了很多代,正如哈耶克提醒我们的,反映在试错过程,也就是从错误中对那些行为模式进行排序。"③制度演化的属性表现为,一是路径依赖性,二是边际调整。

先看制度演化中的路径依赖性。按常规,由一个共同体共享的基本价值系统及其元规则是相对稳定的。这有利于较为稳定的制度演化;毕竟,新制度要使人们付出学习成本,并可能在转型期导致协调不良。这常常成为固守传统的一个理由。新规则因此无法在自愿遵循者上达到一个临界多数,从而不足以在共同体中得到普遍认可。对新规则的认可还常常因担心这些创新会冲垮其他规则而受阻。传统的规则系统大都含有许多补充条件,它们有益于严密的网络。而人们为了最佳地利用主流规则,也已使自己适应于他们之间复杂的互动关系。"老规则是好规则"的格言很有影响,因为广泛存在的准自动化规则服从降低了协调成本。结果,在制度变迁中存在着路径依赖性,制度系统会在相当程度上顺从惯性。它们通常会循相当稳定的路径缓慢演变。演化性调整,而非痉挛性转换,对于制度发挥节约信息成本的基本功能来讲是必不可少的。④ 拉德弗德(Radford,1945)的一篇非常优秀的文章描述了第二次世界大战期间一个战俘营里各种各样的社会制度的演化。他令人信服地证明,如果所有的社会和经济制度明天就会被摧毁,他们的记忆也将从脑海里抹去,活下来的人将继续创生一系列新的制度,即使这些制度在形式上可能与早先的制度不同,却服务于同样的功能。社会制度是人类创生的,唯一摧毁它们的方法就是摧毁人类本身。如果不是那样,我们不会被阻止去创生使得我们的生活更有效率的社会机制。⑤

再看制度演化中的边际调整。变迁一般是对构成制度框架的规则、准则和实施的组合所作的边际调整。一个制度框架的总体稳定性使得跨时间和空间的复杂交换成为可能。⑥

---

① [德]柯武刚、史漫飞:《制度经济学——社会秩序与公共政策》,商务印书馆2003年版,第41页。
② [美]安德鲁·肖特:《社会制度的经济理论》,上海财经大学出版社2003年版,第30页。
③ [美]阿兰·斯密德:《制度与行为经济学》,中国人民大学出版社2004年版,第369—370页。
④ [德]柯武刚、史漫飞:《制度经济学——社会秩序与公共政策》,商务印书馆2003年版,第476页。
⑤ [美]安德鲁·肖特:《社会制度的经济理论》,上海财经大学出版社2003年版,第31页。
⑥ [美]诺思:《制度、制度变迁与经济绩效》,上海三联书店1993年版,第111页。

边际调整是多方面的,一是从时间上看,不同层次制度调整的时间有长有短。二是从层次看,各个层次的调整也是不平衡的。从制度演化的层次来看,一个社会的制度框架要以演化的内在制度为基础。约翰·洛克、大卫·休谟和亚当·斯密,也强调一个社会的制度框架必须以演化的内在制度为基础。有意识制定的、立法通过的规则,以及由政治过程决定的制度的整个架构,都必须以内在制度为基础。① 内在制度被定义为群体内随着经验而演化的规则,而外在制度则定义为外在地设计出来并靠政治行动由上面强加于社会的规则。② 这里的内在制度类似于威廉姆森所说的第一层次制度,即嵌入制度或者社会和文化的基础。而外在制度则类似于威廉姆森所说的第二层次制度,即基本的制度环境。

内在制度演化过程的途径是创新和变异、接受和抵制(选择)、使接受者达到一些临界多数从而使它们被接受为具有规范力量的共同体准则。对内在制度的认可通常是非正式的。因为它们不会被硬性地强制执行(软制度)。最终,内在制度为进一步的尝试和演化性变革提供了空间。有些人在一定的环境中会违反一种既有的惯例和习俗。他们接受了受惩处的风险。因为他们觉得,破坏规则仍然是有利的。如果后来证明他们错了,他们将重新服从规则;如果他们做对了,其他人迟早也会看到这种好处,并模仿这种新行为。如果有足够多的人争相仿效这一行为,就会在共同体内形成一个临界多数,从而——逐渐地——新的内在制度演化出来。③

对于许多公民来讲,不关心或容忍既有的外在制度仍然是合乎理性的(理性的无知)。然而,在既有外在制度强加的成本大得足以使人们难以置之不理的地方,人们会结成有组织的利益集团以贯彻他们的政治意见。在多数现代社会中,政治法规都提供正式的变革渠道,如提出法律异议和议会表决,推动外在规则的有序变革。④

哈耶克关于社会秩序形成的思想类似于威廉姆森第一个层次的制度。他设计了三个具体层次的演进:第一层次是遗传学演进;第二层次是人类智力和知识产品的演进;第三层次是"文化演进"。在他看来,文化是一种介于本能和推理的东西,是一种"行为规则"的传统,这些规则在文化传播过程中传承下去。而文化演进中的选择过程决定哪些规则能生存下来。文化演进的基础是"群体性选择",而自然选择在相互竞争的人类群体之间进行选择,因此,作为文化规范的载体,人类群体就必须适应社会成员间交互作用(社会互动)的要求。这三个层次实际上都是威廉姆森所说的第一个层次的制度问题。

二、自然演化与人为设计

制度是约束人的一种行为规则。这种规则是如何形成的?这个问题不仅仅是一个理论问题,而且涉及制度创新的理念及其方式等问题。当前关于制度形成的力量主要有三种观点:①制度是自然演化的结果,如哈耶克。②制度是人为设计的结果,这些设计者

---

① [德]柯武刚、史漫飞:《制度经济学——社会秩序与公共政策》,商务印书馆2003年版,第122页。
② 同上,第119页。
③ 同上,第474页。
④ 同上,第482页。

往往是社会的精英,不少人持有或在自己的理论分析中暗含着这种观点。一些人自觉或不自觉地把制度创新与人为设计联系在一起。③制度是自然演化与人为设计的结合。

(一) 自然演化论

哈耶克指出我们不知道也不可能知道足够多的东西以便有意识地设计制度。我们想研究制度是如何从制度的自然状态演化的,所出现的制度形式将是模型里的一个内生的变量。它的出现没有行为人或行为人的组织的有意识设计——是通过人类的行动,但不是通过人类的设计。

在哈耶克看来,自由主义是对一种在社会事务中自动或自发形成的秩序的发现(这一发现也导致人们认识到存在一个理论社会科学的对象),这一秩序较之任何集中命令所建立的任何秩序,使社会一切成员的知识和技能能够得到更大程度的利用,因此人们希望尽可能利用这种强大的、自发形成的秩序。在贯彻保护公认的个人私生活领域的公正行为普遍原则的情况下,十分复杂的人类行为会自发地形成秩序,这是特意的安排永远做不到的,因此政府的强制只应限于实施这些规则,无论政府在管理为此目的而得以支配的特定资源时,还可以提供其他什么样的服务。哈耶克关于制度是自然演化的结果的要点可归结为以下几点:①社会经济生活的利益关系是复杂的,市场自发的秩序是以相互性或相互受益为基础的,自然秩序是最好的秩序。②允许个人可以自由地将各自的知识用于各自的目的之抽象规则为基础的自发秩序比建立在命令上的组织或安排更有效率。③自发秩序或法治的极端重要性,是基于这样一个事实:它扩大了人们为相互利益而和平共处的可能性,这些人不是有着共同利益的小团体,也不服从某个共同的上级,由此才使一个巨大的或开放的社会的得以产生。哈耶克的这些观点是建立在一种理想状态基础上的,现实生活中很难做到这一点,但是他强调制度或规则的自然演化的一面是值得我们探讨的。

复杂系统难以计划和操纵。很多这样的系统是自组织和自矫正的。例如,自然生态系统并不受一个管理者管理,也不是由计划者设计出来的。它的协调在相当程度上要依赖于各种有机体自发的行动和不行动。如果我们研究这样一种生态系统,我们可能会发现,自组织行为依赖于各种因素,这些因素遵循着一定的规则,这些规则自成一个系统。复杂系统还可以是开放的,即它们可能处于一个时期接一个时期的、难以预见方向的演化之中。哈耶克等人的系统阐述使评论家能够区分出"标准的"或集成的看不见手与"功能/演进的"看不见手。就前者而言,讨论中的社会规则被认为是众多决策者行为的未预期的总体结果,每个人有意追求的只是他们自己的私人利益。这就有必要用个人动机来解释个人的行为模式,有必要将后者与表现为社会惯例或普通接受的行为规则的未预期总体结果系统地联系起来。这样才可以说社会制度来自个体的人类行为,尽管这些有争议的个人行为并没有受到产生社会制度的欲望的推动。

这种极端自由主义的立场问题很多。即使自发秩序也涉及两种形式的强制,既包括国家机构实施的法律规则,又包括由社会许可与否决实施的社会规范。即使市场有秩序,也不可能完全不要政府,无论是公共物品的提供,还是产权及其他市场真正运作所必需的规则的确立和实施,都需要政府。于是,现实的问题不是将政府的作用减少到最低。而是找到一个既确定政府适当作用,又考虑个人估价的方法。哈耶克对自发的非政府过程所作的乐观描述同样遭到布坎南的反对,布坎南将哈耶克归入"过分乐观者"一类(布坎南1979),并批判了"看不见的手"的过程必定产生有利结果的思想(布坎南1978,凡伯格1983)。此外,"看不见的手"过程的博弈论分析并不表明这种过程总会产生有效的结果。所需要的制度可能没有一起建立起来,建立起来的制度也可能实际上是次优的制度。从博弈论或演进论的观点看,对社会极有利的制度也许不是一个稳定解。

(二) 人为设计

与看不见手的过程形成对照的是审慎设计的过程。门格尔把设计的制度称做"务实的"制度,而把自发出现的制度称做"有机的"制度。务实解释就是从人类社会联盟或其统治者的意图、观点以及可利用的手段等方面来解释社会现象的性质和起源。这可能牵涉到单个有权威的个人(君主、独裁者或领袖)或者一群人(委员会或立法机关)。奥地利学派文献中关于务实或设计制度的主要事例来自政府的"积极立法"。对哈耶克(1960)来说,政府行为,即使包含多数规则,它的结果也显然不是"自发社会发展"的例子。其他一些例子证明个人或群体会建立具体的组织来实现特定的目标。所以,哈耶克的"次序"或"人为秩序"包括任何被审慎设计以"服务于设计者目的"的制度。这包括企业、协会以及"所有公共制度,包括政府"。制度设计过程常常更多地牵涉利益派别间的谈判和讨价还价,牵涉正规政府制度的功能发挥。而这也正是康芒斯以及公共选择理论研究的主题。两者都假定,国家的起因部分来自自发过程运作的限制,部分来自群体改变收入分配增加自身利益的愿望。

制度经济学研究中当前有一种倾向,那就是重视制度创新中精英式人物的设计,制度设计的好处就是缩短了自然演化的时间,减少了自然演化中的"试错成本"。这种人为设计的所谓制度很容易形成既得利益集团。从表面上看,这种制度是有利于社会的制度创新,但实际上可能是有利于某些既得利益集团的制度安排。拉詹与津加莱斯认为,越来越多的研究者提出建立经济增长需要的制度基础是最重要的因素,但这是不够的。他们研究思路认为,人们在初期得到的人力和物质资本禀赋的数量有差异,这种初始资源和机遇的差异决定了人们有不同的偏好,并结成了不同的政治利益集团。各种集团将通过投票来决定国家的政策和制度,从而影响未来的资源分配甚至未来的政治利益格局(拉詹、津加莱斯,2006)。所以,与其关注制度的缺失,不如关注需要良好制度的利益集团的缺失。这将使未来的讨论转移到要素禀赋与如下的问题上:我们怎样才能改变贫穷国家的要素禀赋,特别是克服占据统治地位的利益集团的阻力?这个问题可能比如何改变制度的问题更有指导意义。

首先,制度的自然演化的过程是当事人不断参与的过程,这个参与的过程中也是当事人的利益博弈过程。通过不断反复的博弈及讨价还价,最终形成的制度一般都会达到制度均衡。而人为设计的制度一般把大多数当事人排除在制度设计之外,人为设计的制度尽管也通过一定的途径征求了当事人的意见,由于费用或成本方面的考虑,这种意见的征求是很有限的。因此,人为设计的制度很难达到帕累托最优状态。其次,从改革的方式来看,激进式的改革国家一般会采用制度的自然演化方式,而渐进式改革的国家一般会采用人为设计的方式。再次,从价值观看,制度的自然演化过程强调的是个体的自由及其选择,而人为设计的制度强调的是集体的意志及其选择。最后,人为设计的制度很容易受既得利益集团的影响,在人为设计制度的过程中,谁的呼声高,谁就有可能左右制度的设计。

(三)自然演化与人为设计的结合

制度演进的整个过程,是自发过程与设计过程紧密互动的过程。习俗的演化很大程度上是自发的,成文法则主要属于制度设计问题。介于两者之间的是习惯法法院,要由它们裁决争端、制定法律,其途径大多是判定哪一种规则或惯例应纳入法律,但裁决的依据也包括社会目的的标准。康芒斯的体系是演进与设计相互作用的体系,或者如他本来要说的,是个人意志与政府法院所表达的集体意志相互作用的体系。

新制度经济中也有自然演化和人为设计相结合的观点。奥地利学派希望把注意力几乎全部放在"看不见的手"的作用过程上,比较明显地倾向于不依赖意志的主张。可是,博弈论文献对"看不见的手"过程的严格分析,并没有提出这类过程足以产生和维持社会秩序的理由,其中就有设计的观点。新制度经济学的大多数论述以及关于经济史的更一般讨论,很明显地都包含演进与设计两类过程。

新制度经济学内部对设计和演进的强调同样各不相同。新古典文献对两类过程都有涉及。产权和经济组织常常主要根据设计中的精心努力来解释。而设计的作用在公共选择文献及其他有关国家理论的讨论中表现得非常明显。演进主张露面比较频繁的地方是对基本社会惯例出现的讨论,但即使在别处也能发现演进主张。它们对建立在有目的的设计基础上的解释起着关键的作用。

从以上分析可以看出,新旧制度经济学中都有自然演化和人为设计相结合的观点,纯粹的自然演化和纯粹的人为设计是不存在的,更多的制度来自于自然演化与人为设计的结合。可以说,非正式制度一般是自然演化的结果,而正式制度则一般是与人为设计联系在一起的。值得指出的是,大多数正式制度是建立在非正式制度基础之上的。在从非正式制度向正式制度的转变过程中,那些制度设计者(或精英人物)会把智慧连同利益(或者代表某一个集团的利益)融入制度中,而这也是新制度经济学需要研究的一个问题。

案例 1

江西的"盆地文化"是如何形成的

任何文化习俗是在一定的社会经济环境即由社会存在所决定,一旦形成,它自身也成为不为任何个人或群体所左右的一种社会存在,和其他社会存在的因素一起影响着此后的种种社会意识。因此,经济与文化是共生演化的。赣文化与江西经济在发展中的交织关系就是一个例子。

江西的经济与社会的发展在历史上曾经并不落后,赣文化也曾经在中华文化史上留有辉煌的一页。在水路是最重要的交通手段的时代,江西有直通长江的鄱阳湖,该湖的5条河流延伸向东南、南和西南,成为南北以及整个南方的交通枢纽。尤其是京杭大运河经鄱阳、赣江、大庾岭、珠江的京广水道尤为重要,成为主要的进出口通道。因此,"在清道光二十二年(1824)前,江西是我国最重要的转运贸易区"(陈荣生,2004)。交通的便利促进了贸易的发展和人口的增加。宋元时,江州是商品的转运站,明清时期江西的商人被称为"江右商",有"无江右商人不成市"的说法。中原人口曾因战乱几次大规模的迁赣,明朝还有"江西填湖广"之说,人口的增加使江西成为国内重要的粮食生产基地。

正是由于经济、社会的发展,江西的文化在很长时期内也是我国的核心文化。江西是书院的起源地,五代南唐在庐山白鹿洞设立的国学,与金陵国子监同为国家级的大学府。宋元时江西的理学发达,明清还有"朝仕半江西"之说。

由此可见,历史上的江西有励志进取、勇于开创的精神。在文学上有陶渊明的田园诗,欧阳修的古文运动,黄庭坚的"江西诗派";在工具技术上,还有宋应星的《天工开物》。同样,历史上的江西也不是封闭的,通畅的交通和多次人口迁移使各地文化在江西交汇,还有"江右商人"活跃于全国各地,可见并不是现在看到的有"惰性"的封闭的盆地文化。

清后期社会与经济的变化,尤其是交通技术的变迁,改变了江西的经济地位。对江西经济地位的第一个冲击来自"五口通商",上海取代广州成为我国最大的对外贸易口岸,大量的进出口商品不再是经江西到广州,而是涌向上海,使江西不再是转运贸易区。第二个冲击就是铁路运输进入我国,并导致了以陆路运输为主的时代的来临。在京汉、粤汉铁路修通后,南北运道改走两湖、河南,江西成了陆运和海运的盲区对江西经济与社会的影响更直接的冲击来自于太平天国和第二次国内革命战争使江西人口的减少。"整个太平天国战争时期江西省总人口减少约1172万,人口减少48.3%"(曹树基,葛剑雄,2002)。然而,还没有恢复过来,第二次国内革命战争又主要在江西进行。本文未能查到人口减少的具体数字,但是据国民党考察人员的报告所述,江西几乎是"无遗留之壮丁","百物荡尽,一望荒凉"。战争使人口锐减,相对于人口"一度十分稀缺的土地又成为可以'均分'的不太稀缺的生产要素了"(李建德,2000),导致了劳动要素的价格相对上升而土地要素的价格相对下降,而江西区位的改变使商业活动的成本却大大上升,从事农业生产的收益比从事商业活动高很多,江西人更愿意在家务农,人口的流动性降低,江西人也就渐渐形成了"惰性",形成了与小农经济相适应的"盆地文化"。而这种文化又会进一步锁定以农为本的经济形态,这种经济形态则进一步强化江西的"盆地文化",如此反复,也就是经济与文化的共生演化的过程。

资料来源:李建德、程芸,《经济与文化的协同演化》,《经济管理》2007年第14期。

案例2

为什么农村习俗会变化

数千年来,农村的历史和文化基本上都以一种固定的模式进行传承,很少有形式意义上的变化。而改革开放以后,大量农村人口向城市流动,农村劳动力填补了城市劳动资源的不足。与此同时,城市向农村人口提供了大量文化、医疗、卫生方面的日常知识,双方实现了资源的优势互补。在这个融合的过程中,农村人口受到城市生活的耳濡目染,潜意识下已经被城市的生活方式以及生活习性所同化。

农村生活方式的变化以及风俗习惯的变更,侧面反映了社会经济发展的一般布局和基本形态。纵观这一二十年来农村婚嫁喜丧以及其他传统习俗的变更,我们不难发现,正是农村总体经济水平的上升和人民生活水平的日益改善,才使得我们的农村居民从观念上改变了传统节俗仅仅使用传统方式进行庆贺的固有习惯。而这些民俗习惯的改变并不是说是由其自身的演变发展而来的,而是通过外部经济文化的渗透而实现的一种渐进性的质变。这些变化都与农村的经济文化生活有着巨大关联,更是农村经济文化结构布局重组的具体反映。

婚丧嫁娶是农村风俗中的主要一环。在一个相当长的时期内,这些传统习俗行为都会在一个比较固定的模式中进行。而随着时间的推进,历史的演化,以往与农村信仰有关的细节部分也被改化。比如说农村的丧事,在西洋乐还只流行于城市艺苑或者发挥着活动添秀的作用的时候,鼓钹唢呐是寄托死者亲人哀难和烘托氛围的主要声学工具。而近年来,中西洋乐队相互融合组成送葬队伍的景象已是屡见不鲜。事实上,二者在送丧这一农村传统习俗的功能上是几乎等同的,而请一支西洋乐队的费用远比请一支传统乐队的费用要高,那么为什么死者家属要进行这种并不符合农村质朴行为的选择呢?很现实的一点,无疑是农村居民经济生活水平的提升,按照农村养老送终的一般观念,一个人一生只有这么一次,所以从儿女的角度来说,尽这份孝心那是必然。手头逐渐富足,也不在乎那多出的一小部分花销。另一个原因便是农村在逐步城镇化的同时,受城市影响较大,西洋乐的融入能够让丧事表现出更多现代元素,使丧事操办人不会觉得在时代的观念上有输人一等的感觉。而这里面最根本的原因是农村经济生活方式改变的使然。

从整个农村领域的角度来说,传统习俗的变更是农村经济发展的最直接反映。比如说,农村的嫁娶,花轿是最让人熟悉不过的了。虽然说花轿在封建社会解体的很长一段时间里只是一个概念性的东西,但大部分习俗是未曾改变的。农村婚嫁演变至今,花轿已经被"花车"所取代,就像同城市的婚嫁一样,新郎都是要开了轿车或者租车上门迎娶新娘。当然,这种现象在农村并不是像城市那样普及,但它被深受过城市生活影响的绝大部分的年轻人所接纳和效行。农村传统的婚嫁,女方在过门之前势必要准备好足够的木料做成嫁妆,嫁妆分量轻了,甚至会在婆家遭受白眼。而现在的家中物什之类则主要由男方操办,女方的嫁妆似乎并没有什么要求。这大概是源于农村居民经济条件得到了很大程度的改善,对婚姻关系中财物均衡的态度不再那么在乎。在物质相对贫乏的过去,这样的婚嫁是不怎么受欢迎的。农村物质相对丰富,财产的逐步积累,生活状况的逐步改善,农村文明的不断进步,才促成了这一历史性的转变。

为成人办寿是农村最热闹不过的事情。逢到家中有成年子女的老人办寿,寿宴庆祝更是热闹。大概是新近来年产生的一种习俗,农村里每有成年人办寿,寿宴的头一天晚上,其家人都会点燃一定分量的烟花,以示庆祝,当然也是向全村人发出通知和邀请,烟花燃放的多少也一定程度上能够反映寿星家中的富有程度。祝寿过程中祝寿者的礼金较之八十年代也是相当可观的。当然,寿星的家人在宴请完祝寿者之后,还需要回馈给他们一定的礼品,以示诚心和敬意。但近些年来,这些礼品又被货币所取代。送礼者在上桌吃寿宴之时都会被寿星家人塞上一个红包作为回馈礼。从表象来看,似乎这只是寿宴操办者一种轻浮的表现,但透过这种既成事实的客观表达,我们又能够看到农村市场经济活跃的风貌。在市场经济条件下,一定的货币等同于一定的商品,也就是我们所说的一般物品。在市场经济繁荣的情况下,人们的贸易往来相当频繁,因而寿宴操办者转而摒弃回馈物品而代之以等量的货币,这样一来便省去了许多购买和分配的麻烦。正是在农村经济贸易发展的前提下,传统习俗中这一新的交往方式才得以应运而生。

其他的一些农村风俗,则均是在物质条件方面反映了其自身的变化。物质生活的改善是促使农村民俗发生改变的重要因素,同时也引发了农村文化生活的改变。比如说以往过年的时候,一家老小很可能围在火炉旁守着锅里煮着的腊肉一直聊到天亮,但而今电视节目的丰富和电视系统的升级,一家人很可能守着电视机看春晚到午夜,然后像城市居民一样与电视里的主持人一起数着倒计时,再点燃门外早已准备好的烟花。这些既与物质生活有关又与精神文化生活有关的传统习俗上的改变,都是农村逐步城镇化及其总体综合水平不断提升促成的。

资料来源:http://blog.sina.com.cn/s/blog-62a2f3910100luoh.html。

本章基本概念

内在规则　外在规则　社会达尔文主义　凸显点(聚点)　本质论　过程理性　默示知识　路径依赖　利益集团

思考题

1. 达尔文的进化论对经济学的发展有何影响?
2. 演化经济学发展的动力是什么?
3. 阐述制度变迁分析中演化理论的主要观点。
4. 哈耶克的社会秩序二元观的主要观点是什么?演化理论如何在其中得到体现?
5. 威廉姆森的框架区分了社会或制度分析的那四个相互关联的层次?试简述之。
6. 谢林凸现点(聚点)理论的主要观点是什么?
7. 试比较斯宾塞、孔德和黑格尔的社会演化思想。

推荐阅读

1. 贾根良:《演化经济学——经济学革命的策源地》,山西人民出版社2004年版。
2. 陈平:《文明分岔、经济混沌和演化经济动力学》,北京大学出版社2004年版。
3. [德]柯武刚、史漫飞:《制度经济学——社会秩序与公共政策》,商务印书馆2000年版。
4. 汪丁丁:《制度分析基础讲义》,上海人民出版社2005年版。
5. [美]谢林:《微观动机与宏观行为》,中国人民大学出版社2005年版。
6. [美]弗罗门:《经济演化——探究新制度经济学的理论基础》,经济科学出版社2003年版。

第十二章　制度变迁的博弈分析

　　博弈是社会主体从各自的动机出发相互作用的一种状态,制度与博弈之间的关系是多方面的:第一,制度是博弈的均衡,人与人之间的相互博弈会形成制度或制度体系,即关于博弈如何进行的共有信念的一个自我维持系统,其中一个重要的方面是规范、约束人与人之间相互关系或行为选择;第二,制度是多样化的,通常情况下,人与人之间的博弈或相互作用是在先前的正式和非正式的制度安排下进行的,也就是说人的行为或多或少受到制度的约束。而随着人与人之间的博弈或相互作用的进行,制度会随着时间、技术、偏好等其他因素的变化而发生改变,这就是制度变迁。所以,制度变迁的过程也是一个社会主体之间的博弈过程。同时,人们又会在新的制度安排下相互作用即博弈,如此循环往复。从总体方向上看,人类社会是在曲折中不断进步与发展。因此,从博弈的视角考察制度与制度变迁具有重要意义,但是,博弈论作为分析社会主体的行为及社会经济制度的理论工具存在一定的局限性不完备。本章从博弈的视角分析制度、制度的性质、制度的起源、制度的实施及制度变迁问题,考察制度的多样性及其均衡选择问题。

第一节 制度与制度起源:博弈论视角

博弈论是"关于策略相互作用的理论",研究两个或两个以上参加者在对抗性或竞争性局势下如何采取行动,如何作出有利于己方的决策及其均衡问题。它提供了一种研究人类理性行为的通用方法,运用这些方法可以更为清晰地分析各种社会力量冲突和合作的形势,具体分析人与人之间在利益相互制约下理性主体的策略选择行为及相应结局。

博弈论的研究对象现在已扩展到人类生活的各个方面:政治、经济、军事、外交、犯罪、心理和生物演化等领域,它促进了包括经济学在内的各类社会科学的定量化和精细化。下面从博弈的视角分析制度、制度的性质、制度的起源及制度变迁问题。

一、制度与制度起源

什么是制度?为什么存在制度的多样性?是否存在最佳的制度?在制度的学习、借鉴与采用过程中存在哪些问题?制度有两层基本含义:第一,制度是行为规则,它决定了社会主体在社会生活中可以选择的行动方式;第二,制度是人们结成的各种经济、社会、政治等组织或体制,它决定着一切社会经济活动和各种经济关系展开的框架。

制度规范人与人之间的关系,而人与人之间的关系是一种社会关系或相互之间进行的博弈。博弈论描述各参与方理性地选择自己的行动所实现的结果,分析各决策主体及其行为发生相互作用时的决策以及均衡。制度对于社会经济的发展来说是重要的,而产权是人类社会最重要的制度之一,它规范、调整人与人之间权利和利益分配。下面我们通过一个简单的博弈模型说明元产权制度的产生。[①]

设想在人类社会早期,一个以畜牧业为主的农业社会,有两个牧人甲和乙以及两个牧场 A 和 B。设两个牧人与草场之间的距离相等,但是草场 A 比草场 B 有更好的放牧条件(面积大、草嫩、水源近),以上是共同知识。每个牧人都愿意在草场 A 放牧他们的牲畜,但是如果两个牧人都在同一个牧场放牧,那么那里的草场会被过度放牧,这对于双方都有害。于是,每年放牧时节来临时,每个牧人都必须决定将他的牲畜迁往哪个草场。矩阵表示了两个牧人博弈的支付状况。

表 12.1 二人博弈支付矩阵

		牧人乙	
		A	B
牧人甲	A	3,3	10,6
	B	6,10	3,3

从上述支付矩阵可以看出,如果两个牧人都将他们的牲畜迁往同一牧场,都将获得

[①] 对于制度的起源,博弈规则论的经济学家倾向于设计的观点,即制度规则是立法者、政治企业家或从事机制设计的经济学家明确设计的结果。

比较低的收益,然而如果他们分别在不同的牧场放牧的话,他们都将得到一个比较高的收益,但是,其中一个牧人获得的收益高于另外一个牧人的收益。

两个牧人在缺乏对方风险偏好等信息不完全的情况下,可能出现成本高昂的冲突以及外在不经济。由于缺乏自然的界限,两个牧人之间可能出现无秩序的状态,并且持续一定的时间。因此,两人之间产生了一种内在的规定性需要来协调二者之间的行为。当然,在一次性交往过程中通常不太可能会产生互利的结果。但是,在重复交易(博弈)过程中,在足够长的时间内,两人对于历史事件(先前的博弈历史)的回忆以及对于试错的经验可能产生这样一个"收敛"的时间系列,中间偶尔可能会出现变异,人的行为方式决定了相应的资源配置方式,而资源配置方式也决定了相应的人们行动的社会经济收益,但是,不同的资源配置方式出现的频率是不同的,可能某种资源配置方式比另外其他的资源配置方式出现的频数高出很多倍,从而这种资源分配方式就变成一种惯例:分别规定谁拥有在草场 A 和草场 B 放牧的权利。[①]

一旦这种界定各方行为的规范或制度得以建立,每个人都会将惯例隐含规定的资源分配方式中自己的那部分视为当然的权利,同时也会将其他的部分视为别人的权利,而这种衍生出来的惯例影响人的预期,约束人的行为,也相应决定了资源配置方式。这种惯例就是产权制度。

惯例或产权制度一旦形成,所有人都将获益,尽管其中一部分人的获益可能高于另外一部分人的获益。因为人们从重复博弈的历史经验中认识到,在资源约束一定的条件下,遵循这样一种惯例约束有助于每个人对于目标的追求,如果相关的人不能认识到这一点,或者说相应的惯例规范不能产生,就会出现资源的退化和衰竭。[②] 可以想象,在上面的模型中,两个牧人如果没有协调而导致其中的一个牧场被过度放牧出现草场退化以后,另外一个牧场也会相应退化,那么两个牧羊人不得不减少羊群数量造成收益的减少。以上简单模型表明:社会主体之间形成合作、建立产权制度时的总产出与不合作时总产出之间有一个差额,这就是合作的剩余,也就是制度的红利。

随着环境的日益复杂,人与人之间相互依赖程度提高,为了获取交易之中的潜在收益,许多规范人与人之间行为的规则即制度就会产生。从社会的角度看,这个产权制度是有效的,因为它带来了社会总产出的增加。正是由于这个原因,所以,制度也被视为一种社会资本。

与没有产权制度安排的不合作状况相比,建立合作关系或某种制度安排是比较难以实现的一种均衡,最终能否实现这种均衡状况取决于许多因素。而在重复博弈中更有可能实现这种合作的均衡,即形成某种形式的制度安排。

当然,如果资源约束不是很严重,在上面的模型中,优质草场数量相对于牲畜来说存在明显过剩,或者是迁往其他地区草场的成本很低,那么个体行为的外部性也很小,那么

---

① 与以上的简单模型相比,杨(H. P. Young)提出了一个稍复杂的模型说明产权制度的产生,其中涉及信念的调整。杨还证明了在有限理性情况下,任何一种初始状态的随机过程几乎确定地收敛于一种惯例或规范。见 The Evolution of Conventions,*Econometrica*,1993,Vol. 61,pp. 57—84。

② 当然,这是多重均衡的一种均衡状态,从这种没有产权规范约束的状态过渡到有产权约束的状态,就是制度的变迁,也是一种帕累托效率改进过程。

产权制度就会延迟产生甚至根本不会产生。可见,生产要素或资源的相对价格的变化影响了制度的产生及其变化。

从长期趋势看,随着社会的发展和人口数量的不断增加,相对价格发生变化,人们为了消除个体行为的外部性的影响,逐渐产生了不同形式的制度。至于形成对谁有利的惯例,或者说制度对谁更有利,取决于多种因素:风险偏好的大小以及信息收集能力,也可能按照时间先后或者力量的强弱对比等。①

二、制度与博弈规则

随着社会分工等经济环境的变化,人与人之间的相互依赖性不断提高,人与人之间利益不一致的情况出现于几乎所有的人类活动中。相关各方的最终目的是通过自己的选择以期实现一个对己方有利的结局。另外,在社会生活之中,各经济主体一般只能控制部分局势或变量。当人们的利益出现或大或小的冲突时,每个人所获得的利益不仅取决于自己所采取的行动,也取决于其他人采取的行动或者对自己行动的反应,即某一经济主体的决策既受到其他经济主体决策的影响,而且该经济主体的相应决策又反过来影响到其他经济主体的决策。所以,经济过程本身就是一个博弈过程,博弈的参与人的范围很广,参与人可以以普通的社会个体如人的形式出现,也可能以组织或企业家等形式出现。而组织则是由具有某些实现特定目标而联系起来的个人组成,包括政治机构(如政党)、经济机构(如企业)、社会机构(如教会)和教育机构等。

我们将经济过程类比于博弈过程,可以更好地理解制度及其性质与功能。

以上我们已经通过一个简单模型说明了元产权制度的产生,说明了在没有第三方理性设计的情况下,自利而理性的个人体如何在稀缺资源的竞争中自组织一种互惠互利的产权制度。哈耶克关于自发秩序的阐述为我们理解制度产生及其演化提供了注释。哈耶克认为,规范和习俗能够通过人们之间的相互作用而自发的形成,秩序被定义为其中的一种状态。而在青木昌彦看来,制度是关于博弈如何进行的共有信念的一个自我维持系统。制度的本质是对均衡的博弈路径显著和固定特征的一种浓缩性表征,该表征被相关领域几乎所有参与人所感知,认为是与他们策略的决策相关的。这样,制度就以一种自我实施的方式制约着参与人的策略互动,并反过来又被他们在几乎连续变化的环境下的实际决策不断产生出来。②

从总体上说,为什么人类社会需要制度?主要原因可以归结为以下方面:人的有限理性、环境的不确定性和人的机会主义倾向。

经济学通常假定人是理性的,他们会选择对自己最有利的行动方案。但是由于社会是由多人组成的,一个人的利益最大化的目标可能与他人利益最大化目标相冲突,某人利益最大化的行为会在一定程度上损害其他人的利益,而受到损害的人可能产生报复行为,从而损害前者的利益。制度就是这种协调人与人之间的利益冲突而产生和发展起来。

---

① 这就是下文将要分析的制度的多重均衡及其选择问题。
② 青木昌彦:《比较制度分析》,上海远东出版社 2001 年版,第 28 页。

对于制度,不同的经济学家有不同的定义,经济学家在把经济过程作为博弈过程处理的同时,不仅把制度看做博弈的规则,也把它作为博弈的结果(均衡)。其中比较有代表性的是诺思的定义:制度是一个社会的游戏规则。①

人是有限理性的,所以制度可以解释为所有人之间相对稳定的最优应对策略。在复杂的社会经济生活中,最终结果既取决于参与人自己的行为,也取决于对方的行为。由于未来的不确定性以及交易过程中机会主义行为的存在,一个人的行为可能严重损害其他人的利益,由于有限理性以及信息的不完全,合作过程所必需的互信的建立需要一定的条件,而每个人都需要对对方的行为作出预期,然后决定自己的行为。那么,人们依据什么来形成自己的预期并作出相应的选择呢?只要人们反复地发生交易或其他经济关系,就会通过逐步演化或人为的有意识的设计产生规则、规范、惯例或制度。所以,制度是人与人之间"合作"的游戏规则。

制度在社会经济发展过程中无处不在,制度可以提供信息传递或明确预期的功能,进而影响人的行为。制度影响、决定个人与资本存量、劳动产出与收入分配。它通过提供规则和秩序,增加了信息流量,降低了信息成本和交易成本,以便有效利用资源,构建了一个社会的激励结构,因而制度成为经济发展的核心要素之一,而政治与经济制度是经济绩效的根本性决定因素。②

制度会随着时间、技术、偏好等因素的变化而改变。如果制度最初形成的条件发生了变化,同时,人们发现有更好的有效率的制度取代现存的制度,就会出现制度变迁的可能,从而产生人与人之间的新一轮的互动过程。这就是制度变迁。

三、制度及其实施

在上面的产权制度模型中,与没有产权制度相比,产权制度对于互利的个体来说是一个必要条件,因为它使得人们能够协调他们之间的生产性活动,避免相互的冲突以及资源的浪费。产权制度可能是多样化的,其中部分人可能偏好这种产权制度,而另外一部分人偏好另外一种制度,最终实现的究竟对谁有利的产权制度取决于多重因素。无论如何,产权制度的存在决定了一个社会协调问题的均衡,尽管并不是唯一的均衡。

尽管某种制度规定的资源分配方式可能不平等,但是,给定时间、偏好以及风险偏好等约束,所有的人都愿意接受有产权制度时实现的结果(制度的均衡),也不愿意接受所有的产权制度都被取消时的冲突状态(无制度均衡)。这就是说,在一定的约束条件下,接受制度的收益高于拒绝制度的收益,这个时候制度就是可自动实施的。

制度规范人与人之间的关系,可自动实施制度安排的出现是基于相关社会主体的以下稳定的预期:如果我尊重别人的权利,别人同样尊重我的权利。一旦制度得到确立,它将在纳什均衡的意义上自我实施:除非其他人改变自己的行为,否则没有人有动力单方面偏离这种均衡状态,也就是说,制度是博弈的均衡,因而一旦某项制度成为均衡的选择,也就成为关于人们行为选择的信念的一部分。

---

① 诺思:《制度、制度变迁与经济绩效》,上海三联书店1994年版,第3页。
② North, Economic Performance Through Time, *AER*, Vol. 84, No. 83, June. 1994, 359.

可见,制度安排的出现并不一定是出于任何个人或组织的有目的的设计,它产生于自利和有限理性的个人之间的相互作用,也就是一种自我维持的内生性秩序。稳定的制度安排以及对应的社会主体的信念、知识,使得社会主体能够预期自己和其他人的行为选择以及最后的结果,不会轻易选择制度所不允许的行为方式。制度规范一旦建立,人的策略行为反过来又受到它的影响。制度规范与信念以及人的行为选择之间的这种关系一旦形成,就会产生自增强效应。除非出现技术、环境、偏好、随机冲击等因素的变化,并且这些变化达到一定的程度,否则制度建立以后就会持久不变,并将自我实施。从这个意义上说,如果社会主体的行为没有遵从制度的约束,或者违反制度的规定,进入非均衡路径,可能是社会主体的理性程度不足,也可能是条件的改变导致的制度非均衡。① 此时,制度的实施需要强制地执行。但是,进一步的问题又会出现。强制执行的行动者的行为选择集合往往包括多个元素,那么,强制执行是否是制度执行者的均衡选择呢? 更进一步,强制执行是否是博弈的均衡结果呢? 对于制度执行者的实施行为问题的思考给我们进行制度建设有一个重要的启示:一个制度得到自动实施的必要条件是该制度安排是当时约束条件下社会主体的博弈均衡。

随着条件的改变,原有的博弈均衡也可能发生改变,相应的制度可能发生改变。在先前两个牧人的博弈中,产生了对甲相对有利的产权制度安排,并且这种博弈的均衡持续了很长的时间,制度规范也得到自动执行。导致这种不平等的结果出现的因素有很多:甲相对乙风险偏好系数更大,或甲比乙更强壮因而有更大的谈判力量或谈判技巧,甲的信息收集能力更强,甲比乙提前发现好草场等,牧人甲获得了更好的草场。但是,二位牧人的后代继承了前人的权利以后,相关的条件可能发生改变,比如乙的后代更强大或风险偏好增强,此时原有的均衡就转换为非均衡,制度安排也可能发生变化,使得产权有利于乙的后代,从而产生新的制度安排,达到新的均衡。

在上面关于制度起源的模型中,制度是人与人在重复博弈中合作的结果,高效率的制度能够增加社会的总产出。然而,制度并不一定具有社会效率。制度是由正式约束和非正式约束以及它们的实施特点构成的。非正式的隐含的制度与明确的正式的制度相互影响,正式约束和非正式约束共同确定了社会的尤其是经济的激励结构,现实之中存在许多低效率甚至是负效率的制度。许多正式约束的建立是服务于那些对于新制度具有谈判力量的人。②

制度是约束人与人之间关系的规则。以上对于制度起源以及制度实施问题的讨论,还没有圆满回答制度规则的形成方式:制度是内生的还是外生的?

关于制度形成存在两种不同的观点:一种观点认为,制度是外生的,制度是给定的,人们在给定的制度约束条件下通过策略行为优化资源配置,同时实现自己的目标。另外一种观点认为,制度是内生的。而在具体方式上,还可以细分为制度的自然演化和社会精英的人为设计两种类型。

从博弈均衡与内生的角度分析制度可以清晰地揭示制度的双重性质:制度既是参与

---

① 关于制度非均衡的论述见本章下文第二节相关内容。
② North, Economic Performance Through Time, AER, Vol. 84, No. 83, June. 1994, p. 361.

人战略互动的产物,同时又稳定地独立于个体的行动选择。将制度视为外生的观点会面临以下困境:这些制度规则是如何产生的？它们又是怎样被实施的？因此,关于制度的起源和实施需要到该规则实施的经济领域的外部去寻找,如经济领域之外的政治领域,也就是说,还需要存在一个超级博弈。但是,这种分析方法并没有彻底解决问题,因为在政治领域的博弈存在同样的困境,即政治领域的博弈规则是如何决定的？或者说,超级博弈的博弈规则是如何决定的？博弈的规则又是如何执行的？因此,制度外生的观点就会产生循环论证的问题。所以,解决这个问题的正确方向是:把制度起源看做经济领域、社会或政治领域博弈过程的内生稳定的结果,避免从博弈开始就确定博弈的规则。

与制度的产生类似,制度的实施视为外生的观点同样会产生循环困境:如果一个博弈规则由一个附加的参与人(实施者)来实施博弈的规则,那么,对于理性的实施者来说,同样存在对于实施者实施博弈规则的监督问题。由谁来监督实施者呢？是否需要另外一个实施者来监督初始的实施者实施博弈规则呢？很明显,解决这个问题的方法是,必须将博弈规则实施者包括在博弈之内,将他视为博弈参与人,然后,给定其他参与人的均衡策略下,分析博弈规则实施者的实施行动是否成为他的均衡策略,从而博弈规则的实施成为自我实施。

作为一种均衡现象,制度是重复博弈的内生产物,但制度反过来又制约着参与人的策略与行为。对于博弈的参与人来说,忽视或偏离制度无利可图。制度是博弈的均衡结果,但它不是一次博弈完美演绎的结果,实际上是在整个时期重复博弈的参与人的战略互动过程的一种稳定状态。因此,制度是由有限理性和具有反思能力的个体的社会长期经验的产物。[①]

究竟把博弈的规则即制度视为外生或内生具有重要的实践意义。因为制度决定经济绩效,如果坚持正式制度是由政治组织决定的规则构成,那么,那些经济绩效不好的经济体可以而且应该通过设计完善原来的制度,并尽可能从其他国家或地区的借鉴更好的制度来完善其制度。如果不能做到这一点,那么问题的根源就在政治家或政治制度,就应该从政治制度入手寻找解决问题的方法。

第二节　制度多样性与均衡选择

制度是均衡的博弈规则,那么,为什么不同国家或地区的制度不同？制度是如何选择的？一个社会经济体系的制度如何在多样化制度之间进行转换？下面在博弈论分析框架下,分析制度多样性、制度均衡与非均衡以及制度变迁之间的关系。

一、制度多样性

博弈是参与人从各自的动机出发相互作用的状态,通过将经济过程类比于博弈过程,不同的经济学家分别将制度看作是博弈的参与人、博弈的规则和博弈过程中参与人

[①] Kreps, *Game Theory and Economic Modeling*, Oxford: Oxford University Press, 1990, p.183.

的均衡策略。将制度理解为博弈的参与人,实质上是指重要的组织机构,如学校、政府机构、协会等。诺斯支持第二种观点:制度是博弈的规则,当然,它包括正式和非正式规则。他认为制度定义和限制了个人的决策集合。而格雷夫(Avner Greif)从博弈均衡的角度给制度下了一个定义:在博弈论框架中,两个相互联系的制度要素是关于别人行为的预期和组织,组织是非技术因素决定的约束,他们通过引入新的参与人(组织本身),改变参与人获取的信息,或者改变参与人某些行动的报酬来影响行为。① 相对说来,青木昌彦从博弈均衡观的角度定义制度更为直接:制度是关于博弈如何进行的共有信念的一个自我维持系统。制度的本质是对均衡博弈路径显著和固定特征的一个浓缩性表征,该表征被相关域几乎所有人所感知,认为是与他们的策略相关的。这样,制度就是一种自我实施的方式制约着参与人的策略互动,并反过来又被他们在连续变化的环境下的实际决策不断再生产出来。②

上述三种制度观有一个共同的特点,制度是多样化的。我们可以从两个层次理解制度的多样化。一方面,社会生活是多方面的,在经济、政治、组织和社会其他领域及其各自的子领域都存在制度。政治制度、选举制度、金融制度、财政制度、收入分配制度、劳动力制度、公司制度、法律法规等都是不同层次和不同作用范围的制度。根据作用范围、作用强度和作用方式的不同,戴维·菲尼把制度分为三种类型③:一是宪法秩序。规定和确立集体选择的条件的基本规则,这些规则是规则的规则,它包括确立生产、交换和分配的基础的一套政治、社会和法律的基本规则。二是制度安排。它是在宪法秩序框架内所创立的,包括法律、规章、社团和合同。三是规范性行为规则。

制度的多样性的另外一方面是规范同样类型的不同社会主体之间关系的不同制度形式,即在相同的作用领域内不同地区或同一地区不同时间出现的不同的制度形式。例如,同样是规定人们选举权利的制度就包括直接选举制和间接选举制等不同的制度形式,同样是界定股份公司相关各方权利和义务的公司法,美国、日本、中国的公司法就存在很大的区别。我们不仅要关注第一层次上的制度的多样性,而且要研究第二层次的制度的多样性,进行制度的比较分析。

下面我们着重讨论第二层次的制度多样性问题。为什么不同的国家或地区会出现不同的制度?为什么同一国家和地区在不同的时间会出现不同的制度形式(制度变迁)?

制度调节人与人之间的关系,而人与人之间相互作用的实质是人与人之间的博弈,所以,制度的多样性可以理解为博弈均衡的多重性:面对同样的技术知识、风险偏好,存在多重均衡,也就是说博弈存在不同的结果。博弈为什么会出现多重均衡?如果存在多重均衡,怎样达到其中的一个均衡?

随着劳动分工和专业化的发展,不同的社会群体演化出不同政治与社会经济环境,人们所面临的约束的条件不同,相应的相互作用的人的策略选择也可能不同,因而出现制度的不同,这就是制度的多样性的一般情形。

---

① 青木昌彦:《比较制度分析》,上海远东出版社2001年版,第10页。
② 同上,第28页。
③ 戴维·菲尼:《制度安排的需求和供给》,载《制度分析与发展的反思》,商务印书馆1992年版,第126—130页。

如同博弈均衡的多重性困扰着博弈理论家一样①,对于制度的多样性的研究也还没有取得十分重大的突破。不同的人试着从不同的侧面分析制度多样性的原因,代表未来发展方向的研究包括以下三个方面:

第一,将制度的多样性归结于人的认知模式的不同。比较典型的是诺斯的观点,他将其归结为人的认知模式的不同:每个人都用自己的心智模式去阐释周围的世界。这些心智模式一部分源于文化,也就是说,它是由知识、价值观以及行为准则在代际间传递而产生的,而这些知识、价值观和行为准则在不同民族和社会中根本不同。另外一部分是通过经验获得的,这些经验对特殊环境而言,具有本地性,因而不同环境下获得的经验也存在着相当大的差别,由此而导致人们心智模式的巨大差异,形成对世界的不同理解以及处理问题的不同方式。甚至个人的正规学习也是由相互抵触的模式组成的,而我们正是通过矛盾的模式来解释周围的世界。正是基于与预期不一致的结果,人们进行着不断的学习,并改变其心智模式。由此而得出结论,并不存在一个必然得到的确定的均衡,而是会出现多重均衡。

人对世界的理解、预期以及处理问题的方式与人的行为或策略选择密切相关,从另外的意义上说,人的认知会影响人与人之间的相互关系,而制度规范人与人之间的相互关系,所以,认知模式的不同最终会对制度产生影响,制度的多样性是不同认知模式的必然结果。②

第二,制度的多样性来源于文化等社会因素的不同。格雷夫将博弈和社会、文化等概念相结合,比较了 11 世纪地中海两个最大的贸易集团——热那亚商人和马格里布商人之间文化信仰的差异,考察了引起这两个古代贸易组织的不同制度发展轨迹与文化因素之间的相互关系。③

11 世纪的地中海远距离贸易的关键问题在于委托—代理风险或承诺。穆斯林世界的马格里布人和来自拉丁世界的热那亚人利用了不同的制度形式来解决同样的问题,马格里布人依靠家庭关系,即通过马格里布人只雇用马格里布人。而热那亚人则通过建立双边信誉机制建立推销制度以管理代理机构,在任何地方寻找贸易伙伴,以支付一笔额外的效率工资的形式确保承诺的实现。

---

① 2005 年诺贝尔经济学奖获得者谢林在 1960 年在博弈均衡多重性方面作出了开创性的研究,提出了聚点均衡(focal points)的思想。他分析博弈多重均衡及其选择的思维模式是理解人的行为、策略选择与博弈的外部因素如文化、习惯惯例之间的关系。例如,在两个小孩合作分蛋糕的博弈中,存在无数个纳什均衡,但是,两个小孩各自提出 0.5 对 0.5 的份额要求的策略很可能出现,它对应的就是一个聚点均衡,仅仅是因为这样比较"公平"。另一位获奖获得者德国经济学家泽尔藤(Reinhard Selten)将谢林的可信承诺等思想模型化,提出了子博弈精炼纳什均衡的概念。但是,在聚点均衡的模型化方面还没有取得比较理想的结果。

② 在经济发展的长期趋势中,制度或认知模式的变化往往起源于不同个人群体面临的初始条件的改变。正如不同群落因其所处物质环境的不同而具有不同的经验,在此基础上逐渐形成不同的语言,并用不同的思维模式来解释世界。语言和心智模式形成非正式约束力,它们限制了该群体的制度框架,并且被当作习俗、禁忌或神话,世代传承下去,产生了我们所谓的文明,从而形成了路径依赖的关键部分。

③ Avner Greif, Reputation and Coalitions in Medieval Trade: The Evidence on the Maghribi Traders, *Journal of Economic Histroy*, Vol. 49, No. 4, pp. 857—882; Avner Greif, Contract Enforceability and Economic Institutions in Early Trade The Maghribi Traders Coalition, *American Economic Review*, Vol. 83, Issue 3, June, 1993, pp. 525—548.

两个贸易群体面临的问题基本相似,但解决问题的制度方式明显不同。① 是什么原因导致这种制度的不同呢?格雷夫认为,一个社会的组织——它的经济、法律、政治和社会以及道德强制制度——是伴随着它的社会建构、信息传递和协调机制的,并且对长期的制度演化具有非常重要的影响。

格雷夫重视预期和组织两个制度因素的作用。他指出:在研究制度之前不能给制度下一个先入为主的定义,从博弈论的角度看,制度起源于积极的文化信仰,是自发演化的产物。在处理制度之前,首先必须处理组织。文化可以影响制度是因为由文化决定的预期影响均衡选择,因此也就影响现有的组织并产生新的特定的组织。一个博弈参与者对于其他参与者的预期是他们所面对的由非技术因素决定的约束的一部分,而组织(例如信用机构、法院、或企业)能够通过改变参与者可以获得的信息、改变一定行为所涉及的收益,或引入其他的参与者(组织本身)来约束行为。显然,组织对于该研究可以是外生的也可以是内生的。马格里布人和热那亚人之间不同的文化传统和社会程序导致了它们在商人代理博弈中不同的均衡选择。马格里布人达到了一种包括可以采取集体惩罚的"集体均衡",而热那亚人达到了一种包括可以采取双边惩罚的"个体均衡"。

由于文化信念影响人们的预期,一旦有关相互关系的不同策略预期形成以后,它们又会变化为新的"文化信念",并且会超越它们所得以产生的原来的博弈,因为它们可以影响对于游戏规则和组织发展过程的外部变化的反应,即它们本身也成为和博弈相关一个文化因素。

将文化信念和博弈联系起来可以较好地理解不同的组织及其变化。因为一个特定组织的出现依赖于现有的文化信念。这种组织的路径依赖和文化信念对外部变化的变化会产生影响,这种影响导致不同社会组织或制度的出现,如不同的经济、社会、法律和道德机构以及与此相联系的社会构架、信息传递和协调机制。因而,不同文化导致了不同形式的组织以及相应的制度。

最后,随着社会科学的融合,经济学界逐渐认识到,面向制度变迁过程的复杂性方法提供了一种解决博弈的多重均衡以及制度多样性选择问题的方法。初始条件的不同、人们偏好的不同或改变、学习或知识经验积累的快慢、信息的多少以及对称程度、实际博弈过程中发生的小概率事件或随机扰动,都影响博弈参与人的策略选择,并可能导致最后出现不同的结果。其中初始条件的不同以及可能伴随其中的正反馈效应是产生制度的路径依赖的重要技术性原因。②

归纳起来,社会制度是复杂的、多样化的、互补的,有正式的,也有非正式的,并且会不断发生变化,先前的制度的互补性影响制度及其变化,在制度形成过程中,非正式的制度与正式的制度相互产生影响。

---

① 很显然,这种解决马格里布人的解决方式限制了各个贸易中心的部落成员的市场规模,并且马格里布人可以欺骗非马格里布人。由于热那亚人的制度优于马格里布人的制度,导致热那亚人最终主导地中海贸易和远东贸易。

② 对于正反馈、收益递增、锁定或复杂性感兴趣的读者可以阅读 Arthur Brain 的开创性论文,Competing Technologies, Increasing Return and Lock in by Historical Events, *Economic Journal*, Vol. 99, Issue 394, Mar., 1989, pp. 116 – 131.

二、制度均衡、制度非均衡以及制度变迁

经济学中均衡的基本含义是社会经济体系在一定的条件下相互作用的有关变量相对静止、各行为主体对交易的结果处于满意的一种状态。按照诺思的定义,制度均衡是指这样一种状态,在给定条件下,现存的制度安排的任何改变都不能给任何个人或团体带来额外的收入。①

制度的均衡包括制度安排的均衡和制度结构的均衡。前者是指一项特定制度的供给完全适应需求从而处于相对静止的状态。而制度结构均衡则是指不同制度安排之间的相互关系处于一种协调和相对静止的状态。

由于制度安排和制度结构通常调整不同的社会群体之间的利益关系,不同利益主体的利益不可能完全一致,因而不同社会主体对同一制度的需求和供给是不同的,有时甚至处于完全对立的状态,所以,实现制度均衡的实现是比较困难的,制度安排和制度结构通常处于非均衡状态。

制度非均衡就是指社会主体对现存制度的一种不满意、意欲改变而又未改变的状态。也就是说,存在一种可供选择的制度安排和制度结构,社会主体从中得到的净收益大于从现有的制度安排和制度结构中得到的净收益,因而存在一个新的盈利机会,这时就会产生新的潜在的制度需求和潜在制度供给。

但是,制度处于非均衡状态并不一定导致新的制度安排的产生,新制度供给能否实现取决于多重因素,关键在于不同社会主体的博弈过程。我们也可以从诺思关于制度均衡的定义中体会到这一点。诺思认为,制度均衡是指这样一种状态,行为者的谈判力量及构成经济交换的总体的一系列合约谈判给定时,没有一个行为者会发现将资源用于再建立协议是有利可图的。要说明的是,这样一种状态并不意味着,每个人的都对现有的合约和规则满意,只是由于参与者改变合约的成本和收益使得这样做不值得,现存的制度制约、确定和创立了均衡。②

从力量对比、谈判或博弈的视角分析制度均衡,可以更好地理解制度均衡与非均衡之间的关系。诺思在《制度创新的理论》一文中这样描述制度均衡的三种状态:如果①安排的调整已经获得了各种资源所产生的所有潜在收入的全部增量;或者②这样的潜在利润存在,但是改变现有的制度安排的成本超过了这些潜在的收益;或者③如不对制度环境做出改变,就没有可能实现收入的重新分配,那么,这一状态就存在。③

很显然,影响制度需求和制度供给的因素也是决定制度均衡与制度非均衡的因素,因而导致制度非均衡的原因是多方面的:要素和产品相对价格的变化、市场规模的变化、技术的进步、偏好变化、知识积累、制度选择集合的变化、其他制度安排的变迁以及随机因素的扰动或冲击。这些因素的变化都会在一定程度上改变原有制度安排或制度结构下的收益总量或收益分配方式,因而相关博弈主体的利益也会相应地发生改变,从而使得原来的制度均衡变成非均衡。

---

① 戴维斯、诺思:《制度创新的理论》,载于《财产权利与制度变迁》,上海三联书店1994年版,297页。
② 诺思:《制度、制度变迁与经济绩效》,上海三联书店1994年版,115页。
③ 戴维斯、诺思:《制度创新的理论》,载于《财产权利与制度变迁》,上海三联书店1994年版,297页。

如果博弈参与者的一部分或者全部在潜在制度安排或制度结构下获得的净收益大于他们在现有制度安排和制度结构下获得的净收益,新制度就会产生,这就是制度变迁。新的制度对应以上这些因素的变化,此时的新制度是对应于变化条件下的新的制度均衡状态,但是,新的均衡也不是永久性的。一旦这些因素又发生一定程度的变化,又会改变"新"制度下的利益总量或利益分配方式,原来的"新"均衡又被打破,经济体系又处于制度非均衡状态……,如此循环往复,人类社会就是在制度均衡与非均衡的交替变换过程中曲折地进步与发展。

制度变迁过程也是一个博弈过程,制度变迁能否最终实现取决于社会主体之间的博弈,博弈的参与者众多,包括新制度的需求者与旧制度的需求者之间的博弈,新制度的需求者之间的博弈,新制度的需求者与新制度供给者之间的博弈,新制度供给者之间的博弈。

在新的制度安排或制度结构下,如果所参与者获得的收益大于他们在原来的制度安排下获得的收益,那么这样一个制度变迁的过程就是一个帕累托改进;如果一部分社会主体的收益增加,而另外一部分主体的收益减少,那么这样的制度变迁过程变成了一个卡尔多改进过程。

制度的变迁过程十分复杂,可能在不同的阶段呈现出不同的利益调整方式,其中既有帕累托改进,也有卡尔多改进。通常说来,帕累托改进形式的制度变迁比卡尔多改进形式的制度变迁相对容易。卡尔多改进形式的制度变迁过程由于部分主体的利益受损,博弈可能更加激烈,制度的变迁更加困难。这一点在体制转轨国家中表现非常明显。从计划经济向市场经济的制度变迁,能够带来更多的社会总收益,但是,制度的变革也引起利益的调整,制度转轨的初期往往是帕累托改进过程,所以改革进程很快,但是,制度变革中后期通常是一个卡尔多改进过程,所以改革进程相对推进的慢一些。[①]

但是,即使是帕累托改进的制度变迁,制度变迁过程也不一定发生。同样是制度变迁受益者,成本与收益的分配可能不平等或不匹配,制度变迁受益者之间仍然存在博弈。一方面,制度是一种公共产品,公共产品的生产过程往往存在搭便车的可能,造成成本与收益分配的不对称。无论是帕累托改进的制度变迁,还是卡尔多改进的制度变迁,由于制度的公共产品性质可能导致制度供给的不足。另一方面,制度市场结构的不完全竞争性也可能出现制度供给的不足。在稀缺经济和竞争环境下,制度和组织的连续交互作用是制度变迁的关键。竞争迫使组织持续不断地在发展技术和知识方面进行投资以求生存,而个体和他们的组织所获得的这些技能、知识将形成对机会和选择的不断发展的认识,这些选择和机会又会不断地改变制度。[②] 但是,由于不完全的市场结构,当力量的对比还没有达到足以改变原有制度非均衡时,新的制度供给不足,制度变迁不能产生。

制度调整社会主体之间的利益关系,相对于制度供给不足来说,一个社会经济体系同样可能存在制度供给过剩。制度供给过剩是相对于制度的需求而言有些制度是多余的,或者说是故意提供或维持一些低效率的制度。市场经济中比较突出的制度供给过剩

[①] 比较常见的对中国 90 年代中后期制度变革的评价是"改革进入攻坚阶段"。
[②] 诺思:《新制度经济学及其发展》,载《经济社会体制比较》2002 年第 5 期。

是维持或加强市场不合理管制或低效率的制度。其实,制度供给过剩只是相对于一部分社会主体而言的,对于那些从制度供给过剩中获益的社会主体来说,至少在一定的时期内,过剩的制度满足了他们的需要,甚至对这部分主体来说,还存在过剩型制度供给的不足。

总之,制度供给不足和制度供给过剩,都是一种制度的非均衡状态,是相对于部分主体而言的。一旦制度选择集合改变、偏好或风险态度变化、技术或市场规模变化、产品或相对价格改变、知识变化或者社会主体之间的力量对比发生了改变,制度变迁就会产生,制度的非均衡就会向制度均衡转变。

人类社会的发展始终伴随着制度均衡与非均衡的相互转换。但是,制度并不必然具有社会效率,甚至通常并不具有社会效率。低效率制度体现了一种制度的非均衡准状态。制度,尤其是正式制度安排的建立是服务于那些对新谈判规则的建立具有谈判力量的利益主体的。① 而低效率的非正式制度安排往往得到了社会多数人的认可,或者受到了少数人的误导。

第三节 制度变迁案例分析:光荣革命时期英国的宪政制度

一、宪政制度及其执行

国家为了实现社会目标而拥有强制权力一直是一个主要的两难问题。前述诺思"国家悖论"表明:国家是构成有效制度安排和经济发展的必要条件,但是,国家往往又是阻碍经济发展的根源。而宪政和其他政治制度决定了国家规则和法律到底是维护少数人的利益还是约束国家或最高统治者从而推动长期经济增长。很明显,在国家与社会公众的博弈中,宪政制度通过界定国家与公众的权利、规范和约束统治者行为,符合双方的利益,因为国家得到税收等财政收入的同时提供相应的公共福利,而普通公众以一定的价格(税收)而获得了相应的公共产品与服务。很明显,选择怎样的宪政制度、如何执行或实施相应的制度就变得十分关键。

下面我们从博弈的视角分析宪政制度及其执行问题。为了分析的简化,我们分析博弈中的国家(或统治者)和公民两个主要参与人②,博弈重复次数也是不确定的,二者都是利益最大化的理性人。③ 显然,二者之间的博弈是一个不完全信息动态博弈:首先利用不同途径和方式签订协议以界定各自的权利和义务,然后执行协议,修改协议(宪政制度调

---

① 在一个交易成本为零的世界中,谈判力量并不影响结果和效率,但在交易成本为正的世界中,影响不可忽视, North, Economic Performance Through Time, *American Economic Review*, Vol. 84, No. 83, June1994, pp. 359 – 360.

② 在下面的案例中,我们忽略议会中代表不同阶层的利益因素,假定议会和公民之间的利益是一致的,不存在不同的公民利益团体。

③ 二者的目标函数的具体构成不同对博弈的策略选择和结果有很大的影响。试想,如果统治者的目标是追求公众利益的最大化而完全没有自己的私利,那么就不可能出现国家悖论。

整与变革),执行新的协议……,如此循环反复。当然,其中的相关参与主体可能以动态变化的形式出现。

从博弈的视角看,协议的议定、实施过程始终伴随着相关参与人的讨价还价或互动过程,伴随着参与主体的预期调整以及预期的决定,也伴随着参与主体的策略选择过程,同时也决定了博弈的结果或相关参与人的收益(博弈的支付结果),也决定了社会的总产出或总收益。对于一个特定国家来说,相关博弈主体的策略集合以及博弈支付不仅受到当时社会经济环境以及技术因素的影响,同时也与人的知识、主观预期与行为选择有关,其中存在连续不断的反馈与调整过程。

值得说明的是,如果二者之间的协议导致统治者长期随心所欲或者不受限制地使用权力,并不总是符合统治者的利益,因为最终可能导致经济衰退而失去了国家税源,也可能导致统治者倒台(博弈参与人变更)。如果国家与其人民达成一份可以为人民提供保障的协议,那么它通常可以增加其收入。因为可能存在适当的激励预期,导致人们投入相应的资源进行生产活动,社会的总产出就会增加。

尽管参与人有强烈的动机达成协议,而遵守协议通常是一个潜在的难题,达成的协议事后并不一定得到执行,因为在博弈的下一阶段,存在协议的执行问题或统治者行为是否前后一致的问题。由于统治者具有较大的强制优势,只有当统治者从执行原来的协议得到的收益大于违背原来的协议得到的收益时,统治者才会执行协议,否则追求利益最大化的统治者很可能违背协议。

一般说来,重复博弈和参与人的声誉在促进合作或使协议得到执行方面可以发挥一定的作用,但是,博弈论的结论显示:重复博弈和声誉并不是合作或协议得到执行的充分条件。也就是说,重复博弈和声誉不足以防止参与人的违约行为。当事人有内在的动力设计或催生一种制约违约行为的制度,这为政治制度发挥作用提供了空间。[1]

当参与人事先预料到事后将出现的问题,可能出现以下几种情况:第一,双方可能根本不能达成协议,从而激励参与人的方式发生改变,此时参与人的行为与达成协议并会得到切实实施时的行为会明显不同;出现这种状况时,参与人的行为以及最后的结果具有很大的不确定性。可能出现的第二种情况是,当事人重新设计出事后能够得到自动遵守的协议或制度规范。从博弈的视角分析,自动执行制度规范成为参与人博弈的均衡选择。我们知道,在静态博弈中,当协议满足纳什均衡时容易得到自动执行。而在动态博弈中,当协议满足子博弈精炼纳什均衡的条件时,协议才可能自动执行。[2] 当事人之间为

---

[1] 贴现率的大小以及其变化影响参与人的策略选择以及相应的制度形式。值得注意的是,这些为了使协议得到执行的而形成的制度并不是取代声誉的建立和相关的惩罚策略,而是对它们的补充。在声誉本身的确不足以防止违约的情况下,作为一种约束,合理选择出来的制度能够提高声誉机制的功效。

[2] 纳什均衡:在所有其他参与人的策略给定时每个参与人选择了自己的最优策略。在静态博弈中,纳什均衡是协议得到自动执行的必要条件,但可能存在不合理的纳什均衡。而子博弈精炼纳什均衡的一个重要改进是将"合理纳什均衡"与"不合理纳什均衡"分开。一个精炼纳什均衡必须是一个纳什均衡,但纳什均衡不一定是精炼纳什均衡。一个纳什均衡称为精炼纳什均衡,只有当参与人的策略在每个子博弈中都构成纳什均衡,也就是说,组成精炼纳什均衡的策略必须在每一个子博弈中都是最优的。纳什均衡只要求均衡策略在均衡路径的决策结上是最优的;而构成子博弈精炼纳什均衡不仅要求在均衡路径上策略是最优的,而且在非均衡路径上的决策结上也是最优的。这是纳什均衡与子博弈精炼纳什均衡的实质区别。对此感兴趣的读者可以进一步阅读 Drew Fudenberg & Jean Tirole, *Game theory*, MIT Publisher, 1991。

了解决协议的执行问题,通过讨价还价或其他博弈形式,可能形成一个较为复杂的制度使得参与人之间的协议得到自动执行。

同样的道理,在国家与公民之间的动态博弈中,二者之间的协议或制度约束要当事人自动实施,也必须满足子博弈精炼纳什均衡的条件。不仅参与人之间形成的初始制度安排或协议必须满足这个条件,而且对于新的制度或制度变迁的过程来说,要使得他们能够得到自动执行,也必须满足这个条件。从另外一个角度说,制度变迁需要对权利进行界定,并且还必须对这些权利作出切实可信的承诺。国家与公民之间可以通过两种方式实行这种承诺:其一,创立一种"负责任的行为"的先例,表明统治者承诺他或她将始终如一地执行一系列规则;其二,严格遵守一系列规则,不给违背承诺留有任何余地。前面一种方式的条件非常苛刻:不仅需要博弈的次数或时间比较长,而且参与人的贴现率不能很高,否则参与人会过分注重短期利益。我们很难想象一个面临持续的短期生存风险的统治者会信守自己的承诺,因为对于统治者来说,生存总是优先考虑的目标。① 而后一种方式是通过参与人之间根据各自的类型相互讨价还价并形成一种制度规则,以约束参与人的行为。在这些规则的约束下,自动执行协议是参与人的满足子博弈精炼纳什均衡要求的策略选择。

为了成功地实现这一目的,国家与公民之间进行的谈判必须能够形成一部宪法,其条款可以全面解决相关当事人之间的潜在执行问题。从上面的分析知道,该宪法必须能够自我实施(self-enforcing),也就是说,谈判中的主要当事人必须有激励去遵守谈判的结果。所以,从这种观点出发,不仅经济制度是内生的,政治制度也是相关参与人博弈的均衡结果,因而也是内生的。下面我们用博弈方法分析英国光荣革命前后的制度变革。

二、英国的光荣革命前的公共选择制度

斯图亚特王朝从都铎王朝接过统治权以后,财政收入以及由此引发的其他问题日益突出。当时的国王查理一世一直在没有得到议会同意的情况下征税。但是,从传统的税源征得的税收无法满足日益增长的开支的需要。如何在当时的约束条件下增加收入是国王当时必须优先考虑的问题。

在斯图亚特王朝初期,国王经常采取出售土地的办法以弥补年收入的不足。在1588年与西班牙的战争结束时,伊丽莎白女王已经通过出售25%的土地获得了75万英镑的收入。詹姆斯一世在位时期又出售了25%的土地。②

为了满足战争的应急需要而出售的资产,虽然在一定程度上缓解了当时面临的问题,但是随着时间的推移,国王的财政问题更加恶化,因为可以获得税收收入土地资产的减少,将来可获得的收入也随之相应减少。很明显,财政收入问题是威胁国王生存的严重隐患之一。以下是国王当时应对财政危机的实际方法以及效果的介绍。

---

① 在下面的案例中,英国国王在财政困难带来的压力和持续的紧张状态终将导致统治者做出"不负责任的行为",并违反协议。而这正是我们所要讨论的情况,我们将分析参与人之间的博弈或制度设计是如何解决这一问题的。

② Douglass C. North, Barry R. Weigast, Constitutions and Commitment: The Evolution of Institutional Governing Public Choice in Seventeenth-Century England, *Journal of Economic History*, Vol. 49, No. 4, Dec. 1989.

最直接方法是新增赋税,这种办法的最大好处是可以不用直接偿还。由于在当时的约束条件下,国王经常撇开议会直接增加税种和税率。很显然,这种方法虽然暂时缓解国王的财政收入问题,但也造成了他与议会利益集团之间的冲突。

新增赋税以增加收入之外的另外一个办法是贷款。但是,由于国王当时还没有与财富所有者建立起一种长期而正常的关系:可以在借款时承诺一个可以期待的时间还款并且签订相关协议,并且在约定的时间履行还款协议,因而自愿实现的交易不能满足国王对资金的需求。

于是,斯图亚特王朝通过威逼利诱的方式骗取贷款。而这些贷款后来就变为"强行借款"。光荣革命之前,国王操纵着借款的偿还,经常出现重新安排和延迟偿付。通过1604—1605、1611—1612、1617—1618年的强行借款,确实筹集到了资金,而在每次借款过程中,国王都没有履行承诺按时还款。① 很明显,类似的行为很难获得借款人的信任。国王不能按照协议约定偿还贷款,表明他已经准备按照自己的意愿修改当事人的权利了。尽管国王非常希望将来筹集到资金,但还是受短期利益所左右,违背原来的协议。可以想象,由于国家战乱频繁,战争开支越来越大,君主的财政需求也越来越大,使得国王及其政权面临生死存亡的时候,国王对未来的预期就会大打折扣,这使得一次性违约收益相对于被放弃的未来机会而言变得更加有吸引力。②

国王增加收入的另外一种办法是出售垄断权。通过出售垄断权增加收入对于经济生活的影响是很明显的,垄断权的出售对许多个体的权利和保护这些权利的制度造成了冲击,导致大量的寻租和剥夺租金的行为,一旦从事某种商业活动的权利成为国王出售垄断权的对象,则剥夺了现有的此种经济活动的投资者的收益以及未来价值,由此带来的效果比超过税收增加的效果,这种风险降低了投资回报,因而阻碍了新的投资。

除此之外,在许多公共政策方面,国王侵犯他人权利的现象也经常出现。国王出售贵族头衔导致贵族院规模的扩张,使得现有贵族议席的价值降低;另外,国王还经常以公共需要为由强买许多商品,所支付的价格远远低于市场价;更为特别的是,国王还粗暴没收公民财产。③

显然,在斯图亚特王朝制度架构下,国王与财富所有者以及纳税人之间的利益冲突,导致国王拟选择的政策和行为不能在议会得到授权。议会试图在对国王授权时对国王的权力附加条件和限制,而这是强势的国王所不愿接受的。因此,议会使得他们试图解决的问题变得更加严重,而国王的财政问题也日趋恶化,并使得国王变本加厉去寻找其他的收入来源。

---

① 偿还这些贷款经常是无法预期的事,并且从来没有按照当时的贷款协议执行过。从1611年到1625年,国王一直通过相同的办法来借款,这种借款与税收没有实质差别,国王并不需要得到议会的批准。例如,通过1604年和1605年间的强行借款,国王1年就借到了111891英镑,但是其中的20363英镑还是在1609年12月才最终清偿。在1617年的借款中,国王詹姆斯一世以10%的利率借款10万英镑,年末偿还了利息,但是拒绝偿还本金,并且还要求延长借款期限。在随后的几年之中,他不仅拒绝支付利息,还强行达成了延期续借"协议"。而1624年,查理一世将借款利率降低到8%,但他在1628年之前既没有支付利息,也没有偿还本金。转引自Douglass C. North, Barry R. Weigast, Constitutions and Commitment: The Evolution of Institutional Governing Public Choice in Seventeenth-Century England, *Journal of Economic History*, Vol. 49, No. 4, Dec. 1989。

② 与法国、西班牙之间的长期战争引起开支增加,并进一步导致英国国王的财政恶化,导致国王违约。

③ 1640年发生了一件令人瞠目结舌的事件:政府没收了商人价值13万英镑的金条,导致许多商人破产。

在斯图亚特王朝时期，由于议会通常以收入为条件要求国王尊重传统的产权和制度，所以国王经常在没有与议会达成协议时解散议会。1624年议会通过了非常著名的《垄断法》禁止国王为了获得收入而出售行业垄断权，而国王经常依然通过各种方法规避这些限制，而这些规避行为本身也是不合法的。

国王还经常利用兼具立法、司法和执法权的星室法庭(Star Chamber)获取特权，还修改不利于国王的判决。国王还利用自己负责日常政府工作的便利影响法官的独立性，利用给法官发放工资的权力影响法官的裁决，公开罢免那些违背国王意志的法官。

由于支持国王获得的收益面临着很大的不确定性，随时可以被剥夺，越来越多的支持国王的人也加入到反对国王的阵营中去。于是，反对国王联盟的力量更强大。从博弈的角度看，随着博弈的进行，博弈参与主体及其类型及其策略集合都发生了改变，双方选择战争这种方式解决他们之间的问题。内战爆发后反对派夺取了政权，并且通过法案取消了星室法庭，从而在通往普通法的道路上迈出了实质性的步伐。议会为了制止国王抛开议会，还通过了三年一度立法的规定，要求定期召开国会。另外，撤销了对经济活动施加监管和限制的王室管理机构，废除了君主制和贵族院。利益受到损害的国王不满足议会的行动而采取了对应的行动，导致革新失败国王复辟。而国王的新一轮的独裁统治导致斯图亚特王朝早期发生的一些事件重复出现：通过各种方式剥脱公民权，恢复了国王权力和相应的各种制度。1688年，由于国王剥夺反对派即辉格党人的权力之后，又把矛头对准了自己的支持者，于是光荣革命爆发，威廉和玛丽共同执政。①

三、英国"光荣革命"时期出现的制度变迁

光荣革命之前，国王的财政困难使得国王不能抵挡短期的利益诱惑，随时根据自己的意愿和需要征敛财富。缓和或解决国王和其他社会利益主体之间矛盾的方式有多种，包括战争等形式都没有较好地解决这一问题。

但是，经过光荣革命前后的激烈博弈，议会在英国树立了自己的权威和意愿，确立了新的政体：君主立宪制，即议会、独立的司法机构与国王并行并起着核心作用，前者他们可以抵制国王滥用权力，国王再也不能随意召集或解散议会，相反，议会至上原则使议会在不断演进的政府治理过程中发挥相对固定而持久的制约国王的作用。

具体说来，在调整国王和议会权力关系的制度安排中，1689年议会通过了《权利法案》，将《权利宣言》上升为宪法性法律，它明确规定了人民和议会享有的各种权利。1701年议会又通过《王位继承法案》，对王权又规定了许多新的限制。对于这两个至关重要的宪法文件，国王威廉都一一予以签署。于是，国王威廉与议会各派长达近一个世纪的宪

---

① 光荣革命是英国一场和宗教有关的非暴力宫廷政变，发生在1688年到1689年。1685年詹姆士二世继承王位，他大批释放被监禁的天主教徒，起用天主教徒担任军官。1687年他又发布"信教自由宣言"，专制统治变本加厉，愈来愈威胁着辉格党人和托利党人的利益。当时，支持议会的辉格党人与部分托利党人为了避免信奉天主教的詹姆斯二世传位给刚出生的儿子，而把詹姆士二世废黜。在废黜国王之后，他们把王位传于原本的继承者，詹姆士二世的女儿玛丽和时任荷兰奥兰治执政的女婿威廉。威廉带兵进入英国，未发一枪，詹姆士二世仓皇出逃。议会重掌大权。因为这场革命没有流血，故称光荣革命。至此，英国议会与国王近半个世纪的斗争以议会的胜利而告结束，并在英国确立了君主立宪制。

法冲突得以圆满解决,国王的法律中止权、豁免权被废除,国王随意任免法官的权力被取消,司法独立制度确立起来,军权被置于议会手中,国王独立于议会之外的一切财政来源均被剥夺,英王随意剥夺他人权利的历史宣告结束,从此以后,国王离开议会的财政支持将寸步难行。另一方面,又给国王保留了决策权、行政管理权、大臣任免权等,从而为国王有效治理国家提供了基本保证,但这些保留权力必须在议会和法律的广泛而明确的限制范围内行使,因而又能避免专制统治的危险。这样,通过多次重复博弈,现代宪政在英国建立起来。

首先,在财政制度方面,议会控制了国王税收和收入的再分配,确立了开增新赋税的绝对权力,议会在政府的支出方面也拥有相应的否决权,并且对已经批准了的资金使用情况进行监督,因而新的制度安排极大地限制了国王的权力。

其次,针对王室特权的制度方面,建立了一个独立的司法体系。在斯图亚特王朝时期,首席大法官科克(Coke)和克鲁(Crew)因为其裁决违背了国王的意愿而公然遭到罢免。在查理一世统治时期,两位首席大法官,克鲁(Crew)和赫斯(Heath),以及税务法庭首席男爵沃尔特(Walter)也遭受了同样的命运。① 与此形成鲜明对照的是,而在新的制度下,法官只有因犯罪而被宣布有罪或经过上下两院批准的情况下才能被解职,因而法官的独立性得到了显著提高②,星室法庭也被取消,相应地国王的特权减少。

四、光荣革命时期宪政制度的执行

制度还包括制度的执行,那么,国王与议会之间的制度安排或协议是否得到执行呢? 从国王的角度出发,在新的制度安排下,国王的策略选择集被压缩,行动空间受到了限制。如果国王违反协议,切实可行的惩罚措施或现实可信的威胁使得国外违反协议的成本十分巨大。先前议会成功废黜了过分注重短期利益、不负责任的查理一世和詹姆斯二世,这段博弈历史对后来的国王形成了现实可信的威胁。同时,在内战中取得胜利的议会只是对国王的权力进行了限制而没有接管政府的权力。具体说来,议会限制了国王随意新增赋税的权力,但同时议会利益集团同意帮助建立了可靠的财政基础,因而国王的收入以及可能的对外战争支出也有了保障,这意味着国王可以向诸如法国等其他国家发动大规模的战争。③ 所以,从国王的角度看,国王要增加自己的收入实现自己的目标,必须与议会建立良好的关系并进行充分的合作。国王与议会之间的这种制度安排是一种可自动执行的协议,也就是说,按照这种制度安排来选择行动策略成为是参与主体的均衡选择。

---

① 国王的这种策略最终导致法官们大多屈服于国王的意志或主动取悦于国王。
② 光荣革命前,国王的执法、立法和司法权限制了普通法的制度约束。虽然王室公告同议会的法案相比不具备同等的法律地位,但它们依然直接由普通法法庭来执行。由于这些普通法庭并非总是同国王的意愿一致,所以国王就通过多种方式实现自己的目标:第一,利用更高一级的法庭(星室法庭)来达到目的。第二,由于普通法法庭常常反对国王,国王就愿意通过颁布公告来改变解决纠纷的司法管辖权。第三,国王们经常利用其权力影响法官们的裁决。而诉诸星室法庭、撇开议会成功地操纵政府致使传统制度不能有效地约束国王。而有效地拥有立法和司法权使得国王有能力根据自己的意愿修改经济和政治权利。
③ Douglass C. North, Barry R. Weigast, Constitutions and Commitment: The Evolution of Institutional Governing Public Choice in Seventeenth-Century England, *Journal of Economic History*, Vol. 49, No. 4, Dec. 1989.

以财政制度为例,制度创新改变了政府信贷的方式,促进了公共财政政策的透明化与规范化。国王通过制定税收用途作为先例以建立自己合作的声誉,同时,每笔贷款得到议会的授权,并承诺所有的新贷款都将得到偿还并支付利息。以在1693年一笔以新税收为抵押获得的100万英镑巨额长期贷款为例,截止到1694年,这笔资金就用光了。当政府寻找新的长期借款时,它邀请贷款人成为英格兰银行的合作伙伴。英格兰银行负责管理政府的贷款账户,并且还负责确保不间断地支付承诺的利息。[1] 由于对国王的贷款都要经过英格兰银行,"如果英格兰银行没有收到政府为贷款资金支付的利息,它就必须立刻停止支付贷款"。这样,政府的未来行为受到了额外的私人限制,因为如果不能履行其过去承诺的责任,它就很难使用目前的贷款资金。即使每笔贷款都与国王特定的税收收入相挂钩,难免有些贷款的偿还是出现问题,因为意外总会出现。于是,在1698年政府设立了一笔独立基金,以弥补特定贷款的专项收入不足以支付必须分期支付的利息时的特殊情况,这显然极大地降低了贷款人的风险,而贷款人提供贷款意愿的巨大变化增强了人们对政府履行其承诺的预期。在"光荣革命"之后,政府不仅具备了偿还债务的能力,而且其筹集到的资金数额也达到了前所未有的水平。在1688—1697年短短9年间,政府借入款项的增加超过了一个数量级。特别值得指出的是,在这一时期开始了金属货币的重铸,减少了因为金属货币磨损而导致的货币贬值。以上这些制度创新为保护以议会位代表的工商业利益集团提供了一个有力的手段。

博弈的相互性使得我们必须同样思考议会的行为与策略选择,那么,议会为什么自动执行与国王之间形成的这种制度安排?更进一步,议会为什么不会滥用自己的权力或者把国王变成傀儡呢?

首先,议会本质上就是一个代表社会不同利益主体的组织,因而不同观点并存,议会为某些利益群体牟取私利必然牺牲其他群体的利益,这提高了以偏袒性的法规牟取私利的成本。其次,以辉格党为代表大力推崇的主流意识形态抑制了不当侵权行为的产生。他们认为,扩展国家的权力只应该是为了保护人们天生的自由权利和财产不受侵犯的权利。再次,牟取私利需要国王、议会和法庭三方的合作。最后,政治上保持独立的司法制度提高了政府切实可信地履行其承诺和自我约束的能力。法庭不仅限制了国王、同样也限制了议会权力的滥用,通过限制政府和议会违约的能力,法庭在确保保护权利的承诺方面起到了核心作用。[2]

概括起来,光荣革命后的制度变革是多方面的,立法、执法与司法、财政与税收、政府机构以及意识形态等。这些制度的变革是相关博弈的参与主体重复博弈的结果。[3] 由于"光荣革命"前后,各博弈主体都力图实现自己的最大利益,但是,由于每个参与主体都受到其他参与主体的约束,博弈过程伴随着光荣革命前后的制度变革:国会撤消了授予特别垄断权和干预自由竞争的旧法律,重商主义的原则被继续用于英国和殖民地的交易,

---

[1] 另外,英格兰银行不能在议会没有批准的情况下借钱给国王或者购买国王的土地。

[2] Douglass C. North, Barry R. Weigast, Constitutions and Commitment: The Evolution of Institutional Governing Public Choice in Seventeenth-Century England, *Journal of Economic History*, Vol. 49, No. 4, Dec. 1989.

[3] 很显然,在这些重复博弈过程中,博弈的参与人及其类型(风险偏好与实力等)、博弈的支付结构可能发生变化,参与人的策略选择及其均衡也可能不同。

但是在英国国内的商业范围内,许多商业限制逐渐被取消,民主与政治的发展促进了工商业的发展,工商业主的利益得到有效的制度保护,阻碍工商业发展的政策工具被摧毁,自由竞争的原则得到普及。制度变革增加了政府行为的可预见性,不再担心自己的财产受到国王随意的剥夺或其他的权力遭到无辜侵害,因而新制度安排改变了普通公众的激励方式,使得更多的人把资源投入到生产性活动之中。

以议会制度为核心的独特的君主立宪制于17世纪在英国形成,从革命初期到"光荣革命"前的几十年中,先是国王对议会采取不合作策略,继而是革命阵营内部各派政治力量之间互不妥协,再后是议会妥协过度,君主专制复辟。在早先经历的多次博弈中,博弈形成的制度安排没有形成稳健(robust)的均衡,也不是子博弈纳什均衡结果,博弈过程总是以零和博弈或负和博弈结束,而在"光荣革命"中,国王、辉格党、托利党等议会党派,在吸收历次博弈历史的经验与教训之后,理性地加以综合权衡,并形成了一个系统性的制度安排与制度框架,在关键时刻和关键问题上的相互妥协,终于取得了理想的正和博弈效果,完成了建立现代宪政的历史伟业。从英国的宪政革命直到1690年,法国是欧洲的主要强国,英国光荣革命带来了系统性的制度变迁之后,英国在随后的两次战争(1688—1697年和1703—1714年)中都战胜了法国,超过西班牙而成为世界头号强国。更有意义的是,与早先实力超过英国的法国相比,英国随后发生了影响深远的工业革命,而法国却在破产的边缘徘徊。

五、新制度经济学的宪政秩序观

"宪法"被定义为一组基本的、高层次的原则和得到承认的判例。一个共同体或组织将根据这些原则和判例来进行管理,而已经存在的低层次规则也可以根据这些原则和判例来进行修改。宪法规则应是普适性的,即一般的、无限期的、抽象的(非案例特化的)以及较可预见的。① 经济学是研究整个交换关系的制度。政治学是研究整个强制关系或可能产生的强制关系的制度的。任何特定的社会制度,都包含有以上所述两类行为方式的组成成分,两者都可作为经济学家和政治学家所研究的对象。②

这里所讲的宪政秩序问题实际上就是威廉姆森所讲的制度第二层次,即基本的制度环境。这个层级的制度包括基本的制度环境,威廉姆森称之为"博弈的正式规则"。这个层级的制度包括:详细制定的宪法、政治体制和基本的人权;产权及其分配;使政治权利和产权、货币、基本的金融制度以及政府的征税权力等得以实施的法律、法院以及相关的制度;规定移民、贸易和外国投资规则的制度;以及推动基本制度环境变迁的政治、法律和经济机制。如前所述,基本的制度环境的变化比文化和社会基础(第一层次)发生得更快,但是其变化仍相对缓慢,适应周期大致在10年至100年之间,这部分是由于基本的社会和文化基础适应的速率较慢。这种基本制度环境也称之为基础性制度。

首先我们看宪政秩序的是如何形成的。这主要有三种观点,一是基于集体意志的宪

---

① [德]柯武刚、史漫飞:《制度经济学——经济秩序与公共政策》,商务印书馆2000年版,第408页。
② 同上,第17页。

法观。这种观点把宪法看做是大多数人意志的体现。二是公共选择学派视宪法为一套能改进所有人生活条件的一般性契约。这是一个由英国哲学家托马斯·霍布斯首先提出来的概念。公共选择理论吸收了瑞典经济学家克努特·维克塞尔的概念,即宪法性契约要求有全体一致的接受,以便确保没有哪个社会成员的境况变差。至少在假设上,这样的一致同意在具体的宪法规则上是可以实现的。宪法经济学中的契约论学派追随这一思路,他们认为社会成员处于一种囚徒困境之中,但可以靠一份所有人的契约来结束这一状态。这能使有害的机会主义被"解除武装"。然后,这种宪法性契约赋予国家一种保护性职能。① 三是视宪法为一束既有的习惯。宪法并不是为解决孤立主义个人中的囚徒困境而存在的。这些习惯不可能被重新构造为许多人中间的一项契约。相反,这种理论更合理地视人为"社会性动物",他们从出生起就发展着各种社会性联系。其中的许多联系被强化于各种内在制度之中。这种联系与共同的基本价值一起构成了包括宪法规则在内的各种高层次制度的基础。文化先于宪法。但是,宪法也不要求有千百万公民达成的明确的或至少是默认的协议。事实上,就像在香港地区的情况那样,即使是由少数人强加给社会的宪法,也能有效地发挥作用。② 诺思和温格斯特(North & Weingast, 1989)指出,在英国,经济发展的最初过程是倒过来的,意识形态和道德准则决定宪政秩序,宪政秩序决定政治体制和法律体制,然后政治体制和法律体制产生一定的经济绩效。在国际政治舞台上没有一个支配一切的政治势力的地缘政治环境里,不同国家间经济绩效的差异将产生改变意识形态和宪政规则的压力。诺思相信,意识形态和道德准则的变化比经济结构的变化要慢得多。这三种宪法观从不同角度分析了宪法的起源和性质。

其次是基础性制度与次级制度的关系问题。基础性制度安排(foundament institutional arrangement)是指一系列用来建立生产、交换与分配基础的政治、社会和法律基础规则。例如,支配选举、产权和合约权利的规则就是构成经济环境的基本规则。基础性制度安排也可称之为制度环境,是一国的基本制度规定。它决定、影响其他的制度安排。在制度环境中,宪法和法律结构又是至关重要的。在宪政设计上,根据哈耶克的观点有两种方式:一是英国的普通法思想,即司法独立,也就是当法律一旦被议会通过,就应不受政治干预地由司法机构独立执行。二是美国式的政府间相互制衡思想,即法院有权力来评估与宪法不符的立法者的决策和法律,与英国的传统不同,美国的法院可在多方面干预立法选择。在过去的200多年间,两种宪制思想均被传播到许多国家,但其影响的范围和程度却存在较大差异。司法独立思想主要被英国殖民地国家采用,而对民法国家的影响较小。美国式的权力制衡思想则首先被移植到受美国影响的拉丁美洲国家,二战后进一步影响到欧洲大陆国家。现在,欧洲民法国家普遍设立了宪法法院。对71个国家宪法的比较研究发现,普通法国家更多地吸收了司法独立的思想,而受美国影响较大的国家更多地接受了权力制衡思想。一般而言,司法独立的宪制与高度的政治和经济自由相关,而权力制衡宪制与高度政治自由相关,但却对经济自由有较大限制。③ 新制度经

---

① [德]柯武刚、史漫飞:《制度经济学——经济秩序与公共政策》,商务印书馆2000年版,第408页。
② 同上,第409页。
③ 陈志昂:《比较经济学的新发展》,《经济学消息报》2003年4月25日。

济学一般把制度环境视为制度创新模型的外生变量。制度安排,是支配经济单位之间,可能合作与竞争的方式的一种安排。这里的制度安排也可称之为"第二级制度安排"(secondary institutional arrangement)。或者称之为次级制度安排。

关于基础性制度与次级制度的关系主要表现为,第一,基础性制度的正义性。对于我们来说,正义的首要问题与社会的基本结构——或者更确切地说——与主要社会制度分配基本权利和义务并决定如何分配由社会合作所得收益的方式相关。所谓主要制度,我的理解是政治政宪和主要的经济和政治安排。这样一来,对思想和权力自由的法律保护、竞争性市场、生产资料和财产的私有制,以及一夫一妻制家庭,都是主要社会制度的例子。作为这些因素的整体,主要制度界定了人们的权利和义务,也影响着他们的生活前景,即他们能期望达到什么以及他们能希望做多好。① 第二,基础性制度的相对稳定性。宪法,包含着高层次制度,它们不可能像低层次制度那样被轻易改变,它们也因此为低层次制度中不可能避免的调整提供了连续性和可预见性方面的框架。宪法包含着对基本的、不可剥夺的个人权利的肯定。这些权利不应该被低层次规则、民间公民的强力或各种政府机构所否定。② 第三,不同的宪法规则体系对经济的影响是什么?在个人只掌握有限知识的情况下,哪些宪法规则在协调个人的活动上对个人是有益的?特别是,哪些宪法条件最有助于确保竞争和创新?第一个问题属于实证经济学的范畴(实证宪法经济学);而其余问题则属于规范宪法经济学的范畴。总的来讲,聚焦于宪法经济学已经使人们的注意力从在既定规则之内作选择转向了在不同规则之间作选择。③ 在诺思本人的著作中,所谓制度的重要之处是指那些政治方面的,尤其是决定产权的政治制度。④ 总之,基础性制度决定着次级制度变迁的方向、空间及进程。

三是新制度经济学与宪政经济学关于制度的看法的差异。宪政经济学的基础是制度经济学,它认为"制度是重要的",即制度(包括规则、程序和组织)不同则效率不同。从立法角度看,不同的立法程序就会产生不同的法,它们各有不同的效率。因此制度经济学关于程序的观念与法学中的程序主义非常相似。后者强调,只要符合正当程序,结果就是合法的。法学从公正出发,经济学从效率出发,它们殊途同归(盛洪,2000)。与一般制度经济学不同的地方,是宪政经济学并不把制度看成是简单的制度安排,也不仅是这些制度安排之间形成的互补关系,它认为制度是一个立体结构,在这个结构的上端,就是宪法。一句话,宪政是制度中的重中之重。它是生成制度的制度,是规则的规则,是原制度、原规则。所以,当宪政出现问题时,它对社会的损害远非一般制度问题能比。反过来说,对宪政的经济学研究则比对一般制度的研究"更有效率",因而布坎南说宪政经济学是经济学研究的"更高层次"。不同于哈耶克,他心目中的宪法原则是知识精英从传统中提炼出来的,布坎南则致力于给出形成或改进宪法的程序性标准:一致同意原则(盛洪,2000)。

从研究的对象来看,布坎南把制度理解为一套法律规则,或者叫"约束结构",因此,其考察重点在法律规则的制订和形成过程,即所谓"立宪过程"。而以科斯、诺思等为代

---

① 安德鲁·肖特著:《社会制度的经济理论》,陆铭陈钊译,上海财经大学出版社2003年版,第9页。
② [德]柯武刚、史漫飞:《制度经济学——经济秩序与公共政策》,商务印书馆2000年版,第406页。
③ 同上,第407页。
④ [美]约翰·德勒巴克等:《新制度经济学前沿》,经济科学出版社2003年版,第42页。

表的新制度经济学则用新古典经济学去研究制度的构成和运行。科斯在《生产的制度结构》中指出,如果我们从零交易费用的世界中走向正交易费用的世界,在这个新世界中的法律体系的至关重要的性质立刻清晰可见。在假设的交易费用为零的世界中,交换的双方可以通过谈判改变任何阻碍他们采取增加产值所需的任何步骤的法律条款;而在交易费用为正的现实世界中,这种过程会极端昂贵,并且即使是被允许的,也会使大量有关法律的缔约无利可图。由此,个人拥有的权利,连同他们的责任和特权,在很大程度上由法律决定。一个有效的体制应该是,这些权利应该配置给那些能够最富有生产性地使用它们的人,具有引导他们这样做的动力,并且发现(且维持)这样的权利分配,通过法律上的明确和减少转让的法律要求方面的麻烦,转让费用应该很低。因为只有在一个适当的产权(及其实施)体系下才会达到这样的状态,所以不难理解,为什么如此之多的法学家(至少在美国)发现,探索这样一种产权体系的特征是一项令人着迷的工作,以及"法经济学"的课题为什么会在美国的法学院中兴盛起来(科斯,1991)。科斯所说的这种产权体系仅仅从法学上去寻找是找不到的,仅仅从经济学上去寻找也是得不到的,这也是法经济学的价值所在。过去经济学家分析一个国家或地区的经济潜力主要是从自然资源方面,现在看来是不全面的。有效的制度安排可以大大地拓展一个国家或地区的生产可能性边界。沿着科斯的思路,我们可以发现,人类社会中许多文明、习俗、意识形态等(可以纳入非正式约束这个范畴)都与交易费用有关,好的文明、习俗及意识形态可以降低交易费用;反之,就会增加交易费用。

新制度经济学在研究制度问题时,其分析方法仍然是新古典式的,以一个客观的外在的标准衡量效率,采用成本—收益分析法,比较各制度间的经济绩效。而布坎南认为,在制度规则的选择过程中,个人是决策的基本单位,个人的效用只能由自己判断,因而不存在一个客观的外在效率标准。效率标准是一致同意规则,布坎南采用了契约论的分析范式,分析了制度的起源以及制度选择等问题。

案例1

作弊挑战标准化考试

世界上多数国家的大学招生考试都采用标准化试卷,这种教师或管理机构易判、学生易答的标准化考试曾经极大地改变了世界各国考试的运作模式,给教育界带来了革命性的影响。但是,在许多国家,标准化考试却面临着严峻挑战。

学术欺骗激增

杜克大学学术诚信研究中心对美国5万名大专院校学生和1.8万名高中生的大型调查结果显示,70%以上的人承认曾经作弊。相比之下,这个数字在1993年约为56%,而在1963年仅为26%。这项研究还表明,过去6年里利用互联网抄袭的行为增加了3倍。

克里斯,一个就读于加利福尼亚州最知名大学之一的21岁大四学生,4年来为通过考试使用了各种花招。他抄袭,服用非法处方药帮助自己集中注意力,想方设法在考前获取试题,遇到难题时用手机给朋友发短信以迅速得到答案。不过,克里斯不认为自己作弊。他说:"没错,我用过题库、药物、短信合作伙伴、网络文章和图片信息。但每个人都这么做。"克里斯的话可能有点夸大其词,但夸大程度或许没有想象的那么严重。

10 年来,从北京到布里斯托尔,学术欺骗的发生率激增。亚洲数以百计的大学的电子公告牌上充斥着学生们记下的托福考试答案。过去 5 年里,印度几乎所有竞争最激烈的入学考试都至少发生过一次试题被窃并售给考生事件。2004 年,有考生花 1.5 万美元来购买印度医学院入学考试的答案,出售答案者总计赚取了 100 万美元。中国大学生数量自 1998 年以来几乎增加了两倍,达到 1600 万人,而警方于 2005 年捣毁了最大的"枪手"团伙之一。一些学生通过这种以网络为依托的机构雇用长相类似者代替自己参加一些全国性的考试。该团伙已经从中国 19 个省的近 1000 名学生手中赚取了 21.2 万美元。同样在 2005 年,韩国爆出其历史上最大一桩考试舞弊丑闻:官员们发现在前一年秋天的韩国大学入学考试中,全国有 20 多个作弊团体窃取了试题,并把答案以短信形式发给了付了钱的考生。《瞒骗文化》一书的作者戴维·卡拉汉说:"我们已经越过了临界点。现在欺骗变得如此普遍,以至于它已成为公认的'社会规范'。"

是什么把学生变成骗子?

首先,技术进步使作弊变得比以往任何时候都更容易。无论是从网站上购买"原创"作文,还是通过网站将编程作业"外包"给印度专家,学生们现在只需一顿校内午餐的价钱就可以买到 A 等成绩。与此同时,手机和 MP3 播放器使考生们有了新工具:图片信息发送功能使他们能拍下整张试卷,发给考场外的朋友。现在还有一种新服务,能给学生发短文以应付突袭式的当堂作文考试,或发送可用 iPod 收听的经典小说情节概要。

竞争导致的压力也是重要因素之一。随着劳动人口越来越多,大学毕业生数量激增,最优秀的学业成绩被视为唯一能确保成功的手段。35 年前,仅 11% 的美国人有大学文凭,而现在近 1/3 者拥有大学文凭;在欧盟,仅在过去 5 年里大学毕业生的数量就增加了 30%。在竞争极度激烈的亚洲,大多数时候学业成就都是以标准化测验来衡量,这可能造成令人难以承受的压力。

标准化考试失宠

作弊如此普遍,它甚至已经开始改变大学录取的方式。将来,从美国的学业能力倾向测验(SAT)、医学院入学考试(MCAT)到英国中学生高级考试(A-levels)的许多考试都将在装有金属探测器和射频定位器的安全考场内进行,这些设备将用来检查考生是否通过手机短信接收答案。2006 年全球最受推崇、每年约有 50 万学生参加的美国研究生入学考试(GRE)将开始其 55 年历史上最大的"变脸"。从 10 月开始,每场考试的试题都将变化,世界各地的考试开始时间将错开,如此一来,洛杉矶的考生将不能在网上发布记忆中的考题或拍摄下来的试卷供香港考生参考。

与此同时,越来越多的一流大学开始不那么看重标准化测验。许多学校甚至开始完全抛开这类测验,改用面谈和推荐,因为后者揭示出的学业能力无法作伪。标准化测验会过时吗?马萨诸塞州的全国公平公开考试中心说,约有 730 所美国大专院校不再要求申请人参加 SAT 或 ACT(美国大学测验)考试。在英国,牛津和剑桥过去对其最优秀的候选人只面谈一次,而现在则在面谈两次后再做最后决定。哈佛大学本科生部招生负责人马林·麦格拉思·刘易斯说,越来越多的大学开始对招生采取"通盘考虑"的态度,这是至关重要的。刘易斯说:"这关乎学生的质量。"这也关乎教育的质量。

资料来源:改编自 2006 年 3 月 27 日美国《新闻周刊》,《完美的分数》,作者埃米莉·弗林·文卡特。

案例 2

中国高等考试制度变迁

中国历史上的第一次考试制度变迁源于西周的"选士制",以后发展演变为汉朝"察举制",最后终结于魏晋南北朝之"九品中正制"的"选择考试";而草创于隋朝而完备于唐朝的"科举考试",则是中国第二次考试制度变迁。这两次制度变迁在我国历史上起过非常重要的作用。"科举考试"克服了"选举考试"中由于考试标准的完全主观化、暗箱操作和不公平竞争等弊端,但"科举考试"也有自己的致命缺陷:考试内容与社会生产的完全脱节和对科技创新精神的严重扼杀,它将大量社会人力资源和资本资源通过"仕"的激励机制不断吸引到生产性低的政治领域,阻碍了科技与社会创新。

下面简要介绍中国近百年来的高等考试制度变迁。

第一阶段:1905—1949 年

1905 年 9 月 2 日,清政府批准直隶总督兼北洋大臣袁世凯等人废除科举、推广学堂的奏折,并颁布诏书:自丙午科开始所有乡会试一律停止,各省岁科考试也相应停止。在中国延续了一千三百多年历史的科举考试制度正式结束。

其实,早在科举制废除之前,洋务派人士已经开始兴办新式学堂,如北京清华大学、京师大学堂和上海"江南第一学府"复旦公学等现代高校。尽管当时多数人认为,新学堂是旁门歪道,放弃科举读新学堂出路会成问题。虽然新学堂效果不佳,但科举制的废除为普通大众观念革新奠定了基础。

1912 年中华民国成立。中国高等教育也进入新的历史阶段,民国时期的高等院校招生考试施行各大学自主招生、各家独立自主命题的政策。当然,这一过程之中难免有些地方沿袭了原来的科举考试风格,但是,新式考试的地位已不可动摇。北大校长蔡元培和蒋梦麟都主张"兼通新旧,融合中西"。在蔡元培 1915 年任校长之前,冯友兰评价北京大学基本上是封建主义占统治地位的学校,但考试制度的变化已经非常大:北大高考分两类,第一类将来进本科文、法、商三科,除中文和英文之外不考其他内容;第二类将来进本科理工科,考试内容包括数学。另外,当时高校也有名额和人数限制,但自主招生的大学在招收学生上相对灵活。①

在 20 世纪三四十年代,持续的战争使得中国的大学教育受到很大影响,但多数高等学府基本上依然保持了由蔡元培等人培育出的现代大学精神,在招生考试制度上,也基本沿袭了各高校单独自主招生的传统。

第二阶段:1949—2005 年

中华人民共和国成立后,高等院校招生考试制度也经历了一个不断变革的过程。

1949 年,高等学校沿袭过去单独招生方式。

1950 年,同一地区高校联合招生。1951 年,改为以全国大行政区范围统一招生。

1952 年 6 月 12 日,教育部发布关于全国高等学校暑期招收新生的规定,首次明确高等学校招生实行全国统一招生考试,而废除科举制度后在我国一直施行的高校自主招生制度也相应结束。

1966 年"文化大革命"开始,废除高考,高校停止招生。

1971 年高等学校逐步举办试办班,恢复招生,基本入学条件为经过两年以上劳动锻炼的初中毕业生,并且废除了招生考试,改为"自愿报名,群众推荐,领导批准,学校复审"。②

"文革"结束不久的 1977 年 8 月,邓小平大力倡导与主持恢复高考,同年 10 月 12 日,国务院批转教育部《关于 1977 年高等学校招生工作的意见》,正式恢复了高等学校招生统一考试的制度。恢复高考是文革结束后改变中国社会结构与历史进程的重大事件之一。在 1977 年中国教育史上出现一个奇观:为尽速弥补"文革"给高等教育带来的耽搁和损害,决定在当年冬季就进行大学招生,于是在 1977 年冬和 1978 年夏中国出现了有史以来规模最大的一次考试,参加考试总人数达 1160 多万,也就是从那时起,每年 7 月 7、8、9 三天牵动着数千万中国家庭的神经。而从 1999 年开始了全国高校扩招,当年招生人数在 1998 年 208 万的基础上激增加了 22 万人,从此中国高等教育大众化迈出了实质性的步伐。

2005 年,我国出现高考单独命题的试点改革,包括北京、上海、广东等地在内的 13 个省、市(直辖)

---

① 1929 年钱钟书参加清华高考,数学仅得 15 分,但由于其国学和英文得到清华校长罗家伦的赏识而被录取。
② "工农兵大学生"就是这一非常时期的产物,而"白卷英雄"张铁生就是一位明星式的"工农兵大学生"。

实行了高考单独命题,部分地区在考试科目上实行"3+X"的改革和探索。

　　高考制度对于促进我国社会的进步发挥了不可替代的作用,其影响是深远的。但是,伴随着高考制度出现的一些社会现象也值得我们注意。由于高考制度因为全国各地区发展程度不同,现行的统一高考制度,虽然实行了分数面前的人人平等,但各地之间录取率、录取分数线有很大差异,由此引发的"高考移民"现象:一些考生从录取率低、录取分数线高的地区通过"移民"转到那些录取率高、录取分数线低的地区参加高考。目前,"高考大移民"现象依然在各种争论中顽强地存在、发展。而高考经济以及"一卷测全体、一考定终身"给学生、家长造成的心理疾病等经常见诸媒体。而从 2005 年开始,来自香港高校与内地高校之间"抢生源"形式的竞争又为我国人才选拔制度增添了新的内容。

　　值得说明的是,以上材料只反映了我国高考制度的概貌。高考制度是一种人才选拔机制,我国现行高考除了具有"科学考试"的一切局限性以外,在内容全面性、形式多样性、标准客观性、阅卷统一性、录取公平性等方面存在不同程度的不足,它也与以人为本的观念产生了一定的冲突。发展、完善我国高考制度的过程也是一个众多社会主体之间的博弈过程:学生与学生之间、家庭与家庭之间、不同学校之间、学生与学校之间、教育管理部门与学校之间、国内不同地区之间、国内与国外之间等。总体说来,目前的高考制度存在这样那样的问题,但是,我国的历史传统和社会发展水平决定了我国必须长期保留高考制度。我国有着一千多年崇尚教育的传统,但我国高等教育资源稀缺,竞争异常激烈,通过"科学教育"和"科学考试"为国家提供足够的专门人才是现实的必然选择。可以说,高考制度是目前唯一能体现相对公平竞争原则的制度安排,而如何从社会角度实现博弈均衡、优化高考制度则是我国高考制度变革面临的重大社会课题。

　　资料来源:张伟,《中国高考制度的变迁》,《基础教育》2006 年第 7 期。

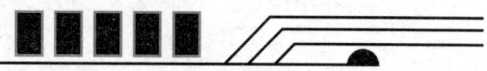

关键概念

　　局中人　支付　策略集合　重复博弈　纳什均衡　子博弈纳什均衡　可置信威胁　承诺　制度均衡　制度非均衡　多重均衡　聚点均衡　制度多样性

思考题

1. 什么是博弈的多重均衡?
2. 简述制度均衡与制度非均衡的特征。
3. 简述博弈均衡与制度多样性之间的关系。
4. 如何理解制度非均衡与制度变迁之间的关系?
5. 考察并分析我国国有企业中的人事管理制度变革中的出现的问题以及今后的改革方向。
6. 分析近年来我国大学英语水平考试政策的演变及其对相关各方的影响。
7. 有一种观点认为,随着生产力的发展,低效率的制度会随着潜在或实际的制度安排之间的竞争会被高效率的制度自动取代。应该如何看待这样的观点?

推荐阅读

1. 诺思:《制度,制度变迁与经济绩效》,上海三联书店 1994 年版。
2. 科斯、阿尔钦、诺思等:《财产权利与制度变迁》,上海三联书店 1994 年版。

3. 青木昌彦:《比较制度分析》,上海远东出版社 2001 年版。
4. 安德鲁·肖特著,陆铭、陈钊译:《社会制度的经济理论》,上海财经大学出版社 2003 年版。
5. 卢现祥:《西方新制度经济学》,中国发展出版社 2003 年版。
6. 盛洪:《现代制度经济学》,北京大学出版社 2004 年版。
7. 奥斯特罗姆、戴维·菲尼:《制度分析与发展的反思》,商务印书馆 1992 年版。
8. 王建华:《对策论》,清华大学应用数学丛书第三卷,清华大学出版社 1986 年版。
9. 张维迎:《博弈论与信息经济学》,上海人民出版社 1996 年版。

第十三章 制度变迁的历史分析

> 制度如何起源,制度如何影响经济绩效,是新制度经济学要探讨的基本问题。在历史的长河中研究制度的起源是最有效的途径之一。制度变迁分析的历史视角有利于我们认识制度的起源及制度演变的规律。本章在述评新经济史学的基础上,分析新经济史学家的制度及制度变迁理论,最后重点探讨制度变迁中的路径依赖问题。

第一节 新经济史学

新经济史学(new economic history),也称历史计量学(cliometrics)或计量经济史学(econometric history),20世纪90年代以来,又被称为新制度主义经济史(new institutionalism economic history)。它是与现代西方经济理论相结合,主要以经济计量方法对经济史进行研究的一门学科。

历史计量学这一名称是由美国数理经济学家斯坦利·赖特(Stanley Reiter)首创的。取意于希腊神话中缪斯(Muse)的史官克里奥(Clio)与计量经济学的后缀"metrics"的叠加。1960年,在普渡大学的一次经济史的讨论会上,赖特将经济学界使用数理、数量方法研究经济史的经济学家比喻成为"Clio",所不同的是他们使用的是经济计量学的方法。

一、新经济史学的产生及发展历程

根据克劳迪亚·戈尔丁(Claudia Goldin,1997)和诺思的看法,历史计量学产生于1957—1958年,主要归功于阿尔弗雷德·康拉德(Alfred Conrad)和约翰·梅耶尔(John Meyer,1957,1958)的两篇经典论文。戈尔丁将新经济史学派发展划分了三个时期。第一时期是1965—1975年,他们主要关心的是传统的历史经典,其研究主题主要是航海法在激发美国独立革命上的作用、铁路和运输网络的经济影响、奴隶制的获利性、南北战争之后南部经济落后的起源和状况、大衰落的原因、杰菲逊(Thomas Jefferson)经济政策的影响以及关税的后果等。历史计量学的第一阶段获得许多新颖的和创新的成果,吸引了许多热心的追随者;1975—1985年的第二阶段放弃了传统的历史经典,开始使用反设事实的研究方法,对铁路、内战的起源和关税与幼稚工业之间的关系进行研究;1985年以后的第三阶段的标志是"追溯过去理解现代"。在这里,我们不关心从历史学角度对经济史的研究,而只关心从经济学角度切入经济史研究的"历史经济学"(Historical Economics),可将其产生及发展历程分为三个阶段:第一阶段是以计量分析为基本内容的,其方法主要是"反事实计量法"和"间接计量法";第二阶段是以制度分析为基本内容的,主要方法是制度经济理论特别是产权理论;第三个阶段是历史生理学,主要方法是经济发展的热动力学与生理学。三个阶段环环相扣,具有内在的逻辑联系。

(一)新经济史学的产生阶段

20世纪50年代末,一方面,西方世界经济特别是美国经济处于战后繁荣时期。经济增长理论备受重视;另一方面,计量经济学作为一门应用经济学,此时也被广泛运用与推广。在此背景下,美国一批对美国经济史研究状况不满和对已有结论怀疑的经济史学者,以新古典经济学为主要理论依据,把计量经济学以及计算机技术应用到经济史研究中,创立并逐步完善了一门与传统经济史学在方法论上完全不同的新经济史,学术史称"新经济史革命"。这场革命的主线是探索人类历史上推动经济增长的引擎。在经济增长过程中发现和搜寻其增长原因最早可以追溯到有库兹涅茨(Simon Kuznets)和格申克隆(Alexander Gerschkron)。他们首先将数学、统计学融进了经济学,并在各自任教的大学广授门生,以便致力于新的研究经济学的方法。库兹涅茨的主要贡献在于将统计学带入了经济学,通过对美国以及其他国家的相关历史数据进行国民经济核算,全面而系统地研究了这些国家的经济结构、影响经济增长的因素和经济增长的特征。1957 年和 1958 年康拉德(Alfred Conrad)和迈耶(John Meyer)的著作以及 1960 年和 1961 年戴维斯(L. E. Davis)、休斯(J. R. T. Hughas)和麦克杜格尔(D. M. McDougall)的著作标志着新经济史学的初步形成。[1] 1957 年 9 月,在美国经济史协会第 17 届年会上,哈佛大学的经济学家约翰·迈耶和艾尔弗雷德·康拉德作了题为《经济理论、统计推断和经济史》的报告。他们论证了历史研究中运用现代经济学理论和方法的优点,首创了"计量经济史学"。康拉德和迈耶也被称为新经济史学的鼻祖。他们的共同特点是:第一,利用了传统史学家所忽视的数量方法;第二,有意识地运用统计学方法;第三,把经济学理论同历史研究结合起来。

从 20 世纪 50 年代到 70 年代初,是新经济史学的产生阶段,这一阶段是以历史计量分析为基本内容的,其研究方法主要是"反事实计量法"和"间接计量"。50 年代末期和 60 年代初期,诺思开始运用凯恩斯宏观经济理论,包括国民经济核算法、经济增长要素分析法和经济计量分析法,研究美国经济增长史,并于 1961 年出版了《1790—1860 年美国经济的增长》一书,被公认为是新经济史的奠基性著作之一。罗伯特·福格尔(1964)发表的《铁路与美国经济增长》[2]一书,是"新经济史学家"提出并运用"反事实计量法"的代表作。诺思(1968)提出并运用了"间接计量法",且超越了单纯的量化分析,而考察了更深层次的制度性因素,即市场扩大、市场规则趋向完善、交易活动安全性提高等。他认为,"经济史与经济发展的核心问题即是说明那些创造出能诱致递增生产力的经济环境的政治与经济制度的变迁过程"。[3]

(二)新经济史学的发展阶段

从 20 世纪 70 年代初到 80 年代初,是"新经济史学"的发展阶段,即以经济制度分析为主的阶段,主要归功于诺思、福格尔、斯坦利·恩格尔曼(Stanley. L. Engerman)、保罗·大卫(Paul David)等人的贡献。在这 10 年间,新经济史学家的研究重点从传统领域(奴隶制、铁路、经济增长等)转移到制度变迁、人口史、金融史等问题上来,出版了《制度变迁和美国的经济增长》、《西方世界的兴起》[4]、《经济史中的结构与变迁》、《制度、制度变迁与经济绩效》、《美国经济史的重新解释》、《欧洲经济史》、《人口再分配及经济变迁》、《英国人口史》、《人口经济史》、《1900—1929 年美国银行体系的管理与改革》、《南北战争后货币与资本市场》等著作,取得了丰硕成果。

(三)新经济史学的繁荣阶段

20 世纪 80 年代中期以来,是"新经济史革命"的第三阶段,即将人类生存状况演变史

---

[1] L. E. Davis, J. R. T. Hughas and D. M. McDougall, *American Economic History: The Development of a National Economy*, 1961.

[2] Robert Fogel(1964): *Railroads and American Economic Growth: Essays in Econometric History*, Baltimore: Johns Hopkins University Press, 1964.

[3] Douglass C. North, "Institution", *Journal of Economic Perspectives*, Winter, 1991.

[4] 道格拉斯·诺思、罗伯特·托马斯:《西方世界的兴起》,华夏出版社 1999 年版,第 1 页。

研究与社会经济史研究结合起来,将历史计量分析、制度分析加以综合和扩展并与现代生物与医学分析技术等自然科学成果结合起来的阶段。其标志是1985年在美国西北大学举行了第一次新经济史学世界大会。其研究重点也从经济史领域转移到诸如生产率的下降、不平等的起源、经济的集中化、社会改革计划的起因、人口老龄化、女性劳动力参与率、移民、宏观经济政策的效率以及政府的扩张等现实问题上来。主要代表人物有约翰·奈(John Nye)、阿夫纳·格雷夫(Avner Greif),以及加里·里贝凯普(Gary D. Libecap)、李·阿尔斯顿(Lee J. Alston)、约瑟夫·费里叶(Joseph P. Ferrie)等人。这一阶段的研究指出"制度是历时生存的,个人和制度自身将他们从过去带到了当代"。

长期以来,经济史研究的传统是偏重于经济发展历史史料的收集、整理和考证,经济史学的作品,不论是采取编年史法,还是采取主题叙述法,往往都是材料的堆砌和罗列,经济史学与历史学的其他分支科学一样,没有自己的学科特色,它们彼此之间没有研究范式的差异,区别只不过是研究领域不同而已。

从20世纪50年代下半期开始的西方新经济史学革命,是一场史无前例的经济史学大变革。在这场史学革命当中,新古典经济学的理论框架以及计量经济学分析方法的普遍应用,在经济史学研究中引发了一连串的重大革新和变化。其中最为重要的,就是它为经济史学家们从事制度研究提供了特有的理论框架和专门的分析工具。此后,经济计量学方法、制度分析方法、反事实假设方法等被普遍地运用于经济史学的研究之中,实现了经济史研究方法论的革命,开创了经济史研究的新时期。这些新的理论框架和分析工具的运用,极大地增强了经济史学对制度及相关问题的解释力,使得已经对制度分析有了自觉认识的经济史学家们得以运用这些特有的理论框架和专门的分析工具,去系统地分析和研究制度及相关问题,并据此构建了一套较为完整的包括特有的理论方法、专门的分析工具和较为成型的内容结构的学科框架和研究体系,从而形成了所谓的"制度经济史学"(institutional economic history)。西方的制度经济史学是在新制度经济学和新经济史学革命的推动下产生发展起来的。

经济史学对于研究制度问题的特殊重要性,是在西方新制度经济学产生和发展的过程中被逐渐认识到的。制度经济学所关注的核心问题可以概括为两个方面:一是制度如何影响了经济绩效,二是制度为什么以及是怎样演变的。而无论对于哪个问题来说,经济史的研究都具有不可替代的重要地位和作用。

制度是通过经济行为主体和这些行为主体置身于其中的一系列交换关系来影响资源配置,进而影响经济绩效的。而历史上不同的经济环境和社会条件的差异,则为人们考察特定的制度提供了独一无二的源泉和基础。同时,要说明现存制度的生成和演进,揭示现实世界中不同国家或社会在制度及其结构方面的巨大差异性,也必须从不同国家或社会各自独特的历史环境中去寻找答案。所有这些,使西方的新制度经济学家和经济史学家共同认识到了经济史对于制度研究所具有的不可替代的重要性,也促使经济史学家们开始把制度及相关问题的研究视为经济史学的一项不可推卸的历史使命和所面临的一项亟待解决的重大课题,对其进行自觉的系统的思考与探索。

运用新制度经济学的基本理论和制度分析框架,诺思对美国和欧洲经济史,特别是制度变迁的历史进行了广泛的实证研究,分析了制度和制度变迁与经济增长的关系,国家和意识形态对制度和制度变迁的影响,以此来说明经济增长的制度变迁模型和西方世界兴起的原因,从而构造了一个以制度、制度变迁和制度创新为主轴,以产权、国家和意识形态理论为主要分析框架的新制度经济史的理论体系和研究范式。

新经济史学无论从史学本体论、认识论和方法论上,还是在具体的实例研究实践中,都具有不同于传统经济史学的特点,有自己的独到之处。它为学术研究拓宽了思路,并提供了一种技术性方法。新经济史学的意义主要有以下几点:

第一,从研究对象上来看,新经济史学注重群体研究,有助于探求历史规律。传统经济史学家往往倾向于集中研究特定的个人、制度和思想以及一次性发生的事件,孤立地研究单个事物不易发现规律性的东西。新经济史学通过大范围的反复研究抓住了研究对象的本质。

第二,新经济史学通过计量方法和数理模型及计算机的使用,拓宽了可资利用的经济史资料来源和研究范围。在处理大规模资料时,克服了传统定性方法所导致的例证性和罗列性的不足,通过定量方法,揭示研究对象的特点和属性的数量程度,有助于新观点的提出。[①]

第三,新经济史学使许多传统历史结论得到重新修订,能够更为科学地解释历史。新经济史学大量借鉴经济理论、计量经济学和数理统计等跨学科研究方法,使奴隶制、经济发展、钢铁工业、公共土地政策、城市的成长以及美国经济史方面的课题得到了重新解释。

第四,计量史学和数理模型的制作有助于深化人们对历史发展的真实过程的理解,用验证和说明代替了传统经济史学的例证和说服提高了研究结论的科学性,丰富了人们利用史料的技巧。

无论从经济学理论的发展,还是从经济史学研究的角度看,新制度经济史学都占有着极为重要的历史地位。首先,新制度经济史学实现了经济学理论和经济史研究的真正意义上的结合。其次,新制度经济史学运用交易成本、产权和公共选择等理论,成功地解释了西方世界兴起的根源,并创建了以产权、国家、意识形态和制度变迁的路径依赖理论为核心的经济史研究的理论体系和学术范式,开创了经济史学特别是制度经济史学的一个新时期。第三,新制度经济史学的重要贡献,不仅在于它通过自己卓有成效的工作,研究探讨了制度经济史中的一系列重大理论问题,而且通过诸多富有开拓性的和思考性的工作,为制度经济史学今后的发展奠定了基础,指出了方向。

二、新经济史学的研究方法

经济史学是一门历史学和经济学的边缘学科。其研究方法主要有描述法、分析法、比较法、跨学科分析法、分期法、定量分析法等。这些研究方法都是由经济史学研究对象——历史上的经济发展所决定的。由于研究方法上的差异,可以把经济史学分成两类:传统经济史学和新经济史学。

传统经济史学是采用历史学的分析方法,以叙事性描述和定性判断为特征,且大都是先收集大量史料,在此基础上凭着鉴别力与直觉得出一个见解,从不使用"假设"。而新经济史学的精髓,就是用经济理论和计量经济史学来研究经济史。新经济史学家认

---

① 葛懋春、姜义华:《历史计量研究法》,山东教育出版社 1987 年版,第 448 页。

为,经济史研究不止是搜集、考证、分析史料和叙述史实,更重要的是能解释史实,说明彼此间的相互关系。

新经济史学和传统经济史学二者研究方法的不同具体体现在:

第一,"新经济史学"将经济理论与经济史相结合,强调经济理论的分析框架意义。例如,在进行历史计量分析时,新经济史学家主要是以宏观经济理论、经济增长理论等理论为分析框架的。在制度分析阶段,新经济史学家主要运用制度经济学特别是产权理论的最新成果,解释整个人类经济史,特别是欧洲的兴起。

第二,"新经济史学"将计量方法和经济史相结合。运用了计量方法中的数理统计方法,主要包括计算频率分布、算术平均数、标准差、平均增长率、相关分析与回归分析等方法。其中,回归分析方法是新经济史学家最常用的数理统计方法。菲什洛(Fishlow)对内战期间铁路的投资情况进行重新研究时,采用了回归分析;威廉姆森(Oliver E. Williamson)研究都市化过程也大量运用了回归分析;麦克沃伊在确定粮食价格与运输率之间的关系时,使用了回归模式的滞差形式。经济史学家还采用线性代数来研究社会结构及经济结构各因素之间的联系。近年来,欧美一些新经济史学家们又试图采用模糊数学、博弈和决策理论、曲线拓扑理论等更先进的数学方法来分析历史研究中所遇到的复杂结构。

第三,"新经济史学"通过制作数理模型,开展对历史的模拟研究。其中特别强调了"间接计量法"和"反事实计量法"但是,由反事实推断得出的结论也只能是概率性的,因此,反事实方法不适于研究个别层次,而适于研究包括众多个别事件的类别性现象。[①]

第四,"新经济史"运用了假设——演绎模式。福格尔认为:"新经济史学在方法学上的根本特征是用行之有效的假设——演绎模式建立起对过去经济发展的全部解释。"[②]假设——演绎模式是用数学方法建立起影响经济变革的各种变量因素在特定的环境下相互发生作用和影响的方式,这种方式将这些要素相互联系起来,从而可以衡量每个要素在某个时期的相对重要性。

在新经济史学中,计量经济分析方法得到了广泛的运用,特别是"间接计量方法"和"反事实计量方法"这两种主要的分析工具。

1. 间接计量方法的应用

"间接计量方法"实际上就是把不能直接相比较的数据通过转换处理,甚至选取一些可操作的"中间变量",从而使这些数据变成为可以比较的样本的一种计量方法。这是经济学的优势所在。福格尔(1964)认为,尽管传统经济史学也运用一些数据资料,但只是限于把简单可比的数字拿来相比较,局限性非常大;而采用间接计量方法,就可以扩大经济史的研究范围,对因缺少资料或因资料不能量化而无从着手的课题进行新的解释。他还特别指出,要把不能直接比较的数据变成可比的数据,必须首先有经济理论作指导,它的作用体现在两个方面:一方面,理论被用来决定究竟在哪些方面需要计量方法;另一方面,经济理论被用来指导间接计量中数据的转化和换算问题。

诺思(1968)运用间接计量方法对1600—1850年间海洋运输生产力变化的原因进行

[①] 庞卓恒:《西方新史学述评》,高等教育出版社1992年版,第228页。
[②] 葛懋春、姜义华:《历史计量研究法》,山东教育出版社1987年版,第150页。

研究,他观察到这250年间海运生产率显著提高,特别是在19世纪海运成本的降低尤为明显的事实。对于海运生产率显著提高的原因,传统的解释认为最主要的是技术进步,然而事实上这一期间海运技术并没有明显的进步,或者说技术的进步虽然是重要的,但并不是不可或缺的(indispensable),贡献远没有想象的那么大。诺思认为效率的提高主要来自于全要素生产率的增长,可能出现的问题是全要素生产率水平的提高是根源于技术提升还是其他的创新因素? 为此,诺思作了如下的分析:由于1600—1850年间的海洋运输生产率没有直接可比的数据,所以可以用单位航运成本作为测度海运生产率变化的中间指标,接下来,就可以对影响航运成本的各个因素作因果分析。从1600年到1784年,要素生产率增长得很慢,而且主要的影响因素是船员的人数减少和在港口浪费的时间缩减,而在1814至1860年间生产率快速地增长,年增长率几乎是前两个世纪年数据的十倍,他证明了这一期间的增长原因主要集中在船只的装载量增加和更大的装载因子(load factor)这些方面。① 通过对这两个时期的考察,诺思有一个令人惊讶的发现:技术的进步对生产率提升的贡献要远远小于其他的因素——组织形式的变化、海盗的减少等等。结果表明,在1600—1850年间平均每吨货物所担负的成本是下降的,并且这一下降主要是来自于全要素生产率的提高,技术进步在其中的作用几乎可以被忽略,而全要素生产率的提高又主要得益于制度。这一经典研究论文的重要观点是:在经济史学和经济发展理论中制度因素和技术因素是交互影响的。诺思随后将注意力转移到对制度相关问题的研究上。

2. 反事实计量法的运用

"反事实计量法"是指在经济史研究中,根据推理的需要,提出一种并没有发生或与既定事实相反的假定来建立相应的模型,以此为依据,估计经济史上可能出现而没有出现的情况,来与历史事实作比较。一些新经济史学者认为这种对比分析是可行的,甚至在某种程度上是必要的。福格尔(Fogel,1964)用反事实(counterfactual)计量的方法,假定19世纪后期美国西部不存在铁路,而假定存在另外两种可供选择的运输形式:水运和马车运输,这样可以分别建立铁路存在情形下与不存在铁路情形下的运输成本模型。他运用了当时主要工业统计资料和数据,主要农产品(小麦、玉米、猪肉、牛肉)贸易量的分布状况等等作为影响运输成本的诸种因素。结果是,在存在铁路的条件下运输成本较为低廉一些,但是,两个模型中得到的国民生产总值相差不大。这里福格尔使用了社会储蓄(social saving)的概念,它测度的是运输成本的降低所带来的社会剩余的增加。福格尔计算出如果通过水路运输(加上部分的陆路运输),那么跨地区(interregional)的社会储蓄下降小于0.16个百分点,再加上地区内(intraregional/with-region)的社会储蓄下降大约是1890年GDP的1个百分点,也就是说铁路的存在使得整体社会剩余的增加要小于1890年GDP的2个百分点。这表明铁路作为一种运输手段,虽然在美国经济增长中起到一些作用,但这种作用在传统的观点下被夸大了。也就是说,美国经济增长的原因应该更多地从铁路以外的其他因素中去寻找。福格尔这种反事实分析给后来的经济史学者有益的启示,有一些经济学家就欧洲的铁路对经济增长的影响这个论题作了类似的分

---

① Douglass C. North & Robert P. Thomas, *The Rise of the Western World: A New Economic History*, Cambridge: Cambridge University Press, P953—970.

析。还有人用这种方法分析了,前苏联若采用市场经济体制,再什么糟糕也比后为采用计划经济体制好得多。

福格尔和恩格尔曼(Engerman,1974)试图探求为什么在美国内战之前南部诸州是富有的,而奴隶获得解放后这一地区的人均收入反而急剧下降。他们对历史数据作简单的处理后得出结论:在 1860 年南部的人均收入(包括奴隶)是北部工业城市人均收入的 57%,却是中西部农业人口人均收入的 116%,如果只分配给奴隶基本的生活资料(这是符合事实的),那么对应上面的分析,南部奴隶主的相关对比数据分别变为 98% 和 200%,也就是说这些自由的南方人在庄园经济时期是相对富有的。面对南部诸州在战前是怎样获得这样的经济地位而它又是怎样失去的问题,他们提出了一个假想命题:如果没有南北战争,奴隶制一直维持到 1890 年,将会发生什么样的情形?他们关注的重点集中于庄园经济时期奴隶制的作用和这一作用对奴隶生存条件的影响方式上。他们提出了两个问题:奴隶是否比自由劳动力更加努力地工作?大规模的种植园是不是比小型的农场更加有效率?经验证据揭示了庄园经济时期存在着规模经济,而且这一规模经济只是存在于由奴隶收割的种植业中。他们的数量分析表明:在一个拥有超过 15 个奴隶的种植园中,人均产出是没有奴隶或少于 15 个奴隶的小型农场的 140%。并且他们根据相关农产品价格和产量、人口变化、一般物价水平等历史统计资料,认为假如没有南北战争,1890 年奴隶的可比价格可能相对于 1860 年有所提高,奴隶为奴隶主带来的收入也相应提高,奴隶主并没有动力主动打破这一制度。由此可以得到如下结论:奴隶制不会自动崩溃,它的消除必须依靠战争方式,否则它会继续存在下去,并可能还会自我强化。[①]

第二节 新经济史学的制度变迁分析

是什么决定了历史上经济演进的不同模式?什么是经济增长的源泉?是技术进步,还是制度变迁?新古典经济学派将技术创新、规模经济、教育和资本积累等看做是经济增长的源泉,特别是技术的进步推动了人类社会的发展。但新经济史学派代表人物诺思却大胆提出对历史进步决定性作用的因素是制度而不是技术,人类社会的历史是一部制度认知、选择、演变的历史,恰逢人们用新古典理论和新经济增长理论解释历史问题陷入困境之时,应用制度变迁理论却可迎刃而解。在经济史领域,诺思认为,不考虑其他,系统地研究交易费用可以为解释经济组织和制度的变迁提供一个基础。诺思还向我们展示了,利用交易费用或产权分析方法如何必然会给我们带来了一个完整的政治经济模型。[②]

一、新经济史学研究制度的三个流派

格雷夫认为新经济史学研究制度存在着三个不同派别:

---

① 孙涛、张蕴萍:《历史计量学:经济史学研究的进展》,载《文史哲》2005 年第 5 期。
② [美]埃里克·弗鲁博顿、[德]鲁道夫·芮且特著:《新制度经济学——一个交易费用分析范式》,上海三联书店 2006 年版,86—87 页。

1. 新古典分析

他们主要是使用新古典的理论和方法分析不同的经济制度,或者是产业革命,科斯、威廉姆森是这一派的代表。诺思曾对新经济史学的分析框架作过解释。这一分析框架是对新古典理论的修正。它所保持的是稀缺性的基本假设和由此产生的竞争及微观经济理论的分析工具。它所修改的是理性的假设。它所引入的是时间维。[①] 用修改过的新古典理论重新分析历史事实,这本身就是一场方法论革命。以往的经济史学一般是按时间顺序、以重大的经济史实为基础来描述经济史。由于缺乏理论分析"范式"(或工具),史学家们不可能对经济史的演变作深层次分析,更不可能建立经济史演变的一般分析框架。史学家们只能根据自己的价值观及其偏好"议论"一下经济史。而新经济史学家们则应用经济理论分析历史(这就类似于经济学家们用经济理论分析现实问题),尤其运用计量经济学的方法重新构造了经济学的数据库,这就使他们对历史的分析包含了更多"经济性"原则,减少了个人主观判断,从而使经济史成为名副其实的经济史。

2. 新制度经济史

这一派别主要有三个基本判断:第一,制度(包括产权、规则和管制)是通过国家来定义和强制的,并通过他们对交易成本的影响来决定经济绩效;第二,历时制度变迁的经济含义被归结为技术变迁、人口增长和市场一体化及其他要素供给潜力的增加,因此,经济产出依赖于不同的制度变迁,它的一个更深刻的应用是专业化导致了发达经济的交易成本的上升;第三,一旦制度是通过政治来决定的,制度通常是无效率的,并且会受到契约的讨价还价、度量和强制的交易成本的影响。因此,制度选择和路径依赖反映了不同利益集团的利益。这一派的代表有诺思、戴维斯、奈、李贝开普等。

3. 历史制度分析

其特点有:①它是一种方法论,为制度分析提供了一种可操作的制度概念。格雷夫称制度为"具有自我强制非技术性的行为约束",它直接来自博弈论。在他的理论中,两个主要的相互影响的制度性的构成因素是预期和组织。预期影响行为,一个博弈参与者关于其他参与者行为的预期是非技术性的约束,这些约束是每一个博弈的参与者都必须面对的。组织也是非技术性的约束,他通过引入新参与者影响博弈结构中的信息交流、行为以及各自的收益权衡。②均衡分析,但是它超越了博弈论中的经验均衡研究,它的目的是经验地解释制度选择过程和制度的路径依赖。它认为制度选择过程是一个历史的、耗时的历态过程(ergodic process)。③它特别强调国家的制度基础。初始的文化信仰对于组织的演化和国家的出现是非常关键的内生变量。④由于制度具有文化信仰的基础,制度变迁过程就是知识增长的过程,它体现出来的过程,首先是斯密式的经济增长,然后是通过国家强制应用影响经济运行的效率。

制度变迁实际指的是制度变迁的历史。诺思有句名言:历史是最重要的。由此引申的具体含义是,现在的以及面向未来的选择决定于过去已经作出的选择。经济的、社会的变迁不是骤然发生的,而是许多因素长期累积的结果。要理解现在,展望未来,就要重新认识过去。解释一国长期的经济发展必须从制度方面去寻找原因。新古典经济学在解释经济发展时就显得力不从心。诺思指出:"新古典经济学在分析经济发展或经济史

[①] 引自诺思在诺贝尔经济学奖颁奖仪式上的演讲:《按时序的经济实绩》,《经济学情报》1995年第1期。

时,只有当它针对某一个时期或运用比较统计学,才能很好地说明某种经济的实绩,一旦用它来说明某种经济在整个时期的实绩时,它就不大济事了"(1991)。诺思认为,经济史是关于按时序的经济实绩的学问。我们研究它的目的不仅在于使我们对经济的过去有新的认识,而且通过提供一种能使我们理解经济变迁的分析框架而在经济理论上有所建树。[1] 新经济史学实际上是运用西方经济理论(尤其是交易费用经济学、产权理论以及计量经济学)去"透视"人类经济社会发展史,从中找出有规律的东西,进而提炼出一个对经济变迁理解分析的基本框架,为提高经济实绩政策的制订服务。诺思在1991年一期的《美国历史评介》中写道:"理解经济怎样运作(价格或微观经济学理论),是写经济学史的必要条件。但经济学史则可解释过去以来的各种经济变化——这是在经济学理论中被忽略掉的地方。经济史学能对经济学理论做出的明确贡献就是找回那些被忽略掉的要素。经济学理论已变得越来越数学化、正规化,但其准确性却越来越低"。

新经济史学家为研究经济史和制度变迁史提供了一般分析框架。新经济史学与新制度经济学的关系可概括为:新经济史学家们对历史数据的"复原"为制度经济学家研究制度变迁与经济发展的关系提供了可靠的数据;另一方面,一些新经济史学家(如诺思等)实际上是运用了包括制度分析在内的一些现代经济学方法来分析历史的。制度变迁是一个有着内在规律且缓慢的历史过程,我们只有在历史长河中才能揭示制度的构成和运行,并去发现这些制度在经济体系运行中的地位和作用。

在总结人类历史发展规律的过程中,不得不上升到制度这个层面。制度在不断演变、完善,这种制度既有正式的,也有非正式的。制度与人类社会历史发展的关系还有许多问题值得探讨。以经济学理论为指导去写经济史,从而在一定程度上克服了过去经济史只是历史资料罗列及分类的弊端。

二、新制度经济史与历史制度分析

(一)诺思的制度及制度变迁理论

制度变迁是指制度的替代、转换和交易过程。作为一种"公共物品",其替代、转换、交易也存在诸多技术的和社会的限制条件。诺思认为,"制度变迁是制度创立、变更及随着时间变化而被打破的方式,结构变迁的参数包括技术、人口、产权和政府对资源的控制等,正是制度变迁构成了一种经济长期增长的源泉"。有效的制度变迁是指一种效益更高的制度对另一种制度的替代过程;"无效的"制度变迁,则是一种本来有效的制度被无效的制度代替了。

1961年,诺思发表了《美国的经济增长:1790—1860年》一书。[2] 他根据市场经济理论,分段地研究了1790—1860年间美国南部、西部、东北部的经济结构和国际经济变动。他通过对大量经济资料进行计量分析,重新估价了内战前夕美国经济发展水平,认为已经达到迅速而持续的经济扩展阶段,在制造业方面,甚至达到了仅次于英国的工业水平,而内战则打断了美国经济的发展。他的结论虽未被学术界广泛接受,但引起了很大的重

---

[1] 道格拉斯·诺思在诺贝尔经济学奖颁奖仪式上的演讲:《按时序的经济实绩》,《经济学情报》1995年第1期。

[2] D. C. North, *The Economic Growth of the United States*, 1790—1860, 1966年英文版。

视。彼特·特明(Peter Temin)认为,诺思对内战前美国经济增长的考察,为详细研究美国早期工业化奠定了基础。

制度变迁理论、新经济增长观、经济理论与经济史的统一,是诺思学术观点的主要体现。其中关于一个制度产生、成长、成熟、衰竭的"制度变迁理论"最有独创性。1981年,诺思出版的《经济史上的结构与变迁》一书是他运用包括产权理论、国家理论和意识形态理论在内的制度变迁理论系统分析经济史的代表作。其核心结论是,制度变迁是经济史演变动力的源泉。

诺思(1988)认为,制度由历史因素所塑造,其限制了向决策者开放的选择范围,因此,决策者生产出不同于无限选择和策略应对理论所暗含的结果。马修斯认为,制度惰性在制度的存续中起着重要作用。甚至当制度不再符合一个给定环境的要求时,它也会持续下来,其原因正如诺思所言,是由于替代和改变这些制度的预期成本高于预期收益所引起的。因此,对于诺思等人来说,由于制度变迁存在交易成本,制度的持续才获得了某种支撑。①

1. 诺思"制度变迁理论"的基本假定

诺思"制度变迁理论"理论包括以下一些基本假定与范畴:

(1)"经济人"假定。即"最初总是假定企业总是试图使利润最大化"。② 收益与成本的状况引导经济人的行为方向、行动规模及时间选择。这种行为引导既存在于社会再生产活动之中,也存在于社会经济主体(包括个人、团体和政府)对制度的选择之中。

(2)制度变迁的诱致因素在于主体期望获取最大的潜在利润。"潜在利润"是一种在已有的制度安排结构中主体无法获取的利润。它的存在,说明可以通过新的制度安排对社会资源的配置进行帕累托改进。即"正是获利能力无法在现存的安排结构内实现,才导致了新的制度安排的形成"。其目的就在于使显露在现存的制度安排结构外面的利润内部化。

(3)制度变迁的必要条件。假定在既定的制度安排下,已经获取了各种资源所产生的所有潜在收入的全部增量;或者潜在利润仍然存在,但改变现有制度安排的成本超过潜在利润;或者如不对制度环境作某些改变,就没有可能实现收入的重新分配,那么,既存的制度结构就处于一种均衡状态,即"现存制度安排的任何改变都不能给经济中的任何个人或任何团体带来额外的收入"。然而,这种均衡状态未必能永久保持,因为某些因素的发生往往导致收益与成本的变化,导致潜在利润的产生,从而产生制度创新的诱致力。没有潜在利润,绝不会有制度变迁;即使有了潜在利润,制度变迁也不一定发生。只有当通过制度创新可能获取的潜在利润大于为获取这种利润而支付的成本时,制度创新才有可能。

2. 诺思的"制度变迁理论"

(1)制度变迁的主要内容。其主要内容包括正式规则、非正式规则和实施机制三方面。其中的研究重点是非正式规则。诺思认为,非正式规则的一个主要作用是去修正、补足或延拓正式规则。由于构成一个社会制度的总体结构是正式规则、非正式规则和实

---

① [美]沃尔特·鲍威尔等:《经济分析的新制度主义》,上海人民出版社2008年版,第4页。
② 诺思等:《财产权利与制度变迁——产权学派与新制度学派译文集》,上海三联书店1994年版,第268页。

施机制的总和,正式规则和实施机制的变迁就会导致一种非均衡的状态。一种正式制度的变迁会改变交易成本,并引发新的习俗与准则。也就是说,一种新的非正规均衡将在正式规则变迁后逐渐演化。在诺思看来,非正式规则的演化与正式规则的变迁相比,不仅有先和后、源和流、主和次的区别,而且还存在着替代和被替代的关系。正式规则有时会被用于否定和替代现存的那些不再适应新结构的非正式规则。在制度的稳定时期,习俗和准则经常在变化以补足固定存在的正式规则,但在变迁时期,非正式规则却常常被正式规则所推翻。

（2）制度变迁的方式。诺思区分了制度变迁的两种不同方式:一种是非连续性变迁,是指正式规则的一种根本变迁,发生这种变迁的条件是出现革命和武力征服;另一种是连续渐进性变迁,它是指交易双方(至少是交易双方中的一方)为从交易中获取潜在的收益而再签约。这种再签约既可能是最简单的形式,也可能是政治革命的形式,后者可以为双方从事新的谈判和妥协提供一个基本框架。一般来说,制度变迁中绝大部分是连续渐进性变迁,制度变迁对经济发展的作用和机制也是以连续渐进性为主的。诺思认为,制度变迁的渐进性在很大程度上与非正式规则的演进和性质有关。由于非正式规则的深层基础是文化遗产,所以在正式规则整个发生变迁后,许多非正式规则仍然具有强大的生命力,它们仍然能解决参与人之间基本的交换问题。这些社会的、政治的和经济的规则从不同的方面对整个制度进行重建,从而产生出新的远离革命的渐进式的均衡。

（3）制度变迁的渐进性特征。为了说明制度变迁的路径依赖问题,诺思对制度变迁的一些基本属性,尤其是制度变迁的渐进性,做了更为深入的阐发。诺思认为,相对价格的变化是制度变迁的重要源泉,因为相对价格的变化改变了个人在人们相互关系中的激励。这里所说的相对价格变化主要包括:要素价格比率的变化(如土地与劳动、劳动与资本或土地与资本的比率的变化)、信息成本的变化和技术的变化(包括十分重要的军事技术)。这些相对价格的变化有些是外生的,但其中大部分是内生的。因此,政治、经济和军事方面的"企业家",将通过改变可观察到的衡量成本与实际成本来改变相对价格,从而诱致制度变迁。但是,如果仅按照相对价格的变化来解释人类的复杂行为,显得过于简单了。诺思发现,相对价格在一定时期的根本变化,会改变人们的行为模式,也会改变人们对行为标准的合理解释。"相对价格的变化通过事先存在的精神构想来进行过滤,从而构成了我们对这些价格变化的理解。很显然,思想以及它们所赖以存在的方式在这里是起作用的……一个重要之点是,制度通过降低我们向我们的信念支付的价格,使得观念、教义以及意识形态成为制度变迁的重要来源。"[①]然而,直到今日,"我们在一定程度上仍然不能以非常准确的词来定义相对价格的变化同形成人们观念的思想和意识形态之间的相互作用,以及这两者在诱致制度变迁中所起的作用。"[②]

诺思认为,制度变迁一般是对构成制度框架的正式规则、非正式规则和实施机制三方面的组合所作的边际调整。所谓边际是指,执行规则的成本限制了规则的适用范围,执行成本越高,规则的边际就越大。在边际上,正式规则的执行成本通常很高,使得它实际上不起作用,而非正式规则在此发挥了协调作用。非正式规则之所以取代正式规则是

---

① 诺思:《制度、制度变迁与经济绩效》,上海三联书店1994年版,第113—115页。
② 同上,第115页。

因为,这时前者的动作成本小得多,行为可以在边际上逃避正式规则的约束。制度变迁的进程被诺思描述如下:相对价格的变化使得企业家和组织发现了在现有制度安排下不能获得的"潜在利润"。于是,企业家和他们的组织会对(可观察的)价格比率的变化直接作出反应,通过估计成本和收益将资源用于新的获利机会。在这之中,(政治或经济的)企业家扮演着重要的角色,他们必须用他们的知识、经验、技能和胆识来寻找获利边际,估计成功的可能性,以及冒险将组织的资源用于捕捉潜在的利益。同时,大量的支付也会影响变迁的进程。企业家必须向创立经济组织和政治团体间的中间组织,如贸易协会、游说团体、政治行动委员会支付报酬,以实现政治变迁的潜在收益。一般来说,社会资源受政府决策的影响越大,为减少变迁的阻力所需要投入的资源就越多。因此,日常大量的制度变迁即是边际上连续渐进发生的非正式规则的变迁,而正是这些缓慢无形的变迁造成了人类历史中有限的几次正式规则的重大变迁。①

在理论地审视和分析西方经济史而升华出其"制度变迁理论"的过程中,诺思以三大理论为基础来建构他的分析框架:一是描述一个经济体系中激励个人和集团的产权理论;二是界定实施产权的国家理论;三是影响人们对"客观"存在变化的不同反应的意识形态理论。诺思的产权理论及国家理论在前面的章节都有分析,我们在此重点讨论一下其意识形态理论。

尽管诺思经济思想主要源自新古典分析精神以及以交易费用为核心的产权经济分析的理论成果,但他指出,一个有关制度变迁的动态理论,如果囿于严格的对个人的理性活动的新古典主义经济分析的窠臼,就无法理解"无论是在资源的现代配置还是历史变迁能力上存在着无数困境"。因为,理性人假定下的成本—收益价值观不能解释人类行为的一切方面。而且,无论是马克思主义的论述方法,还是新古典主义的分析思路,均没有解决甚至没有考虑到"搭便车"的问题。这个问题正是解释团队行为的关键。因此,解释制度变迁必须借助意识形态理论。

不同的意识形态起源于地理位置和职业专门化。最初,它是经验各异的相邻的人群在地理上的分布。这种各异的经验逐渐结合成语言、习惯、禁忌、神话和宗教,最终形成与其他人群相异的意识形态。这些今天幸存下来的民族的差异性,导致了相互冲突的意识形态。②

意识形态在一定程度上是纯粹知识的发展。知识发展的方式会影响人们关于他们周围世界的观念,因而会影响他们对世界进行的理论化、解释和评价,这些反过来又会影响合约议定的成本。如果人们对体制规则结构的感知是公平的和公正的,就会降低成本。同样,在给定衡量和实施合约是有成本的时候,如果他们认为体制是不公正的,则会提高合约议定的成本。③

诺思提出要注重意识形态的以下三个方面:

第一,"意识形态是种节约机制。"④它使人们认识了自己所处的环境,并被一种"世

---

① 韩毅:《制度变迁与历史的路径依赖》,载《西方制度经济史学研究——理论、方法与问题》,中国人民大学出版社2007年版。
② 道格拉斯·诺思:《经济史中的结构与变迁》,上海三联书店1991版,第56页。
③ 诺思:《制度、制度变迁与经济绩效》,上海人民出版社、上海三联书店1993年版,第103页。
④ 诺思:《经济史中的结构与变迁》,上海三联书店1991年版,第53页。

界观"所引导,从而使决策过程简单明了。意识形态的存在以思想和经验间的一致为条件(诺思,1981)。在这种观点中,诺思已经在一定程度上离开了新古典范式,因为意识形态问题与理性选择是矛盾的。他的文化理论(非正规约束制度)同样有这样的特征。"虽然诺思设定了一些关于意识形态的基本假定,但却未能将其结合到他的模型中去"。既然如此,新古典经济学就仍然不能解释文化等因素,诺思解释了这些因素,但这种解释不是新古典的,而是制度主义的。[1]

第二,个人的意识形态不可避免地与所持的道德、伦理评价交织在一起,这意味着会在相互对立的意识形态中做出选择,当人们的经验与其思想不符时,他们就会试图改变其意识形态。诺思认为,意识形态不同于道德,虽然两者都是对世界总体认识的方法,并都起着节约信息费用的作用。意识形态是与对制度特别是对交换关系的正义或公平的判断相关的。当一个领域的个体具有共识时,一致的意识形态就会出现,而歧异的意识形态源于对现实感知的差异和矛盾。因而,一致的意识形态可以替代规范性规则和服从程序。随着各种各样的意识形态的出现,对于统治者来说,对使其他委托者和代理者相信制度的合理与合法性进行投资,从而降低服从费用,对他自身是有益的。换言之,有着一致意识形态的可行的制度随着各种各样的意识形态的发展会变得不可行,因而,考虑到检测和惩罚违法的费用,规则必须形式化,服从程序也必须进一步发展。[2]

第三,对制度公正与否的评价是意识形态的重要内容。一种制度能否诞生、诞生之后能否在低成本状态下运行,与人们对该种制度的合理性、公正性的理解高度相关。"在社会成员相信这个制度是公平的时候,由于个人不违反规则和不侵犯产权——甚至当私人的成本—收益计算不会使这样的行为合算时——这一简单的事实,规则和产权的执行费用就会大量减少。"否则,制度的执行费用将上升,制度力将在各抒己见的社会主体的行为冲突中耗散殆尽。诺思还最终突出了"意识形态"作为人类行为推动力的重要意义,这个推动力常常不允许用严格的新古典术语来解释。诺思在其1981年的著作中指出,自利个人的纯粹新古典模型不能解释为什么"当人们可以逃避社会规则,而且这种逃避对自己有利时还要遵守它们"(1981)。类似地,新古典理论也不能解释个人为什么有时候愿意付出高昂的私人代价使制度符合他们自己的理想。因此,"历史的变迁与稳定要求有一种意识形态理论来说明对新古典个人主义理性计算的这种偏离"(1981)。诺思没有提供这样的理论,结果他对制度变迁和稳定的探讨至今还停留在探讨很大程度上属外生决定要素的变迁或稳定上。然而,意识形态包括许多本身可以看做制度的(公平和分配)规范和惯例。[3]

为什么诺思重视意识形态在制度变迁中的作用?他认为,当个人之间的交易变得日益专业化和复杂化时,契约就需要第三方来强制实施,而政治机构才能满足第三方实施这个要求,政治机构在界定和实施产权制度方面发挥了积极的作用。但是,不同国家在界定产权的方式上往往存在很大的差异,不同的市民也往往会视不同的政治机构为合法

---

[1] 张林:《谁是制度经济学的正统——论制度主义中的凡勃仑—艾尔斯传统》,载《政治经济学评论》,2002卷第1辑,第167页。
[2] 诺思:《经济史中的结构与变迁》,上海三联书店1991年版,第229页。
[3] [英]马尔科姆·卢瑟福:《经济学中的制度——老制度经济学和新制度经济学》,中国社会科学出版社1999年版,第56页。

的或非法的,这些又要取决于他们的意识形态。当意识形态共识很强时,机会主义就会受到限制。当意识形态共识较弱时,契约成本就会较高,更多的精力将花在促进制度变迁的努力上。因此,意识形态共识是对正式规则的一种有效补充和替代。①

(二) 历史比较制度分析

格雷夫的历史比较制度分析综合了德国历史学派的传统和现代博弈论的理论成果,并将其研究称为历史制度分析(Historical Institutional Analysis)。他的研究领域主要是欧洲商业革命之前——11 至 12 世纪地中海地区的经济史。他认为在研究制度之前不能给制度下一个先入为主的定义,从博弈论的角度看,制度起源于积极的文化信仰,是自发演化的产物。在处理制度之前,首先必须处理组织。他认为,一个社会的组织——它的经济、法律、政治和社会以及道德强制制度——是伴随着它的社会建构、信息传递和协调机制的,并且对长期制度演化具有非常重要的影响。②

格雷夫的历史制度分析的特点与贡献主要表现为:

(1) 格雷夫等人对中世纪商业革命的行会的研究表明,行会起源于具有共同知识的协调、诚信和契约的强制。一个重要的延伸是,作为强制契约和产权并提供公共物品制度的国家引起了一个困境:具有充分的力量做这些事情的国家也具有权力保护或强制征收私人财富,并削弱市场经济的基础。通过检验中世纪欧洲部分城市的行会兴起,他们认为,行会之所以成为一个制度存在而且普遍存在于许多城市,是因为国家困境的存在。行会因为具有文化信仰的依托,所以能够广泛地在不同的商人集团之间建立信息名誉机制,并对行会成员产生诚信和道德强制。在多边名誉机制形成的过程中,长距离的贸易才成为可能,并形成了分散化的信息交流网络,最终才是产权的形成。③

(2) 格雷夫的制度分析在修正诺思对欧洲经济增长过程分析的结论,并促使诺思对其理论进行了反思。格雷夫把缺乏集中的中央法律实施体制条件下的"自我实施制度"及其运行机制作为自己的研究对象。近似地看,"自我实施制度"就是诺思制度定义中的非正式规则部分,诺思虽然意识到了制度变迁的渐进性在很大程度上与非正式规则的演进性质有关,但由于诺思的理论框架基本上是新古典的,因而无法对此进行深入分析。格雷夫的历史制度分析恰好在诺思理论停步的地方,讨论了制度变迁轨迹和路径依赖问题。诺思将制度定义为"社会中的博弈规则",或者说是"一些人为设计的,塑造人们互动关系的约束"。人们为什么遵守这种"约束",诺思没有就此进行分析。因此,诺思设置了这种约束从外部被执行的假定,其结果是在具体的历史研究中,就把对象限定在由国家保护所有权。格雷夫提出了更好的方法,并解决了诺思研究中存在的问题。格雷夫把制度定义为"由技术以外的因素决定的对自我实施行为的制约"。这里说的"自我实施"是指构成社会的人们具有遵守这种制约的激励。在理论上,这种制约表述为构成社会的人们进行博弈的纳什均衡。格雷夫将分析对象延伸到国家对所有权保护以外的各种制度上,明确了这些制度为什么、怎样制约人们的行为。

---

① [美]沃尔特·鲍威尔等:《经济分析的新制度主义》,上海人民出版社 2008 年版,第 5—6 页。
② Avner Greif(1989), Reputation and Coalitions in Medieval Trade: Evidence on the Maghribi Traders, *The Journal of Economic History*, Vol. XLIX, No. 4;857 – 882.
③ 秦海:《制度的历史分析》,载吴敬琏主编《比较》(第四辑),中信出版社,2002 年第 189 页。

（3）格雷夫成功地将重复博弈论方法运用到制度分析中，用子博弈精炼均衡的概念来表征制度选择和变迁过程。重复博弈中的无名氏定理及其扩展证明，相同的个体进行无限次重复博弈，如果参与人有足够的耐心，则互利的结果可以作为子博弈精炼均衡出现。与单阶段博弈的囚徒困境不同，重复博弈的未来合作的长期收益超过了交易主体采取欺骗策略所能获得的短期利益，从而有力地促使理性的经济人放弃欺骗，选择合作。

克瑞普斯、米尔格罗姆、罗伯茨和威尔森（1982）进一步将不完全信息引入重复博弈过程，建立了博弈参与人的声誉模型，指出尽管博弈的次数不是无限的，各方都会建立和维护自己合作的声誉，而长期合作收益的补偿证明这种声誉的建立是最优的策略，从而互利的结果同样可以出现。克莱因、哈特和霍尔斯特姆将这种合作机制称为私人自动实施机制。合作行动是一切制度的本质要求，重复博弈的特征可以解释大量人类合作行为，从而为我们理解人类社会自发秩序的形成和变迁提供了强有力的理论基础。子博弈精炼均衡概念对理解制度选择的微观机制十分有帮助，它是指全部博弈方在整个博弈的每个阶段，即子博弈，都选择了不愿单独改变的策略结果。根据子博弈精炼均衡的性质，格雷夫将制度定义为自我实施的对行为的非技术决定的约束，与那些依赖第三方强制实施的制度不同，自我实施制度是制度博弈参与者协商谈判后自愿达成一致的结果，是自发产生并自我实施的，不需要依赖任何外部力量保证制度的实施。由此可见，自我实施制度必定是制度博弈实现了子博弈精炼均衡的结果。子博弈精炼均衡概念特别强调参与人的预期和共同理念在博弈中的作用。格雷夫（1996）认为："在博弈论框架中，两个相互联系的制度要素是预期和组织……组织是非技术因素决定的约束，他们通过引入新的参与人（该组织本身），改变参与人所得的信息，或者改变某些行为的报酬来影响行为"。子博弈精炼均衡的实现必然要求博弈方的策略在整个博弈和各个子博弈中都是纳什均衡策略，因此，那些非纳什均衡的策略及其后果在实际的博弈过程不会被观察到，它们只能停留在博弈者的主观预期当中。

在制度选择的博弈过程中，博弈者的预期，即那些非实际博弈路径的非纳什均衡策略，显然对博弈者的现实行为选择有着实质性的影响，在一定程度上，它是我们理解制度的现实选择和历史变迁的关键。例如格雷夫、米尔格罗姆和温加斯特（1994）在对欧洲中世纪贸易活动中商会作用进行研究时指出，尽管在正常情况下不会出现统治者欺骗和商人罢市（均衡策略的非实际路径）的情况，但这并不是因为事先的博弈规则阻止它们这样做，而是因为城市的统治者意识到，如果他们欺骗，商会则一定会罢市，因而理性的统治者不会选择欺骗，这样，商会的存在就成为驱使统治者信守承诺，促进贸易扩张的机制。商会在统治者欺骗发生时会组织罢市（均衡策略的非实际路径）的预期创造了可信的契约实施机制。博弈者的预期影响着制度选择的均衡结果，而制度博弈参与者的预期又要受到其文化信仰和社会文化传统的影响。

（4）格雷夫的制度分析在解释制度变迁路径依赖问题上有其独特的贡献：一是扩展了制度分析的范围，研究视野从特定的制度安排转向社会的制度结构，指出制度变迁的路径依赖是政治、经济、文化和社会诸因素综合作用的结果，强调文化传统、价值观念和信仰结构对制度选择的影响。二是将博弈论和路径依赖分析结合起来，清晰地展示了制度变迁路径依赖的微观机制，进而有力地解释了不同社会经济体制差异的根源，避免了诺思路径依赖理论形式化不足的缺陷。

格雷夫运用子博弈精炼均衡概念,以文化信仰为纽带,将历史上先后发生的制度博弈与均衡联接起来,从博弈论的视角解释了制度变迁路径依赖的微观机制。具体来说,特定制度博弈均衡的达成在很大程度上要受到参与者预期的影响,参与者的预期则来源于他自身的文化信仰,而参与者的文化信仰又是在以往的制度博弈过程中逐渐形成的,受到历史、社会和政治因素的影响,文化信仰就这样在不同历史阶段上的制度博弈和均衡之间建立了内在的联系。由于博弈分析均衡的多重性和不确定性,文化信仰便在实际上决定了社会对多重均衡中某个特定均衡结果的选择,由此形成了制度变迁的路径依赖。

格雷夫采取独特的历史案例比较研究方法发展了他的制度变迁路径依赖思想,强调"特殊历史相关性模型"对解决博弈均衡不确定性问题的重要性,这集中体现在他对中世纪末期欧洲商业制度演变的实证研究中。他对11—12世纪地中海地区的商业发展进行了一系列案例研究,并在此基础上进行了理论总结,形成了独特的比较制度分析框架,这个框架很好地将社会、政治、经济和文化因素与制度变迁的路径依赖结合起来,有力地推进了新制度主义路径依赖理论的形式化。例如,他对马格里布人和热那亚人的文化传统与他们的制度选择之间的关系进行了考察,马格里布人和热那亚人具有不同的文化传统,在各自的历史进程中,热那亚人形成了以个人主义文化为主导的社会价值体系,马格里布人则形成了一个典型的集体主义价值取向的社会,这两种不同的文化传统导致了二者在中世纪末期的商业发展中走上了不同的制度路径。热那亚人的个人主义文化导致了诸如提货单制度、保险制度、具有无限连带责任和永久合伙性质的家族企业等一系列支撑现代市场经济运行的制度形式,并建立起了有效的政治体制和完善的法律制度,有力地促进了市场扩张和经济繁荣。相比之下,马格里布人的制度演化路径则对经济的长期增长不利,集体主义的价值趋向使得他们过多地依赖非正式制度来签订契约和保障契约的实施,未能形成与市场经济发展相匹配的法律结构和正式制度体系,从而限制了交易范围的进一步扩展,导致了其商业的衰落。[①]

三、掠夺型制度

制度的产生和推广是制度经济学研究中的重要问题。我们知道,私有财产制度或资本主义制度最早产生于欧洲。为什么资本主义制度会产生在欧洲?尽管一些学者(韦伯,诺思)作出了一些探讨,但还是很难有一种大家公认的解释。与此相关的问题是,欧洲人在海外建立殖民地时为什么不去普遍地推广所谓有效的资本主义制度,而是有选择地推广呢?

掠夺型制度大多产生于发展中国家,全球知名的反腐败机构、总部设在柏林的"透明国际"组织(Transparency International,TI)公布了2006年度清廉指数排行榜。从这个排行榜中可以看出,在所有的163个国家和地区中,腐败比较严重的国家占了约75%。几乎包括所有的低收入国家。这与发展中国家的掠夺型制度有关。那么发展中国家的掠夺型制度是如何形成的呢?为什么发展中国家不采用有利于经济发展的"私有财产制度"呢?这既有外部原因,也有内部原因。

---

① 赵祥:《新制度主义路径依赖理论的发展》,载《人文杂志》2004年第6期。

殖民者在某种特定环境下实施不同殖民策略可能取得的收益有差别。在先前那些人口比较稠密的地方,欧洲人或者引入了掠夺型制度的制度,或者维持了原来的掠夺型制度,强迫当地人从事采矿或种植业,保留现成的税收和贡赋体系。相反,在先前那些人口稀少的地区,他们会大量移民过去,并创建良好的私有财产制度,保证广大社会阶层人士的财产权利,鼓励工商业的发展。掠夺制度和高度集权化的政治体制可以比较有效地利用农业技术,但工业技术的扩展却需要众多人士的参与。工业时代的来临为那些拥有良好的私有财产制度的社会提供了起飞的机会。

研究殖民史有利于我们研究制度的移植与制度的起源。从制度起源来讲,有两大问题值得我们研究。一是为什么资本主义制度和市场经济最先产生于西欧?尽管韦伯、诺思等人都进行了系统的研究和分析,但还是有些问题需要深入的研究。二是为什么资本主义制度(私有财产制度)在向外扩散时,有的在殖民地建立了私有财产制度,而有的建立了掠夺型制度呢?对后面这个问题的研究尤其具有挑战性。拉波尔塔(La Porta)等人研究了南北美洲的经济差异,发现殖民活动对当今美洲各国的经济差异有重要影响。他们认为殖民活动必然伴随着文化的传承,各殖民地纷纷效仿自己的母国建立法律体系。拉波尔塔指出各殖民地法律体系的法律起源对制度有影响。① 以英国为代表的普通法系(Common Law)比起法国、西班牙为代表的大陆法系(Civil Law)会带来更有效的经济体制从而促进当地经济的发展,这也是美国今天的经济成就明显高于拉丁美洲的原因所在。②

在1700年,墨西哥的人均收入与最早成为美国的13个州的英属殖民地的人均收入大致相同。古巴和巴巴多斯显然更富裕。到了18世纪末,古巴的人均收入略高于美国,而海地则可能是世界上最富裕的社会。然而,到了21世纪初,墨西哥的人均收入还不到美国的1/3,海地更低。是什么导致了这种财富的逆转呢?在新大陆能够种植甘蔗和其他农作物(古巴、海地)的地区或者矿产资源及本地劳动力丰富(墨西哥)的地区,经济精英依靠的是奴隶。通过把其他人排斥在他们所享有的机会之外而巩固自己的权力和物质特权。他们构建的制度限制了人们享有的学校教育、专利权、企业家机会和政治参与的权利。在接下来的几个世纪中,储蓄、创新和投资的机会依然被富人垄断,土地的所有权高度集中。随着财富的来源从对自然资源的提炼转向制造业和服务业,像古巴、海地和墨西哥这样高度不平等的国家的经济就陷入了停滞状态。而另一方面,在美国和加拿大,对土地、学校教育和企业家机会的更广泛的享有权刺激了经济的增长。因此,这些更有包容性的经济体便迅速地发展起来。③

恩格尔曼等人则认为初始资源禀赋的差异(比如矿产、农作物的不同)使得殖民者在不同地区建立不平等程度有所差异的制度(比如在拉丁美洲等物产富饶经济繁荣的地区

---

① 针对这一思路,La Porta、Lopez、Shleifer以及Vishny(简称LLSV)于1997、1998、1999年连续联合发表论文对法律起源导致的经济差异进行了细致的探讨。

② Rafeal La Porta, Florencio Lopez – de – Slianes, Andrei Shleifer, Robert Vishny. The Quality of Government. *Journal of Law, Economics, and Organization*. 1999. 15(1), pp222—279.

③ 塞缪尔·鲍尔斯等:《理解资本主义:竞争、统制与变革》,中国人民大学出版社2010年版,第341页。

建立不平等制度以便于掠夺,而在人口稀少、资源禀赋相对贫瘠以及经济相对落后的北美地区则建立相对平等的制度)。① 从而对该地今后的发展造成重大影响。② 这还是地理环境决定论的观点。

2001年,森(Acemoglu)、约翰逊(Johnson)以及罗宾逊(Robinson)(简称 AJR)发表了一篇很有影响力的文章。③ 在这篇文章中他们对殖民史、制度以及经济绩效做了细致的探讨并提出了一个新的工具变量来解开制度与增长之间的因果链条。

AJR 对拉波尔塔等人提出的观点提出了批判,认为如果法律起源的不同真正是导致经济差异的原因,那么为何在非洲看不出太明显的差异。④ 他们认为决定制度的好坏的原因是殖民的类型不同:在那些独立后取得辉煌经济成就的殖民地,一个共同的特点是当初的殖民母国对其采取的是"移民殖民"。⑤ 在这些地方,由于欧洲人的大量移民使得这些人渴望在新的环境中过上和自己在母国同样的生活。这其中包括对产权保护、自由平等、民主法治等各个方面的要求。他们往往会向殖民母国提出建立一套和母国同样的制度,而母国再考虑受益最大化的情况下一般都会采取同意或默认的态度(比如澳大利亚)。

与之相反的是对亚洲、非洲以及拉丁美洲的殖民经历。这些地区的殖民者通常来自西班牙和葡萄牙。他们的殖民目标往往是攫取黄金与资源,在政府殖民地之后,迅速建立所谓的"掠夺殖民"——植入本国的经济和政治选举体系并建立一套复杂的垄断商业体系。虽然在亚非拉地区和北美地区都建立了与殖民母国相类似的制度体系,但在北美与澳洲伴随着制度的建立是大规模的移民潮,这些移民长期在欧洲生活对于欧洲的制度依然十分熟稔,他们很快便融入了这套博弈规则之中,从而使得制度得以有效地运行。相比之下在拉丁美洲、非洲和亚洲,殖民者在建立制度的同时并没有伴随大规模的移民涌入,与当地的统治者形成了一个少数人的利益集团。为了集团的利益,他们将自身置于制度体系之上,对殖民地进行掠夺与奴役。而制度的受众却又大多是当地土著,不同的文化与习俗使得当地的非正式制度与正式制度格格不入,期间伴随着频繁的政治斗争、欺诈哄骗以及贪腐,使得制度效率十分低下。

初始制度的敏感性需要我们对制度的持续性做出讨论。AJR 提出了三种可能的持续机制:①"建立新制度可能需要太大的成本";②"原有的由殖民母国授权代为管理殖民地的小团体可能会坚持原有的制度";③"原有的制度已经对与制度相关的社会基础结构

---

① 在拉丁美洲当时的农业相当发达,遍布大型的大种植园,于是西班牙及葡萄牙殖民者倾向于在当地派遣少数本国王公贵族在当地充当代言人。这种小型利益集团很快便在当地形成特权阶级,对当地在资源上进行掠夺,在制度上建立独裁制度。这种初始制度的不平等直接导致了该地区日后制度的长期低效。而在当时农业相对落后的北美洲,当地资源并没有让殖民者产生直接掠夺的想法,最终只是大量的进行移民从而建立了相对平等的制度。

② Kenneth Sokoloff and Stanley Engerman. History Lessons: Institutions, Factors Endowments, and Paths of Development in the New World. *The Journal of Economic Perspectives*. Vol. 14, No. 3(Summer, 2000), pp. 217—232.

③ Daron Acemoglu, Simon Johnson, James Robinson. The Colonial Origins of Comparative Development: An Empirical Investigation. *American Economic Review*. Vol. 20, No. 5(Dec., 2001), pp. 1369—1401. 这篇文章在刊登之后虽然受到多方的批判,但是从每年的引用率来看,这篇文章的观点已然受到学界的普遍承认。

④ 英国控制了非洲西海岸地区及几内亚湾地区,如尼日利亚,其法律起源于美国相同,但经济成就却比美国落后很多。

⑤ Daron Acemoglu, Simon Johnson, James Robinson. The Colonial Origins of Comparative Development: An Empirical Investigation. *American Economic Review*. Vol. 20, No. 5(Dec., 2001), p 1374.

做了互补性投资从而形成大量的沉没成本"。① 这些国家会使得殖民地在独立之后仍然坚持原有的制度。

为什么在不同的地区会有不同的殖民策略？AJR 找到了一个很好的工具变量——殖民者所面临的死亡率。由于北美的气候与欧洲比较类似,关键是这里没有诸如拉丁美洲与非洲那种令欧洲人害怕的疟疾与黄热病。所以使得殖民者在北美会面临一个小得多的死亡率,这表示在北美进行移民的风险要小得多,殖民者更加倾向于"移民殖民"。

2002 年,AJR 又发表了一篇名为"财富反转"的文章。② 这篇文章可以视为上篇论文的"姊妹篇",其中 AJR 对其原有的理论进行了补充与完善。文章的开篇就指出了财富反转的事实。"例如,印度的 Mughal 地区,美洲的 Aztec、Inca 地区在 1500 年就有最灿烂的物质文明,而此时的北美、新西兰以及澳大利亚等地则是十分贫困的。而今天的美国、加拿大、新西兰以及澳大利亚却远比当初的 Mughal、Aztec 以及 Inca 的所在地区要富强得多。"③

究竟是什么原因导致了这种"反转"？Sachs 等人在 2001 年提出的观点认为在 1500 年以前低纬度地区的繁荣是由于当地的气候及土壤与当地农作物种植的农业技术水平十分匹配;但是当与温带作物种植相匹配的技术出现之后,低纬度地区的农业技术优势也就随之丧失了。④

森等人驳斥了这种观点:①为何北美在欧洲人到来之前并没有出现繁荣;②北美出现繁荣是在 18 世纪末 19 世纪初,比欧洲农业技术传入北美要晚 200 多年;③并没有证据可以证明工业化的发生于地理位置有关。⑤ 随后森提出了制度假说,认为殖民者在其殖民地建立的不同制度以实现其殖民策略是导致这些地区财富反转的重要原因。⑥ 而为了找出导致这种策略差异的原因,森再次运用二阶段最小二乘去找寻更为合适的工具变量。在文章中除了验证他们之前所提出的"死亡率"这样一个工具变量之外,还提出了一个新的工具变量——人口密度。

殖民者在选择是移民还是掠夺的时候,除了考虑当地死亡率之外,还需要考虑的是当地的人口密度。因为更低的人口密度说明殖民者拥有更大的移民空间,而且更高的人口密度还意味着要政府这个地方殖民者需要付出更大的代价。殖民者因而会倾向于建立一个成本相对较低的剥削制度——在殖民地建立一个授权利益集团代为管理的制度看来是一个很好的选择。通过二阶段最小二乘后可发现这个工具变量与掠夺风险(制度)存在着很高的相关系数。

---

① Daron Acemoglu, Simon Johnson, James Robinson. The Colonial Origins of Comparative Development: An Empirical Investigation. *American Economic Review*. Vol. 20, No. 5 (Dec., 2001), p 1376.
② Daron Acemoglu, Simon Johnson, James Robinson. Reversal of Fortune: Geography and Institutions in the Making of the Modern World Income Distribution. *The Quarterly Journal of Economics*. Vol. 117, No 4 (Nov., 2002), pp. 1231—1294.
③ 同上,p1232。
④ Jeffrey Sachs. Tropical Underdevelopment. 2001, *NBER Working Paper*, No. 8119.
⑤ Daron Acemoglu, Simon Johnson, James Robinson. Reversal of Fortune: Geography and Institutions in the Making of the Modern World Income Distribution. *The Quarterly Journal of Economics*. Vol. 117, No 4 (Nov., 2002), p 1234. AJR 把这些地理变量置入回归方程后发现他们都是不显著的,这说明地理特征变量要么不那么重要,或者它们本身就是多余的变量。
⑥ 这个理论与之前那篇"殖民者所面对的死亡率"中的结论是一致的,所以说这两篇文章可以称作"姊妹篇"。

第三节 制度变迁的路径依赖理论

路径依赖的概念最初来源于自然科学中对生物物种进化路径的描述,它关注的是历史偶然事件对未来技术或制度选择的影响。在经历了从技术变迁领域到制度变迁角度再到演化经济学及复杂性科学角度下理论的不断完善与发展,路径依赖分析框架被广泛应用于经济学乃至新经济史学的研究范畴之中。该理论不仅把"时间"带回了新经济史学,而且把历史的分析方法重新引入经济学,它的引入使现代经济史在经济学中的位置得到了提升。

路径依赖理论有助于我们认识历史的作用及历史演变的规律。本节总结了路径依赖理论发展的历史轨迹及其两个主要理论分析框架,即新制度经济学分析框架和演化经济学分析框架。并指出,基于演化经济学的路径依赖分析框架是替代路径依赖的新制度经济学分析框架的最佳选择,它能为经济系统演化中的路径依赖问题提供一个非均衡的、动态的和开放系统思考的分析视角,为经济系统演化过程中的路径依赖问题的成因、影响和破解途径提供一个有力的解释。

一、路径依赖的概念及起源

路径依赖(path dependence)一词最先是源于对生物物种进化路径的描述,美国经济史学家保罗·戴维(Paul A. David,1985)将其纳入了经济学的研究范畴之中。戴维以QWERTY键盘为例,说明了技术变迁中的路径依赖问题,即当一种技术由于偶然因素被选定,随后的技术选择便被锁定在一定的发展路径上了,而这条路径却未必是最佳路径。随后,美国圣达菲研究所的阿瑟(Arthur,1989)进一步发展了路径依赖理论,他描述了报酬递增对路径依赖的影响以及导致报酬递增的自我强化机制。

(一)路径依赖的概念和内涵

1. 路径依赖的概念

路径依赖的概念最早是由生物学家古尔德(Gould)提出的,他在研究生物进化中的间断均衡(punctuated equilibrium)和熊猫拇指进化问题时,用路径依赖来描述生物的演进路径。古尔德发现,在物种进化过程中,基因的随机突变、外部环境与基因本身存在的等级系列控制两方面机制,使物种进化会产生各式各样的路径,从而并不一定沿着最优路径演进。同时,路径依赖也是一个物理学和数学的概念,与混沌理论(chaos theory)有关。在混沌理论的非线性模型中,一个系统的潜能取决于系统的初始状态,系统可能会因为一些小概率事件和无关紧要的事件而发生锁定。

路径依赖可定义为,具有正反馈机制(positive feedback system)的体系一旦在外部性偶然事件的影响下被系统所采纳,便会沿着一定的路径发展演进,而很难为其他潜在的甚至更优的体系所取代。

在经济学中,路径依赖是指"人们过去的选择决定了他们现在可能的选择"。[①] 类似于物理学中的"惯性",经济系统一旦进入某一路径(无论是"好"的还是"坏"的),就可能对这种路径产生依赖。这意味着,"历史是至关重要的",我们今天的各种选择,实际上受到历史因素的影响。从简单意义上来看,路径依赖也意味着"无效率",即一旦我们选择了某种路径就意味着我们将会被长久地锁定在这一路径上,即使在此之外存在其他更加有效的路径,由于转换成本的存在,经济系统只能被锁定在这种已经被历史上的"小概率事件"或者是"无关紧要的事件"所引导的路径上。

2. 制度变迁的路径依赖

在制度变迁的历程中,一个国家的初始禀赋状况深刻影响着制度变迁路径的选择,这种初始禀赋产生路径依赖。确切地说,制度变迁的路径依赖是指,一种制度一旦形成,不管是否有效,都会在一定时期内持续存在并影响其后的制度选择,就好像进入一种特定的"路径",制度变迁只能按照这种路径走下去。广义上的路径依赖,说明"历史上某一时间已经发生的事件将影响其后发生的一系列事件"。狭义上的路径依赖,意味着"一旦一个国家或地区沿一种轨迹开始发展,改变发展道路的成本非常高。尽管存在着其他的道路选择,但已建立的制度会阻碍对初始选择的改变"。

(二)路径依赖的起源:技术变迁与路径依赖

1975 年,戴维在他的著作《技术选择、创新和经济增长》中首次将"路径依赖"的概念纳入经济学的研究范畴之中[②],但当时并未引起重视。随后,托马斯·谢林(Thomas C. Schelling)在 1978 年出版的著作《微观动机和宏观行为》中,讨论了"互动性行为"(interactive behavior)问题。他指出,经济结果严重依赖于行为发生时的秩序,因此即使面临着更有利的选择,一些次优的结果可能非常流行。

经济学家对路径依赖问题的重视,最初始于对技术变迁的路径依赖性与路径依赖密切相关的报酬递增和自我强化机制的研究。20 世纪 80 年代,戴维(1985)和阿瑟教授建立了简单的数学模型,对技术变迁的路径依赖现象给予了经济学解释。他指出,新技术的采用往往具有报酬递增和自我强化机制。一种并不一定是最好的技术,由于某种原因首先获得发展,就可以凭借先占的优势地位,利用规模扩大促成的单位成本下降、普遍流行导致的学习效应、许多相近行业采用相同或相似技术所产生的协调效应以及在市场上流行给消费者带来的良好预期等来实现自我增强的良性循环和持续的发展。相反,如果一种先进的技术出于某种原因而晚入一步,就没有机会获得先入者的诸多优势,从而陷入一种恶性循环的状态,甚至会被"锁定"在一种被动的状态下难以自拔。总之,一些细小的事件或是偶然因素,常常会把技术的发展引入一条特定的路径,而不同的路径会导致完全不同的结果,这就是技术变迁的路径依赖现象。

1. 技术变迁的路径依赖与自我强化机制

阿瑟教授几乎是与戴维同时形成路径依赖思想的,但他的研究重点放在经济中的报酬递增与路径依赖的关系上,并描述了导致报酬递增的自我强化机制。

---

① 诺思:《经济史中的结构与变迁》,上海人民出版社 1991 年版,第 1—2 页。
② Thomas C. Schelling(1978):*Macro Motives and Macro Behavior*,New York:Norton.

阿瑟认为,技术变迁的路径依赖特征是由于报酬递增在起作用,而导致报酬递增的原因又可归咎于技术变迁的自我强化机制。技术变迁的自我强化机制主要有四种形式:①初始成本。新技术在开发之初往往需要投入大量的初始成本或固定成本,而随着产量的增加则会导致单位成本不断下降。②学习效应。随着一项技术的流行,人们会在使用和推广过程中不断地改进这一技术,使之更为完善,达到自我强化。③协调效应。随着一项技术的采用和推广,会产生一系列相关的技术和产品(或称互补性的技术和产品),也会产生相关部门的合作效应。④适应性预期。越流行的技术和产品,越容易产生该技术和产品将来会更流行的预期。

以上四种形式的自我强化机制使得技术变迁的结果呈现出以下四个特征:①技术变迁的结果不是唯一确定的,而是多种均衡的选择,可能有多种解决办法。②技术变迁的发展结果不一定是最佳的,一项技术在开始时可能很有效,但发展下去可能会失去效率。③技术变迁发展的模式固定化,选择某项技术容易,但放弃它却很难。④技术变迁具有路径依赖性。一次偶然的机会可能会导致一种解决方法,而一旦这种方法流行起来就会产生一种沿着原来路径走下去的趋势,要想改变这种方法或是选择其他路径十分困难。

2. 路径依赖是否存在等级性

关于是否存在不同程度的路径依赖,学术界一直存在争议。莱博维兹和马格利斯(Stan Liebowitz & Stephen Margolis,1995)[1]根据不同程度的可获取信息区分了三个层面上的路径依赖。他们认为,第一层面的路径依赖是指,行为主体拥有足够的信息,他也知道什么方案是自己的最优选择,然而考虑到完全放弃原先选择的路径将引发若干费用,他实际上进行的是次优(但与既有路径相吻合的)选择。第二层面的路径依赖则源于决策进行时的信息不完全。随着时间的推进,行为主体逐渐发现最初的决策并非最优,但先期投入的资源已成为沉没成本,经济行为只能按次优路径继续展开。第三层的路径依赖是,行为主体可能意识到存在更优的选择,但还是拒绝其他方案,而坚持具有路径依赖性的选择。对于前两个层面的路径依赖,在新古典范式下,面临许多难以解释的理论问题:其一是放弃既有路径的费用难以计算;二是行为主体据以判定最优选择的信息的获取同样具有选择导向性,信息获取过程同样是路径依赖的,一个特定的决策之所以发生是因为既定的路径令行为主体相信该选择是最优的。如果说前两个层面的路径依赖在引入有限理性(bounded rationality)概念后仍可置于新古典范式之下的话,则第三层面的路径依赖在该范式下却是完全没有理解力的,而这一层面的路径依赖又是广泛存在的,占据了路径依赖事件的绝大多数。

Roe(1995,1998)[2]也把路径依赖按照强度分为三种:弱型路径依赖。半强型路径依赖和强型路径依赖。并指出,弱型路径依赖对作为最终结果的制度形式作了解释,但只说明了相对效率,它不需要对过程有太强的解释;半强型路径依赖引致了缺乏效率的路径,人们后悔这种结果,但不会出钱改变它;强型路径依赖虽然也导致了缺乏效率的路

---

[1] Margolis,Stephen E. with S. J. Liebowitz,Path Dependence,Lock-in and History,*Journal of Law*,Economics and Organization,Summer,1995.

[2] Bebchuk,Lucian Arye and Roe,Mark J. , A Theory of Path Dependence in Corporate Ownership and Governance(October 1999). Columbia Law School,Center for Studies in *Law & Economics Paper* No.131.

径,也值得去花钱去改变,不过由于公共选择和信息问题带来的行动的实际成本较高,人们无法重建,只能维持现状。

而戴维则对于这样的分类提出了批评。他认为,这些分类基本上都误解了路径依赖这一概念的实质。雷保维兹(Leibowitz)和马德克(Margolis)的分类则使得这一概念的涵义变得更加混乱,他们完全是根据自己的需要来解释这一概念的。事实上,路径依赖这一概念并不是一个市场选择失败的问题,它是一个"历史经济学"的范式。基于这样的考虑,戴维给出了路径依赖的积极和消极的定义。积极定义就是"路径依赖是一个随机动态过程,它是作为这一过程的自身的历史渐进分布的结果",而消极定义是"路径依赖的过程是一种非历态的过程,因此,不能动摇摆脱他们的历史约束,进而导致了路径依赖的产出"。因此,从戴维对于路径依赖澄清的角度来说,路径依赖是一个随机动态的过程,这一随机动态过程严格地屈从于历史瞬间的偶然事件的支配,这种支配的强弱并不是市场选择的结果,而是因为没有分叉过程的占优的概率分布所决定的,它特别遵从史实性。因而这一过程中,不存在所谓的"路径等级性"。

二、制度变迁的路径依赖理论

20世纪90年代,西方学者在戴维和阿瑟对技术变迁的路径依赖理论研究的基础上,逐渐把研究重心由技术变迁转向了制度变迁。首先创立制度变迁的路径依赖理论的是诺思。他认为,制度变迁的路径依赖主要由于制度的报酬递增和不完全市场两方面因素。路径依赖并不意味着没有选择的余地,而是选择范围的缩小。在制度变迁中,既存在有效的路径,也有非生产性的路径,而现实中的制度变迁往往是二者的混合。总之,将路径依赖引入制度变迁的分析意味着"历史是重要的"(history matters)。

(一)制度变迁的路径依赖理论

1. 路径依赖的产生原因

关于制度变迁的路径依赖其产生原因,戴维(1994)[1]认为,一般说来制度变迁的路径依赖的发生根源有以下三方面原因:①制度是协同博弈(coordination games)的解,在这一博弈过程中多重预期(multiple expectations)总是存在的,而这些预期又无一例外地植根于初始条件,于是制度变迁必然是初始条件依赖的;②组织内部交流体系编码投资的不可逆性;③组织要实现的目标和任务彼此之间不可避免的交错性和相关性,新目标的附加具有时间上的继起性,因此它们总倾向于在既定的路径中发展。

诺思总结了制度变迁的路径依赖的产生原因来自于两个方面:一是制度的报酬递增;二是由显著的交易成本所决定的不完全市场。他认为,制度变迁如同技术变迁一样,也存在着报酬递增机制。在《制度、制度变迁与经济绩效》(1990)一书中他指出,技术变迁的路径依赖方法也可以用来分析制度变迁,因为报酬递增的技术的竞争,实质上是拥有这些技术的组织竞争。所不同的是,制度变迁比技术变迁更复杂。制度变迁与现行的制度框架、网络外部性和制度基体网络相关,而非与某个特定的制度相关,制度安排会诱

---

[1] David, Paul A., 1994, "Why are Institutions the Carriers of History? Path Dependence and the Evolution of Conventions, Organisations and Institutions", *Structural Change and Economic Dynamics*, 5(2): pp. 205–220.

致互补性组织形式,而后者反过来又鼓励新的互补性制度的形成。这里的报酬递增指的是,市场状况的复杂性需要制度的初始设计必须尽可能地与市场实际相吻合,以便保证制度实施的可行性。简言之,一种制度矩阵的相互依赖的构造会产生巨大的报酬递增,而递增的报酬又会使特定的制度轨迹保持下去,从而决定了经济长期运行的轨迹。诺思指出,"路径依赖仍然起着作用,这也就是说我们的社会演化到今天,我们的文化传统、我们的信仰体系,这一切都是根本性的制约因素,我们必须仍然考虑这些制约因素。这也就是说我们必须非常敏感地注意到这一点:你过去是怎么走过来的,你的过渡是怎样进行的。我们必须非常了解这一切。这样,才能很清楚未来面对的制约因素,选择我们有哪些机会。"①然而,报酬递增所决定的制度的长期变迁,并不必然导致经济长期增长的良性轨迹,而很可能恰恰相反。这主要取决于市场的完全程度。另一方面,由显著的交易成本所决定的不完全市场,使得非效率制度在相当长的时期内存在。在报酬递增的前提下,如果相应的市场是竞争性的,或者是大致接近零交易费用,报酬递增造成的对低效率路径依赖很容易得到校正。但在现实世界中,由于存在心智模式的不完备及其信息反馈的不完备和政治市场的交易费用高昂,因此,在一些对生产活动无激励效应的制度初始安排中所具有的报酬递增这个特征,将衍生出一些维系现存制度约束的组织或利益集团,这些组织和利益集团将按"他们的利益来决定政治(进程)",从而使得一些非效率的制度可能长期存在,甚至导致制度路径锁定。因此,在从技术报酬递增转向具体的制度时,诺思从心智模式、政治过程两个方面对路径依赖做了解释,并据此断言,由于经济、政治的交互作用和文化遗产的制约,制度变迁比技术变迁更复杂。

如果没有报酬递增和不完全市场,制度是不重要的。"但是,在存在报酬递增时,制度则是重要的,阿瑟的所有四个自我强化的机制是适用的,尽管它们在某些方面具有不同的特征。"②

2. 制度变迁路径依赖的自我强化机制

诺思认为,制度的报酬递增会导致自我强化机制的发生,进一步增强曾经给出的路径的方向。制度变迁的自我强化机制被诺思表述为,"当制度的创立如美国 1787 年的宪法一样是重新开始的时候,初始建立的成本就很高,由制度框架所提供的机会集合会产生显著的组织学习效应,其结果,组织将演进到考虑由此框架所确立的机会。与其他组织的合约会产生直接的协作效应,通过政治团体的互补性活动会间接诱致投资。更为重要的是,正式规则将导致大量非正规制约的创立,它们会被用来修正正规规则,以及将它们延伸到具体的运用。还会产生适应性预期,因为随着基于某一制度的合约不断居支配地位,会诱致关于该规则永久性的不确定性。"③

具体来看,制度变迁的自我强化机制表现为以下四种形式:

(1) 制度的初设成本(set-up cost)。设计一项制度需要大量的初设成本,而随着这项制度的推行,单位成本和追加成本都会下降;

(2) 学习效应(learning effect)。适应制度而产生的组织,会抓住制度框架提供的获利机会;制度变迁的速度是学习速度的函数,但变化的方向取决于不同知识的预期回报

---

① 诺思:《制度变迁理论纲要》,载《改革》1995 年第 3 期。
② 诺思:《制度、制度变迁与经济绩效》,上海三联书店 1994 年版,第 127 页。
③ 同上,第 127—128 页。

率;行动个体所具有的思维模式形成了其对回报率的预期;现有制度框架提供竞争激励,迫使人们和组织进行学习,获得技术和知识以求生存;而这些技术和知识与组织取得这些技术知识的方法将逐渐地改变现有制度。

(3) 协调效应(coordination effect)。它是通过适应制度而产生的组织与其他组织或政治团体缔约以及具有互利性的组织产生对制度的进一步投资而实现的。一项正式规则的产生将导致其他正式规则以及一系列非正式规则的产生,以补充和协调这项正式规则发挥作用;

(4) 适应性预期(adaptive expectation)。它的含义是,随着以特定制度为基础的契约盛行,将减少这项制度持久下去的不确定性。

随后,诺思(1990)、格雷夫(1997)、凯姆普(Kemp,1997)、温德鲁姆(Windrum,1999)和皮尔森(2000)把自我强化机制的分析扩展到法和经济学、政治学中,给出了其它五种自增强机制,即正式的法律约束、非正式的文化约束、人们的主观理解、既得利益约束和解决问题的能力。伍尔德曼(2004)①则认为,制度变迁过程有其自身的特殊性,在确定形成制度路径依赖的各种自我强化机制时,要和技术路径依赖过程进行区别。他分析了启动成本、报酬、网络外部性、学习效应、适应性预期、正式的法律约束、非正式的文化约束、既得利益约束、人们的主观理解、解决问题的能力这 10 种自我强化机制发挥作用的途径和判别自我强化机制的方法,并对各种自我强化机制在制度路径依赖过程中的作用大小进行了分析。他认为,在这 10 种自我强化机制中,转换成本(伍尔德曼,2004)、运行成本(伍尔德曼,2004)和解决问题的能力(温德鲁姆,1999)是造成制度锁定的关键因素,而正式的法律约束(诺思,1990)、非正式的文化约束(格雷夫,1997)和既得利益约束(凯姆普,1997)虽不直接造成制度锁定,但它们却决定了转换成本的大小,起到强化或者减弱制度锁定效应的作用。同样,网络外部性(阿瑟,1994)和学习效应(阿瑟,1994)也不直接造成制度锁定,但它们决定了运行成本的大小。人们的主观理解(凯姆普,1997)和适应性预期(阿瑟,1994)是更次要的机制,它们通过影响以上 8 种机制起作用。伍尔德曼用图 13.1 来表示这 10 种自我强制机制之间的关系。需要注意的是,各种自增强机制之间并不是相互排斥的。它们彼此影响,以复杂的方式建立起一个决定性的动力,推动动态系统走向路径依赖。

总而言之,制度向量的相互联系网络会产生大量的递增报酬,而递增的报酬又使特定制度的路径保持下去,从而决定经济长期运行的轨迹。由以上因素决定了,制度变迁路径依赖的结果具有以下四个特征:①多重均衡。它表明经济演化的最终结果即使趋于定态,可能趋于的定态也并非唯一,具体达到哪个均衡可能取决于外界随机因素,简言之,即可能存在多重解而结果又不确定。②可能的非效率。即经济演化最后趋向的结果可能不是效率最优的,高效率的制度可能因为一些历史原因而未能被采纳,从而替代一些非效率的制度。③锁定。当经济系统达到一个均衡态后,由于它在一定范围是稳定的,因而很难从中摆脱出来,即被锁定。④路径依赖。一些小事件或随机环境的结果决定某些解,而这些特定的解一旦形成,就导致一种特定的制度变迁路径。

---

① Woerdman E. *The institutional economics of market-based climate poilcy*[R]. Amsterdam:Boston:Elsevier,2004.

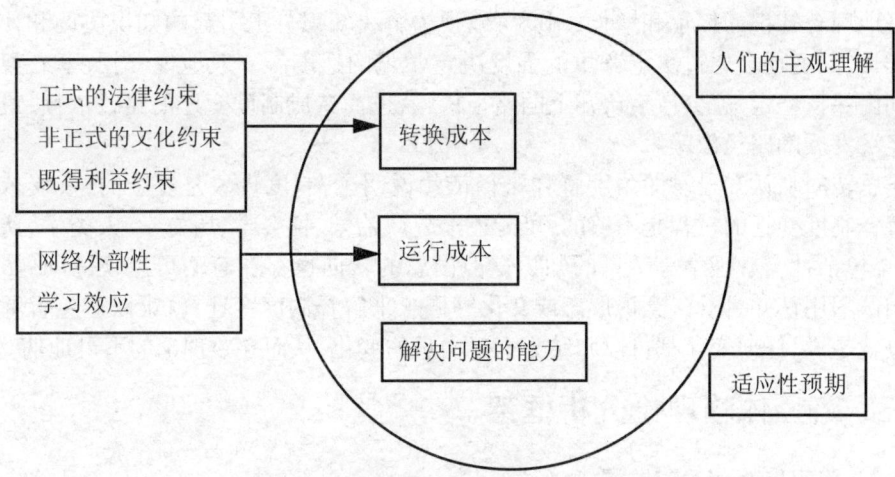

图 13.1 各种自我强化机制之间的关系

(二) 从认知科学的角度解释路径依赖

为了从更深层面解释路径依赖,诺思(2004;2005)又进一步揭示了路径依赖的传递途径和认知根源。他认为,制度变迁的路径依赖先从认知层面开始,经过制度层面,最后达到经济层面。信念决定了制度结构,认知的路径依赖使得制度也呈现出路径依赖的特性。在制度框架既定和社会激励结构不变的情况下,借助价格信号,市场当事人的信念与技术互动,可能会引导该社会沿着一种鼓励技术进步的方向前进。因此,认知和制度的路径依赖将会导致经济的路径依赖。

诺思与但泽(A. T. Denzau)1994年合作的论文《共享心智模型:意识形态和制度》标志着其对制度变迁的路径依赖分析已全面转向认知科学。文中指出,具有相同文化背景和经历的个人将会共享合理收敛的心智模型(mental models),并因此可以更好地交流和分享知识,意识形态和制度都可以视为共享心智模型的种类。新的经验不断地重新确定心智模型,这种学习也被称为表象重述(representational redescription),其过程包括概括(generalize)、推理(reason)和类推(analogy)。由于个人经验的不同会形成独特的心智模型,而文化遗产则提供了减少心智模型分歧的途径,并使统一的认知在代际间的转换成为可能,这种机制可以称为文化学习。制度变迁实质上反映了心智模型的演化,而心智模型的演化具有刻点均衡的特征。对认知科学的研究使得诺思在提出"历史是重要的"的基础上又进一步提出了"思想起作用"(ideas matter)的观点。

2001年,蒙扎维诺思、诺思和沙瑞克(C. Mentzavinos, Douglass C. North, and Syed Shariq)又进一步发展了以上思想。首先,他们区分了两种层次的学习,即个人层次的学习和社会层次的学习。个人层次的学习是个人心智模型在收到环境反馈后复杂的修正机制或过程,也是一个试错的过程。当环境反馈多次增强同一心智模型时,该心智模型就会稳定而成为信仰并逐步形成信仰体系。从个人层次的学习转向社会层次的学习时的首要概念是共享学习,这种共享学习又可以分为静止的和演化的。在静止状态下,个人为了解决社会文化环境中的问题必须与他人交往,从而形成了共享心智模型;共享心智模型的演化则包括了理论知识通过外在符号的代际传递和实践知识通过模仿的传递。为了更好地理解知识的传承和增长,制度可以视为解决知识分工引起的知识协调和使用问题的工具,制度还会通过决定竞争的强度决定学习的速度。一般地说,当共享心智模型在长期内保持稳定,就会产生认知上的路径依赖,进而造成制度变迁的路径依赖,最终导致了经济发展的路径依赖。

诺思转向从认知科学的角度解释路径依赖说明了,制度现象是复杂的,仅仅依赖经济学解释制度变迁的过程是不够的,可能还需要政治学、社会学、历史学、人类学、认知科学,甚至包括社会心理学等学科的知识。但诺思的转向也存在着不可忽视的问题,即一旦我们试图用认知、偏好、意识形态或文化等概念来解释制度变迁,就难以避免解释的泛化。也就是说,任何变化都可以归结为上述力量的变化,从而导致理论的不可证伪。

三、路径依赖理论分析框架

(一) 路径依赖理论的发展

1. 路径依赖理论发展的历史轨迹

路径依赖理论来源于自然科学,在经历了从技术变迁领域到制度变迁角度再到演化经济学及复杂性科学的分析框架下的不断地完善与发展,该理论被广泛应用于经济学乃至新经济史学的研究范畴之中。路径依赖理论不仅把"时间"带回了新经济史学,而且把历史的分析方法重新引入经济学,它的引入使现代经济史在经济学中的位置得到了提升。

路径依赖理论发展的历史轨迹可归纳为四个阶段,如图 13.2 所示:

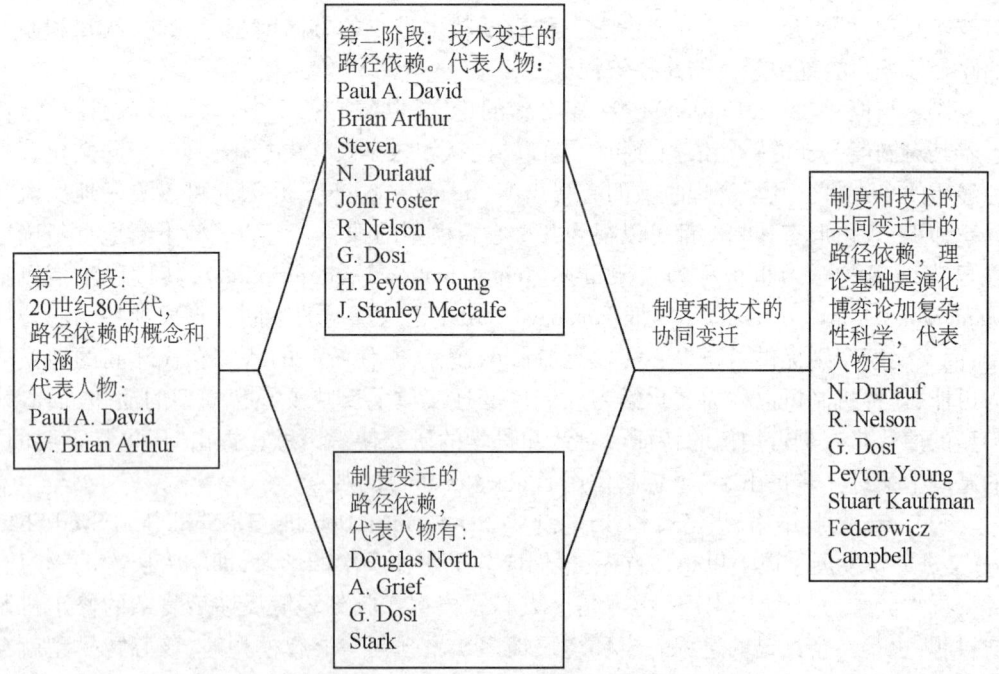

图 13.2　路径依赖理论发展的历史轨迹示意图

路径依赖理论发展的第一阶段,即 20 世纪 80 年代提出路径依赖。产生之初的研究主题就是路径依赖的概念和内涵。

第二阶段，在技术变迁领域内率先引入了路径依赖理论。戴维、阿瑟、斯蒂文（Steven）、N. Durlauf、福斯特（John. Foster）、尼尔森（R. Nelson）、多西（G. Dosi）、杨（H. Peyton Young）、梅特卡夫（J. Stanley Mectalfe）等学者将路径依赖思想系统化，使之成为现代经济学中发展较快和应用较广泛的学说之一。

第三阶段，20世纪90年代，路径依赖理论在技术变迁领域发展的基础上又扩展到制度变迁领域。代表人物有诺斯、格雷夫、多西和斯塔克（Stark）。

第四阶段，路径依赖理论又有了新的发展趋势，就是运用复杂性科学的最新研究成果和演化博弈理论，系统分析包括技术与制度综合变迁过程中的路径依赖问题。Campbell、Hausner、Federowicz、Rizzello、Vincensini、Nelson和Winter等学者分别用进化论、演化博弈论、演化经济学等分析方法对制度变迁的路径依赖的不同机制做出了解释。

林德伯格和坎贝尔（Lindberg & Campbell, 1991）[1]尝试性地构建了一个描述渐进式演变的模型（L-C模型），并得出与诺思的论点十分相似的结论：制度变迁的渐进性特征主要植根于历史给定的政治、经济、文化环境，它们制约、甚至规定了制度的后续变迁。杰兹·豪斯勒（Jerry Hausner, 1995）[2]等人接受了制度变迁的路径依赖观的核心理论，即制度进化受制度遗产约束，同时又声称这种模式不能解释引起锁定的机制。他们认为制度变迁是"路径依赖的路径定型（path dependent path shaping）"的结果。Federowicz（1997）[3]批评了单纯强调作为变迁障碍的制度遗产和解释激进变迁的有限才能的观点，认为路径依赖对理解制度变迁是必要的，但不是充分的，必须加上技术的或"路径发现"的要素，即由经济因素决定的对制度变迁的预期，提出后社会主义的制度变迁只能用与路径依赖相伴的所谓的"可预见的制度（anticipated institutions）"的技术作用来更好地理解。瑞哲罗（Rizzello）的研究把路径依赖理论引向奥地利学派传统，为该理论找到了微观基础。他（1995）[4]对新古典主义的需求—供给框架做了修正，认为制度变迁受主观个体的特殊个性、既往经历、在解决问题过程中与环境形成的特殊正反馈、个人学习过程以及知识获取的主观机制等因素的影响，变迁的最终结果是"基于（制度）内生信息积累过程的"、"以适应已有传统和既往经历为前提的"、"高度路径依赖的"。简言之，在这种种因素的共同影响之下，变迁个体的心理维度具有高度的路径依赖性，这决定了整体制度变迁的路径依赖特性。不仅如此，制度的创新也具有路径依赖的特点，因为创新的发生来源于"新观念、新计划和新行为方式的出现，而后三者显然是路径依赖的；只是因为信息的不完全和过程理性影响才使得相当程度的自由意志得以显现"。法国巴黎大学的Vin-

---

[1] Campbell, J., Hollingsworth, J., Lindberg, L., eds., 1991, *Governance of the American Economy*, Cambridge University Press.

[2] Hausner, J., Jessop, B., Nielsen, K., eds., 1995, *Strategic Choice and Path-Dependency in Post-Socialism. Institutional Dynamics in the Transformation Process*, Elgar, Aldershot.

[3] Federowicz, M., 1997, Anticipated Institutions: the Power of Path Finding Expectations, Paper Presented at the 4th Workshop of the European Scientific Foundation Network, Institution Building in the Transformation of Central and Eastern Societies, CEU, 5-7 December, Budapest.

[4] Rizzello, S. (1995), The Micro foundations of Path Dependency, in *Evolutionary Economics and Path Dependence* (edited by Magnusson & Ottosson): 98-118.

censini(2001)①则接受了一个路径依赖的包容性定义,认为制度遗产和战略性路径定型行为引起的"历史事件"影响制度变迁的过程,制度上的路径依赖作为一个受制度遗产约束和可能导致锁住的战略行动影响的历史累积进化过程,与技术上的路径依赖有一定的关系,但两者涉及制度的程度不同,有独特的机制,并可以由路径定型加以调和。影响和决定制度性路径依赖和路径定型的三种机制,即经济体制、认知能力和政治因素,会对所有制结构有着不同程度的影响。尼尔森和温特(Nelson & Winter)在分析制度的路径依赖时,把制度看成是一种"日常惯例"。温特(2000)②把制度变迁看做是习惯(convention)或协调(coordination)博弈的参与者之间策略互动的变化。这种博弈以均衡点的多样性为特征,用动态的观点看,与路径依赖现象有密切的联系。在由目前已获得的选择机会的分布引发的基本(underlying)博弈中,对采用某一策略的概率的偏爱(bias)使得制度变迁过程趋同于或被锁定于博弈的一个均衡点。在该模型中,由波动造成的动态变化可由马尔可夫(Markovian)微分方程来描述。这种动态变化表明了不同的制度结构在长期中是如何演化的,也就是分析随机微分方程的渐近性。艾及迪(Egidi,1998)也把日常惯例看成是自发演化的规则集合,认为日常惯例具有知识属性,正是制度知识的创新和扩散导致了制度演化的路径。早期所实施的某一种制度可能会固化到以后的组织行为中,成为一种习惯。尼尔森(1995)指出,制度变迁是在人们有限理性的假设前提下进行的,人们并不知道哪种制度是最优的,即使知道哪种制度最优,也不知道该采取什么措施来实施最优的制度。适应性学习和经济的自然选择作为两种正反馈机制支配着制度变迁的过程。这两种演化机制决定了制度变迁结果的多重性,并不一定会产生"唯一的均衡"。

事实上,从学科发展的渊源上来看,20世纪80—90年代兴起的演化经济学最先关注的是技术变迁的过程,而较早产生的新制度经济学则主要关注的是制度变迁的过程。它们在复杂性科学快速发展的趋势下已经表现出一些合流的趋势,现在再加上有路径依赖理论将两门学科联系起来,未来它们之间的联系将更加紧密。

2. 路径依赖理论的应用领域

随着路径依赖理论逐渐成熟,国内外学者逐渐开始利用该理论对经济学领域的重大问题展开深入研究,得出一些与主流经济学所不同的结论。其中最为典型的,就是用路径依赖理论来分析所有制和公司治理、美洲的经验等问题。

美国哥伦比亚大学社会学教授 Stark(1992)③是最早把路径依赖用于后社会主义经济,特别是私有化战略研究的学者之一。他认为,社会变迁是社会集团之间相互作用的结果,私有化战略受制度遗产的约束。他反对后社会主义的转轨会在制度真空里发生的观点,强调制度变迁的进化本性。Jones 和 Mygind④(1999)考察了爱沙尼亚私有化以来所有权结构的变动,发现尽管存在大量的路径依赖,重大的所有制变迁还是发生了。通过

---

① Vincensini,C.,2001,"Is Path Dependence a Useful Concept to Analyze the Evolution of Ownership Structure in Central Europe? A Theoretical and Empirical Discussion".
② 纳尔逊、温特:《经济变迁中的演化理论》,商务印书馆1997版。
③ Stark,D.,1992,"Path Dependence and Privatization Strategies in East Central Europe",*East European Politics and Societies*,6(1),Winter,17 - 54.
④ Derek C. Jones and Mygind,Niels,1999,"The Nature and Determinants of Ownership Changes after Privatization:Evidence from Estonia ",working Paper.

经济计量学研究得出以下结论:①惯性在所有权分配中起着重要作用;②大企业和资本密集型企业更可能由外部人拥有所有权;③经济绩效在所有制变迁中不起决定性作用;④大的少数所有权股本(minority ownership stakes)提高了最初的多数所有权变化的概率,即与内部人持有的少数所有权相比,当外部人取得少数所有权地位时,他们更可能最终采取多数所有权。Bebchuk 和 Roe(1999)把路径依赖和公司治理联系起来了,提出了公司所有权与公司治理的路径依赖理论。他们发现,一个国家的所有权结构形式有着重要的路径依赖根源,其部分地依赖于早期的型式,当这些国家早先的所有权结构由于不同的环境或历史事件而存在差异时,即使后来经济变得很相似,这些差别也会存续下去。Schmidt 和 Spindler(2000)①同意 Bebchuk 和 Roe 对趋同论的怀疑,同时又认为他们的分析存在不足。他们区分了两种不同的路径依赖:一种是基于调整成本(adjustment costs)或转换成本作用的路径依赖,如 Roe(1997)举的"弯路"的故事;另一种是从进化生物学中借用来的概念,命名为进化近视(evolutionary myopia)结果的路径依赖。这两种概念对公司治理快速趋同问题有不同的含义。他们还引进了互补性概念来说明路径依赖的成因,认为由互补成分组成的公司治理体制的动态特性使得向最优公司治理体制的快速趋同不可能发生。

诺思用路径依赖理论分析了美洲的经验,他把南北美后殖民地时期的表现与它们各自的殖民地传统联系起来了。独立后,美国和拉美诸共和国都享有着宪政民主、丰富的自然资源和相似的国际机遇。但是,北美得益于其分权的、议会制的英国遗产;而拉美则深受集权专制、家族主义和庇护制之苦,所有这些都来自中世纪晚期的西班牙。换言之,北美继承的是公民传统,而拉美得到的则是垂直的依赖和剥削之传统。导致差别的不是南北美洲的个人偏好,而是脱胎于历史的社会环境给这些个人提供了一整套不同的机遇和激励。②

3. 历史的路径依赖和非路径依赖

历史的路径依赖和非路径依赖(independence)是一个事物的两个方面。在路径依赖理论不断模型化的同时,国外不少学者还研究了进化博弈中的历史非路径依赖。桑德霍姆(Sandholm,1998)③以简单协调博弈为基础,把产生历史非路径依赖预测的进化博弈分为三种模型:随机稳定性模型、局部互动(local interaction)的随机稳定性模型和廉价交谈(cheap talk)模型。桑德霍姆认为,虽然这三种模型都体现了随意性,但只有局部互动模型才能产生可信的历史非路径依赖预测。因为一种习惯一旦建立起来,局中人就不可能通过个人努力改善其支付,也就不会有战略性变化出现。

(二)基于新制度经济学的路径依赖分析

路径依赖理论的新制度经济学分析框架的建立有其必然性,同时对新制度经济学的发展也起到了一定的积极作用。一方面,如前所述,新古典范式对解释路径依赖问题存

---

① Schmidt, R. H. and G. Spindler, 2000, "Path Dependence, Corporate Governance and Complementarity", working paper.

② 罗伯特·帕特南:《使民主运转起来》,江西人民出版社 2001 年版,第 211 页。

③ Sandholm, William H., 1998, "History Independent Prediction in Evolutionary Game Theory", *Rationality and Society*, 10:303 – 326.

在许多理论缺陷,需要新的分析框架来进行修正;另一方面,对于新制度经济学来说也需要引入吸收了新进化论、自然科学中的耗散论和非线性动态数学分析等理论精华的路径依赖思想,来增强其对现实问题的解释力。

制度变迁的路径依赖不仅包含技术变迁过程的所有的路径依赖特性,它还有其特殊含义。基于新制度经济学的路径依赖分析框架的理论要点如下:

(1)制度变迁与技术变迁一样具有路径依赖的性质,可以用技术变迁的路径依赖理论来解释制度变迁的路径依赖现象,因为二者的理论核心都是制度变迁的报酬递增和自我强化机制。但制度变迁比技术变迁更复杂,制度变迁的路径依赖是由随机事件、转换成本、行为主体的有限理性、政治利益集团和意识形态等要素推动的。以上多种要素制约着制度变迁的路径,决定了制度变迁的道路是曲折的、发散的与多样的,结果也是非均衡的、次优的,它的帕累托改进性只是一种概率和条件分布函数。

(2)制度的无效率是非历态(non-ergodicity)的过程,制度的无效率是历史的常态(而非例外)。由于制度的报酬递增,制度变迁过程的政治效应可能被锁入某一制度轨道;技术锁定的重要性远不如制度锁定,即(源于制度和政治安排僵化的)路径依赖和互不相同的人类信念构成了经济政策长期性和系统性失灵的原因。诺斯甚至一贯主张把意识形态和常规计算中的信仰问题包括进来。[①]

(3)制度与组织是互动的,这一互动过程是广泛的社会秩序化的过程,构成这一互动维度的不仅包括正式规则和各种非正式规则的个人、组织,而且包括制度变迁的过程。初始性制度安排影响制度变迁过程,但是,制度变迁的过程更会严重影响制度的选择和进一步的变迁。

(4)人类社会的一切制度变迁过程都是一个适应性学习的过程,这种学习是基于个人心智、历史和文化以及意识形态的学习过程。因此,制度创新的动力永远孕育在一定时期的个人心智、历史进程、文化演化和意识形态之中。在这一过程中,习俗或社会规范在制度变迁的速度和方向上起到了作用。就如同刘易斯(Lewis)所说,习俗具有共同预期的再强制机制,在人类的社会安排中,"历史事件"可能拥有一种惊人的持续状态。

(5)该分析框架试图打破新古典经济学的比较静态分析框架,试图处理经济系统的非线性、多重均衡性和时间的不可逆性等一系列重大理论问题,真正将历史引入经济分析(即所谓的"history matters")。由于新古典经济学单一均衡、完全理性和收益报酬递减等自身假设前提存在缺陷,使得它的理论分析框架无法有效分析现实经济问题。在新制度经济学分析框架下的路径依赖理论试图解决以上一系列理论问题。

(6)西蒙教授在他的近著《人为的诸科学》里,他指出,任何演进都是路径依赖的,从而通常只有能力达到"局部最优",而完备理性条件下的选择,则有能力达到"整体最优"。诺斯与主流经济学家发生了极大的争论。那就是关于一个社会经济是否可能在长期内停滞于"低收入陷阱"的问题。生存竞争总是迫使人们改进生存条件,所以主流经济学否认长期停滞于"低收入陷阱"的可能性。然而诺斯引证了大量经济史的例子来说明确实存在的"停滞经济"。诺斯与主流经济学家的不同之处关键在于,他相信,政治、文化

---

① [美]约翰·德勒巴克勒克:《新制度经济学前沿》,经济科学出版社2003年版,第6—7页。

和意识形态这类"非经济因素"在决定一个社会的经济是否会锁入陷阱时起了决定作用。

(7) 制度演进过程充满了路径依赖和创新。一旦一个特殊的(制度的或生物的)系统被建立起来,它就趋于自我维持。系统中的变迁很可能是从一个大的外在冲击开始,这种外在冲击引发了内在变化,这种变化是累积性的或新的,而不是连续地、逐步地发生的。在关键的转折时刻,被选取的选择规则的基本特征很可能对未来产生约束作用(路径依赖)。然而在另一方面,从最初的非均衡状态向所出现的制度的转型是否是唯一可行的轨迹,这一点尚不能确定。脱离均衡,沿着多种路径的发展也有可能。因此,制度演进过程充满了路径依赖和创新。① 近来制度分析的进展表明,每一个经济均可视作相互依存的制度共同组合在一起的系统,不存在单一的、最为有效的经济体制,也不应要求所有经济都向理想化的瓦尔拉均衡靠拢。实际上存在着从不同历史条件发展而来的多样化的经济体制。② 我们对路径依赖并没有充分的认识,更不知道它怎样约束我们改造社会的能力。

(三) 基于演化经济学的路径依赖分析

1. 路径依赖理论与演化经济学理论的融合

继诺斯之后,制度变迁的路径依赖理论分析的最新进展,是以纳尔逊和温特为代表的经济演化理论和以肖特(Andrew Schotter)和杨(H. Peyton Young)为代表的演化博弈论制度分析。这两个方面的研究的共同特征是,都将行为选择过程和制度演化过程进行了形式化处理。在关于经济演化和制度演化分析范式上,它们的一个显著特征是,二者都偏离了新古典经济学关于完全理性和均衡结果的强调,转而寻求经济过程在不同演化方向上的动力学解释。二者的差别仅在于,前者着力于将"市场中的自然选择过程"进行微观的模型化处理,而后者则着力于将"制度演化和型构的过程"通过博弈论进行模型化处理。

2. 路径依赖的演化经济学分析框架的形成

演化经济分析的发展最早是以对主流经济理论的批判开始的,其核心概念包括演化(evolution)、新奇(novelty)、惯例(routines)、路径依赖等。对比新古典经济学的均衡观而言,演化观注重对"变化"的研究,强调历史的重要性,认为时间不可逆性是经济社会系统的重要特征。它的理论特征表现为:用动态的、演化的方法看待经济发展、经济变迁和技术变迁;强调惯例、新奇创新和对创新的模仿在经济演化中的作用;以达尔文进化论的遗传、变异和选择这三种机制为演化经济学的基本分析框架;强调历史在经济演化中的地位,认为经济演化是一个不可逆转的过程;强调经济变迁的路径依赖,制度的演化遵循路径依赖的规律,今天的制度是昨天的制度甚至一个世纪前的制度的沿革;强调经济变迁过程中偶然性和不确定性因素的影响等。

路径依赖的演化经济学分析框架的形成也正是基于以上这些演化经济学的理论特

---

① 科斯、诺思、威廉姆森等:《制度、契约与组织——从新制度经济学角度的透视》,经济科学出版社2003年版,第40页。

② 青木昌彦等:《政府在东亚经济发展中的作用——比较制度分析》,中国经济出版社1998年版,第39页。

征。演化经济学的分析框架以复杂性为本质特征(Arthur,1979),而路径依赖理论又是复杂性科学的重要、组成部分,所以,建立以演化经济学为基础的路径依赖分析框架具有重要意义,它的建立不仅有利于丰富新经济学分析框架的内容,而且还可以以其为核心发展出一系列的复杂性经济理论,形成一系列交叉学科群,如混沌经济学等。

3. 路径依赖的演化博弈分析

由冯·诺依曼(Von Neumann,1944)和摩根斯坦恩(Oskar Morgenstern,1944)于上世纪40年代创立、由于引进纳什均衡(1950)概念而活跃起来的博弈论在20世纪80年代经历了一场"策略革命",使得非合作博弈学说逐渐成为经济学的标准工具。到20世纪90年代,博弈论研究的重点已经由完全理性和共同知识转移到进化模型,从而诞生了演化博弈论,并开始逐渐融入主流经济学而产生革命性的影响。

演化博弈论的引入为路径依赖理论提供了强有力的分析框架和研究工具。演化博弈论认为,制度是人与人、人与自然演化博弈的结果,但它并非是一种博弈均衡状态,而是作为一种过程。它的核心原理是,"不管是自发的还是有意识的,对自我实施制度的选择受到历史的——经济的、政治的、文化的和社会的——逻辑关系影响。"①它揭示了引起制度生成与变迁的各种原因,也揭示了一个社会内部经济、文化、社会特征之间关系的复杂性。青木昌彦曾指出,任何社会域成员都有他自己的动机(留下的问题就是该动机是怎样形成的),任何社会结果(尤其是制度)都可以理解为社会成员交互作用的产物。②因此,建立在演化博弈论基础上的分析框架最适宜分析社会科学问题。肖特、阿弗纳·格雷夫以及卡迈恩斯和斯廷森(Carmines & Stimson,1989)等人均持此观点。③

青木昌彦(Aoki Masahiko)是将演化博弈思想用于制度变迁研究的先驱者之一。他从演化博弈的角度,把制度看做是关于博弈如何进行的共有信念(common belief)的一个自我支持系统,这样,制度变迁就可以理解为参与人有关博弈如何进行的信念在临界规模(critical mass)上发生的变化。系统内的变迁更可能由激发内部变迁的外部大冲击引起,而不是连续的、逐渐的。在制度的关键转折时期和随后,主观博弈模型的重建会对未来可能发生的事情施加一定的约束,这就是路径依赖。他所说的主观博弈模型假定个体参与人不具有技术决定的博弈规则的完备知识,对其他参与人的策略选择和环境状态也做不出完备的推断,所有的参与人都把制度看做是有关的约束,并据此采取行动。格瑞夫则把历史上的制度变迁看做是从一个制度均衡向另一个制度均衡过渡的过程,在向新的制度均衡转变的过程中,历史所提供的制度选择不是唯一的,也不是确定的。在面对多重均衡的时候,历史不断地进行着选择。不同的国家和社会在不同的历史条件下作出了不同的选择,这连续的、不同的选择,便构成了某个国家和社会不同于其他国家和社会的特殊的制度变迁轨迹和社会发展道路。那么,当特定国家或地区在特定的历史时期面临着多重的均衡选择时,它是怎样以及为什么做出这种选择而放弃了其他的呢?这就需要将演化博弈论引入路径依赖理论来进行解释。

---

① [美]阿弗纳·格雷夫:《历史制度分析:从经济史视角研究制度问题的新进展》,载《经济社会体制比较》2003年第5期。
② 青木昌彦:《熊彼特式的制度创新》,载《比较》(第十九辑),2005年第8期。
③ 哈耶克的思想解决和超越了该问题,他有"演化博弈"的思想,具体参见哈耶克《致命的自负》。

3. 基于演化经济学路径依赖分析的理论要点

路径依赖的演化经济学分析框架的优势在于,它是从一个动态的过程来考察制度变迁中的各种动力学因素,该范式在特定程度上依赖于系统论和进化论的思维。基于演化经济学的路径依赖分析框架的理论要点如下:

(1) 由于批判实在论为演化经济学提供了共同的方法论,因此,路径依赖的演化经济学分析框架必定是以动态的批判实在论为其根本的哲学方法论。但是,批判实在论也在不断发展,因此不能教条地拘泥于其现有结论,而要用动态的眼光看待批判实在论,不断吸收其最新的成果,不断地补充和完善该分析框架的方法论基础。

(2) 区别于旧的路径依赖分析框架,该分析框架考虑到经济变迁中可能造成其路径依赖后果的一切经济、政治及文化相关因素,对于经济变迁中不同演化过程中的路径依赖现象的成因都能提供有效的解释。

(3) 在充分分析了不同性质的路径依赖现象产生的原因的基础上,该分析框架有针对性地提出了破解不同性质路径依赖现象的不同的有效破解途径。而在旧的路径依赖分析框架下,因其看待经济变迁中的路径依赖产生原因的单一性,而无法针对不同路径依赖给出不同的破解途径。

(4) 路径依赖的概念产生于自然科学之中,该分析框架必然会吸收更多自然科学中的前沿性分析框架,以适应越来越复杂化的路径依赖现象。旧的路径依赖分析框架吸收了进化论、耗散结构理论、自组织理论等一系列自然科学中的经典理论。但随着路径依赖现象的不断复杂化,现有的一些自然科学的理论无法全面地解释经济变迁中的路径依赖现象,需要在构建新路径依赖经济学分析框架时,吸收一些自然科学中适用于复杂性科学的新的前沿理论,如广义进化理论、超循环理论、协同学理论及随机过程理论等。

关于路径依赖的讨论,无论从技术演化的角度,还是从制度变迁的角度,抑或是从演化经济学的角度,其涵义都是非常清楚的:路径依赖实际关注的都是历史偶然事件对未来技术或制度选择的影响。其理论的发展是在寻找与经济学进行最佳结合的"载体"即理论分析框架过程中,不断修正与完善的。路径依赖理论的新制度经济学分析框架试图打破新古典经济学的比较静态分析框架,真正将历史引入经济分析。它试图解释制度变迁的路径依赖性,提出制度的无效率是非历态的过程,指出人类社会的一切制度变迁过程都是一个基于个人心智、历史和文化以及意识形态的适应性学习过程,并且制度演进过程充满了路径依赖和创新。但是,由于其自身分析框架的一些根本缺陷,使其现实解释力明显不足,直到演化经济学慢慢成熟和逐渐成为路径依赖理论新的"载体"。演化经济学和路径依赖理论的结合既是经济学自身发展的必然,也是复杂性科学发展的必然。路径依赖理论的引入有助于经济学尽快建立演化的研究范式,使得演化经济学摆脱那种只能够停留在理论探索和哲学思辨的尴尬局面,无疑对于经济学研究范式的转变具有重要的意义。它们的结合使经济学的演化研究范式真正经受到时间的考验,成为替代路径依赖的新制度经济学分析框架的最佳选择。未来要构建的路径依赖理论的经济学分析框架必然是以演化经济学为基础的。它能为经济系统演化中的路径依赖问题提供一个非均衡的、动态的和开放系统思考的分析视角,为经济系统演化过程中的路径依赖问题的成因、影响和破解途径提供一个有力的解释。

案例 1

奴隶制度是一种好制度吗?

到 20 世纪初,全世界已基本消灭了奴隶制。奴隶制作为人类曾经使用过的一种制度,它的存在有合理性的一面吗?奴隶制是制度经济学家们研究制度的起源、发展及灭亡的一个好样本。

巴泽尔在其《产权的经济分析》一书专门辟一章分析奴隶制。他认为,奴隶制有两种形式(或起源):一种是强制式奴隶制,它起源于"海盗行为",即自由人被抓走并被迫沦为奴隶。另一种是自愿式奴隶制,它是奴隶主与奴隶双方公开签订合同的结果。如在历史上某些自由人为了从欧洲去美国而借债买船票,借债就是自由人与船长签订劳役契约。到美国以后,船长就把劳役契约送到奴隶市场上去"拍卖"。在这种市场上,买主通常是美国农民。哪个买主提出的劳役年限最短,船长就把劳役契约卖给谁。成交以后,自由人就像奴隶那样为自己的"新主人"干几年劳役,以偿清债务。在巴泽尔看来,废奴运动只是偿清债务、撤销合同的一种行动。在法律允许蓄奴的年代,问题在于如何解放奴隶。那么是谁能够解放奴隶呢?是奴隶自己。自己解放自己。现在的问题是:作为他人财产一部分的奴隶本人,靠什么办法买下自己的卖身合同呢?这就需要用交易成本和监督成本来解释。奴隶尽管是奴隶主的财产,但是这种财产与一般的财产有很大的差别,奴隶是有思维的人,是一种能动性的财产。奴隶主要使奴隶这种财产发挥最大价值,那么他就要花很高的监督成本。过高的监督成本最终使奴隶主不得不放松监督工作,不再尽力谋取最大的产出。这样,就使奴隶所能生产的最大产出与其实际产出之间有一个差额,这个差额就成为奴隶自己的财产。这个差额并不是产品而是奴隶少付出的劳动量。奴隶们通过其他方式把这种潜在的财富的一部分变成现实的财产。从产权的角度来讲,奴隶主既要监督奴隶的劳动,又想节约这种监督的成本,这就使他对奴隶所拥有的所有权不可能得到充分的界定。而奴隶就可能借机占得一些未被界定的权利——这里指支配他们自己的权利。奴隶既可假装低能,又可从事渔猎,还能钻奴隶主犯错误的空子,如此等等,这就使一些奴隶最终有能力为自己赎身。

奴隶制为什么最终被废除?这与因为随着经济的发展和社会的变化,保护奴隶制的成本越来越高,也就是其制度成本越来越高。如在美国南方,长期以来奴隶就是黑人的代名词。而大部分自由人即白人则不必担心会成为奴隶,因为肤色不同,奴隶都是黑人;即使奴隶逃亡,也很容易辨认、捕获。然而,随着自由黑人越来越多,就很难再按肤色区分自由人和奴隶了。结果使保护奴隶制所费的成本增长,净收益相应下降。从奴隶制的兴衰可以看出,任何制度,如果其运行的成本太高,终究是不能长期存在下去的。如巴泽尔所说,如果私人要求国家保护自己的某种行为,而保护成本却超过了私人由此而得到的价值,则国家将禁止这种行为。

奴隶制可能不是一种好制度,但曾经是一种有效率的制度。福格尔在其《艰难岁月:美国黑奴经济学》一书中提出,撇开农奴制的不道德因素,仅从经济的角度来看,农奴制对于发展战前南方经济是一种非常有效的制度因素。因为计量结果表明:仅就南方而言,购买农奴的投资所带来的收益大大高于投资于制造业的收益率。南方种植园的规模经济、有效的管理以及劳动力和资本的大量投入,使得南方种植业生产效益高于北方 35%。与从事种植业的白人相比,黑奴更为勤奋,生产效率更高。南方城市中从事工业劳动的黑奴的勤奋和生产效率,绝不逊色于那些自由民。城市地区对黑奴需求增长超过农村的事实表明,农奴制与工业化可以和谐并存的。黑奴的物质生活条件和待遇并不像人们想象的那样坏,黑奴一生所生产的 90% 是归自己所有的。战前南方经济并未衰退,而是增长迅速,南方的人均收入增速远远高于北方。马克·布劳格认为这"可能是美国历史上有史以来最有争议的书"。无论我们今天怎样评价奴隶制，但是用理性的眼光去分析奴隶制的产生、发展及灭亡的过程和根源对于人类寻找一种好制度是很有意义的。

为什么奴隶农场的生产率很高呢？与工厂劳动者不同，奴隶不是通过工资激励来劳动的，同时，对奴隶来讲，因懒惰而解雇的威胁也不起作用。福格尔和恩格尔曼考察了一个奴隶农场的记录，来探讨生产率高的原因，他们发现了可以区分为与奴隶劳动力配置相关的原因和与单个奴隶生产率相关的原因。为了提高奴隶劳动力配置的效率，第一，选择全年恰好都不会出现奴隶劳动力剩余的农作物组合。如把棉花生产与玉米生产结合起来。棉花生产存在很大的季节变动，而玉米可以比棉花早播种，恰好也可以灵活地选择收获期。第二，评价每个奴隶的能力，将奴隶分配到合适的工种中。如把能力最高的劳动者分配去做使用锄头的农活，而高龄女子分配去做照看小孩和家务劳动。为了提高各个奴隶劳动的生产率，在设计合适的奴隶劳动组织方面作出了努力。如就棉的播种作业来说，奴隶被分成3个作业组。第一组处在最前面，每隔7—10英寸挖掘播种用的洞，第二组在那洞里放进4—5粒棉种，而第三组最后用锹盖上土。同时，3个组在顺序上进行很好的协作。监工往返于两个组之间，监视两个组进度上是否配合一致，质量如何。为了监督奴隶好好劳动必要时也对奴隶进行体罚。据一个奴隶农场主日记的记录，1840年左右，该农场约有200名奴隶，其中120人作为劳动力使用。在1840年12月以后的两年间对这120人的鞭打次数合计超过了160次，人均每年受鞭打0.7次。总之，奴隶农场生产率高的原因在于严密的劳动分工和劳动组织的设计。奴隶制度是不人道的，但在当时的生产力水平下，奴隶制度却把效率提高到了极致。

资料来源：根据冈崎哲二，《经济发展中的制度与组织》，中信出版社2010年版，第118—119页改写。

🔍 案例2

"键盘"的路径依赖

戴维的路径依赖思想来源于他对打字机史的研究。1985年，他发表了著名的文章——《历史与QWERTY经济学》。在这篇文章中，他通过对计算机为什么至今还采用QWERTY键盘的分析，说明了技术变迁的路径依赖性质。

1936年，美国发明家Dvorak博士历经十余年的研究，发明了一种新的键盘，起名为ASK键盘（美式简化键盘，American Simplified Keyboard，后被称为DSK键盘），声称比打字机发明者美国人克里斯托弗·肖尔斯（Sholes）1870年设计的，现在通用的QWERTY键盘的效率更高。其实，美国海军曾经就QWERTY和DSK键盘进行过打字处理速度测试，结果表明，无论是在手指灵活性上，还是在击键的速度上，DSK键盘都具有明显优势。但现实情况是，即使DSK键盘之后进行了大规模的广告宣传，它依然没有取代QWERTY键盘。戴维在分析上述现象的原因时指出，使QWERTY键盘能够打败其他竞争对手而在市场中取胜的主要原因在于，QWERTY键盘是首先进入市场并被接受的。已经熟悉这种键盘使用者，尤其是打字员，要重新接受另一种键盘的成本很大。比如，在打字员和公司之间的博弈中，由于QWERTY键盘被大部分公司所接受，现在打字员决定学习QWERTY键盘或者DSK键盘的打字技巧，因此他们不得不考虑公司里所采用是哪种键盘；另一方面，对于公司而言，由于打字员开始学习并掌握的是QWERTY键盘的打字技巧，因此，公司也不得不去考虑在他们将要雇佣的打字员中，哪种键盘的打字技巧较为普及，以便购置新的打字设备。在这种相互博弈过程中，最终的均衡结果必然是公司采用QWERTY键盘，而打字员学习QWERTY键盘的打字技术。结果，QWERTY键盘的使用越来越普遍，一直延续至今。另外，尽管当初设计QWERTY键盘的种种理由早已不存在了，但电子计算机键盘的设计，仍然沿用了这一方案。尽管人们完全可以为计算机键盘设计出好多种更为简捷更为合理的安排,人们也都在抱怨 Alt、Ctrl 和 Esc 等键的布局缺乏一致性,可大多数人仍然在不改初衷地使用着 QWERTY 键盘。

路径依赖性可以用博弈论来进行解释。博弈论假定,在博弈里存在多个博弈者的策略,也就是说选择行动或者行动计划,在那些策略之间存在相互作用。在这种情况下,某个博弈者因选择某种策略得到好处,取决于别的博弈者的策略。这样,纳什均衡指的是这种状态,哪一个博弈者都不可能通过改变自身的策略增加自己的好处。处于这种状态下,每一个博弈者都不存在改变自身策略的激励,据此,那种状态得以持续。

戴维利用 QWERTY 键盘这一经典案例说明了技术变迁的路径依赖性及其原因。此后,他对这一问题进行了不懈的研究与探索,发表了大量的研究成果,使得路径依赖和路径轨迹理论不断地丰富和完善。

资料来源：David, Paul A., 1985, Clio and the Economics of QWERTY, *American Economic Review*, 76：332-7.

案例3

热那亚商人为什么成功？

一千年前的地中海是一个活跃的商业圈,在其南北两面分别有马格里布商人和热那亚商人两大群体。马格里布商人是犹太商人的后代,在公元10世纪这些犹太商人离开了政治环境上日益不安全的巴格达,最初移民到了由法蒂玛王朝控制的北非的突尼斯(属于西穆斯林地区,称为马格里布)。在公元10世纪末,法蒂玛王朝迁都到了开罗。这些从马格里布跟随来的犹太商人在埃及被称为马格里布商人。

在11世纪地中海商业活动中,贸易是自由、私营和竞争的,在地中海范围内的人口迁移或原材料、制成品、资金的流动很少受到官方的限制。在每个贸易中心,商业交易是竞争性的,但是由于价格、航行的时间、海上安全、货到时的状况以及储存成本等一些因素而表现出不确定性。

为了应付贸易的不确定性和复杂性,于是出现了最初的贸易代理人,马格里布商人通过海外代理人进行操作。海外代理人是能够为商业冒险提供服务的人,并与位于另一个贸易中心商人分担和分享资本或利润。

马格里布商人从事远距离贸易的特点是:依靠移民各地的马格里布商人作为贸易代理人,非马格里布商人几乎没有可能进入马格里布商圈,这形成了一种封闭的"联盟"。

……

维系马格里布商人与代理人之间合约执行的机制并不是合同与契约,而是根据地缘、亲缘形成的"多边惩罚机制",一旦有某个贸易代理商出现欺诈行为,整个马格里布商人联盟将集体对他做出永久而且彻底的惩罚。在这种情况下,商人联盟只会雇佣自己的成员作为代理人,而且会给代理人足够的回报来保证他的诚实。同时所有的联盟商人都被要求决不雇佣曾经欺骗过其他联盟成员的代理人。

马格里布商人的商业网络最终成为靠声誉维持代理人与商人之间关系的贸易机制,或许是限于当时的交通、通信等条件,马格里布商人没有选择依靠合同、法庭等来规范商业活动中代理人和商人之间的一些行为,而是以一种大家都能接受的道德规范来对双方进行约束。

在这种以声誉为基础的商业关系中,马格里布商人成功地把握住了地中海的商业霸权。这主要是因为马格里布商人建立商业网络的速度非常快,而且极为有效,其交易成本非常低。但其也有一定的负面作用,比如相对封闭,因此造成边际成本相对要高,也影响了整个商人群落的转型与进一步发展。

同时期在地中海北岸的热那亚商人却建立了另外一种商业模式,他们建立商业网络的成本非常高且缓慢,但是这种耗时耗力建成的网络边际成本却非常低,具有很强的复制性与扩张性。热那亚商人并不排斥与非热那亚人合作从事贸易活动。但中世纪后期信仰的崩塌导致了一定程度上道德危机的出现,对欧洲商人来说,似乎少有人可以信赖。于是通过创立合约与法庭来维系与陌生人之间的交易合约的执行成了热那亚商人的选择。

在这种情况下,商业行会出现了。商业行会为商人提供了协调行动所需要的领导力和信息传递机制。行会决定何时强化以及何时取消贸易禁运。当行会成员和贸易中心当局,或是成员与其他商人之间发生争执的时候,行会的作用就更加明显。

中世纪的统治者和商人都认识到了在贸易得到扩展前保护外来商人产权的需要,历史反复证明了这一点。基督教商人不敢到穆斯林世界进行贸易,除非他们得到适当的安全保证。在欧洲同样如此,商人不会在没有合适的安全协定的地方进行贸易。只有在商定好适当的安全协议后,意大利人才开始去欧洲其他城邦。

热那亚人与北非的贸易,也说明了在贸易扩张中安全协定的重要性。1161年,热那亚总督Otobonus d'Albericis 和北非当地的统治者 Abd alMumin 签订了一份为期15年的协议,保护热那亚人的产权。在协议签订之后,贸易得到了扩展。1160年前,热那亚人与北非每年的贸易额从未超过500里拉,但在协议签订之后却翻了一倍多,达到每年1057里拉,并且一直保持在这个水平上。

欧洲商人的行会更加注重为内部商人在贸易中的安全提供保障,通过统一的内部协作对政府施加压力,使商人在远程贸易中更少受到政府的压迫。而其开放性的交易则通过创立合约与法庭来维系。最终这一商业习惯催生了近代资本主义制度,使得欧洲在远程商业活动上取得了巨大成功。

热那亚和马格里布在中世纪晚期虽然同样经历了商业革命的经济贸易繁荣,但在后来长期的经济与社会发展中却走上了完全不同的道路:以热那亚为代表的意大利实现了贸易和经济的长期增长,成为西方世界兴起的发源地;而以马格里布为代表的穆斯林世界却从此进入了经济的长期衰落。是什么因素导致了热那亚和马格里布的经济与社会发展走上了不同的道路?根据格瑞夫的观点:是不同的制度选择把热那亚和马格里布的经济与社会引上了不同的发展轨道。

历史事实清楚地表明,在中世纪晚期诸多事关未来经济长期增长的制度安排上,热那亚和马格里布人都作出了截然不同的选择。例如,在面对海外贸易代理关系中的代理商"承诺问题"时,热那亚商人实行了以个人主义惩罚机制为基础的"第二方实施制度",而马格里布人却选择了以集体主义的惩罚机制为基础的"第三方实施制度"。在海外贸易扩张的过程中,热那亚商人采取了无社区限制的"开放"的方式扩大海外贸易代理关系,而马格里布商人则采取了仅限社区内的"封闭"的方式来扩大海外贸易代理关系。随着海外贸易的扩大和经济的繁荣,热那亚逐渐孕育并建立了许多与现代市场经济体制相配套的制度安排,如提货单制度,保险制度,具有无限连带责任和永久合伙制性质的家族企业形式,等等;而马格里布虽然也经历了相似的经济贸易繁荣,却并没有建立起类似的制度。在经济贸易发展的过程中,热那亚建立了一整套比较完善的法律体系来规范经济行为,人们也习惯于通过法庭来解决争议和纠纷,而马格里布的政府和法律却很少能对经济行为提供有效的约束,商人们也习惯于非正式地签署契约和解决争端。这些完全不同的制度选择和制度安排表明,在中世纪晚期的商业革命中,热那亚逐渐地建立起了一套足以支持经济长期增长的市场制度、相应的法律体系和保障体制,而马格里布却没有建立类似的制度安排。这便是导致两个地区经济走上不同发展道路的原因所在。

资料来源:新世纪周刊/圣才学习网。

关键概念

新经济史学　间接计量方法　反事实计量法　意识形态　历史制度分析　路径依赖　制度变迁的路径依赖　锁定　非历态(non-ergodicity)过程

思考题

1. 什么是新经济史学？新经济史学研究制度的流派有哪些？
2. 简述新经济史学的研究方法。
3. 比较新制度经济史与历史制度分析。
5. 为什么殖民者在一些国家建立了掠夺型制度？
5. 举例说明路径依赖的经济学含义。
6. 怎样理解制度变迁的路径依赖？

推荐阅读

1. 庞卓恒、田晓文、侯建新：《西方新史学述评》，高等教育出版社1992年版。
2. 葛懋春、姜义华：《历史计量研究法》，山东教育出版社1987年版。
3. ［英］杰弗里·巴勒克拉夫著，杨豫译：《当代史学主要趋势》，上海译文出版社1987年版。
4. ［英］罗德里克·弗拉德著，王小宽译：《计量史学方法导论》，上海译文出版社1997年版。
5. 秦海：《制度、演化与路径依赖——制度分析综合的理论尝试》，中国财政经济出版社2004年版。
6. 诺思：《经济史中的结构与变迁》，上海人民出版社、上海三联书店1994年版。
7. 诺思：《制度、制度变迁与经济绩效》，上海人民出版社、上海三联书店1993年版。
8. ［美］杰里米·阿塔克、彼得·帕赛尔《新美国经济史——从殖民地时期到1940年》(上，下)，中国社会科学出版社2000年版。
9. 诺思、托马斯：《西方世界的兴起》，华夏出版社1999年版。

第十四章　技术变迁、制度变迁与经济发展

> 自从亚当·斯密创立现代经济学以来,经济发展始终是经济学家探讨的重要问题。新古典理论和新经济增长理论认为,经济增长主要受制于要素投入和技术进步。他们认为,技术进步不仅能推动生产的发展,而且是推动社会进步的基本力量。从历史上的几次技术革命来看,每一次技术的突破都带来了经济的快速发展。而新制度经济学家们却认为,技术进步和经济增长是同一回事,最根本性的因素是制度,正是有效率的经济组织以及恰当的激励制度安排,才导致了西方世界的兴起和工业革命的爆发。
>
> 在经济发展问题上,"技术决定论"和"制度决定论"是两种有代表性的观点,目前在技术和制度的关系上有进一步融合的趋势,技术创新和制度创新之间有着内在的联系。但是,应该如何认识技术创新与制度创新的关系呢?在这个问题上,经济学家们长期争论不休。正如拉坦所言:"对于技术创新与制度创新之间相互关系的明确理解一直是那些对发展的历史和制度方面感兴趣的经济学家和其他社会科学家所感到困惑的。"[1]

---

[1] 拉坦:《诱致性制度变迁理论》,载科斯等《财产权利与制度变迁》,上海三联书店1994年版,第329页。

第一节 技术变迁与经济发展

一、技术创新

在经济学文献中,学者们对技术创新(technological innovation)的界定并不完全一致。熊彼特是技术创新经济学史上是第一个提出创新概念的人,他在 1912 年出版的《经济发展理论》一书中提出了以"创新"理论为核心的动态发展理论。按照熊彼特的观点,所谓"创新"就是建立一种"新的生产函数",生产函数即生产要素的一种组合比率,也就是说,把一种从来没有过的生产要素和生产条件的"新组合"引入到生产体系之中。按他的定义,创新具体表现在五个方面:①新产品或一种新功能;②新的生产方法、工艺流程或商业方式;③开辟一个新的市场;④新材料或新的材料源;⑤新的组织方式。熊彼特还明确指出,企业家是创新的主体,并将发明引入经济系统的企业家称为"创新者","创新是企业家的基本风格或企业家的基本职能",如果不抓住机会开展创新,则是"企业家的渎职行为"。但熊彼特本人并没有直接对技术创新下严格的定义。

首次直接明确地给技术创新下了定义的是伊诺斯。他在 1962 年发表的《石油加工业中的发明与创新》一文中认为,"技术创新是几种行为综合的结果。这些行为包括发明的选择、资本投入的保证、组织建立、制定计划、招用工人和开辟市场等。"

美国经济学家曼斯菲尔德(E. J. Mansfield)认为:"一项发明当它首次应用时,可以称之为技术创新。"英国的科技政策专家弗里曼(C. Freeman)指出:"技术创新是第一次引进一个新产品或工艺中所包含的技术设计、生产、金融、管理和市场诸步骤。"斯通曼提出,技术创新是首次将科学发明或研究成果进行开发并最后通过销售而创造利润的过程;经济合作与发展组织(OECD)提出,技术创新是"使一种设想成为在工业或商业活动过程中销路好的产品或改进的产品的交换"。

1985 年缪塞尔对 300 余篇有关技术创新的文献进行了研究,发现"约有 75% 的论文在技术创新的界定接近以下表述:当一种新的思想和非连续的技术活动经过一段时间后,发展到实际和成功应用的程序,就是技术创新。"在此基础上,缪塞尔对技术创新作了重新定义:"技术创新是以其构思新颖性和成功实现为特征的有意义的非连续性的事件"。[1]

综合分析各种技术创新概念界定,可以看出国外学者在观点上的主要差别和争论集中反映在两个方面:一是对技术创新中所使用的"技术"的限定,即非技术性的创新活动能不能列入技术创新的范围;二是技术创新对技术变动的强度有无限定和在什么程度上限定,以及增量性改进是否属于技术创新范围。

傅家骥将技术创新定义为:"技术创新是企业家抓住市场的潜在盈利机会,以获取商业利益为目标,重新组织生产条件和相关要素,建立起效能更强、效率更高和费用更低的生产经营系统,从而推出新的产品、新的生产(工艺)方法、开辟新的市场、获得新的原材

---

[1] Muesur, R. Identifying Technical Innovations. IEEE Transaction on *Engineering Management*, 1985, EM - 32(4): 165.

料或半成品供给来源或建立企业的新的组织,它是包含科技、组织、商业和金融等一系列活动的综合过程。"

二、技术创新模式

1. 按照技术创新的性质划分

技术创新可分为:

(1) 渐进创新(incremental innovation)。它是指建立在现有技术、生产能力基础之上和满足现有市场和顾客需求的一种改进性创新。它对产品的成本、可靠性和其他特征产生显著的效果,即会强化生产能力,也会加固和强化企业、顾客和市场三者之间的联系。如美国福特汽车公司,一方面通过改进焊接、铸造和装备技术,或者材料替代,另一方面又通过改进产品设计,提高汽车性能和可靠性,从而降低了成本和增强了市场吸引力。在1908年到1926年间,汽车价格从1200美元降到290美元。

(2) 基本创新(radical innovation)。它是指企业首次引入的、能对经济发展产生重大影响的创新。基本创新一旦成功,将开拓新的市场或者使原有产品的质量得到巨大的改善或成本得以降低。如晶体管收音机和彩色电视机等的创新,形成全新的生产方式和服务方式,从而引起市场的巨变。

基本创新是一种非连续性事件,它与科学技术上的重大发现、发明相联系,其过程往往要经历较长的时间。它一旦成功之后,又会引发出许多相关的创新,并引起产业结构的深刻变化。基本创新的经济效益是非常显著的,但它必须而且主要通过随后的扩散以及大量的渐进性创新的积累真正实现。

(3) 技术体系的变革(change of technology system)。这是一种影响深远的技术变革,它的成功将会影响到一个或几个经济领域,创造全新的部门。它一般由一系列基本的、渐进的和组织上的创新共同作用的结果。如20世纪30—50年代引入的合成材料、注塑成型和挤压机械以数不清的合成物所组成的创新。

(4) 技术—经济范式的变革(Change of tech-economic paradigm),亦称技术革命。"技术—经济范式"用来描述技术—经济领域所形成的观念、技术原理、规则和习惯等。如蒸汽机、电动机、电子计算机的创新和扩散,不仅引起世界性的技术革命,而且在观念、行为方式等方面也带来了巨大的变革。

2. 按照技术创新的模式划分

技术创新可以分为:

(1) 自主创新模式是指创新主体以自身的研究开发为基础,实现科技成果的商品化、产业化和国际化,获取商业利益的创新活动。自主创新具有率先性,通常率先者只能有一家,其他都只能是跟随者。自主创新有时也用来表示一国的创新特征,与技术引进相对,仅指依靠本国自身力量独立开发新技术和实现创新过程的活动。自主创新所需的核心技术来源于企业内部的技术积累和突破,这是它区别于其他创新模式的本质特点。另外,技术创新后续过程也都是通过企业自身知识与能力支持实现的。自主创新作为率先创新,具有一系列优点:一是有利于创新主体在一定时期内掌握和控制某项产品或工艺的核心技术,在一定程度上左右行业的发展,从而赢得竞争优势;二是在一些技术领域的自主创新往往能引致一系列的技术创新,带动一批新产品的诞生,推动新兴产业的发展;三是有利于创新企业更早积累生产技术和管理经验,获得产品成本和质量控制方面的经验;四是自主创新产品初期都处于完全独占性垄断地位,有利于企业较早建立原料供应网络和牢固的销售渠道,获得超额利润。自主创新模式也有自身的缺点:一是需要巨额的投入;二是高风险性;三是时间长,不确定性大;四是市场开发难度大、时滞性强,市场开发投入收益较易被跟随者无偿占有;五是在一些法律不健全、知识产权保护不力的地区,自主创新成果有可能面临被侵犯的危险,搭便车现象难以避免。

(2) 模仿创新模式是指创新主体通过学习模仿率先创新者的方法,引进、购买或破译率先创新者的核心技术和技术秘密,并以其为基础进行改进的做法。模仿创新被普遍采用,日本是模仿创新最成功的典范,松下公司、三洋电机等都依靠模仿创新取得了巨大成功。纵观世界各国,当今市场领袖大多并非原来的率先创新者,而更多的恰恰是模仿创新者。模仿创新并非简单抄袭,而是站在他人肩膀上,投入一定研发资源,进行进一步的完善和开发,特别是工艺和市场化研究开发。因此模仿创新往往具有低投入、低风险、市场适应性强的特点,其在产品成本和性能上也具有更强的市场竞争力,成功率更高,耗时更短。模仿创新模式的主要缺点是被动性,在技术开发方面缺乏超前性,当新的自主创新高潮到来时,就会处于非常不利的境地,如日本企业在信息技术革命中就处于从属的地位;另外,模仿创新往往还会受到率先创新者技术壁垒、市场壁垒的制约,有时还面临法律、制度方面的障碍,如专利保护制度就被率先创新者利用作为阻碍模仿创新的手段。

合作创新模式是指企业间或企业与科研机构、高等院校之间联合开展创新的做法。合作创新一般集中在新兴技术和高技术领域,以合作进行研究开发为主。由于全球技术创新的加快和技术竞争的日趋激烈,企业技术问题的复杂性、综合性和系统性日益突出,依靠单个企业的力量越来越困难。因此,利用外部力量和创新资源,实现优势互补、成果共享,已成为技术创新日益重要的趋势。合作创新有利于优化创新资源的组合,缩短创新周期,分摊创新成本,分散创新风险。合作创新模式的局限性在于企业不能独占创新成果,获取绝对垄断优势。

以上三种创新模式各有优缺点,采用这些模式也需要有不同的条件和要求。自主创新要求创新主体有强大的经济实力、雄厚的研发力量和大量的成果积累,在技术上具有领先优势,起点和要求最高;相对来说,模仿创新和合作创新起点和要求较低。因此,自主创新模式更多的为少数发达国家和大型跨国公司所采用;而模仿创新则是后进国家实现快速创新、缩小与发达国家差距的一种有效途径,是发展中国家较为现实的选择。日本、韩国就是靠模仿创新发展起来的,实践证明经济发展较为成功的其他新兴工业化国家、地区也是通过这种模式发展起来的。当然,上述三种模式也不是完全排斥的,而是可以相互结合的。首先,具有不同实力和研发水平的企业可以根据自身情况选择适宜的创新模式,少数有实力的大企业可以在某些有优势的领域选择自主创新,而大多数中小企业则适宜选择模仿创新和合作创新模式。其次,从时间上看,模仿创新往往是自主创新必经的过渡阶段,一个新建企业只有通过模仿创新才能逐步积累自己的技术、资金实力、管理经验和人才队伍,为进行自主创新创造条件。第三,即使是一些大跨国公司在其不同发展阶段和对不同产品、不同技术领域,也可以同时分别采取三种不同的模式,从而做到扬长避短,改善创新效果。

三、技术创新演化

演化经济学批判地吸收了熊彼特创新理论的基本观点,并结合产品生命周期理论及技术扩散理论,提出了技术发展的演化理论分析框架。纳尔逊和温特(1982)的开拓性研究强调了经济的演化和技术的发展是一个"惯例"的学习过程和技术经验的累积过程;而且由于"惯例"的存在,技术的发展、制度的演化遵循着一个路径依赖、自我维持与调整的过程。首先,惯例是在一定的选择环境下,组织根据历史发展的动态过程和技术上的可能性在不断学习和选择的演进过程中形成和确立起来的。这种决策规则可能不是最优的,但一经确定,就往往具有较强的自我强化、自我调整的能力。其次,惯例是可以遗传的。惯例往往可以通过组织的延续、人员的交流被继承下来,并且控制、复制和模仿着经济演化和技术发展的路径和范围。此外,惯例也并不是一成不变的。当组织按照惯例运转能够获得满意的收益,则这种惯例将得到延续和强化;而当组织的运转出现异常并且收益低于一定的限度时,组织将有可能对惯例进行调整。这种调整或通过组织的搜寻行为,在已有的技术和惯例中寻求一种适合自己的新的惯例,或通过创新发现一种新的、原来没有的技术和惯例。对演化经济学来说,经济的演化和技术的发展就是一个惯例的形成与学习、新的惯例的搜寻或创新的过程。

与新古典经济学忽视企业本身和仅仅注重静态分析不同,演化经济学把在市场经济中起关键作用的企业以及企业的行为作为真正理解技术进步过程的核心,并将惯例的形成建立在经济演化和技术发展的动态过程中存在的不确定性上,而且随着不确定性的变化,企业往往被视做一个根据惯例进行动态调整的组织机制。在这里,技术创新的实现与扩散过程是由其所发生的组织的经济制度形式所决定的,该组织的形式也是作出技术性选择的边界。

纳尔逊和温特(1997)的技术变迁的演化理论把微观和静态层次上的经济行为与诸如产业增长、技术变化和创新等宏观或动态过程有机地联系在一起;而经济的演化过程则是一个制度、产业和技术协同演化的复杂过程。演化经济学将技术创新与制度创新融合在一起,为我们更好地分析理解经济系统的运行和发展提供了一个新的思路。

多西、西尔弗伯格和奥森尼戈提出了一个技术变迁模型。在这个模型内有新旧两种技术,新技术的初始生产率不一定很高,但其潜力很大,只有通过努力,才能挖掘出其潜力。企业通过学习过程获得惯例,改进现行技术,企业学到的惯例又可能被其他企业模仿,企业可以同时使用新旧两种技术,可以从旧技术获得利润来投资目前效率不高但潜力较大的新技术,如果没有企业这样做,新技术的潜在好处可能永远得不到利用。若要让技术创新向有利方向发展,必须对经济系统的发展机制和演进路线做深入研究。

四、技术创新与经济增长

1. 技术进步是经济增长的重要源泉

经济增长是要素投入量的增长和技术进步的结果,技术进步在经济增长中的作用越来越大。丹尼森对发达国家的统计资料分析得出的结论是：教育水平的提高和技术的改进与资本、劳动数量的增加相比，已成为更重要的经济增长源泉。丹尼森估计，在1909—1929年间，劳动和资本投入数量的增加对美国实际 GDP 增长率的贡献占65%，改进教育与技术的贡献占25%。但是在1929—1957年间，劳动和资本投入量的增加对美国实际 GDP 增长率的贡献仅占42%，而改进教育和技术的贡献占47%，其他因素占11%，这表明随着一个国家的经济发展，技术进步的作用越来越重要。据统计，20世纪80年代，科学技术在经济增长中的作用已大大超过资本和劳动，占2/3以上。

技术进步还是使经济结构发生变化的最重要的决定性因素。随着技术的不断进步，出现了开发新产品、新工艺和发现原材料新的使用方法的技术创新浪潮，逐步形成了一些新的产业部门。新产业的出现，意味着各种产业在国民经济中所占产值比重和资源分布状况发生了变动。近现代历史上的三次技术革命都引起了产业结构的深刻变化。

技术进步不仅能推动生产的发展，而且是推动社会进步的基本力量。技术进步渗透到社会各个领域，不断更新社会生活内容；促成社会结构和社会环境迅速发展变化；改变人们传统的生活方式；各类学科知识成果在社会生活中的广泛利用，刺激着社会重新组合消费结构，加速现代文明建设。

2. 新古典学派对技术创新模型化的努力

新古典学派着重于研究技术创新对经济增长的贡献度，力图将创新纳入主流经济学范畴并给予合理解释。索洛(1951)指出，当现有知识获得应用导致实际的技术安排发生变化时，这样的技术变革被称做"创新"。这里，他提出了技术创新的两个必要条件，即新思想来源和以后阶段的现实发展，被认为是技术创新概念界定研究上的一个里程碑。索洛(1957)首次给出了一个测度技术进步在经济增长中贡献的规范方法。在这一方法中，索洛将技术创新活动视为一个外生变量，通过柯布—道格拉斯生产函数，以全要素生产率的形式间接地测定出技术进步对于经济增长的贡献率。这里，全要素生产率被看做是技术进步的反映，实际上表现为经济增长中用劳动力和资本投入所不能解释的"残差"部分，或者说是"无知的度量"。

索洛的方法为测定技术进步对于经济增长的贡献率奠定了传统基础。按照这一方法，许多学者对于技术进步与经济增长和生产率提高之间的关系进行了多方面的研究，在测度技术进步对于经济增长的贡献率方面作了大量的工作，所得到的结论也都无一例外地肯定了技术进步与经济增长之间的正相关关系。

尽管如此，在索洛的理论模型中，技术进步是一个外生的变量，这大大影响了其理论的合理性。正如阿罗所指出的，"一个如此严重地依赖于一种外生变量的经济增长观，且不说它还是一个像知识数量这样一个如此难以测量的变量，在学术上是很难令人满意的"。阿罗、罗默、卢卡斯等人则试图将技术创新活动内生化，建立一个技术进步内生的增长模型。

阿罗(1962)提出了"干中学"模型，把从事生产的人获得知识的过程内生于模型。他将累积总投资作为获得知识的指数，而将累积总投资的增加过程作为一个学习或者获得知识的过程，集中于分析创新过程中的非独占性、不确定性及不可分割性。通过将生产过程中积累的经验或知识以投资或产量的积累指数化形式来实现，阿罗模型将技术进步的一部分作用内生化。

罗默(1986,1990)则在理论上第一次给出了技术进步的内生增长模型。他把知识增长看做是经济长期增长的关键,并把理论建立在对创新性质深刻的理解上。罗默的增长理论建立在以下三个基本前提之上:第一,技术进步是经济增长的核心;第二,大部分技术进步乃是出于市场激励的有意识行为的结果,即技术进步是内生的;第三,知识商品与其他商品不同,它可以重复使用,无需追加成本,只需生产开发本身的成本。罗默认为,技术进步是由谋求利润极大化的厂商和知识积累来推动的,因此这里的技术进步不再是"残差"的模糊概念,而是作为经济主体的理性选择而内在地融入了增长模式之中。

相对于罗默的以知识积累为基础的增长模型,卢卡斯(1988)则更为强调人力资本的积累。他将人力资本理论引入经济增长领域,将经济增长的源泉归结为人力资本的增长。他认为人力资本可以产生递增效应,消除常规资本与劳动的边际递减收益,保证经济的长期增长。

总的来说,新古典学派技术创新模型化的各种尝试,其根本目的就是在于形式化技术创新活动,着重研究技术进步得以实现的各种机制和技术进步的各种具体表现形式,如干中学、人力资本积累、知识积累、产品品种增加、产品质量升级、技术模仿等,并将其纳入主流经济学的增长模型之中。他们将技术创新过程看做一个"黑箱",认为良好的市场机制会自动使这个黑箱的内部运作机制达到经济合理;他们更关注的是技术创新过程中的"市场失败"以及技术创新对经济增长的作用。

第二节 制度变迁与经济发展

奥尔森在研究了大量富国和穷国后指出,国家间人均收入的巨大差距不能用获取世界知识存量或进入国际资本市场的能力差距来解释,也不能归因于可出售的人力资本或个人文化的品质差异。唯一剩下的合理解释就是其制度和经济政策有高下之分了。国界勾勒出不同的制度或经济政策,这一论据不仅与社会在禀赋约束下产出最大化的观点相矛盾,也直接表明,对经济政策来说,制度和经济政策具有决定性作用。国家(不同制度和政策具有的基本单位)之间的人均收入差距远远大于国内不同区域的差距,同样,国界有时候将贫富悬殊的地域截然分割开来。

刘易斯(1955)认为:制度变化与经济发展之间的关系,两者是相连的,相互促进的,但不同的环境条件下,制度对经济变化的作用效果不一样。它取决于制度在多大范围内给人们从事经济活动的努力以激励、组织协调和经济自由。由于制度的演变是自我增强的螺旋式过程,因此经济增长也不可能是持续上升的。在经济增长上升或下降的转折点上,制度通过各种方式产生重要的影响。社会制度的变化具有周期性特点,它与经济增长的加速、停滞、下降、回升交替性变化过程相呼应。①

---

① 制度周期性变化的理论有:"生物周期理论"、"社会形态理论"和"社会集团理论"。然而刘易斯强调:经济增长速度的变化,并不是由制度演变而引起的,必须区分由于改变经济机会而引起的变化和由于制度的演变而导致的变化。人口规模和职业结构、国际经济关系和政府职能对经济发展也有影响。

一、经济发展理论中制度内生化的努力

1. 经济增长理论及其制度因素

自亚当·斯密以来,经济增长一直是经济学家关注的问题,他们在探索经济增长的原因时,将专业化和劳动分工的发展,以及生产技术的进步及由此产生的市场规模的扩大都用来解释经济增长。20 世纪 70 年代之前,西方占主导的经济增长理论是新古典增长理论,如哈罗德—多玛模型、索洛—斯旺模型等,这些模型在一定程度上解释了一些西方发达国家的增长实践,然而由于将技术外生化,存在无法解释技术在经济增长中的作用和地位、无法解释不同国家经济增长的巨大差异等问题。20 世纪 80 年代中期以保罗·罗默和卢卡斯为代表的新增长理论强调了知识水平和技术进步是经济增长的决定因素,并对技术进步的实现机制作了详细的分析,对一些经济增长事实具有较好的解释力。但是新增长理论被认为有两个主要缺陷:一是其模型都对假设条件有严格的假定;二是忽略了经济制度对经济增长的作用。由于在新增长模型中,经济制度作为外生变量存在,对经济增长起决定性作用的经济制度因素被排除在增长分析之外。

忽视制度和制度变迁是不可能对经济增长和发展作出满意的解释的。在大量的统计分析的基础上进行经济增长因素分析的经济学家,如丹尼森等人的研究,在因素分析中逐渐对制度因素的重要性有越来越清晰的认识。

丹尼森在 1967 年出版的《为什么增长率不同——战后几个西方国家的经验》一书中,利用他 1962 年设计的增长因素分析方法,对 1950—1962 年在美国、英国、法国、德国、意大利、比利时、荷兰、丹麦和挪威 9 国的真实国民收入增长率进行因素分析,他把应该计算的因素都计算后,发现经济增长率中仍有"余值"或"剩余"存在。这些"剩余"应该归入哪个因素呢?有人把它归根于技术,有人把它归入人力资本,而新制度经济学家则把它归根于制度。

丹尼森把经济增长因素分为七类。有四类属于要素投入量,即就业人数和他们的年龄—性别构成、包括非全日工作的工人在内的工时数、就业人员的教育年龄和资本存量的大小。三类属于全部要素生产率范畴,即资源配置,主要是指低效率使用的劳动力比重的减少;规模的节约,以市场的扩大来衡量;知识进展和它在生产中的应用。

美国经济学家西蒙·库兹涅茨在关于经济增长源泉的分析上强调了制度的重要性。库兹涅茨最早从事国民收入统计的研究,并创立了国民生产总值(GNP)核算体系。他在大量统计资料的基础上,对促进经济发展的各种因素进行综合分析,从数量和结构方面对经济增长的趋势作了说明。他发现了制度在经济增长中的作用,1971 年在接受诺贝尔经济学奖时,他发表演讲的题目就是《现代经济增长:研究结果和意见》。在演讲中他指出,经济增长应该是由于应用各种先进的现代化技术实现的;然而先进技术只是潜在和必要的条件,而不是充分条件;若要保证先进技术充分发挥作用,必须有相应的制度和意识形态的调整。

2. 经济增长理论中对于"制度作用"的三种观点

制度在经济活动和经济发展中的地位和作用,在经济学家中有三派观点:

(1) 制度被省略或忽略不计。如哈罗德—多玛经济增长模型、新古典经济增长模型、剑桥学派经济增长模型等就是将制度视为"自然状态"的一部分,因而制度被剔除掉了。在他们看来,这些制度不会发生变迁,它们或者是外生的,或者是一个适应于增长动态的变量。

为什么一些经济学家要把制度省略或剔除掉?可能有以下几个原因:第一,经济学家"分工"观念的产物。在一些经济学家看来,制度、规则、意识形态、法律、文化等因素在经济发展中固然重要,但它们应该留给政治学家、法律专家、文化专家们去研究。第二,在交易费用这类概念产生之前,经济学家们缺乏一种"范式"分析制度之类的问题。第三,第二次世界大战后,西方经济学家们研究经济增长问题主要是以发达国家为背景进行的。发达国家的制度问题显然没有在其发展初期或其他发展中国家的制度问题严重。与此同时,这些经济学家们主要关注的是短期增长问题,而不是长期增长问题。

(2) 制度很重要,但被视为外生变量。他们认为制度变迁可能是重要的,且在社会经济发展过程中是不可缺少的,但其关键的基本假定是这些制度变迁与经济增长无关。因此,制度被视为外生的变量。

在一个制度体系较成熟的国家里,可以在一定条件下假定制度结构与制度变迁是给定的,而不会影响分析结论的正确性。如果是对一个发展中国家或新旧体制转轨时期国家的经济发展进行分析,那么这种假定(或给定)将严重影响分析结论的正确性。

(3) 新制度经济学家视制度为经济领域的一个内生变量,制度在长期经济增长的分析中至关重要。[①]

3. 制度分析引入经济发展研究中

发展经济学自20世纪40年代诞生以来,主要研究发展中国家的经济发展,该学科的发展决定于它对发展中国家现实的解释力和政策主张的切实效果。20世纪40年代至60年代末,在发展经济学中占主流地位的是结构主义。结构主义强调政府干预,提倡以政府直接管制取代市场机制,政府制定政策时只注重宏观经济总量的平衡,忽视资源配置效率,对国际贸易和国际支付实行政府限制,通过价格管制、商品的结构控制等广泛而持续的政府干预措施来减轻贫困和改善收入分配。其核心理论的一些假定前提和结论没有真实地反映发展中国家的现实经济状况,从而丧失了指导发展中国家经济发展的功用,该政策的推行使得广大发展中国家陷入了农业停滞、工业萧条、寻租盛行、二元结构次级分化和经济发展乏力的状况。理论建构和政策实践上的双重缺陷最终使结构主义主导的发展经济学逐渐失去了发展的动力。

[①] T. W. 舒尔茨:《制度与人的经济价值的不断提高》,载科斯等著《财产权利与制度变迁——产权学派与新制度学派译文集》第256—257页,上海三联书店1991年版。

20世纪70年代初至80年代中是强调市场效率的新古典主义思想占主流地位的阶段,而结构主义与激进主义思潮已日趋式微。新古典主义思想复兴强调市场机制和资源配置问题,相对削弱了制度问题,认为在制度既定、交易成本为零和完全信息的严格假定下,发展中国家的人们一样会在理性的驱使下,对价格机制作出反应。发展中国家只要充分发挥"看不见的手"的作用,经济发展就会自动实现。就是说,价格——市场机制可以同时解决发达国家和发展中国家的问题,而且近年被当做发展经济学前沿的诸如新增长理论、南北贸易理论等,基本上也属于主流经济学的范畴,那么独立的发展经济学就无存在的必要,发展经济学的发展陷入了困境。

20世纪80年代中期以来,随着新制度经济学的广泛传播,越来越多的经济学家已认识到,不同国家经济发展的初始制度结构大相径庭,要求其发展路径也相应作出调整;不存在单一的成功发展模式,对于任何国家的任何时期,经济发展中的首要选择是制度的选择,即在经济发展中"制度至关重要"(institutions do matter)。

在20世纪80年代以后,以奥斯特罗姆、菲尼等一批学者利用科斯和诺思等人开创的新制度经济学分析方法,对以资源、技术和人的偏好来解释经济增长的传统经济思想提出了挑战。一些发展经济学家大量引入和运用新制度经济学的研究成果,从制度角度来探寻经济发展成败的根源,使经济发展理论不断得到充实。在短短的十几年内,新制度经济学分析方法已经引起了发展经济学家的高度重视,制度内生的经济发展理论已成为发展经济学的一种流行的观点。

二、制度与经济增长

计量分析经济发展与制度关系的方法之一是有关经济增长率的横截面回归。克里斯托夫·克拉格分析了经济增长与制度的关系。在他的分析中,被解释变量是各国1969—1990年人均实际GDP的增长率。除制度以外,解释变量还有人均实际GDP的对数值(1969年)、初等教育入学率(1960年)、中等教育入学率(1960年)、汇率下降率(1969—1990)、货币供给量(M2/GDP,1969—1990年的平均值)。

制度的替代变量的选择至关重要。在克里斯托夫·克拉格的分析中,他通过三种替代性的方法测定制度。在表中记为CIM的,克拉格等人称为"契约集约型货币",指的是

$$\frac{M2 - 现金通货}{M2}$$

由于M2是现金+活期存款+定期存款,这一指标越大,表示人们越是以存款的方式保有货币。克拉格等人认为,根据这一点,可以测算出在制度上对契约(存款契约)的保护程度。还有两个制度变量,即ICRG指标和BERI指标,是民间风险评估公司提供的各国制度质量的商业性评价指标。它们都是用来测量法律的支配程度、政府不履约风险低到什么程度、政府腐败低到什么程度等指标化的数据。如果这些指标越高,那么制度质量就越高。

表 14.1　制度与经济增长

被解释变量:人均实际 GDP 增长率(1969—1990 年平均)			
常数项量	6.89(2.05)	10.17(2.02)	15.81(2.75)
人均实际 GDP 对数值(1969 年)	−1.48(0.35)	−1.77(0.31)	−2.7(0.41)
初等教育入学率(1960 年)	2.2(0.82)	2.3(0.78)	3.97(1.01)
中等教育入学率(1960 年)	2.74(0.86)	1.39(0.90)	1.86(1.13)
汇率下降率(1969 – 1990 年平均)	−2.65(1.37)		
M2/GDP(1969 – 1990 年)	1.24(0.65)		
CIM	4.53(2.01)		
ICRG		0.11(0.02)	
BERI			0.43(0.10)
adR2	0.31	0.43	0.53
观测数	96	101	48

表 14.1 反映的是数据可利用的所有样本国的结果和将样本限定在发展中国家的结果。观测数 96、101 左侧的两个式子是有关所有样本的结果,观测数 48 右侧的式子是有关发展中国家的结果。制度变量 CIM、ICRG、BERI 的系数的每一个都为正,而且与括号内的标准差比较起来数值很大。换言之,用三个替代性制度变量中的任何一个测量时,都可以得出制度质量越来高经济增长率越高的结果。① 这种实证分析表明,制度与经济增长有着内在的联系。

三、制度质量与经济社会发展

在亚洲,制度发展的不足使技术进步成果的积累和潜在的巨大市场不起作用。诺思以相同的语气作出结论:"对经济增长的历史研究就是对制度创新的研究。这种制度创新能减少交换活动的交易(及生产)成本,从而实现日益复杂的交换活动。"不涉及制度就不可能解释经济增长率上的持续差异。② 研究表明,制度质量高、宏观经济政策差的国家比制度质量差、宏观经济政策好的国家增长速度快 1 倍。③ 影响经济绩效的不仅取决于一国制度数量,更取决于制度质量。所谓制度质量是指制度的好坏及程度的总称。有利于经济发展及人的全面发展且相对公平的制度就是好制度,反之,就是坏制度。发展中国家并不是缺乏制度,而是缺乏高质量的制度。发展中国家存在大量低效、无效甚至是阻碍经济发展的制度。人们发现拉丁美洲的制度质量存在明显不足,执法不严、腐败、司法体系效率不高而且缺乏独立性等问题成为拉美各国的制度"特色"(菲利普·拉兰)。

由于制度是不可观测的,所以学者一般都用制度的代理变量来衡量正式制度质量的高低。国内外学者在进行分析时,常用以下指标来代理制度变量,如表 14.2 所示。

---

① 冈崎哲二:《经济发展中的制度与组织》,中信出版社 2010 年版,第 62—64 页。
② [德]柯武刚、史漫飞:《制度经济学——经济秩序与公共政策》,商务印书馆 2000 年版,第 22 页。
③ 科斯、诺思等:《制度、契约与组织——从新制度经济学角度的透视》,经济科学出版社 2003 年版,第 111 页。

表14.2 制度质量的代理指标

正式制度指标	考夫曼(Kaufmann)指标	衡量各国政府治理水平
	经济自由度指数	衡量各国经济自由度状况,是目前运用非常广泛的综合衡量一国正式制度质量的指标
	合约密集型货币比率	衡量各国或地区有效保护产权和合约的水平
	企业经营环境指数	衡量国家和地区的商业环境
	全球腐败指数	衡量各国腐败的程度
	法治指数	衡量各国的法治水平
	国际国家风险指数	评估各国的政治、经济和金融风险
	盖斯泰尔指数	衡量各国的政治自由度(包括公民自由和政治权利)
非正式制度指标	信任指数	衡量社会的信任程度

我们这里简单地分析一下企业经营环境指数、自由度指数、腐败指数、法治指数等。这些指标量化了制度质量。

企业经营环境指数排名是所有经济体按其企业经营环境的便利程度排名,1为最佳。该指数是一国在开办企业、申请许可、雇佣工人、注册财产、获得信贷、保护投资者、缴纳税款、跨境贸易、合同执行和企业破产这10类指标中百分位数排名的平均值。这一排名高说明该国的政策法规环境有利于企业经营。而我国的这一排名只有83位。企业经营环境指数在一定程度上反映了一国的制度质量。这主要是量化企业经营的外部环境及其质量的高低。

表14.3 企业经营环境排名

国家和地区	中国	新加坡	新西兰	美国	中国香港	丹麦	英国	爱尔兰	加拿大	澳大利亚	挪威	冰岛	日本
企业经营环境排名	83	1	2	3	4	5	6	7	8	9	10	11	12

资料来源:世界银行:《全球营商环境报告》(2004、2009)。

经济自由化指数有美国传统基金会编制的经济自由化指数,它是商业自由、贸易自由、财政自由、政府规模、货币自由、投资自由、金融自由、产权保护和腐败9个方面的综合得分,100是最高分,0是最低分,较高的得分表示更高的质量。加拿大的弗雷泽研究所编制的经济自由化指数是政府规模,法律结构和产权保护,获得和使用健全货币,对外贸易的自由度,信贷、劳动力和贸易的管制以及劳动力市场的管制五个方面得分的综合,10是最高分,0是最低分,较高的得分表示更高的质量。如美国传统基金会编制的经济自由化指数从1995年开始发布,每年发布一次,2008年我国经济自由化指数为52.8(排名126)。

世界银行、世界经济论坛、瑞士洛桑国际管理学院等机构和组织构建各自的腐败指数,如世界银行腐败控制指标、GCR贿赂和回扣指标和WCY贿赂和腐败指标等,全球知名的反腐败机构、总部设在柏林的"透明国际"组织(Transparency International,TI)公布了2006年度清廉指数排行榜。从这个排行榜中可以看出,在所有的163个国家和地区中,腐败比较严重的国家占了约75%,几乎包括所有的低收入国家。如表14.4,无论哪种指标都显示,我国的腐败现象比较严重。

表14.4 中国在各种腐败指数中得分及排名情况

腐败指数	年份	样本国家数	得分	排名
CPI	2009	180	3.6	79
BPI	2008	22	6.5	21
世界银行腐败控制指标	2000	151	-0.289	82
GCR贿赂和回扣指标	1998	59	3.53	31
WCY贿赂和腐败指标	1999	47	2.22	37

资料来源:透明国际网站 http://www.Transparency International.org;2. 何增科,《中国转型期腐败和反腐败问题研究》,《经济社会体制比较》2003,(1):192,第19-29页。

考夫曼(Kaufmann,2006)等从37个不同来源的数据库中,选取了几百个指标进行综合分析,从而给出对各国治理状况,包括对法治水平的评分。这个法治评分度量了一国司法体系的效率、法庭的公平程度、法庭的判决以及契约的执行程度、产权的被保护程度等方面。其原始评分范围为-2.5—2.5。由表14.5可以看出,我国大部分年份的法治水平评分在-0.4左右。其中,我国2005年的法治水平评分在208个国家和地区排名为124位,居于下游水平。只有八十多个国家和地区的法治水平比中国差,这些国家主要集中在撒哈拉以南的非洲、拉丁美洲和南亚,而同为发展中国家的印度的评分为0.09,排名93位。[①] 腐败指数和法治水平指标主要是量化政府治理方面的制度质量。

表14.5 中国1996—2005年法治水平的评分

年份	1996	1998	2000	2002	2003	2004	2005
法治评分	-0.5	-0.35	-0.42	-0.28	-0.41	-0.41	-0.47

资料来源:Kaufmann. D, Kraay. A and Mastruzzi. M,2006,"Governance Matters IV:Governance Indicators for 1996 - 2005",World Bank working paper.

在制度质量中,民主与法治是极其重要的。缺乏民主与法治,市场经济就会是一种坏的市场经济(钱颖一,2003年)。在一定意义上讲,民主与法治决定了市场经济的性质和质量。目前有三种方式可以用来分析制度质量:第一种方式是从好的制度内要要素构成方面分析制度质量;第二种方式是从制度性质(是否有利于经济发展和人的全面发展)方面分析制度质量;第三种方式是从一些主要指标揭示一国的制度质量并进行排名。这三种方式基本概括了制度的质量,从而为我们分析一国制度质量提供了基本的框架和思路。

制度质量的价值体现在竞争力、收入差异、政府治理、社会和谐和企业家活动等多方面:

---

① 姜磊、黄川:《法治水平与服务业发展关系的实证检验》,《统计与决策》,2008年第23期。

1. 制度质量是解释各国竞争力和经济表现上存在差异的主要因素

从理解不同国家现存的制度差异、解释这些制度构建的原因,以及研究它们对经济发展和增长的利弊这些问题上,制度质量的分析都很重要。在描述一个国家的制度,比如所有权模式、管制结构和法律机制的时候,经济学家们过去常常关注制度发展的促进作用。但是在最近,人们发现很多制度的结果恰恰阻碍了增长,而不是促进了增长(North,1990),不少国家选择的制度并不是有效率的,例如,管制机构阻碍了产业进入,法院在解决纠纷时武断甚至缺乏诚实,政治家们利用政府的财产来讨好自己的支持者,而不是服务于大众。要弄清楚这些功能紊乱的制度是如何产生的,又如何长期存在的原因,我们就必须了解这些制度的设计者和执行者的政治目标以及他们手中的权力。这些都可从研究"掠夺型制度"是如何形成的问题上着手。

美洲防预委员会(2000)的估算结果显示,发达国家和拉美国家的收入差距中有60%是由制度质量造成的。拉丁美洲与东南亚的收入差距中有80%是制度质量造成的。罗德里克等人评估了制度质量、地理条件和贸易对全球收入差距的影响。为了检验研究成果的稳健性,他们使用了三种数据集(一个收集了64个国家的数据;一个收集了79个国家的数据;还有一个收集了137个国家的数据),并得出结论:到目前为止,制度质量是影响国家间收入差距的最主要因素。[①]

阿西莫格鲁等研究了自然实验(韩国和朝鲜的分裂以及欧洲人开拓殖民地的过程)并得出结论,他们认为经济制度和政治制度都对经济增长产生了重要的影响。经济制度影响经济增长的原因在于它们"制定了社会中经济参与者的激励机制",而这有力地解释了国家间经济增长差异;政治制度影响经济增长的原因在于它决定了经济制度的质量。

2. 提高政府治理能力和制度质量有利于实现共享式增长

杜大伟和克莱伊(2000)研究了许多国家政治权力和法治对于经济增长的重要性。他们的研究结果是法治对于人均收入的影响明显高于政治参与度。健全的民主政治体系允许选民控制行政职责,从而帮助政府遏制腐败,提高公共管理的效率并且最终巩固本国的竞争力和发展前景。[②] 更重要的是,高质量制度的国家更有利于实现共享式增长。

从在当今世界一些国家的情况来看,那些实行宪政民主政治的国家里的居民财富和社会收入分配,一般比一些集权专制国家要平均得多。譬如,按照前两年的一些研究,在20世纪90年代中期,英国的基尼系数大致在36%,法国32.7%,德国30%,澳大利亚35.2%,日本24.9%,意大利27.3%,韩国31.6%。印度这个发展中的低收入民主国家,基尼系数这些年一直维持在37%—38%之间,就连美国这些年的基尼系数也一直保持在41%以下。相比较而言,那些低收入的政治专制集权国家,以及一些从中央计划经济向市场经济体制转型的国家,收入分配状况就非常不均,且有继续恶化趋势。譬如,低收入国家中的赞比亚、尼日利亚等,以及下中等收入国家中的危地马拉、洪都拉斯、秘鲁等国,其贫困人口比率比其他经济发展水平低于它们的下中等收入国家高得多。在上中等收

---

① 青木昌彦、吴敬琏:《从威权到民主:可持续发展的政治经济学》,中信出版社2008年版,第125页。
② 同上。

入国家中,巴西、墨西哥、南非、巴拿马、智利、委内瑞拉等国的贫困人口比率,也比其他经济发展水平低于它们的上中等收入国家高得多。

值得注意的是,一些转型国家在实行民主化改革后,社会收入分配的状况得到了改善,基尼系数有所下降。如捷克共和国、斯洛文尼亚、立陶宛等国,在20世纪90年代中期以后,它们的基尼系数都出现了下降。这也说明了民主政治改革有减缓收入分配差距的作用。巴罗(Barro)曾作了相关研究表明民主程度与经济绩效之间并不呈现线性关系,而是一个类似于"库兹涅茨倒U型曲线"的非线性关系——民主的过分扩大最终会导致经济绩效的下降。① 民主更有利于解决了一些国家有了财富和收入以后如何更有效的分配问题。有效的民主体制可以限制政府的权力和利益集团对多数人利益的侵蚀,从而使经济增长的好处惠及更多的人。

3. 制度质量可以减少社会冲突,有利于和谐社会的建立

制度质量低的国家就容易出现制度结构疲软等现象。制度结构疲软的国家往往无法成功地平息因为损失和利益分配不均而引发的冲突,因此政府当局尽可能推迟用政策措施解决这些危机的过程,结果导致经济增长放缓。像亚当·斯密所说的:"在人类社会的大棋盘中,每个个体都有自己的行动准则,这些单个准则的集合不同于立法者所选择的准则。如果这两个准则一致,并且作用于同一个方向,人类社会的博弈将容易和谐地进行,人类社会也最有可能幸福和成功。如果这两个准则对立或不同,博弈将是痛苦的,人类社会必定始终处于极大的混乱之中"(《道德情操论》,1759)。在历史与现实中,真正做到这两个准则一致的国家并不多,而更多的国家则处于制度不完全中。

艾莱斯那(Alesina)和佩蒂(Pertti)1996年对71国所作的实证研究发现,过高的收入差距会造成一种充满不确定性的国内政治经济环境,从而影响投资者进行长期投资的计划,最终对经济增长产生抑制作用。在计量检验方面,这派文献一般运用两类指标度量"政治不稳定":一类根据抗议、罢工、政权更替、政治暴力、政变等事件的数量构成社会不稳定指标;另一类指标反映产权保护的力度,它一般用一些国际投资中介机构提供的各种"国家风险指标"衡量。计量研究表明"政治不稳定"、"社会不安全"与收入分配不平等呈一致显著的正相关关系;而政治动乱、产权保护缺乏与投资和经济增长呈一致显著的负相关关系(1996)。在这里产权保护力度(国家风险指标)与社会和谐有着内在的联系。高质量的制度社会更容易和谐和稳定。

4. 制度质量还会决定一国企业家的投入活动:生产性还是非生产性

从微观层面来看,在不同制度下,企业家的知识积累、信息收集及选择就不一样。换言之,一个社会可以形成寻利的游戏规则,也可以形成寻租的游戏规则。寻租的制度就是阻碍技术进步的游戏规则。并且这种阻碍技术进步的游戏规则是以迂回的方式表现出来的。非生产性报酬往往以隐蔽的形式存在,难以识别和计量,从而增加了治理的成本。

鲍莫尔从制度质量角度区分了企业家活动的类型和企业家活动的总水平,把传统上制度与经济增长、企业家才能与经济增长这两种看似不相关的理论结合了起来。好的制

---

① 罗伯特·巴罗:《经济增长的决定因素:跨国经验研究》,李剑译,中国人民大学出版社2004年版,第二章,第35—63页。

度有利于经济增长,是因为好的制度更多地促进了生产性的企业家活动,而生产性的企业家活动是经济增长的关键。阿西莫格鲁(Acemoglu,1995)和麦伦姆等(Mehlum,2003)分别构造的理论模型试图表明:才能往往是相通的,相同的企业家才能既可以配置到生产性领域也可以配置到非生产性领域,企业家才能配置的方向取决于社会制度支付给两种活动的相对报酬或激励结构。乔舒亚和卢瑟尔·S.索贝尔(2008)以及卢瑟尔·S.索贝尔(2008)使用美国48个州2002—2007的数据得出了类似结论,以人均风险资本投资、人均专利数量、独资企业增长率、所有新注册企业的增长率和所有新注册的大型企业(雇员在500以上)的增长率代表生产性企业家活动水平,以各州首府的政治和游说组织数量代表非生产性企业家活动的指标,以弗雷泽研究所发布的经济自由度数据代表各州的制度质量,实证研究表明制度质量与生产性企业家活动正相关,与非生产性的企业家活动负相关,从而首次从经验上证实了鲍莫尔的理论:制度结构决定了企业家从事生产性的市场活动与非生产性的政治和法律活动(例如,游说和法律诉讼)的相对报酬;好的制度鼓励生产性的企业家活动,进而能够保持较高的经济增长率。

制度还决定一国是寻利还是寻租。从历史上来看,寻租是导致一国落后的重要原因之一。兰德斯认为,人才的不同配置是18世纪的工业革命为什么发生在英格兰,而不是法国的原因之一。在近现代,人才向寻租部门的配置也许正是大部分非洲和拉丁美洲国家发展停滞,欧洲经济增长缓慢的原因,而寻租部分较小的新兴工业化国家却可获得成功。① 从历史上看,许多东方问题专家认为,尽管中国和印度都是非常发达的文明古国,但是造成中国和印度非常贫困的根本原因是寻租的支配地位,他们人口中比较有进取心的人士和精英都把寻租作为经济活动的主要形式。②

四、制度变迁与长期经济发展

经济发展的过程从某种意义上说就是一个制度变迁的过程。在传统经济学中,制度被视为既定的;而在新制度经济学家看来,在人类社会经济发展历史上,制度是至关重要的。诺思认为①制度框架将勾勒获取知识和技能的方向;②这一方向将是该社会长期发展的决定性因素。③

1. 制度创新的动力与经济发展。

如何解释在历史长河中经济绩效的差异?为了解决这个问题,诺思等使用了均衡分析框架来分析制度创新。他们认为制度创新是制度从非均衡到均衡的演变过程,通过创新活动,创新者或创新集团取得因制度变革带来的潜在利益。制度创新可能使个人或团体获得在现有制度下不可能得到的利润,在市场规模扩大、生产技术发展及由此引起的一定集团或个人对自己收入预期的变化等因素的作用下,当预期收益超过预期成本时,一项新的制度安排就会被创新。现有制度与新的制度安排之间可能存在的利润差称做"外部利润",在新制度条件下,这些利润实现后,制度达到一个均衡。制度在"均衡——非均衡——均衡"的不断循环中推动经济增长。

---

① 安德烈·施莱弗、罗伯特·维什尼:《掠夺之手——政府病及其治疗》,中信出版社2004年版,第51页。
② 图洛克:《经济等级制、组织与生产的结构》,商务印书馆2010年版,153页。
③ [美]道格拉斯·诺思:《制度、制度变迁与经济绩效》,上海三联书店1994年版,105页。

2. 路径依赖与经济发展

制度变迁是一个制度的替代、转换和交换过程,制度变迁能否发生取决于很多因素,如相对价格的变化、制度变迁的代理人以及制度变迁的成本与预期收益的比较等。根据达尔文优胜劣汰、适者生存的理论和有效竞争原理,社会、政治和经济的长期演进会朝一个方向收敛,不会有发达与不发达之分。但实际上,不同社会的社会经济演进方向也不相同,经济贫困国家亦将长期存在,如何解释历史上不同地区、不同国家发展的差异?诺思关于制度变迁具有路径依赖(path dependence)性质的论述是对长期经济变化作分析性理解的关键,路径依赖决定了制度变迁和经济增长的方向和强度。

3. 制度与技术进步

制度对技术进步的作用主要体现在以下几个方面:

一是制度对技术进步的激励作用。就现代世界所见,改进技术的持续努力只有通过提高私人收益率才会出现。在创新缺乏产权的情形下,技术变化的步伐大多数主要受市场规模的影响。如果其他条件不变,创新的私人收益率会随市场规模的扩大而上升。以往技术变化率的提高是与经济扩张相联系的。[①] 通观人类的过去,我们可以看到新技术不断地被开发出来,但步伐缓慢,时有间断,主要的原因在于对发展新技术的激励仅仅是偶然的。通常,创新可以被别人无代价地模仿,而发明创造者得不到任何报酬。直到现代,不能在创新方面建立一个系统的产权仍是技术变化迟缓的主要根源。与产业革命相联系的技术变化要求事先建立一套产权,以提高发明和创新的私人收益率。[②] 制度框架所建立的激励结构在规范技能与知识的形式中起着决定性的作用。技术变化一旦产生,就容易被廉价复制。如果企业家型的发明者得不到足够的补偿,他们就没有动力来改进技术。因此,诺思增加了影响技术变化的另一个原因——有效的产权制度。通过将发明所创造的价值中的大部分赋予发明人,发明人创新的动机得到了加强。[③]

二是经济组织的变化及完善对技术进步的作用。市场规模的扩大也诱发了组织变化,组织从诸如家庭和手工业生产的纵向一体化走向专业化。专业化导致考核投入和产出的交易费用的增加,其结果助长了权威和小心对投入品的监督以改善质量,从而从根本上降低了设计新技术的费用。从制造业的经济组织变化中,我们可以很好地看到构成产业革命特征的交易费用与技术变化之间的相互作用。从手工到分料到户制、再到工厂制跨越了三个多世纪。解释这一转变的关键是市场规模的扩大与质量控制问题,即产品特性的考核。在经济组织的这一转变中,劳动工资变化了,投入和产出的检测手段急剧变化了。对技术变化的激励提高了。

大多数有关产业革命文献的侧重点是从技术变化到工厂体制,而不是从中心车间到管理、到更大程度的专业化、到更好的对投入贡献的考核和到技术变化。交易费用与技术当然是密不可分的,它增加了专业化从而导致组织创新,组织创新又导致了技术变化,技术变化进而需要组织创新去实现新技术的潜力。[④] 正是较充分界定的产权(与自由放任不同)改善了要素和产品市场。其结果,市场规模的扩大导致了更高的专业化与劳动

---

① [美]道格拉斯·C. 诺思:《经济史中的结构与变迁》,上海三联书店1991年版,第186页。
② 同上,第166页。
③ 科斯、诺思等:《制度、契约与组织——从新制度经济学角度的透视》,经济科学出版社2003年版,第89页。
④ [美]道格拉斯·诺思:《经济史中的结构与变迁》,上海三联书店1991年版,第190页。

分工，从而增加了交易费用。组织的变迁旨在降低这些交易费用，结果在市场规模扩大以及发明的产权得到更好的界定，从而提高了创新收益率的同时，创新成本得到根本性的降低。正是这样一系列变化为联结科学与技术的真正技术革命——第二次经济革命——铺平了道路。知识和技术存量规定了人们活动的上限，但它们本身并不能决定在这些限度内人类如何取得成功。政治和经济组织的结构决定着一个经济的实绩及知识和技术存量的增长速率。① 所谓的"绝对创新"既表现在组织方面，也表现在技术方面。"组织创新"主要是为了降低交易成本，"技术创新"主要是为了降低生产成本。技术进步是竞争者控制利益过程的函数，受到满足谁的利益的制度的影响。②

诺思特别提出了两个引起技术快速变化的原因——巨大的市场规模和完善的产权。这两种导致技术变化的原因从本质上来说具有（或至少部分具有）制度特征。涉及产权的法律习俗，以及它们的复杂程度显然是制度现象。市场规模的制度特征相对较少，但如果将它看做组织交易的制度安排而不是新古典理论中的抽象概念，那么它也同样只有制度特征。这样，我们最后可以得出一个理论判断：制度引起了解经济绩效的改变，并且这一判断受到历史事实的支持。经济绩效随技术的快速变化而提高，技术变化又得到大规模市场和更完善的产权制度的支持。这里，制度成为主导的决定力量，这种对增长的解释使哈罗德和多玛所强调的资源禀赋（如劳动和资本的供给）显得不更要。③

三是有效的制度环境对技术进步的作用。从 20 世纪 70 年代中期起，旨在解释经济增长的研究还受到了对长期经济史研究的巨大推动。这些研究表明了为什么技术知识和组织知识的巨大进步是在工业革命中实现的。这些进步并非突如其来，而完全要依赖有利于资本积累和市场交易的制度的逐步演变（个人的公民自由、财产权利、法律对契约的有效保护、受约束的政府）。这些研究证明，在一个毫无信任的地方，资本主义企业家不可能造就持续的经济增长，他们完全要依赖经济自由、公民自由和政治自由，要依赖支撑相互信任的有利制度框架。技术本身并不能说明一系列长期性变化，因为技术没有发生过具有深远含义的变化，或者说技术变化没有带来实现其潜力所需要的那种最根本的组织变化。④

交易费用的降低，特别依赖于技术的进步。因此在德姆塞茨的例子中，一种计量寄放空间的装置会降低交易费用，并使所有者能像市场定价那样来配给寄放空间。事实上，引证的大量的例子表明，技术发明导致了对所交易的物品的产权的更进一步界定，并降低了私人成本与收益和社会成本与收益的差别，尽管没有将它完全消除。⑤ 在技术进步过程中，有受益者也有受害者，制度影响竞争的结果和技术进步的内容与进程。技术进步产生了新的利润、名声、权力和声望的机会，也会产生实现这些进步制度变迁的需求；同时，制度和意识形态也影响技术进步。⑥ 诺思的贡献在于认识到制度安排之交易成

---

① 同上，第 17 页。
② 阿兰·斯密德：《制度与行为经济学》，中国人民大学出版社 2004 年版，第 288 页。
③ 科斯、诺思等：《制度、契约与组织——从新制度经济学角度的透视》，经济科学出版社 2003 年版，第 88 页。
④ [美]道格拉斯·诺思：《经济史中的结构与变迁》，上海三联书店 1991 年版，第 68 页。
⑤ [美]科斯、阿尔钦等：《财产权利与制度变迁——产权学派与新制度学派译文集》，上海三联书店 1991 年版，第 213 页。
⑥ 阿兰·斯密德：《制度与行为经济学》，中国人民大学出版社 2004 年版，第 383 页。

本的极端敏感性。在他看来,交易部门在引致技术变革过程中作用巨大,而不仅是技术进步的被动结果。在很大程度上,技术创新取决于他所说的"有效市场",亦即"当套利性竞争足够强烈且信息反馈足够有效从而接近科斯的零交易成本条件时,各方都是在新古典框架中实现潜在收益时"的市场。尽管有效市场十分罕见,但我们可以通过制度安排接近它们。① 从许多方面来看,在解释经济增长上专注于制度方面,导致了对像苏格兰社会哲学家大卫·休谟和亚当·斯密一类早期思想家们所述论点的再发现。至少有三项制度对人类进步和文明社会来讲是具有根本性的:保障产权、通过自愿的契约性协议自由转让产权、信守诺言。②

第三节 经济发展中的技术变迁与制度变迁:联系及互动

一、经济发展中的"技术决定论"

技术决定论认为,技术是社会经济发展过程中的关键性力量,制度只是被动地或滞后地调整。技术决定论有两个核心命题:一是说技术是自主的,技术变迁是技术内在逻辑的产物;二是说技术变迁决定制度变迁和社会发展。马克思认为,在人类社会发展过程中,生产力决定生产关系,生产力是决定性的、革命性的力量。根据马克思的观点,技术属于生产力的范畴,制度属于生产关系的范畴,因此,技术创新决定制度创新;凡勃仑认为,制度是一种习惯或者惯例,制度的改变总是被动的。凡勃仑的"技术决定论"主要包括以下三个方面:①物质环境(技术)决定制度,因为制度就其性质而言,就是对这类环境引起的刺激发生反应时的一种思想的习惯方式;②物质环境(技术)是不断变化的,制度是以往过程的产物,同过去的环境相适应,无论如何也赶不上天天都在变化的环境(技术);③制度具有保守的倾向,除非是出于环境(技术)的压迫而不得不改变,一般总是想无限期地坚持下去。③ 阿里斯的技术决定论比凡勃仑更为彻底。他认为,制度对技术创新只有阻碍作用。在他看来,人类行为本质上分为两种类型:一种是工具使用或称为影响生产的技术活动,另一种是强化地位与权威的礼仪活动,即制度。前者是动态的、不断前进的,而后者是静态的、保守的。制度始终是日益进步的变革的阻碍。法国技术决定论者埃吕尔在其《技术的社会》和《技术的规则》中表述了技术决定论的思想:①技术是自我决定的。技术能自我增长,自我扩展,技术的进步是不可逆的。②技术能够导致社会的变革,但经济和政治不是技术发展的条件,技术对于价值、观念和国家来说是自主的。③技术会自动选择,技术会选择人,但人不能选择技术,面对自主的技术人没有自主性。

关于技术决定论主要依据两点来分析,一是技术与制度的关系,这两者到底是谁决

---

① [美]约翰·德勒巴克等:《新制度经济学前沿》,经济科学出版社2003年版,第32页。
② [德]柯武刚、史漫飞:《制度经济学——经济秩序与公共政策》,商务印书馆2000年版,第24页。
③ 凡勃仑:《有闲阶级论》,商务印书馆1964年版,第138—142页。

定谁的问题;二是在经济发展中,到底是技术进步能降低成本、提高生产率,还是制度能降低成本、提高生产率,从而促进经济发展,即使两者都重要,也有一个主次的问题。

新制度经济学家把马克思的观点划入了技术决定论。尽管马克思强调了生产方式的变化(技术变迁)与生产关系的变化(制度变迁)之间的辩证关系,但他相信前者提供了社会组织变迁是更为动态的力量。技术决定论在美国近代制度学派的著作中也是一个处于支配地位的论点。凡勃仑和他的追随者将技术视为经济进步与增长的动态因素,而制度是静态的因素。凡勃仑认为,技术变迁的速度和方向受到现存制度框架的影响。而制度框架是在思维的习惯方式及决策者的利益中表现出来的。技术通过改变物质条件,通过改变个人生活和思想的方法、模式和习惯而产生制度后果。①

关于技术变迁在社会经济发展中的作用,技术决定论把技术放到了决定性的地位。以凡勃仑为首的美国制度学派并不强调制度在经济增长中的作用。在凡勃仑的体系中,正是动态技术与静态制度之间的辩证斗争与冲突导致了经济与政治制度被慢慢地置换与替代,经济组织的体系经历了历史的变迁与调整。为什么出现技术进步? 多西(1988)对相关文献进行了综述。一些解释性的因素包括相对价格、可流动性、企业和产业专有路径、标准操作程序、交易成本、市场结构、技术路径和同步的不可改变性。② 从这些解释因素来看,制度也是重要的解释因素。

技术决定论的局限性表现为,他们不能解释在人类社会经济发展过程中的一些现象,即人类历史上有不少时期并没有出现大的技术进步,或没有技术变迁,但仍然存在生产率提高、成本下降等现象(如诺思)。另外,技术决定论还忽视了其他因素在社会经济发展中的作用,如人口压力代表着对食物需求的增加,在供给不足的情况下,必然要求制度变迁能产生更多的预计回报。增加了的食物需求产生的压力与欧洲对毛皮的需求在美国产生的作用相当,这两者都带来商品价值或价格的升高,并都产生了新的制度安排以增加这些商品的供给。③

二、经济发展中的"制度决定论"

新制度经济学研究认为,制度在社会经济发展中至关重要,制度创新决定着技术创新。制度是经济增长的决定因素。高效率的制度安排是经济增长的关键。技术存量规定了人类活动的上限,但其本身决定不了人类何以成功。反之,正是制度安排决定了知识和技术的增长速度。即使没有技术创新,通过制度创新亦能实现经济增长。正是产权、组织和市场因素为技术创新提供了激励,并最终带来技术进步、经济成长和社会变迁。这就是新制度经济学派的"制度决定论"。

诺思是制度决定论的代表人物,他在运用科斯的交易费用和产权分析方法的基础上,对制度的重要性进行了深入的研究。经济史学家已经集中注意力于技术变化,把它

---

① [英]马尔科姆·卢瑟福:《经济学中的制度——老制度主义和新制度主义》,中国社会科学出版社 1999 年版,第 47 页。
② 阿兰·斯密德:《制度与行为经济学》,中国人民大学出版社 2004 年版,第 280 页。
③ 哈罗德·德姆塞茨:《经济发展中的主次因素》,载科斯、诺思等著《制度、契约与组织——从新制度经济学角度的透视》,经济科学出版社 2003 年版,第 96 页。

看做增长的源泉,但是,如上所述,制度安排的发展才是主要的改善生产效率和要素市场的历史原因。更为有效的经济组织的发展,其作用如同技术发展对于西方世界增长所起的作用那样同等重要,大大吸引了人们的注意力。①

首先,认为在没有投入要素的增加而只有制度创新的情况下也能产生经济增长。诺思通过对历史的考察发现,1600—1850年,在世界海洋运输业中并没有发生用轮船代替帆船之类的重大技术进步,但这期间海洋运输的生产率却有了大幅度的提高,用生产要素和技术的变化根本解释不了这种现象。诺思对海洋运输成本进行多方面的统计分析,结果发现,尽管这一时期海洋运输技术并没有大的变化,但由于海洋运输变得更完善和市场经济变得更完善,即船运制度和市场制度发生了变化,从而降低了海洋运输成本,最终使得海洋运输生产率大大提高。由此诺思指出,在没有发生技术变化的情况下,通过制度创新亦能提高生产率和实现经济增长。

其次,认为有效率的经济组织是增长的关键因素。诺思与托马斯在《西方世界的兴起》一书中,在对欧洲经济发展的历史作了重新考察的基础上,批驳了那种把近代欧洲经济高速增长的原因归结为产业革命的结果的传统观点,认为产业革命所包含的技术创新、规模经济、教育发展和资本积累等现象,本身就是经济增长,或者说,产业革命不是近代欧洲经济增长的原因而是其结果,真正决定性的原因是私有产权制度的确立。这种经济增长之所以发生在欧洲的某些国家,而却没有发生在其他一些甚至历史文明更悠久、资源更丰富的国家,就是因为在那些国家里始终没有能够建立起一整套能够激励人们的生产性活动从而有利于经济增长的私有财产制度。诺思指出,"西方世界兴起的原因就在于发展一种有效率的经济组织。有效率的经济组织需要建立制度化的设施,并确立财产所有权,把个人的经济努力不断引向丁种社会性的活动,使个人的收益率不断接近社会收益率"。② 因此,有效率的制度安排是经济增长的关键。

诺思和托马斯反复强调了制度变迁比技术变迁更为优先且更为根本的观点。他们在《西方世界的兴起》一书中将更为集约的耕作制度(如二田制对三田制的替代)视为一种制度对相对要素价格变化(而不是技术变迁)的回应。进而,他们强调了一个市场经济的扩张即便在没有发生技术变迁时,也能为人均收入的提高作出贡献。③

从管理学的角度看,小阿尔弗雷德·钱德勒在一个范围不很广的研究中论证到,美国工业于20世纪50和60年代发生的管理革命,同它对技术变迁可能实现的潜在规模经济的经济收益的回应相比,它更多的是由市场机会扩张所诱致的制度变迁的产物。在他看来,美国工业中的规模经济更多的是制度创新的产物,而不是技术变迁的结果。④

制度决定论的局限性表现为,经济发展是不是始终由制度决定?这个问题是制度决定论者尚未回答的问题,即使诺思的新经济史学也没有回答这个问题,他所说的海洋运输生产率的提高也好,还是西方世界的兴起也好,都是人类社会经济活动中的某一个阶

---

① 诺思:《制度变迁和经济增长》,载盛洪《现代制度经济学(上卷)》,北京大学出版社2003年版,第290页。
② 诺思、托马斯:《西方世界的兴起》,华夏出版社1999年版,第1页。
③ [美]科斯、阿尔钦等:《财产权利与制度变迁——产权学派与新制度学派译文集》,上海三联书店1991年版,第332页。
④ 钱德勒:《战略与结构——美国工业企业史的几章》,麻省理工学院出版社1972年版。

段,这些分析都只是证明了这个阶段制度起着极为重要的作用。另外,制度决定论由于受制度对经济绩效的影响难以量化等因素的制约,制度决定论的分析还主要是限于逻辑及假设,制度很重要已经没有什么争议,现在的问题是这种重要性及其对经济发展的绩效如何量度成为制度经济学亟待解决的主要问题。

三、技术变迁与制度变迁的联系及互动

哈罗德·德姆塞茨针对强调制度在解释经济增长中的作用的观点,提出应当抛弃"诺思因果链'(North's chain of causation)。他认为,技术和自然禀赋等非制度因素决定着制度安排的变迁。① 我们认为哈罗德·德姆塞茨的这种关于技术变迁与制度变迁关系的分析是比较客观的,这是因为:第一,制度的产生离不开技术和自然禀赋等非制度因素。第二,为什么不同地区、不同国家、不同时期制度呈现出多样性、差异性,这也需要到非制度因素中去找原因。实际上作为制度决定论者的诺思也意识到这个问题了,如他所说的,近期的许多交易费用文献都暗含着这样的观点:制度仅决定了交易费用,而技术仅决定了转化费用。但是技术、制度、转化成本与交易费用之间的相互关系却比之更为复杂。② 第三,马克思关于生产力决定生产关系,生产关系反作用于生产力的分析实际上科学地分析了非制度因素(生产力)与制度因素(生产关系)的关系。

制度分析的一个重要意义在于,我们人类社会经济活动中改善潜力是很大的。从宏观上来讲,引入制度因素以后,我们潜在的 GDP 比现在经济学家所预期的还要大;从微观上讲,引入制度因素以后,我们关于生产可能性的边界还可外移。如诺思所分析的那样,使一个油田成为一个单位,也就是说。创造一种具有强制力和监督力的组织来分配一个油田的产出,提高了交易费用(由于用于创立与维持及监督与依从一种组织的资源)。同时油田的整合降低了转化成本(这是更为有效的抽油和精炼的结果),这在一定程度上大大抵消了交易费用的上升。在这一情形下,一种提高交易费用的制度变迁会受到降低转化成本的更大补偿。③

如果把技术变迁与制度变迁结合起来分析,我们发现这两者的所谓决定论最终要与成本联系起来,它们对于社会经济发展的绩效都可以用成本来分析。如阿兰·斯密德所说,成功的技术变化能够降低交易成本和转换成本,制度变迁也能够降低交易成本和转换成本。只是说降低交易成本和转换成本的性质和程度有差异而已。制度变迁是经济增长的源泉,技术并没有指定制度选择。④ 实际上,即使有技术变化了,但选择什么样的制度,或制度是否必然变化,并不仅仅取决于技术变迁。从斯密德的观点来看,技术变迁与制度变迁具有同样的功效,但是各自又有相对的独立性。

把制度与技术决然分开是很困难的,它们的关系实际是你中有我,我中有你。这是一种动态的互相作用:制度对技术产生影响,而技术对制度也产生影响。实证经济学特别关心涉及人类和自然的关系的社会组织或现存秩序,也就是通过人与人之间关系的研

---

① 科斯、诺思等:《制度、契约与组织——从新制度经济学角度的透视》,经济科学出版社 2003 年版,第 2 页。
② 诺思:《制度、制度变迁与经济绩效》,上海三联书店 1994 年版,第 89 页。
③ 同上,第 90 页。
④ 阿兰·斯密德:《制度与行为经济学》,中国人民大学出版社 2004 年版,第 280 页。

究,物质再生产中人与自然的关系被制度化了。① 根据马克思的分析,人与自然的关系可以用生产力来研究,人与人之间的关系可以用生产关系来研究。制度经济学在的一个重要贡献就是系统研究了"物质再生产中人与自然的关系被制度化"的过程及制度体系是如何形成的。

社会再生产是制度不断产生的过程。社会再生产在技术和制度的互相作用中进行的,特别是制度针对技术变化而进行的调整。技术设备、组织机构或社会知识、物质过程的变化立刻就会在社会遵循的惯例、法律和指导原则方面造成修正性调整的紧张气氛。这种调整不单是对技术规则进行单方面调整,它还塑造了或在技术上限制了一个社会集团的价值准则。这种制度调整是实证制度分析的中心。确实,按照实证观点经济问题是社会关系中技术关系持续不断的再制度化。②

技术创新对改变制度安排的收益和成本的普遍影响,从而成为影响制度变迁的一个重要因素。这主要表现在:①技术创新对改变制度安排的利益有普遍的影响。技术创新使产出在相当范围内产生了规模报酬递增,从而使建立更为复杂的经济组织形式如股份公司变得有利可图。作为规模经济的一个副产品,技术创新产生了工厂制度,也产生了使当今城市工业社会得以形成的经济活动之聚集。②技术创新不仅增加了制度安排改变的潜在利润,而且降低了某些制度安排的操作成本。例如,电报、电话、计算机和卫星通信工具等技术创新的发展,使搜寻、传递信息的成本大为降低,这正是一两家证券交易所得以支持一个全国性证券市场的重要物质条件。同样,通信技术的改进大大降低了建立在所需空间上相互移动的个人参与基础上的制度安排的组织成本。例如,如果没有广播,就不会有家喻户晓的"炉边谈话"。③由制度创新所释放的新的收入流是对制度变迁需求的一个重要原因。新制度经济学家探讨组织产生的原因时,往往离不开知识和技术的背景。组织的逻辑往往是:技术创新使大量生产成为可能,降低了生产成本但同时产生了高额的交易费用,如果完全使用市场交换,交易费用将高得使技术创新所带来的好处消失,因而产生了组织。拉坦认为:"无疑,由技术变迁所释放的新的收入流确实是对制度变迁需求的一个重要原因……现代法人组织的发展代表了对 19 世纪的运输、交通和制造技术的进步所创造的经济机会的制度回应……技术的进步可能会调动个人对其资源进行重新配置的积极性,以及为了再确定产权以实现新收入流的分割而组织和引进集体行动的积极性。"

由于技术创新是生产力中最活跃的部分,因此,往往是实践中技术创新对制度提出新的要求,从而导致制度的变革。所以,技术创新往往是创新的突破口,无论技术创新是由技术的推动还是由需求的拉动或是由科学、技术和市场的共同作用引起的,来自市场的竞争、需求是企业技术创新的最根本动力。由此可见,是技术创新的需求拉动了制度的创新,制度本身有很大的惰性,制度一旦形成,没有足够的压力和刺激,人们不会考虑改变它;而技术就不一样,尽管技术的发展方向受社会经济发展的影响很大,但它是积极主动地变化,这是因为人们为了生存和发展总要积极能动地去改造自然。因此,制度创

---

① [美]艾克纳:《经济学为什么还不是一门科学》,北京大学出版社1990年版,第170页。
② 同上。

新成为技术创新的"桎梏"和"瓶颈",这是由于制度创新滞后造成的。技术创新和制度创新之间的运行规律是这样的:技术创新总是连续进行的,它开始往往是在既定的制度框架内进行的,这是稳定发展阶段,在这一阶段内,技术创新是创新系统运动的主要方面,而当技术创新达到一定规模和水平,就必然要求制度发生变迁以适应技术创新的需要,所以说制度创新是非连续的、突变的。由此可见,技术创新是制度创新的源泉和动力,也是制度创新的前提,而制度创新又是技术创新的必要准备。

技术创新和制度创新互相影响、互相促进。事实上,如果将创新看做一个系统的话(实际上创新也就是一个系统),技术创新和制度创新是它的两个不可或缺的组成部分,双方共同构成互相联系、互相推进的有机整体,唯有它们整合在一起,才形成推动经济增长的现实力量。一般而言,技术创新是生产力中最活跃的部分,因为技术创新的主体是人,而人具有积极能动性,是生产力中最活跃的因素。人们在生产实践过程中,会遇到各种各样的问题和难题,这些都促使人们去思考、去解决,随着问题的解决,技术进步了,生产力也发展了。生产力的发展,迟早会冲破旧制度的束缚,导致制度变迁,而制度变迁又为新的技术创新提供了更为广阔的创新空间和宽松的创新条件,激励进一步的创新。正是由于技术创新和制度创新的此起彼伏的矛盾运动,才构成了创新系统的不断发展,创新系统的螺旋式上升过程导致技术创新和制度创新的水平不断上升。技术创新和制度创新之间的关系以及它们在创新体系中的地位和作用不能一概而论,作为一个系统的两个组成部分,在不同的时间、不同的地点、不同的发展阶段,矛盾运动的主要方面也会发生变化。如果说"知识和技术确立了制度创新的上限,进一步的制度创新则需要知识、技术的增长"(诺思语)的论断具有合理因素的话,那么我们同样可以说:制度确立了知识和技术进步的上限,在既定的制度框架内,技术创新总有受阻的时候,而此时,制度创新又成为矛盾运动的主要方面,制度成为技术创新的"瓶颈",制度创新成为技术创新的前提。当一种制度处于比较发达和完善的状态时,技术创新占主流,对经济增长起着主导作用,此时制度创新显得并不那么重要;但当完善的制度尚未建立起来时,制度变迁显得相当重要,技术进步的水平及其对经济发展的持续贡献则取决于相应的制度安排。如诺思和托马斯在《西方世界的兴起》中所说,在近代,英国之所以在不利的开端之后到1700年经历了持久的经济增长,超过法国等竞争者,就在于首创了专利法来保护知识的所有权。总之,在创新系统中,技术创新是形成生产力的直接因素,但技术创新需要一系列诱导机制,这些诱导力量则来自于制度创新。

经济发展中制度与技术的互补和互动关系的表现是多方面的。第一,技术创新有时同时要求制度创新。例如,新的生产、运输、通信、消费方式有可能使改变产权界定或调整商务惯例和工作常规成为必要。例如19世纪的铁路建设热潮不仅带来了技术变革,还带来了治理股票证券市场的新制度。[1] 第二,制度影响竞争的结果和技术进步的内容与进程。[2] 第三,一些技术的使用和推广需要有制度和组织协调的配套。"奖惩程度和新技

---

[1] [德]柯武刚,史漫飞:《制度经济学——经济秩序与公共政策》,商务印书馆2000年版。
[2] 阿兰·斯密德:《制度与行为经济学》,中国人民大学出版社2004年版,第290页。

术的引进和扩散的速度取决于环境与制度的综合考虑,环境与制度因素在不同部门、不同国家和不同时期存在明显差异。"一些相对独立的技术的应用比较快,另外一些取决于互补技术以及组织和制度协调的技术则应用缓慢,例如奥利弗·埃文斯1785年发明的蒸汽货车,由于没有道路和轨道,一直没用;克拉伦斯·伯宰发明的速冻可以显著地改善水果和蔬菜的质量,但是在多年后建立了商店和家庭冰柜的其他系统之后才发挥作用。[①]

新的技术使用不仅需要想象力和推动力,而且还需要制度保障。铁路和电报打开了美国中部和西部的辽阔草原和牧场,使之成为美国工业化东海岸的肉库和粮仓,并打入了欧洲庞大市场。新鲜牛肉供应链的建立是由GF斯威夫特这家公司完成的。GF斯威夫特是波士顿一家小型屠宰批发公司,靠着垂直整合整条供应链(从牧场放养到牛肉上餐桌),建立起横跨北美大陆的经济帝国。它不仅缩短、规范化了GF牛肉运输的时间,还极大提高了信息传递的速度和质量。斯威夫特在建立这个供应链过程中推动了以下进程:①电报和铁路是一起建设的,它们的传递线路紧紧挨着。1849年,纽约和伊利铁路率先使用电报来控制列车运行。5年后,这成了各家铁路公司的标准做法。②统一了时间和价格。19世纪中叶,美国有两百多种不同的当地时间。就连贯穿城市的美国铁路公司也采用了将近80多种不同的时间,既麻烦,还容易出错。于是,在1883年,铁路实行统一时刻,并采用了延续至今的四个时区。与此同时,同种商品在美国东西海岸各城市之间的成本越来越一致了。商品价格不仅下跌了,而且对买卖双方来说,变得越来越容易预测了。这时芝加哥开始出现了期货市场。③从运活牛到运冻牛肉。运活牛的问题有,运到目的地总有一定比例的死牛;运输活牛还意味着运送毫无价值的重量和空间,因为一头牛有55%的部分是不能食用的;每一个城镇都有自己的屠宰场,规模效率低下等。后来斯威夫特建立了冷藏火车运输冻肉系统,其特点表现为,一是大量货物通过以快速运输和通信为基础的系统;二是系统靠需求拉动在,而非受供给推动。利用电报,零售屠户所下订单传递到总部和驻守牲畜棚的采购员,告知每天所需的品种、等级和数量。电报有效地平衡了供给和需求。到1903年,GF斯威夫特成为全世界最大的肉类加工厂。

在供应链的创建中,技术和创新都重要,但政府的支持和制度保障也很重要。当时,东部的批发屠宰户试图保护自己的垄断地位,于是,他们要求制定法律,由牛肉食用地的官方出面,在屠宰之前24小时内对活牛进行检查。这种制度就是试图阻止冷藏火车运输冻肉系统的形成。1890年,美国最高法院宣布,这类法律违背了跨州贸易。在最高法院的支持下,冷冻牛肉市场才得以继续存活。

🔍 案例1

在哪里寻找中国的乔布斯

当今的人们总在问——中国到底有没有乔布斯之类的商业天才?为什么中国的乔布斯还没有出

[①] 同上,第282页。

现？在哪里寻找中国的乔布斯？

以目前的时势来看，中国即使拥有乔布斯这样的商业天才，也未必能出得了苹果这样的企业，我们都知道苹果的核心业务是 ITUNES 商店，无论是 IMAC、IBOOK、IPOD、IPAD、IPHONE，它们的应用都纷纷指向 ITUNES，我们都知道苹果的硬件很昂贵，但是再是昂贵或利润丰厚的电子设备也逃脱不了技术更新带来的降价，唯有其 ITUNES 商店才是资金链的黄金管道，但是就我国目前的版权保护现状，是难以支撑苹果这样的商业模式的，所以更别妄谈其他了。在中国，苹果与其他奢侈品无异，只不过多了高科技与高品质设计的元素而已。中国是奢侈品消费大国，但并非文化消费大国，其以电影、音乐、游戏、软件为主的 ITUNES 在中国是找不了落脚地的，在这里，盗版统治一切；别去怪罪人们的版权意识淡薄，因为整个大环境对人们的行为并无任何鼓励与约束，所以苹果的精神内核 ITUNES 没有任何钱途。所以，若中国的乔布斯成就不了一家如苹果一样优秀的企业，那么也就不能称之为中国的乔布斯，所以我们期待能够提早拥有那样的时间、机遇和形势。

对于乔布斯那乖张傲慢的性格，我先放一放吧，我对之打造的战略规划更有兴趣一些，众所周知，苹果的成功是商业模式的成功，我们谈三个方面，核心能力、价值主张、客户群体。

苹果的核心能力有以下：工业设计与实用技术的完美结合；共存共勉的合作伙伴关系网络（软件开发者、唱片公司、电影公司、电视广播电台、个人）；业务整合平台 ITUNES 商店。

以上三点，谈论得最多的是第一点，凡是使用过 IPHONE 的人都知道，IPHONE 的软件是要收费的，但是其水准要远超过 Android Market 海量而免费的软件，虽然市场的普及率要低于 Android，但是其用户忠诚度与现金流量要远高于 Android Market。

苹果的价值主张，在于"I"这个单词，意味"我的"或"我喜欢的"，具有一种自我意识的炫耀，所以它注定是超越平凡的，看似抽象、浮夸，落到实处就是苹果的核心能力，而事实，IPHONE 已被普遍认为是世界上最好的手机，同样，也只有成为最好的手机，才有可供其炫耀的资本。

论到苹果的客户群体，其范围是广而具体的——具有消费能力的高端用户群，量与质，兼而有之！再加上这些群体的极高用户忠诚度，苹果神话也显而易解了。

但是环顾周围的中国企业，他们的资本模式以及管理模式都还成问题，又从何而谈商业模式，就算有好的商业模式，但是放在资本缺陷、公司治理缺陷、管理缺陷这些先天问题的面前，一切都是白搭，再论及国内的版权问题，且看这篇新闻：

"亚马逊平板与 Kindle 尚无入华时间表——前不久，亚马逊在美国发布平板电脑产品及新版 Kindle，对于这两款产品在中国市场的布局。王汉华表示目前尚无入华时间表，这两款产品不单只是硬件，没有强大内容支撑价值不大，但因为中国数字出版市场和版权问题尚未完善及规范化，亚马逊目前正在与多家出版机构及政府部门沟通，但不确定因素仍无法排除。"

我们都知道，亚马逊乃互联网的三大巨头之一，其实力的某些方面并不逊于苹果，或更胜于苹果，我想就算是国外的苹果落入中国，也担心会变成橘子的命运，中国的版权保护，迫在眉睫，产业转型之大计，全在于此！

资料来源：赖伟民，http://blog.sina.com.cn/lailaoshi（2011 - 10 - 27）。

案例 2

高铁没有制度支撑"高"得起来吗？

经受"7·23"动车事故冲击的高铁全面降速。2011 年 8 月 10 日，温家宝总理主持召开国务院常务会议，决定开展高速铁路及在建项目安全大检查，"适当降低新建高速铁路运营初期的速度"；对已经批准但尚未开工的铁路建设项目,重新组织系统的安全评估;"暂停审批新的铁路建设项目"。在外界压力之下,中国高铁不得不降速。出现安全事故不得不降速、出现债务风险不得不停止审新项目、债务偿还压力与出口受阻,中国高铁不得不重塑形象。他们必须以尊重生命与尊重常识、尊重专业的姿态,向世人展示自己的进步有着扎实的基础。即使在动车事故发生之后,支持高铁建设的声音依然没有减弱。中国高铁是庞大的人流运输所必需的快捷的公共交通设施,高铁所释放的庞大的物流运输能力,将解决中国东中西部地区的物流瓶颈,高铁不是要不要建的问题,而是以什么方式建的问题。

中国高铁大跃进反映出三大问题

第一,急功近利的赶超心态。在高铁大跃进之前,在机械工程等领域,中国已经历了一轮大干快上的高峰,企业要以高得可怕的返修率与低得惊人的价格,占据了国内市场,成为中国重要的出口产品,获得了制造技术的提升。有了在机械、机电等领域的跳跃式增长,高铁大跃进拥有了思想与实践基础。

这些决策者忘了最重要的前提,实现跨越式发展的行业仍然处于丛林社会的运作方式之中。实现跨越式发展的行业,没有能够成为行业技术的全球创新者,没有成为行业标准的全球制定者。他们的成就是把熟练的制造技术、低廉的人力成本与强大的营销能力结合在一起,以几何级的增长占据国内与全球市场。

熟练的制造技能是个了不起的进步,但这并不意味着世界一流。以中国彩电为例,古老的悲剧是,作为中国制造业中最值得自豪的产业——全球产量最大、全球市场份额最多、全球竞争力最强的产业,彩电企业举步维艰。企业缺乏新的核心竞争力,发展乏力,一度在在全球彩电潮流的平板电视制造领域全面亏损。京东方就是一个典型案例,这家致力于改变中国面板价格受制于人的理想企业,从2005年以来巨额亏损,仅在证券市场三次定向增发就获得了260亿元人民币,却看不到走出泥潭的希望。

中国的高铁技术走的是引进吸收之路,曾被认为中国唯一具有国际一流技术的行业。但越来越多的内幕曝光后,公众发现,引进一流技术之后的提升过程充满了风险。今年6月底,原铁道部副总工程师周翊民在接受媒体采访时透露,国内从日本、德国引进的动车组,外方明确要求运行速度不能超过300公里/小时,铁道部却从国外引进的动车组冲刺300公里以上的时速,实际上"是吃掉了安全冗余"。显然,这是一种赌命式的发展战略,如果说工程机械出现事故还能返修,铁路的重大安全事故却无法返回,"7·23"事故之后,天平急剧地倾向于生命与安全,任何一时傲世的技术虚荣,都无法换来宝贵的生命。

第二,缺乏可控、精密的系统工程。高铁系统与生产彩电不同,高铁的生产、运行与管理是复杂的系统工程,不仅需要可靠的技术,更需要精密而严格的管理。而中国铁道部恰恰是完整地保留了计划经济管理色彩的政商合一部门,监管者身兼运动员,官员纷纷成为上市公司高管,从车辆生产到信号、软件设计生产,全都在铁路封闭的利益链条中循环。

一位业内人士曾经告诉笔者,他从不相信利益链条内的压力测试能够真正的起到保障作用,原因很简单,因为你好、我好、大家好,利益均沾与部门内部同样的训练与心态,注定不可能找到真正的问题。因此,事故检查组剔出铁道部的人士,是及时而明智之举。

事实就是如此。《新世纪》杂志采访某机车制造公司副总工,所举例子是,列车时速达到300公里以后,理论上讲,速度越高,测算出的脱轨系数应该越大,才符合常识,"但我们实际测量时发现,时速在350公里再往上,测算出来的结果却是速度越高脱轨系数越小,CRH380A的脱轨系数由0.7多降到0.1了。这并不说明高速安全,只能说明我们原来用的数学模型在这么高的速度下不符合实际"。这样的模型不是为了安全用的,是糊弄上级用的。

一场事故将铁道部分拆、将网运分离等改革提上议事日程。如果没有根本改革,中国高铁不可能有真正的世界一流,高铁的运营不可能让人放心。

最后,也是最为人诟病的贪腐,上万亿的投资在现有的监管体制下,成为腐败温床。动车事故后对高铁板块上市公司的梳理,得出让人震惊却合乎常态的现实,铁路部门的利益链条密不透分,红顶掮客

"丁书苗"验证铁路发展奇迹,目前已有有数位部门内部的官员被"双规",随着对高铁上市公司的利益链的挖掘,相信会有更多的利益输送浮出水面。

高铁是中国经济发展的镜像——中国需要高铁,却没有支持高铁建设与运行的机制;中国高铁曾经是让人自豪的神话,但神话背后充斥着利益群体的藏污纳垢之举;当我们反思高铁体制时,首先要做的是降低速度。于是,一个神话破灭了。高铁是一个系统工程,它不仅是一种技术创新,也是一种制度创新。

资料来源:叶檀的 BLOG,http://blog.sina.com.cn/yetan(2011-08-17)。

关键概念

技术创新　　渐进创新　　自主创新模式　　模仿创新模式　制度质量
技术决定论　　制度决定论

思考题

1. 简述演化经济学关于技术创新演化的论述。
2. 经济增长理论中对于"制度作用"的三种观点是什么?
3. 制度对技术进步的作用主要体现在哪些方面?
4. 分析制度质量与经济社会发展的关系。
5. 简述经济发展中的"制度决定论"及其局限性。
6. 如何正确理解技术变迁与制度变迁的联系及互动关系?

推荐阅读

1. 内森·罗森博格:《探索黑箱》,商务印书馆 2004 年版。
2. 诺思、托马斯:《西方世界的兴起》,华夏出版社 1999 年版。
3. 诺思:《经济史中的结构与变迁》,上海人民出版社 1999 年版。
4. 乔瓦尼·多西等:《技术进步与经济理论》(中译本),经济科学出版社 1992 年版。
5. R. 库姆斯:《经济学与技术进步》,商务印书馆 1989 年版。
6. 纳尔逊、温特:《经济变迁的演化理论》,北京商务出版社 1997 年版。
7. 谢勒:《技术创新——经济增长的原动力》,新华出版社 2001 年版。
8. 卢现祥:《西方新制度经济学》,中国发展出版社 2003 年版。
9. 吴敬琏:《制度重于技术》,中国发展出版社 2002 年版。
10. 约瑟夫·熊彼特:《经济发展理论》,商务印书馆 2000 年版。

教师反馈及教辅申请表

北京大学出版社本着"教材优先、学术为本"的出版宗旨,竭诚为广大高等院校师生服务。为更有针对性地提供服务,请您认真填写以下表格并经系主任签字盖章后寄回,我们将按照您填写的联系方式免费向您提供相应教辅资料,以及在本书内容更新后及时与您联系邮寄样书等事宜。

书名		书号	978-7-301-	作者	
您的姓名				职称职务	
校/院/系					
您所讲授的课程名称					
每学期学生人数	＿＿＿＿人＿＿＿年级			学时	
您准备何时用此书授课					
您的联系地址					
邮政编码			联系电话（必填）		
E-mail（必填）			QQ		
您对本书的建议:			系主任签字 盖章		

我们的联系方式:

北京大学出版社经济与管理图书事业部
北京市海淀区成府路 205 号, 100871
联系人: 徐冰
电话: 010-62767312 / 62757146
传真: 010-62556201
电子邮件: em_pup@126.com   em@pup.cn
Q Q: 5520 63295
新浪微博: @北京大学出版社经管图书
网址: http://www.pup.cn